Tarifrecht für den öffentlichen Dienst
Bund/Gemeinden
Textausgabe zum TVöD mit den Überleitungstarifverträgen
TVÜ-Bund und TVÜ-VKA

Tarifrecht für den öffentlichen Dienst Bund/Gemeinden

Textausgabe zum TVöD mit
den Überleitungstarifverträgen
TVÜ-Bund und TVÜ-VKA

11., aktualisierte Auflage

BUND
VERLAG

Bibliografische Information der Deutschen Nationalbibliothek
Die Deutsche Nationalbibliothek verzeichnet diese Publikation in der Deutschen Nationalbibliografie; detaillierte bibliografische Daten sind im Internet über *http://dnb.d-nb.de* abrufbar.

11., aktualisierte Auflage 2026

Redaktion: Wolfgang Pieper
Umschlag: Neil McBeath, Stuttgart
Satz: Dörlemann Satz, Lemförde
Druck: Druckerei C.H. Beck, Berger Str. 3–5, 86720 Nördlingen

ISBN 978-3-7663-7587-2

kontakt@bund-verlag.de
www.bund-verlag.de

Vorwort

Im Januar 2003 einigte sich ver.di mit der Vereinigung der kommunalen Arbeitgeberverbände (VKA) und dem Bund auf Eckpunkte zur Neugestaltung des Tarifrechts für den öffentlichen Dienst und am 1. Oktober 2005 trat das neue Tarifrecht in Kraft. Hierdurch wurden die bisher geltenden Manteltarifverträge BAT, BAT-O, BAT-Ostdeutsche Sparkassen, MTArb, MTArb-O, BMT-G II und BMT-G-O durch den Tarifvertrag für den öffentlichen Dienst (TVöD) abgelöst. Im TVöD sind die tariflichen Regelungen für Arbeiter und Arbeiterinnen sowie Angestellte in Ost und West für den Bund und die VKA zusammengefasst. In der Entgeltrunde 2016 hat sich ver.di am 29. April 2016 auch mit der VKA auf eine neue Entgeltordnung zum TVöD einigen können. Am 1. Januar 2017 ist – elf Jahre nach Einführung des TVöD sowie fünf Jahre nach der Entgeltordnung der Länder und drei Jahre nach der Entgeltordnung des Bundes – endlich auch die Entgeltordnung zum TVöD im Bereich der VKA in Kraft getreten. Damit wurde die mit der Inkraftsetzung des Manteltarifvertrages TVöD im Jahr 2005 begonnene größte Tarifreform für den öffentlichen Dienst seit über 50 Jahren abgeschlossen.

Das Tarifrecht für die Auszubildenden wurde ebenfalls neu vereinbart. Es besteht aus einem Allgemeinen Teil und den zwei Besonderen Teilen Berufsbildungsgesetz (BBiG) und Pflege. Auch für die Praktikantinnen und Praktikanten gibt es einen Tarifvertrag. Für dual Studierende und für Studierende im Hebammenstudium gibt es seit 1. August 2020 bzw. 1. Januar 2022 eine tarifvertragliche Regelung.

Mit dem TVöD wurden aber nicht alle alten Tarifverträge abgelöst. Einige der älteren Tarifverträge sind nach wie vor in Kraft. Dies sind insbesondere die Tarifverträge über den Rationalisierungsschutz, über die zusätzliche Altersversorgung, für die Versorgungsbetriebe und über Zulagen und Zuschläge.

Wie auch schon die Tarifrunde 2023 zog sich auch die Tarifrunde 2025 über fast vier Monate hin. Die Tarifeinigung erfolgte erst nach einer Schlichtung, wie dies auch in der Tarifrunde 2023 mit Bund und Kommunen der Fall war. Nach einer ergebnislosen zweiten Verhandlungsrunde vom 17. bis 18. Februar 2025 endete die dritte Runde nach vier Verhandlungstagen am 17. März 2025 mit der Erklärung des Scheiterns der Verhandlungen durch

die Arbeitgeber, die in der Folge die Schlichtung anriefen. Die Schlichtungskommission tagte vom 24. bis zum 28. März 2025 und hat nach erneut zähen Verhandlungen schließlich eine von ihr mehrheitlich getragene Einigungsempfehlung vorgelegt. In der vierten Verhandlungsrunde am 5. und 6. April 2025 konnte schließlich eine Tarifeinigung erzielt werden, die dem Schlichtungsvorschlag in weiten Teilen gefolgt ist.
Die wesentlichen Punkte der Tarifeinigung:

- Ab dem 1. April 2025 werden die monatlichen Tabellenentgelte um 3 Prozent, mindestens um 110 Euro steigen und ab dem 1. Mai 2026 um weitere 2,8 Prozent. Für Nachwuchskräfte ist eine Erhöhung um je 75 Euro zum 1. April 2025 und zum 1. Mai 2026 vorgesehen. Die Laufzeit beträgt 27 Monate bis Ende März 2027.
- Ab dem 1. Juli 2025 steigt die Schichtzulage von 40 auf 100 Euro und die Wechselschichtzulage von 105 auf 200 Euro, bzw. 155 auf 250 Euro für die Beschäftigten in den Krankenhäusern.
- Ab 2027 erhalten alle Beschäftigten, auch die Nachwuchskräfte, einen weiteren Tag Erholungsurlaub. Teile der Jahressonderzahlung können – außer von den Beschäftigten in den Krankenhäusern und Pflegeeinrichtungen – zukünftig in bis zu drei freien Tagen umgewandelt werden. Die Jahressonderzahlung wird auf einheitlich 85 Prozent (Kommunen) bzw. gestaffelt auf 95, 90 bzw. 75 Prozent (Bund) des monatlichen Entgelts erhöht. Für die Beschäftigten der Krankenhäuser und Pflegeeinrichtungen wird sie auf 90 Prozent (EG 1–8 einschließlich Entsprechungen) bzw. 85 Prozent (ab EG 9a einschließlich Entsprechungen) erhöht.
- Ab 1. Januar 2026 kann die wöchentliche Arbeitszeit auf bis zu 42 Stunden erhöht werden. Für die Regelungen zur Arbeitszeit wurde ein Sonderkündigungsrecht zum 31. Dezember 2029 vereinbart.
- Übertragung des Tarifergebnisses im Bereich TV-V sowie TV-N (je nach Tarifregelung im Bundesland).

Außerdem wurde für die Nachwuchskräfte vereinbart, die Übernahmeregelung für Auszubildende aus dem Tarifvertrag für Auszubildende der Länder (TVA-L) zu übernehmen, der eine unbefristete Übernahme mit einer Note befriedigend und besser vorsieht. Eine Neuregelung der Altersteilzeit lehnten die Arbeitgeber ebenso ab wie auch weitere Forderungen der Gewerkschaften, wie beispielsweise die bezahlte Pause bei Wechselschichtarbeit und eine Mitgliedervorteilsregelung.
Für die Teilnahme an gewerkschaftlichen Warnstreiks, die bis einschließlich 6. April 2025 stattfanden, sollen keine Maßregelungen (Abmahnungen, Entlassungen oder Ähnliches) aus Anlass gewerkschaftlicher Warnstreiks erfolgen.
Die Bundestarifkommission für den öffentlichen Dienst (BTK ö. D.) hat die Tarifeinigung zur Annahme empfohlen. In der anschließenden Mitglieder-

befragung fand das Ergebnis eine knappe Zustimmung. Die BTK ö.D. stimmte schließlich der Tarifeinigung mehrheitlich zu.
In diesem Band sind die aktuellen Fassungen der Tarifverträge (Stand: November 2025) einschließlich der gültigen Entgelttabellen, des Tarifvertrags für die Versorgungsbetriebe sowie der tariflichen Regelungen zum Übergangsrecht des Bundes und der VKA enthalten. Neu in den Band aufgenommen sind der Manteltarifvertrag und Entgelttarifvertrag für Beschäftigte der Bodenverkehrsdienste an deutschen Verkehrsflughäfen (MTV BVD, ETV BVD) sowie der Tarifvertrag für eine Sonderzahlung 2025 und 2026 für Beschäftigte der Bodenverkehrsdienste an deutschen Verkehrsflughäfen (TV-Sonderzahlungen 2025 und 2026 BVD). Ebenfalls neu enthalten ist der Tarifvertrag über die zusätzliche Altersvorsorge der Beschäftigten des öffentlichen Dienstes – Altersvorsorge-TV-Kommunal – (ATV-K). Die Entgeltordnungen des Bundes und der VKA sind in dem Band nicht enthalten. Sie liegen als eigenständige Publikationen vor.
Zur besseren Übersichtlichkeit ist bei unterschiedlichen Regelungen in einem Tarifvertrag für den Bereich des Bundes und der VKA die Fassung für die kommunalen Arbeitgeber grau hinterlegt.

Berlin, im November 2025

Inhaltsverzeichnis

Besonderer Teil Verwaltung (BT-V)
vom 13. September 2005 in der Fassung des
Änderungstarifvertrages Nr. 32 vom 6. April 2025

Abschnitt VII
Allgemeine Vorschriften

Abschnitt VIII
Sonderregelungen (Bund)

Abschnitt IX
Übergangs- und Schlussvorschriften (Bund)

Abschnitt VIII
Sonderregelungen (VKA)

Besonderer Teil Pflege- und Betreuungseinrichtungen (BT-B) (VKA) vom 1. August 2006 in der Fassung des Änderungstarifvertrages Nr. 19 vom 6. April 2025

Besonderer Teil Sparkassen (BT-S)
vom 13. September 2005 in der Fassung des
Änderungstarifvertrages Nr. 9 vom 6. April 2025

Besonderer Teil Flughäfen (BT-F)
vom 13. September 2005 in der Fassung des
Änderungstarifvertrages Nr. 4 vom 25. Oktober 2020

Besonderer Teil Entsorgung (BT-E)
vom 13. September 2005 in der Fassung des
Änderungstarifvertrages Nr. 3 vom 25. Oktober 2020

B. Tarifvertrag zur Überleitung der Beschäftigten der kommunalen Arbeitgeber in den TVöD und zur Regelung des Übergangsrechts (TVÜ-VKA) vom 13. September 2005 in der Fassung des Änderungstarifvertrages Nr. 21 vom 6. April 2025

Abschnitt I
Allgemeine Vorschriften

Abschnitt II
Überleitungsregelungen

Abschnitt III
Besitzstandsregelungen

Abschnitt IV
Sonstige vom TVöD abweichende oder ihn ergänzende Bestimmungen

Abschnitt VI
Übergangs- und Schlussvorschriften

C. Tarifvertrag zur Überleitung der Beschäftigten des Bundes in den TVöD und zur Regelung des Übergangsrechts (TVÜ-Bund) vom 13. September 2005 in der Fassung des Änderungstarifvertrages Nr. 18 vom 6. April 2025

1. Abschnitt
Allgemeine Vorschriften

2. Abschnitt
Überleitungsregelungen

3. Abschnitt
Besitzstandsregelungen

4. Abschnitt
Sonstige vom TVöD abweichende oder ihn ergänzende Bestimmungen

5. Abschnitt
Überleitung in den TV EntgO Bund am 1. Januar 2014

6. Abschnitt
Weitere Überleitungsregelungen

7. Abschnitt
Übergangs- und Schlussvorschrift

D. Tarifvertrag über die Entgeltordnung des Bundes (TV EntgO Bund) vom 5. September 2013 in der Fassung des Änderungstarifvertrages Nr. 12 vom 6. April 2025

Abschnitt I
Allgemeine Vorschriften

Abschnitt II
Voraussetzungen in der Person

Abschnitt III
Zulagen

Abschnitt IV
Schlussvorschriften

E. Tarifvertrag Versorgungsbetriebe (TV-V) vom 5. Oktober 2000 in der Fassung des Änderungstarifvertrages Nr. 18 vom 6. April 2025

F. Tarifvertrag für Auszubildende des öffentlichen Dienstes (TVAöD)

Allgemeiner Teil
vom 13. September 2005 in der Fassung des Änderungstarifvertrages Nr. 14 vom 6. April 2025

Besonderer Teil BBiG
vom 13. September 2005 in der Fassung des Änderungstarifvertrages Nr. 14 vom 6. April 2025

Besonderer Teil Pflege
vom 13. September 2005 in der Fassung des Änderungstarifvertrages Nr. 18 vom 6. April 2025

G. Tarifvertrag für Studierende in ausbildungsintegrierten dualen Studiengängen im öffentlichen Dienst (TVSöD) vom 29. Januar 2020 in der Fassung des Änderungstarifvertrages Nr. 4 vom 6. April 2025

J. Tarifvertrag über das Leistungsentgelt für die Beschäftigten des Bundes (LeistungsTV-Bund) vom 25. August 2006

K. Tarifvertrag für die Kraftfahrer und Kraftfahrerinnen des Bundes (KraftfahrerTV Bund) vom 13. September 2005 in der Fassung des Änderungstarifvertrages Nr. 9 vom 6. April 2025

L. Tarifvertrag zu flexiblen Arbeitszeitregelungen für ältere Beschäftigte – TV FlexAZ – Gemeinden vom 27. Februar 2010 in der Fassung des Änderungstarifvertrages Nr. 9 vom 6. April 2025

I. Geltungsbereich

II. Altersteilzeit (ATZ)

III. Flexible Altersarbeitszeit (FALTER)

N. Tarifvertrag zur Entgeltumwandlung zum Zwecke des Leasings von Fahrrädern im kommunalen öffentlichen Dienst (TV-Fahrradleasing) vom 25. Oktober 2020

O. Manteltarifvertrag für die Bodenabfertigungsdienste an deutschen Verkehrsflughäfen (MTV BVD) vom 15. Februar 2024 in der Fassung des Änderungstarifvertrages Nr. 1 vom 25. April 2025

P. Entgelttarifvertrag für die Bodenabfertigungsdienste an deutschen Verkehrsflughäfen (ETV BVD) vom 15. Februar 2024 in der Fassung des Änderungstarifvertrages Nr. 1 vom 25. April 2025

Q. Tarifvertrag über eine Sonderzahlung 2025 und 2026 für Beschäftigte der Bodenverkehrsdienste an deutschen Verkehrsflughäfen (TV Sonderzahlung 2025 und 2026 BVD) vom 25. April 2025

R. Tarifvertrag über die zusätzliche Altersvorsorge der Beschäftigten des öffentlichen Dienstes – Altersvorsorge-TV-Kommunal (ATV-K) vom 1. März 2002 in der Fassung des Änderungstarifvertrages Nr. 8 vom 10. November 2021

Erster Teil
Punktemodell

Abschnitt I
Geltungsbereich

Abschnitt II
Versicherung bei der Zusatzversorgungseinrichtung

Abschnitt III
Betriebsrente

Abschnitt IV
Beschäftigte, die in der gesetzlichen Rentenversicherung nicht versichert sind

Abschnitt V
Finanzierung

Abschnitt VI
Verfahren

Abschnitt VII
Zuschüsse des Arbeitgebers zu anderen Zukunftssicherungssystemen

Zweiter Teil
Freiwillige Versicherung

Dritter Teil
Übergangs- und Schlussvorschriften

Abschnitt I
Übergangsregelungen zur Versicherungspflicht

Abschnitt II
Übergangsregelungen die Rentenberechtigten

Abschnitt III
Übergangsregelungen für Anwartschaften der Versicherten

Abschnitt IV
Schlussvorschriften

A. Tarifvertrag für den öffentlichen Dienst (TVöD)

vom 13. September 2005 in der Fassung des Änderungstarifvertrages Nr. 22 vom 6. April 2025

Allgemeiner Teil

Abschnitt I
Allgemeine Vorschriften

§ 1 Geltungsbereich

(1) Dieser Tarifvertrag gilt für Arbeitnehmerinnen und Arbeitnehmer – nachfolgend Beschäftigte genannt –, die in einem Arbeitsverhältnis zum Bund oder zu einem Arbeitgeber stehen, der Mitglied eines Mitgliedverbandes der Vereinigung der kommunalen Arbeitgeberverbände (VKA) ist.

(2) Dieser Tarifvertrag gilt nicht für

a) Beschäftigte als leitende Angestellte im Sinne des § 5 Abs. 3 BetrVG, wenn ihre Arbeitsbedingungen einzelvertraglich besonders vereinbart sind, sowie Chefärztinnen/Chefärzte,

b) Beschäftigte, die ein über das Tabellenentgelt der Entgeltgruppe 15 hinausgehendes regelmäßiges Entgelt erhalten,

Niederschriftserklärung zu § 1 Abs. 2 Buchst. b:
Bei der Bestimmung des regelmäßigen Entgelts werden Leistungsentgelt, Zulagen und Zuschläge nicht berücksichtigt.

c) bei deutschen Dienststellen im Ausland eingestellte Ortskräfte,

d) Arbeitnehmerinnen/Arbeitnehmer, für die der TV-V oder der TV-WW/NW gilt, sowie für Arbeitnehmerinnen/Arbeitnehmer, die in rechtlich selbstständigen, dem Betriebsverfassungsgesetz unterliegenden und dem fachlichen Geltungsbereich des TV-V oder des TV-WW/NW zuzuordnenden Betrieben mit in der Regel mehr als 20 zum Betriebsrat wahlberechtigten Arbeitnehmerinnen/Arbeitnehmern beschäftigt sind und Tätigkeiten auszuüben haben, welche dem fachlichen Geltungsbereich des TV-V oder des TV-WW/NW zuzuordnen sind,

Protokollerklärung zu Absatz 2 Buchst. d:
[1]Im Bereich des Kommunalen Arbeitgeberverbandes Nordrhein-Westfalen (KAV NW) sind auch die rechtlich selbstständigen Betriebe oder sondergesetzlichen Verbände, die kraft Gesetzes dem Landespersonalvertretungsgesetz des Landes Nordrhein-Westfalen unterliegen, von der Geltung des TVöD ausgenommen, wenn die Voraussetzungen des § 1 Abs. 2 Buchst. d im Übrigen gegeben sind. [2]§ 1 Abs. 3 bleibt unberührt.

e) Arbeitnehmerinnen/Arbeitnehmer, für die ein TV-N gilt, sowie für Arbeitnehmerinnen/Arbeitnehmer in rechtlich selbstständigen Nahverkehrsbetrieben, die in der Regel mehr als 50 zum Betriebs- oder Personalrat wahlberechtigte Arbeitnehmerinnen/Arbeitnehmer beschäftigen,
f) Beschäftigte, für die der TV-Fleischuntersuchung gilt,
g) Beschäftigte, für die ein Tarifvertrag für Waldarbeiter tarifrechtlich oder einzelarbeitsvertraglich zur Anwendung kommt, sowie die Waldarbeiter im Bereich des Kommunalen Arbeitgeberverbandes Bayern,
h) Auszubildende, Schülerinnen/Schüler in der Gesundheits- und Krankenpflege, Gesundheits- und Kinderkrankenpflege, Entbindungspflege und Altenpflege, sowie Volontärinnen/Volontäre und Praktikantinnen/Praktikanten,
i) Beschäftigte, für die Eingliederungsleistungen gewährt werden,
k) *(aufgehoben)*
l) Leiharbeitnehmerinnen/Leiharbeitnehmer von Personal-Service-Agenturen, sofern deren Rechtsverhältnisse durch Tarifvertrag geregelt sind,
m) geringfügig Beschäftigte im Sinne von § 8 Abs. 1 Nr. 2 SGB IV,
n) künstlerisches Theaterpersonal, Orchestermusikerinnen/Orchestermusiker sowie technisches Leitungspersonal und technisches Theaterpersonal nach Maßgabe der nachfolgenden Protokollerklärungen,

Protokollerklärungen zu Absatz 2 Buchst. n:
1. [1]Technisches Leitungspersonal umfasst technische Direktorinnen/Direktoren, Leiterinnen/Leiter der Ausstattungswerkstätten, des Beleuchtungswesens, der Bühnenplastikerwerkstatt, des Kostümwesens/der Kostümabteilung, des Malsaals, der Tontechnik sowie Chefmaskenbildnerinnen/Chefmaskenbildner. [2]Für die benannten Funktionen kann in den Theatern je künstlerischer Sparte jeweils nur eine Beschäftigte/ein Beschäftigter bestellt werden.
2. Unter den TVöD fallen Bühnenarbeiterinnen/Bühnenarbeiter sowie Kosmetikerinnen/Kosmetiker, Rüstmeisterinnen/Rüstmeister, Schlosserinnen/Schlosser, Schneiderinnen/Schneider, Schuhmacherinnen/Schuhmacher, Tapeziererinnen/Tapezierer, Tischlerinnen/Tischler einschließlich jeweils der Meisterinnen/Meister in diesen Berufen, Orchesterwartinnen/Orchesterwarte, technische Zeichnerinnen/Zeichner und Waffenmeisterinnen/Waffenmeister.
3. In der Regel unter den TVöD fallen Beleuchterinnen/Beleuchter, Beleuchtungsmeisterinnen/Beleuchtungsmeister, Bühnenmeisterinnen/Bühnenmeister,

Garderobieren/Garderobiers bzw. Ankleiderinnen/Ankleider, Gewandmeisterinnen/Gewandmeister, Requisitenmeisterinnen/Requisitenmeister, Requisiteurinnen/Requisiteure, Seitenmeisterinnen/Seitenmeister, Tonmeisterinnen/Tonmeister, Tontechnikerinnen/Tontechniker und Veranstaltungstechnikerinnen/Veranstaltungstechniker.

4. In der Regel nicht unter den TVöD fallen Inspektorinnen/Inspektoren, Kostümmalerinnen/Kostümmaler, Maskenbildnerinnen/Maskenbildner, Oberinspektorinnen/Oberinspektoren, Theatermalerinnen/Theatermaler und Theaterplastikerinnen/Theaterplastiker.

o) Seelsorgerinnen/Seelsorger bei der Bundespolizei,

p) Beschäftigte als Hauswarte und/oder Liegenschaftswarte bei der Bundesanstalt für Immobilienaufgaben, die aufgrund eines Geschäftsbesorgungsvertrages tätig sind,

q) Beschäftigte im Bereich der VKA, die ausschließlich in Erwerbszwecken dienenden landwirtschaftlichen Verwaltungen und Betrieben, Weinbaubetrieben, Gartenbau- und Obstbaubetrieben und deren Nebenbetrieben tätig sind; dies gilt nicht für Beschäftigte in Gärtnereien, gemeindlichen Anlagen und Parks sowie in anlagenmäßig oder parkartig bewirtschafteten Gemeindewäldern,

r) Beschäftigte in Bergbaubetrieben, Brauereien, Formsteinwerken, Gaststätten, Hotels, Porzellanmanufakturen, Salinen, Steinbrüchen, Steinbruchbetrieben und Ziegeleien,

s) Hochschullehrerinnen/Hochschullehrer, wissenschaftliche und studentische Hilfskräfte und Lehrbeauftragte an Hochschulen, Akademien und wissenschaftlichen Forschungsinstituten sowie künstlerische Lehrkräfte an Kunsthochschulen, Musikhochschulen und Fachhochschulen für Musik,

Protokollerklärung zu Absatz 2 Buchst. s:
Ausgenommen sind auch wissenschaftliche Assistentinnen/Assistenten, Verwalterinnen/Verwalter von Stellen wissenschaftlicher Assistentinnen/Assistenten und Lektorinnen/Lektoren, soweit und solange entsprechende Arbeitsverhältnisse am 1. Oktober 2005 bestehen oder innerhalb der Umsetzungsfrist des § 72 Abs. 1 Satz 7 HRG begründet werden (gilt auch für Forschungseinrichtungen); dies gilt auch für nachfolgende Verlängerungen solcher Arbeitsverhältnisse.

Niederschriftserklärung zu § 1 Abs. 2 Buchst. s:
Die Tarifvertragsparteien gehen davon aus, dass studentische Hilfskräfte Beschäftigte sind, zu deren Aufgabe es gehört, das hauptberufliche Personal in Forschung und Lehre sowie bei außeruniversitären Forschungseinrichtungen zu unterstützen.

t) Beschäftigte des Bundeseisenbahnvermögens.

(3) [1]Durch landesbezirklichen Tarifvertrag ist es in begründeten Einzelfällen möglich, Betriebe, die dem fachlichen Geltungsbereich des TV-V oder des TV-WW/NW entsprechen, teilweise oder ganz in den Geltungsbereich

des TVöD einzubeziehen. [2]Durch landesbezirklichen Tarifvertrag ist es in begründeten Einzelfällen (z. B. für Bereiche außerhalb des Kerngeschäfts) möglich, Betriebsteile, die dem Geltungsbereich eines TV-N entsprechen, in den Geltungsbereich

a) des TV-V einzubeziehen, wenn für diesen Betriebsteil ein TV-N anwendbar ist und der Betriebsteil in der Regel nicht mehr als 50 zum Betriebs- oder Personalrat wahlberechtigte Arbeitnehmerinnen/Arbeitnehmer beschäftigt, oder
b) des TVöD einzubeziehen.

§ 2 Arbeitsvertrag, Nebenabreden, Probezeit

(1) Der Arbeitsvertrag wird schriftlich abgeschlossen.

(2) [1]Mehrere Arbeitsverhältnisse zu demselben Arbeitgeber dürfen nur begründet werden, wenn die jeweils übertragenen Tätigkeiten nicht in einem unmittelbaren Sachzusammenhang stehen. [2]Andernfalls gelten sie als ein Arbeitsverhältnis.

(3) [1]Nebenabreden sind nur wirksam, wenn sie schriftlich vereinbart werden. [2]Sie können gesondert gekündigt werden, soweit dies einzelvertraglich vereinbart ist.

(4) [1]Die ersten sechs Monate der Beschäftigung gelten als Probezeit, soweit nicht eine kürzere Zeit vereinbart ist. [2]Bei Übernahme von Auszubildenden im unmittelbaren Anschluss an das Ausbildungsverhältnis in ein Arbeitsverhältnis entfällt die Probezeit.

§ 3 Allgemeine Arbeitsbedingungen

(1) Die Beschäftigten haben über Angelegenheiten, deren Geheimhaltung durch gesetzliche Vorschriften vorgesehen oder vom Arbeitgeber angeordnet ist, Verschwiegenheit zu wahren; dies gilt auch über die Beendigung des Arbeitsverhältnisses hinaus.

(2) [1]Die Beschäftigten dürfen von Dritten Belohnungen, Geschenke, Provisionen oder sonstige Vergünstigungen in Bezug auf ihre Tätigkeit nicht annehmen. [2]Ausnahmen sind nur mit Zustimmung des Arbeitgebers möglich. [3]Werden den Beschäftigten derartige Vergünstigungen angeboten, haben sie dies dem Arbeitgeber unverzüglich anzuzeigen.

(3) [1]Nebentätigkeiten gegen Entgelt haben die Beschäftigten ihrem Arbeitgeber rechtzeitig vorher schriftlich anzuzeigen. [2]Der Arbeitgeber kann die Nebentätigkeit untersagen oder mit Auflagen versehen, wenn diese geeignet ist, die Erfüllung der arbeitsvertraglichen Pflichten der Beschäftigten oder berechtigte Interessen des Arbeitgebers zu beeinträchtigen. [3]Für Nebentätigkeiten bei demselben Arbeitgeber oder im übrigen öffentlichen Dienst (§ 34 Abs. 3 Satz 3 und 4) kann eine Ablieferungspflicht zur Auflage gemacht

werden; für die Beschäftigten des Bundes sind dabei die für die Beamtinnen und Beamten des Bundes geltenden Bestimmungen maßgeblich.

(4) [1]Der Arbeitgeber ist bei begründeter Veranlassung berechtigt, die/den Beschäftigte/n zu verpflichten, durch ärztliche Bescheinigung nachzuweisen, dass sie/er zur Leistung der arbeitsvertraglich geschuldeten Tätigkeit in der Lage ist. [2]Bei der beauftragten Ärztin/dem beauftragten Arzt kann es sich um eine Betriebsärztin/einen Betriebsarzt, eine Personalärztin/einen Personalarzt oder eine Amtsärztin/einen Amtsarzt handeln, soweit sich die Betriebsparteien nicht auf eine andere Ärztin/einen anderen Arzt geeinigt haben. [3]Die Kosten dieser Untersuchung trägt der Arbeitgeber.

(5) [1]Die Beschäftigten haben ein Recht auf Einsicht in ihre vollständigen Personalakten. [2]Sie können das Recht auf Einsicht auch durch eine/n hierzu schriftlich Bevollmächtigte/n ausüben lassen. [3]Sie können Auszüge oder Kopien aus ihren Personalakten erhalten.

(6) Die Schadenshaftung der Beschäftigten, die in einem Arbeitsverhältnis zu einem Arbeitgeber stehen, der Mitglied eines Mitgliedverbandes der VKA ist, ist bei dienstlich oder betrieblich veranlassten Tätigkeiten auf Vorsatz und grobe Fahrlässigkeit beschränkt.

(7) Für die Schadenshaftung der Beschäftigten des Bundes finden die Bestimmungen, die für die Beamtinnen und Beamten des Bundes gelten, entsprechende Anwendung.

§ 4 Versetzung, Abordnung, Zuweisung, Personalgestellung

(1) [1]Beschäftigte können aus dienstlichen oder betrieblichen Gründen versetzt oder abgeordnet werden. [2]Sollen Beschäftigte an eine Dienststelle oder einen Betrieb außerhalb des bisherigen Arbeitsortes versetzt oder voraussichtlich länger als drei Monate abgeordnet werden, so sind sie vorher zu hören.

Protokollerklärungen zu Absatz 1:

1. Abordnung ist die Zuweisung einer vorübergehenden Beschäftigung bei einer anderen Dienststelle oder einem anderen Betrieb desselben oder eines anderen Arbeitgebers unter Fortsetzung des bestehenden Arbeitsverhältnisses.
2. Versetzung ist die Zuweisung einer auf Dauer bestimmten Beschäftigung bei einer anderen Dienststelle oder einem anderen Betrieb desselben Arbeitgebers unter Fortsetzung des bestehenden Arbeitsverhältnisses.

Niederschriftserklärung zu § 4 Abs. 1:

Der Begriff »Arbeitsort« ist ein generalisierter Oberbegriff; die Bedeutung unterscheidet sich nicht von dem bisherigen Begriff »Dienstort«.

(2) [1]Beschäftigten kann im dienstlichen/betrieblichen oder öffentlichen Interesse mit ihrer Zustimmung vorübergehend eine mindestens gleich ver-

gütete Tätigkeit bei einem Dritten zugewiesen werden. [2]Die Zustimmung kann nur aus wichtigem Grund verweigert werden. [3]Die Rechtsstellung der Beschäftigten bleibt unberührt. [4]Bezüge aus der Verwendung nach Satz 1 werden auf das Entgelt angerechnet.

Protokollerklärung zu Absatz 2:
Zuweisung ist – unter Fortsetzung des bestehenden Arbeitsverhältnisses – die vorübergehende Beschäftigung bei einem Dritten im In- und Ausland, bei dem der Allgemeine Teil des TVöD nicht zur Anwendung kommt.

(3) [1]Werden Aufgaben der Beschäftigten zu einem Dritten verlagert, ist auf Verlangen des Arbeitgebers bei weiter bestehendem Arbeitsverhältnis die arbeitsvertraglich geschuldete Arbeitsleistung bei dem Dritten zu erbringen (Personalgestellung). [2]§ 613a BGB sowie gesetzliche Kündigungsrechte bleiben unberührt.

Protokollerklärung zu Absatz 3:
[1]Personalgestellung ist – unter Fortsetzung des bestehenden Arbeitsverhältnisses – die auf Dauer angelegte Beschäftigung bei einem Dritten. [2]Die Modalitäten der Personalgestellung werden zwischen dem Arbeitgeber und dem Dritten vertraglich geregelt.

§ 5 Qualifizierung

(1) [1]Ein hohes Qualifikationsniveau und lebenslanges Lernen liegen im gemeinsamen Interesse von Beschäftigten und Arbeitgebern. [2]Qualifizierung dient der Steigerung von Effektivität und Effizienz des öffentlichen Dienstes, der Nachwuchsförderung und der Steigerung von beschäftigungsbezogenen Kompetenzen. [3]Die Tarifvertragsparteien verstehen Qualifizierung auch als Teil der Personalentwicklung.
(2) [1]Vor diesem Hintergrund stellt Qualifizierung nach diesem Tarifvertrag ein Angebot dar, aus dem für die Beschäftigten kein individueller Anspruch außer nach Absatz 4 abgeleitet, aber das durch freiwillige Betriebsvereinbarung wahrgenommen und näher ausgestaltet werden kann. [2]Entsprechendes gilt für Dienstvereinbarungen im Rahmen der personalvertretungsrechtlichen Möglichkeiten. [3]Weitergehende Mitbestimmungsrechte werden dadurch nicht berührt.
(3) [1]Qualifizierungsmaßnahmen sind
a) die Fortentwicklung der fachlichen, methodischen und sozialen Kompetenzen für die übertragenen Tätigkeiten (Erhaltungsqualifizierung),
b) der Erwerb zusätzlicher Qualifikationen (Fort- und Weiterbildung),
c) die Qualifizierung zur Arbeitsplatzsicherung (Qualifizierung für eine andere Tätigkeit; Umschulung) und

d) die Einarbeitung bei oder nach längerer Abwesenheit (Wiedereinstiegsqualifizierung).

[2]Die Teilnahme an einer Qualifizierungsmaßnahme wird dokumentiert und den Beschäftigten schriftlich bestätigt.

(4) [1]Beschäftigte haben – auch in den Fällen des Absatzes 3 Satz 1 Buchst. d – Anspruch auf ein regelmäßiges Gespräch mit der jeweiligen Führungskraft, in dem festgestellt wird, ob und welcher Qualifizierungsbedarf besteht. [2]Dieses Gespräch kann auch als Gruppengespräch geführt werden. [3]Wird nichts anderes geregelt, ist das Gespräch jährlich zu führen.

(5) [1]Die Kosten einer vom Arbeitgeber veranlassten Qualifizierungsmaßnahme – einschließlich Reisekosten – werden, soweit sie nicht von Dritten übernommen werden, grundsätzlich vom Arbeitgeber getragen. [2]Ein möglicher Eigenbeitrag wird durch eine Qualifizierungsvereinbarung geregelt. [3]Die Betriebsparteien sind gehalten, die Grundsätze einer fairen Kostenverteilung unter Berücksichtigung des betrieblichen und individuellen Nutzens zu regeln. [4]Ein Eigenbeitrag der Beschäftigten kann in Geld und/oder Zeit erfolgen.

(6) Zeiten von vereinbarten Qualifizierungsmaßnahmen gelten als Arbeitszeit.

(7) Gesetzliche Förderungsmöglichkeiten können in die Qualifizierungsplanung einbezogen werden.

(8) Für Beschäftigte mit individuellen Arbeitszeiten sollen Qualifizierungsmaßnahmen so angeboten werden, dass ihnen eine gleichberechtigte Teilnahme ermöglicht wird.

Abschnitt II
Arbeitszeit

§ 6 Regelmäßige Arbeitszeit

(1) [1]Die regelmäßige Arbeitszeit beträgt ausschließlich der Pausen durchschnittlich 39 Stunden wöchentlich. [2]Bei Wechselschichtarbeit werden die gesetzlich vorgeschriebenen Pausen in die Arbeitszeit eingerechnet. [3]Die regelmäßige Arbeitszeit kann auf fünf Tage, aus notwendigen betrieblichen/dienstlichen Gründen auch auf sechs Tage verteilt werden.

(1a) [1]Abweichend von Absatz 1 können Beschäftigte und Arbeitgeber im gegenseitigen Einvernehmen, frühestens nach Ablauf der Probezeit, die Erhöhung der regelmäßigen Arbeitszeit auf bis zu durchschnittlich 42 Stunden wöchentlich (ausschließlich der Pausen) in Textform vereinbaren. [2]Bei der Übernahme von Auszubildenden sowie dual Studierenden im Geltungsbereich des Tarifvertrages für Studierende in ausbildungsintegrierten dualen Studiengängen im öffentlichen Dienst (TVSöD) oder des Tarifvertrages für Studierende in

*einem dualen Hebammenstudium im öffentlichen Dienst (TVHöD) darf die Vereinbarung gemäß Satz 1 nicht bereits mit Beginn des Arbeitsverhältnisses geschlossen werden. [3]Die Erhöhung ist auf maximal 18 Monate zu befristen. [4]Verlängerungen sind nur befristet und nur in gegenseitigem Einvernehmen möglich. [5]Die Verlängerungen können jeweils bis zu 18 Monate betragen. [6]Die Vereinbarung kann aus wichtigem Grund in Textform mit einer Frist von vier Wochen zum Monatsende gekündigt werden. [7]Soweit tarifvertraglich auf die regelmäßige durchschnittliche wöchentliche Arbeitszeit von Vollbeschäftigten Bezug genommen wird, gilt in diesem Fall die individuell erhöhte regelmäßige wöchentliche Arbeitszeit nach Satz 1. [8]Näheres kann durch eine Betriebs- oder einvernehmliche Dienstvereinbarung geregelt werden.**

(2) [1]Für die Berechnung des Durchschnitts der regelmäßigen wöchentlichen Arbeitszeit ist ein Zeitraum von bis zu einem Jahr zugrunde zu legen. [2]Abweichend von Satz 1 kann bei Beschäftigten, die ständig Wechselschicht- oder Schichtarbeit zu leisten haben, ein längerer Zeitraum zugrunde gelegt werden.

(3) [1]Soweit es die betrieblichen/dienstlichen Verhältnisse zulassen, wird die/der Beschäftigte am 24. Dezember und am 31. Dezember unter Fortzahlung des Entgelts nach § 21 von der Arbeit freigestellt. [2]Kann die Freistellung nach Satz 1 aus betrieblichen/dienstlichen Gründen nicht erfolgen, ist entsprechender Freizeitausgleich innerhalb von drei Monaten zu gewähren. [3]Die regelmäßige Arbeitszeit vermindert sich für jeden gesetzlichen Feiertag, sowie für den 24. Dezember und 31. Dezember, sofern sie auf einen Werktag fallen, um die dienstplanmäßig ausgefallenen Stunden.

Protokollerklärung zu Absatz 3 Satz 3:
Die Verminderung der regelmäßigen Arbeitszeit betrifft die Beschäftigten, die wegen des Dienstplans am Feiertag frei haben und deshalb ohne diese Regelung nacharbeiten müssten.

(4) Aus dringenden betrieblichen/dienstlichen Gründen kann auf der Grundlage einer Betriebs-/Dienstvereinbarung im Rahmen des § 7 Abs. 1, 2 und des § 12 ArbZG von den Vorschriften des Arbeitszeitgesetzes abgewichen werden.

Protokollerklärung zu Absatz 4:
In vollkontinuierlichen Schichtbetrieben kann an Sonn- und Feiertagen die tägliche Arbeitszeit auf bis zu zwölf Stunden verlängert werden, wenn dadurch zusätzliche freie Schichten an Sonn- und Feiertagen erreicht werden.

(5) Die Beschäftigten sind im Rahmen begründeter betrieblicher/dienstlicher Notwendigkeiten zur Leistung von Sonntags-, Feiertags-, Nacht-,

* § 6 Abs. 1a tritt am 1. Januar 2026 in Kraft.

Wechselschicht-, Schichtarbeit sowie – bei Teilzeitbeschäftigung aufgrund arbeitsvertraglicher Regelung oder mit ihrer Zustimmung – zu Bereitschaftsdienst, Rufbereitschaft, Überstunden und Mehrarbeit verpflichtet.

(6) [1]Durch Betriebs-/Dienstvereinbarung kann ein wöchentlicher Arbeitszeitkorridor von bis zu 45 Stunden eingerichtet werden. [2]Die innerhalb eines Arbeitszeitkorridors geleisteten zusätzlichen Arbeitsstunden werden im Rahmen des nach Absatz 2 Satz 1 festgelegten Zeitraums ausgeglichen.

(7) [1]Durch Betriebs-/Dienstvereinbarung kann in der Zeit von 6 bis 20 Uhr eine tägliche Rahmenzeit von bis zu zwölf Stunden eingeführt werden. [2]Die innerhalb der täglichen Rahmenzeit geleisteten zusätzlichen Arbeitsstunden werden im Rahmen des nach Absatz 2 Satz 1 festgelegten Zeitraums ausgeglichen.

(8) Die Absätze 6 und 7 gelten nur alternativ und nicht bei Wechselschicht- und Schichtarbeit.

(9) Für einen Betrieb/eine Verwaltung, in dem/der ein Personalvertretungsgesetz Anwendung findet, kann eine Regelung nach den Absätzen 4, 6 und 7 in einem landesbezirklichen Tarifvertrag – für den Bund in einem Tarifvertrag auf Bundesebene – getroffen werden, wenn eine Dienstvereinbarung nicht einvernehmlich zustande kommt und der Arbeitgeber ein Letztentscheidungsrecht hat.

Protokollerklärung zu § 6:

[1]Gleitzeitregelungen sind unter Wahrung der jeweils geltenden Mitbestimmungsrechte unabhängig von den Vorgaben zu Arbeitszeitkorridor und Rahmenzeit (Absätze 6 und 7) möglich. [2]Sie dürfen keine Regelungen nach Absatz 4 enthalten. [3]In gemeinsamer Verantwortung von Arbeitgeber und Beschäftigten soll darauf hingewirkt werden, dass Gleitzeitkonten durch Zeitausgleich zum Ende des Ausgleichszeitraums keine Minus- oder Plusstunden ausweisen, welche die geregelten Saldogrenzen überschreiten. [4]Hierzu gehört auch, dass im Einzelfall frühzeitig auch von der Möglichkeit der Anordnung von Überstunden (§ 7 Abs. 7 und 8) Gebrauch gemacht wird. [5]Soweit ein Konto gemäß § 10 eingerichtet ist, kann auch die Übertragung von Plusstunden auf dieses erfolgen. [6]In den Gleitzeitregelungen können weitere Einzelheiten, insbesondere zur Anwendung der vorgenannten Möglichkeiten, geregelt werden.

§ 7 Sonderformen der Arbeit

(1) [1]Wechselschichtarbeit ist die Arbeit nach einem Schichtplan, der einen regelmäßigen Wechsel der täglichen Arbeitszeit in Wechselschichten vorsieht, bei denen Beschäftigte durchschnittlich längstens nach Ablauf eines Monats erneut zur Nachtschicht herangezogen werden. [2]Wechselschichten sind wechselnde Arbeitsschichten, in denen ununterbrochen bei Tag und Nacht, werktags, sonntags und feiertags gearbeitet wird. [3]Nachtschichten

sind Arbeitsschichten, die mindestens zwei Stunden Nachtarbeit umfassen.

(2) Schichtarbeit ist die Arbeit nach einem Schichtplan, der einen regelmäßigen Wechsel des Beginns der täglichen Arbeitszeit um mindestens zwei Stunden in Zeitabschnitten von längstens einem Monat vorsieht, und die innerhalb einer Zeitspanne von mindestens 13 Stunden geleistet wird.

(3) Bereitschaftsdienst leisten Beschäftigte, die sich auf Anordnung des Arbeitgebers außerhalb der regelmäßigen Arbeitszeit an einer vom Arbeitgeber bestimmten Stelle aufhalten, um im Bedarfsfall die Arbeit aufzunehmen.

(4) [1]Rufbereitschaft leisten Beschäftigte, die sich auf Anordnung des Arbeitgebers außerhalb der regelmäßigen Arbeitszeit an einer dem Arbeitgeber anzuzeigenden Stelle aufhalten, um auf Abruf die Arbeit aufzunehmen. [2]Rufbereitschaft wird nicht dadurch ausgeschlossen, dass Beschäftigte vom Arbeitgeber mit einem Mobiltelefon oder einem vergleichbaren technischen Hilfsmittel ausgestattet sind.

(5) Nachtarbeit ist die Arbeit zwischen 21 Uhr und 6 Uhr.

(6) Mehrarbeit sind die Arbeitsstunden, die Teilzeitbeschäftigte über die vereinbarte regelmäßige Arbeitszeit hinaus bis zur regelmäßigen wöchentlichen Arbeitszeit von Vollbeschäftigten (§ 6 Abs. 1 Satz 1) leisten.

(7) Überstunden sind die auf Anordnung des Arbeitgebers geleisteten Arbeitsstunden, die über die im Rahmen der regelmäßigen Arbeitszeit von Vollbeschäftigten (§ 6 Abs. 1 Satz 1) für die Woche dienstplanmäßig bzw. betriebsüblich festgesetzten Arbeitsstunden hinausgehen und nicht bis zum Ende der folgenden Kalenderwoche ausgeglichen werden.

(8) Abweichend von Absatz 7 sind nur die Arbeitsstunden Überstunden, die

a) im Falle der Festlegung eines Arbeitszeitkorridors nach § 6 Abs. 6 über 45 Stunden oder über die vereinbarte Obergrenze hinaus,
b) im Falle der Einführung einer täglichen Rahmenzeit nach § 6 Abs. 7 außerhalb der Rahmenzeit,
c) im Falle von Wechselschicht- oder Schichtarbeit über die im Schichtplan festgelegten täglichen Arbeitsstunden einschließlich der im Schichtplan vorgesehenen Arbeitsstunden, die bezogen auf die regelmäßige wöchentliche Arbeitszeit im Schichtplanturnus nicht ausgeglichen werden,

angeordnet worden sind.

*(9) [1]Erhöhungsstunden sind die nach § 6 Abs. 1a vereinbarten Arbeitsstunden, die über die regelmäßige durchschnittliche wöchentliche Arbeitszeit von Vollbeschäftigten (§ 6 Abs. 1 Satz 1) hinausgehen. [2]Erhöhungsstunden sind keine Überstunden nach Absatz 7 und 8.**

* § 7 Abs. 9 tritt am 1. Januar 2026 in Kraft.

§ 8 Ausgleich für Sonderformen der Arbeit

(1) [1]Der/Die Beschäftigte erhält neben dem Entgelt für die tatsächliche Arbeitsleistung Zeitzuschläge. [2]Die Zeitzuschläge betragen – auch bei Teilzeitbeschäftigten – je Stunde

a)	für Überstunden	
	– in den Entgeltgruppen 1 bis 9b	30 v. H.,
	– in den Entgeltgruppen 9c bis 15	15 v. H.,
b)	für Nachtarbeit	20 v. H.,
c)	für Sonntagsarbeit	25 v. H.,
d)	bei Feiertagsarbeit	
	– ohne Freizeitausgleich	135 v. H.,
	– mit Freizeitausgleich	35 v. H.,
e)	für Arbeit am 24. Dezember und am 31. Dezember jeweils ab 6 Uhr	35 v. H.,
f)	für Arbeit an Samstagen von 13 bis 21 Uhr, soweit diese nicht im Rahmen von Wechselschicht- oder Schichtarbeit anfällt	20 v. H.

des auf eine Stunde entfallenden Anteils des Tabellenentgelts der Stufe 3 der jeweiligen Entgeltgruppe. [3]Beim Zusammentreffen von Zeitzuschlägen nach Satz 2 Buchst. c bis f wird nur der höchste Zeitzuschlag gezahlt. [4]Auf Wunsch der/des Beschäftigten können, soweit ein Arbeitszeitkonto (§ 10) eingerichtet ist und die betrieblichen/dienstlichen Verhältnisse es zulassen, die nach Satz 2 zu zahlenden Zeitzuschläge entsprechend dem jeweiligen Vomhundertsatz einer Stunde in Zeit umgewandelt und ausgeglichen werden. [5]Dies gilt entsprechend für Überstunden als solche.

Protokollerklärung zu Absatz 1 Satz 1:
Bei Überstunden richtet sich das Entgelt für die tatsächliche Arbeitsleistung nach der jeweiligen Entgeltgruppe und der individuellen Stufe, höchstens jedoch nach der Stufe 4.

Protokollerklärung zu Absatz 1 Satz 2 Buchst. d:
[1]Der Freizeitausgleich muss im Dienstplan besonders ausgewiesen und bezeichnet werden. [2]Falls kein Freizeitausgleich gewährt wird, werden als Entgelt einschließlich des Zeitzuschlags und des auf den Feiertag entfallenden Tabellenentgelts höchstens 235 v. H. gezahlt.

(2) Für Arbeitsstunden, die keine Überstunden sind und die aus betrieblichen/dienstlichen Gründen nicht innerhalb des nach § 6 Abs. 2 Satz 1 oder 2 festgelegten Zeitraums mit Freizeit ausgeglichen werden, erhält die/der Beschäftigte je Stunde 100 v. H. des auf eine Stunde entfallenden Anteils des Tabellenentgelts der jeweiligen Entgeltgruppe und Stufe.

Protokollerklärung zu Absatz 2:
Mit dem Begriff »Arbeitsstunden« sind nicht die Stunden gemeint, die im Rahmen von Gleitzeitregelungen im Sinne der Protokollerklärung zu § 6 anfallen, es sei denn, sie sind angeordnet worden.

(3) [1]Für die Rufbereitschaft wird eine tägliche Pauschale je Entgeltgruppe bezahlt. [2]Sie beträgt für die Tage Montag bis Freitag das Zweifache, für Samstag, Sonntag sowie für Feiertage das Vierfache des tariflichen Stundenentgelts nach Maßgabe der Entgelttabelle. [3]Maßgebend für die Bemessung der Pauschale nach Satz 2 ist der Tag, an dem die Rufbereitschaft beginnt. [4]Für die Arbeitsleistung innerhalb der Rufbereitschaft außerhalb des Aufenthaltsortes im Sinne des § 7 Abs. 4 wird die Zeit jeder einzelnen Inanspruchnahme einschließlich der hierfür erforderlichen Wegezeiten jeweils auf eine volle Stunde gerundet und mit dem Entgelt für Überstunden sowie mit etwaigen Zeitzuschlägen nach Absatz 1 bezahlt. [5]Wird die Arbeitsleistung innerhalb der Rufbereitschaft am Aufenthaltsort im Sinne des § 7 Abs. 4 telefonisch (z. B. in Form einer Auskunft) oder mittels technischer Einrichtungen erbracht, wird abweichend von Satz 4 die Summe dieser Arbeitsleistungen auf die nächste volle Stunde gerundet und mit dem Entgelt für Überstunden sowie mit etwaigen Zeitzuschlägen nach Absatz 1 bezahlt. [6]Absatz 1 Satz 4 gilt entsprechend, soweit die Buchung auf das Arbeitszeitkonto nach § 10 A-bs. 3 Satz 2 zulässig ist. [7]Satz 1 gilt nicht im Falle einer stundenweisen Rufbereitschaft. [8]Eine Rufbereitschaft im Sinne von Satz 7 liegt bei einer ununterbrochenen Rufbereitschaft von weniger als zwölf Stunden vor. [9]In diesem Fall wird abweichend von den Sätzen 2 und 3 für jede Stunde der Rufbereitschaft 12,5 v. H. des tariflichen Stundenentgelts nach Maßgabe der Entgelttabelle gezahlt.

Protokollerklärung zu Absatz 3:
Zur Ermittlung der Tage einer Rufbereitschaft, für die eine Pauschale gezahlt wird, ist auf den Tag des Beginns der Rufbereitschaft abzustellen.

Niederschriftserklärung zu § 8 Abs. 3:
Zur Erläuterung von § 8 Abs. 3 und der dazugehörigen Protokollerklärung sind sich die Tarifvertragsparteien über folgendes Beispiel einig: »Beginnt eine Wochenendrufbereitschaft am Freitag um 15 Uhr und endet am Montag um 7 Uhr, so erhalten Beschäftigte folgende Pauschalen: Zwei Stunden für Freitag, je vier Stunden für Samstag und Sonntag, keine Pauschale für Montag. Sie erhalten somit zehn Stundenentgelte.«

(4) [1]Das Entgelt für Bereitschaftsdienst wird landesbezirklich – für den Bund in einem Tarifvertrag auf Bundesebene – geregelt. [2]Bis zum In-Kraft-Treten einer Regelung nach Satz 1 gelten die in dem jeweiligen Betrieb/der

jeweiligen Verwaltung/Dienststelle am 30. September 2005 jeweils geltenden Bestimmungen fort.

(5) [1]Beschäftigte, die ständig Wechselschichtarbeit leisten, erhalten eine Wechselschichtzulage von 200 Euro monatlich. [2]Beschäftigte, die nicht ständig Wechselschichtarbeit leisten, erhalten eine Wechselschichtzulage von 1,18 Euro pro Stunde.

(6) [1]Beschäftigte, die ständig Schichtarbeit leisten, erhalten eine Schichtzulage von 100 Euro monatlich. [2]Beschäftigte, die nicht ständig Schichtarbeit leisten, erhalten eine Schichtzulage von 0,59 Euro pro Stunde.

Protokollerklärung zu den Absätzen 5 und 6:
Die Beträge verändern sich bei allgemeinen Entgeltanpassungen nach dem 31. Dezember 2026 um den von den Tarifvertragsparteien vereinbarten Vomhundertsatz.

(7) [1]Beschäftigte mit einer erhöhten Arbeitszeit nach § 6 Abs. 1a erhalten neben dem Entgelt für jede Erhöhungsstunde einen Zuschlag. [2]Der Zuschlag beträgt je Erhöhungsstunde

- *in den Entgeltgruppen 1 bis 9b* — *25 v. H.,*
- *in den Entgeltgruppen 9c bis 15* — *10 v. H.,*

*des auf eine Stunde entfallenden Anteils des Tabellenentgelts der Stufe 3 der jeweiligen Entgeltgruppe.**

Protokollerklärung zu Absatz 7:
*[1]Der Zuschlag wird als verstetigtes Entgelt in Monatsbeträgen gezahlt. [2]Dabei sind die vereinbarten wöchentlichen Erhöhungsstunden (§ 7 Abs. 9) zunächst mit dem Faktor 4,348 (§ 24 Abs. 3 Satz 3) und anschließend mit dem sich aus § 8 Abs. 7 ergebenden Zuschlag zu multiplizieren.***

§ 9 Bereitschaftszeiten

(1) [1]Bereitschaftszeiten sind die Zeiten, in denen sich die/der Beschäftigte am Arbeitsplatz oder einer anderen vom Arbeitgeber bestimmten Stelle zur Verfügung halten muss, um im Bedarfsfall die Arbeit selbständig, ggf. auch auf Anordnung, aufzunehmen und in denen die Zeiten ohne Arbeitsleistung überwiegen. [2]Für Beschäftigte, in deren Tätigkeit regelmäßig und in nicht unerheblichem Umfang Bereitschaftszeiten fallen, gelten folgende Regelungen:

a) Bereitschaftszeiten werden zur Hälfte als tarifliche Arbeitszeit gewertet (faktorisiert).
b) Sie werden innerhalb von Beginn und Ende der regelmäßigen täglichen Arbeitszeit nicht gesondert ausgewiesen.

---

* § 8 Abs. 7 tritt am 1. Januar 2026 in Kraft.

** Die Protokollerklärung zu Abs. 7 tritt am 1. Januar 2026 in Kraft.

c) Die Summe aus den faktorisierten Bereitschaftszeiten und der Vollarbeitszeit darf die Arbeitszeit nach § 6 Abs. 1 nicht überschreiten.
d) Die Summe aus Vollarbeits- und Bereitschaftszeiten darf durchschnittlich 48 Stunden wöchentlich nicht überschreiten.

[3]Ferner ist Voraussetzung, dass eine nicht nur vorübergehend angelegte Organisationsmaßnahme besteht, bei der regelmäßig und in nicht unerheblichem Umfang Bereitschaftszeiten anfallen.

(2) [1]Im Bereich der VKA bedarf die Anwendung des Absatzes 1 im Geltungsbereich eines Personalvertretungsgesetzes einer einvernehmlichen Dienstvereinbarung. [2]§ 6 Abs. 9 gilt entsprechend. [3]Im Geltungsbereich des Betriebsverfassungsgesetzes unterliegt die Anwendung dieser Vorschrift der Mitbestimmung im Sinne des § 87 Abs. 1 Nr. 2 BetrVG.

(3) Im Bereich des Bundes gilt Absatz 1 für Beschäftigte im Sinne des Satzes 2, wenn betrieblich Beginn und Ende der täglichen Arbeitszeit unter Einschluss der Bereitschaftszeiten für diese Beschäftigtengruppen festgelegt werden.

Protokollerklärung zu § 9:
Diese Regelung gilt nicht für Wechselschicht- und Schichtarbeit.

§ 10 Arbeitszeitkonto

(1) [1]Durch Betriebs-/Dienstvereinbarung kann ein Arbeitszeitkonto eingerichtet werden. [2]Für einen Betrieb/eine Verwaltung, in dem/der ein Personalvertretungsgesetz Anwendung findet, kann eine Regelung nach Satz 1 auch in einem landesbezirklichen Tarifvertrag – für den Bund in einem Tarifvertrag auf Bundesebene – getroffen werden, wenn eine Dienstvereinbarung nicht einvernehmlich zustande kommt und der Arbeitgeber ein Letztentscheidungsrecht hat. [3]Soweit ein Arbeitszeitkorridor (§ 6 Abs. 6) oder eine Rahmenzeit (§ 6 Abs. 7) vereinbart wird, ist ein Arbeitszeitkonto einzurichten.

(2) [1]In der Betriebs-/Dienstvereinbarung wird festgelegt, ob das Arbeitszeitkonto im ganzen Betrieb/in der ganzen Verwaltung oder Teilen davon eingerichtet wird. [2]Alle Beschäftigten der Betriebs-/Verwaltungsteile, für die ein Arbeitszeitkonto eingerichtet wird, werden von den Regelungen des Arbeitszeitkontos erfasst.

(3) [1]Auf das Arbeitszeitkonto können Zeiten, die bei Anwendung des nach § 6 Abs. 2 festgelegten Zeitraums als Zeitguthaben oder als Zeitschuld bestehen bleiben, nicht durch Freizeit ausgeglichene Zeiten nach § 8 Abs. 1 Satz 5 und Abs. 2 sowie in Zeit umgewandelte Zuschläge nach § 8 Abs. 1 Satz 4 gebucht werden. [2]Weitere Kontingente (z. B. Rufbereitschafts-/Bereitschaftsdienstentgelte) können durch Betriebs-/Dienstvereinbarung zur Buchung freigegeben werden. [3]Die/Der Beschäftigte entscheidet für einen

in der Betriebs-/Dienstvereinbarung festgelegten Zeitraum, welche der in Satz 1 genannten Zeiten auf das Arbeitszeitkonto gebucht werden.
(4) Im Falle einer unverzüglich angezeigten und durch ärztliches Attest nachgewiesenen Arbeitsunfähigkeit während eines Zeitausgleichs vom Arbeitszeitkonto (Zeiten nach Absatz 3 Satz 1 und 2) tritt eine Minderung des Zeitguthabens nicht ein.

Niederschriftserklärung zu § 10 Abs. 4:
Durch diese Regelung werden aus dem Urlaubsrecht entlehnte Ansprüche nicht begründet.

(5) In der Betriebs-/Dienstvereinbarung sind insbesondere folgende Regelungen zu treffen:
a) Die höchstmögliche Zeitschuld (bis zu 40 Stunden) und das höchstzulässige Zeitguthaben (bis zu einem Vielfachen von 40 Stunden), die innerhalb eines bestimmten Zeitraums anfallen dürfen;
b) nach dem Umfang des beantragten Freizeitausgleichs gestaffelte Fristen für das Abbuchen von Zeitguthaben oder für den Abbau von Zeitschulden durch die/den Beschäftigten;
c) die Berechtigung, das Abbuchen von Zeitguthaben zu bestimmten Zeiten (z. B. an so genannten Brückentagen) vorzusehen;
d) die Folgen, wenn der Arbeitgeber einen bereits genehmigten Freizeitausgleich kurzfristig widerruft.

(6) [1]Der Arbeitgeber kann mit der/dem Beschäftigten die Einrichtung eines Langzeitkontos vereinbaren. [2]In diesem Fall ist der Betriebs-/Personalrat zu beteiligen und – bei Insolvenzfähigkeit des Arbeitgebers – eine Regelung zur Insolvenzsicherung zu treffen.

(7) [1]Auf betrieblicher Ebene kann die Einrichtung eines Langzeitkontos für die Beschäftigten vereinbart werden. [2]Ein in das Langzeitkonto eingebrachtes Wertguthaben kann gemäß § 7c SGB IV (insbesondere für ein Sabbatical, für eine Verringerung der Arbeitszeit, die der Beschäftigte nach § 8 oder § 9a TzBfG verlangen kann, Freistellung wegen Kinderbetreuungszeiten und Pflegezeit) verwendet werden. [3]Die Ausgestaltung geschieht durch Betriebsvereinbarung oder einvernehmliche Dienstvereinbarung, in der insbesondere geregelt werden:
a) Verfahren zur Einbringungsmöglichkeit, insbesondere die Einzahlung von Entgeltbestandteilen,
b) Regelung von Störfällen und die Übertragung des Wertguthabens, insbesondere bei Beendigung des Arbeitsverhältnisses, Erwerbsminderung, Tod,
c) Rahmen der Ansparvereinbarung, insbesondere hinsichtlich der Grenzen der Ansparung,

d) Regelungen zur Freistellungsphase, insbesondere zu Mindestzeiten, Beginn und Dauer, Ankündigungsfristen,
e) Entgelt in der Freistellungsphase,
f) Insolvenzsicherung im Falle der Insolvenzfähigkeit des Arbeitgebers.

§ 11 Teilzeitbeschäftigung

(1) [1]Mit Beschäftigten soll auf Antrag eine geringere als die vertraglich festgelegte Arbeitszeit vereinbart werden, wenn sie
a) mindestens ein Kind unter 18 Jahren oder
b) einen nach ärztlichem Gutachten pflegebedürftigen sonstigen Angehörigen

tatsächlich betreuen oder pflegen und dringende dienstliche bzw. betriebliche Belange nicht entgegenstehen. [2]Die Teilzeitbeschäftigung nach Satz 1 ist auf Antrag auf bis zu fünf Jahre zu befristen. [3]Sie kann verlängert werden; der Antrag ist spätestens sechs Monate vor Ablauf der vereinbarten Teilzeitbeschäftigung zu stellen. [4]Bei der Gestaltung der Arbeitszeit hat der Arbeitgeber im Rahmen der dienstlichen bzw. betrieblichen Möglichkeiten der besonderen persönlichen Situation der/des Beschäftigten nach Satz 1 Rechnung zu tragen.

(2) Beschäftigte, die in anderen als den in Absatz 1 genannten Fällen eine Teilzeitbeschäftigung vereinbaren wollen, können von ihrem Arbeitgeber verlangen, dass er mit ihnen die Möglichkeit einer Teilzeitbeschäftigung mit dem Ziel erörtert, zu einer entsprechenden Vereinbarung zu gelangen.

Protokollerklärung zu Abschnitt II:
Bei In-Kraft-Treten dieses Tarifvertrages bestehende Gleitzeitregelungen bleiben unberührt.

Abschnitt III
Eingruppierung, Entgelt und sonstige Leistungen

§ 12 (Bund) Eingruppierung

(1) [1]Die Eingruppierung der/des Beschäftigten richtet sich nach dem Tarifvertrag über die Entgeltordnung des Bundes (TV EntgO Bund). [2]Die/Der Beschäftigte erhält Entgelt nach der Entgeltgruppe, in der sie/er eingruppiert ist.

(2) [1]Die/Der Beschäftigte ist in der Entgeltgruppe eingruppiert, deren Tätigkeitsmerkmalen die gesamte von ihr/ihm nicht nur vorübergehend auszuübende Tätigkeit entspricht. [2]Die gesamte auszuübende Tätigkeit entspricht den Tätigkeitsmerkmalen einer Entgeltgruppe, wenn zeitlich min-

destens zur Hälfte Arbeitsvorgänge anfallen, die für sich genommen die Anforderungen eines Tätigkeitsmerkmals oder mehrerer Tätigkeitsmerkmale dieser Entgeltgruppe erfüllen. [3]Kann die Erfüllung einer Anforderung in der Regel erst bei der Betrachtung mehrerer Arbeitsvorgänge festgestellt werden (z. B. vielseitige Fachkenntnisse), sind diese Arbeitsvorgänge für die Feststellung, ob diese Anforderung erfüllt ist, insoweit zusammen zu beurteilen. [4]Werden in einem Tätigkeitsmerkmal mehrere Anforderungen gestellt, gilt das in Satz 2 bestimmte Maß, ebenfalls bezogen auf die gesamte auszuübende Tätigkeit, für jede Anforderung. [5]Ist in einem Tätigkeitsmerkmal ein von Satz 2 oder 4 abweichendes zeitliches Maß bestimmt, gilt dieses. [6]Ist in einem Tätigkeitsmerkmal als Anforderung eine Voraussetzung in der Person der/des Beschäftigten bestimmt, muss auch diese Anforderung erfüllt sein.

Protokollerklärungen zu Absatz 2:

1. [1]Arbeitsvorgänge sind Arbeitsleistungen (einschließlich Zusammenhangsarbeiten), die, bezogen auf den Aufgabenkreis der/des Beschäftigten, zu einem bei natürlicher Betrachtung abgrenzbaren Arbeitsergebnis führen (z. B. unterschriftsreife Bearbeitung eines Aktenvorgangs, eines Widerspruchs oder eines Antrags, Betreuung bzw. Pflege einer Person oder Personengruppe, Fertigung einer Bauzeichnung, Erstellung eines EKG, Durchführung einer Unterhaltungs- bzw. Instandsetzungsarbeit). [2]Jeder einzelne Arbeitsvorgang ist als solcher zu bewerten und darf dabei hinsichtlich der Anforderungen zeitlich nicht aufgespalten werden.
2. Eine Anforderung im Sinne der Sätze 2 und 3 ist auch das in einem Tätigkeitsmerkmal geforderte Herausheben der Tätigkeit aus einer niedrigeren Entgeltgruppe.

(3) Die Entgeltgruppe der/des Beschäftigten ist im Arbeitsvertrag anzugeben.

§ 12 (VKA) Eingruppierung

(1) Die Eingruppierung der/des Beschäftigten richtet sich nach den Tätigkeitsmerkmalen der Anlage 1 – Entgeltordnung (VKA). Die/Der Beschäftigte erhält Entgelt nach der Entgeltgruppe, in der sie/er eingruppiert ist.

(2) [1]Die/Der Beschäftigte ist in der Entgeltgruppe eingruppiert, deren Tätigkeitsmerkmalen die gesamte von ihr/ihm nicht nur vorübergehend auszuübende Tätigkeit entspricht. [2]Die gesamte auszuübende Tätigkeit entspricht den Tätigkeitsmerkmalen einer Entgeltgruppe, wenn zeitlich mindestens zur Hälfte Arbeitsvorgänge anfallen, die für sich genommen die Anforderungen eines Tätigkeitsmerkmals oder mehrerer Tätigkeitsmerkmale dieser Entgeltgruppe erfüllen. [3]Kann die Erfüllung einer Anforderung in der Regel erst bei der Betrachtung mehrerer Arbeits-

vorgänge festgestellt werden (z. B. vielseitige Fachkenntnisse), sind diese Arbeitsvorgänge für die Feststellung, ob diese Anforderung erfüllt ist, insoweit zusammen zu beurteilen. [4]Werden in einem Tätigkeitsmerkmal mehrere Anforderungen gestellt, gilt das in Satz 2 bestimmte Maß, ebenfalls bezogen auf die gesamte auszuübende Tätigkeit, für jede Anforderung. [5]Ist in einem Tätigkeitsmerkmal ein von den Sätzen 2 bis 4 abweichendes zeitliches Maß bestimmt, gilt dieses. [6]Ist in einem Tätigkeitsmerkmal als Anforderung eine Voraussetzung in der Person der/des Beschäftigten bestimmt, muss auch diese Anforderung erfüllt sein.

Protokollerklärung zu Absatz 2:
[1]Arbeitsvorgänge sind Arbeitsleistungen (einschließlich Zusammenhangsarbeiten), die, bezogen auf den Aufgabenkreis der/des Beschäftigten, zu einem bei natürlicher Betrachtung abgrenzbaren Arbeitsergebnis führen (z. B. unterschriftsreife Bearbeitung eines Aktenvorgangs, eines Widerspruchs oder eines Antrags, Erstellung eines EKG, Fertigung einer Bauzeichnung, Konstruktion einer Brücke oder eines Brückenteils, Bearbeitung eines Antrags auf eine Sozialleistung, Betreuung einer Person oder Personengruppe, Durchführung einer Unterhaltungs- oder Instandsetzungsarbeit). [2]Jeder einzelne Arbeitsvorgang ist als solcher zu bewerten und darf dabei hinsichtlich der Anforderungen zeitlich nicht aufgespalten werden. [3]Eine Anforderung im Sinne der Sätze 2 und 3 ist auch das in einem Tätigkeitsmerkmal geforderte Herausheben der Tätigkeit aus einer niedrigeren Entgeltgruppe.

(3) Die Entgeltgruppe der/des Beschäftigten ist im Arbeitsvertrag anzugeben.

§ 13 (Bund) Eingruppierung in besonderen Fällen

(1) [1]Ist der/dem Beschäftigten eine andere, höherwertige Tätigkeit nicht übertragen worden, hat sich aber die ihr/ihm übertragene Tätigkeit (§ 12 Abs. 2 Satz 1) nicht nur vorübergehend derart geändert, dass sie den Tätigkeitsmerkmalen einer höheren als ihrer/seiner bisherigen Entgeltgruppe entspricht (§ 12 Abs. 2 Sätze 2 bis 6), und hat die/der Beschäftigte die höherwertige Tätigkeit ununterbrochen sechs Monate lang ausgeübt, ist sie/er mit Beginn des darauffolgenden Kalendermonats in der höheren Entgeltgruppe eingruppiert. [2]Für die zurückliegenden sechs Kalendermonate gilt § 14 sinngemäß.
(2) [1]Ist die Zeit der Ausübung der höherwertigen Tätigkeit durch Urlaub, Arbeitsbefreiung, Arbeitsunfähigkeit, Kur- oder Heilverfahren oder Vorbereitung auf eine Fachprüfung für die Dauer von insgesamt nicht mehr als sechs Wochen unterbrochen worden, wird die Unterbrechungszeit in die Frist von sechs Monaten eingerechnet. [2]Bei einer längeren Unterbrechung

oder bei einer Unterbrechung aus anderen Gründen beginnt die Frist nach der Beendigung der Unterbrechung von neuem.
(3) Wird der/dem Beschäftigten vor Ablauf der sechs Monate wieder eine Tätigkeit zugewiesen, die den Tätigkeitsmerkmalen ihrer/seiner bisherigen Entgeltgruppe entspricht, gilt § 14 sinngemäß.

§ 13 (VKA) Eingruppierung in besonderen Fällen

(1) [1]Ist der/dem Beschäftigten eine andere, höherwertige Tätigkeit nicht übertragen worden, hat sich aber die ihr/ihm übertragene Tätigkeit (§ 12 [VKA] Abs. 2 Satz 1) nicht nur vorübergehend derart geändert, dass sie den Tätigkeitsmerkmalen einer höheren als ihrer/seiner bisherigen Entgeltgruppe entspricht (§ 12 [VKA] Abs. 2 Sätze 2 bis 6), und hat die/der Beschäftigte die höherwertige Tätigkeit ununterbrochen sechs Monate lang ausgeübt, ist sie/er mit Beginn des darauffolgenden Kalendermonats in der höheren Entgeltgruppe eingruppiert. [2]Für die zurückliegenden sechs Kalendermonate gilt § 14 Abs. 1 sinngemäß.
(2) [1]Ist die Zeit der Ausübung der höherwertigen Tätigkeit durch Urlaub, Arbeitsbefreiung, Arbeitsunfähigkeit, Kur- oder Heilverfahren oder Vorbereitung auf eine Fachprüfung für die Dauer von insgesamt nicht mehr als sechs Wochen unterbrochen worden, wird die Unterbrechungszeit in die Frist von sechs Monaten eingerechnet. [2]Bei einer längeren Unterbrechung oder bei einer Unterbrechung aus anderen Gründen beginnt die Frist nach der Beendigung der Unterbrechung von neuem.
(3) Wird der/dem Beschäftigten vor Ablauf der sechs Monate wieder eine Tätigkeit zugewiesen, die den Tätigkeitsmerkmalen ihrer/seiner bisherigen Entgeltgruppe entspricht, gilt § 14 Abs. 1 sinngemäß.

Protokollerklärung zu §§ 12 (VKA), 13 (VKA):
Die Grundsätze der korrigierenden Rückgruppierung bleiben unberührt.

§ 14 Vorübergehende Übertragung einer höherwertigen Tätigkeit

(1) Wird der/dem Beschäftigten vorübergehend eine andere Tätigkeit übertragen, die den Tätigkeitsmerkmalen einer höheren als ihrer/seiner Eingruppierung entspricht, und hat sie/er diese mindestens einen Monat ausgeübt, erhält sie/er für die Dauer der Ausübung eine persönliche Zulage rückwirkend ab dem ersten Tag der Übertragung der Tätigkeit.

Niederschriftserklärungen zu § 14 Abs. 1:

1. Ob die vorübergehend übertragene höherwertige Tätigkeit einer höheren Entgeltgruppe entspricht, bestimmt sich im Bereich der VKA für nach einem

gemäß § 2 Abs. 2 TVÜ-VKA weitergeltenden Lohngruppenverzeichnis eingruppierte Beschäftigte nach der Anlage 3 zum TVÜ-VKA.

2. Die Tarifvertragsparteien stellen klar, dass die vertretungsweise Übertragung einer höherwertigen Tätigkeit ein Unterfall der vorübergehenden Übertragung einer höherwertigen Tätigkeit ist.

(2) Durch landesbezirklichen Tarifvertrag – für den Bund durch einen Tarifvertrag auf Bundesebene – wird im Rahmen eines Kataloges, der die hierfür in Frage kommenden Tätigkeiten aufführt, bestimmt, dass die Voraussetzung für die Zahlung einer persönlichen Zulage bereits erfüllt ist, wenn die vorübergehend übertragene Tätigkeit mindestens drei Arbeitstage angedauert hat und die/der Beschäftigte ab dem ersten Tag der Vertretung in Anspruch genommen worden ist.

(3) Die persönliche Zulage bemisst sich nach dem jeweiligen Unterschiedsbetrag zu dem Tabellenentgelt, das sich bei dauerhafter Übertragung nach § 17 Abs. 4 Satz 1 für Beschäftigte im Bereich der VKA und nach § 17 Abs. 5 Satz 1 für Beschäftigte des Bundes ergeben hätte.

§ 15 Tabellenentgelt

(1) [1]Die/Der Beschäftigte erhält monatlich ein Tabellenentgelt. [2]Die Höhe bestimmt sich nach der Entgeltgruppe, in die sie/er eingruppiert ist, und nach der für sie/ihn geltenden Stufe.

(2) [1]Alle Beschäftigten des Bundes erhalten Entgelt nach Anlage A (Bund). [2]Die Beschäftigten der Mitglieder eines Mitgliedverbandes der VKA erhalten Entgelt nach der Anlage A (VKA).

(3) [1]Im Rahmen von landesbezirklichen bzw. für den Bund in bundesweiten tarifvertraglichen Regelungen können für an- und ungelernte Tätigkeiten in von Outsourcing und/oder Privatisierung bedrohten Bereichen in den Entgeltgruppen 1 bis 4 Abweichungen von der Entgelttabelle bis zu einer dort vereinbarten Untergrenze vorgenommen werden. [2]Die Untergrenze muss im Rahmen der Spannbreite des Entgelts der Entgeltgruppe 1 liegen. [3]Die Umsetzung erfolgt durch Anwendungsvereinbarung, für den Bund durch Bundestarifvertrag.

§ 16 (Bund) Stufen der Entgelttabelle

(1) Die Entgeltgruppen 2 bis 15 umfassen sechs Stufen.

(2) [1]Bei Einstellung werden die Beschäftigten der Stufe 1 zugeordnet, sofern keine einschlägige Berufserfahrung vorliegt. [2]Verfügt die/der Beschäftigte über eine einschlägige Berufserfahrung von mindestens einem Jahr, erfolgt die Einstellung in die Stufe 2; verfügt sie/er über eine einschlägige Berufserfahrung von mindestens drei Jahren, erfolgt bei Einstellung in der Regel

eine Zuordnung zur Stufe 3. [3]Unabhängig davon kann der Arbeitgeber bei Neueinstellungen zur Deckung des Personalbedarfs Zeiten einer vorherigen beruflichen Tätigkeit ganz oder teilweise für die Stufenzuordnung berücksichtigen, wenn diese Tätigkeit für die vorgesehene Tätigkeit förderlich ist. [4]Bei Einstellung im unmittelbaren Anschluss an ein Arbeitsverhältnis zum Bund werden die Beschäftigten mit einschlägiger Berufserfahrung der im vorhergehenden Arbeitsverhältnis erworbenen Stufe zugeordnet und die im vorhergehenden Arbeitsverhältnis erreichte Stufenlaufzeit wird fortgeführt.

Protokollerklärung zu Absatz 2:
1. Einschlägige Berufserfahrung ist eine berufliche Erfahrung in der übertragenen oder einer auf die Aufgabe bezogen entsprechenden Tätigkeit.
2. Ein Berufspraktikum nach dem Tarifvertrag für Praktikantinnen/Praktikanten des öffentlichen Dienstes (TVPöD) vom 27. Oktober 2009 gilt grundsätzlich als Erwerb einschlägiger Berufserfahrung.

(3) Bei Einstellung von Beschäftigten in unmittelbarem Anschluss an ein Arbeitsverhältnis im öffentlichen Dienst (§ 34 Abs. 3 Satz 3 und 4) oder zu einem Arbeitgeber, der einen dem TVöD vergleichbaren Tarifvertrag anwendet, kann die in dem vorhergehenden Arbeitsverhältnis erworbene Stufe bei der Stufenzuordnung ganz oder teilweise berücksichtigt werden; Absatz 2 Satz 3 bleibt unberührt.

Niederschriftserklärung zu § 16 (Bund) Abs. 3:
Die Tarifvertragsparteien sind sich darüber einig, dass die erworbene Stufe im Sinne des § 16 (Bund) Abs. 3 auch eine individuelle Endstufe im Sinne des § 6 Abs. 3 Satz 1, § 7 Abs. 2 1. Alternative oder § 8 Abs. 3 Satz 2 TVÜ-Bund oder eine individuelle Zwischenstufe im Sinne des § 7 Abs. 3 Satz 1 oder § 8 Abs. 3 Satz 2 TVÜ-Bund sein kann.

(4) Die Beschäftigten erreichen die jeweils nächste Stufe – von Stufe 3 an in Abhängigkeit von ihrer Leistung gemäß § 17 Abs. 2 – nach folgenden Zeiten einer ununterbrochenen Tätigkeit innerhalb derselben Entgeltgruppe bei ihrem Arbeitgeber (Stufenlaufzeit):
- Stufe 2 nach einem Jahr in Stufe 1,
- Stufe 3 nach zwei Jahren in Stufe 2,
- Stufe 4 nach drei Jahren in Stufe 3,
- Stufe 5 nach vier Jahren in Stufe 4 und
- Stufe 6 nach fünf Jahren in Stufe 5.

(5) [1]Die Entgeltgruppe 1 umfasst fünf Stufen. [2]Einstellungen erfolgen zwingend in der Stufe 2 (Eingangsstufe). [3]Die jeweils nächste Stufe wird nach vier Jahren in der vorangegangenen Stufe erreicht; § 17 Abs. 2 bleibt unberührt.

(6) [1]Zur Deckung des Personalbedarfs oder zur Bindung von qualifizierten Fachkräften kann Beschäftigten abweichend von der tarifvertraglichen Einstufung ein bis zu zwei Stufen höheres Entgelt ganz oder teilweise vorweg gewährt werden. [2]Haben Beschäftigte bereits die Stufe 5 oder die Endstufe ihrer jeweiligen Entgeltgruppe erreicht, kann ihnen unter den Voraussetzungen des Satzes 1 ein um bis zu 20 v.H. der Stufe 2 ihrer jeweiligen Entgeltgruppe höheres Entgelt gewährt werden. [3]Die Gewährung der Zulagen nach den Sätzen 1 und 2 kann zeitlich befristet erfolgen. [4]Die Zulagen jederzeit widerruflich und gelten als Tabellenentgelt gemäß § 15.

§ 16 (VKA) Stufen der Entgelttabelle

(1) Die Entgeltgruppen 2 bis 15 umfassen sechs Stufen.

(2) [1]Bei Einstellung werden die Beschäftigten der Stufe 1 zugeordnet, sofern keine einschlägige Berufserfahrung vorliegt. [2]Verfügt die/der Beschäftigte über eine einschlägige Berufserfahrung von mindestens einem Jahr, erfolgt die Einstellung in die Stufe 2; verfügt sie/er über eine einschlägige Berufserfahrung von mindestens drei Jahren, erfolgt in der Regel eine Zuordnung zur Stufe 3. [3]Unabhängig davon kann der Arbeitgeber bei Neueinstellungen zur Deckung des Personalbedarfs Zeiten einer vorherigen beruflichen Tätigkeit ganz oder teilweise für die Stufenzuordnung berücksichtigen, wenn diese Tätigkeit für die vorgesehene Tätigkeit förderlich ist.

Protokollerklärung zu Absatz 2:
Ein Berufspraktikum nach dem Tarifvertrag für Praktikantinnen/Praktikanten des öffentlichen Dienstes vom 27. Oktober 2009 gilt grundsätzlich als Erwerb einschlägiger Berufserfahrung.

Niederschriftserklärung zu § 16 (VKA) Abs. 2 Satz 2:
Die Tarifvertragsparteien sind sich darüber einig, dass stichtagsbezogene Verwerfungen zwischen übergeleiteten Beschäftigten und Neueinstellungen entstehen können.

(2a) Bei Einstellung von Beschäftigten in unmittelbarem Anschluss an ein Arbeitsverhältnis im öffentlichen Dienst (§ 34 Abs. 3 Satz 3 und 4) oder zu einem Arbeitgeber, der einen dem TVöD vergleichbaren Tarifvertrag anwendet, kann die in dem vorhergehenden Arbeitsverhältnis erworbene Stufe bei der Stufenzuordnung ganz oder teilweise berücksichtigt werden; Absatz 2 Satz 3 bleibt unberührt.

Niederschriftserklärung zu § 16 (VKA) Abs. 2a:
Die Tarifvertragsparteien sind sich darüber einig, dass die erworbene Stufe im Sinne des § 16 (VKA) Abs. 2a auch eine Endstufe im Sinne des § 6 Abs. 4 Satz 1,

§ 7 Abs. 2 1. Alternative oder § 8 Abs. 3 Satz 2 TVÜ-VKA oder eine individuelle Zwischenstufe im Sinne des § 7 Abs. 3 Satz 1 oder § 8 Abs. 3 Satz 2 TVÜ-VKA sein kann.

(3) Die Beschäftigten erreichen die jeweils nächste Stufe – von Stufe 3 an in Abhängigkeit von ihrer Leistung gemäß § 17 Abs. 2 – nach folgenden Zeiten einer ununterbrochenen Tätigkeit innerhalb derselben Entgeltgruppe bei ihrem Arbeitgeber (Stufenlaufzeit):

- Stufe 2 nach einem Jahr in Stufe 1,
- Stufe 3 nach zwei Jahren in Stufe 2,
- Stufe 4 nach drei Jahren in Stufe 3,
- Stufe 5 nach vier Jahren in Stufe 4 und
- Stufe 6 nach fünf Jahren in Stufe 5.

(4) [1]Die Entgeltgruppe 1 umfasst fünf Stufen. [2]Einstellungen erfolgen in der Stufe 2 (Eingangsstufe). [3]Die jeweils nächste Stufe wird nach vier Jahren in der vorangegangenen Stufe erreicht; § 17 Abs. 2 bleibt unberührt.

§ 17 Allgemeine Regelungen zu den Stufen

(1) Die Beschäftigten erhalten vom Beginn des Monats an, in dem die nächste Stufe erreicht wird, das Tabellenentgelt nach der neuen Stufe.

(2) [1]Bei Leistungen der/des Beschäftigten, die erheblich über dem Durchschnitt liegen, kann die erforderliche Zeit für das Erreichen der Stufen 4 bis 6 jeweils verkürzt werden. [2]Bei Leistungen, die erheblich unter dem Durchschnitt liegen, kann die erforderliche Zeit für das Erreichen der Stufen 4 bis 6 jeweils verlängert werden. [3]Bei einer Verlängerung der Stufenlaufzeit hat der Arbeitgeber jährlich zu prüfen, ob die Voraussetzungen für die Verlängerung noch vorliegen. [4]Für die Beratung von schriftlich begründeten Beschwerden von Beschäftigten gegen eine Verlängerung nach Satz 2 bzw. 3 ist eine betriebliche Kommission zuständig. [5]Die Mitglieder der betrieblichen Kommission werden je zur Hälfte vom Arbeitgeber und vom Betriebs-/Personalrat benannt; sie müssen dem Betrieb/der Dienststelle angehören. [6]Der Arbeitgeber entscheidet auf Vorschlag der Kommission darüber, ob und in welchem Umfang der Beschwerde abgeholfen werden soll.

Protokollerklärung zu Absatz 2:
[1]Die Instrumente der materiellen Leistungsanreize (§ 18) und der leistungsbezogene Stufenaufstieg bestehen unabhängig voneinander und dienen unterschiedlichen Zielen. [2]Leistungsbezogene Stufenaufstiege unterstützen insbesondere die Anliegen der Personalentwicklung.

Protokollerklärung zu Absatz 2 Satz 2:
Bei Leistungsminderungen, die auf einem anerkannten Arbeitsunfall oder einer Berufskrankheit gemäß §§ 8 und 9 SGB VII beruhen, ist diese Ursache in geeigneter Weise zu berücksichtigen.

Protokollerklärung zu Absatz 2 Satz 6:
Die Mitwirkung der Kommission erfasst nicht die Entscheidung über die leistungsbezogene Stufenzuordnung.

(3) [1]Den Zeiten einer ununterbrochenen Tätigkeit im Sinne des § 16 (Bund) Abs. 4 und des § 16 (VKA) Abs. 3 stehen gleich:
a) Zeiten von Beschäftigungsverboten nach dem Mutterschutzgesetz,
b) Zeiten einer Arbeitsunfähigkeit nach § 22 bis zu 39 Wochen,
c) Zeiten eines bezahlten Urlaubs,
d) Zeiten eines Sonderurlaubs, bei denen der Arbeitgeber vor dem Antritt schriftlich ein dienstliches bzw. betriebliches Interesse anerkannt hat,
e) Zeiten einer sonstigen Unterbrechung von weniger als einem Monat im Kalenderjahr,
f) Zeiten der vorübergehenden Übertragung einer höherwertigen Tätigkeit.

[2]Zeiten der Unterbrechung bis zu einer Dauer von jeweils drei Jahren, die nicht von Satz 1 erfasst werden, und Elternzeit bis zu jeweils fünf Jahren sind unschädlich, werden aber nicht auf die Stufenlaufzeit angerechnet. [3]Bei einer Unterbrechung von mehr als drei Jahren, bei Elternzeit von mehr als fünf Jahren, erfolgt eine Zuordnung zu der Stufe, die der vor der Unterbrechung erreichten Stufe vorangeht, jedoch nicht niedriger als bei einer Neueinstellung; die Stufenlaufzeit beginnt mit dem Tag der Arbeitsaufnahme. [4]Zeiten, in denen Beschäftigte mit einer kürzeren als der regelmäßigen wöchentlichen Arbeitszeit eines entsprechenden Vollbeschäftigten beschäftigt waren, werden voll angerechnet.

(4) [1]Bei Eingruppierung in eine höhere Entgeltgruppe aus den Entgeltgruppen 2 bis 14 der Anlage A (VKA) werden die Beschäftigten im Bereich der VKA der gleichen Stufe zugeordnet, die sie in der niedrigeren Entgeltgruppe erreicht haben, mindestens jedoch der Stufe 2. [2]Die Stufenlaufzeit in der höheren Entgeltgruppe beginnt mit dem Tag der Höhergruppierung. [3]Bei einer Eingruppierung in eine niedrigere Entgeltgruppe ist die/der Beschäftige der in der höheren Entgeltgruppe erreichten Stufe zuzuordnen; die in der bisherigen Stufe zurückgelegte Stufenlaufzeit wird auf die Stufenlaufzeit in der niedrigeren Entgeltgruppe angerechnet. [4]Die/Der Beschäftigte erhält vom Beginn des Monats an, in dem die Veränderung wirksam wird, das entsprechende Tabellenentgelt aus der in Satz 1 oder Satz 3 festgelegten Stufe der betreffenden Entgeltgruppe.

(4a) [1]Bei Eingruppierung in eine höhere Entgeltgruppe aus der Entgeltgruppe 1 werden die Beschäftigten im Bereich der VKA derjenigen Stufe zugeordnet, in der sie mindestens ihr bisheriges Tabellenentgelt erhalten, mindestens jedoch der Stufe 2. [2]Wird die/der Beschäftigte nicht in die nächsthöhere, sondern in eine darüber liegende Entgeltgruppe höhergruppiert, ist das Tabellenentgelt für jede dazwischen liegende Entgeltgruppe nach Satz 1 zu berechnen. [3]Die Stufenlaufzeit in der höheren Entgeltgruppe beginnt mit dem Tag der Höhergruppierung. [4]Die/Der Beschäftigte erhält vom Beginn des Monats an, in dem die Veränderung wirksam wird, das entsprechende Tabellenentgelt aus der in Satz 1 festgelegten Stufe der betreffenden Entgeltgruppe.

(5) [1]Bei Eingruppierung in eine höhere Entgeltgruppe werden die Beschäftigten des Bundes der gleichen Stufe zugeordnet, die sie in der niedrigeren Entgeltgruppe erreicht haben, mindestens jedoch der Stufe 2. [2]Die Stufenlaufzeit in der höheren Entgeltgruppe beginnt mit dem Tag der Höhergruppierung. [3]Bei einer Eingruppierung in eine niedrigere Entgeltgruppe ist die/der Beschäftigte der in der höheren Entgeltgruppe erreichten Stufe zuzuordnen; die in der bisherigen Stufe zurückgelegte Stufenlaufzeit wird auf die Stufenlaufzeit in der niedrigeren Entgeltgruppe angerechnet. [4]Die/Der Beschäftigte erhält das entsprechende Tabellenentgelt vom Beginn des Monats an, in dem die Veränderung wirksam wird.

Protokollerklärungen zu den Absätzen 4, 4a und 5:

1. [1]Ist Beschäftigten nach § 14 Abs. 1 vorübergehend eine höherwertige Tätigkeit übertragen worden, und wird ihnen im unmittelbaren Anschluss daran eine Tätigkeit derselben höheren Entgeltgruppe dauerhaft übertragen, werden sie hinsichtlich der Stufenzuordnung so gestellt, als sei die Höhergruppierung ab dem ersten Tag der vorübergehenden Übertragung der höherwertigen Tätigkeit erfolgt. [2]Unterschreitet bei Höhergruppierungen nach Satz 1 das Tabellenentgelt nach den Sätzen 4 des § 17 Abs. 4, 4a bzw. 5 die Summe aus Tabellenentgelt und dem Zulagenbetrag nach § 14 Abs. 3, die/der Beschäftigte am Tag vor der Höhergruppierung erhalten hat, erhält die/der Beschäftigte dieses Entgelt solange, bis das Tabellenentgelt nach den Sätzen 4 des § 17 Abs. 4, 4a bzw. 5 dieses Entgelt erreicht oder übersteigt.
2. Bei Eingruppierung in eine Entgeltgruppe, die einer anderen als der bisherigen Entgelttabelle zugeordnet ist (Tabellenwechsel), werden die Beschäftigten der gleichen Stufe zugeordnet, die sie in der bisherigen Entgeltgruppe erreicht haben.

§ 18 (Bund) Leistungsentgelt

(1) Das Leistungsentgelt ist eine variable und leistungsorientierte Bezahlung, die zusätzlich zum Tabellenentgelt gezahlt werden kann.
(2) [1]Für das Leistungsentgelt kann ein Gesamtvolumen von bis zu 1 v. H. der ständigen Monatsentgelte des Vorjahres aller unter den Geltungsbereich des TVöD fallenden Beschäftigten der jeweiligen Dienststelle zur Verfügung gestellt werden. [2]Die Umsetzung richtet sich nach dem Tarifvertrag über das Leistungsentgelt für die Beschäftigten des Bundes.

Protokollerklärung zu Absatz 2 Satz 1:
Ständige Monatsentgelte sind insbesondere das Tabellenentgelt (ohne Sozialversicherungsbeiträge des Arbeitgebers und dessen Kosten für die betriebliche Altersvorsorge), die in Monatsbeträgen festgelegten Zulagen einschließlich Besitzstandszulagen sowie Entgelt im Krankheitsfall (§ 22) und bei Urlaub, soweit diese Entgelte in dem betreffenden Kalenderjahr ausgezahlt worden sind; nicht einbezogen sind dagegen insbesondere Abfindungen, Aufwandsentschädigungen, Auslandsdienstbezüge einschließlich Kaufkraftausgleiche und Auslandsverwendungszuschläge, Einmalzahlungen, Jahressonderzahlungen, Leistungsentgelte, Strukturausgleiche, unständige Entgeltbestandteile und Entgelte der außertariflichen Beschäftigten.

(3) Die ausgezahlten Leistungsentgelte sind zusatzversorgungspflichtiges Entgelt.

Protokollerklärungen zu § 18 (Bund):
1. [1]Eine Nichterfüllung der Voraussetzungen für die Gewährung eines Leistungsentgelts darf für sich genommen keine arbeitsrechtlichen Maßnahmen auslösen. [2]Umgekehrt sind arbeitsrechtliche Maßnahmen nicht durch Teilnahme an einer Zielvereinbarung bzw. durch Gewährung eines Leistungsentgelts ausgeschlossen.
2. [1]Leistungsgeminderte dürfen nicht grundsätzlich aus Leistungsentgelten ausgenommen werden. [2]Ihre jeweiligen Leistungsminderungen sollen angemessen berücksichtigt werden.

Niederschriftserklärung zu § 18 (Bund):
Die Tarifvertragsparteien gehen davon aus, dass Leistungsentgelte Bezüge im Sinne des § 4 TV ATZ sind.

§ 18 (VKA) Leistungsentgelt

(1) [1]Die leistungs- und/oder erfolgsorientierte Bezahlung soll dazu beitragen, die öffentlichen Dienstleistungen zu verbessern. [2]Zugleich sollen Motivation, Eigenverantwortung und Führungskompetenz gestärkt werden.
(2) Das Leistungsentgelt ist eine variable und leistungsorientierte Bezahlung zusätzlich zum Tabellenentgelt.

(3) [1]Ausgehend von einer vereinbarten Zielgröße von 8 v. H. entspricht bis zu einer Vereinbarung eines höheren Vomhundertsatzes das für das Leistungsentgelt zur Verfügung stehende Gesamtvolumen 2,00 v. H. der ständigen Monatsentgelte des Vorjahres aller unter den Geltungsbereich des TVöD fallenden Beschäftigten des jeweiligen Arbeitgebers. [2]Das für das Leistungsentgelt zur Verfügung stehende Gesamtvolumen ist zweckentsprechend zu verwenden; es besteht die Verpflichtung zu jährlicher Auszahlung der Leistungsentgelte.

Protokollerklärung zu Absatz 3 Satz 1:
[1]Ständige Monatsentgelte sind insbesondere das Tabellenentgelt (ohne Sozialversicherungsbeiträge des Arbeitgebers und dessen Kosten für die betriebliche Altersvorsorge), die in Monatsbeträgen festgelegten Zulagen einschließlich Besitzstandszulagen sowie Entgelt im Krankheitsfall (§ 22) und bei Urlaub, soweit diese Entgelte in dem betreffenden Kalenderjahr ausgezahlt worden sind; nicht einbezogen sind dagegen insbesondere Abfindungen, Aufwandsentschädigungen, Einmalzahlungen, Jahressonderzahlungen, Leistungsentgelte, Strukturausgleiche, unständige Entgeltbestandteile und Entgelte der außertariflichen Beschäftigten. [2]Unständige Entgeltbestandteile können betrieblich einbezogen werden.

Niederschriftserklärung zu § 18 (VKA) Abs. 3:
Das als Zielgröße zu erreichende Gesamtvolumen von 8 v. H. wird wie folgt finanziert
- Anteil aus auslaufenden Besitzständen in pauschalierter Form,
- im Rahmen zukünftiger Tarifrunden.

Die Tarifvertragsparteien führen erstmals Mitte 2008 Gespräche über den Anteil aus auslaufenden Besitzständen und über eine mögliche Berücksichtigung von Effizienzgewinnen.

(4) [1]Das Leistungsentgelt wird zusätzlich zum Tabellenentgelt als Leistungsprämie, Erfolgsprämie oder Leistungszulage gewährt; das Verbinden verschiedener Formen des Leistungsentgelts ist zulässig. [2]Die Leistungsprämie ist in der Regel eine einmalige Zahlung, die im Allgemeinen auf der Grundlage einer Zielvereinbarung erfolgt; sie kann auch in zeitlicher Abfolge gezahlt werden. [3]Die Erfolgsprämie kann in Abhängigkeit von einem bestimmten wirtschaftlichen Erfolg neben dem gemäß Absatz 3 vereinbarten Startvolumen gezahlt werden. [4]Die Leistungszulage ist eine zeitlich befristete, widerrufliche, in der Regel monatlich wiederkehrende Zahlung. [5]Leistungsentgelte können auch an Gruppen von Beschäftigten gewährt werden. [6]Leistungsentgelt muss grundsätzlich allen Beschäftigten zugänglich sein. [7]Für Teilzeitbeschäftigte kann von § 24 Abs. 2 abgewichen werden.

Protokollerklärungen zu Absatz 4:

1. [1]Die Tarifvertragsparteien sind sich darüber einig, dass die zeitgerechte Einführung des Leistungsentgelts sinnvoll, notwendig und deshalb beiderseits gewollt ist. [2]Sie fordern deshalb die Betriebsparteien dazu auf, rechtzeitig vor dem 1. Januar 2007 die betrieblichen Systeme zu vereinbaren. [3]Kommt bis zum 30. September 2007 keine betriebliche Regelung zustande, erhalten die Beschäftigten mit dem Tabellenentgelt des Monats Dezember 2008 6 v.H. des für den Monat September jeweils zustehenden Tabellenentgelts. [4]Das Leistungsentgelt erhöht sich im Folgejahr um den Restbetrag des Gesamtvolumens. [5]Solange auch in den Folgejahren keine Einigung entsprechend Satz 2 zustande kommt, gelten die Sätze 3 und 4 ebenfalls. [6]Für das Jahr 2007 erhalten die Beschäftigten mit dem Tabellenentgelt des Monats Dezember 2007 12 v.H. des für den Monat September 2007 jeweils zustehenden Tabellenentgelts ausgezahlt, insgesamt jedoch nicht mehr als das Gesamtvolumen gemäß Absatz 3 Satz 1, wenn bis zum 31. Juli 2007 keine Einigung nach Satz 3 zustande gekommen ist.
2. Die Tarifvertragsparteien bekennen sich zur weiteren Stärkung der Leistungsorientierung im öffentlichen Dienst.

Protokollerklärungen zu Absatz 4 Satz 3:

1. [1]Die wirtschaftlichen Unternehmensziele legt die Verwaltungs-/Unternehmensführung zu Beginn des Wirtschaftsjahres fest. [2]Der wirtschaftliche Erfolg wird auf der Gesamtebene der Verwaltung/des Betriebes festgestellt.
2. [1]Soweit Beschäftigte im Sinne von § 38 Abs. 5 Satz 1 eine Tätigkeit ausüben, bei der Beamte im Vollstreckungsdienst eine Vollstreckungsdienstzulage nach der Vollstreckungsvergütungsverordnung vom 6. Januar 2003 (BGBl. I S. 8) in der jeweils gültigen Fassung beanspruchen können, erhalten sie eine entsprechende Leistung als Erfolgsprämie, die neben dem im Übrigen nach § 18 zustehenden Leistungsentgelt zu zahlen ist. [2]Erhalten Beamte im Vollstreckungsdienst eine entsprechende Zulage aufgrund einer landesrechtlichen Regelung, bestimmt sich die Höhe der Erfolgsprämie nach Satz 1 nach dieser landesrechtlichen Regelung. [3]Dies gilt auch, wenn ein System der leistungsbezogenen Bezahlung betrieblich nicht vereinbart ist. [4]Bei der Bemessung für die Entgeltfortzahlung (§ 21) wird die Erfolgsprämie nur berücksichtigt, wenn und soweit sie bei den entsprechenden Bezügen der Beamten berücksichtigt wird. [5]Darüber hinaus bleibt die Zahlung höherer Erfolgsprämien bei Überschreiten vereinbarter Ziele möglich.

Niederschriftserklärung zu § 18 (VKA):

Die Tarifvertragsparteien gehen davon aus, dass Leistungsentgelte Bezüge im Sinne des § 4 TV ATZ sind.

(5) [1]Die Feststellung oder Bewertung von Leistungen geschieht durch das Vergleichen von Zielerreichungen mit den in der Zielvereinbarung angestrebten Zielen oder über eine systematische Leistungsbewertung. [2]Zielvereinbarung ist eine freiwillige Abrede zwischen der Führungskraft und einzelnen Beschäftigten oder Beschäftigtengruppen über objektivierbare Leistungsziele und die Bedingungen ihrer Erfüllung. [3]Leistungs-

bewertung ist die auf einem betrieblich vereinbarten System beruhende Feststellung der erbrachten Leistung nach möglichst messbaren oder anderweitig objektivierbaren Kriterien oder durch aufgabenbezogene Bewertung.

Niederschriftserklärung zu § 18 (VKA):
[1]Die Tarifvertragsparteien stimmen darin überein, dass aus Motivationsgründen die Vereinbarung von Zielen freiwillig geschieht. [2]Eine freiwillige Zielvereinbarung kann auch die Verständigung auf zum Teil vorgegebene oder übergeordnete Ziele sein, z.B. bei der Umsetzung gesetzlicher oder haushaltsrechtlicher Vorgaben, Grundsatzentscheidungen der Verwaltungs-/Unternehmensführung.

Niederschriftserklärung zu § 18 (VKA) Abs. 5 Satz 3:
Die systematische Leistungsbewertung entspricht nicht der Regelbeurteilung.

(6) [1]Das jeweilige System der leistungsbezogenen Bezahlung wird betrieblich vereinbart. [2]Die individuellen Leistungsziele von Beschäftigten bzw. Beschäftigtengruppen müssen beeinflussbar und in der regelmäßigen Arbeitszeit erreichbar sein. [3]Die Ausgestaltung geschieht durch Betriebsvereinbarung oder einvernehmliche Dienstvereinbarung, in der insbesondere geregelt werden:
- Verfahren der Einführung von leistungs- und/oder erfolgsorientierten Entgelten,
- zulässige Kriterien für Zielvereinbarungen,
- Ziele zur Sicherung und Verbesserung der Effektivität und Effizienz, insbesondere für Mehrwertsteigerungen (z.B. Verbesserung der Wirtschaftlichkeit, – der Dienstleistungsqualität, – der Kunden-/Bürgerorientierung)
- Auswahl der Formen von Leistungsentgelten, der Methoden sowie Kriterien der systematischen Leistungsbewertung und der aufgabenbezogenen Bewertung (messbar, zählbar oder anderweitig objektivierbar), ggf. differenziert nach Arbeitsbereichen, u.U. Zielerreichungsgrade,
- Anpassung von Zielvereinbarungen bei wesentlichen Änderungen von Geschäftsgrundlagen,
- Vereinbarung von Verteilungsgrundsätzen,
- Überprüfung und Verteilung des zur Verfügung stehenden Finanzvolumens, ggf. Begrenzung individueller Leistungsentgelte aus umgewidmetem Entgelt,
- Dokumentation und Umgang mit Auswertungen über Leistungsbewertungen.

Protokollerklärung zu Absatz 6:

1. Besteht in einer Dienststelle/in einem Unternehmen kein Personal- oder Betriebsrat, hat der Dienststellenleiter/Arbeitgeber die jährliche Ausschüttung der Leistungsentgelte im Umfang des Vomhundertsatzes der Protokollerklärung Nr. 1 zu Absatz 4 sicherzustellen, solange eine Kommission im Sinne des Absatzes 7 nicht besteht.
2. [1]Zwischen 2007 und dem 25. Oktober 2020 bereits vereinbarte Betriebs- und Dienstvereinbarungen mit pauschaler oder undifferenzierter Verteilung gelten als vereinbar mit der Zielsetzung des Absatzes 1. [2]Für die betriebliche Praxis von Arbeitgebern, in deren Betrieb/in deren Dienststelle keine Betriebs- oder Dienstvereinbarung besteht, gilt Satz 1 entsprechend.

(7) [1]Bei der Entwicklung und beim ständigen Controlling des betrieblichen Systems wirkt eine betriebliche Kommission mit, deren Mitglieder je zur Hälfte vom Arbeitgeber und vom Betriebs-/Personalrat aus dem Betrieb benannt werden. [2]Die betriebliche Kommission ist auch für die Beratung von schriftlich begründeten Beschwerden zuständig, die sich auf Mängel des Systems bzw. seiner Anwendung beziehen. [3]Der Arbeitgeber entscheidet auf Vorschlag der betrieblichen Kommission, ob und in welchem Umfang der Beschwerde im Einzelfall abgeholfen wird. [4]Folgt der Arbeitgeber dem Vorschlag nicht, hat er seine Gründe darzulegen. [5]Notwendige Korrekturen des Systems bzw. von Systembestandteilen empfiehlt die betriebliche Kommission. [6]Die Rechte der betrieblichen Mitbestimmung bleiben unberührt.

Niederschriftserklärungen zu § 18 (VKA) Abs. 7:

1. Die Mitwirkung der Kommission erfasst nicht die Vergabeentscheidung über Leistungsentgelte im Einzelfall.
2. Die nach Abs. 7 und die für Leistungsstufen nach § 17 Abs. 2 gebildeten betrieblichen Kommissionen sind identisch.

(8) Die ausgezahlten Leistungsentgelte sind zusatzversorgungspflichtiges Entgelt.

Niederschriftserklärung zu § 18 (VKA) Abs. 8:

Die Tarifvertragsparteien wirken darauf hin, dass der ATV, der ATV-K sowie die Satzungen der VBL und der kommunalen Zusatzversorgungskassen bis spätestens 31. Dezember 2006 entsprechend angepasst werden.

Protokollerklärungen zu § 18:

1. [1]Eine Nichterfüllung der Voraussetzungen für die Gewährung eines Leistungsentgelts darf für sich genommen keine arbeitsrechtlichen Maßnahmen auslösen. [2]Umgekehrt sind arbeitsrechtliche Maßnahmen nicht durch Teilnahme an einer Zielvereinbarung bzw. durch Gewährung eines Leistungsentgelts ausgeschlossen.

2. [1]Leistungsgeminderte dürfen nicht grundsätzlich aus Leistungsentgelten ausgenommen werden. [2]Ihre jeweiligen Leistungsminderungen sollen angemessen berücksichtigt werden.
3. Die Vorschriften des § 18 sind sowohl für die Parteien der betrieblichen Systeme als auch für die Arbeitgeber und Beschäftigten unmittelbar geltende Regelungen.
4. Die Beschäftigten in Sparkassen sind ausgenommen.
5. Die landesbezirklichen Regelungen in Baden-Württemberg, in Nordrhein-Westfalen und im Saarland zu Leistungszuschlägen zu § 20 BMT-G bleiben unberührt.

§ 18a (VKA) Alternatives Entgeltanreiz-System

(1) [1]Alternativ zum System von Leistungszulage und Leistungsprämie (§ 18 (VKA) Abs. 4 Satz 1) kann das in § 18 (VKA) Abs. 3 geregelte Gesamtvolumen durch Betriebs- oder einvernehmliche Dienstvereinbarung, in der insbesondere die Aufteilung des sich daraus ergebenden Budgets auf einzelne Maßnahmen geregelt wird, ganz oder teilweise für das in Absatz 2 dargestellte alternative Entgeltanreiz-System verwendet werden. [2]Die Regelungen zur Erfolgsprämie nach § 18 (VKA) Abs. 4 Sätze 1 und 3 bleiben unberührt.

(2) Das Budget kann für die folgenden Maßnahmen zur Verbesserung der Arbeitsplatzattraktivität, der Gesundheitsförderung und der Nachhaltigkeit eingesetzt werden (z. B. für Zuschüsse für Fitnessstudios, Sonderzahlungen, Fahrkostenzuschüsse für ÖPNV/Job-Ticket, Sachbezüge, Kita-Zuschüsse oder Wertgutscheine).

Protokollerklärungen zu Absatz 2:

1. Sofern Teile des in der Betriebs- oder einvernehmlichen Dienstvereinbarung vereinbarten Budgets nicht gemäß Absatz 2 verbraucht werden, erhöht sich hierdurch das Gesamtvolumen nach § 18 (VKA) Abs. 3 im Folgejahr um diesen Restbetrag.
2. Besteht in einer Dienststelle/in einem Betrieb kein Personal- oder Betriebsrat, hat der Dienststellenleiter/Arbeitgeber die Verwendung des Budgets gemäß Absatz 2 sicherzustellen. Nummer 1 gilt entsprechend.

(3) Die aus dem alternativen Entgeltanreiz-System gewährten Leistungen sind zusatzversorgungspflichtig, soweit es sich dabei um steuerpflichtige Einnahmen der/des Beschäftigten handelt.

§ 19 Erschwerniszuschläge

(1) [1]Erschwerniszuschläge werden für Arbeiten gezahlt, die außergewöhnliche Erschwernisse beinhalten. [2]Dies gilt nicht für Erschwernisse, die mit dem der Eingruppierung zugrunde liegenden Berufs- oder Tätigkeitsbild verbunden sind.

(2) Außergewöhnliche Erschwernisse im Sinne des Absatzes 1 ergeben sich grundsätzlich nur bei Arbeiten

a) mit besonderer Gefährdung,
b) mit extremer nicht klimabedingter Hitzeeinwirkung,
c) mit besonders starker Schmutz- oder Staubbelastung,
d) mit besonders starker Strahlenexposition oder
e) unter sonstigen vergleichbar erschwerten Umständen.

(3) Zuschläge nach Absatz 1 werden nicht gewährt, soweit der außergewöhnlichen Erschwernis durch geeignete Vorkehrungen, insbesondere zum Arbeitsschutz, ausreichend Rechnung getragen wird.

(4) [1]Die Zuschläge betragen in der Regel 5 bis 15 v. H. – in besonderen Fällen auch abweichend – des auf eine Stunde entfallenden Anteils des monatlichen Tabellenentgelts der Stufe 2 der Entgeltgruppe 2. [2]Teilzeitbeschäftigte erhalten Erschwerniszuschläge, die nach Stunden bemessen werden, in voller Höhe; sofern sie pauschaliert gezahlt werden, gilt dagegen § 24 Abs. 2.

(5) [1]Die zuschlagspflichtigen Arbeiten und die Höhe der Zuschläge werden im Bereich der VKA landesbezirklich – für den Bund durch einen Tarifvertrag auf Bundesebene – vereinbart. [2]Für den Bund gelten bis zum In-Kraft-Treten eines entsprechenden Tarifvertrages die bisherigen tarifvertraglichen Regelungen des Bundes fort.

Niederschriftserklärung zu § 19 (Bund) Abs. 5 Satz 2:
[1]Zwischen den Tarifvertragsparteien besteht Einigkeit, dass im Bereich des Bundes für die Ermittlung des für die Erhöhung der Zuschläge gemäß § 5 LohnzuschlagsTV i.V.m. Nrn. 21, 22 und 23 der Anlage 1 Teil B TVÜ-Bund maßgeblichen Vomhundertsatzes in Höhe von 12 v.H. ab 1. April 2025 3 v.H. und ab dem 1. Mai 2026 2,8 v.H. anzurechnen ist. [2]Die Summe der für eine Erhöhung der Zuschläge gemäß § 5 LohnzuschlagsTV zu berücksichtigenden Vomhundertsätze beträgt nach dem 1. Mai 2026 0,99 v.H.

§ 20 (Bund) Jahressonderzahlung

(1) Beschäftigte, die am 1. Dezember im Arbeitsverhältnis stehen, haben Anspruch auf eine Jahressonderzahlung.

(2) Die Jahressonderzahlung beträgt bei Beschäftigten

in den Entgeltgruppen	
1 bis 8	90 v.H.
9a bis 12	80 v.H.
13 bis 15	60 v.H.

der Bemessungsgrundlage nach Absatz 3.*

(3) [1]Bemessungsgrundlage im Sinne des Absatzes 2 ist das monatliche Entgelt, das der/dem Beschäftigten in den Kalendermonaten Juli, August und September durchschnittlich gezahlt wird; unberücksichtigt bleiben hierbei das zusätzlich für Überstunden und Mehrarbeit gezahlte Entgelt (mit Ausnahme der im Dienstplan vorgesehenen Überstunden und Mehrarbeit), Leistungszulagen, Leistungs- und Erfolgsprämien. [2]Der Bemessungssatz bestimmt sich nach der Entgeltgruppe am 1. September. [3]Bei Beschäftigten, deren Arbeitsverhältnis nach dem 30. September begonnen hat, tritt an die Stelle des Bemessungszeitraums der erste volle Kalendermonat des Arbeitsverhältnisses. [4]In den Fällen, in denen im Kalenderjahr der Geburt des Kindes während des Bemessungszeitraums eine elterngeldunschädliche Teilzeitbeschäftigung ausgeübt wird, bemisst sich die Jahressonderzahlung nach dem Beschäftigungsumfang am Tag vor dem Beginn der Elternzeit.

Protokollerklärung zu Absatz 3:

[1]Bei der Berechnung des durchschnittlich gezahlten monatlichen Entgelts werden die gezahlten Entgelte der drei Monate addiert und durch drei geteilt; dies gilt auch bei einer Änderung des Beschäftigungsumfangs. [2]Ist im Bemessungszeitraum nicht für alle Kalendertage Entgelt gezahlt worden, werden die gezahlten Entgelte der drei Monate addiert, durch die Zahl der Kalendertage mit Entgelt geteilt und sodann mit 30,67 multipliziert. [3]Zeiträume, für die Krankengeldzuschuss gezahlt worden ist, bleiben hierbei unberücksichtigt. [4]Besteht während des Bemessungszeitraums an weniger als 30 Kalendertagen Anspruch auf Entgelt, ist der letzte Kalendermonat, in dem für alle Kalendertage Anspruch auf Entgelt bestand, maßgeblich.

---

* Ab 1. Januar 2026 lautet § 20 (Bund) Abs. 2:
»(2) Die Jahressonderzahlung beträgt bei Beschäftigten

in den Entgeltgruppen	
1 bis 8	95 Prozent
9a bis 12	90 Prozent
13 bis 15	75 Prozent

der Bemessungsgrundlage nach Absatz 3.«

Niederschriftserklärung zu § 20 (Bund) Abs. 2 und § 20 (VKA) Abs. 2 Satz 1:
Die Tarifvertragsparteien stimmen überein, dass die Beschäftigten der Entgeltgruppe 2Ü zu den Entgeltgruppen 1 bis 8 und die Beschäftigten der Entgeltgruppe 15Ü zu den Entgeltgruppen 13 bis 15 gehören.

(4) [1]Der Anspruch nach den Absätzen 1 bis 3 vermindert sich um ein Zwölftel für jeden Kalendermonat, in dem Beschäftigte keinen Anspruch auf Entgelt oder Fortzahlung des Entgelts nach § 21 haben. [2]Die Verminderung unterbleibt für Kalendermonate,

1. für die Beschäftigte kein Tabellenentgelt erhalten haben wegen
   a) Ableistung von Grundwehrdienst oder Zivildienst, wenn sie diesen vor dem 1. Dezember beendet und die Beschäftigung unverzüglich wieder aufgenommen haben,
   b) Beschäftigungsverboten nach dem Mutterschutzgesetz,
   c) Inanspruchnahme der Elternzeit nach dem Bundeselterngeld- und Elternzeitgesetz bis zum Ende des Kalenderjahres, in dem das Kind geboren ist, wenn am Tag vor Antritt der Elternzeit Entgeltanspruch bestanden hat;
2. in denen Beschäftigten Krankengeldzuschuss gezahlt wurde oder nur wegen der Höhe des zustehenden Krankengelds ein Krankengeldzuschuss nicht gezahlt worden ist.

Niederschriftserklärung zu § 20 (Bund) Abs. 4 Satz 2 Nr. 1 Buchst. c und § 20 (VKA) Abs. 4 Satz 2 Nr. 1 Buchst. c:
Dem Entgeltanspruch steht der Anspruch auf Zuschuss zum Mutterschaftsgeld gleich.

(5) [1]Die Jahressonderzahlung wird mit dem Tabellenentgelt für November ausgezahlt. [2]Ein Teilbetrag der Jahressonderzahlung kann zu einem früheren Zeitpunkt ausgezahlt werden.

§ 20 (VKA) Jahressonderzahlung

(1) Beschäftigte, die am 1. Dezember im Arbeitsverhältnis stehen, haben Anspruch auf eine Jahressonderzahlung.

(2) [1]Die Jahressonderzahlung beträgt

in den Entgeltgruppen 1 bis 8	bis einschließlich Kalenderjahr 2021	79,51 Prozent
	ab dem Kalenderjahr 2022	84,51 Prozent
in den Entgeltgruppen 9a bis 12		70,28 Prozent
in den Entgeltgruppen 13 bis 15		51,78 Prozent

des der/dem Beschäftigten in den Kalendermonaten Juli, August und September durchschnittlich gezahlten monatlichen Entgelts; unberücksichtigt bleiben hierbei das zusätzlich für Überstunden und Mehrarbeit gezahlte Entgelt (mit Ausnahme der im Dienstplan vorgesehenen Überstunden und Mehrarbeit), Leistungszulagen, Leistungs- und Erfolgsprämien.* [2]Der Bemessungssatz bestimmt sich nach der Entgeltgruppe am 1. September. [3]Bei Beschäftigten, deren Arbeitsverhältnis nach dem 30. September begonnen hat, tritt an die Stelle des Bemessungszeitraums der erste volle Kalendermonat des Arbeitsverhältnisses. [4]In den Fällen, in denen im Kalenderjahr der Geburt des Kindes während des Bemessungszeitraums eine elterngeldunschädliche Teilzeitbeschäftigung ausgeübt wird, bemisst sich die Jahressonderzahlung nach dem Beschäftigungsumfang am Tag vor dem Beginn der Elternzeit.

Protokollerklärung zu Absatz 2:
[1]Bei der Berechnung des durchschnittlich gezahlten monatlichen Entgelts werden die gezahlten Entgelte der drei Monate addiert und durch drei geteilt; dies gilt auch bei einer Änderung des Beschäftigungsumfangs. [2]Ist im Bemessungszeitraum nicht für alle Kalendertage Entgelt gezahlt worden, werden die gezahlten Entgelte der drei Monate addiert, durch die Zahl der Kalendertage mit Entgelt geteilt und sodann mit 30,67 multipliziert. [3]Zeiträume, für die Krankengeldzuschuss gezahlt worden ist, bleiben hierbei unberücksichtigt. [4]Besteht während des Bemessungszeitraums an weniger als 30 Kalendertagen Anspruch auf Entgelt, ist der letzte Kalendermonat, in dem für alle Kalendertage Anspruch auf Entgelt bestand, maßgeblich.

Niederschriftserklärung zu § 20 (Bund) Abs. 2 und § 20 (VKA) Abs. 2 Satz 1:
Die Tarifvertragsparteien stimmen überein, dass die Beschäftigten der Entgeltgruppe 2Ü zu den Entgeltgruppen 1 bis 8 und die Beschäftigten der Entgeltgruppe 15Ü zu den Entgeltgruppen 13 bis 15 gehören.

(3) *(aufgehoben)*
(4) [1]Der Anspruch nach den Absätzen 1 bis 3 vermindert sich um ein Zwölftel für jeden Kalendermonat, in dem Beschäftigte keinen Anspruch auf Entgelt oder Fortzahlung des Entgelts nach § 21 haben. [2]Die Verminderung unterbleibt für Kalendermonate,

---

* Ab 1. Januar 2026 lautet § 20 (VKA) Abs. 2 Satz 1:
»[1]Die Jahressonderzahlung beträgt 85 Prozent des der/dem Beschäftigten in den Kalendermonaten Juli, August und September durchschnittlich gezahlten monatlichen Entgelts; unberücksichtigt bleiben hierbei das zusätzlich für Überstunden und Mehrarbeit gezahlte Entgelt (mit Ausnahme der im Dienstplan vorgesehenen Überstunden und Mehrarbeit), Leistungszulagen, Leistungs- und Erfolgsprämien.«

1. für die Beschäftigte kein Tabellenentgelt erhalten haben wegen
   a) Ableistung von Grundwehrdienst oder Zivildienst, wenn sie diesen vor dem 1. Dezember beendet und die Beschäftigung unverzüglich wieder aufgenommen haben,
   b) Beschäftigungsverboten nach dem Mutterschutzgesetz,
   c) Inanspruchnahme der Elternzeit nach dem Bundeselterngeld- und Elternzeitgesetz bis zum Ende des Kalenderjahres, in dem das Kind geboren ist, wenn am Tag vor Antritt der Elternzeit Entgeltanspruch bestanden hat;
2. in denen Beschäftigten Krankengeldzuschuss gezahlt wurde oder nur wegen der Höhe des zustehenden Krankengelds ein Krankengeldzuschuss nicht gezahlt worden ist.

Niederschriftserklärung zu § 20 (Bund) Abs. 4 Satz 2 Nr. 1 Buchst. c und § 20 (VKA) Abs. 4 Satz 2 Nr. 1 Buchst. c:
Dem Entgeltanspruch steht der Anspruch auf Zuschuss zum Mutterschaftsgeld gleich.

(5) [1]Die Jahressonderzahlung wird mit dem Tabellenentgelt für November ausgezahlt. [2]Ein Teilbetrag der Jahressonderzahlung kann zu einem früheren Zeitpunkt ausgezahlt werden.

§ 21 Bemessungsgrundlage für die Entgeltfortzahlung

[1]In den Fällen der Entgeltfortzahlung nach § 6 Abs. 3 Satz 1, § 22 Abs. 1, § 26, § 27 und § 29 werden das Tabellenentgelt sowie die sonstigen in Monatsbeträgen festgelegten Entgeltbestandteile weitergezahlt. [2]Die nicht in Monatsbeträgen festgelegten Entgeltbestandteile werden als Durchschnitt auf Basis der dem maßgebenden Ereignis für die Entgeltfortzahlung vorhergehenden letzten drei vollen Kalendermonate (Berechnungszeitraum) gezahlt. [3]Ausgenommen hiervon sind das zusätzlich für Überstunden und Mehrarbeit gezahlte Entgelt (mit Ausnahme der im Dienstplan vorgesehenen Überstunden und Mehrarbeit), Leistungsentgelte, Jahressonderzahlungen sowie besondere Zahlungen nach § 23 nach Abs. 2 und 3.

Protokollerklärungen zu den Sätzen 2 und 3:

1. [1]Volle Kalendermonate im Sinne der Durchschnittsberechnung nach Satz 2 sind Kalendermonate, in denen an allen Kalendertagen das Arbeitsverhältnis bestanden hat. [2]Hat das Arbeitsverhältnis weniger als drei Kalendermonate bestanden, sind die vollen Kalendermonate, in denen das Arbeitsverhältnis bestanden hat, zugrunde zu legen. [3]Bei Änderungen der individuellen Arbeitszeit werden die nach der Arbeitszeitänderung liegenden vollen Kalendermonate zugrunde gelegt.

2. [1]Der Tagesdurchschnitt nach Satz 2 beträgt bei einer durchschnittlichen Verteilung der regelmäßigen wöchentlichen Arbeitszeit auf fünf Tage 1/65 aus der Summe der zu berücksichtigenden Entgeltbestandteile, die für den Berechnungszeitraum zugestanden haben. [2]Maßgebend ist die Verteilung der Arbeitszeit zu Beginn des Berechnungszeitraums. [3]Bei einer abweichenden Verteilung der Arbeitszeit ist der Tagesdurchschnitt entsprechend Satz 1 und 2 zu ermitteln.
3. [1]Liegt zwischen der Begründung des Arbeitsverhältnisses oder der Änderung der individuellen Arbeitszeit und dem maßgeblichen Ereignis für die Entgeltfortzahlung kein voller Kalendermonat, ist der Tagesdurchschnitt anhand der konkreten individuellen Daten zu ermitteln. [2]Dazu ist die Summe der zu berücksichtigenden Entgeltbestandteile, die für diesen Zeitraum zugestanden haben, durch die Zahl der tatsächlich in diesem Zeitraum erbrachten Arbeitstage zu teilen.
4. Tritt die Fortzahlung des Entgelts nach einer allgemeinen Entgeltanpassung ein, ist die/der Beschäftigte so zu stellen, als sei die Entgeltanpassung bereits mit Beginn des Berechnungszeitraums eingetreten.

§ 22 Entgelt im Krankheitsfall

(1) [1]Werden Beschäftigte durch Arbeitsunfähigkeit infolge Krankheit an der Arbeitsleistung verhindert, ohne dass sie ein Verschulden trifft, erhalten sie bis zur Dauer von sechs Wochen das Entgelt nach § 21. [2]Bei erneuter Arbeitsunfähigkeit infolge derselben Krankheit sowie bei Beendigung des Arbeitsverhältnisses gelten die gesetzlichen Bestimmungen. [3]Als unverschuldete Arbeitsunfähigkeit im Sinne der Sätze 1 und 2 gilt auch die Arbeitsverhinderung in Folge einer Maßnahme der medizinischen Vorsorge und Rehabilitation im Sinne von § 9 EFZG.

Protokollerklärung zu Absatz 1 Satz 1:
Ein Verschulden liegt nur dann vor, wenn die Arbeitsunfähigkeit vorsätzlich oder grob fahrlässig herbeigeführt wurde.

(2) [1]Nach Ablauf des Zeitraums gemäß Absatz 1 erhalten die Beschäftigten für die Zeit, für die ihnen Krankengeld oder entsprechende gesetzliche Leistungen gezahlt werden, einen Krankengeldzuschuss in Höhe des Unterschiedsbetrags zwischen den tatsächlichen Barleistungen des Sozialleistungsträgers und dem Nettoentgelt. [2]Nettoentgelt ist das um die gesetzlichen Abzüge verminderte Entgelt im Sinne des § 21 (mit Ausnahme der Leistungen nach § 23 Abs. 1); bei freiwillig in der gesetzlichen Krankenversicherung versicherten Beschäftigten ist dabei deren Gesamtkranken- und Pflegeversicherungsbeitrag abzüglich Arbeitgeberzuschuss zu berücksichtigen. [3]Für Beschäftigte, die nicht der Versicherungspflicht in der gesetzlichen Krankenversicherung unterliegen und bei einem privaten Krankenversicherungsunternehmen versichert sind, ist bei der Berechnung des Kran-

kengeldzuschusses der Krankengeldhöchstsatz, der bei Pflichtversicherung in der gesetzlichen Krankenversicherung zustünde, zugrunde zu legen. [4]Bei Teilzeitbeschäftigten ist das nach Satz 3 bestimmte fiktive Krankengeld entsprechend § 24 Abs. 2 zeitanteilig umzurechnen.

(3) [1]Der Krankengeldzuschuss wird bei einer Beschäftigungszeit (§ 34 Abs. 3)

von mehr als einem Jahr längstens bis zum Ende der 13. Woche und

von mehr als drei Jahren längstens bis zum Ende der 39. Woche

seit dem Beginn der Arbeitsunfähigkeit infolge derselben Krankheit gezahlt. [2]Maßgeblich für die Berechnung der Fristen nach Satz 1 ist die Beschäftigungszeit, die im Laufe der krankheitsbedingten Arbeitsunfähigkeit vollendet wird.

(4) [1]Entgelt im Krankheitsfall wird nicht über das Ende des Arbeitsverhältnisses hinaus gezahlt; § 8 EFZG bleibt unberührt. [2]Krankengeldzuschuss wird zudem nicht über den Zeitpunkt hinaus gezahlt, von dem an Beschäftigte eine Rente oder eine vergleichbare Leistung auf Grund eigener Versicherung aus der gesetzlichen Rentenversicherung, aus einer zusätzlichen Alters- und Hinterbliebenenversorgung oder aus einer sonstigen Versorgungseinrichtung erhalten, die nicht allein aus Mitteln der Beschäftigten finanziert ist. [3]Innerhalb eines Kalenderjahres kann das Entgelt im Krankheitsfall nach Absatz 1 und 2 insgesamt längstens bis zum Ende der in Absatz 3 Satz 1 genannten Fristen bezogen werden; bei jeder neuen Arbeitsunfähigkeit besteht jedoch mindestens der sich aus Absatz 1 ergebende Anspruch. [4]Überzahlter Krankengeldzuschuss und sonstige Überzahlungen gelten als Vorschuss auf die in demselben Zeitraum zustehenden Leistungen nach Satz 2; soweit es sich nicht um öffentlich-rechtliche Sozialversicherungsansprüche auf Rente handelt, gehen die Ansprüche der Beschäftigten insoweit auf den Arbeitgeber über. [5]Der Arbeitgeber kann von der Rückforderung des Teils des überzahlten Betrags, der nicht durch die für den Zeitraum der Überzahlung zustehenden Bezüge im Sinne des Satzes 2 ausgeglichen worden ist, absehen, es sei denn, die/der Beschäftigte hat dem Arbeitgeber die Zustellung des Rentenbescheids schuldhaft verspätet mitgeteilt.

§ 23 Besondere Zahlungen

(1) [1]Nach Maßgabe des Vermögensbildungsgesetzes in seiner jeweiligen Fassung haben Beschäftigte, deren Arbeitsverhältnis voraussichtlich mindestens sechs Monate dauert, einen Anspruch auf vermögenswirksame Leistungen. [2]Für Vollbeschäftigte beträgt die vermögenswirksame Leistung für jeden vollen Kalendermonat 6,65 Euro. [3]Der Anspruch entsteht frühestens für den Kalendermonat, in dem die/der Beschäftigte dem Arbeitgeber die erforderlichen Angaben schriftlich mitteilt, und für die beiden vorangegangenen Monate desselben Kalenderjahres; die Fälligkeit tritt nicht vor acht

Wochen nach Zugang der Mitteilung beim Arbeitgeber ein. [4]Die vermögenswirksame Leistung wird nur für Kalendermonate gewährt, für die den Beschäftigten Tabellenentgelt, Entgeltfortzahlung oder Krankengeldzuschuss zusteht. [5]Für Zeiten, für die Krankengeldzuschuss zusteht, ist die vermögenswirksame Leistung Teil des Krankengeldzuschusses. [6]Die vermögenswirksame Leistung ist kein zusatzversorgungspflichtiges Entgelt.

Protokollerklärung zu Absatz 1 Satz 2:
Im Bereich der VKA beträgt die vermögenswirksame Leistung für Vollbeschäftigte für jeden vollen Kalendermonat mindestens 6,65 Euro.

(2) [1]Beschäftigte erhalten ein Jubiläumsgeld bei Vollendung einer Beschäftigungszeit (§ 34 Abs. 3)
a) von 25 Jahren in Höhe von 350 Euro,
b) von 40 Jahren in Höhe von 500 Euro.
[2]Teilzeitbeschäftigte erhalten das Jubiläumsgeld in voller Höhe. [3]Im Bereich der VKA können durch Betriebs-/Dienstvereinbarung günstigere Regelungen getroffen werden.
(3) [1]Beim Tod von Beschäftigten, deren Arbeitsverhältnis nicht geruht hat, wird der Ehegattin/dem Ehegatten oder der Lebenspartnerin/dem Lebenspartner im Sinne des Lebenspartnerschaftsgesetzes oder den Kindern ein Sterbegeld gewährt. [2]Als Sterbegeld wird für die restlichen Tage des Sterbemonats und – in einer Summe – für zwei weitere Monate das Tabellenentgelt der/des Verstorbenen gezahlt. [3]Die Zahlung des Sterbegeldes an einen der Berechtigten bringt den Anspruch der Übrigen gegenüber dem Arbeitgeber zum Erlöschen; die Zahlung auf das Gehaltskonto hat befreiende Wirkung. [4]Für den Bereich der VKA können betrieblich eigene Regelungen getroffen werden.

§ 24 Berechnung und Auszahlung des Entgelts

(1) [1]Bemessungszeitraum für das Tabellenentgelt und die sonstigen Entgeltbestandteile ist der Kalendermonat, soweit tarifvertraglich nicht ausdrücklich etwas Abweichendes geregelt ist. [2]Die Zahlung erfolgt am letzten Tag des Monats (Zahltag) für den laufenden Kalendermonat auf ein von der/dem Beschäftigten benanntes Konto innerhalb eines Mitgliedstaats der Europäischen Union. [3]Fällt der Zahltag auf einen Samstag, einen Wochenfeiertag oder den 31. Dezember, gilt der vorhergehende Werktag, fällt er auf einen Sonntag, gilt der zweite vorhergehende Werktag als Zahltag. [4]Entgeltbestandteile, die nicht in Monatsbeträgen festgelegt sind, sowie der Tagesdurchschnitt nach § 21 sind am Zahltag des zweiten Kalendermonats, der auf ihre Entstehung folgt, fällig.

Protokollerklärungen zu Absatz 1:

1. Teilen Beschäftigte ihrem Arbeitgeber die für eine kostenfreie bzw. kostengünstigere Überweisung in einen anderen Mitgliedstaat der Europäischen Union erforderlichen Angaben nicht rechtzeitig mit, so tragen sie die dadurch entstehenden zusätzlichen Überweisungskosten.
2. Soweit Arbeitgeber die Bezüge am 15. eines jeden Monats für den laufenden Monat zahlen, können sie jeweils im Dezember eines Kalenderjahres den Zahltag vom 15. auf den letzten Tag des Monats gemäß Absatz 1 Satz 1 verschieben.

(2) Soweit tarifvertraglich nicht ausdrücklich etwas anderes geregelt ist, erhalten Teilzeitbeschäftigte das Tabellenentgelt (§ 15) und alle sonstigen Entgeltbestandteile in dem Umfang, der dem Anteil ihrer individuell vereinbarten durchschnittlichen Arbeitszeit an der regelmäßigen Arbeitszeit vergleichbarer Vollzeitbeschäftigter entspricht.*

(3) [1]Besteht der Anspruch auf das Tabellenentgelt oder die sonstigen Entgeltbestandteile nicht für alle Tage eines Kalendermonats, wird nur der Teil gezahlt, der auf den Anspruchszeitraum entfällt. [2]Besteht nur für einen Teil eines Kalendertags Anspruch auf Entgelt, wird für jede geleistete dienstplanmäßige oder betriebsübliche Arbeitsstunde der auf eine Stunde entfallende Anteil des Tabellenentgelts sowie der sonstigen in Monatsbeträgen festgelegten Entgeltbestandteile gezahlt. [3]Zur Ermittlung des auf eine Stunde entfallenden Anteils sind die in Monatsbeträgen festgelegten Entgeltbestandteile durch das 4,348-fache der regelmäßigen wöchentlichen Arbeitszeit (§ 6 Abs. 1 und entsprechende Sonderregelungen) zu teilen.

(4) [1]Ergibt sich bei der Berechnung von Beträgen ein Bruchteil eines Cents von mindestens 0,5, ist er aufzurunden; ein Bruchteil von weniger als 0,5 ist abzurunden. [2]Zwischenrechnungen werden jeweils auf zwei Dezimalstellen durchgeführt. [3]Jeder Entgeltbestandteil ist einzeln zu runden.

(5) Entfallen die Voraussetzungen für eine Zulage im Laufe eines Kalendermonats, gilt Absatz 3 entsprechend.

(6) Einzelvertraglich können neben dem Tabellenentgelt zustehende Entgeltbestandteile (z. B. Zeitzuschläge, Erschwerniszuschläge) pauschaliert werden.

---

* Ab 1. Januar 2026 lautet § 24 Abs. 2:

»(2) Soweit tarifvertraglich nicht ausdrücklich etwas anderes geregelt ist, gilt hinsichtlich des Tabellenentgelts (§ 15) und aller sonstigen Entgeltbestandteile Folgendes:

a) Teilzeitbeschäftigte erhalten diese Entgelte in dem Umfang, der dem Anteil ihrer individuell vereinbarten durchschnittlichen Arbeitszeit an der regelmäßigen Arbeitszeit vergleichbarer Vollbeschäftigter entspricht.

b) Beschäftigte mit einer erhöhten Arbeitszeit gemäß § 6 Abs. 1a erhalten diese Entgelte in dem Umfang, der ihrer individuell erhöhten regelmäßigen durchschnittlichen wöchentlichen Arbeitszeit gemäß § 6 Abs. 1a Satz 1 entspricht.«

§ 25 Betriebliche Altersversorgung

Die Beschäftigten haben Anspruch auf Versicherung unter eigener Beteiligung zum Zwecke einer zusätzlichen Alters- und Hinterbliebenenversorgung nach Maßgabe des Tarifvertrages über die betriebliche Altersversorgung der Beschäftigten des öffentlichen Dienstes (Tarifvertrag Altersversorgung – ATV) bzw. des Tarifvertrages über die zusätzliche Altersvorsorge der Beschäftigten des öffentlichen Dienstes – Altersvorsorge-TV-Kommunal – (ATV-K) in ihrer jeweils geltenden Fassung.

Abschnitt IV
Urlaub und Arbeitsbefreiung

§ 26 Erholungsurlaub

(1) [1]Beschäftigte haben in jedem Kalenderjahr Anspruch auf Erholungsurlaub unter Fortzahlung des Entgelts (§ 21). [2]Bei Verteilung der wöchentlichen Arbeitszeit auf fünf Tage in der Kalenderwoche beträgt der Urlaubsanspruch in jedem Kalenderjahr *30 Arbeitstage**. [3]Bei einer anderen Verteilung der wöchentlichen Arbeitszeit als auf fünf Tage in der Woche erhöht oder vermindert sich der Urlaubsanspruch entsprechend. [4]Verbleibt bei der Berechnung des Urlaubs ein Bruchteil, der mindestens einen halben Urlaubstag ergibt, wird er auf einen vollen Urlaubstag aufgerundet; Bruchteile von weniger als einem halben Urlaubstag bleiben unberücksichtigt. [5]Der Erholungsurlaub muss im laufenden Kalenderjahr gewährt und kann auch in Teilen genommen werden.

Protokollerklärung zu Absatz 1 Satz 5:
Der Urlaub soll grundsätzlich zusammenhängend gewährt werden; dabei soll ein Urlaubsteil von zwei Wochen Dauer angestrebt werden.

(2) Im Übrigen gilt das Bundesurlaubsgesetz mit folgenden Maßgaben:

a) Im Falle der Übertragung muss der Erholungsurlaub in den ersten drei Monaten des folgenden Kalenderjahres angetreten werden. Kann der Erholungsurlaub wegen Arbeitsunfähigkeit oder aus betrieblichen/

---

* Zum 1. Januar 2027 wird die Angabe »30 Arbeitstage« durch die Angabe »31 Arbeitstage« ersetzt und nach Abs. 1 wird folgende Protokollerklärung eingefügt:
»Protokollerklärung zu Absatz 1 Satz 2:
Im Falle der Kündigung gemäß § 39 Abs. 4 Buchst. j gilt ab deren Wirksamwerden Satz 2 in folgender Fassung: »Bei Verteilung der wöchentlichen Arbeitszeit auf fünf Tage in der Kalenderwoche beträgt der Urlaubsanspruch in jedem Kalenderjahr 30 Arbeitstage.«

dienstlichen Gründen nicht bis zum 31. März angetreten werden, ist er bis zum 31. Mai anzutreten.

b) Beginnt oder endet das Arbeitsverhältnis im Laufe eines Jahres, erhält die/der Beschäftigte als Erholungsurlaub für jeden vollen Monat des Arbeitsverhältnisses ein Zwölftel des Urlaubsanspruchs nach Absatz 1; § 5 BUrlG bleibt unberührt.

c) Ruht das Arbeitsverhältnis, so vermindert sich die Dauer des Erholungsurlaubs einschließlich eines etwaigen Zusatzurlaubs für jeden vollen Kalendermonat um ein Zwölftel.

d) Das nach Absatz 1 Satz 1 fortzuzahlende Entgelt wird zu dem in § 24 genannten Zeitpunkt gezahlt.

§ 27 Zusatzurlaub

(1) Beschäftigte, die ständig Wechselschichtarbeit nach § 7 Abs. 1 oder ständig Schichtarbeit nach § 7 Abs. 2 leisten und denen die Zulage nach § 8 Abs. 5 Satz 1 oder Abs. 6 Satz 1 zusteht, erhalten

a) bei Wechselschichtarbeit für je zwei zusammenhängende Monate und

b) bei Schichtarbeit für je vier zusammenhängende Monate

einen Arbeitstag Zusatzurlaub.

(2) Im Falle nicht ständiger Wechselschicht- oder Schichtarbeit (z. B. ständige Vertreter) erhalten Beschäftigte des Bundes, denen die Zulage nach § 8 Abs. 5 Satz 2 oder Abs. 6 Satz 2 zusteht, einen Arbeitstag Zusatzurlaub für

a) je drei Monate im Jahr, in denen sie überwiegend Wechselschichtarbeit geleistet haben, und

b) je fünf Monate im Jahr, in denen sie überwiegend Schichtarbeit geleistet haben.

(3) Im Falle nicht ständiger Wechselschichtarbeit und nicht ständiger Schichtarbeit im Bereich der VKA soll bei annähernd gleicher Belastung die Gewährung zusätzlicher Urlaubstage durch Betriebs-/Dienstvereinbarung geregelt werden.

(4) [1]Zusatzurlaub nach diesem Tarifvertrag und sonstigen Bestimmungen mit Ausnahme des gesetzlichen zusätzlichen Urlaubs für schwerbehinderte Menschen wird nur bis zu insgesamt sechs Arbeitstagen im Kalenderjahr gewährt. [2]Erholungsurlaub und Zusatzurlaub (Gesamturlaub) dürfen im Kalenderjahr zusammen 35 Arbeitstage nicht überschreiten. [3]Satz 2 ist für Zusatzurlaub nach den Absätzen 1 und 2 hierzu nicht anzuwenden. [4]Bei Beschäftigten, die das 50. Lebensjahr vollendet haben, gilt abweichend von Satz 2 eine Höchstgrenze von 36 Arbeitstagen; maßgebend für die Berechnung der Urlaubsdauer ist das Lebensjahr, das im Laufe des Kalenderjahres vollendet wird.

(5) Im Übrigen gilt § 26 mit Ausnahme von Absatz 2 Buchst. b entsprechend.

Protokollerklärung zu den Absätzen 1 und 2:
[1]Der Anspruch auf Zusatzurlaub bemisst sich nach der abgeleisteten Schicht- oder Wechselschichtarbeit und entsteht im laufenden Jahr, sobald die Voraussetzungen nach Absatz 1 oder 2 erfüllt sind. [2]Für die Feststellung, ob ständige Wechselschichtarbeit oder ständige Schichtarbeit vorliegt, ist eine Unterbrechung durch Arbeitsbefreiung, Freizeitausgleich, bezahlten Urlaub oder Arbeitsunfähigkeit in den Grenzen des § 22 unschädlich.

§ 28 Sonderurlaub

Beschäftigte können bei Vorliegen eines wichtigen Grundes unter Verzicht auf die Fortzahlung des Entgelts Sonderurlaub erhalten.

§ 29 Arbeitsbefreiung

(1) [1]Als Fälle nach § 616 BGB, in denen Beschäftigte unter Fortzahlung des Entgelts nach § 21 im nachstehend genannten Ausmaß von der Arbeit freigestellt werden, gelten nur die folgenden Anlässe:

a)	Niederkunft der Ehefrau, Lebenspartnerin im Sinne des Lebenspartnerschaftsgesetzes oder der in ehe- oder lebenspartnerschaftsähnlicher Gemeinschaft lebenden Lebensgefährtin	ein Arbeitstag,
b)	Tod der Ehegattin/des Ehegatten, der Lebenspartnerin/des Lebenspartners im Sinne des Lebenspartnerschaftsgesetzes oder der/des in ehe- oder lebenspartnerschaftsähnlicher Gemeinschaft lebenden Lebensgefährtin/Lebensgefährten, eines Kindes oder Elternteils	zwei Arbeitstage,
c)	Umzug aus dienstlichem oder betrieblichem Grund an einen anderen Ort	ein Arbeitstag,
d)	25- und 40-jähriges Arbeitsjubiläum	ein Arbeitstag,
e)	schwere Erkrankung	
	aa) einer/eines Angehörigen, soweit sie/er in demselben Haushalt lebt,	ein Arbeitstag im Kalenderjahr,
	bb) eines Kindes, das das 12. Lebensjahr noch nicht vollendet hat, wenn im laufenden Kalenderjahr kein Anspruch nach § 45 SGB V besteht oder bestanden hat,	bis zu vier Arbeitstage im Kalenderjahr,

cc) einer Betreuungsperson, wenn Beschäftigte deshalb die Betreuung ihres Kindes, das das 8. Lebensjahr noch nicht vollendet hat oder wegen körperlicher, geistiger oder seelischer Behinderung dauernd pflegebedürftig ist, übernehmen muss,	bis zu vier Arbeitstage im Kalenderjahr,
f) Ärztliche Behandlung von Beschäftigten, wenn diese während der Arbeitszeit erfolgen müssen,	erforderliche nachgewiesene Abwesenheitszeit einschließlich erforderlicher Wegezeiten.

[2]Eine Freistellung nach Satz 1 Buchstabe e erfolgt nur, soweit eine andere Person zur Pflege oder Betreuung nicht sofort zur Verfügung steht und die Ärztin/der Arzt in den Fällen der Doppelbuchstaben aa und bb die Notwendigkeit der Anwesenheit der/des Beschäftigten zur vorläufigen Pflege bescheinigt. [3]Die Freistellung nach Satz 1 Buchstabe e darf insgesamt fünf Arbeitstage im Kalenderjahr nicht überschreiten.

Niederschriftserklärung zu § 29 Abs. 1 Buchst f:
Die ärztliche Behandlung erfasst auch die ärztliche Untersuchung und die ärztlich verordnete Behandlung.

(2) [1]Bei Erfüllung allgemeiner staatsbürgerlicher Pflichten nach deutschem Recht, soweit die Arbeitsbefreiung gesetzlich vorgeschrieben ist und soweit die Pflichten nicht außerhalb der Arbeitszeit, gegebenenfalls nach ihrer Verlegung, wahrgenommen werden können, besteht der Anspruch auf Fortzahlung des Entgelts nach § 21 nur insoweit, als Beschäftigte nicht Ansprüche auf Ersatz des Entgelts geltend machen können. [2]Das fortgezahlte Entgelt gilt in Höhe des Ersatzanspruchs als Vorschuss auf die Leistungen der Kostenträger. [3]Die Beschäftigten haben den Ersatzanspruch geltend zu machen und die erhaltenen Beträge an den Arbeitgeber abzuführen.

(3) [1]Der Arbeitgeber kann in sonstigen dringenden Fällen Arbeitsbefreiung unter Fortzahlung des Entgelts nach § 21 bis zu drei Arbeitstagen gewähren. [2]In begründeten Fällen kann bei Verzicht auf das Entgelt kurzfristige Arbeitsbefreiung gewährt werden, wenn die dienstlichen oder betrieblichen Verhältnisse es gestatten.

Protokollerklärung zu Absatz 3 Satz 2:
Zu den »begründeten Fällen« können auch solche Anlässe gehören, für die nach Absatz 1 kein Anspruch auf Arbeitsbefreiung besteht (z. B. Umzug aus persönlichen Gründen).

(4) [1]Zur Teilnahme an Tagungen kann den gewählten Vertreterinnen/Vertretern der Bezirksvorstände, der Landesbezirksvorstände, der Landesbezirksfachbereichsvorstände, der Bundesfachbereichsvorstände, der Bundesfachgruppenvorstände sowie des Gewerkschaftsrates bzw. entsprechender Gremien anderer vertragsschließender Gewerkschaften auf Anfordern der Gewerkschaften Arbeitsbefreiung bis zu acht Werktagen im Jahr unter Fortzahlung des Entgelts nach § 21 erteilt werden, sofern nicht dringende dienstliche oder betriebliche Interessen entgegenstehen. [2]Zur Teilnahme an Tarifverhandlungen mit dem Bund und der VKA oder ihrer Mitgliedverbände kann auf Anfordern einer der vertragsschließenden Gewerkschaften Arbeitsbefreiung unter Fortzahlung des Entgelts nach § 21 ohne zeitliche Begrenzung erteilt werden.
(5) Zur Teilnahme an Sitzungen von Prüfungs- und von Berufsbildungsausschüssen nach dem Berufsbildungsgesetz sowie für eine Tätigkeit in Organen von Sozialversicherungsträgern kann den Mitgliedern Arbeitsbefreiung unter Fortzahlung des Entgelts nach § 21 gewährt werden, sofern nicht dringende dienstliche oder betriebliche Interessen entgegenstehen.
(6) Zur Ausübung von Lehr- und Prüfungstätigkeiten an den kommunalen Studieninstituten und Verwaltungsschulen kann Beschäftigten auf Antrag Arbeitsbefreiung unter Fortzahlung des Entgelts nach § 21 gewährt werden.

Niederschriftserklärung zu § 29 Abs. 6:
Die Tarifvertragsparteien stimmen darin überein, dass vom Begriff der kommunalen Studieninstitute und Verwaltungsschulen Einrichtungen umfasst sind, die im Auftrag einer oder mehrerer Kommunalverwaltungen Beschäftigte für Aufgaben im Bereich der Allgemeinen Verwaltung aus-, weiter- und fortbilden und deren Kernaufgabe die Berufsausbildung insbesondere zum/r Verwaltungsfachangestellten und die Aufstiegsfortbildung zum/r Verwaltungsfachwirt/in oder die Abschlüsse nach Angestelltenlehrgang I und II sind.

*§ 29a (Bund) Zeit-statt-Geld-Wahlmodell**

(1) [1]Mit dem Zeit-statt-Geld-Wahlmodell wird Beschäftigten die Möglichkeit eröffnet, einen Teil ihrer Jahressonderzahlung nach § 20 (Bund) in zusätzliche freie Tage einzutauschen. [2]Anspruchsberechtigt sind Beschäftigte, die im laufenden Kalenderjahr Anspruch auf mindestens fünf Zwölftel der Jahressonderzahlung nach § 20 (Bund) haben. [3]Wer das Zeit-statt-Geld-Wahlmodell beanspruchen will, muss dies unter Angabe der Anzahl der gewünschten vollen Freistellungstage (Tauschtage) vom Arbeitgeber bis zum 1. September des laufenden Kalenderjahres in Textform verlangen. [4]Die Umwandlung ist für bis zu

* § 29a (Bund) tritt am 1. Januar 2026 in Kraft.

drei Tauschtage zulässig, darf jedoch die Anzahl der wöchentlichen Arbeitstage der/des Beschäftigten nicht übersteigen.

(2) [1]Die Berechnung für den Wert eines Tauschtages erfolgt auf Stundenbasis (§ 24 Abs. 3 Satz 3). [2]Bemessungsgrundlage für die Berechnung des Wertes eines Tauschtages ist das durchschnittliche monatliche Entgelt nach § 20 (Bund) Abs. 3. [3]Die Jahressonderzahlung nach § 20 (Bund) vermindert sich um den Betrag, der dem Wert der nach Absatz 1 Satz 3 bis 4 verlangten Anzahl der Tauschtage entspricht (Umwandlungsbetrag). [4]Maßgebend für die Berechnung nach den Sätzen 1 bis 3 sind die Verhältnisse am 1. September des laufenden Kalenderjahres.

Protokollerklärung zu Absatz 2:

[1]Bei der Berechnung des Wertes eines Tauschtages wird die maßgebende Anzahl der Stunden ermittelt, indem die individuell vereinbarte durchschnittliche wöchentliche Arbeitszeit durch die Anzahl der vereinbarten Arbeitstage pro Kalenderwoche geteilt wird. [2]Anschließend wird die Anzahl der Stunden mit der von der/dem Beschäftigten nach Absatz 1 Satz 3 bis 4 erklärten Anzahl der Tauschtage vervielfacht. [3]Für die Berechnung des Umwandlungsbetrages wird das nach Absatz 2 Satz 2 ermittelte durchschnittliche monatliche Entgelt durch das 4,348-fache der vereinbarten regelmäßigen wöchentlichen Arbeitszeit geteilt (§ 24 Abs. 3 Satz 3). [4]Das danach errechnete Stundenentgelt wird anschließend mit der Gesamtzahl der Stunden für die verlangte Anzahl von Tauschtagen vervielfacht.

(3) [1]Inanspruchnahmezeitraum ist das auf die Umwandlung folgende Kalenderjahr. [2]Bei der zeitlichen Festlegung der Freistellung sind die Wünsche der/des Beschäftigten zu berücksichtigen, sofern diesen keine dringenden dienstlichen/betrieblichen Gründe entgegenstehen. [3]Die Freistellung kann nur für volle Tauschtage erfolgen. [4]Während der Inanspruchnahme eines Tauschtages wird für diesen Tauschtag derjenige Teil des Umwandlungsbetrages nach Absatz 2 gezahlt, der seinem Anteil an der Gesamtzahl der verlangten Tauschtage entspricht. [5]Kann ein bereits bewilligter Tauschtag nicht genommen werden, ist in den Fällen

a) *einer unverzüglich angezeigten und durch ärztliches Attest nachgewiesenen Arbeitsunfähigkeit oder*
b) *eines aus dringenden dienstlichen/betrieblichen Gründen ausnahmsweise erfolgten Widerrufs*

dem Wunsch der/des Beschäftigten nach einer Verlegung innerhalb des verbleibenden Inanspruchnahmezeitraums zu entsprechen, wenn dies mit dienstlichen Erfordernissen vereinbar ist.

(4) [1]Tauschtage, die innerhalb des Inanspruchnahmezeitraums nicht genommen werden, verfallen und es entsteht ein finanzieller Ausgleichsanspruch in Höhe des Wertes der nicht genommenen Tauschtage. [2]Maßgebend ist der zum Zeitpunkt der Umwandlung der Jahressonderzahlung ermittelte Umwandlungsbetrag, um den die Jahressonderzahlung gemäß Absatz 2 vermindert

wurde. [3]Die Auszahlung erfolgt bis spätestens 31. März des Kalenderjahres, das auf den Inanspruchnahmezeitraum folgt.

§ 29a (VKA) Teilweise Umwandlung der Jahressonderzahlung*

(1) Beschäftigte, die unter die Besonderen Teile Verwaltung (BT-V), Sparkassen (BT-S), Flughäfen (BT-F) und Entsorgung (BT-E) fallen können bis zum 1. September des jeweiligen laufenden Kalenderjahres in Textform geltend machen, einen Teil der ihnen nach § 20 (VKA) zustehenden Jahressonderzahlung in bis zu drei Arbeitstage (Tauschtage) umzuwandeln, für die ihnen im darauffolgenden Kalenderjahr volle freie Tage unter Fortzahlung des Entgelts gemäß § 21 gewährt werden.

(2) [1]Die Berechnung des Wertes eines Tauschtages erfolgt auf Stundenbasis (§ 24 Abs. 3 Satz 3). [2]Bemessungsgrundlage für die Berechnung dieses Wertes ist das durchschnittliche monatliche Entgelt nach § 20 (VKA) Absatz 2 Satz 1. [3]Die Jahressonderzahlung nach § 20 (VKA) vermindert sich um den Betrag, der dem Wert der nach Absatz 1 geltend gemachten Anzahl der Tauschtage entspricht (Umwandlungsbetrag). [4]Maßgebend für die Berechnung nach den Sätzen 1 bis 3 sind die Verhältnisse am 1. September des laufenden Kalenderjahres.

Protokollerklärungen zu Absatz 2:

1. *[1]Bei der Berechnung des Wertes eines Tauschtages wird die maßgebende Anzahl der Stunden ermittelt, indem die individuell vereinbarte regelmäßige durchschnittliche wöchentliche Arbeitszeit durch die sich aus der Verteilung der wöchentlichen Arbeitszeit ergebende Anzahl der vereinbarten Arbeitstage pro Kalenderwoche geteilt wird. [2]Anschließend wird die Anzahl der Stunden mit der nach Absatz 1 geltend gemachten Anzahl der Tauschtage vervielfacht. [3]Für die Berechnung des Umwandlungsbetrages wird das nach Absatz 2 Satz 2 ermittelte durchschnittliche monatliche Entgelt durch das 4,348-fache der vereinbarten regelmäßigen wöchentlichen Arbeitszeit geteilt (§ 24 Abs. 3 Satz 3). [4]Das danach errechnete Stundenentgelt wird anschließend mit der Gesamtzahl der Stunden für die geltend gemachte Anzahl von Tauschtagen vervielfacht.*
2. *[1]Sofern der Gesamtbetrag nach Ziffer 1 Satz 4 die Höhe der Jahressonderzahlung in dem Jahr der Geltendmachung übersteigt, vermindert sich die geltend gemachte Anzahl an Tauschtagen, bis die Höhe der Jahressonderzahlung zur Gewährung voller Tauschtage ausreicht. [2]In diesem Fall vermindert sich die Jahressonderzahlung nach § 20 (VKA) nur um den Betrag, der dem Wert der Tauschtage gemäß Satz 1 entspricht.*

(3) [1]Die Tauschtage müssen im folgenden Kalenderjahr (Kalenderjahr, das auf die Antragstellung nach Absatz 1 folgt) gewährt werden. [2]Bei der Festlegung der Tauschtage sind die Wünsche der Beschäftigten zu berücksichti-

* § 29a (VKA) tritt am 1. Januar 2026 in Kraft.

gen, sofern diesen keine dringenden dienstlichen/betrieblichen Gründe entgegenstehen. [3]Die Beschäftigten sollen dem Arbeitgeber ihre Wünsche zur zeitlichen Lage der Tauschtage spätestens vier Wochen vor der geplanten Inanspruchnahme mitteilen.

(4) [1]Tauschtage, die nicht innerhalb des in Absatz 3 genannten Zeitraums in Anspruch genommen werden, verfallen. [2]Eine finanzielle Abgeltung der Tauschtage ist ausgeschlossen. [3]Können vom Arbeitgeber bewilligte Tauschtage wegen einer unverzüglich angezeigten und durch ärztliches Attest nachgewiesenen Arbeitsunfähigkeit oder wegen der Geltendmachung von dringenden betrieblichen/dienstlichen Gründen durch den Arbeitgeber an dem entsprechenden Tag/den entsprechenden Tagen nicht in Anspruch genommen werden und kann in dem verbleibenden Zeitraum nach Absatz 3 Satz 1 keine Ersatzfreistellung erfolgen, besteht für diese ansonsten mit Ablauf dieses Kalenderjahres verfallenden Tauschtage ein entsprechender Ausgleichsanspruch in Geld; maßgebend ist dabei der zum Zeitpunkt der Umwandlung der Jahressonderzahlung nach Absatz 2 ermittelte Umwandlungsbetrag.

Abschnitt V
Befristung und Beendigung des Arbeitsverhältnisses

§ 30 Befristete Arbeitsverträge

(1) [1]Befristete Arbeitsverträge sind nach Maßgabe des Teilzeit- und Befristungsgesetzes sowie anderer gesetzlicher Vorschriften über die Befristung von Arbeitsverträgen zulässig. [2]Für Beschäftigte der Mitglieder eines Mitgliederverbandes der VKA, auf die die Regelungen des Tarifgebiets West Anwendung finden und deren Tätigkeit vor dem 1. Januar 2005 der Rentenversicherung der Angestellten unterlegen hätte sowie für Beschäftigte des Bundes, gelten die in den Absätzen 2 bis 5 geregelten Besonderheiten; dies gilt nicht für Arbeitsverhältnisse, für die die §§ 57aff. HRG, das Gesetz über befristete Arbeitsverträge in der Wissenschaft (Wissenschaftszeitvertragsgesetz) oder gesetzliche Nachfolgeregelungen unmittelbar oder entsprechend gelten.
(2) [1]Kalendermäßig befristete Arbeitsverträge mit sachlichem Grund sind nur zulässig, wenn die Dauer des einzelnen Vertrages fünf Jahre nicht übersteigt; weitergehende Regelungen im Sinne von § 23 TzBfG bleiben unberührt. [2]Beschäftigte mit einem Arbeitsvertrag nach Satz 1 sind bei der Besetzung von Dauerarbeitsplätzen bevorzugt zu berücksichtigen, wenn die sachlichen und persönlichen Voraussetzungen erfüllt sind.
(3) [1]Ein befristeter Arbeitsvertrag ohne sachlichen Grund soll in der Regel zwölf Monate nicht unterschreiten; die Vertragsdauer muss mindestens

sechs Monate betragen. [2]Vor Ablauf des Arbeitsvertrages hat der Arbeitgeber zu prüfen, ob eine unbefristete oder befristete Weiterbeschäftigung möglich ist.
(4) [1]Bei befristeten Arbeitsverträgen ohne sachlichen Grund gelten die ersten sechs Wochen und bei befristeten Arbeitsverträgen mit sachlichem Grund die ersten sechs Monate als Probezeit. [2]Innerhalb der Probezeit kann der Arbeitsvertrag mit einer Frist von zwei Wochen zum Monatsschluss gekündigt werden.
(5) [1]Für die Kündigung innerhalb der Probezeit gilt § 34 Abs. 1 Satz 1. [2]Nach Ablauf der Probezeit ist nur eine ordentliche Kündigung zulässig, wenn die Vertragsdauer mindestens zwölf Monate beträgt. [3]Nach Ablauf der Probezeit beträgt die Kündigungsfrist in einem oder mehreren aneinandergereihten Arbeitsverhältnissen bei demselben Arbeitgeber

von insgesamt mehr als sechs Monaten	vier Wochen,
von insgesamt mehr als einem Jahr	sechs Wochen
zum Schluss eines Kalendermonats,	
von insgesamt mehr als zwei Jahren	drei Monate,
von insgesamt mehr als drei Jahren	vier Monate
zum Schluss eines Kalendervierteljahres.	

[4]Eine Unterbrechung bis zu drei Monaten ist unschädlich, es sei denn, dass das Ausscheiden von der/dem Beschäftigten verschuldet oder veranlasst war. [5]Die Unterbrechungszeit bleibt unberücksichtigt.

Protokollerklärung zu Absatz 5:
Bei mehreren aneinandergereihten Arbeitsverhältnissen führen weitere vereinbarte Probezeiten nicht zu einer Verkürzung der Kündigungsfrist.

(6) Die §§ 31, 32 bleiben von den Regelungen der Absätze 3 bis 5 unberührt.

§ 31 Führung auf Probe

(1) [1]Führungspositionen können als befristetes Arbeitsverhältnis bis zur Gesamtdauer von zwei Jahren vereinbart werden. [2]Innerhalb dieser Gesamtdauer ist eine höchstens zweimalige Verlängerung des Arbeitsvertrages zulässig. [3]Die beiderseitigen Kündigungsrechte bleiben unberührt.
(2) Führungspositionen sind die ab Entgeltgruppe 10 zugewiesenen Tätigkeiten mit Weisungsbefugnis, die vor Übertragung vom Arbeitgeber ausdrücklich als Führungspositionen auf Probe bezeichnet worden sind.
(3) [1]Besteht bereits ein Arbeitsverhältnis mit demselben Arbeitgeber, kann der/dem Beschäftigten vorübergehend eine Führungsposition bis zu der in Absatz 1 genannten Gesamtdauer übertragen werden. [2]Der/Dem Beschäftigten wird für die Dauer der Übertragung eine Zulage in Höhe des

Unterschiedsbetrags zwischen den Tabellenentgelten nach der bisherigen Entgeltgruppe und dem sich bei Höhergruppierung nach § 17 Abs. 4 Satz 1 im Bereich der VKA und nach § 17 Abs. 5 Satz 1 im Bereich des Bundes ergebenden Tabellenentgelt gewährt. [3]Nach Fristablauf endet die Erprobung. [4]Bei Bewährung wird die Führungsfunktion auf Dauer übertragen; ansonsten erhält die/der Beschäftigte eine der bisherigen Eingruppierung entsprechende Tätigkeit.

§ 32 Führung auf Zeit

(1) [1]Führungspositionen können als befristetes Arbeitsverhältnis bis zur Dauer von vier Jahren vereinbart werden. [2]Folgende Verlängerungen des Arbeitsvertrages sind zulässig:

a) in den Entgeltgruppen 10 bis 12 eine höchstens zweimalige Verlängerung bis zu einer Gesamtdauer von acht Jahren,
b) ab Entgeltgruppe 13 eine höchstens dreimalige Verlängerung bis zu einer Gesamtdauer von zwölf Jahren.

[3]Zeiten in einer Führungsposition nach Buchstabe a bei demselben Arbeitgeber können auf die Gesamtdauer nach Buchstabe b zur Hälfte angerechnet werden. [4]Die allgemeinen Vorschriften über die Probezeit (§ 2 Abs. 4) und die beiderseitigen Kündigungsrechte bleiben unberührt.

(2) Führungspositionen sind die ab Entgeltgruppe 10 zugewiesenen Tätigkeiten mit Weisungsbefugnis, die vor Übertragung vom Arbeitgeber ausdrücklich als Führungspositionen auf Zeit bezeichnet worden sind.

(3) [1]Besteht bereits ein Arbeitsverhältnis mit demselben Arbeitgeber, kann der/dem Beschäftigten vorübergehend eine Führungsposition bis zu den in Absatz 1 genannten Fristen übertragen werden. [2]Der/Dem Beschäftigten wird für die Dauer der Übertragung eine Zulage gewährt in Höhe des Unterschiedsbetrags zwischen den Tabellenentgelten nach der bisherigen Entgeltgruppe und dem sich bei Höhergruppierung nach § 17 Abs. 4 Satz 1 im Bereich der VKA und nach § 17 Abs. 5 Satz 1 im Bereich des Bundes ergebenden Tabellenentgelt, zuzüglich eines Zuschlags von 75 v.H. des Unterschiedsbetrags zwischen den Tabellenentgelten der Entgeltgruppe, die der übertragenen Funktion entspricht, zur nächsthöheren Entgeltgruppe nach § 17 Abs. 4 Satz 1 bis 3. [3]Nach Fristablauf erhält die/der Beschäftigte eine der bisherigen Eingruppierung entsprechende Tätigkeit; der Zuschlag entfällt.

§ 33 Beendigung des Arbeitsverhältnisses ohne Kündigung

(1) Das Arbeitsverhältnis endet, ohne dass es einer Kündigung bedarf,

a) mit Ablauf des Monats, in dem die/der Beschäftigte das gesetzlich festgelegte Alter zum Erreichen der Regelaltersrente vollendet hat, es sei denn, zwischen dem Arbeitgeber und dem/der Beschäftigten ist während des Arbeitsverhältnisses vereinbart worden, den Beendigungszeitpunkt nach § 41 Satz 3 SGB VI hinauszuschieben,

b) jederzeit im gegenseitigen Einvernehmen (Auflösungsvertrag).

(2) [1]Das Arbeitsverhältnis endet ferner, sofern der/dem Beschäftigten der Bescheid eines Rentenversicherungsträgers (Rentenbescheid) zugestellt wird, wonach die/der Beschäftigte eine Rente auf unbestimmte Dauer wegen voller oder teilweiser Erwerbsminderung erhält. [2]Die/Der Beschäftigte hat den Arbeitgeber von der Zustellung des Rentenbescheids unverzüglich zu unterrichten. [3]Das Arbeitsverhältnis endet mit Ablauf des dem Rentenbeginn vorangehenden Tages; frühestens jedoch zwei Wochen nach Zugang der schriftlichen Mitteilung des Arbeitgebers über den Zeitpunkt des Eintritts der auflösenden Bedingung. [4]Liegt im Zeitpunkt der Beendigung des Arbeitsverhältnisses eine nach § 175 SGB IX erforderliche Zustimmung des Integrationsamtes noch nicht vor, endet das Arbeitsverhältnis mit Ablauf des Tages der Zustellung des Zustimmungsbescheids des Integrationsamtes; jedoch auch hier frühestens zwei Wochen nach Zugang der schriftlichen Mitteilung im Sinne von Satz 3. [5]Das Arbeitsverhältnis endet nicht, wenn nach dem Bescheid des Rentenversicherungsträgers eine Rente auf Zeit gewährt wird. [6]In diesem Fall ruht das Arbeitsverhältnis für den Zeitraum, für den eine Rente auf Zeit gewährt wird; für den Beginn des Ruhens des Arbeitsverhältnisses gilt Satz 3 entsprechend.

(3) Im Falle teilweiser Erwerbsminderung endet bzw. ruht das Arbeitsverhältnis nicht, wenn die/der Beschäftigte nach ihrem/seinem vom Rentenversicherungsträger festgestellten Leistungsvermögen auf ihrem/seinem bisherigen oder einem anderen geeigneten und freien Arbeitsplatz weiterbeschäftigt werden könnte, soweit dringende dienstliche bzw. betriebliche Gründe nicht entgegenstehen, und die/der Beschäftigte innerhalb von zwei Wochen nach Zugang des Rentenbescheids ihre/seine Weiterbeschäftigung schriftlich beantragt.

(4) [1]Verzögert die/der Beschäftigte schuldhaft den Rentenantrag oder bezieht sie/er Altersrente nach § 236 oder § 236a SGB VI oder ist sie/er nicht in der gesetzlichen Rentenversicherung versichert, so tritt an die Stelle des Rentenbescheids das Gutachten einer Amtsärztin/eines Amtsarztes oder einer/eines nach § 3 Abs. 4 Satz 2 bestimmten Ärztin/Arztes. [2]Das Arbeitsverhältnis endet in diesem Fall mit Ablauf des Monats, in dem der/dem Beschäftigten das Gutachten bekannt gegeben worden ist; frühestens jedoch zwei Wochen nach Zugang der schriftlichen Mitteilung des Arbeitgebers über den Zeitpunkt des Eintritts der auflösenden Bedingung.

(5) [1]Soll die/der Beschäftigte, deren/dessen Arbeitsverhältnis nach Absatz 1 Buchst. a geendet hat, weiterbeschäftigt werden, ist ein neuer schriftlicher Arbeitsvertrag abzuschließen. [2]Das Arbeitsverhältnis kann jederzeit mit einer Frist von vier Wochen zum Monatsende gekündigt werden, wenn im

Arbeitsvertrag nichts anderes vereinbart ist; frühestens jedoch zwei Wochen nach Zugang der schriftlichen Mitteilung des Arbeitgebers über den Zeitpunkt des Eintritts der auflösenden Bedingung.

§ 34 Kündigung des Arbeitsverhältnisses

(1) [1]Bis zum Ende des sechsten Monats seit Beginn des Arbeitsverhältnisses beträgt die Kündigungsfrist zwei Wochen zum Monatsschluss. [2]Im Übrigen beträgt die Kündigungsfrist bei einer Beschäftigungszeit (Absatz 3 Satz 1 und 2)

bis zu einem Jahr	ein Monat zum Monatsschluss,
von mehr als einem Jahr	6 Wochen,
von mindestens 5 Jahren	3 Monate,
von mindestens 8 Jahren	4 Monate,
von mindestens 10 Jahren	5 Monate,
von mindestens 12 Jahren	6 Monate

zum Schluss eines Kalendervierteljahres.

(2) [1]Arbeitsverhältnisse von Beschäftigten der Mitglieder eines Mitgliederverbandes der VKA, die das 40. Lebensjahr vollendet haben und für die die Regelungen des Tarifgebiets West Anwendung finden, sowie von Beschäftigten des Bundes, die das 40. Lebensjahr vollendet haben, können nach einer Beschäftigungszeit (Absatz 3 Satz 1 und 2) von mehr als 15 Jahren durch den Arbeitgeber nur aus einem wichtigen Grund gekündigt werden. [2]Soweit Beschäftigte nach den bis zum 30. September 2005 geltenden Tarifregelungen unkündbar waren, verbleibt es dabei.

(3) [1]Beschäftigungszeit ist die bei demselben Arbeitgeber im Arbeitsverhältnis zurückgelegte Zeit, auch wenn sie unterbrochen ist. [2]Unberücksichtigt bleibt die Zeit eines Sonderurlaubs gemäß § 28, es sei denn, der Arbeitgeber hat vor Antritt des Sonderurlaubs schriftlich ein dienstliches oder betriebliches Interesse anerkannt. [3]Wechseln Beschäftigte zwischen Arbeitgebern, die vom Geltungsbereich dieses Tarifvertrages erfasst werden, werden die Zeiten bei dem anderen Arbeitgeber als Beschäftigungszeit anerkannt. [4]Satz 3 gilt entsprechend bei einem Wechsel von einem anderen öffentlich-rechtlichen Arbeitgeber.

§ 35 Zeugnis

(1) Bei Beendigung des Arbeitsverhältnisses haben die Beschäftigten Anspruch auf ein schriftliches Zeugnis über Art und Dauer ihrer Tätigkeit, das sich auch auf Führung und Leistung erstrecken muss (Endzeugnis).

(2) Aus triftigen Gründen können Beschäftigte auch während des Arbeitsverhältnisses ein Zeugnis verlangen (Zwischenzeugnis).

(3) Bei bevorstehender Beendigung des Arbeitsverhältnisses können die Beschäftigten ein Zeugnis über Art und Dauer ihrer Tätigkeit verlangen (vorläufiges Zeugnis).

(4) Die Zeugnisse gemäß den Absätzen 1 bis 3 sind unverzüglich auszustellen.

Abschnitt VI
Übergangs- und Schlussvorschriften

§ 36 (VKA) Anwendung weiterer Tarifverträge

(1) Neben diesem Tarifvertrag sind die nachfolgend aufgeführten Tarifverträge in ihrer jeweils geltenden Fassung anzuwenden:

a) Tarifverträge über die Bewertung der Personalunterkünfte vom 16. März 1974,
b) Tarifverträge über den Rationalisierungsschutz vom 9. Januar 1987,
c) Tarifvertrag zur sozialen Absicherung (TVsA) vom 13. September 2005,
d) Tarifvertrag zur Regelung der Altersteilzeitarbeit (TV ATZ) vom 5. Mai 1998,
e) Tarifvertrag zu flexiblen Arbeitszeitregelungen für ältere Beschäftigte – TV FlexAZ – vom 27. Februar 2010,
f) Tarifvertrag zur Regelung des Übergangs in den Ruhestand für Angestellte im Flugverkehrskontrolldienst durch Altersteilzeitarbeit vom 26. März 1999,
g) Tarifvertrag zur Entgeltumwandlung für Arbeitnehmer/-innen im kommunalen öffentlichen Dienst (TV-EUmw/VKA) vom 18. Februar 2003,
h) Rahmentarifvertrag zur Regelung der Arbeitszeit der Beschäftigten des Feuerwehr- und Sanitätspersonals an Flughäfen vom 8. September 2004.

(2) Auf Beschäftigte im Sozial- und Erziehungsdienst finden die Regelungen der §§ 1 und 2a der Anlage zu Abschnitt VIII Sonderregelungen (VKA) § 56 BT-V auch dann Anwendung, wenn sie außerhalb des Geltungsbereichs des TVöD-V oder des TVöD-B tätig sind.

§ 37 Ausschlussfrist

(1) [1]Ansprüche aus dem Arbeitsverhältnis verfallen, wenn sie nicht innerhalb einer Ausschlussfrist von sechs Monaten nach Fälligkeit von der/dem Beschäftigten oder vom Arbeitgeber in Textform geltend gemacht werden.

[2]Für denselben Sachverhalt reicht die einmalige Geltendmachung des Anspruchs auch für später fällige Leistungen aus.

(2) Absatz 1 gilt nicht für Ansprüche aus einem Sozialplan sowie für Ansprüche, soweit sie kraft Gesetzes einer Ausschlussfrist entzogen sind.

§ 38 Begriffsbestimmungen

(1) Sofern auf die Tarifgebiete Ost und West Bezug genommen wird, gilt Folgendes:

a) Die Regelungen für das Tarifgebiet Ost gelten für die Beschäftigen, deren Arbeitsverhältnis in dem in Art. 3 des Einigungsvertrages genannten Gebiet begründet worden ist und bei denen der Bezug des Arbeitsverhältnisses zu diesem Gebiet fortbesteht.

b) Für die übrigen Beschäftigten gelten die Regelungen für das Tarifgebiet West.

(2) Sofern auf die Begriffe »Betrieb«, »betrieblich« oder »Betriebspartei« Bezug genommen wird, gilt die Regelung für Verwaltungen sowie für Parteien nach dem Personalvertretungsrecht entsprechend, es sei denn, es ist etwas anderes bestimmt.

(3) Eine einvernehmliche Dienstvereinbarung liegt nur ohne Entscheidung der Einigungsstelle vor.

(4) Leistungsgeminderte Beschäftigte sind Beschäftigte, die ausweislich einer Bescheinigung des beauftragten Arztes (§ 3 Abs. 4) nicht mehr in der Lage sind, auf Dauer die vertraglich geschuldete Arbeitsleistung in vollem Umfang zu erbringen, ohne deswegen zugleich teilweise oder in vollem Umfang erwerbsgemindert im Sinne des SGB VI zu sein.

Protokollerklärung zu Absatz 4:
Die auf leistungsgeminderte Beschäftigte anzuwendenden Regelungen zur Entgeltsicherung bestimmen sich im Bereich des Bundes nach § 16a TVÜ-Bund und im Bereich der VKA nach § 16a TVÜ-VKA.

(5) [1]Die Regelungen für Angestellte finden Anwendung auf Beschäftigte, deren Tätigkeit vor dem 1. Januar 2005 der Rentenversicherung der Angestellten unterlegen hätte. [2]Die Regelungen für Arbeiterinnen und Arbeiter finden Anwendung auf Beschäftigte, deren Tätigkeit vor dem 1. Januar 2005 der Rentenversicherung der Arbeiter unterlegen hätte.

§ 38a (Bund) Übergangsvorschriften

Wenn in einem für den Bund geltenden Tarifvertrag ein Verweis auf die Entgeltgruppe 9 enthalten ist, bezieht er sich auf die Entgeltgruppe 9a bis 9c.

§ 38a (VKA) Übergangsvorschriften

(1) Für Beschäftigte, die sich in einem Altersteilzeitarbeitsverhältnis befinden oder deren Altersteilzeitarbeitsverhältnis spätestens am 1. Juli 2008 beginnt, gilt § 6 Abs. 1 Satz 1 Buchst. b 1. Halbsatz in der bis zum 30. Juni 2008 geltenden Fassung bei der Berechnung des Tabellenentgelts und von in Monatsbeträgen zustehenden Zulagen.

Protokollerklärung zu Absatz 1:
Dem Tabellenentgelt stehen individuelle Zwischen- und Endstufen gleich.

(2) [1]Auf technisches Theaterpersonal mit überwiegend künstlerischer Tätigkeit, mit dem am 31. Mai 2013 arbeitsvertraglich eine überwiegend künstlerische Tätigkeit vereinbart ist, findet § 1 Abs. 2 Buchst. n in der bis zum 31. Mai 2013 geltenden Fassung für die Dauer des ununterbrochen fortbestehenden Arbeitsverhältnisses weiter Anwendung. [2]Auf technisches Theaterpersonal, mit dem am 31. Mai 2013 arbeitsvertraglich die Anwendung des TVöD vereinbart ist, findet der TVöD unabhängig von § 1 Abs. 2 Buchst. n in der ab dem 1. Juni 2013 geltenden Fassung für die Dauer des ununterbrochen fortbestehenden Arbeitsverhältnisses weiter Anwendung. [3]Als ununterbrochen fortbestehend gilt das Arbeitsverhältnis auch, wenn im beiderseitigen Einvernehmen an ein befristetes Arbeitsverhältnis ohne Unterbrechung ein neues Arbeitsverhältnis zu demselben Arbeitgeber abgeschlossen wird.

§ 39 In-Kraft-Treten, Laufzeit

(1) [1]Dieser Tarifvertrag tritt am 1. Oktober 2005 in Kraft. [2]Abweichend von Satz 1 treten
a) § 20 am 1. Januar 2007,
b) § 26 Abs. 1 und Abs. 2 Buchst. b und c sowie § 27 am 1. Januar 2006
in Kraft.
(2) Dieser Tarifvertrag kann von jeder Tarifvertragspartei mit einer Frist von drei Monaten zum Schluss eines Kalenderhalbjahres schriftlich gekündigt werden.
(3) *(aufgehoben)*
(4) Abweichend von Absatz 2 können schriftlich gekündigt werden
a) die Vorschriften des Abschnitts II einschließlich des Anhangs zu § 9 mit einer Frist von einem Monat zum Schluss eines Kalendermonats;

b) unabhängig von *Buchst. a** § 8 Abs. 1 mit einer Frist von drei Monaten zum Schluss eines Kalendervierteljahres;
c) die jeweiligen Anlagen A (Bund bzw. VKA) zu § 15 ohne Einhaltung einer Frist, frühestens jedoch zum 31. März 2027;
d) der jeweilige § 20 (Bund bzw. VKA) zum 31. Dezember eines jeden Jahres;
e) § 23 Abs. 1 mit einer Frist von einem Monat zum Schluss eines Kalendermonats;
f) § 26 Abs. 1 mit einer Frist von drei Monaten zum Schluss eines Kalenderjahres;
g) § 12 (Bund) und § 13 (Bund) jederzeit ohne Einhaltung einer Frist, jedoch nur insgesamt, frühestens zum 31. Dezember 2016; die Nachwirkung dieser Vorschriften wird ausgeschlossen;
h) § 12 (VKA) und § 13 (VKA) mit einer Frist von sechs Monaten zum Schluss eines Kalenderjahres, jedoch nur insgesamt, frühestens zum 31. Dezember 2020; die Nachwirkung dieser Vorschriften wird ausgeschlossen;
i) die Anlage 1 – Entgeltordnung (VKA) mit einer Frist von sechs Monaten zum Schluss eines Kalenderjahres, jedoch nur insgesamt, frühestens zum 31. Dezember 2020; die Nachwirkung wird ausgeschlossen.

Protokollerklärung zum Buchstaben i:
Abweichend von dem Buchstaben i kann Teil B Abschnitt XXIV der Anlage 1 – Entgeltordnung (VKA) mit einer Frist von drei Monaten zum Schluss eines Kalendervierteljahres, frühestens jedoch zum 31. Dezember 2026, schriftlich gekündigt werden.**

---

* Zum 1. Januar 2027 wird in § 39 Abs. 4 Buchstabe b die Angabe »Buchst. a« durch die Angabe »Buchstabe a« ersetzt.

** Zum 1. Januar 2027 wird nach der Protokollerklärung zum Buchstaben i folgender Buchstabe j und die Protokollerklärungen zum Buchstaben j eingefügt:

»j) unabhängig von Buchstaben a und f § 6 Abs. 1a, § 7 Abs. 9, § 8 Abs. 7, § 24 Abs. 2 Buchstabe b, § 29a (Bund) sowie § 29a (VKA) mit einer Frist von sechs Monaten zum Schluss eines Kalenderjahres, jedoch nur insgesamt, frühestens zum 31. Dezember 2029; die Nachwirkung wird ausgeschlossen.

Protokollerklärungen zum Buchstaben j:
Laufende individuelle Vereinbarungen nach § 6 Abs. 1a bleiben für deren vereinbarte Dauer von einer Kündigung unberührt.
Die Kündigung wirkt nicht auf Tauschtage, die gemäß § 29a (Bund) bzw. § 29a (VKA) vor Wirksamwerden der Kündigung bereits verlangt bzw. geltend gemacht wurden.«

Anhang zu § 6 (VKA)

Arbeitszeit von Cheffahrerinnen und Cheffahrern

(1) Cheffahrerinnen und Cheffahrer sind die persönlichen Fahrer von Oberbürgermeisterinnen/Oberbürgermeistern, Bürgermeisterinnen/Bürgermeistern, Landrätinnen/Landräten, Beigeordneten/Dezernentinnen/Dezernent en, Geschäftsführerinnen/Geschäftsführern, Vorstandsmitgliedern und vergleichbaren Leitungskräften.

(2) [1]Abweichend von § 3 Satz 1 ArbZG kann die tägliche Arbeitszeit im Hinblick auf die in ihr enthaltenen Wartezeiten auf bis zu 15 Stunden täglich ohne Ausgleich verlängert werden (§ 7 Abs. 2a ArbZG). [2]Die höchstzulässige Arbeitszeit soll 288 Stunden im Kalendermonat ohne Freizeitausgleich nicht übersteigen.

(3) Die tägliche Ruhezeit kann auf bis zu neun Stunden verkürzt werden, wenn spätestens bis zum Ablauf der nächsten Woche ein Zeitausgleich erfolgt.

(4) Eine Verlängerung der Arbeitszeit nach Absatz 2 und die Verkürzung der Ruhezeit nach Absatz 3 sind nur zulässig, wenn

1. geeignete Maßnahmen zur Gewährleistung des Gesundheitsschutzes getroffen sind, wie insbesondere das Recht des Fahrers/der Fahrerin auf eine jährliche, für den Beschäftigten kostenfreie arbeitsmedizinische Untersuchung bei einem Betriebsarzt oder bei einem Arzt mit entsprechender arbeitsmedizinischer Fachkunde, auf den sich die Betriebsparteien geeinigt haben, und/oder die Gewährung eines Freizeitausgleichs möglichst durch ganze Tage oder durch zusammenhängende arbeitsfreie Tage zur Regenerationsförderung,
2. die Cheffahrerin/der Cheffahrer gemäß § 7 Abs. 7 ArbZG schriftlich in die Arbeitszeitverlängerung eingewilligt hat.

(5) § 9 TVöD bleibt unberührt.

Anhang zu § 9

A. Bereitschaftszeiten Hausmeisterinnen/Hausmeister

[1]Für Hausmeisterinnen/Hausmeister, in deren Tätigkeit regelmäßig und in nicht unerheblichem Umfang Bereitschaftszeiten fallen, gelten folgende besondere Regelungen zu § 6 Abs. 1 Satz 1 TVöD:

[2]Die Summe aus den faktorisierten Bereitschaftszeiten und der Vollarbeitszeit darf die Arbeitszeit nach § 6 Abs. 1 nicht überschreiten. [3]Die Summe aus Vollarbeits- und Bereitschaftszeiten darf durchschnittlich 48 Stunden wöchentlich nicht überschreiten. [4]Bereitschaftszeiten sind die Zeiten, in denen sich die Hausmeisterin/der Hausmeister am Arbeitsplatz oder einer anderen vom Arbeitgeber bestimmten Stelle zur Verfügung halten muss, um im Be-

darfsfall die Arbeit selbständig, ggf. auch auf Anordnung, aufzunehmen und in denen die Zeiten ohne Arbeitsleistung überwiegen. [5]Bereitschaftszeiten werden zur Hälfte als Arbeitszeit gewertet (faktorisiert). [6]Bereitschaftszeiten werden innerhalb von Beginn und Ende der regelmäßigen täglichen Arbeitszeit nicht gesondert ausgewiesen.

B. Bereitschaftszeiten im Rettungsdienst und in Leitstellen

(1) [1]Für Beschäftigte in den Leitstellen, in deren Tätigkeit regelmäßig und in nicht unerheblichem Umfang Bereitschaftszeiten fallen, gelten folgende besondere Regelungen zu § 6 Abs. 1 Satz 1 TVöD:
[2]Die Summe aus den faktorisierten Bereitschaftszeiten und der Vollarbeitszeit darf die Arbeitszeit nach § 6 Abs. 1 nicht überschreiten. [3]Die Summe aus Vollarbeits- und Bereitschaftszeiten darf durchschnittlich 48 Stunden wöchentlich nicht überschreiten. [4]Bereitschaftszeiten sind die Zeiten, in denen sich die/der Beschäftigte am Arbeitsplatz oder einer anderen vom Arbeitgeber bestimmten Stelle zur Verfügung halten muss, um im Bedarfsfall die Arbeit selbständig, ggf. auch auf Anordnung, aufzunehmen und in denen die Zeiten ohne Arbeitsleistung überwiegen. [5]Bereitschaftszeiten werden zur Hälfte als tarifliche Arbeitszeit gewertet (faktorisiert). [6]Bereitschaftszeiten werden innerhalb von Beginn und Ende der regelmäßigen täglichen Arbeitszeit nicht gesondert ausgewiesen.

(1a) [1]Für Beschäftigte im Rettungsdienst, in deren Tätigkeit regelmäßig und in nicht unerheblichem Umfang Bereitschaftszeiten fallen, gelten folgende besondere Regelungen zu § 6 Abs. 1 Satz 1 TVöD:
[2]Die Summe aus den faktorisierten Bereitschaftszeiten und der Vollarbeitszeit darf die Arbeitszeit nach § 6 Abs. 1 nicht überschreiten. [3]Die Summe aus Vollarbeits- und Bereitschaftszeiten darf durchschnittlich
bis zum 31. Dezember 2025 48 Stunden,
ab dem 1. Januar 2026 46 Stunden und
ab dem 1. Januar 2027 44 Stunden
wöchentlich nicht überschreiten. [4]Bereitschaftszeiten sind die Zeiten, in denen sich die/der Beschäftigte am Arbeitsplatz oder einer anderen vom Arbeitgeber bestimmten Stelle zur Verfügung halten muss, um im Bedarfsfall die Arbeit selbständig, ggf. auch auf Anordnung, aufzunehmen und in denen die Zeiten ohne Arbeitsleistung überwiegen. [5]Bereitschaftszeiten werden bis zum 31. Dezember 2025 zu 50 Prozent und abweichend von § 9
ab dem 1. Januar 2026 zu 56,25 Prozent und
ab dem 1. Januar 2027 zu 64,29 Prozent
als tarifliche Arbeitszeit gewertet (faktorisiert). [6]Zur Berechnung eventuell anfallender Zeitzuschläge und der durchschnittlichen Summe aus Vollarbeits- und Bereitschaftszeiten gemäß Satz 3 werden die Stunden eines Dienstes in vollem Umfang herangezogen. [7]Bereitschaftszeiten werden in-

nerhalb von Beginn und Ende der regelmäßigen täglichen Arbeitszeit nicht gesondert ausgewiesen.

(2) [1]Die zulässige tägliche Höchstarbeitszeit beträgt zwölf Stunden zuzüglich der gesetzlichen Pausen. [2]Gemäß § 7 ArbZG kann ab 1. Januar 2026 durch Betriebs- oder einvernehmliche Dienstvereinbarung eine tägliche Höchstarbeitszeit unter Einrechnung der gesetzlich vorgeschriebenen Pausen von bis zu 24 Stunden eingeführt werden, wenn die Vollarbeitszeit innerhalb der Gesamtdauer der täglichen Arbeitszeit neun Stunden regelmäßig nicht überschreitet und durch besondere Maßnahmen (insb. Sicherstellung ausreichender Ruhephasen und Bereitstellung gesonderter Ruheräume) vor Einführung sichergestellt wird, dass die Gesundheit der Beschäftigten nicht gefährdet wird. [3]Die Betriebs- oder einvernehmliche Dienstvereinbarung hat Regelungen zur näheren Ausgestaltung der Arbeitszeit sowie zum Arbeits- und Gesundheitsschutz, insbesondere durch eine jährlich durchzuführende Beurteilung der Arbeitsbedingungen gem. § 5 ArbSchG zu enthalten. [4]Der Arbeitgeber hat vor Einführung einer über Satz 1 hinausgehenden täglichen Höchstarbeitszeit durch eine Beurteilung der Arbeitsbedingungen gem. § 5 ArbSchG (einschließlich arbeitsmedizinischer Aspekte) die für die Beschäftigten mit ihrer Arbeit verbundene Gefährdung und etwaige Maßnahmen des Arbeitsschutzes zu ermitteln. [5]Die Vereinbarung einer über Satz 1 hinausgehenden täglichen Höchstarbeitszeit gemäß Satz 2 bedarf der Einwilligung der/des Beschäftigten in Textform. [6]Die/der Beschäftigte kann die Einwilligung in Textform mit einer Frist von sechs Monaten, in dringenden Fällen mit einer Frist von zwei Wochen, widerrufen. [7]Eine Maßregelung für den Fall, dass die/der Beschäftigte ihre/seine Einwilligung nicht erklärt oder diese widerruft, ist ausgeschlossen.

(3) Die allgemeinen Regelungen des TVöD zur Arbeitszeit bleiben im Übrigen unberührt.

(4) Für Beschäftigte, die unter die Sonderregelungen für den kommunalen feuerwehrtechnischen Dienst fallen, gilt § 46 Nr. 2 Abs. 1 BT-V (VKA), auch soweit sie in Leitstellen tätig sind.

Anlage A (Bund)

Tabelle TVöD Bund
gültig vom 1. April 2025 bis 30. April 2026
(monatlich in Euro)

Entgelt-gruppe	Grundentgelt		Entwicklungsstufen			
	Stufe 1	Stufe 2	Stufe 3	Stufe 4	Stufe 5	Stufe 6
15	5669,12	6039,84	6453,36	7017,89	7598,61	7980,65
14	5153,96	5489,64	5928,03	6414,51	6956,78	7346,09
13	4767,62	5135,53	5554,35	6009,06	6544,14	6834,50
12	4295,43	4718,78	5213,52	5762,47	6406,61	6712,24
11	4153,35	4542,72	4908,59	5305,54	5848,79	6154,45
10	4012,19	4317,28	4664,10	5040,24	5459,10	5596,64
9c	3869,93	4134,21	4464,10	4823,53	5213,22	5338,33
9b	3729,09	3848,41	4150,81	4482,62	4847,83	5153,45
9a	3590,97	3810,67	3872,64	4082,05	4465,76	4617,59
8	3391,44	3596,59	3738,68	3883,66	4040,37	4115,73
7	3205,23	3441,58	3582,38	3724,47	3860,94	3935,06
6	3152,04	3346,55	3482,94	3617,92	3750,49	3819,26
5	3038,99	3227,67	3355,11	3490,06	3615,47	3680,28
4	2912,62	3103,55	3263,75	3363,48	3463,20	3521,60
3	2872,69	3078,02	3127,99	3242,21	3327,92	3406,43
2	2692,16	2894,28	2944,67	3016,58	3174,63	3339,97
1		2465,52	2498,86	2540,55	2579,42	2679,47

Anlage A (Bund)

Tabelle TVöD Bund
gültig ab 1. Mai 2026
(monatlich in Euro)

Entgelt-gruppe	Grundentgelt		Entwicklungsstufen			
	Stufe 1	Stufe 2	Stufe 3	Stufe 4	Stufe 5	Stufe 6
15	5827,86	6208,96	6634,05	7214,39	7811,37	8204,11
14	5298,27	5643,35	6094,01	6594,12	7151,57	7551,78
13	4901,11	5279,32	5709,87	6177,31	6727,38	7025,87
12	4415,70	4850,91	5359,50	5923,82	6586,00	6900,18
11	4269,64	4669,92	5046,03	5454,10	6012,56	6326,77
10	4124,53	4438,16	4794,69	5181,37	5611,95	5753,35
9c	3978,29	4249,97	4589,09	4958,59	5359,19	5487,80
9b	3833,50	3956,17	4267,03	4608,13	4983,57	5297,75
9a	3691,52	3917,37	3981,07	4196,35	4590,80	4746,88
8	3486,40	3697,29	3843,36	3992,40	4153,50	4230,97
7	3294,98	3537,94	3682,69	3828,76	3969,05	4045,24
6	3240,30	3440,25	3580,46	3719,22	3855,50	3926,20
5	3124,08	3318,04	3449,05	3587,78	3716,70	3783,33
4	2994,17	3190,45	3355,14	3457,66	3560,17	3620,20
3	2953,13	3164,20	3215,57	3332,99	3421,10	3501,81
2	2767,54	2975,32	3027,12	3101,04	3263,52	3433,49
1		2543,55	2568,83	2611,69	2651,64	2754,50

Anlage A (VKA)

Tabelle TVöD VKA
gültig vom 1. April 2025 bis 30. April 2026
(monatlich in Euro)

Entgelt-gruppe	Grundentgelt		Entwicklungsstufen			
	Stufe 1	Stufe 2	Stufe 3	Stufe 4	Stufe 5	Stufe 6
15	5669,12	6039,84	6453,36	7017,89	7598,61	7980,65
14	5153,96	5489,64	5928,03	6414,51	6956,78	7346,09
13	4767,62	5135,53	5554,35	6009,06	6544,14	6834,50
12	4295,43	4718,78	5213,52	5762,47	6406,61	6712,24
11	4153,35	4542,72	4908,59	5305,54	5848,79	6154,45
10	4012,19	4317,28	4664,10	5040,24	5459,10	5596,64
9c	3901,48	4173,64	4469,61	4788,53	5131,37	5377,14
9b	3676,89	3929,00	4089,07	4562,79	4843,49	5168,65
9a	3558,96	3772,32	3986,06	4461,84	4569,48	4844,33
8	3391,44	3596,59	3738,68	3883,66	4040,37	4115,73
7	3205,23	3441,58	3582,38	3724,47	3860,94	3935,06
6	3152,04	3346,55	3482,94	3617,92	3750,49	3819,26
5	3038,99	3227,67	3355,11	3490,06	3615,47	3680,28
4	2912,62	3103,55	3263,75	3363,48	3463,20	3521,60
3	2872,69	3078,02	3127,99	3242,21	3327,92	3406,43
2	2692,16	2894,28	2944,67	3016,58	3174,63	3339,97
1		2465,52	2498,86	2540,55	2579,42	2679,47

Anlage A (VKA)

Tabelle TVöD VKA
gültig ab 1. Mai 2026
(monatlich in Euro)

Entgelt-gruppe	Grundentgelt		Entwicklungsstufen			
	Stufe 1	Stufe 2	Stufe 3	Stufe 4	Stufe 5	Stufe 6
15	5827,86	6208,96	6634,05	7214,39	7811,37	8204,11
14	5298,27	5643,35	6094,01	6594,12	7151,57	7551,78
13	4901,11	5279,32	5709,87	6177,31	6727,38	7025,87
12	4415,70	4850,91	5359,50	5923,82	6586,00	6900,18
11	4269,64	4669,92	5046,03	5454,10	6012,56	6326,77
10	4124,53	4438,16	4794,69	5181,37	5611,95	5753,35
9c	4010,72	4290,50	4594,76	4922,61	5275,05	5527,70
9b	3779,84	4039,01	4203,56	4690,55	4979,11	5313,37
9a	3658,61	3877,94	4097,67	4586,77	4697,43	4979,97
8	3486,40	3697,29	3843,36	3992,40	4153,50	4230,97
7	3294,98	3537,94	3682,69	3828,76	3969,05	4045,24
6	3240,30	3440,25	3580,46	3719,22	3855,50	3926,20
5	3124,08	3318,04	3449,05	3587,78	3716,70	3783,33
4	2994,17	3190,45	3355,14	3457,66	3560,17	3620,20
3	2953,13	3164,20	3215,57	3332,99	3421,10	3501,81
2	2767,54	2975,32	3027,12	3101,04	3263,52	3433,49
1		2534,55	2568,83	2611,69	2651,64	2754,50

Besonderer Teil Verwaltung (BT-V)

vom 13. September 2005 in der Fassung des Änderungstarifvertrages Nr. 32 vom 6. April 2025

Abschnitt VII
Allgemeine Vorschriften

§ 40 Geltungsbereich

(1) [1]Dieser Tarifvertrag gilt für alle Beschäftigten, die unter den § 1 des Tarifvertrages für den öffentlichen Dienst (TVöD) fallen, soweit sie nicht von anderen Teilen des TVöD erfasst sind. [2]Der Tarifvertrag für den öffentlichen Dienst (TVöD) – Besonderer Teil Verwaltung (BT-V) – bildet im Zusammenhang mit dem Tarifvertrag für den öffentlichen Dienst – Allgemeiner Teil – den Tarifvertrag für die Sparte Verwaltung.
(2) Soweit in den nachfolgenden Bestimmungen auf die §§ 1 bis 39 verwiesen wird, handelt es sich um die Regelungen des TVöD – Allgemeiner Teil –.

§ 41 Allgemeine Pflichten

[1]Die im Rahmen des Arbeitsvertrages geschuldete Leistung ist gewissenhaft und ordnungsgemäß auszuführen. [2]Beschäftigte des Bundes und anderer Arbeitgeber, in deren Aufgabenbereichen auch hoheitliche Tätigkeiten wahrgenommen werden, müssen sich durch ihr gesamtes Verhalten zur freiheitlich demokratischen Grundordnung im Sinne des Grundgesetzes bekennen.

§ 42 Saisonaler Ausgleich

In Verwaltungen und Betrieben, in denen auf Grund spezieller Aufgaben (z. B. Ausgrabungen, Expeditionen, Schifffahrt) oder saisonbedingt erheblich verstärkte Tätigkeiten anfallen, kann für diese Tätigkeiten die regelmäßige Arbeitszeit auf bis zu 60 Stunden in einem Zeitraum von bis zu sieben Tagen verlängert werden, wenn durch Verkürzung der regelmäßigen wöchentlichen Arbeitszeit bis zum Ende des Ausgleichszeitraums nach § 6 Abs. 2 Satz 1 ein entsprechender Zeitausgleich durchgeführt wird.

§ 43 Überstunden

[1]Überstunden sind grundsätzlich durch entsprechende Freizeit auszugleichen. [2]Sofern kein Arbeitszeitkonto nach § 10 eingerichtet ist, oder wenn ein solches besteht, die/der Beschäftigte jedoch keine Faktorisierung nach § 8 Abs. 1 geltend macht, erhält die/der Beschäftigte für Überstunden (§ 7 Abs. 7), die nicht bis zum Ende des dritten Kalendermonats – möglichst aber schon bis zum Ende des nächsten Kalendermonats – nach deren Entstehen mit Freizeit ausgeglichen worden sind, je Stunde 100 v. H. des auf die Stunde entfallenden Anteils des Tabellenentgelts der jeweiligen Entgeltgruppe und Stufe, höchstens jedoch nach der Stufe 4. [3]Der Anspruch auf den Zeitzuschlag für Überstunden nach § 8 Abs. 1 besteht unabhängig von einem Freizeitausgleich.

§ 44 Reise- und Umzugskosten, Trennungsgeld

(1) Für die Erstattung von Reise- und Umzugskosten sowie Trennungsgeld finden die für die Beamtinnen und Beamten jeweils geltenden Bestimmungen entsprechende Anwendung.

(2) [1]Bei Dienstreisen gilt nur die Zeit der dienstlichen Inanspruchnahme am auswärtigen Geschäftsort als Arbeitszeit. [2]Für jeden Tag einschließlich der Reisetage wird jedoch mindestens die auf ihn entfallende regelmäßige, durchschnittliche oder dienstplanmäßige Arbeitszeit berücksichtigt, wenn diese bei Nichtberücksichtigung der Reisezeit nicht erreicht würde. [3]Überschreiten nicht anrechenbare Reisezeiten insgesamt 15 Stunden im Monat, so werden auf Antrag 25 v. H. dieser überschreitenden Zeiten bei fester Arbeitszeit als Freizeitausgleich gewährt und bei gleitender Arbeitszeit im Rahmen der jeweils geltenden Vorschriften auf die Arbeitszeit angerechnet. [4]Der besonderen Situation von Teilzeitbeschäftigten ist Rechnung zu tragen.

(3) Soweit Einrichtungen in privater Rechtsform oder andere Arbeitgeber nach eigenen Grundsätzen verfahren, sind diese abweichend von den Absätzen 1 und 2 maßgebend.

Abschnitt VIII
Sonderregelungen (Bund)

§ 45 Sonderregelungen für Beschäftigte, die zu Auslandsdienststellen des Bundes entsandt sind

Zu Abschnitt I
Allgemeine Vorschriften

Nr. 1 zu § 1 – Geltungsbereich –

(1) Diese Sonderregelungen gelten für Beschäftigte mit deutscher Staatsangehörigkeit (Deutsche im Sinne des Artikels 116 GG) oder einer Staatsangehörigkeit eines anderen Mitgliedsstaates der europäischen Union bei den diplomatischen und berufskonsularischen Vertretungen sowie bei anderen Dienststellen der Bundesrepublik im Ausland (Auslandsdienststellen), die nach Abschluss eines Arbeitsvertrages nach Bundestarifrecht von ihrer obersten Bundesbehörde zur Dienstleistung in das Ausland entsandt worden sind (entsandte Kräfte) oder denen die gleiche Rechtsstellung durch einen mit der obersten Bundesbehörde geschlossenen Arbeitsvertrag eingeräumt worden ist.

(2) Die Nrn. 3, 4, und 12 gelten auch für Beschäftigte des Bundes, die bei einer Inlandsdienststelle tätig sind, dem Inhalt ihres Arbeitsvertrages nach jedoch auch zu Auslandsdienststellen entsandt werden können.

(3) Diese Sonderregelungen gelten nicht für Beschäftigte, die Einheiten der Bundeswehr bei deren vorübergehender Verlegung zu Ausbildungszwecken in das Ausland folgen.

Nr. 2

[1]Für Beschäftigte bei Auslandsvertretungen (§ 3 Abs. 1 des Gesetzes über den Auswärtigen Dienst – GAD) gelten die §§ 14, 15, 19, 20, 21, 23, 24, 27 GAD entsprechend. [2]Die §§ 16, 22, 26 GAD gelten für diese Beschäftigte entsprechend, soweit keine Leistungen nach anderen Vorschriften gewährt werden.

Nr. 3 zu § 3 – Allgemeine Arbeitsbedingungen –

Der Arbeitgeber kann auch Untersuchungen auf Tropentauglichkeit anordnen.

Nr. 4 zu § 4 – Versetzung, Abordnung, Zuweisung, Personalgestellung –

§ 4 Abs. 1 Satz 2 gilt nicht.

Zu Abschnitt II
Arbeitszeit

Nr. 5 zu § 6 – Regelmäßige Arbeitszeit –

[1]Eine Verkürzung der regelmäßigen Arbeitszeit für die Beamten an einer Auslandsdienststelle nach § 7 Abs. 2 Satz 1 des Gesetzes über den Auswärtigen Dienst bzw. nach § 3 Abs. 4 der Arbeitszeitverordnung gilt auch für die entsprechenden Beschäftigten an dieser Dienststelle. [2]In diesen Fällen findet ein Ausgleich für Überstunden (Nr. 6 Satz 1) nur statt, wenn die verkürzte regelmäßige Arbeitszeit um mehr als fünf Stunden im Monat überschritten wird.

Nr. 6 zu § 8 – Ausgleich für Sonderformen der Arbeit –

[1]Überstundenentgelt, Zeitzuschläge und Zulagen nach § 8 werden nicht gezahlt. [2]Alle Überstunden sind bis zum Ende des sechsten Kalendermonats nach Ableistung der Überstunden durch entsprechende bezahlte Arbeitsbefreiung auszugleichen. [3]Rufbereitschaft und Arbeitsleistung innerhalb der Rufbereitschaft werden nicht bezahlt, sondern unter Berücksichtigung des Satzes 1 auf der Berechnungsgrundlage des § 8 Abs. 3 in Freizeit ausgeglichen; § 8 Abs. 2 gilt entsprechend.

Protokollerklärung:
Das Entgelt für die tatsächliche Arbeitsleistung zuzüglich der Zeitzuschläge für Überstunden ist das Überstundenentgelt.

Zu Abschnitt III
Eingruppierung, Entgelt und sonstige Leistungen

Nr. 7 zu § 14 – Vorübergehende Übertragung einer höherwertigen Tätigkeit –

[1]Die persönliche Zulage nach § 14 Abs. 3 wird auch dann nicht gezahlt, wenn die Beschäftigten andere Beschäftigte oder Beamte während deren Heimaturlaubs länger als einen Monat oder im Fall des § 14 Abs. 2 länger als drei Tage vertreten. [2]Zeiten einer höherwertigen Heimaturlaubsvertretung werden bei einer anschließenden höherwertigen Vertretung aus anderen Gründen auf die in § 14 Abs. 1 genannte Frist von einem Monat angerechnet.

Protokollerklärung:
[1]Dem Beschäftigten darf innerhalb eines Jahres eine Heimaturlaubsvertretung nur einmal übertragen werden. [2]Die Regelung für Beschäftigte gemäß § 38 Abs. 5 Satz 2 tritt erst bei In-Kraft-Treten eines Tarifvertrags nach § 14 Abs. 2 in Kraft.

Nr. 8 zu § 15 – Tabellenentgelt –

(1) [1]Beschäftigten mit dienstlichem und tatsächlichem Wohnsitz im Ausland werden zu dem Tabellenentgelt (§ 15) Auslandsbezüge in entsprechen-

der Anwendung der §§ 15 und 52 bis 55 des Bundesbesoldungsgesetzes gezahlt. [2]Die Auslandsbezüge bleiben bei der Jahressonderzahlung nach § 20 (Bund) unberücksichtigt.
(2) [1]Die Tabelle Auslandszuschlag der Anlage VI.1 Bundesbesoldungsgesetz findet mit der Maßgabe Anwendung, dass anstelle der Zeilen des Tabellenkopfes »Grundgehaltsspanne von – bis« der Tabellenkopf nach Anlage B (Bund) Anwendung findet. [2]Die Beträge der Anlage B (Bund) nehmen an allgemeinen Entgeltanpassungen teil.

Protokollerklärung:
Die Tarifvertragsparteien überprüfen Ende 2015, ob die Entwicklung der Zuschlagstabellen für Tarifbeschäftigte und Beamtinnen und Beamte kohärent verläuft oder Anpassungsbedarf besteht.

(3) [1]Zulagen und Zuschläge werden mit Ausnahme der in Absatz 1 geregelten Entgeltbestandteile den bei Auslandsdienststellen tätigen Beschäftigten nicht gezahlt. [2]Aufwandsentschädigungen werden nach den für die entsprechenden Beamtinnen und Beamten geltenden Bestimmungen gezahlt.

Niederschriftserklärung:
Die Tarifvertragsparteien stimmen überein, dass der Auslandszuschlag, der nach Maßgabe des § 45 (Bund) Nr. 8 Abs. 2 TVöD-BT-V in entsprechender Anwendung der Tabelle Auslandszuschlag der Anlage VI. 1 Bundesbesoldungsgesetz auf der Grundlage einer/eines Vollzeitbeschäftigten ermittelt wurde, anschließend nach § 24 Abs. 2 TVöD zeitratierlich zu berechnen ist.

Nr. 9 zu § 22 – Entgelt im Krankheitsfall –

(1) [1]Bei einer durch Krankheit oder Arbeitsunfall verursachten Arbeitsunfähigkeit im Ausland werden das Tabellenentgelt und die Auslandsbezüge (Nr. 8) ohne Rücksicht auf die Beschäftigungszeit bis zum Tage vor der Rückreise vom Auslandsdienstort in das Inland gewährt. [2]Die im § 22 Abs. 3 festgesetzten Fristen für die Gewährung eines Krankengeldzuschusses beginnen mit dem Tage der Abreise des Beschäftigten vom Auslandsdienstort zu laufen.
(2) Beschäftigte, die bei einer Auslandsdienststelle tätig sind, sollen den Nachweis der Arbeitsunfähigkeit durch eine Bescheinigung des Vertrauensarztes der Auslandsdienststelle erbringen; Beschäftigte bei einer diplomatischen oder konsularischen Vertretung sollen den Nachweis in der Weise erbringen, wie er durch die Geschäftsordnung für die Auslandsvertretung vorgesehen ist.

Nr. 10 zu § 23 Abs. 3 – Sterbegeld –

Der Berechnung des Sterbegeldes für die Hinterbliebenen von Beschäftigten gemäß § 23 Abs. 3, die zur Zeit ihres Todes Auslandsbezüge erhielten, sind diese Auslandsbezüge, jedoch ausschließlich einer Aufwandsentschädigung, zugrunde zu legen.

Zu Abschnitt IV
Urlaub und Arbeitsbefreiung

Nr. 11 zu § 26 – Erholungsurlaub –
(1) Für den Erholungsurlaub gelten neben den tariflichen Vorschriften die jeweiligen Bestimmungen für die im Ausland tätigen Bundesbeamten entsprechend.
(2) [1]Wird das Arbeitsverhältnis während oder mit Ablauf eines Urlaubs im Inland, für den Fahrkostenzuschuss gewährt wurde, aus einem vom Beschäftigten zu vertretenden Grunde gelöst, so werden die niedrigsten Fahrkosten (vgl. § 4 Abs. 2 der Heimaturlaubsverordnung) nur der Reise vom Dienstort in das Inland erstattet. [2]Wird das Arbeitsverhältnis innerhalb eines Jahres nach Beendigung eines Urlaubs im Inland aus einem vom Beschäftigten zu vertretenden Grunde gelöst, so hat der Beschäftigte die Hälfte der dafür erstatteten Fahrkosten zurückzuzahlen, es sei denn, das er im Anschluss an den Urlaub an einen anderen Dienstort versetzt worden war und den Dienst dort angetreten hatte.

Zu Abschnitt V
Befristung und Beendigung des Arbeitsverhältnisses

Nr. 12 zu § 33 – Beendigung des Arbeitsverhältnisses ohne Kündigung –
(1) [1]Im Wirtschaftsdienst Beschäftigte der Entgeltgruppen 9 bis 15 bedürfen in den ersten zwei Jahren nach Beendigung des Arbeitsverhältnisses zur Aufnahme einer entgeltlichen Beschäftigung in einem der ausländischen Staaten, in dem sie während ihres Arbeitsverhältnisses tätig waren, der Genehmigung des Arbeitgebers. [2]Wird eine entgeltliche Beschäftigung ohne die erforderliche Genehmigung aufgenommen, so hat der Beschäftigte eine Vertragsstrafe in Höhe von drei Monatsbezügen seiner letzten Auslandsvergütung zu entrichten. [3]Die Geltendmachung von Schadensersatzansprüchen bleibt unberührt.
(2) Beschäftigte, die auf Kosten des Arbeitgebers eine besondere Ausbildung in einer Fremdsprache erhalten haben, sind verpflichtet, dem Arbeitgeber die Kosten dieser Ausbildung zu erstatten, wenn das Arbeitsverhältnis aus einem von dem Beschäftigten zu vertretenden Grunde vor Ablauf von drei Jahren nach Abschluss der Sprachausbildung endet.

Zu Abschnitt VII
Allgemeine Vorschriften

Nr. 13 zu § 44 – Reise- und Umzugskosten, Trennungsgeld –
[1]Für die Gewährung von Umzugskostenvergütung bei Auslandsumzügen sind die für die Beamtinnen/Beamten des Arbeitgebers jeweils geltenden Bestimmungen mit folgenden Maßgaben sinngemäß anzuwenden:

1. Im Falle des Ausscheidens eines Beschäftigten aus dem Arbeitsverhältnis an einem Auslandsdienstort wird eine Umzugskostenvergütung nur gewährt, wenn für den Umzug an den Auslandsdienstort Umzugskostenvergütung gewährt und nicht zurückgefordert worden ist. § 19 Abs. 4 der Auslandsumzugskostenverordnung – AUV – bleibt unberührt.
2. Der Beschäftigte, dessen Arbeitsverhältnis aus einem von ihm nicht zu vertretenden Grunde im Ausland beendet worden ist, hat für sich und die in § 1 Abs. 1 Nr. 2 AUV bezeichneten Personen Anspruch auf eine Umzugskostenvergütung nach §§ 2 bis 5 und 10 AUV sowie § 9 Abs. 1 BUKG. Die Umzugskostenvergütung wird nur gewährt, wenn der Beschäftigte spätestens sechs Monate nach Beendigung des Arbeitsverhältnisses nach einem frei gewählten Wohnort im Inland umzieht. § 19 Abs. 1 bis 3 AUV bleibt unberührt. § 19 Abs. 1 bis 3 AUV gilt entsprechend, wenn der Beschäftigte wegen Bezugs eines vorgezogenen oder flexiblen Altersruhegeldes oder einer entsprechenden Versorgungsrente aus der zusätzlichen Alters- und Hinterbliebenenversorgung im Ausland aus dem Arbeitsverhältnis ausgeschieden ist.
3. In dem Falle der Nr. 11 Abs. 2 Satz 1 werden Auslagen für eine Umzugsreise nicht erstattet.
4. Endet das Arbeitsverhältnis aus einem von dem Beschäftigten zu vertretenden Grunde vor Ablauf von zwei Jahren nach einem Umzug, für den Umzugskostenvergütung nach § 3 Abs. 1 Nr. 1, § 4 Abs. 1 Nr. 1 oder Abs. 2 Nr. 3 und 4 des Bundesumzugskostengesetzes – BUKG – zugesagt worden war, so hat der Beschäftigte die Umzugskostenvergütung zurückzuzahlen. War die Umzugskostenvergütung nach § 3 Abs. 1 Nr. 1 BUKG zugesagt worden, ist nur der nach § 12 AUV gewährte Ausstattungsbeitrag zurückzuzahlen, wenn der Beschäftigte insgesamt mehr als zwei Jahre bei Auslandsdienststellen tätig war. Sätze 1 und 2 gelten nicht für eine nach § 3 Abs. 1 Nr. 1 BUKG zugesagte Umzugskostenvergütung, wenn das Arbeitsverhältnis aufgrund einer Kündigung durch den Beschäftigten endet. § 19 Abs. 4 AUV bleibt unberührt.

Nr. 14
Für Bundeswohnungen, die Beschäftigten an Auslandsdienststellen aus dienstlichen oder sonstigen im Interesse des Bundes liegenden Gründen zugewiesen werden, gilt sinngemäß die Allgemeine Verwaltungsvorschrift

über die Bundesdienstwohnungen (Dienstwohnungsvorschriften – DWV –) vom 16. Februar 1970 (GMBI. S. 99) in ihrer jeweils geltenden Fassung und in Verbindung mit der Allgemeinen Verwaltungsvorschrift über die Bundesdienstwohnungen im Ausland (Dienstwohnungsvorschriften Ausland – DWVA) vom 1. Februar 1973 (GMBI. S. 82) in der jeweils geltenden Fassung.

Zu Abschnitt VI
Übergangs- und Schlussvorschriften

Nr. 15 zu § 37 – Ausschlussfrist –
Die Ausschlussfrist (§ 37) beträgt 9 Monate.

§ 46 Sonderregelungen für Beschäftigte im Bereich des Bundesministeriums der Verteidigung

Kapitel I
Beschäftigte im Bereich des Bundesministeriums der Verteidigung

Zu Abschnitt I
Allgemeine Vorschriften

Nr. 1 zu § 1 – Geltungsbereich –
Die Regelungen dieses Abschnitts gelten für die Beschäftigten des Bundesministeriums der Verteidigung, soweit sie nicht unter Kapitel II oder die Sonderregelung für im Ausland entsandte Beschäftigte (§ 45) fallen.

Nr. 2 zu § 3 – Allgemeine Arbeitsbedingungen –
(1) Beschäftigte haben sich unter Fortzahlung des Entgelts nach § 21 einer Ausbildung im Selbstschutz sowie in der Hilfeleistung und Schadensbekämpfung bei Katastrophen zu unterziehen.
(2) [1]Beschäftigte haben jede ärztlich festgestellte und ihnen vom Arzt mitgeteilte übertragbare Krankheit innerhalb ihres Hausstandes unverzüglich dem Dienststellenleiter zu melden. [2]Zur Wahrung der ärztlichen Schweigepflicht kann der Meldung durch Übergabe eines verschlossenen Umschlages genügt werden, der nur vom Arzt zu öffnen ist.
(3) Beschäftigte können an den für die Bundeswehr angeordneten medizinischen Schutzmaßnahmen, insbesondere Schutzimpfungen, auf Kosten des Arbeitgebers teilnehmen.
(4) Beschäftigte haben vor Beginn und Ende einer größeren militärischen Unternehmung Anspruch auf eine ärztliche Untersuchung auf Kosten des Arbeitgebers.

Zu Abschnitt II
Arbeitszeit

Nr. 3 zu § 6 – Regelmäßige Arbeitszeit –

(1) Kann die Arbeitsstelle nur mit einem vom Arbeitgeber gestellten Fahrzeug erreicht werden und trifft das Fahrzeug infolge höherer Gewalt nicht rechtzeitig an der Arbeitsstelle ein, wird die Zeit ab dem Zeitpunkt des auf der Arbeitsstelle angeordneten Arbeitsbeginns als Arbeitszeit gewertet.
(2) [1]Für Beschäftigte in Versorgungs- und Instandsetzungseinrichtungen sowie auf Flug-, Schieß- und Übungsplätzen beginnt und endet die Arbeitszeit am jeweils vorgeschriebenen Arbeitsplatz, soweit nicht ein Sammelplatz bestimmt wird. [2]Stellt der Arbeitgeber bei Entfernungen von der Grenze der Arbeitsstelle (z. B. Eingangstor) bis zum Arbeitsplatz von mehr als einem Kilometer für diese Strecke eine kostenlose Beförderungsmöglichkeit nicht zur Verfügung, gilt die über die bei Gestellung eines Fahrzeugs üblicherweise benötigte Beförderungszeit hinausgehende Zeit als Arbeitszeit.

Protokollerklärung

Der Begriff der Arbeitsstelle ist weiter als der Begriff des Arbeitsplatzes. Er umfasst z.B. den Verwaltungs-/Betriebsbereich in dem Gebäude/Gebäudeteil, in dem gearbeitet wird.

Nr. 4 zu §§ 7, 8 – Sonderformen der Arbeit und Ausgleich für Sonderformen der Arbeit –

(1) Die Zeit des Bereitschaftsdienstes einschließlich der geleisteten Arbeit wird bei der Bemessung des Entgelts mit 50 v. H. als Arbeitszeit gewertet.
(2) [1]Rufbereitschaft darf bis zu höchstens zehn Tagen im Monat, in Ausnahmefällen bis zu höchstens 30 Tagen im Vierteljahr, angeordnet werden. [2]Diese zeitliche Einschränkung gilt nicht für Zeiten erhöhter Bereitschaft für den Bereich der gesamten Bundeswehr.
(3) [1]Die Arbeitszeitdauer des Feuerwehrpersonals und des Wachpersonals beträgt, wenn in erheblichem Umfang Bereitschaftsdienst vorliegt, 24 Stunden je Schicht, sofern der Gesundheitsschutz der Beschäftigten durch Gewährung gleichwertiger Ausgleichsruhezeiten in unmittelbarem Anschluss an die verlängerten Arbeitszeiten gewährleistet wird. [2]Aus dienstlichen Gründen kann ein kürzerer Schichtturnus festgelegt werden. [3]Durch entsprechende Schichteinteilung soll sichergestellt werden, dass die regelmäßige wöchentliche Arbeitszeit bis zum Ende des Ausgleichszeitraums nach § 6 Abs. 2 im Durchschnitt nicht überschritten wird. [4]Zeitzuschläge nach § 8 Abs. 1 Satz 2 Buchst. b werden zu 50 v. H. gezahlt. [5]Zeitzuschläge nach § 8 Abs. 1 Satz 1 Buchst. f sowie Zulagen nach Abs. 5 und 6 werden nicht gezahlt. [6]Die über 168 Stunden hinausgehende Zeit wird bei der Bemessung des Entgelts mit 50 v. H. als Arbeitszeit gewertet und mit dem Überstundenentgelt vergütet.

(3a) Unter Beachtung der allgemeinen Grundsätze der Sicherheit und des Gesundheitsschutzes kann die Arbeitszeit des Feuerwehrpersonals, sofern in die Arbeitszeit regelmäßig und in erheblichem Umfang Bereitschaftsdienst fällt, auf bis zu 54 Stunden im Siebentageszeitraum ohne Ausgleich verlängert werden, wenn dienstliche Gründe bestehen und der oder die Beschäftigte schriftlich eingewilligt hat.
(3b) Unter Beachtung der allgemeinen Grundsätze der Sicherheit und des Gesundheitsschutzes kann die Arbeitszeit des Wachpersonals, sofern in die Arbeitszeit regelmäßig und in erheblichem Umfang Bereitschaftsdienst fällt, auf bis zu 65 Stunden im Siebentageszeitraum ohne Ausgleich verlängert werden, wenn dienstliche Gründe bestehen und der oder die Beschäftigte schriftlich eingewilligt hat.

Protokollerklärung zu den Absätzen 3a und 3b:
Bei den Stundenzahlen handelt es sich um Durchschnittswerte, bezogen auf einen Ausgleichszeitraum von einem Jahr.

(3c) [1]Beschäftigten, die die Einwilligung zur Verlängerung der Arbeitszeit nicht erklären oder die Einwilligung widerrufen, dürfen daraus keine Nachteile entstehen. [2]Die Einwilligung kann mit einer Frist von sechs Monaten schriftlich widerrufen werden. [3]Die Beschäftigten sind auf die Widerrufsmöglichkeit schriftlich hinzuweisen.
(4) Für Beschäftigte, die an Manövern und ähnlichen Übungen teilnehmen, gilt Anhang zu § 46. In den Fällen der Hilfeleistung und der Schadensbekämpfung bei Katastrophen gilt Abs. 1 Nr. 3 bis 5 des Anhangs zu § 46 entsprechend.
(5) Zuschläge – außer Zeitzuschläge nach § 8 – sowie Zulagen können im Einvernehmen mit den vertragsschließenden Gewerkschaften auch durch Verwaltungsanordnungen allgemein oder für den Einzelfall gewährt werden.

Zu Abschnitt III
Eingruppierung, Entgelt und sonstige Leistungen

Nr. 5
Beschäftigte, die für eine andere Tätigkeit qualifiziert werden, erhalten während der Qualifizierungszeit Entgelt nach § 21.

Nr. 5a
Beschäftigte im feuerwehrtechnischen Einsatzdienst der Bundeswehr erhalten eine Zulage in entsprechender Anwendung der Regelungen über die Stellenzulage für Beamtinnen und Beamte der Feuerwehr nach Nr. 10 der Anlage I Bundesbesoldungsordnungen A und B (zu § 20 Abs. 2 Satz 1

BBesG); die Ansprüche auf tarifvertragliche Zuschläge und Zulagen bleiben unberührt.

Nr. 5b
Beschäftigte in psychiatrischen Abteilungen oder Stationen in Bundeswehrkrankenhäusern erhalten eine Zulage in entsprechender Anwendung der Regelungen über die Zulage für Beamtinnen und Beamte sowie Soldatinnen und Soldaten in der Gesundheits- und Krankenpflege psychiatrischer oder neurologischer Kliniken, Abteilungen oder auf psychiatrischen oder neurologischen Stationen nach § 21 Abs. 3 Erschwerniszulagenverordnung (EZulV); die Ansprüche auf tarifrechtliche Zuschläge und Zulagen bleiben unberührt.

Zu Abschnitt IV
Urlaub und Arbeitsbefreiung

Nr. 6 zu § 26 – Erholungsurlaub und Arbeitsbefreiung –
Bei der Berechnung nach § 21 werden die leistungsabhängigen Entgeltbestandteile aus dem Leistungslohnverfahren nach dem Tarifvertrag über die Ausführung von Arbeiten im Leistungslohnverfahren im Bereich der SR 2a des Abschnitts A der Anlage 2 MTArb (Gedingerichtlinien) berücksichtigt.

Nr. 7 zu § 27 – Zusatzurlaub –
Für Beschäftigte, die unter Nr. 4 Abs. 3 fallen, beträgt der Zusatzurlaub für je vier Monate der Arbeitsleistung im Kalenderjahr einen Arbeitstag.

Kapitel II
Besatzungen von Binnen- und Seefahrzeugen und von schwimmenden Geräten im Bereich des Bundesministeriums der Verteidigung

Zu Abschnitt I
Allgemeine Vorschriften

Nr. 8 zu § 1 – Geltungsbereich –
[1]Die Regelungen dieses Abschnitts gelten für die im Bereich des Bundesministeriums der Verteidigung beschäftigten Besatzungen von Schiffen und schwimmenden Geräten. [2]Zur Besatzung eines Schiffes gehören nur diejenigen Beschäftigten, die mit Rücksicht auf Schifffahrt und Betrieb an Bord, gegebenenfalls in mehreren Schichten, tätig sein müssen und deren Tätigkeit in der Stärke und Ausrüstungsnachweisung (STAN) aufgeführt ist.

Protokollerklärung zu Satz 2:
Die Eintragung in der STAN berührt die Eingruppierung in die Entgeltgruppen nicht.

Nr. 9 zu § 3 – Allgemeine Arbeitsbedingungen –

(1) Beschäftigte können an den für die Bundeswehr angeordneten medizinischen Schutzmaßnahmen, insbesondere Schutzimpfungen, auf Kosten des Arbeitgebers teilnehmen.

(2) Beschäftigte haben vor Beginn und Ende einer größeren militärischen Unternehmung Anspruch auf eine ärztliche Untersuchung auf Kosten des Arbeitgebers.

(3) [1]Als Besatzungsmitglied von Schiffen und schwimmenden Geräten darf nur beschäftigt werden, wer von einem Betriebsarzt auf Seediensttauglichkeit untersucht sowie vom ihr/ihm als seediensttauglich erklärt worden ist und wenn hierüber ein gültiges Zeugnis dieses Arztes vorliegt. [2]Wird in dem Zeugnis keine Seediensttauglichkeit festgestellt, ist dem Besatzungsmitglied grundsätzlich eine geeignete gleichwertige Beschäftigung an anderer Stelle zuzuweisen. [3]Ist dies nicht möglich, erhält der Beschäftigte eine Ausgleichszulage in Höhe des Unterschiedsbetrages zwischen seinem bisherigen und neuen Tabellenentgelt.

(4) [1]Beschäftigte haben jede ärztlich festgestellte und ihnen vom Arzt mitgeteilte übertragbare Krankheit innerhalb ihres Hausstandes unverzüglich dem Dienststellenleiter zu melden. [2]Zur Wahrung der ärztlichen Schweigepflicht kann der Meldung durch Übergabe eines verschlossenen Umschlages genügt werden, der nur vom Arzt zu öffnen ist.

(5) Beschäftigte haben sich unter Fortzahlung des Entgelts nach § 21 einer Ausbildung im Selbstschutz sowie in der Hilfeleistung und Schadensbekämpfung bei Katastrophen zu unterziehen.

(6) Zu den allgemeinen Pflichten gehört auch das Ableisten von Wachdienst.

(7) Besatzungsmitglieder von Schiffen oder schwimmenden Geräten, die mit Schiffsküchen versehen sind, können verpflichtet werden, an der Bordverpflegung teilzunehmen.

Zu Abschnitt II
Arbeitszeit

Nr. 10 zu § 6 – Regelmäßige Arbeitszeit –

(1) [1]Die regelmäßige Arbeitszeit kann aus notwendigen betrieblichen/dienstlichen Gründen auf sieben Tage verteilt werden. [2]Die gesetzlich vorgeschriebene Ruhezeit darf nur in höchstens zwei Zeiträume aufgeteilt werden, wenn einer eine Mindestdauer von 6 Stunden hat. [3]Bei Fahrten von Schiffen in See können die gesetzlich vorgeschriebenen Ersatzruhetage für Sonn- und Feiertagsarbeit bis zum Ablauf des Ausgleichzeitraums nach § 8 Abs. 2 zusammenhängend gewährt werden.

(2) Die regelmäßige Arbeitszeit beträgt

a) für Hafendiensttage auf Drei-, Zwei- und Einwachenschiffen acht Stunden arbeitstäglich oder 39 Stunden wöchentlich,
b) für Seediensttage auf Dreiwachenschiffen acht Stunden täglich, auf Zwei- und Einwachenschiffen neun Stunden täglich.

Protokollerklärung zu Absatz 2:
1. Seediensttage sind alle Tage, an denen sich das Schiff außerhalb des Stammliegeplatzes aufhält und an denen Dienste bzw. dauerhafte Arbeiten zur Aufrechterhaltung des nautischen, seemännischen und technischen Betriebs anfallen. Liegt ein Schiff außerhalb des Stammliegeplatzes in einem fremden, innerdeutschen Hafen an einem Liegeplatz, an dem Unterstützungsleistungen des technischen Betriebs zur Verfügung stehen, gelten die dort verbrachten Zeiten erst nach Ablauf des dritten Tages als Hafendiensttage. Geht das Schiff in See vor Anker oder wird es in einem außerdeutschen Hafen festgemacht, sind die dort verbrachten Zeiten immer als Seediensttage zu bewerten.
2. Der Stammliegeplatz eines Schiffes ist ein Liegeplatz im Heimathafen, an dem Unterstützungsleistungen in der militärischen Absicherung (z.B. in einem militärischen Sicherheitsbereich) und des technischen Betriebs (z.B. E-Landanschluss) zur Verfügung stehen.

(3) Die regelmäßige Arbeitszeit während der Seedienst- und Hafendiensttage gilt durch das Tabellenentgelt (§ 15) als abgegolten.
(4) [1]Die Arbeitszeit beginnt und endet an der Arbeitsstelle. [2]Kann die Arbeitsstelle nur mit einem vom Arbeitgeber gestellten schwimmenden Fahrzeug erreicht werden, so wird die Transportzeit bei der Hin- und Rückfahrt jeweils mit 50 v.H. als Arbeitszeit gewertet. [3]Die regelmäßige Arbeitszeit kann entsprechend verlängert werden. [4]Trifft das Fahrzeug infolge höherer Gewalt nicht rechtzeitig an der Arbeitsstelle ein, wird – unbeschadet des Satzes 2 – die Zeit ab dem Zeitpunkt des auf der Arbeitsstelle angeordneten Arbeitsbeginns als Arbeitszeit gewertet.

Nr. 11 zu § 7 – Sonderformen der Arbeit –
(1) [1]Rufbereitschaft darf bis zu höchstens 10 Tagen im Monat, in Ausnahmefällen bis zu höchstens 30 Tagen im Vierteljahr, angeordnet werden. [2]Diese zeitliche Einschränkung gilt nicht für Zeiten erhöhter Bereitschaft für den Bereich der gesamten Bundeswehr.
(2) Außerhalb der regelmäßigen Arbeitszeit angeordnete Anwesenheit an Bord wird bei der Bemessung des Entgelts zu 50 v.H. als Arbeitszeit gewertet, es sei denn, dass Freiwache gewährt wird oder dass Arbeit angeordnet ist.
(3) [1]Für Beschäftigte, die über 10 Stunden hinaus zum Wachdienst herangezogen werden, können Wachschichten bis zu zwölf Stunden festgesetzt werden, wenn in den Wachdienst in erheblichem Umfang Bereitschaftsdienst im Sinne § 7 Abs. 1 Nr. 1 Buchst. a Arbeitszeitgesetz fällt. [2]Für die Bemessung des Entgelts während der Wachdienste gelten folgende Vorschriften:

1. Bei folgenden Wachschichten wird für jede Wachstunde das volle Entgelt gezahlt:
   a) Durchgehende Wachdienste, bei denen Pausen oder inaktive Zeiten während des Bereitschaftsdienstes weniger als ein Drittel der Gesamtwachzeit ausmachen.
   b) Wachdienste, die ausschließlich im Freien abgeleistet werden oder bei denen auf Anordnung oder infolge besonderer Umstände eine Bindung an einen vorgeschriebenen Platz besteht (z. B. Decks-, Maschinen-, Brücken- oder Ankerwachen).
2. Anwesenheitswachdienste, die nicht den in Nr. 1 genannten Einschränkungen unterliegen, werden wie folgt bewertet:
   a) Bei einer Tageswachschicht wird je eineinhalb Wachstunden das Entgelt für eine Arbeitsstunde gezahlt.
   b) Bei einer Nachtwachschicht bis zu zwölf Stunden wird eine Stundengarantie von drei Arbeitsstunden angesetzt, wenn beim Wachdienst nur Anwesenheit verlangt und eine Schlafgelegenheit gestellt wird. Soweit die Voraussetzungen nach Satz 1 nicht vorliegen, gilt Buchstabe a entsprechend.

(4) Bei sämtlichen Arten der Anwesenheitswachdienste wird für kleine Arbeiten während der Wache, die insgesamt weniger als zwei Stunden betragen, keine besondere Vergütung gezahlt.

(5) [1]Im Seebetrieb kann die tägliche Arbeitszeit für Besatzungsmitglieder

- auf Ein- und Zwei-Wachen-Schiffen auf bis zu 12 Stunden und
- auf Ein-, Zwei- oder Drei-Wachen-Schiffen, wenn hierfür dringende betriebliche/dienstliche Gründe vorliegen, auf bis zu 13 Stunden

verlängert werden. [2]Der Gesundheitsschutz der Besatzungsmitglieder ist durch einen entsprechenden Ausgleich durch Freizeit zu gewährleisten, so dass bis zum Ende des Ausgleichszeitraums nach § 6 Abs. 2 im Durchschnitt möglichst die regelmäßige wöchentliche Arbeitszeit, zumindest aber die gesetzlich nach dem Arbeitszeitgesetz oder tarifvertraglich im Anwendungsbereich des Absatzes 6 vorgesehene Höchstarbeitszeit nicht überschritten wird.

Protokollerklärung zu Absatz 5:
[1]Seebetrieb liegt ab dem Zeitpunkt vor, in dem das Schiff zum Antritt oder zur Fortsetzung der Fahrt in See seinen Liegeplatz im Hafen zu verlassen beginnt und endet mit dem Zeitpunkt, in dem das Schiff im Hafen ordnungsgemäß festgemacht hat. [2]Liegt das Schiff in der Werft, liegt kein Seebetrieb vor.

(6) [1]Unter Beachtung der allgemeinen Grundsätze der Sicherheit und des Gesundheitsschutzes kann die Arbeitszeit der Besatzungsmitglieder der Drei-Wachen-Schiffe sowie der Zwei-Wachen-Schiffe des Trossgeschwaders

der Einsatzflottille 2, sofern in die Arbeitszeit regelmäßig und in erheblichem Umfang Bereitschaftsdienst fällt, auf bis zu 65 Stunden im Siebentageszeitraum ohne Ausgleich verlängert werden, wenn dienstliche Gründe bestehen und der oder die Beschäftigte schriftlich einwilligt. [2]Beschäftigten, die die Einwilligung zur Verlängerung der Arbeitszeit nicht erklären oder die Einwilligung widerrufen, dürfen daraus keine Nachteile entstehen. [3]Die Einwilligung kann mit einer Frist von sechs Monaten schriftlich widerrufen werden. [4]Die Beschäftigten sind auf die Widerrufsmöglichkeit hinzuweisen.

Protokollerklärung zu Absatz 6:
Bei der Stundenzahl handelt es sich um einen Durchschnittswert, bezogen auf einen Ausgleichszeitraum von einem Jahr.

Nr. 12 zu § 8 – Ausgleich für Sonderformen der Arbeit –
(1) Bei Seedienstagen werden die über acht Stunden täglich – höchstens 48 Stunden in der Woche – hinaus geleisteten Stunden als Überstunden bezahlt.
(2) Fallen in einer Kalenderwoche nur Hafendiensttage an, ist § 7 Abs. 7 anzuwenden.
(3) [1]Fallen in einer Kalenderwoche Hafen- und Seediensttage an, gelten die über 48 Stunden hinaus geleisteten Arbeitsstunden als Überstunden. [2]Zeiten, die nach Nr. 10 Abs. 1 Satz 3 auszugleichen sind, bleiben unberücksichtigt. [3]Wird die regelmäßige wöchentliche Arbeitszeit nach § 6 Abs. 1 um mindestens zwei Stunden überschritten, gelten bei der Berechnung des Entgelts zusätzlich zwei Arbeitsstunden als Überstunden.
(4) *(gestrichen mit Wirkung vom 1. Januar 2025)*
(5) Bei angeordneter Anwesenheit an Bord nach Nr. 11 Abs. 2 werden Zeitzuschläge nach § 8 Abs. 1 Satz 2 Buchst c bis f nicht gezahlt.
(6) Bei allen Formen des Wachdienstes im Sinne der Nr. 11 Abs. 3 Satz 2 Nr. 2 wird der Zeitzuschlag nach § 8 Abs. 1 Satz 2 Buchst. f nicht gezahlt.

Zu Abschnitt III
Eingruppierung, Entgelt und sonstige Leistungen

Nr. 13
Beschäftigte, die für eine andere Tätigkeit qualifiziert werden, erhalten während der Qualifizierungszeit ihr bisheriges Tabellenentgelt und sonstige Entgeltbestandteile.

Nr. 14 zu § 19 – Erschwerniszuschläge –
Bei Bergungen und Hilfeleistungen sowie Havariearbeiten und mit diesen zusammenhängenden Arbeiten werden Zuschläge in Höhe von 25 v. H. des

auf eine Stunde entfallenden Anteils des monatlichen Entgelts der Stufe 2 der Entgeltgruppe 2 gezahlt. Dies gilt auch bei Bergungen von Fahrzeugen und Gegenständen der eigenen Verwaltung sowie Hilfeleistungen für solche Fahrzeuge und Gegenstände, sofern die Leistungen besonders schwierig oder mit erheblicher Gefahr verbunden waren.

Zu Abschnitt IV
Urlaub und Arbeitsbefreiung

Nr. 15 zu § 27 – Zusatzurlaub –
Die Regelungen über Zusatzurlaub nach § 27 finden keine Anwendung.

Nr. 16 zu Anhang zu § 46 – Regelung für die Teilnahme an Manövern und ähnlichen Übungen –
Der Anhang zu § 46 gilt auch für Besatzungsmitglieder von Binnenfahrzeugen bei Teilnahme an Manövern und ähnlichen Übungen in Binnengewässern.

Nr. 17 zu Abschnitt VI – Übergangs- und Schlussvorschriften –
Beschäftigten, die auf einem Fahrzeug oder schwimmenden Gerät tätig sind, wird der bei Havarie oder Sinken des Fahrzeuges oder schwimmenden Gerätes, durch Brand, Explosion oder Einbruchsdiebstahl oder durch ähnliche Ursachen auf dem Fahrzeug oder Gerät nachweisbar entstandene Schaden an persönlichen Gegenständen bis zum Höchstbetrag von 2000 Euro im Einzelfall ersetzt.

Kapitel III
Medizinische Beschäftigte einschließlich Ärztinnen und Ärzten sowie Zahnärztinnen und Zahnärzten in Bundeswehrkrankenhäusern und anderen kurativen Einrichtungen der Bundeswehr

Zu Abschnitt I
Allgemeine Vorschriften

Nr. 18 zu § 1 – Geltungsbereich –
(1) Diese Regelungen gelten für medizinische Beschäftigte, die in Bundeswehrkrankenhäusern und anderen kurativen Einrichtungen der Bundeswehr beschäftigt sind.

Protokollerklärungen zu Absatz 1:
1. Medizinische Beschäftigte sind:
    1. Beschäftigte im Pflegedienst mit Tätigkeiten nach Teil IV Abschnitt 25 der Anlage 1 zum Tarifvertrag über die Entgeltordnung des Bundes,
    2. Ärztinnen und Ärzte sowie Zahnärztinnen und Zahnärzte,

3. Beschäftigte in Gesundheitsberufen mit Tätigkeiten nach Teil III Abschnitt 21 der Anlage 1 zum Tarifvertrag über die Entgeltordnung des Bundes sowie
4. Psychologinnen und Psychologen.

2. [1]Andere kurative Einrichtungen sind Einrichtungen, in denen Patientinnen und Patienten ärztlich behandelt oder begutachtet werden, z. B. Fachsanitätszentren, Sanitätsunterstützungszentren, Sanitätsversorgungszentren oder Sanitätsstaffeln. [2]Andere kurative Einrichtungen liegen auch bei Einsatz auf Schiffen, Flugzeugen oder anderen Beförderungsmitteln vor, wenn diese mit medizinischen Beschäftigten ausgestattet sind (z. B. Bord-Ärztin oder Bord-Arzt, MedEvac).

(2) Für die medizinischen Beschäftigten gelten die Regelungen der §§ 41 bis 52 sowie 55 des Tarifvertrages für den öffentlichen Dienst – Besonderer Teil Krankenhäuser – (BT-K) – vom 1. August 2006 in der Fassung des Änderungstarifvertrages Nr. 15 zum BT-K vom 6. April 2025 entsprechend, soweit im Folgenden nicht etwas anderes bestimmt ist.*

Zu Abschnitt II
Arbeitszeit

Nr. 19 zu § 44 BT-K – Regelmäßige Arbeitszeit –
Absatz 1 und 2 finden keine Anwendung.

Nr. 20 zu § 45 BT-K – Bereitschaftsdienst und Rufbereitschaft –
Die in Absatz 3 Satz 1 eröffnete Möglichkeit einer Umsetzung durch eine Betriebs-/Dienstvereinbarung kann für den Bund auch durch einen Bundestarifvertrag erfolgen.

Nr. 21 zu § 46 BT-K – Bereitschaftsdienstentgelt –
Absatz 4 gilt mit der Maßgabe, dass an Stelle der Anlage G BT-K die Anlage C (Bund) Anwendung findet und dass sich die Bereitschaftsdienstentgelte bei allgemeinen Entgeltanpassungen um den von den Tarifvertragsparteien für die jeweilige Entgeltgruppe festgelegten Vomhundertsatz verändern.

Zu Abschnitt III
Eingruppierung, Entgelt und sonstige Leistungen

Nr. 21a zu § 51 BT-K – Ärztinnen und Ärzte –
Absatz 1 gilt in folgender Fassung:

---

* Aufgrund dieser Vorschrift findet für den Bereich Bund der Besondere Teil Krankenhäuser (BT-K) inhaltlich Anwendung, soweit im BT-V § 46 (Bund) Kapitel III nichts anderes geregelt ist.

»(1) [1]Ärztinnen und Ärzte sowie Zahnärztinnen und Zahnärzte mit entsprechender Tätigkeit sind in Entgeltgruppe I eingruppiert. [2]Fachärztinnen und Fachärzte sowie Fachzahnärztinnen und Fachzahnärzte mit entsprechender Tätigkeit sind in Entgeltgruppe II eingruppiert. [3]Sie erhalten ein Tabellenentgelt nach Anlage D (Bund). [4]Für sie gelten folgende besondere Stufenzuordnungen

a) Entgeltgruppe I:
   Stufe 1: weniger als einjährige ärztliche Berufserfahrung,
   Stufe 2: nach einjähriger ärztlicher Berufserfahrung,
   Stufe 3: nach dreijähriger ärztlicher Berufserfahrung,
   Stufe 4: nach fünfjähriger ärztlicher Berufserfahrung,
   Stufe 5: nach neunjähriger ärztlicher Berufserfahrung;
b) Entgeltgruppe II:
   Stufe 1: weniger als vierjährige fachärztliche Berufserfahrung,
   Stufe 2: nach vierjähriger fachärztlicher Berufserfahrung,
   Stufe 3: nach achtjähriger fachärztlicher Berufserfahrung,
   Stufe 4: nach zwölfjähriger fachärztlicher Berufserfahrung.

[5]§ 17 bleibt im Übrigen unberührt.«

Nr. 22 zu § 52 BT-K – Tabellenentgelt –

(1) Absätze 1 bis 3 gelten in folgender Fassung:

»(1) [1]Beschäftigte, die nach dem Teil IV Abschnitt 25 Entgeltordnung (Bund) in eine der Entgeltgruppen P 5 bis P 16 eingruppiert sind, erhalten Entgelt nach der Anlage E (Bund). [2]Soweit im Allgemeinen Teil auf bestimmte Entgeltgruppen der Anlage A (Bund) Bezug genommen wird entspricht

die Entgeltgruppe	der Entgeltgruppe
P 5	3
P 6	4
P 7	7
P 8	8
P 9, P 10	9a
P 11	9b
P 12	9c
P 13	10
P 14, P 15	11
P 16	12

(2) Abweichend von § 16 (Bund) Abs. 1 Satz 1 ist für die Beschäftigung im Pflegedienst nach Teil IV Abschnitt 25 Entgeltordnung (Bund) Eingangsstufe in den Entgeltgruppen P 7 bis P 16 die Stufe 2.
(3) Abweichend von § 16 (Bund) Abs. 4 wird von den Beschäftigten im Pflegedienst nach Teil IV Abschnitt 25 Entgeltordnung (Bund) in den Entgeltgruppen P 7 und P 8 die Stufe 3 nach drei Jahren in Stufe 2 erreicht.

Protokollerklärung zu Absatz 3:
Absatz 3 findet keine Anwendung auf Beschäftigte, die mindestens zur Hälfte eine oder mehrere der folgenden Tätigkeiten auszuüben haben:
- Pflege Kranker sowie Bedienung und Überwachung der Geräte in Dialyseeinheiten,
- entsprechende Tätigkeiten in Blutzentralen,
- entsprechende Tätigkeiten in besonderen Behandlungs- und Untersuchungsräumen in mindestens zwei Teilgebieten der Endoskopie,
- entsprechende Tätigkeiten in Polikliniken (Ambulanzbereichen) oder Ambulanzen/Nothilfen,
- entsprechende Tätigkeiten im EEG-Dienst,
- Erfüllung von Pflegeaufgaben an Patienten von psychiatrischen oder neurologischen Krankenhäusern, die nicht in diesen Krankenhäusern untergebracht sind,
- Betreuung von psychisch kranken Patienten bei der Arbeitstherapie in psychiatrischen oder neurologischen Krankenhäusern,
- dem zentralen Sterilisationsdienst vorstehen,
- entsprechende Tätigkeiten im Operationsdienst als Operations- bzw. Anästhesiepflegekräfte,
- entsprechende Tätigkeiten mit Verantwortlichkeit für die fachgerechte Lagerung in der großen Chirurgie,
- vorbereiten der Herz-Lungen-Maschine und herangezogen werden zur Bedienung der Maschine während der Operation,
- entsprechende Tätigkeiten in Einheiten für Intensivmedizin,
- in erheblichem Umfange der Ärztin bzw. dem Arzt bei Herzkatheterisierungen, Dilatationen oder Angiographien unmittelbar assistieren.«

(2) Absatz 4 findet keine Anwendung.
(3) Die Protokollerklärung zu den Absätzen 5 und 7 findet keine Anwendung.
(4) Die übrigen medizinischen Beschäftigten erhalten das Tabellenentgelt nach den für den Bund geltenden allgemeinen Regelungen des TVöD.
(5) [1]Medizinische Beschäftigte, die für eine andere Tätigkeit qualifiziert werden, erhalten während der Qualifizierungszeit ihr bisheriges Tabellenentgelt und sonstige Entgeltbestandteile. [2]Für Beschäftigte im Pflegedienst gilt § 22 Abs. 2 TVÜ-VKA entsprechend.

Nr. 23 zu § 20 (Bund) – Jahressonderzahlung –

(1) § 20 (Bund) findet auf Ärztinnen und Ärzte keine Anwendung.

(2) Auf die Beschäftigten der Entgeltgruppe P 9 findet der in § 20 (Bund) Abs. 2 Satz 1 für die Entgeltgruppen 1 bis 8 ausgewiesene Prozentsatz Anwendung.

Niederschriftserklärung zu § 46 (Bund) Kapitel III TVöD-BT-V:
Im Falle einer Änderung des Tarifvertrages für den öffentlichen Dienst – Besonderer Teil Krankenhäuser – (BT-K) – vom 1. August 2006 in der Fassung des Änderungstarifvertrages Nr. 5 vom 31. März 2012 im Bereich der §§ 41 bis 52, 55 oder 56 nehmen die Tarifvertragsparteien umgehend Verhandlungen über eine Übernahme der Änderungen auf.

§ 47 Sonderregelungen für Beschäftigte im Bereich des Bundesministeriums für Digitales und Verkehr

Kapitel I Allgemeine Bestimmungen für Beschäftigte der Wasserstraßen- und Schifffahrtsverwaltung des Bundes und des Bundesamtes für Seeschifffahrt und Hydrographie

Zu Abschnitt I Allgemeine Vorschriften

Nr. 1 zu § 1 – Geltungsbereich –

(1) [1]Diese Sonderregelungen gelten für die Beschäftigten der Wasserstraßen- und Schifffahrtsverwaltung des Bundes, die beim Bau, der Unterhaltung und dem Betrieb von wasserbaulichen Einrichtungen und wasserwirtschaftlichen Anlagen eingesetzt sind einschließlich der Besatzungen von Schiffen und von schwimmenden Geräten, soweit die Schiffe und schwimmenden Geräte in den von der Verwaltung aufzustellenden Schiffslisten aufgeführt sind. [2]Zur Besatzung eines Schiffes oder schwimmenden Gerätes gehören nur diejenigen Beschäftigten, die mit Rücksicht auf Schifffahrt und Betrieb an Bord, gegebenenfalls in mehreren Schichten, tätig sein müssen und in der von der Verwaltung aufzustellenden Bordliste aufgeführt sind. [3]Beschäftigte, die an Bord Arbeiten verrichten, ohne selbst in der Bordliste aufgeführt zu sein, werden für die Dauer dieser Tätigkeit wie Besatzungsmitglieder behandelt. [4]Die Regelungen gelten auch für Beschäftigte der Wasserstraßen- und Schifffahrtsverwaltung des Bundes, die auf nicht bundeseigenen Schiffen und schwimmenden Geräten eingesetzt sind.

(2) [1]Diese Sonderregelungen gelten auch für die Besatzungen der seegehenden Schiffe des Bundesamtes für Seeschifffahrt und Hydrographie (BSH); Nr. 8 und Kapitel III gelten auch für vorübergehend an Bord eingesetzte Beschäftigte des BSH. [2]Zur Besatzung eines Schiffes gehören nur diejenigen Beschäftigten, die mit Rücksicht auf Schifffahrt und Betrieb an Bord,

gegebenenfalls in mehreren Schichten, tätig sein müssen und in der von der Verwaltung aufzustellenden Bordliste aufgeführt sind.

Protokollerklärung:
Die Eintragung in die Bordliste berührt die tarifliche Eingruppierung in die Entgeltgruppen nicht.

Nr. 2 zu § 3 – Allgemeine Arbeitsbedingungen –
Zu den allgemeinen Pflichten gehört auch das Ableisten von Wachdienst.

Zu Abschnitt II Arbeitszeit

Nr. 3 zu § 6 – Regelmäßige Arbeitszeit –
(1) Außerhalb der regelmäßigen Arbeitszeit angeordnete Anwesenheit an Bord wird bei der Bemessung des Entgelts zu 50 v. H. als Arbeitszeit gewertet, es sei denn, dass Freiwache gewährt wird oder dass Arbeit angeordnet ist.
(2) [1]Für Beschäftigte, die über 10 Stunden hinaus zum Wachdienst herangezogen werden, können Wachschichten bis zu zwölf Stunden festgesetzt werden, wenn in den Wachdienst in erheblichem Umfang Bereitschaftsdienst im Sinne § 7 Abs. 1 Nr. 1 Buchst. a Arbeitszeitgesetz fällt. [2]Für die Bemessung des Entgelts während der Wachdienste gelten folgende Vorschriften:

1. Bei folgenden Wachschichten wird für jede Wachstunde das volle Entgelt gezahlt:
   a) Durchgehende Wachdienste, bei denen Pausen oder inaktive Zeiten während des Bereitschaftsdienstes weniger als ein Drittel der Gesamtwachzeit ausmachen.
   b) Wachdienste, die ausschließlich im Freien abgeleistet werden oder bei denen auf Anordnung oder infolge besonderer Umstände eine Bindung an einen vorgeschriebenen Platz besteht (z. B. Decks-, Maschinen-, Brücken- oder Ankerwachen).
2. Anwesenheitswachdienste, die nicht den in Nr. 1 genannten Einschränkungen unterliegen, werden wie folgt bewertet:
   a) Bei einer Tageswachschicht wird je eineinhalb Wachstunden das Entgelt für eine Arbeitsstunde gezahlt.
   b) Bei einer Nachtwachschicht bis zu zwölf Stunden wird eine Stundengarantie von drei Arbeitsstunden angesetzt, wenn beim Wachdienst nur Anwesenheit verlangt und eine Schlafgelegenheit gestellt wird. Soweit die Voraussetzungen nach Satz 1 nicht vorliegen, gilt Buchstabe a entsprechend.

(3) Bei sämtlichen Arten der Anwesenheitswachdienste wird für kleine Arbeiten während der Wache, die insgesamt weniger als zwei Stunden betragen, keine besondere Vergütung gezahlt.

Nr. 4 zu § 8 – Ausgleich für Sonderformen der Arbeit –
(1) Bei angeordneter Anwesenheit an Bord nach Nr. 3 Abs. 1 werden Zeitzuschläge nach § 8 Abs. 1 Satz 2 Buchst c bis f nicht gezahlt.
(2) Bei allen Formen des Wachdienstes im Sinne der Nr. 3 Abs. 2 Satz 2 Nr. 2 wird der Zeitzuschlag nach § 8 Abs. 1 Satz 2 Buchst. f nicht gezahlt.

Zu Abschnitt III Eingruppierung, Entgelt und sonstige Leistungen

Nr. 5
Beschäftigte, die für eine andere Tätigkeit qualifiziert werden, erhalten während der Qualifizierungszeit Entgelt nach § 21 und sonstige Entgeltbestandteile.

Nr. 6 zu § 19 – Erschwerniszuschläge –
(1) [1]Bei Bergungen und Hilfeleistungen sowie Havariearbeiten und mit diesen zusammenhängenden Arbeiten werden Zuschläge in Höhe von 25 v. H. des auf eine Stunde entfallenden Anteils des monatlichen Entgelts der Stufe 2 der Entgeltgruppe 2 gezahlt. [2]Dies gilt auch bei Bergungen von Fahrzeugen und Gegenständen der eigenen Verwaltung sowie Hilfeleistungen für solche Fahrzeuge und Gegenstände, sofern die Leistungen besonders schwierig oder mit erheblicher Gefahr verbunden waren.
(2) [1]Auf Gewässerschutzschiffen gemäß Objektkatalog und auf bundeseigenen Laderaumsaugbaggern wird für Einsätze zum Feuerschutz bzw. zur Bekämpfung von Schadstoffen, Öl oder Chemikalien je Einsatztag ein Zuschlag in Höhe von 50 Euro gezahlt und die Verpflegung vom Arbeitgeber unentgeltlich bereitgestellt; dies gilt nicht für Übungseinsätze. [2]Absatz 1 findet keine Anwendung.
(3) [1]Tauchereinsatzleiterinnen und Tauchereinsatzleiter erhalten pro Stunde ihres Einsatzes einen Zuschlag in derselben Höhe, wie ihn die Taucherinnen und Taucher nach dem Tarifvertrag über Taucherzuschläge für Arbeiter des Bundes vom 13. September 1973 erhalten, für die die Tauchereinsatzleiterinnen und Tauchereinsatzleiter während der Tauchgänge verantwortlich sind. [2]Sind Tauchereinsatzleiterinnen und Tauchereinsatzleiter bei einem Einsatz für mehrere Taucherinnen und Taucher verantwortlich, steht ihnen der Zuschlag nur in einfacher Höhe zu.

Zu Abschnitt IV Urlaub und Arbeitsbefreiung

Nr. 7 zu § 27 – Zusatzurlaub –
Die Regelungen über Zusatzurlaub nach § 27 gelten nicht bei Tätigkeiten nach Nr. 3.

Zu Abschnitt VI Übergangs- und Schlussvorschriften

Nr. 8
Beschäftigten, die auf einem Fahrzeug oder schwimmenden Gerät tätig sind, wird der bei Havarie oder Sinken des Fahrzeuges oder schwimmenden Gerätes, durch Brand, Explosion oder Einbruchsdiebstahl oder durch ähnliche Ursachen auf dem Fahrzeug oder Gerät nachweisbar entstandene Schaden an persönlichen Gegenständen bis zum Höchstbetrag von 2000 Euro im Einzelfall ersetzt.

Kapitel II Besondere Bestimmungen für Beschäftigte der Wasserstraßen- und Schifffahrtsverwaltung des Bundes

Für die in Kapitel I Nr. 1 Abs. 1 aufgeführten Beschäftigten der Wasserstraßen- und Schifffahrtsverwaltung des Bundes finden ergänzend folgende besondere Bestimmungen Anwendung:

Zu Abschnitt II Arbeitszeit

Nr. 9 zu § 6 – Regelmäßige Arbeitszeit –
(1) [1]Die Arbeitszeit beginnt und endet an der Arbeitsstelle. [2]Im Tidebetrieb richten sich Beginn und Ende der Arbeitszeit nach den Gezeiten. [3]Kann die Arbeitsstelle nur mit einem vom Arbeitgeber gestellten Fahrzeug erreicht werden und trifft das Fahrzeug infolge höherer Gewalt nicht rechtzeitig an der Arbeitsstelle ein, wird die Zeit ab dem Zeitpunkt des auf der Arbeitsstelle angeordneten Arbeitsbeginns als Arbeitszeit gewertet.
(2) [1]Kann die Arbeitsstelle auf Schiffen und schwimmenden Geräten nur mit einem vom Arbeitgeber gestellten schwimmenden Fahrzeug erreicht werden, so wird die Transportzeit bei der Hin- und Rückfahrt jeweils mit 50 v. H. als Arbeitszeit gewertet. [2]Die regelmäßige Arbeitszeit kann entsprechend verlängert werden. [3]Für Maschinisten auf Schiffen, schwimmenden Geräten und sonstigen Motorgeräten kann die regelmäßige Arbeitszeit für Vor- und Abschlussarbeiten um täglich bis zu einer Stunde verlängert werden.
(3) [1]Sofern die Einsatzkonzeption von seegehenden Schiffen und schwimmenden Geräten dies erfordert (z. B. 24-Stunden-Betrieb) kann die Arbeitszeit in einem Zeitraum von 24 Stunden auf bis zu 12 Stunden verlängert und auf einen Zeitraum von 168 Stunden verteilt werden, wenn im unmittelbaren Anschluss an den verlängerten Arbeitszeitraum ein Ausgleich

durch Freizeit erfolgt, der dem Umfang der regelmäßigen Arbeitszeit nach § 6 Abs. 1 Satz 1 entspricht. [2]Im Rahmen der Wechselschichten nach Satz 1 geleistete Arbeitsstunden, die über das Doppelte der regelmäßigen wöchentlichen Arbeitszeit nach § 6 Abs. 1 Satz 1 hinausgehen, sind Überstunden im Sinne des § 7 Abs. 7.

(4) [1]Die Ruhezeit beträgt für die Besatzungsmitglieder pro 24-Stunden-Zeitraum mindestens elf Stunden. [2]Diese Ruhezeit darf nur in höchstens zwei Zeiträume aufgeteilt werden, wenn einer eine Mindestdauer von sechs Stunden hat.

(5) Die Regelungen der Absätze 1 bis 4 gelten auch für Beschäftigte der Wasserstraßen- und Schifffahrtsverwaltung des Bundes, die auf nicht bundeseigenen Schiffen und schwimmenden Geräten eingesetzt sind.

(6) Bei Beschäftigten der Wasserstraßen- und Schifffahrtsverwaltung des Bundes, die nicht auf Schiffen und schwimmenden Geräten eingesetzt sind,

a) bildet die durchgehende Arbeitszeit die Regel und
b) kann bei Arbeit im Schichtbetrieb die gesetzlich vorgeschriebene Gesamtdauer der Ruhepausen auf Kurzpausen von angemessener Dauer aufgeteilt werden, sofern wegen des zu erwartenden kontinuierlichen Arbeitsanfalls mangels Vertretung die Gewährung von Ruhepausen in Zeitabschnitten von jeweils mindestens 15 Minuten nicht gewährleistet werden kann.

(7) [1]Besatzungsmitglieder auf Gewässerschutzschiffen gemäß Objektkatalog und auf bundeseigenen Laderaumsaugbaggern, deren Arbeitszeit sich nach Absatz 3 richtet, erhalten pro Einsatztag einen Zuschlag in Höhe von 25 Euro. [2]Überstunden sind bis zu zwei Stunden täglich abgegolten (z. B. für kleinere Reparaturen); dies gilt nicht im Falle von Havarien, Bergungsarbeiten oder angeordneten Reparaturen. [3]Der Zuschlag nach Satz 1 ist von der Durchschnittsberechnung nach § 21 Satz 2 ausgenommen.

Zu Abschnitt VII Allgemeine Vorschriften

Nr. 10 zu § 44 – Reise- und Umzugskosten, Trennungsgeld –

(1) [1]Für Dienstreisen von Beschäftigten im Außendienst werden die entstandenen notwendigen Fahrtkosten nach Maßgabe der §§ 4 und 5 BRKG erstattet, sofern sie die Fahrtkosten zu der Arbeitsstätte, der der/die Beschäftigte dauerhaft personell zugeordnet ist, übersteigen. [2]An Stelle des Tagegeldes im Sinne des § 6 BRKG wird nachfolgende Aufwandsvergütung gezahlt:

– bei einer beruflichen Auswärtstätigkeit ohne Übernachtung außerhalb der eigenen Wohnung für eine Abwesenheit von mehr als acht Stunden in Höhe von 7 Euro,

- bei einer mehrtägigen Auswärtstätigkeit mit Übernachtung außerhalb der eigenen Wohnung für jeden Kalendertag einer Abwesenheit von mehr als acht Stunden in Höhe von 9,50 Euro,

[3]Beträgt hierbei die Entfernung zwischen der Arbeitsstätte, der der bzw. die Beschäftigte dauerhaft personell zugeordnet ist und der Stelle, an der das Dienstgeschäft erledigt wird, weniger als zwei km, wird Aufwandsvergütung nach Satz 2 nicht gewährt. [4]Notwendige Übernachtungskosten werden gemäß § 7 BRKG erstattet.

Protokollerklärung zu Absatz 1 Satz 2:
Beginnt die auswärtige berufliche Tätigkeit an einem Kalendertag und endet am nachfolgenden Kalendertag ohne Übernachtung, wird die Aufwandsvergütung in Höhe von 7 Euro für den Kalendertag gewährt, auf den der überwiegende Teil der Abwesenheit von insgesamt mehr als acht Stunden entfiel.

(2) Abweichend von Absatz 1 Satz 2 wird bei Abwesenheit von 3 bis zu 8 Stunden eine Pauschale in Höhe von 2 Euro gezahlt.

(3) [1]Für Beschäftigte auf Schiffen oder schwimmenden Geräten ist Absatz 1 mit folgenden Maßgaben anzuwenden:

1. Für die Berechnung des Tagegeldes nach Absatz 1 Satz 2 ist maßgebend, dass sich das Schiff nicht am ständigen Liegeplatz (Heimathafen) befindet.
2. Bei Übernachtungen auf Schiffen oder schwimmenden Geräten, die nicht den erlassenen Mindestbestimmungen entsprechen, wird ein Übernachtungsgeld in Höhe von 8 Euro gezahlt.

[2]Reisebeihilfen für Familienheimfahrten werden nach Maßgabe des § 8 Sätze 3 und 4 BRKG gezahlt. [3]Satz 2 gilt nicht für Trennungsgeldempfänger nach der Trennungsgeldverordnung.

(4) Die Regelungen in Absatz 1 und 3 ersetzen die Vorschriften über die Erstattung von Reisekosten des § 44 Abs. 1.

(5) Abweichend von § 44 Abs. 2 Satz 3 werden nicht anrechenbare Reisezeiten bei fester Arbeitszeit zu 50 v. H. als Freizeitausgleich gewährt und bei gleitender Arbeitszeit im Rahmen der jeweils geltenden Vorschriften als Arbeitszeit angerechnet.

Kapitel III Besondere Bestimmungen für Besatzungen der seegehenden Schiffe des Bundesamtes für Seeschifffahrt und Hydrographie

Für die in Kapitel I Nr. 1 Abs. 2 aufgeführten Beschäftigten des Bundesamtes für Seeschifffahrt und Hydrographie finden ergänzend folgende besondere Bestimmungen Anwendung:

Zu Abschnitt I Allgemeine Vorschriften

Nr. 11 zu § 3 – Allgemeine Arbeitsbedingungen –
Beschäftigte, die dienstlich an Bord eingesetzt sind, müssen an der Bordverpflegung teilnehmen.

Zu Abschnitt II Arbeitszeit

Nr. 12 zu § 6 – Regelmäßige Arbeitszeit –
(1) [1]Die regelmäßige Arbeitszeit kann aus notwendigen betrieblichen/dienstlichen Gründen auf sieben Tage verteilt werden. [2]Bei Fahrten von Schiffen in See können die gesetzlich vorgeschriebenen Ersatzruhetage für Sonn- und Feiertagsarbeit bis zum Ablauf des Ausgleichszeitraums nach § 6 Abs. 2 zusammenhängend gewährt werden.
(2) [1]Die Ruhezeit beträgt für die Besatzungsmitglieder pro 24-Stunden-Zeitraum mindestens elf Stunden. [2]Diese Ruhezeit darf nur in höchstens zwei Zeiträume aufgeteilt werden, wenn einer eine Mindestdauer von sechs Stunden hat. [3]Es ist sicherzustellen, dass die durchschnittliche regelmäßige wöchentliche Arbeitszeit bei Fahrten in See durch eine ungleichmäßige Verteilung der Arbeitszeit nicht unterschritten wird. [4]§ 7 Abs. 7 bleibt unberührt.
(3) Soweit dienstplanmäßig eine Mittagspause vorgesehen ist, darf sie eine Stunde nicht überschreiten.
(4) Werden Besatzungsmitglieder einer Wache zugeteilt, gilt diese Zeit als regelmäßige Arbeitszeit.
(5) Dienstlicher Aufenthalt außerhalb des Schiffes auf Sandbänken oder im Wattgebiet sowie in den Beibooten rechnet durchgehend als Arbeitszeit.
(6) Für Köche und Stewards richten sich Beginn und Ende der Arbeitszeit sowie die Arbeitspausen nach den festgelegten Mahlzeiten der Besatzung.

Zu Abschnitt VII Allgemeine Vorschriften

Nr. 13 zu § 44 – Reise- und Umzugskosten, Trennungsgeld –
(1) [1]Für Dienstreisen werden den Beschäftigten die Reisekosten nach Maßgabe des BRKG in der jeweils gültigen Fassung gezahlt. [2]Abweichend von Satz 1 werden für Dienstreisen auf Schiffen die entstandenen notwendigen Fahrtkosten nach Maßgabe der §§ 4 und 5 BRKG erstattet. [3]An Stelle des Tagegeldes im Sinne des § 6 BRKG wird Beschäftigten, die an Bord eingesetzt sind, für jeden Kalendertag ein Bordtagegeld von jeweils 9,50 Euro gezahlt, wenn eine unentgeltliche Unterkunft bereitgestellt wird und die Beschäftigten mehr als acht Stunden dienstlich an Bord eingesetzt sind. [4]Für die Berechnung des Bordtagegeldes ist maßgeblich, dass sich das Schiff nicht am ständigen Liegeplatz (Heimathafen) befindet. [5]Bei Einsätzen in fremdländischen Gewässern kann bei nachgewiesenen notwendigen Mehrkosten das

Bordtagegeld entsprechend erhöht werden. [6]Besatzungsmitglieder erhalten einmal monatlich Reisebeihilfen für Familienheimfahrten nach Maßgabe des § 8 Sätze 3 und 4 BRKG. [7]Satz 6 gilt nicht für Trennungsgeldempfänger nach der Trennungsgeldverordnung.

(2) Soweit die Voraussetzungen für ein Bordtagegeld nach Absatz 1 Sätze 3 und 4 nicht vorliegen, wird Beschäftigten für jeden Kalendertag, an dem sie mindestens acht Stunden dienstlich an Bord im Heimathafen (ständiger Liegeplatz) eingesetzt sind, eine tägliche Pauschale in Höhe von 9,50 Euro gezahlt.

(3) Die Regelung in Absatz 1 Sätze 2 bis 7 ersetzen die Vorschriften über die Erstattung von Reisekosten des § 44 Absatz 1.

§ 48 Sonderregelungen für Beschäftigte im forstlichen Außendienst

Zu Abschnitt I Allgemeine Vorschriften

Nr. 1 zu § 1 – Geltungsbereich –

Diese Sonderregelung gilt für Beschäftigte im forstlichen Außendienst, die nicht von § 1 Abs. 2 Buchst. g erfasst werden.

Zu Abschnitt II Arbeitszeit

Nr. 2

(1) [1]Der tarifliche wöchentliche Arbeitszeitkorridor beträgt 48 Stunden. [2]Abweichend von § 7 Abs. 7 sind nur die Arbeitsstunden Überstunden, die über den Arbeitszeitkorridor nach Satz 1 hinaus auf Anordnung geleistet worden sind. [3]§ 10 Abs. 1 Satz 3 findet keine Anwendung, auf Antrag der/des Beschäftigten kann ein Arbeitszeitkonto in vereinfachter Form durch Selbstaufschreibung geführt werden.

(2) Absatz 1 gilt nicht, wenn Dienstvereinbarungen zur Gleitzeit bestehen oder vereinbart werden.

§ 49 Sonderregelungen für Beschäftigte als Lehrkräfte

Zu Abschnitt I Allgemeine Vorschriften

Nr. 1 zu § 1 – Geltungsbereich –

[1]Diese Sonderregelungen gelten für Beschäftigte als Lehrkräfte an allgemein bildenden Schulen und berufsbildenden Schulen (Berufs-, Berufsfach- und Fachschulen). [2]Sie gelten nicht für Lehrkräfte an Schulen und Einrichtungen der Verwaltung, die der Ausbildung oder Fortbildung von Angehörigen des öffentlichen Dienstes dienen, an Krankenpflegeschulen und ähnlichen der Ausbildung dienenden Einrichtungen.

Protokollerklärung:
Lehrkräfte im Sinne dieser Sonderregelung sind Personen, bei denen die Vermittlung von Kenntnissen und Fertigkeiten im Rahmen eines Schulbetriebes der Tätigkeit das Gepräge gibt.

Zu Abschnitt II Arbeitszeit

Nr. 2
[1]Die §§ 6 bis 10 finden keine Anwendung. [2]Es gelten die Bestimmungen für die entsprechenden Beamtinnen und Beamten des Bundes in der jeweils geltenden Fassung. [3]Sind entsprechende Beamtinnen und Beamte nicht vorhanden, so ist die Arbeitszeit im Arbeitsvertrag zu regeln.

Zu Abschnitt III Eingruppierung, Entgelt und sonstige Leistungen

Nr. 2a zu § 16 (Bund) – Stufen der Entgelttabelle –
Bei Anwendung des § 16 (Bund) Abs. 4 gilt:
Für ab 1. Januar 2011 neubegründete Arbeitsverhältnisse von Lehrkräften wird die zur Vorbereitung auf den Lehrerberuf abgeleistete Zeit des Referendariats oder des Vorbereitungsdienstes im Umfang von sechs Monaten auf die Stufenlautzeit der Stufe 1 angerechnet.

Niederschriftserklärung:
Die Tarifvertragsparteien sind sich einig, dass der Vorbereitungsdienst/das Referendariat der Lehrkräfte wegen des dortigen Ausmaßes der eigenverantwortlichen Tätigkeit (im Vollbild der Berufstätigkeit) eine teilweise Anrechnung auf die Stufenlaufzeit der Stufe 1 rechtfertigt und deshalb mit Ausbildungsgängen anderer Berufe nicht vergleichbar ist.

Zu Abschnitt IV Urlaub und Arbeitsbefreiung

Nr. 3
(1) [1]Der Urlaub ist in den Schulferien zu nehmen. [2]Wird die Lehrkraft während der Schulferien durch Unfall oder Krankheit arbeitsunfähig, so hat sie dies unverzüglich anzuzeigen. [3]Die Lehrkraft hat sich nach Ende der Schulferien oder, wenn die Krankheit länger dauert, nach Wiederherstellung der Arbeitsfähigkeit zur Verfügung zu stellen.
(2) [1]Für eine Inanspruchnahme der Lehrkraft während der den Urlaub in den Schulferien übersteigenden Zeit gelten die Bestimmungen für die entsprechenden Beamtinnen und Beamten des Bundes. [2]Sind entsprechende Beamtinnen und Beamte nicht vorhanden, erfolgt die Regelung durch Dienst- oder Betriebsvereinbarung.

Zu Abschnitt V Befristung und Beendigung des Arbeitsverhältnisses

Nr. 4
Das Arbeitsverhältnis endet, ohne dass es einer Kündigung bedarf, mit Ablauf des Schulhalbjahres (31. Januar beziehungsweise 31. Juli), in dem die Lehrkraft das gesetzlich festgelegte Alter zum Erreichen einer Regelaltersrente vollendet hat.

Abschnitt IX
Übergangs- und Schlussvorschriften (Bund)

§ 50 In-Kraft-Treten, Laufzeit

(1) [1]Dieser Tarifvertrag tritt am 1 Oktober 2005 in Kraft. [2]Er kann mit einer Frist von drei Monaten zum Schluss eines Kalenderhalbjahres schriftlich gekündigt werden.
(2) [1]Abweichend von Absatz 1 können schriftlich gesondert gekündigt werden:
a) § 45 Nr. 6 und 8, soweit sich die entsprechenden besoldungsrechtlichen Grundlagen der Auslandsbezahlung für Beamte ändern. [2]Die Kündigungsfrist beträgt einen Kalendermonat zum Schluss des der Verkündung der Neuregelungen im Bundesgesetzblatt folgenden Kalendermonats,
b) § 46 Nr. 19 bis 21 (Kapitel III) mit einer Frist von einem Monat zum Monatsende. [3]Das Sonderkündigungsrecht in § 47 Sonderkündigungsrecht der Bereitschafts- und Rufbereitschaftsregelung BT-K bleibt unberührt,
c) Anlage C (Bund), Anlage d (Bund) und Anlage E (Bund) ohne Einhaltung einer Frist.

(3) § 45 Nr. 6 Satz 3 gilt bis zum Inkrafttreten der Eingruppierungsvorschriften des TVöD (Entgeltordnung).
(4) Unbeschadet von Absatz 1 Satz 2 treten außer Kraft
a) § 46 Nr. 4 Abs. 3b mit Ablauf des 30. November 2010,
b) § 46 Nr. 4 Abs. 3a und 3c mit Ablauf des 31. Dezember 2019.

Niederschriftserklärung zu Absatz 4 Buchst. b:
[1]Der Zeitpunkt des Außerkrafttretens wurde im Einklang mit dem Zeitpunkt des Außerkrafttretens des § 13 Absatz 2 der Arbeitszeitverordnung für die Beamtinnen und Beamten des Bundes (AZV) festgelegt. [2]Falls der Geltungszeitraum für die in § 13 Absatz 2 AZV enthaltene Opt-out-Regelung verlängert wird, werden die Tarifvertragsparteien Gespräche über eine Verlängerung des Geltungszeitraums der tariflichen Opt-out-Regelung für das Feuerwehrpersonal führen.

(5) Unbeschadet von Absatz 1 Satz 2 tritt § 46 Nr. 11 Abs. 6 mit Inkrafttreten der Verordnung über die Arbeitszeit der Arbeitnehmerinnen und Arbeitnehmer als Besatzungen von Seefahrzeugen im Bereich des Bundesministeriums der Verteidigung, spätestens mit Ablauf des 30. Juni 2012 außer Kraft.

Anhang zu § 46 (Bund)

Teilnahme an Manövern und Übungen

(1) Nehmen Beschäftigte aus dringenden dienstlichen Gründen an Übungen im Sinne des § 46 Nr. 4 Abs. 4 teil, so gilt nachstehende Regelung:

1. Die tägliche Arbeitszeit der Beschäftigten kann während der Teilnahme an der Übung abweichend geregelt werden.
2. [1]Die Beschäftigten erhalten für die Dauer ihrer Teilnahme als Abgeltung ihrer zusätzlichen Arbeitsleistung neben ihrem Tabellenentgelt und den in Monatsbeträgen festgelegten Entgeltbestandteilen einen täglichen Pauschbetrag in Höhe des Entgelts für fünf Überstunden. [2]Dieser Pauschbetrag schließt das Entgelt für Überstunden, für Bereitschaftsdienst und die Zulagen für Wechselschicht- und Schichtarbeit sowie die Zeitzuschläge nach § 8 Abs. 1 ein. [3]Der Pauschbetrag wird auch für die Tage des Beginns und der Beendigung der Übung gezahlt, an denen die Beschäftigten mehr als acht Stunden von ihrem Beschäftigungsort bzw. von ihrem Wohnort abwesend sind. [4]Die Sätze 1 und 2 gelten nicht, wenn Beschäftigte täglich an ihren Beschäftigungsort zurückkehren. [5]Beschäftigte, die unter § 43 Abs. 2 fallen, erhalten den Pauschbetrag nicht. [6]Auf Antrag kann den Beschäftigten, die Anspruch auf den Pauschbetrag haben, ganz oder teilweise Arbeitsbefreiung an Stelle des Pauschbetrages gewährt werden, soweit die dienstlichen Verhältnisse dies zulassen. [7]Dabei tritt an die Stelle des Entgelts für eine Überstunde eine Stunde Arbeitsbefreiung sowie ein Betrag in Höhe des Zeitzuschlages nach § 8 Abs. 1 Satz 2 Buchst. a.
3. [1]Die Beschäftigten erhalten während der Übung unentgeltlich Gemeinschaftsverpflegung und unentgeltliche amtliche Unterkunft. [2]Nehmen die Beschäftigten die Gemeinschaftsverpflegung oder die amtliche Unterkunft nicht in Anspruch, so erhalten sie dafür keine Entschädigung. [3]Kann in Einzelfällen die Gemeinschaftsverpflegung aus Übungsgründen nicht gewährt werden, so erhalten die Beschäftigten Ersatz nach den für die Beamtinnen/Beamten jeweils geltenden Bestimmungen. [4]Den Beschäftigten ist, soweit erforderlich, vom Arbeitgeber Schutzkleidung gegen Witterungseinflüsse unentgeltlich zur Verfügung zu stellen. [5]Die Beschäftigten sind verpflichtet, diese zu tragen. [6]§ 44 gilt nicht.

4. [1]Bei Arbeitsunfähigkeit durch Erkrankung oder Arbeitsunfall während der Übung werden der Pauschbetrag und die Pauschalentschädigung nach den Nummern 2 und 3 bis zur Wiedererlangung der Arbeitsfähigkeit, längstens jedoch bis zu den in Satz 2 genannten Zeitpunkten, gezahlt. [2]Die Teilnahme von erkrankten Beschäftigten an der Übung endet mit der Rückkehr an den Beschäftigungsort bzw. an den Wohnort oder mit Ablauf des Tages der Einweisung in ein außerhalb des Beschäftigungsortes des Wohnortes gelegenes Krankenhaus. [3]Für die der Beendigung der Übung folgende Zeit des Krankenhausaufenthaltes bei Abwesenheit vom dienstlichen Wohnsitz bzw. Wohnort sowie für die anschließende Rückreise haben die Beschäftigten Anspruch auf Reisekostenerstattung. [4]Auf die Fristen für die Bezugsdauer des Tagegeldes und des Übernachtungsgeldes bzw. für das Einsetzen der Beschäftigungsvergütung wird die Zeit ab Beginn der Übung der Beschäftigten mitgerechnet. [5]Hierbei wird die Teilnahme an der Übung – ohne Rücksicht darauf, ob der tatsächliche Aufenthaltsort der Beschäftigten ständig gleich geblieben oder ob er gewechselt hat – insgesamt als »Aufenthalt an ein und demselben auswärtigen Beschäftigungsort« gerechnet.
5. [1]Wird den Beschäftigten Arbeitsbefreiung nach § 29 gewährt, so sind ihnen die Reisekosten für die Rückreise zum Dienstort nach den Reisekostenvorschriften zu erstatten. [2]Die Zahlung des Pauschbetrages nach Nummer 2 und der Pauschalentschädigung nach Nummer 3 endet mit Ablauf des Tages, an dem die Rückreise angetreten wird. [3]Wird für den Rückreisetag ein volles Tagegeld gewährt, so entfällt die Pauschalentschädigung nach Nummer 3.

(2) Diese Anlage gilt nicht für die Beschäftigten, für die § 46 Kapitel II – Besatzungen von Binnen- und Seefahrzeugen und von schwimmenden Geräten im Bereich des Bundesministeriums der Verteidigung –, § 47 Kapitel II – Besondere Bestimmungen für Beschäftigte der Wasserstraßen- und Schifffahrtsverwaltung des Bundes – und Kapitel III Besondere Bestimmungen für Besatzungen der seegehenden Schiffe des Bundesamtes für Seeschifffahrt und Hydrographie anwendbar ist.

Anlage B (Bund)
Tabellenentgeltspannen

Gültig vom 1. April 2025 bis 30. April 2026
(monatlich in Euro)

Tabellen-entgeltspanne	1	2	3	4	5	6	7	8	9	10	11
von		2965,15	3292,84	3665,17	4097,58	4609,27	5196,83	5864,40	6622,91	7484,73	8463,96
bis	2965,14	3292,83	3665,16	4097,57	4609,26	5196,82	5864,39	6622,90	7484,72	8463,95	

Gültig ab 1. Mai 2026
(monatlich in Euro)

Tabellen-entgeltspanne	1	2	3	4	5	6	7	8	9	10	11
von		3048,17	3385,04	3767,79	4212,31	4738,33	5342,34	6028,60	6808,35	7694,30	8700,95
bis	3048,16	3385,03	3767,78	4212,30	4738,32	5342,33	6028,59	6808,34	7694,29	8700,94	

Anlage C (Bund)

Bereitschaftsdienstentgelte gemäß § 46 (Bund) Nr. 21 zu § 46 TVöD-BT-K

I. Ärztinnen und Ärzte

Entgeltgruppe	Stundenentgelt gültig vom 1. April 2025 bis 30. April 2026	Stundenentgelt gültig ab 1. Mai 2026
Ärztinnen und Ärzte gem. § 51 Abs. 3 TVöD-BT-K	49,11 €	50,49 €
Ärztinnen und Ärzte gem. § 51 Abs. 4 TVöD-BT-K	46,06 €	47,35 €
II	41,63 €	42,80 €
I	34,26 €	35,22 €

II. Beschäftigte im Pflegedienst

Entgeltgruppe	Stundenentgelt gültig vom 1. April 2025 bis 30. April 2026	Stundenentgelt gültig ab 1. Mai 2026
P 16	32,85 €	33,77 €
P 15	30,68 €	31,54 €
P 14	28,99 €	29,80 €
P 13	27,17 €	27,93 €
P 12	26,16 €	26,89 €
P 11	25,22 €	25,93 €
P 10	24,08 €	24,75 €
P 9	23,70 €	24,36 €
P 8	22,66 €	23,29 €
P 7	21,70 €	22,31 €
P 6	20,11 €	20,67 €
P 5	18,67 €	19,19 €

III. Übrige medizinische Beschäftigte

Entgeltgruppe	Stundenentgelt gültig vom 1. April 2025 bis 30. April 2026	Stundenentgelt gültig ab 1. Mai 2026
15 Ü	41,48 €	42,64 €
15	36,23 €	37,24 €
14	33,41 €	34,35 €
13	31,96 €	32,85 €
12	30,22 €	31,07 €
11	27,65 €	28,42 €
10	25,47 €	26,18 €
9c	25,39 €	26,10 €
9b	24,07 €	24,74 €
9a	23,28 €	23,93 €
8	22,81 €	23,45 €
7	21,85 €	22,46 €
6	20,93 €	21,52 €
5	20,11 €	20,67 €
4	19,16 €	19,70 €
3	18,41 €	18,93 €
2 Ü	17,67 €	18,16 €
2	17,31 €	17,79 €
1	14,37 €	14,77 €

Anlage D (Bund)

Entgelttabelle für Ärztinnen und Ärzte gemäß § 46 (Bund)
Nr. 21a Abs. 1 zu § 51 TVöD-BT-K
gültig vom 1. April 2025 bis 30. April 2026
(monatlich in Euro)

Entgelt-gruppe	Grundentgelt		Entwicklungsstufen		
	Stufe 1	Stufe 2	Stufe 3	Stufe 4	Stufe 5
II	6907,88	7600,01	8215,24	8907,36	–
I	5523,61	5938,91	6215,77	6446,48	6600,28

Entgelttabelle für Ärztinnen und Ärzte gemäß § 46 (Bund)
Nr. 21a Abs. 1 zu § 51 TVöD-BT-K
gültig ab 1. Mai 2026
(monatlich in Euro)

Entgelt-gruppe	Grundentgelt		Entwicklungsstufen		
	Stufe 1	Stufe 2	Stufe 3	Stufe 4	Stufe 5
II	7101,30	7812,81	8445,27	9156,77	–
I	5678,27	6105,20	6389,81	6626,98	6785,09

Anlage E (Bund)

Entgelttabelle für Beschäftigte im Pflegedienst gemäß § 46 (Bund)
Nr. 22 Abs. 1 Satz 1 zu § 52 TVöD-BT-K
gültig vom 1. April 2025 bis 30. April 2026
(monatlich in Euro)

Entgelt-gruppe	Grundentgelt		Entwicklungsstufen			
	Stufe 1	Stufe 2	Stufe 3	Stufe 4	Stufe 5	Stufe 6
P 16		5097,32	5268,39	5820,78	6464,70	6748,74
P 15		4992,50	5149,06	5540,47	6008,91	6187,80
P 14		4876,97	5029,76	5411,69	5930,62	6025,31
P 13		4761,46	4910,45	5282,90	5551,83	5621,28
P 12		4530,37	4671,80	5025,33	5242,50	5343,51
P 11		4299,33	4433,17	4767,77	4989,97	5090,99
P 10		4070,43	4194,92	4548,07	4718,51	4825,84
P 9		3883,65	4070,43	4194,92	4434,43	4535,43
P 8		3600,40	3757,59	3964,57	4132,22	4366,71
P 7		3414,69	3600,40	3889,43	4036,57	4188,13
P 6	2930,44	3100,59	3271,86	3636,14	3729,00	3904,10
P 5	2828,00	3060,63	3129,01	3243,28	3329,01	3530,40

Entgelttabelle für Beschäftigte im Pflegedienst gemäß § 46 (Bund) Nr. 22 Abs. 1 Satz 1 zu § 52 TVöD-BT-K
gültig ab 1. Mai 2026
(monatlich in Euro)

Entgelt-gruppe	Grundentgelt		Entwicklungsstufen			
	Stufe 1	Stufe 2	Stufe 3	Stufe 4	Stufe 5	Stufe 6
P 16		5240,04	5415,90	5983,76	6645,71	6937,70
P 15		5132,29	5293,23	5695,60	6177,16	6361,06
P 14		5013,53	5170,59	5563,22	6096,68	6194,02
P 13		4894,78	5047,94	5430,82	5707,28	5778,68
P 12		4657,22	4802,61	5166,04	5389,29	5493,13
P 11		4419,71	4557,30	4901,27	5129,69	5233,54
P 10		4184,40	4312,38	4675,42	4850,63	4960,96
P 9		3992,39	4184,40	4312,38	4558,59	4662,42
P 8		3701,21	3862,80	4075,58	4247,92	4488,98
P 7		3510,30	3701,21	3998,33	4149,59	4305,40
P 6	3012,49	3187,41	3363,47	3737,95	3833,41	4013,41
P 5	2907,18	3146,33	3216,62	3334,09	3422,22	3629,25

Abschnitt VIII
Sonderregelungen (VKA)

§ 45 Beschäftigte im Betriebs- und Verkehrsdienst von nichtbundeseigenen Eisenbahnen und deren Nebenbetrieben

Für Beschäftigte im Betriebs- und Verkehrsdienst von nichtbundeseigenen Eisenbahnen und deren Nebenbetrieben können landesbezirklich besondere Vereinbarungen abgeschlossen werden.

§ 46 Beschäftigte im kommunalen feuerwehrtechnischen Dienst

Zu Abschnitt I Allgemeine Vorschriften

Nr. 1 zu § 1 Abs. 1 – Geltungsbereich –
Diese Sonderregelungen gelten für Beschäftigte, die hauptamtlich im kommunalen feuerwehrtechnischen Dienst beschäftigt sind.

Zu Abschnitt II – Arbeitszeit und zu Abschnitt III – Eingruppierung, Entgelt und sonstige Leistungen

Nr. 2
(1) [1]Die §§ 6 bis 9 und 19 finden keine Anwendung. [2]Es gelten die Bestimmungen für die entsprechenden Beamten. [3]§ 27 findet unbeschadet der Sätze 1 und 2 Anwendung.
(2) Beschäftige im Einsatzdienst erhalten eine monatliche Zulage (Feuerwehrzulage) in Höhe von
- 63,69 Euro nach einem Jahr Beschäftigungszeit und
- 127,38 Euro nach zwei Jahren Beschäftigungszeit.

(3) [1]Die Feuerwehrzulage wird nur für Zeiträume gezahlt, für die Entgelt, Urlaubsentgelt oder Entgelt im Krankheitsfall zusteht. [2]Sie ist bei der Bemessung des Sterbegeldes (§ 23 Abs. 3) zu berücksichtigen. [3]Die Feuerwehrzulage ist kein zusatzversorgungspflichtiges Entgelt.

Zu Abschnitt V Befristung und Beendigung des Arbeitsverhältnisses

Nr. 3 Feuerwehrdienstuntauglichkeit
[Derzeit nicht belegt]

Nr. 4 Übergangsversorgung für Beschäftigte im Einsatzdienst
1. Anspruch auf Übergangsversorgung im Einsatzdienst
   [1]Beschäftigte im feuerwehrtechnischen Einsatzdienst mit einer Tätigkeit von mindestens 35 Jahren bei demselben Arbeitgeber im feu-

erwehrtechnischen Einsatzdienst werden auf schriftliches Verlangen vor Vollendung des gesetzlich festgelegten Alters zum Erreichen der Regelaltersrente frühestens zu dem Zeitpunkt, zu dem vergleichbare Beamtinnen und Beamte im Einsatzdienst der Berufsfeuerwehr in den gesetzlichen Ruhestand treten, für einen Zeitraum von 36 Monaten unwiderruflich von der Arbeitsleistung unter Fortbestand des Arbeitsverhältnisses nach Maßgabe der nachfolgenden Regelungen freigestellt. [2]§§ 33, 34 TVöD bleiben unberührt. [3]Das während der Freistellung zu zahlende Entgelt wird anteilig vom Arbeitgeber und von der/dem Beschäftigten erbracht. [4]Hierzu wird ein Wertguthaben nach Maßgabe der Ziffer 3 aufgebaut. [5]Beschäftigte, die keine 35 Jahre im feuerwehrtechnischen Einsatzdienst erreichen, können einen höheren Betrag nach Ziffer 3 Satz 3 bis 5 in das Wertguthaben einbringen. [5]Erfolgt dies nicht, erfolgt eine ratierliche kürzere Freistellung von der Arbeitsleistung nach Maßgabe der Ziffer 4 Satz 3.

Protokollerklärung zu Ziffer 1 Satz 5
Zeiten einer Arbeitsunfähigkeit, einer Elternzeit, einer Familien-/Pflegezeit oder eines Sonderurlaubs im dienstlichen Interesse mindern nicht den Anspruch nach Satz 1.

2. Entgeltanspruch während der Freistellungsphase
[1]Die/Der Beschäftigte erhält während der Zeit der Freistellung als monatliches Entgelt 70 Prozent des monatlichen Durchschnitts des in den vor dem Beginn der Freistellung bezogenen rentenversicherungspflichtigen Entgelts der letzten zwölf Monate unter Aufzehrung des Wertguthabens nach Ziffer 3. [2]Kalendermonate, die nicht für jeden Tag mit Entgelt oder Entgeltfortzahlung nach § 22 Abs. 1 TVöD belegt sind, bleiben bei der Ermittlung des monatlichen Durchschnittsentgelts außer Betracht. [3]Das Entgelt nach Satz 1 verändert sich bei allgemeinen Entgeltanpassungen in dem für die jeweilige Entgeltgruppe und Stufe geltenden Umfang. [4]Voraussetzung für den Entgeltanspruch ist, dass das Arbeitsverhältnis im Anschluss an die Freistellung endet.
3. Aufbau des Wertguthabens
[1]Zur Finanzierung der Aufwendungen für die Zeit der Freistellung nach Ziffer 1 mindert sich das für den Kalendermonat zustehende Entgelt der/des Beschäftigten um 2,75 Prozent; die Minderung des Entgelts unterbleibt, sobald der Beschäftigte seinen Finanzierungsanteil 35 Jahre lang erbracht hat. [2]Dieses Entgelt wird einschließlich des darauf anfallenden Arbeitgeberanteils am Gesamtsozialversicherungsbeitrag einem Wertguthaben (§ 7d SGB IV) zugeführt. [3]Sofern Beschäftigte gerechnet von ihrer Einstellung an absehbar 35 Jahre

im feuerwehrtechnischen Einsatzdienst nicht erreichen können, kann die/der Beschäftigte die für eine Freistellung von 36 Monaten fehlenden Monate durch eine entsprechend höhere Beteiligung der/des Beschäftigten am Wertguthaben aufbauen, aus dem insoweit der Entgeltanspruch nach Ziffer 2 erfüllt wird. [4]An ein entsprechendes Verlangen gegenüber dem Arbeitgeber ist sie/er mindestens für den Zeitraum von zwölf Monaten gebunden. [5]Der zusätzliche Beitrag der/des Beschäftigten darf dabei 2,75 Prozent ihres/seines Entgelts nicht übersteigen und nicht zu einer geringfügig entlohnten Beschäftigung führen. [6]Als angemessener Ertrag erhöht sich das Wertguthaben bei allgemeinen Tariferhöhungen in der von den Tarifvertragsparteien jeweils festzulegenden Höhe.

Protokollerklärung zu Ziffer 3 Satz 6
Das Wertguthaben erhöht sich am 1. April 2025 um 3,11 v.H. und am 1. Mai 2026 um weitere 2,8 v.H.

4. Verwendung des Wertguthabens
[1]Der Abbau des Wertguthabens erfolgt ausschließlich zur anteiligen monatlichen Finanzierung der in Ziffer 1 genannten Freistellungsphase. [2]Für jeden Monat der Freistellung werden dem Wertguthaben 1/36 entnommen. [3]Soweit Beschäftigte im Einsatzdienst zum Zeitpunkt des Verlangens nach Ziffer 1 keine 35 Jahre im feuerwehrtechnischen Einsatzdienst aufweisen, erfolgt abweichend von Ziffer 1 für je zwölf Kalendermonate, an denen die/der Beschäftigte durch Einbringen ihres/seines Anteils das Wertguthaben nach Ziffer 3 aufgebaut hat, eine Freistellung von einem Kalendermonat. [4]Die Entnahme aus dem Wertguthaben erfolgt monatlich ratierlich mit Beginn der Freistellung. [5]Hinzu kommt die Freistellung infolge einer entsprechend höheren Beteiligung am Aufbau des Wertguthabens nach Ziffer 3 Satz 3. [6]Scheidet die/der Beschäftigte aus dem feuerwehrtechnischen Einsatzdienst aus oder endet das Arbeitsverhältnis vorzeitig (Störfall), hat er/sie Anspruch auf das Wertguthaben, ausgenommen des darin enthaltenen Arbeitgeberanteils am Gesamtsozialversicherungsbeitrag. [7]Bei Tod der/des Beschäftigten steht dieser Anspruch den Erben zu.
5. Arbeitgeberwechsel
[1]Wechselt eine Beschäftigte/ein Beschäftigter unter Verbleib im feuerwehrtechnischen Einsatzdienst zu einem anderen Arbeitgeber, der einem Mitgliedverband der VKA angehört, wird die bei dem vorherigen Arbeitgeber im feuerwehrtechnischen Einsatzdienst zurückgelegte Zeit auf die Zeit des nach Ziffer 1 Satz 1 geforderten feuerwehrtechnischen Einsatzdienstes angerechnet, wenn die/der

Beschäftigte gemäß § 7f Abs. 1 Satz 1 Nr. 1 SGB IV durch schriftliche Erklärung gegenüber dem bisherigen Arbeitgeber die Übertragung des Wertguthabens verlangt und der neue Arbeitgeber der Übertragung zugestimmt hat.

6. Keine Notwendigkeit des Insolvenzschutzes
[1]Die Tarifvertragsparteien gehen gem. § 7e Abs. 9 SGB IV davon aus, dass es einer Regelung zum Insolvenzschutz nicht bedarf.

7. Urlaub während der Freistellungsphase
[1]Die Freistellung erfolgt unter Anrechnung von für in der Freistellungsphase ggf. zustehenden Urlaubsansprüchen der/des Beschäftigten. [2]Einer ausdrücklichen Urlaubsgewährung durch den Arbeitgeber bedarf es nicht.

8. Nebentätigkeiten
Beschäftigte dürfen während der Freistellungsphase nach Ziffer 1 Satz 1 keine Beschäftigungen oder selbständigen Tätigkeiten ausüben, die die Geringfügigkeitsgrenze des § 8 SGB IV überschreiten, es sei denn, diese Beschäftigungen oder selbständigen Tätigkeiten sind bereits innerhalb der letzten fünf Jahre vor Beginn der Freistellungsphase ausgeübt worden. Bestehende tarifliche Regelungen über Nebentätigkeiten bleiben unberührt.

9. Sonderregelungen für die am 30. Juni 2015 schon und am 1. Juli 2015 noch im feuerwehrtechnischen Einsatzdienst tätigen Beschäftigten

9.1 [1]Einem Antrag auf Vereinbarung von Altersteilzeitarbeit nach dem Tarifvertrag zu flexiblen Arbeitszeitregelungen für ältere Beschäftigte (TV FlexAZ) soll bei Beschäftigten, die bereits am 30. September 2005 (Tarifgebiet West) bzw. am 31. Dezember 2009 (Tarifgebiet Ost) schon und am 1. Juli 2015 noch im feuerwehrtechnischen Einsatzdienst beschäftigt sind, vorrangig entsprochen werden. [2]§ 12 TV FlexAZ bleibt unberührt.

9.2 [1]Bei Beschäftigten im feuerwehrtechnischen Einsatzdienst bei einem Arbeitgeber, der Mitglied eines Mitgliedverbandes der Vereinigung der kommunalen Arbeitgeberverbände (VKA) ist, deren Tätigkeit im Einsatzdienst über den 30. Juni 2015 fortbesteht, tritt an die Stelle der Freistellung nach Ziffer 1 Satz 1 eine Freistellung nach Maßgabe der Sätze 2 bis 6.
[2]Der der/dem Beschäftigten bei einer Tätigkeit von mindestens 35 Jahren im feuerwehrtechnischen Einsatzdienst als Leistung nach Abschnitt VIII Sonderregelungen (VKA) § 46 Nr. 4 Abs. 2 oder Abs. 4 Satz 1 BT-V nach der in der bis zum 30. Juni 2015 geltenden Fassung zustehende Betrag, berechnet nach dem Stand vom 30. Juni 2015, wird durch 35 dividiert und mit der Anzahl der am 30. Juni 2015 im feuerwehrtechnischen Einsatzdienst bei demselben Arbeitgeber oder einem anderen Arbeitgeber, der Mitglied eines Mitglied-

verbandes der VKA ist, zurückgelegten Jahre multipliziert. [3]Angefangene Jahre werden kaufmännisch gerundet. [4]Der nach Satz 2 ermittelte Betrag ist durch den monatlichen Arbeitgeberaufwand zu dividieren. [5]Der monatliche Arbeitgeberaufwand setzt sich zusammen aus 70 Prozent des der/dem Beschäftigten zustehenden Tabellenentgelts, der Feuerwehrzulage und der auf den Kalendermonat umgerechneten anteiligen Jahressonderzahlung zuzüglich 30 Prozent hierauf als pauschaler Arbeitgeberaufwand am Gesamtsozialversicherungsbeitrag und den Aufwendungen für die betriebliche Altersversorgung. [6]Das kaufmännisch gerundete Ergebnis, das der Arbeitgeber dem Beschäftigten mitteilt, zuzüglich die für die Tätigkeit im feuerwehrtechnischen Einsatzdienst ab dem 1. Juli 2015 in entsprechender Anwendung der Ziffer 4 Satz 3 erworbenen Freistellungsansprüche bilden den Gesamtfreistellungsanspruch der/des Beschäftigten.

Niederschriftserklärung:

[1]Zur Erläuterung von Abschnitt VIII Sonderregelungen (VKA) § 46 Nr. 4 Ziffer 9.2 TVöD – BT-V in der ab 1. Juli 2015 geltenden Fassung sind sich die Tarifvertragsparteien über folgendes Beispiel einig.

[2]Beispiel: Ein am 30. Juni 2015 50-jähriger Beschäftigter im Tarifgebiet West der Entgeltgruppe 8 Stufe 6 hätte nach Abschnitt VIII Sonderregelungen (VKA) § 46 Nr. 4 Abs. 4 Satz 1 Buchst. d BT-V bei mindestens 35 Jahren im Einsatzdienst Anspruch auf eine Übergangszahlung in Höhe von 77,5 Prozent des 26,3-fachen des monatlichen Tabellenentgelts der Entgeltgruppe 6 Stufe 6 in Höhe von 58 120,09 Euro. [3]Dieser Betrag dividiert durch 35 und multipliziert mit am 30. Juni 2015 im feuerwehrtechnischen Einsatzdienst zurückgelegten 19 Jahren, 8 Monaten und fünf Tagen kaufmännisch gerundet 20 Jahre, ergibt einen Wert in Höhe von 33 211,48 Euro. [4]Das zu berücksichtigende Entgelt beläuft sich auf 3466,49 Euro (Tabellenentgelt in Höhe von 3097,26 Euro zuzüglich Feuerwehrzulage in Höhe von 127,38 Euro und anteiliger Jahressonderzahlung in Höhe von 241,85 Euro). [5]Reduziert auf 70 Prozent und erhöht um 30 Prozent pauschaler Arbeitgeberaufwand ergibt dies einen Arbeitgeberaufwand in Höhe von 3154,50 Euro monatlich. [6]Die Übergangszahlung in Höhe von 33 211,48 Euro dividiert durch den monatlichen Arbeitgeberaufwand in Höhe von 3154,50 Euro ergibt 10,53, kaufmännisch gerundet 11 Freistellungsmonate. [7]Hinzu kommen die vom 1. Juli 2015 an in entsprechender Anwendung der Nr. 4 Satz 3 erworbenen Freistellungsansprüche (je zwölf Monate Einsatzdienst ein Monat Freistellung).

§ 47 Beschäftigte in Forschungseinrichtungen mit kerntechnischen Forschungsanlagen

Zu Abschnitt I Allgemeine Vorschriften

Nr. 1 zu § 1 Abs. 1 – Geltungsbereich –
Diese Sonderregelungen gelten für Beschäftigte in Forschungseinrichtungen mit kerntechnischen Forschungsanlagen, wie Reaktoren sowie Hochenergiebeschleuniger- und Plasmaforschungsanlagen und ihre hiermit räumlich oder funktionell verbundenen Institute und Einrichtungen.

Protokollerklärung:
[1]Hochenergiebeschleunigeranlagen im Sinne dieser Sonderregelungen sind solche, deren Endenergie bei der Beschleunigung von Elektronen 100 Mill. Elektronenvolt (MeV), bei Protonen, Deuteronen und sonstigen schweren Teilchen 20 MeV überschreitet. [2]Plasmaforschungsanlagen i. S. dieser Sonderregelungen sind solche Anlagen, deren Energiespeicher mindestens 1 Million Joule aufnimmt und mindestens 1 Million VA als Impulsleistung abgibt oder die für länger als 1 msec mit Magnetfeldern von mindestens 50 000 Gauss arbeiten und in denen eine kontrollierte Kernfusion angestrebt wird.

Nr. 2 zu § 3 – Allgemeine Arbeitsbedingungen –
(1) Der Beschäftigte hat sich auch – unbeschadet seiner Verpflichtung, sich einer aufgrund von Strahlenschutzvorschriften behördlich angeordneten Untersuchung zu unterziehen – auf Verlangen des Arbeitgebers im Rahmen von Vorschriften des Strahlenschutzrechts ärztlich untersuchen zu lassen.
(2) Der Beschäftigte ist verpflichtet, die zum Schutz Einzelner oder der Allgemeinheit vor Strahlenschäden an Leben, Gesundheit und Sachgütern getroffenen Anordnungen zu befolgen.
(3) Zur Vermeidung oder Beseitigung einer erheblichen Störung des Betriebsablaufs oder einer Gefährdung von Personen hat der Beschäftigte vorübergehend jede ihm aufgetragene Arbeit zu verrichten, auch wenn sie nicht in sein Arbeitsgebiet fällt; er hat sich – innerhalb der regelmäßigen Arbeitszeit unter Fortzahlung des Entgelts, außerhalb der regelmäßigen Arbeitszeit unter Zahlung von Überstundenentgelt – einer seinen Kräften und Fähigkeiten entsprechenden Ausbildung in der Hilfeleistung und Schadensbekämpfung zu unterziehen.
(4) [1]Ist nach den Strahlenschutzvorschriften eine Weiterbeschäftigung des Beschäftigten, durch die er ionisierenden Strahlen oder der Gefahr einer Aufnahme radioaktiver Stoffe in den Körper ausgesetzt wäre, nicht zulässig, so kann er auch dann zu anderen Aufgaben herangezogen werden, wenn der Arbeitsvertrag nur eine bestimmte Beschäftigung vorsieht. [2]Dem Beschäftigten dürfen jedoch keine Arbeiten übertragen werden, die mit Rücksicht auf seine bisherige Tätigkeit ihm nicht zugemutet werden können.

Zu Abschnitt II Arbeitszeit

Nr. 3 zu §§ 7, 8 – Sonderformen der Arbeit und Ausgleich für Sonderformen der Arbeit –

(1) Die Zeit des Bereitschaftsdienstes einschließlich der geleisteten Arbeit wird bei der Bemessung des Entgelts mit 50 v. H. als Arbeitszeit gewertet.

(2) Rufbereitschaft darf bis zu höchstens zwölf Tagen im Monat, in Ausnahmefällen bis zu höchstens 30 Tagen im Vierteljahr angeordnet werden.

(3) Die Arbeitszeitdauer des Feuerwehrpersonals beträgt, wenn in erheblichem Umfang Bereitschaftsdienst vorliegt, 24 Stunden je Dienst, sofern der Gesundheitsschutz der Beschäftigten durch Gewährung gleichwertiger Ausgleichsruhezeiten in unmittelbarem Anschluss an die verlängerten Arbeitszeiten gewährleistet wird.

(4) Unter Beachtung des allgemeinen Gesundheitsschutzes kann die Arbeitszeit des Feuerwehrpersonals, sofern in die Arbeitszeit regelmäßig und in erheblichem Umfang Bereitschaftsdienst fällt, auf bis zu 65 Stunden im Siebentagezeitraum ohne Ausgleich verlängert werden, wenn dienstliche Gründe bestehen und die/der Beschäftigte schriftlich eingewilligt hat.

(5) [1]Beschäftigten, die die Einwilligung zur Verlängerung der Arbeitszeit nicht erklären oder die Einwilligung widerrufen, dürfen daraus keine Nachteile entstehen. [2]Die Einwilligung kann mit einer Frist von sechs Monaten schriftlich widerrufen werden. [3]Die Beschäftigten sind auf die Widerrufsmöglichkeit schriftlich hinzuweisen.

(6) Beschäftigte im Feuerwehrdienst erhalten eine monatliche zusatzversorgungspflichtige Zulage (Feuerwehrzulage) in Höhe von 80 Euro.

Zu Abschnitt III Eingruppierung, Entgelt und sonstige Leistungen

Nr. 4

(1) [1]Beschäftigten, die in Absatz 2 aufgeführt sind, kann im Einzelfall zum jeweiligen Entgelt eine jederzeit widerrufliche Zulage bis zu höchstens 14 v. H. in den Entgeltgruppen 3 bis 8 und 16 v. H. in den Entgeltgruppen 9 bis 15 des Betrages der Stufe 2 der Anlage A der Entgelttabelle zu § 15 Abs. 2 gewährt werden; die jeweils tariflich zustehende letzte Entwicklungsstufe der Entgelttabelle darf hierdurch nicht überschritten werden. [2]Die Zulage vermindert sich jeweils um den Betrag, um den sich bei einer Stufensteigerung das Entgelt erhöht, es sei denn, dass der Arbeitgeber die Zulage zu diesem Zeitpunkt anderweitig festsetzt. [3]Der Widerruf wird mit Ablauf des zweiten auf den Zugang folgenden Kalendermonats wirksam, es sei denn, die Zulage wird deswegen widerrufen,

weil der Beschäftigte in eine andere Entgeltgruppe eingruppiert wird oder eine Zulage nach § 14 erhält.

(2) [1]Im Einzelfall kann eine jederzeit widerrufliche Zulage außerhalb des Absatz 1

a) an Beschäftigte mit abgeschlossener naturwissenschaftlicher, technischer oder medizinischer Hochschulbildung sowie sonstige Beschäftigte der Entgeltgruppen 13 bis 15, die aufgrund gleichwertiger Fähigkeiten und Erfahrungen entsprechende Tätigkeiten wie Beschäftigte mit abgeschlossener naturwissenschaftlicher, technischer oder medizinischer Hochschulbildung ausüben,
b) an technische Beschäftigte der Entgeltgruppen 3 bis 12, Beschäftigte im Dokumentationsdienst, im Programmierdienst, Übersetzerinnen und Übersetzer sowie Laborantinnen und Laboranten

gewährt werden, wenn sie Forschungsaufgaben vorbereiten, durchführen oder auswerten. [2]Die Zulage darf in den Entgeltgruppen 3 bis 8 14 v. H., in den Entgeltgruppen 9 bis 15 16 v. H. des Betrages der Stufe 2 der Anlage A zu § 15 Abs. 2 nicht übersteigen. [3]Der Widerruf wird mit Ablauf des zweiten auf den Zugang des Widerrufs folgenden Kalendermonats wirksam, es sei denn, die Zulage wird deswegen widerrufen, weil Beschäftigte in eine andere Entgeltgruppe eingruppiert werden oder eine Zulage nach § 14 erhalten.

(3) [1]Die Zulagen einschließlich der Abgeltung nach Nr. 3 können durch Nebenabreden zum Arbeitsvertrag ganz oder teilweise pauschaliert werden. [2]Die Nebenabrede ist mit einer Frist von zwei Wochen zum Monatsende kündbar.

§ 48 Beschäftigte im forstlichen Außendienst

Zu Abschnitt I Allgemeine Vorschriften

Nr. 1 zu § 1 – Geltungsbereich –

Diese Sonderregelungen gelten für Beschäftigte im forstlichen Außendienst, die nicht von § 1 Abs. 2 Buchst. g erfasst werden.

Zu Abschnitt II Arbeitszeit

Nr. 2

(1) [1]Der tarifliche wöchentliche Arbeitszeitkorridor beträgt 48 Stunden. [2]Abweichend von § 7 Abs. 7 sind nur die Arbeitsstunden Überstunden, die über den Arbeitszeitkorridor nach Satz 1 hinaus auf Anordnung geleistet worden sind. [3]§ 10 Abs. 1 Satz 3 findet keine Anwendung; auf Antrag können Beschäftigte ein Arbeitszeitkonto in vereinfachter Form durch Selbstaufschreibung führen.

(2) Absatz 1 gilt nicht, wenn Dienstvereinbarungen zur Gleitzeit bestehen oder vereinbart werden.

§ 49 Beschäftigte in Hafenbetrieben, Hafenbahnbetrieben und deren Nebenbetrieben

Für Beschäftigte in Hafenbetrieben, Hafenbahnbetrieben und deren Nebenbetrieben können landesbezirklich besondere Vereinbarungen abgeschlossen werden.

§ 50 Beschäftigte in landwirtschaftlichen Verwaltungen und Betrieben, Weinbau- und Obstanbaubetrieben

Zu Abschnitt I Allgemeine Vorschriften

Nr. 1 zu § 1 Abs. 1 – Geltungsbereich –
Diese Sonderregelungen gelten für Beschäftigte in landwirtschaftlichen Verwaltungen und Betrieben, Weinbau- und Obstanbaubetrieben.

Zu Abschnitt II Arbeitszeit

Nr. 2 zu § 6 – Regelmäßige Arbeitszeit
[1]Die regelmäßige Arbeitszeit kann in vier Monaten bis auf 50 und weiteren vier Monaten des Jahres auf bis zu 56 Stunden festgesetzt werden. [2]Sie darf aber 2214 Stunden im Jahr nicht übersteigen. [3]Dies gilt nicht für Beschäftigte im Sinne des § 38 Abs. 5 Satz 1, denen Arbeiten übertragen sind, deren Erfüllung zeitlich nicht von der Eigenart der Verwaltung oder des Betriebes abhängig ist.

§ 51 Beschäftigte als Lehrkräfte

Zu Abschnitt I Allgemeine Vorschriften

Nr. 1 zu § 1 Abs. 1 – Geltungsbereich –
[1]Diese Sonderregelungen gelten für Beschäftigte als Lehrkräfte an allgemeinbildenden Schulen und berufsbildenden Schulen (Berufs-, Berufsfach- und Fachschulen). [2]Sie gelten nicht für Lehrkräfte an Schulen und Einrichtungen der Verwaltung, die der Ausbildung oder Fortbildung von Angehörigen des öffentlichen Dienstes dienen, sowie an Krankenpflegeschulen und ähnlichen der Ausbildung dienenden Einrichtungen.

Protokollerklärung:
Lehrkräfte im Sinne dieser Sonderregelung sind Personen, bei denen die Vermittlung von Kenntnissen und Fertigkeiten im Rahmen eines Schulbetriebes der Tätigkeit das Gepräge gibt.

Zu Abschnitt II Arbeitszeit

Nr. 2

[1]Die §§ 6 bis 10 finden keine Anwendung. [2]Es gelten die Bestimmungen für die entsprechenden Beamten. [3]Sind entsprechende Beamte nicht vorhanden, so ist die Arbeitszeit im Arbeitsvertrag zu regeln.

Zu Abschnitt III Eingruppierung, Entgelt und sonstige Leistungen

Nr. 2a

Bei Anwendung des § 16 Abs. 4 Satz 1 gilt:
Für ab 1. Januar 2011 neubegründete Arbeitsverhältnisse von Lehrkräften wird die zur Vorbereitung auf den Lehrerberuf abgeleistete Zeit des Referendariats oder des Vorbereitungsdienstes im Umfang von sechs Monaten auf die Stufenlautzeit der Stufe 1 angerechnet.

Niederschriftserklärung:
Die Tarifvertragsparteien sind sich einig, dass der Vorbereitungsdienst/das Referendariat der Lehrkräfte wegen des dortigen Ausmaßes der eigenverantwortlichen Tätigkeit (im Vollbild der Berufstätigkeit) eine teilweise Anrechnung auf die Stufenlaufzeit der Stufe 1 rechtfertigt und deshalb mit Ausbildungsgängen anderer Berufe nicht vergleichbar ist.

Zu Abschnitt IV Urlaub und Arbeitsbefreiung

Nr. 3

(1) [1]Der Urlaub ist in den Schulferien zu nehmen. [2]Wird die Lehrkraft während der Schulferien durch Unfall oder Krankheit arbeitsunfähig, so hat sie dies unverzüglich anzuzeigen. [3]Die Lehrkraft hat sich nach Ende der Schulferien oder, wenn die Krankheit länger dauert, nach Wiederherstellung der Arbeitsfähigkeit zur Arbeitsleistung zur Verfügung zu stellen.
(2) [1]Für eine Inanspruchnahme der Lehrkraft während der den Urlaub in den Schulferien übersteigenden Zeit gelten die Bestimmungen für die entsprechenden Beamten. [2]Sind entsprechende Beamte nicht vorhanden, regeln dies die Betriebsparteien.

Zu Abschnitt V Befristung und Beendigung des Arbeitsverhältnisses

Nr. 4
Das Arbeitsverhältnis endet, ohne dass es einer Kündigung bedarf, mit Ablauf des Schulhalbjahres (31. Januar bzw. 31. Juli), in dem die Lehrkraft das gesetzlich festgelegte Alter zum Erreichen der Regelaltersrente vollendet hat.

§ 52 Beschäftigte als Lehrkräfte an Musikschulen

Zu Abschnitt I Allgemeine Vorschriften

Nr. 1 zu § 1 – Geltungsbereich –
[1]Diese Sonderregelungen gelten für Beschäftigte als Musikschullehrerinnen und Musikschullehrer an Musikschulen. [2]Musikschulen sind Bildungseinrichtungen, die die Aufgabe haben, ihre Schüler an die Musik heranzuführen, ihre Begabungen frühzeitig zu erkennen, sie individuell zu fördern und bei entsprechender Begabung ihnen gegebenenfalls eine studienvorbereitende Ausbildung zu erteilen.

Zu Abschnitt II Arbeitszeit

Nr. 2 zu § 6 – Regelmäßige Arbeitszeit –
(1) [1]Vollbeschäftigt sind Musikschullehrerinnen und Musikschullehrer, wenn die arbeitsvertraglich vereinbarte durchschnittliche regelmäßige wöchentliche Arbeitszeit 30 Unterrichtsstunden zu je 45 Minuten (= 1350 Unterrichtsminuten) beträgt. [2]Ist die Dauer einer Unterrichtsstunde auf mehr oder weniger als 45 Minuten festgesetzt, tritt an die Stelle der 30 Unterrichtsstunden die entsprechende Zahl von Unterrichtsstunden.

Protokollerklärung zu Absatz 1
[1]Bei der Festlegung der Zahl der Unterrichtsstunden ist berücksichtigt worden, dass Musikschullehrer neben der Erteilung von Unterricht insbesondere folgende Aufgaben zu erledigen haben:
a) Vor- und Nachbereitung des Unterrichts (Vorbereitungszeiten),
b) Abhaltung von Sprechstunden,
c) Teilnahme an Schulkonferenzen und Elternabenden,
d) Teilnahme am Vorspiel der Schülerinnen und Schüler, soweit dieses außerhalb des Unterrichts stattfindet,
e) Mitwirkung an Veranstaltungen der Musikschule sowie Mitwirkung im Rahmen der Beteiligung der Musikschule an musikalischen Veranstaltungen (z.B. Orchesteraufführungen, Musikwochen und ähnliche Veranstaltungen), die der Arbeitgeber, einer seiner wirtschaftlichen Träger oder ein Dritter, dessen wirtschaftlicher Träger der Arbeitgeber ist, durchführt,
f) Mitwirkung an Musikwettbewerben und ähnlichen Veranstaltungen,
g) Teilnahme an Musikschulfreizeiten an Wochenenden und in den Ferien.

[2]Durch Nebenabrede kann vereinbart werden, dass Musikschullehrerinnen und Musikschullehrern Aufgaben übertragen werden, die nicht durch diese Protokollerklärung erfasst sind. [3]In der Vereinbarung kann ein Zeitausgleich durch Reduzierung der arbeitsvertraglich geschuldeten Unterrichtszeiten getroffen werden. [4]Satz 3 gilt entsprechend für Unterricht in den Grundfächern (z. B. musikalische Früherziehung, musikalische Grundausbildung, Singklassen). [5]Die Nebenabrede ist mit einer Frist von 14 Tagen zum Monatsende kündbar.

(2) Für die unter Nr. 1 fallenden Beschäftigten, die seit dem 28. Februar 1987 in einem Arbeitsverhältnis zu demselben Arbeitgeber stehen, wird eine günstigere einzelvertragliche Regelung zur Arbeitszeit durch das In-Kraft-Treten dieser Regelung nicht berührt.

Zu Abschnitt IV Urlaub und Arbeitsbefreiung

Nr. 3 zu § 26 – Erholungsurlaub –
Musikschullehrerinnen und Musikschullehrer sind verpflichtet, den Urlaub während der unterrichtsfreien Zeit zu nehmen; außerhalb des Urlaubs können sie während der unterrichtsfreien Zeit zur Arbeit herangezogen werden.

§ 53 Beschäftigte als Schulhausmeister

Zu Abschnitt I Allgemeine Vorschriften

Nr. 1 zu § 1 – Geltungsbereich –
Diese Sonderregelungen gelten für Beschäftigte als Schulhausmeister.

Nr. 2
Durch landesbezirklichen Tarifvertrag können nähere Regelungen über die den Schulhausmeistern obliegenden Aufgaben unter Anwendung des Abschnitts A des Anhangs zu § 9 getroffen werden.

Protokollerklärung:
Landesbezirkliche Regelungen weitergehenden Inhalts bleiben, ungeachtet § 24 TVÜ-VKA, unberührt.

Zu Abschnitt III Eingruppierung, Entgelt und sonstige Leistungen

Nr. 3
(1) Durch landesbezirklichen Tarifvertrag können abweichend von § 24 Abs. 6 Rahmenregelungen zur Pauschalierung getroffen werden.
(2) [1]Soweit sich die Arbeitszeit nicht nach dem Anhang zu § 9 bestimmt, kann durch landesbezirklichen Tarifvertrag für Arbeiten außerhalb der regelmäßigen Arbeitszeit (§ 6 Abs. 1) im Zusammenhang mit der Be-

anspruchung der Räumlichkeiten für nichtschulische Zwecke ein Entgelt vereinbart werden. [2]Solange ein landesbezirklicher Tarifvertrag nicht abgeschlossen ist, ist das Entgelt arbeitsvertraglich oder betrieblich zu regeln.
(3) Bei der Festsetzung der Pauschale nach Absatz 1 kann ein geldwerter Vorteil aus der Gestellung einer Werkdienstwohnung berücksichtigt werden.

§ 54 Beschäftigte beim Bau und Unterhaltung von Straßen

Zu Abschnitt I Allgemeine Vorschriften

Nr. 1 zu § 1 – Geltungsbereich –
Diese Sonderregelungen gelten für Beschäftigte beim Bau und bei der Unterhaltung von Straßen der Landkreise und der Kommunalverbände höherer Ordnung.

Zu Abschnitt VII Allgemeine Vorschriften

Nr. 2 zu § 44 – Reise- und Umzugskosten, Trennungsgeld –
Durch landesbezirklichen Tarifvertrag sind abweichend von § 44 nähere Regelungen zur Ausgestaltung zu treffen.

Protokollerklärung:
Landesbezirkliche Regelungen weitergehenden Inhalts bleiben unberührt.

§ 55 Beschäftigte an Theatern und Bühnen

Zu Abschnitt I Allgemeine Vorschriften

Nr. 1 zu § 1 – Geltungsbereich –
Diese Sondervorschriften gelten für die Beschäftigten in Theatern und Bühnen.

Nr. 2 zu § 2 – Arbeitsvertrag, Nebenabreden, Probezeit –
Im Arbeitsvertrag kann eine Probezeit bis zur Dauer einer Spielzeit vereinbart werden.

Nr. 3 zu § 3 – Allgemeine Arbeitsbedingungen –
Beschäftigte sind verpflichtet, an Abstechern und Gastspielreisen teilzunehmen.

Protokollerklärung:
Bei Abstechern und Gastspielreisen ist die Zeit einer aus betrieblichen Gründen angeordneten Mitfahrt auf dem Wagen, der Geräte oder Kulissen befördert, als Arbeitszeit zu bewerten.

Zu Abschnitt II Arbeitszeit

Nr. 4

(1) [1]Beschäftigte sind an Sonn- und Feiertagen ebenso zu Arbeitsleistungen verpflichtet wie an Werktagen. [2]Zum Ausgleich für die Arbeit an Sonntagen wird jede Woche ein ungeteilter freier Tag gewährt. [3]Dieser soll mindestens in jeder siebenten Woche auf einen Sonn- oder Feiertag fallen.
(2) Die regelmäßige Arbeitszeit der Beschäftigten, die eine Theaterbetriebszulage (Absatz 5) erhalten, kann um sechs Stunden wöchentlich verlängert werden.
(3) Beschäftigte erhalten für jede Arbeitsstunde, um die die allgemeine regelmäßige Arbeitszeit (§ 6 Abs. 1) nach Absatz 2 verlängert worden ist, 100 v. H. des auf eine Stunde entfallenden Anteils des monatlichen Entgelts der jeweiligen Entgeltgruppe und Stufe nach Maßgabe der Entgelttabelle.
(4) [1]Überstunden dürfen nur angeordnet werden, wenn ein außerordentliches dringendes betriebliches Bedürfnis besteht oder die besonderen Verhältnisse des Theaterbetriebes es erfordern. [2]Für Überstunden ist neben dem Entgelt für die tatsächliche Arbeitsleistung der Zeitzuschlag nach § 8 Abs. 1 Satz 2 Buchst. a zu zahlen. [3]Die Protokollerklärung zu § 8 Abs. 1 Satz 1 findet Anwendung.
(5) [1]§ 8 Abs. 1 und § 8 Abs. 5 und 6 gelten nicht für Beschäftigte, die eine Theaterbetriebszulage nach einem landesbezirklichen Tarifvertrag erhalten. [2]Landesbezirklich kann Abweichendes geregelt werden.

Zu Abschnitt VII Allgemeine Vorschriften

Nr. 5 zu § 44 – Reise- und Umzugskosten, Trennungsgeld –

Die Abfindung bei Abstechern und Gastspielen kann im Rahmen des für die Beamten des Arbeitgebers jeweils geltenden Reisekostenrechts landesbezirklich vereinbart werden.

Zu Abschnitt IV Urlaub und Arbeitsbefreiung

Nr. 6

Der Urlaub ist in der Regel während der Theaterferien zu gewähren und zu nehmen.

§ 56 Besondere Regelungen für Beschäftigte im Sozial- und Erziehungsdienst

Für die Beschäftigten im Sozial- und Erziehungsdienst gelten die in der Anlage aufgeführten besonderen Regelungen.

§ 57 Besondere Regelungen für Ärztinnen und Ärzte

Zu Abschnitt I Allgemeine Vorschriften

Nr. 1 zu § 1 – Geltungsbereich –
Diese Sonderregelungen gelten für Ärztinnen und Ärzte, soweit diese nicht unter den Geltungsbereich der Besonderen Teile Krankenhäuser (BT-K) oder Pflege- und Betreuungseinrichtungen (BT-B) fallen.

Zu Abschnitt III Eingruppierung, Entgelt und sonstige Leistungen

Nr. 2
Abweichend von § 16 (VKA) Abs. 1 Satz 1 ist bei Tätigkeiten entsprechend Teil B Abschnitt XXVIII Entgeltgruppe 15 Fallgruppe 1 der Anlage 1 – Entgeltordnung (VKA) Endstufe in der Entgeltgruppe 15 die Stufe 5; bei Tätigkeiten entsprechend Teil B Abschnitt II Ziffer 1 Entgeltgruppe 15 Fallgruppe 1 der Anlage 1 – Entgeltordnung (VKA) gilt dies bis 31. Oktober 2020.

Protokollerklärung zu Nummer 2:
[1]Beschäftigte, die am 1. November 2020 in der Stufe 5 bereits eine Stufenlaufzeit von mindestens fünf Jahren zurückgelegt haben, werden am 1. November 2020 der Stufe 6 zugeordnet. [2]Für Beschäftigte der Stufe 5, die zu diesem Zeitpunkt in der Stufe 5 noch keine fünf Jahre zurückgelegt haben, wird die bereits zurückgelegte Stufenlaufzeit zum Erreichen der Stufe 6 angerechnet. [3]Für Beschäftigte in einer individuellen Endstufe gilt:
- Ist der bisherige Betrag der individuellen Endstufe am 31. Oktober 2020 niedriger als das Tabellenentgelt der Stufe 6, werden die Beschäftigten zum 1. November 2020 der Stufe 6 zugeordnet;
- Ist das Tabellenentgelt der Stufe 6 am 31. Oktober 2020 niedriger als der bisherige Betrag der individuellen Endstufe, werden die Beschäftigten erneut einer individuellen Endstufe unter Beibehaltung der bisherigen Entgelthöhe zugeordnet.

Nr. 3
Die in die Entgeltgruppe 15 eingruppierten Ärztinnen und Ärzte sowie Zahnärztinnen und Zahnärzte gemäß Teil B Abschnitt II Ziffer 1 der Anlage 1 – Entgeltordnung (VKA) erhalten eine monatliche Zulage in Höhe von 300 Euro.

§ 58 Besondere Regelungen für Notfallsanitäterinnen und Notfallsanitäter

Zu Abschnitt I Allgemeine Vorschriften

Nr. 1 zu § 1 – Geltungsbereich –
Diese Sonderregelungen gelten für Notfallsanitäterinnen und Notfallsanitäter.

Zu Abschnitt III Eingruppierung, Entgelt und sonstige Leistungen

Nr. 2
(1) [1]Abweichend von § 15 Abs. 2 gelten für diese Beschäftigten folgende Tabellenwerte der Entgeltgruppe N:

	Stufe 2	Stufe 3	Stufe 4	Stufe 5	Stufe 6
gültig bis 31. März 2025	3490,40	3647,59	3849,10	4011,86	4239,52
gültig vom 1. April 2025 bis 30. April 2026	3600,40	3757,59	3964,57	4132,22	4366,71
gültig ab 1. Mai 2026	3701,21	3862,80	4075,58	4247,92	4488,98

[2]Diese Tabellenwerte verändern sich bei allgemeinen Entgeltanpassungen um denselben Prozentsatz bzw. in demselben Umfang wie die Tabellenwerte der Entgeltgruppe P 8.
(2) Soweit im Allgemeinen Teil auf bestimmte Entgeltgruppen der Anlage A Bezug genommen wird, entspricht die Entgeltgruppe N der Entgeltgruppe 8.

Nr. 3
[1]Abweichend von § 16 (VKA) Abs. 1 umfasst die Entgeltgruppe N fünf Stufen; Eingangsstufe ist für Notfallsanitäterinnen und Notfallsanitätern in der Entgeltgruppe N die Stufe 2. [2]Abweichend von § 16 (VKA) Abs. 3 Satz 1 wird bei Notfallsanitäterinnen und Notfallsanitätern in der Entgeltgruppe N die Stufe 3 nach drei Jahren in Stufe 2 erreicht.

Abschnitt IX
Übergangs- und Schlussvorschriften (VKA)

§ 59 Inkrafttreten, Laufzeit

(1) [1]Dieser Tarifvertrag tritt am 1. Oktober 2005 in Kraft. [2]Er kann mit einer Frist von drei Monaten zum Schluss eines Kalenderhalbjahres schriftlich gekündigt werden.

(2) [1]Abweichend von Absatz 1 können schriftlich gekündigt werden

a) auf landesbezirklicher Ebene im Tarifgebiet West § 46 Nr. 2 Abs. 1, § 51 Nr. 2 und § 52 Nr. 2 Abs. 1 gesondert mit einer Frist von einem Monat zum Ende eines Kalendermonats,

b) die Anlage zu § 56 mit einer Frist von drei Monaten zum Schluss eines Kalendervierteljahres, frühestens jedoch zum 31. Dezember 2026.

[2]Für die Kündigung der Anlage C (VKA) zum TVöD gilt § 39 Abs. 4 Buchst. c entsprechend.

Anlage zu § 56 (VKA)

§ 1 Entgelt

(1) Beschäftigte, die nach dem Teil B Abschnitt XXIV der Anlage 1 – Entgeltordnung (VKA) eingruppiert sind, erhalten abweichend von § 15 Abs. 2 Satz 2 Entgelt nach der Anlage C (VKA).

(2) Anstelle des § 16 (VKA) gilt folgendes:

[1]Die Entgeltgruppen S 2 bis S 18 umfassen sechs Stufen. [2]Bei Einstellung werden die Beschäftigten der Stufe 1 zugeordnet, sofern keine einschlägige Berufserfahrung vorliegt. [3]Verfügt die/der Beschäftigte über eine einschlägige Berufserfahrung von mindestens einem Jahr, erfolgt die Einstellung in die Stufe 2; verfügt sie/er über eine einschlägige Berufserfahrung von mindestens drei Jahren, erfolgt in der Regel eine Zuordnung zur Stufe 3. [4]Unabhängig davon kann der Arbeitgeber bei Neueinstellungen zur Deckung des Personalbedarfs Zeiten einer vorherigen beruflichen Tätigkeit ganz oder teilweise für die Stufenzuordnung berücksichtigen, wenn diese Tätigkeit für die vorgesehene Tätigkeit förderlich ist. [5]Bei Einstellung von Beschäftigten in unmittelbarem Anschluss an ein Arbeitsverhältnis im öffentlichen Dienst (§ 34 Abs. 3 Satz 3 und 4) oder zu einem Arbeitgeber, der einen dem TVöD vergleichbaren Tarifvertrag anwendet, kann die in dem vorhergehenden Arbeitsverhältnis erworbene Stufe bei der Stufenzuordnung ganz oder teilweise berücksichtigt werden; Satz 4 bleibt unberührt.

Protokollerklärung zu Absatz 2 Satz 3:
[1]Ein Berufspraktikum nach dem Tarifvertrag für Praktikantinnen/Praktikanten des öffentlichen Dienstes (TVPöD) vom 27. Oktober 2009 gilt grundsätzlich als Erwerb einschlägiger Berufserfahrung. [2]Als Erwerb einer einjährigen einschlägigen Berufserfahrung gilt entsprechend auch die fachpraktische Ausbildung im Rahmen einer abgeschlossenen praxisintegrierten Ausbildung zur Erzieherin/zum Erzieher nach landesgesetzlichen Regelungen und im Rahmen einer abgeschlossenen praxisintegrierten Ausbildung zur Heilerziehungspflegerin/zum Heilerziehungspfleger nach landesgesetzlichen Regelungen.

(3) Soweit im Allgemeinen Teil auf bestimmte Entgeltgruppen Bezug genommen wird, entspricht

die Entgeltgruppe	der Entgeltgruppe
S 2	2
S 3	4
S 4	5
S 5	6
S 6 bis S 8b	8
S 9 bis S 11a	9a
S 11b bis S 13	9b
S 14	9c
S 15 und S 16	10
S 17	11
S 18	12.

(4) [1]Bei Eingruppierung in eine höhere Entgeltgruppe der Anlage C werden die Beschäftigten der gleichen Stufe zugeordnet, die sie in der niedrigeren Entgeltgruppe erreicht haben. [2]Beträgt bei Höhergruppierungen innerhalb der Anlage C (VKA) der Unterschiedsbetrag zwischen dem derzeitigen Tabellenentgelt und dem Tabellenentgelt nach Satz 1 in der höheren Entgeltgruppe

- in den Entgeltgruppen S 2 bis S 8b
  - bis zum 31. März 2025 weniger als 72,99 Euro,
  - vom 1. April 2025 bis 30. April 2026 weniger als 75,26 Euro und
  - ab 1. Mai 2026 weniger als 77,37 Euro,
- in den Entgeltgruppen S 9 bis S 18
  - bis zum 31. März 2025 weniger als 116,79 Euro,
  - vom 1. April 2025 bis 30. April 2026 weniger als 120,42 Euro und
  - ab 1. Mai 2026 weniger als 123,79 Euro,

so erhält die/der Beschäftigte während der betreffenden Stufenlaufzeit anstelle des Unterschiedsbetrages den vorgenannten jeweils zustehenden Garantiebetrag. [3]Die Stufenlaufzeit bei der höheren Entgeltgruppe beginnt mit dem Tag der Höhergruppierung. [4]Bei einer Eingruppierung in eine niedrigere Entgeltgruppe ist die/der Beschäftigte der in der höheren Entgeltgruppe erreichten Stufe zuzuordnen; die in der bisherigen Stufe zurückgelegte Stufenlaufzeit wird auf die Stufenlaufzeit in der niedrigeren Entgeltgruppe angerechnet. [5]Die/Der Beschäftigte erhält vom Beginn des Monats an, in dem die Veränderung wirksam wird, das entsprechende Tabellenentgelt aus der in Satz 1 oder Satz 4 festgelegten Stufe der betreffenden Entgeltgruppe. [6]§ 17 Abs. 4 findet keine Anwendung.

Protokollerklärung zu Absatz 4 Satz 2:
Die Garantiebeträge nehmen an allgemeinen Entgeltanpassungen teil.

Protokollerklärung zu Absatz 4:
[1]Ist Beschäftigten nach § 14 Abs. 1 vorübergehend eine höherwertige Tätigkeit übertragen worden, und wird ihnen im unmittelbaren Anschluss daran eine Tätigkeit derselben höheren Entgeltgruppe dauerhaft übertragen, werden sie hinsichtlich der Stufenzuordnung so gestellt, als sei die Höhergruppierung ab dem ersten Tag der vorübergehenden Übertragung der höherwertigen Tätigkeit erfolgt. [2]Unterschreitet bei Höhergruppierungen nach Satz 1 das Tabellenentgelt nach § 1 Abs. 4 Satz 5 die Summe aus dem Tabellenentgelt und dem Zulagenbetrag nach § 14 Abs. 3, die die/der Beschäftigte am Tag vor der Höhergruppierung erhalten hat, erhält die/der Beschäftigte dieses Entgelt solange, bis das Tabellenentgelt nach § 1 Abs. 4 Satz 5 dieses Entgelt erreicht oder übersteigt.

(5) Auf Beschäftigte der Entgeltgruppe S 9 findet der § 20 Abs. 2 Satz1 für die Entgeltgruppen 1 bis 8 ausgewiesene Prozentsatz Anwendung.
(6) [1]Beschäftigte, die nach Teil B Abschnitt XXIV der Anlage 1 – Entgeltordnung (VKA) in einer der Entgeltgruppen S 2 bis S 11a eingruppiert sind, erhalten eine monatliche SuE-Zulage in Höhe von 130,00 Euro. [2]Beschäftigte, die nach Teil B Abschnitt XXIV der Anlage 1 – Entgeltordnung (VKA) in einer der Entgeltgruppen S 11b bis S 12 sowie S 14 oder S 15 bei Tätigkeiten der Fallgruppe 6 eingruppiert sind, erhalten eine monatliche SuE-Zulage in Höhe von 180,00 Euro.

§ 2 Betrieblicher Gesundheitsschutz/Betriebliche Gesundheitsförderung

(1) Die nachfolgenden Regelungen gelten für die Beschäftigten des Sozial- und Erziehungsdienstes, soweit sie nach dem Teil B Abschnitt XXIV der Anlage 1 – Entgeltordnung (VKA) eingruppiert sind.

(2) [1]Betriebliche Gesundheitsförderung zielt darauf ab, die Arbeit und die Arbeitsbedingungen so zu organisieren, dass diese nicht Ursache von Erkrankungen oder Gesundheitsschädigungen sind. [2]Sie fördert die Erhaltung bzw. Herstellung gesundheitsgerechter Verhältnisse am Arbeitsplatz sowie gesundheitsbewusstes Verhalten. [3]Zugleich werden damit die Motivation der Beschäftigten und die Qualitätsstandards der Verwaltungen und Betriebe verbessert. [4]Die betriebliche Gesundheitsförderung basiert auf einem aktiv betriebenen Arbeits- und Gesundheitsschutz. [5]Dieser reduziert Arbeitsunfälle, Berufskrankheiten sowie arbeitsbedingte Gesundheitsgefahren und verbessert durch den Abbau von Fehlzeiten und die Vermeidung von Betriebsstörungen die Wettbewerbsfähigkeit der Verwaltungen und Betriebe. [6]Der Arbeits- und Gesundheitsschutz sowie die betriebliche Gesundheitsförderung gehören zu einem zeitgemäßen Gesundheitsmanagement.

(3) [1]Die Beschäftigten haben einen individuellen Anspruch auf die Durchführung einer Gefährdungsbeurteilung. [2]Die Durchführung erfolgt nach Maßgabe des Gesetzes über die Durchführung von Maßnahmen des Arbeitsschutzes zur Verbesserung der Sicherheit und des Gesundheitsschutzes der Beschäftigten bei der Arbeit (Arbeitsschutzgesetz). [3]Die Beschäftigten sind in die Durchführung der Gefährdungsbeurteilung einzubeziehen. [4]Sie sind über das Ergebnis von Gefährdungsbeurteilungen zu unterrichten. [5]Vorgesehene Maßnahmen sind mit ihnen zu erörtern. [6]Widersprechen betroffene Beschäftigte den vorgesehenen Maßnahmen, ist die betriebliche Kommission zu befassen. [7]Die Beschäftigten können verlangen, dass eine erneute Gefährdungsbeurteilung durchgeführt wird, wenn sich die Umstände, unter denen die Tätigkeiten zu verrichten sind, wesentlich ändern, neu entstandene wesentliche Gefährdungen auftreten oder eine Gefährdung auf Grund veränderter arbeitswissenschaftlicher Erkenntnisse erkannt wird. [8]Die Wirksamkeit der Maßnahmen ist in angemessenen Abständen zu überprüfen.

(4) [1]Beim Arbeitgeber wird auf Antrag des Personalrats/Betriebsrats eine betriebliche Kommission gebildet, deren Mitglieder je zur Hälfte vom Arbeitgeber und vom Personal- bzw. Betriebsrat benannt werden. [2]Die Mitglieder müssen Beschäftigte des Arbeitgebers sein. [3]Soweit ein Arbeitsschutzausschuss gebildet ist, können Mitglieder dieses Ausschusses auch in der betrieblichen Kommission tätig werden. [4]Im Falle des Absatzes 3 Satz 6 berät die betriebliche Kommission über die erforderlichen Maßnahmen und kann Vorschläge zu den zu treffenden Maßnahmen machen. [5]Der Arbeitgeber führt die Maßnahmen durch, wenn die Mehrheit der vom Arbeitgeber benannten Mitglieder der betrieblichen Kommission im Einvernehmen mit dem Arbeitgeber dem Beschluss zugestimmt hat. [6]Gesetzliche Rechte der kommunalen Beschlussorgane

bleiben unberührt. [7]Wird ein Vorschlag nur von dem vom Personalrat/Betriebsrat benannten Mitgliedern gemacht und folgt der Arbeitgeber diesem Vorschlag nicht, sind die Gründe darzulegen. [8]Die betriebliche Kommission ist auch für die Beratung von schriftlich begründeten Beschwerden zuständig, wenn der Arbeitgeber eine erneute Gefährdungsbeurteilung ablehnt. [9]Der Arbeitgeber entscheidet auf Vorschlag des Arbeitsschutzausschusses bzw. der betrieblichen Kommission, ob und in welchem Umfang der Beschwerde im Einzelfall abgeholfen wird. [10]Wird dem Vorschlag nicht gefolgt, sind die Gründe darzulegen.

(5) [1]Die betriebliche Kommission kann zeitlich befristet Gesundheitszirkel zur Gesundheitsförderung einrichten, deren Aufgabe es ist, Belastungen am Arbeitsplatz und deren Ursachen zu analysieren und Lösungsansätze zur Verbesserung der Arbeitssituation zu erarbeiten. [2]Sie berät über Vorschläge der Gesundheitszirkel und unterbreitet, wenn ein Arbeitsschutzausschuss gebildet ist, diesem, ansonsten dem Arbeitgeber Vorschläge. [3]Die Ablehnung eines Vorschlags ist durch den Arbeitgeber zu begründen. [4]Näheres regelt die Geschäftsordnung der betrieblichen Kommission.

(6) [1]Zur Durchführung ihrer Aufgaben sind der betrieblichen Kommission die erforderlichen, zur Verfügung stehenden Unterlagen zugänglich zu machen. [2]Die betriebliche Kommission gibt sich eine Geschäftsordnung, in der auch Regelungen über die Beteiligung der Beschäftigten bei der Gefährdungsbeurteilung, deren Bekanntgabe und Erörterung sowie über die Qualifizierung der Mitglieder der betrieblichen Kommission und von Gesundheitszirkeln zu treffen sind.

(7) Gesetzliche Bestimmungen, günstigere betriebliche Regelungen und die Rechte des Personal- bzw. Betriebsrats bleiben unberührt.

Protokollerklärungen:

1. Sollte sich aufgrund gerichtlicher Entscheidungen erweisen, dass die über die Zusammensetzung der betrieblichen Kommission oder die Berufung ihrer Mitglieder getroffenen Regelungen mit geltendem Recht unvereinbar sind, werden die Tarifvertragsparteien Verhandlungen aufnehmen und eine ersetzende Regelung treffen, die mit geltendem Recht vereinbar ist und dem von den Tarifvertragsparteien Gewollten möglich nahe kommt.
2. Die Tarifvertragsparteien stimmen darin überein, dass mit dieser Regelung außerhalb seines Geltungsbereichs der betriebliche Gesundheitsschutz/die betriebliche Gesundheitsförderung im BT-V und BT-B nicht abschließend tariflich geregelt sind und die übrigen Besonderen Teile des TVöD von der hier getroffenen Regelung unberührt bleiben.

§ 2a Regenerationstage/Umwandlungstage

(1) [1]Beschäftigte, die nach Teil B Abschnitt XXIV der Anlage 1 – Entgeltordnung (VKA) eingruppiert sind, haben im Kalenderjahr bei Verteilung der wöchentlichen Arbeitszeit auf fünf Tage in der Kalenderwoche Anspruch auf zwei Arbeitstage Arbeitsbefreiung unter Fortzahlung des Entgelts gemäß § 21 (Regenerationstage). [2]Wird die wöchentliche Arbeitszeit an weniger als fünf Tagen in der Woche erbracht, vermindert sich der Anspruch auf die Regenerationstage entsprechend. [3]Maßgeblich für die Verminderung nach Satz 2 sind die jeweiligen Verhältnisse zum Zeitpunkt der Antragstellung nach Abs. 2 Satz 2. [4]Verändert sich im Zeitraum zwischen der Antragstellung und dem gewährten Regenerationstag die Verteilung der wöchentlichen Arbeitszeit, erhöht oder vermindert sich der Anspruch auf die Regenerationstage entsprechend. [5]Verbleibt bei den Berechnungen nach den Sätzen 2 oder 4 ein Bruchteil, der mindestens einen halben Regenerationstag ergibt, wird er auf einen vollen Regenerationstag aufgerundet; Bruchteile von weniger als einem halben Regenerationstag bleiben unberücksichtigt.

Protokollerklärung zu Absatz 1 Satz 1:
[1]Der Anspruch reduziert sich auf einen Regenerationstag, wenn in dem Kalenderjahr nicht für mindestens vier Kalendermonate Anspruch auf Entgelt bestanden hat. [2]Anspruch auf Entgelt im Sinne des Satz 1 sind auch der Anspruch auf Entgeltfortzahlung aus Anlass der in § 21 Satz 1 TVöD genannten Ereignisse und der Anspruch auf Krankengeldzuschuss (§ 22 Absatz 2 und 3 TVöD), auch wenn dieser wegen der Höhe der Barleistungen des Sozialversicherungsträgers nicht gezahlt wird. [3]Einem Anspruch auf Entgelt gleichgestellt ist der Bezug von Krankengeld nach § 45 SGB V oder entsprechender gesetzlicher Leistungen, Leistungen nach § 56 IfSG, Kurzarbeitergeld und Leistungen nach §§ 18 bis 20 MuSchG.

(2) [1]Bei der Festlegung der Lage der Regenerationstage sind die Wünsche der/des Beschäftigten zu berücksichtigen, sofern dem keine dringenden dienstlichen/betrieblichen Gründe entgegenstehen. [2]Der/Die Beschäftigte hat den/die Regenerationstag/e spätestens vier Wochen vor dem gewünschten Zeitpunkt der Gewährung in Textform gegenüber dem Arbeitgeber geltend zu machen. [3]Der Arbeitgeber entscheidet über die Gewährung der Regenerationstage bis spätestens zwei Wochen vor diesen und teilt dies der/dem Beschäftigten in Textform mit. [4]Im gegenseitigen Einvernehmen ist unter Berücksichtigung der aktuellen dienstlichen/betrieblichen Verhältnisse abweichend von den Sätzen 2 und 3 auch eine kurzfristige Gewährung von Regenerationstagen möglich. [5]Regenerationstage, für die im laufenden Kalenderjahr keine Arbeitsbefreiung nach Absatz 1 Satz 1 erfolgt ist, verfallen. [6]Abweichend von Satz 5 verfallen Regenerationstage, die wegen dringender betrieblicher/

dienstlicher Gründe im laufenden Kalenderjahr nicht gewährt worden sind, spätestens am 30. September des Folgejahres.
(3) [1]Beschäftigte, die Anspruch auf eine monatliche SuE-Zulage gemäß § 1 Abs. 6 der Anlage zu § 56 haben, können bis zum 31. Oktober des laufenden Kalenderjahres in Textform geltend machen, statt der ihnen zustehenden SuE-Zulage im Folgejahr bis zu zwei Arbeitstage Arbeitsbefreiung unter Fortzahlung des Entgelts gemäß § 21 in Anspruch zu nehmen (Umwandlungstage). [2]Beschäftigte, die erstmalig einen Anspruch auf eine SuE-Zulage gemäß § 1 Abs. 6 der Anlage zu § 56 erwerben, können nach Ablauf von drei Kalendermonaten nach Aufnahme des Arbeitsverhältnisses (Neubegründung des Arbeitsverhältnisses oder Tätigkeitswechsel) die Geltendmachung der Umwandlungstage für das laufende Kalenderjahr erklären. [3]Die SuE-Zulage wird jeweils nach der erfolgten Arbeitsbefreiung gekürzt. [4]Der Kürzungsbetrag ergibt sich aus dem gemäß § 24 Abs. 3 Satz 3 ermittelten Stundenentgelt bezogen auf die an dem Umwandlungstag dienstplanmäßig bzw. betrieblich festgelegten Arbeitsstunden. [5]Besteht zum Zeitpunkt der Beantragung kein Dienstplan bzw. keine betrieblich festgelegte Arbeitszeit, so ist die an dem Umwandlungstag zu leistende Arbeitszeit dadurch zu ermitteln, dass die arbeitsvertraglich vereinbarte regelmäßige durchschnittliche wöchentliche Arbeitszeit durch die Anzahl der Arbeitstage zu teilen ist, die die/der Beschäftigte in der Woche zu leisten hat, in der der Umwandlungstag liegt. [6]Der/Die Beschäftigte hat den/die Umwandlungstag/e spätestens vier Wochen vor dem gewünschten Zeitpunkt der Gewährung in Textform gegenüber dem Arbeitgeber geltend zu machen. [7]Der Arbeitgeber entscheidet über die Gewährung der Umwandlungstage bis spätestens zwei Wochen vor diesen und teilt dies der/dem Beschäftigten in Textform mit. [8]Bei der Festlegung der Lage der Umwandlungstage sind die Wünsche der/des Beschäftigten zu berücksichtigen, sofern dem keine dringenden dienstlichen/betrieblichen Gründe entgegenstehen. [9]Im gegenseitigen Einvernehmen ist unter Berücksichtigung der aktuellen dienstlichen/betrieblichen Verhältnisse abweichend von den Sätzen 6 und 7 auch eine kurzfristige Gewährung von Umwandlungstagen möglich. [10]Eine im Vorjahr nach Satz 1 oder im laufenden Kalenderjahr nach Satz 2 beantragte Umwandlung der SuE-Zulage wirkt längstens bis zum Ende des laufenden Kalenderjahres.

Protokollerklärung zu Absatz Satz 1:
Für das Kalenderjahr 2022 gilt statt des 31. Oktober der 30. November.

Protokollerklärung zu Absatz 3 Satz 2:
Satz 2 gilt nur für Geltendmachungen ab dem 1. Januar 2023.

Protokollerklärung zu § 2a:
Bei den Regenerations- und Umwandlungstagen handelt es sich nicht um Urlaubs-/Zusatzurlaubstage.

§ 3 Beschäftigte im Erziehungsdienst

[1]Bei Beschäftigten im Erziehungsdienst werden – soweit gesetzliche Regelungen bestehen, zusätzlich zu diesen gesetzlichen Regelungen – im Rahmen der regelmäßigen durchschnittlichen wöchentlichen Arbeitszeit im Kalenderjahr 30 Stunden für Zwecke der Vorbereitung und Qualifizierung verwendet; im Tarifgebiet Ost gilt, dass diese Zeiten zur Vorbereitung und Qualifizierung auch durch gesetzliche Regelungen erfüllt sein können. [2]Bei Teilzeitbeschäftigten gilt Satz 1 entsprechend mit der Maßgabe, dass sich die Stundenzahl nach Satz 1 in dem Umfang, der dem Verhältnis ihrer individuell vereinbarten durchschnittlichen Arbeitszeit zu der regelmäßigen Arbeitszeit vergleichbarer Vollzeitbeschäftigter entspricht, reduziert. [3]Im Erziehungsdienst tätig sind insbesondere Beschäftigte als Kinderpflegerin/Kinderpfleger bzw. Sozialassistentin/Sozialassistent, Heilerziehungspflegerhelferin/Heilerziehungspfleger, Erzieherin/Erzieher, Heilerziehungspflegerin/Heilerziehungspfleger, im handwerklichen Erziehungsdienst, als Leiterinnen/Leiter oder ständige Vertreterinnen/Vertreter von Leiterinnen/Leiter von Kindertagesstätten oder Erziehungsheimen sowie andere Beschäftigte mit erzieherischer Tätigkeit in der Erziehungs- oder Eingliederungshilfe.

Protokollerklärung zu Satz 3:
Soweit Berufsbezeichnungen aufgeführt sind, werden auch Beschäftigte erfasst, die eine entsprechende Tätigkeit ohne staatliche Anerkennung oder staatliche Prüfung ausüben.

Niederschriftserklärung zu § 3 Satz 3:
Beschäftigte im handwerklichen Erziehungsdienst müssen in Einrichtungen tätig sein, in denen auch Kinder oder Jugendliche mit wesentlichen Erziehungsschwierigkeiten zum Zwecke der Erziehung, Ausbildung oder Pflege betreut werden, und für Kinder oder Jugendliche erzieherisch tätig sein.

Anlage C (VKA)

Tabelle TVöD/VKA
Anlage C (Sozial- und Erziehungsdienst)
gültig vom 1. April 2025 bis 30. April 2026

(monatlich in Euro)

Entgelt-gruppe	Grundentgelt		Entwicklungsstufen			
	Stufe 1	Stufe 2	Stufe 3	Stufe 4	Stufe 5	Stufe 6
S 18	4591,95	4708,94	5288,55	5723,21	6375,22	6773,65
S 17	4233,84	4527,84	4998,73	5288,55	5868,09	6208,58
S 16	4147,17	4433,68	4752,42	5143,62	5578,29	5839,11
S 15	4000,66	4274,25	4564,08	4897,32	5433,43	5665,23
S 14	3962,44	4232,66	4554,71	4882,30	5244,56	5498,11
S 13	3869,68	4132,98	4491,62	4781,38	5143,62	5324,74
S 12	3859,50	4122,07	4465,71	4769,97	5146,70	5306,08
S 11b	3808,48	4067,31	4249,15	4712,82	5075,04	5292,38
S 11a	3741,49	3994,28	4174,59	4636,51	4998,73	5216,07
S 10	[nicht besetzt]					
S 9	3549,30	3781,54	4053,20	4455,27	4835,59	5128,99
S 8b	3481,39	3708,79	3980,49	4380,82	4759,33	5049,51
S 8a	3413,85	3636,31	3868,50	4092,49	4311,44	4541,67
S 7	3333,59	3550,19	3765,70	3987,31	4153,80	4404,69
S 6	[nicht besetzt]					
S 5	[nicht besetzt]					
S 4	3201,81	3408,76	3597,33	3725,30	3848,61	4043,12
S 3	3034,89	3229,62	3410,78	3577,12	3653,23	3744,14
S 2	2829,14	2948,41	3036,64	3132,45	3240,19	3347,95

Anlage C (VKA)

Tabelle TVöD/VKA
Anlage C (Sozial- und Erziehungsdienst)
gültig ab 1. Mai 2026
(monatlich in Euro)

Entgelt-gruppe	Grundentgelt		Entwicklungsstufen			
	Stufe 1	Stufe 2	Stufe 3	Stufe 4	Stufe 5	Stufe 6
S 18	4720,52	4840,79	5436,63	5883,46	6553,73	6963,31
S 17	4352,39	4654,62	5138,69	5436,63	6032,40	6382,42
S 16	4263,29	4557,82	4885,49	5287,64	5734,48	6002,61
S 15	4112,68	4393,93	4691,87	5034,44	5585,57	5823,86
S 14	4073,39	4351,17	4682,24	5019,00	5391,41	5652,06
S 13	3978,03	4248,70	4617,39	4915,26	5287,64	5473,83
S 12	3967,57	4237,49	4590,75	4903,53	5290,81	5454,65
S 11b	3915,12	4181,19	4368,13	4844,78	5217,14	5440,57
S 11a	3846,25	4106,12	4291,48	4766,33	5138,69	5362,12
S 10	[nicht besetzt]					
S 9	3648,68	3887,42	4166,69	4580,02	4970,99	5272,60
S 8b	3578,87	3812,64	4091,94	4503,48	4892,59	5190,90
S 8a	3509,44	3738,13	3976,82	4207,08	4432,16	4668,84
S 7	3426,93	3649,60	3871,14	4098,95	4270,11	4528,02
S 6	[nicht besetzt]					
S 5	[nicht besetzt]					
S 4	3291,46	3504,21	3698,06	3829,61	3956,37	4156,33
S 3	3119,87	3320,05	3506,28	3677,28	3755,52	3848,98
S 2	2908,36	3030,97	3121,67	3220,16	3330,92	3441,69

Besonderer Teil Krankenhäuser (BT-K)

(VKA) vom 1. August 2006 in der Fassung des Änderungstarifvertrages Nr. 15 vom 6. April 2025

Vorbemerkung für den Bund:
Dieser BT-K findet auf die Beschäftigten des Bundes gemäß § 46 BT-V (Bund) Kapitel III Nr. 18 Abs. 2 Anwendung, soweit im BT-V (Bund) Kapitel III nichts anderes geregelt ist.

§ 40 Geltungsbereich

(1) Dieser Besondere Teil gilt für Beschäftigte, die in einem Arbeitsverhältnis zu einem Arbeitgeber stehen, der Mitglied eines Mitgliedverbandes der VKA ist, wenn sie in

a) Krankenhäusern, einschließlich psychiatrischen Fachkrankenhäusern,
b) medizinischen Instituten von Krankenhäusern oder
c) sonstigen Einrichtungen (z. B. Reha-Einrichtungen, Kureinrichtungen), in denen die betreuten Personen in ärztlicher Behandlung stehen, wenn die Behandlung durch in den Einrichtungen selbst beschäftigte Ärztinnen und Ärzte stattfindet,

beschäftigt sind.

Protokollerklärung zu Absatz 1:
[1]Von dem Geltungsbereich werden auch Fachabteilungen (z. B. Pflege-, Altenpflege- und Betreuungseinrichtungen) in psychiatrischen Zentren bzw. Rehabilitations- oder Kureinrichtungen erfasst, soweit diese mit einem psychiatrischen Fachkrankenhaus bzw. einem Krankenhaus desselben Trägers einen Betrieb bilden. [2]Von Satz 1 erfasste Einrichtungen können durch landesbezirkliche Anwendungsvereinbarungen aus dem Geltungsbereich ausgenommen werden. [3]Im Übrigen werden Altenpflegeeinrichtungen eines Krankenhauses von dem Geltungsbereich des BT-K nicht erfasst, auch soweit sie mit einem Krankenhaus desselben Trägers einen Betrieb bilden. [4]Vom Geltungsbereich des BT-B erfasste Einrichtungen können durch landesbezirkliche Anwendungsvereinbarung in diesen Tarifvertrag einbezogen werden.

Niederschriftserklärung zu § 40 Abs. 1:
Lehrkräfte an Krankenpflegeschulen und ähnlichen der Ausbildung dienenden Einrichtungen nach Absatz 1 fallen unter den BT-K.

(2) Soweit in den nachfolgenden Bestimmungen auf die §§ 1 bis 39 verwiesen wird, handelt es sich um die Regelungen des TVöD – Allgemeiner Teil –.

§ 41 Besondere Regelung zum Geltungsbereich TVöD

[1]§ 1 Abs. 2 Buchst. b findet auf Ärztinnen und Ärzte keine Anwendung. [2]Eine abweichende einzelvertragliche Regelung für Oberärztinnen und Oberärzte im Sinne des § 51 Abs. 3 und 4 ist zulässig.

Protokollerklärungen zu § 41:

1. Ärztinnen und Ärzte nach diesem Tarifvertrag sind auch Zahnärztinnen und Zahnärzte.
2. [1]Für Ärztinnen und Ärzte, die sich am 1. August 2006 in der Altersteilzeit befinden, verbleibt es bei der Anwendung des BT-K in der bis zum 31. Juli 2006 geltenden Fassung. [2]Mit Ärztinnen und Ärzten, die Altersteilzeit vor dem 1. August 2006 vereinbart, diese aber noch nicht begonnen haben, ist auf Verlangen die Aufhebung der Altersteilzeitvereinbarung zu prüfen. [3]Satz 2 gilt entsprechend in den Fällen des Satzes 1,
   a) bei Altersteilzeit im Blockmodell, wenn am 1. August 2006 ein Zeitraum von nicht mehr als einem Drittel des Arbeitsphase,
   b) bei Altersteilzeit im Teilzeitmodell, wenn am 1. August 2006 ein Zeitraum von nicht mehr als einem Drittel der Altersteilzeit zurückgelegt ist.

§ 42 Allgemeine Pflichten der Ärztinnen und Ärzte

(1) [1]Zu den den Ärztinnen und Ärzten obliegenden ärztlichen Pflichten gehört es auch, ärztliche Bescheinigungen auszustellen. [2]Die Ärztinnen und Ärzte können vom Arbeitgeber auch verpflichtet werden, im Rahmen einer zugelassenen Nebentätigkeit von leitenden Ärztinnen und Ärzten oder für Belegärztinnen und Belegärzte innerhalb der Einrichtung ärztlich tätig zu werden.

(2) [1]Zu den aus der Haupttätigkeit obliegenden Pflichten der Ärztinnen und Ärzte gehört es ferner, am Rettungsdienst in Notarztwagen und Hubschraubern teilzunehmen. [2]Für jeden Einsatz in diesem Rettungsdienst erhalten Ärztinnen und Ärzte einen nicht zusatzversorgungspflichtigen Einsatzzuschlag bis 31. März 2025 in Höhe von 30,59 Euro, ab 1. April 2025 in Höhe von 31,51 Euro und ab 1. Mai 2026 in Höhe von 32,39 Euro. [3]Dieser Betrag verändert sich zu demselben Zeitpunkt und in dem gleichen Ausmaß wie das Tabellenentgelt der Entgeltgruppe II Stufe 1 (Ärztinnen und Ärzte).

Protokollerklärungen zu Absatz 2:

1. Eine Ärztin/ein Arzt, die/der nach der Approbation noch nicht mindestens ein Jahr klinisch tätig war, ist grundsätzlich nicht zum Einsatz im Rettungsdienst heranzuziehen.
2. Eine Ärztin/ein Arzt, der/dem aus persönlichen oder fachlichen Gründen (z. B. Vorliegen einer anerkannten Minderung der Erwerbsfähigkeit, die dem Einsatz im Rettungsdienst entgegensteht, Flugunverträglichkeit) die Teilnahme am Rettungsdienst nicht zumutbar ist, darf grundsätzlich nicht zum Einsatz im Rettungsdienst herangezogen werden.

(3) [1]Die Erstellung von Gutachten, gutachtlichen Äußerungen und wissenschaftlichen Ausarbeitungen, die nicht von einem Dritten angefordert und vergütet werden, gehört zu den den Ärztinnen und Ärzten obliegenden Pflichten aus der Haupttätigkeit.

(4) [1]Ärztinnen und Ärzte können vom Arbeitgeber verpflichtet werden, als Nebentätigkeit Unterricht zu erteilen sowie Gutachten, gutachtliche Äußerungen und wissenschaftliche Ausarbeitungen, die von einem Dritten angefordert und vergütet werden, zu erstellen, und zwar auch im Rahmen einer zugelassenen Nebentätigkeit der leitenden Ärztin/des leitenden Arztes. [2]Steht die Vergütung für das Gutachten, die gutachtliche Äußerung oder wissenschaftliche Äußerung ausschließlich dem Arbeitgeber zu, haben Ärztinnen und Ärzte nach Maßgabe ihrer Beteiligung einen Anspruch auf einen Teil dieser Vergütung. [3]In allen anderen Fällen sind Ärztinnen und Ärzte berechtigt, für die Nebentätigkeit einen Anteil der von dem Dritten zu zahlenden Vergütung anzunehmen. [4]Ärztinnen und Ärzte können die Übernahme der Nebentätigkeit verweigern, wenn die angebotene Vergütung offenbar nicht dem Maß ihrer Beteiligung entspricht; im Übrigen kann die Übernahme der Nebentätigkeit nur in besonders begründeten Ausnahmefällen verweigert werden.

§ 43 Zu § 5 Qualifizierung – Ärztinnen/Ärzte

(1) Für Beschäftigte, die sich in Facharzt-, Schwerpunktweiterbildung oder Zusatzausbildung nach dem Gesetz über befristete Arbeitsverträge mit Ärzten in der Weiterbildung befinden, ist ein Weiterbildungsplan aufzustellen, der unter Berücksichtigung des Standes der Weiterbildung die zu vermittelnden Ziele und Inhalte der Weiterbildungsabschnitte sachlich und zeitlich gegliedert festlegt.

(2) Die Weiterbildung ist vom Betrieb im Rahmen seines Versorgungsauftrags bei wirtschaftlicher Betriebsführung so zu organisieren, dass die/der Beschäftigte die festgelegten Weiterbildungsziele in der nach der jeweiligen Weiterbildungsordnung vorgesehenen Zeit erreichen kann.

(3) [1]Können Weiterbildungsziele aus Gründen, die der Arbeitgeber zu vertreten hat, in der vereinbarten Dauer des Arbeitsverhältnisses nicht erreicht werden, so ist die Dauer des Arbeitsvertrages entsprechend zu verlängern. [2]Die Regelungen des Gesetzes über befristete Arbeitsverträge mit Ärztinnen und Ärzten in der Weiterbildung bleiben hiervon unberührt und sind für den Fall lang andauernder Arbeitsunfähigkeit sinngemäß anzuwenden. [3]Absatz 2 bleibt unberührt.
(4) [1]Zur Teilnahme an Arztkongressen, Fachtagungen und ähnlichen Veranstaltungen ist der Ärztin/dem Arzt Arbeitsbefreiung bis zu drei Arbeitstagen zu gewähren. [2]Die Arbeitsbefreiung wird auf einen Anspruch nach den Weiterbildungsgesetzen der Länder angerechnet. [3]Bei Kostenerstattung durch Dritte kann eine Freistellung für bis zu fünf Arbeitstage erfolgen.

§ 44 Zu § 6 Regelmäßige Arbeitszeit

(1) [1]Die regelmäßige Arbeitszeit beträgt für Beschäftigte der Mitglieder eines Mitgliedverbandes der VKA ausschließlich der Pausen abweichend von § 6 Abs. 1 Satz 1 Buchstabe b durchschnittlich 38,5 Stunden wöchentlich.
[2]Für Beschäftigte der Mitglieder des Kommunalen Arbeitgeberverbandes Baden-Württemberg beträgt die regelmäßige Arbeitszeit ausschließlich der Pausen abweichend von Satz 1 durchschnittlich 39 Stunden wöchentlich. [3]Satz 2 gilt nicht für Auszubildende, Schülerinnen/Schüler sowie Praktikantinnen/Praktikanten der Mitglieder des Kommunalen Arbeitgeberverbandes Baden-Württemberg; für sie beträgt die regelmäßige Arbeitszeit ausschließlich der Pausen durchschnittlich 38,5 Stunden wöchentlich.
(1a) [1]Abweichend von Absatz 1 können Beschäftigte und Arbeitgeber im gegenseitigen Einvernehmen die Erhöhung der regelmäßigen Arbeitszeit auf bis zu durchschnittlich 41,5 Stunden wöchentlich (ausschließlich der Pausen) in Textform vereinbaren; Beschäftigte und Mitglieder des Kommunalen Arbeitgeberverbandes Baden-Württemberg auf bis zu durchschnittlich 42 Stunden wöchentlich (ausschließlich der Pausen); abweichend von Absatz 2 können Ärztinnen/Ärzte und Arbeitgeber im gegenseitigen Einvernehmen die Erhöhung der regelmäßigen Arbeitszeit auf bis zu durchschnittlich 43 Stunden wöchentlich (ausschließlich der Pausen) in Textform vereinbaren. [2]Bei der Übernahme von Auszubildenden sowie dual Studierenden im Geltungsbereich des Tarifvertrages für Studierende in ausbildungsintegrierten dualen Studiengängen im öffentlichen Dienst (TVSöD) oder des Tarifvertrages für Studierende in einem dualen Hebammenstudium im öffentlichen Dienst (TVHöD) darf die Vereinbarung gemäß Satz 1 nicht bereits mit Beginn des Arbeitsverhältnisses geschlossen

*werden. [3]Die Erhöhung ist auf maximal 18 Monate zu befristen. [4]Verlängerungen sind nur befristet und nur in gegenseitigem Einvernehmen möglich. [5]Die Verlängerungen können jeweils bis zu 18 Monate betragen. [6]Die Vereinbarung kann aus wichtigem Grund in Textform mit einer Frist von vier Wochen zum Monatsende gekündigt werden. [7]Soweit tarifvertraglich auf die regelmäßige durchschnittliche wöchentliche Arbeitszeit von Vollbeschäftigten Bezug genommen wird, gilt in diesem Fall die individuell erhöhte regelmäßige wöchentliche Arbeitszeit nach Satz 1. [8]Näheres kann durch eine Betriebs- oder einvernehmliche Dienstvereinbarung geregelt werden.**

Protokollerklärung zu Absatz 1a:
*Im Falle der Kündigung gemäß § 39 Abs. 4 Buchst. j wird ab deren Wirksamwerden Absatz 1a und § 44a gestrichen. Laufende individuelle Vereinbarungen nach Satz 1 bleiben für deren vereinbarte Dauer von einer Kündigung unberührt.***

(2) Für Ärztinnen und Ärzte beträgt die regelmäßige Arbeitszeit ausschließlich der Pausen durchschnittlich 40 Stunden wöchentlich.
(3) Die Arbeitszeiten der Ärztinnen und Ärzte sind durch elektronische Zeiterfassung oder auf andere Art und Weise zu dokumentieren.
(4) [1]Unter den Voraussetzungen des Arbeitszeitgesetzes und des Arbeitsschutzgesetzes, insbesondere des § 5 ArbSchG, kann die tägliche Arbeitszeit der Ärztinnen und Ärzte im Schichtdienst auf bis zu zwölf Stunden ausschließlich der Pausen ausgedehnt werden. [2]In unmittelbarer Folge dürfen nicht mehr als vier Zwölf-Stunden-Schichten und innerhalb von zwei Kalenderwochen nicht mehr als acht Zwölf-Stunden-Schichten geleistet werden. [3]Solche Schichten können nicht mit Bereitschaftsdienst kombiniert werden.

*§ 44a Zu § 7 Sonderformen der Arbeit****

[1]Erhöhungsstunden gemäß § 7 Abs. 9 sind die nach § 44 Abs. 1a vereinbarten Arbeitsstunden, die über die regelmäßige durchschnittliche wöchentliche Arbeitszeit von Vollbeschäftigten (§ 44 Abs. 1) und Ärztinnen und Ärzten (§ 44 Abs. 2) hinausgehen. [2]Erhöhungsstunden sind keine Überstunden nach § 7 Abs. 7 und 8.

* § 44 Abs. 1a tritt am 1. Januar 2026 in Kraft.
** Die Protokollerklärung zu § 44 Abs. 1a tritt am 1. Januar 2026 in Kraft.
*** § 44a tritt am 1. Januar 2026 in Kraft.

§ 45 Bereitschaftsdienst und Rufbereitschaft

(1) [1]Bereitschaftsdienst leisten die Beschäftigten, die sich auf Anordnung des Arbeitgebers außerhalb der regelmäßigen Arbeitszeit an einer vom Arbeitgeber bestimmten Stelle aufhalten, um im Bedarfsfall die Arbeit aufzunehmen. [2]Der Arbeitgeber darf Bereitschaftsdienst nur anordnen, wenn zu erwarten ist, dass zwar Arbeit anfällt, erfahrungsgemäß aber die Zeit ohne Arbeitsleistung überwiegt.

(2) Abweichend von den §§ 3, 5 und 6 Abs. 2 ArbZG kann im Rahmen des § 7 ArbZG die tägliche Arbeitszeit im Sinne des Arbeitszeitgesetzes über acht Stunden hinaus verlängert werden, wenn mindestens die acht Stunden überschreitende Zeit im Rahmen von Bereitschaftsdienst geleistet wird, und zwar wie folgt:

a) bei Bereitschaftsdiensten der Stufe I bis zu insgesamt maximal 16 Stunden täglich; die gesetzlich vorgeschriebene Pause verlängert diesen Zeitraum nicht;
b) bei Bereitschaftsdiensten der Stufen II und III bis zu insgesamt maximal 13 Stunden täglich; die gesetzlich vorgeschriebene Pause verlängert diesen Zeitraum nicht.

(3) [1]Im Rahmen des § 7 ArbZG kann unter den Voraussetzungen

a) einer Prüfung alternativer Arbeitszeitmodelle,
b) einer Belastungsanalyse gemäß § 5 ArbSchG und
c) ggf. daraus resultierender Maßnahmen zur Gewährleistung des Gesundheitsschutzes

aufgrund einer Betriebs-/Dienstvereinbarung von den Regelungen des Arbeitszeitgesetzes abgewichen werden. [2]Für einen Betrieb/eine Verwaltung, in dem/der ein Personalvertretungsgesetz Anwendung findet, kann eine Regelung nach Satz 1 in einem landesbezirklichen Tarifvertrag getroffen werden, wenn eine Dienstvereinbarung nicht einvernehmlich zustande kommt (§ 38 Abs. 3) und der Arbeitgeber ein Letztentscheidungsrecht hat. [3]Abweichend von den §§ 3, 5 und 6 Abs. 2 ArbZG kann die tägliche Arbeitszeit im Sinne des Arbeitszeitgesetzes über acht Stunden hinaus verlängert werden, wenn in die Arbeitszeit regelmäßig und in erheblichem Umfang Bereitschaftsdienst fällt. [4]Hierbei darf die tägliche Arbeitszeit ausschließlich der Pausen maximal 24 Stunden betragen.

(4) Unter den Voraussetzungen des Absatzes 3 Satz 1 und 2 kann die tägliche Arbeitszeit gemäß § 7 Abs. 2a ArbZG ohne Ausgleich verlängert werden, wobei

a) bei Bereitschaftsdiensten der Stufe I eine wöchentliche Arbeitszeit von bis zu maximal durchschnittlich 58 Stunden,
b) bei Bereitschaftsdiensten der Stufen II und III eine wöchentliche Arbeitszeit von bis zu maximal durchschnittlich 54 Stunden

zulässig ist.

(5) Für den Ausgleichszeitraum nach den Absätzen 2 bis 4 gilt § 6 Abs. 2 Satz 1.

(6) Bei Aufnahme von Verhandlungen über eine Betriebs-/Dienstvereinbarung nach den Absätzen 3 und 4 sind die Tarifvertragsparteien auf landesbezirklicher Ebene zu informieren.

(7) [1]In den Fällen, in denen Beschäftigte Teilzeitarbeit gemäß § 11 vereinbart haben, verringern sich die Höchstgrenzen der wöchentlichen Arbeitszeit nach den Absätzen 2 bis 4 in demselben Verhältnis wie die Arbeitszeit dieser Beschäftigten zu der regelmäßigen Arbeitszeit der Vollbeschäftigten. [2]Mit Zustimmung der/des Beschäftigten oder aufgrund von dringenden dienstlichen oder betrieblichen Belangen kann hiervon abgewichen werden.

(8) [1]Der Arbeitgeber darf Rufbereitschaft nur anordnen, wenn erfahrungsgemäß lediglich in Ausnahmefällen Arbeit anfällt. [2]Durch tatsächliche Arbeitsleistung innerhalb der Rufbereitschaft kann die tägliche Höchstarbeitszeit von zehn Stunden (§ 3 ArbZG) überschritten werden (§ 7 ArbZG).

(9) § 6 Abs. 4 bleibt im Übrigen unberührt.

(10) [1]Für Beschäftigte in Einrichtungen und Heimen, die der Förderung der Gesundheit, der Erziehung, Fürsorge oder Betreuung von Kindern und Jugendlichen, der Fürsorge und Betreuung von obdachlosen, alten, gebrechlichen, erwerbsbeschränkten oder sonstigen hilfsbedürftigen Personen dienen, auch wenn diese Einrichtungen nicht der ärztlichen Behandlung der betreuten Personen dienen, gelten die Absätze 1 bis 9 mit der Maßgabe, dass die Grenzen für die Stufe I einzuhalten sind. [2]Dazu gehören auch die Beschäftigten in Einrichtungen, in denen die betreuten Personen nicht regelmäßig ärztlich behandelt und beaufsichtigt werden (Erholungsheime).

§ 46 Bereitschaftsdienstentgelt

(1) Zum Zwecke der Entgeltberechnung wird nach dem Maß der während des Bereitschaftsdienstes erfahrungsgemäß durchschnittlich anfallenden Arbeitsleistungen die Zeit des Bereitschaftsdienstes einschließlich der geleisteten Arbeit wie folgt als Arbeitszeit gewertet:

Stufe	Arbeitsleistung innerhalb des Bereitschaftsdienstes	Bewertung als Arbeitszeit
I	bis zu 25 v. H.	60 v. H.
II	mehr als 25 bis 40 v. H.	75 v. H.
III	mehr als 40 bis 49 v. H.	90 v. H.

(2) [1]Die Zuweisung zu den einzelnen Stufen des Bereitschaftsdienstes erfolgt durch die Betriebsparteien. [2]Bei Ärztinnen und Ärzten erfolgt die Zuweisung zu den einzelnen Stufen des Bereitschaftsdienstes als Nebenabrede (§ 2 Abs. 3) zum Arbeitsvertrag. [3]Die Nebenabrede ist mit einer Frist von drei Monaten jeweils zum Ende eines Kalenderhalbjahres kündbar.

(3) Für die Beschäftigten gemäß § 45 Abs. 10 wird zum Zwecke der Entgeltberechnung die Zeit des Bereitschaftsdienstes einschließlich der geleisteten Arbeit mit 28,5 v. H. als Arbeitszeit bewertet.

(4) [1]Das Entgelt für die nach den Absätzen 1 und 3 zum Zwecke der Entgeltberechnung als Arbeitszeit gewertete Bereitschaftsdienstzeit bestimmt sich nach der Anlage G. [2]Die Beträge der Anlage G verändern sich ab dem 1. März 2012 bei allgemeinen Entgeltanpassungen um den von den Tarifvertragsparteien für die jeweilige Entgeltgruppe festgelegten Vomhundertsatz.

(5) [1]Die Beschäftigten erhalten zusätzlich zu dem Entgelt nach Absatz 4 für jede nach den Absätzen 1 und 3 als Arbeitszeit gewertete Stunde, die an einem Feiertag geleistet worden ist, einen Zeitzuschlag in Höhe von 25 v. H. des Stundenentgelts ihrer jeweiligen Entgeltgruppe nach der Anlage G. [2]Im Übrigen werden für die Zeit des Bereitschaftsdienstes einschließlich der geleisteten Arbeit und für die Zeit der Rufbereitschaft Zeitzuschläge nach § 8 nicht gezahlt.

(6) [1]Die Beschäftigten erhalten zusätzlich zu dem Entgelt nach Absatz 4 für die Zeit des Bereitschaftsdienstes in den Nachtstunden (§ 7 Abs. 5) je Stunde einen Zeitzuschlag in Höhe von 15 v. H. des Entgelts nach Absatz 4. [2]Absatz 5 Satz 2 gilt entsprechend.

(7) [1]Anstelle der Auszahlung des Entgelts nach Absatz 4 für die nach den Absätzen 1 und 3 gewertete Arbeitszeit kann diese bei Ärztinnen und Ärzten bis zum Ende des dritten Kalendermonats auch durch entsprechende Freizeit abgegolten werden (Freizeitausgleich). [2]Die Möglichkeit zum Freizeitausgleich nach Satz 1 umfasst auch die den Zeitzuschlägen nach Absätzen 5 und 6 im Verhältnis 1:1 entsprechende Arbeitszeit. [3]Für die Zeit des Freizeitausgleichs werden das Entgelt (§ 15) und die in Monatsbeträgen festgelegten Zulagen fortgezahlt. [4]Nach Ablauf der drei Monate wird das Bereitschaftsdienstentgelt am Zahltag des folgenden Kalendermonats fällig.

(8) [1]An Beschäftigte, die nicht von Absatz 7 erfasst werden, wird das Bereitschaftsdienstentgelt gezahlt (§ 24 Abs. 1 Satz 3), es sei denn, dass ein Freizeitausgleich im Dienstplan vorgesehen ist, oder eine entsprechende Regelung in einer Betriebs- bzw. einvernehmlichen Dienstvereinbarung getroffen wird oder die/der Beschäftigte dem Freizeitausgleich zustimmt. [2]In diesem Fall gilt Absatz 7 entsprechend.

(9) [1]Das Bereitschaftsdienstentgelt nach den Absätzen 1, 3, 4, 5 und 6 kann im Falle der Faktorisierung nach § 10 Abs. 3 in Freizeit abgegolten werden. [2]Dabei entspricht eine Stunde Bereitschaftsdienst

a) nach Absatz 1
   aa) in der Stufe I — 37 Minuten,
   bb) in der Stufe II — 46 Minuten und
   cc) in der Stufe III — 55 Minuten,
b) nach Absatz 3 — 17,5 Minuten,
c) bei Feiertagsarbeit nach Absatz 5
   jeweils zuzüglich — 15 Minuten und
d) bei Nachtarbeit nach Absatz 6
   jeweils zuzüglich — 9 Minuten.

§ 47 Sonderkündigungsrecht der Bereitschaftsdienst- und Rufbereitschaftsregelung

[1]Die §§ 45 und 46 können mit einer Frist von drei Monaten gekündigt werden, wenn infolge einer Änderung des Arbeitszeitgesetzes sich materiellrechtliche Auswirkungen ergeben oder weitere Regelungsmöglichkeiten für die Tarifvertragsparteien eröffnet werden. [2]Rein formelle Änderungen berechtigen nicht zu einer Ausübung des Sonderkündigungsrechts.

§ 48 Wechselschichtarbeit

(1) Abweichend von § 6 Abs. 1 Satz 2 werden die gesetzlichen Pausen bei Wechselschichtarbeit nicht in die Arbeitszeit eingerechnet.
(2) Abweichend von § 7 Abs. 1 Satz 1 ist Wechselschichtarbeit die Arbeit nach einem Schichtplan/Dienstplan, der einen regelmäßigen Wechsel der täglichen Arbeitszeit in Wechselschichten vorsieht, bei denen die/der Beschäftigte längstens nach Ablauf eines Monats erneut zu mindestens zwei Nachtschichten herangezogen wird.

Niederschriftserklärung zu § 48 Abs. 2:
Der Anspruch auf die Wechselschichtzulage ist auch erfüllt, wenn unter Einhaltung der Monatsfrist zwei Nachtdienste geleistet wurden, die nicht zwingend unmittelbar aufeinander folgen müssen.

§ 49 Arbeit an Sonn- und Feiertagen

Abweichend von § 6 Abs. 3 Satz 3 und in Ergänzung zu § 6 Abs. 5 gilt für Sonn- und Feiertage Folgendes:
(1) [1]Die Arbeitszeit an einem gesetzlichen Feiertag, der auf einen Werktag fällt, wird durch eine entsprechende Freistellung an einem anderen

Werktag bis zum Ende des dritten Kalendermonats – möglichst aber schon bis zum Ende des nächsten Kalendermonats – ausgeglichen, wenn es die betrieblichen Verhältnisse zulassen. [2]Kann ein Freizeitausgleich nicht gewährt werden, erhält die/der Beschäftigte je Stunde 100 v.H. des auf eine Stunde entfallenden Anteils des monatlichen Entgelts der jeweiligen Entgeltgruppe und Stufe nach Maßgabe der Entgelttabelle. [3]Ist ein Arbeitszeitkonto eingerichtet, ist eine Buchung gemäß § 10 Abs. 3 zulässig. [4]§ 8 Abs. 1 Satz 2 Buchst. d bleibt unberührt.

(2) [1]Für Beschäftigte, die regelmäßig nach einem Dienstplan eingesetzt werden, der Wechselschicht- oder Schichtdienst an sieben Tagen in der Woche vorsieht, vermindert sich die regelmäßige Wochenarbeitszeit um ein Fünftel der arbeitsvertraglich vereinbarten durchschnittlichen Wochenarbeitszeit, wenn sie an einem gesetzlichen Feiertag, der auf einen Werktag fällt,

a) Arbeitsleistung zu erbringen haben oder
b) nicht wegen des Feiertags, sondern dienstplanmäßig nicht zur Arbeit eingeteilt sind und deswegen an anderen Tagen der Woche ihre regelmäßige Arbeitszeit erbringen müssen.

[2]Absatz 1 gilt in diesen Fällen nicht. [3]§ 8 Abs. 1 Satz 2 Buchst. d bleibt unberührt.

(3) [1]Beschäftigte, die regelmäßig an Sonn- und Feiertagen arbeiten müssen, erhalten innerhalb von zwei Wochen zwei arbeitsfreie Tage. [2]Hiervon soll ein freier Tag auf einen Sonntag fallen.

§ 50 Ausgleich für Sonderformen der Arbeit

(1) Abweichend von § 8 Abs. 1 Satz 2 Buchst. f beträgt der Zeitzuschlag für Arbeiten an Samstagen von 13 bis 21 Uhr – auch im Rahmen von Wechselschicht- und Schichtarbeit – für Beschäftigte nach § 38 Abs. 5 Satz 1 20 vom Hundert des auf eine Stunde entfallenden Anteils des Tabellenentgelts der Stufe 3 der jeweiligen Entgeltgruppe.

(2) [1]Beschäftigte, die ständig Wechselschichtarbeit leisten, erhalten abweichend von § 8 Abs. 5 Satz 1 eine Wechselschichtzulage von 250 Euro monatlich. [2]Beschäftigte, die nicht ständig Wechselschichtarbeit leisten, erhalten abweichend von § 8 Abs. 5 Satz 2 eine Wechselschichtzulage von 1,49 Euro pro Stunde, Beschäftigte der Mitglieder des Kommunalen Arbeitgeberverbandes Baden-Württemberg 1,47 Euro pro Stunde. [3]Beschäftigte, die nicht ständig Schichtarbeit leisten, erhalten abweichend von § 8 Abs. 6 Satz 2 eine Schichtzulage von 0,60 Euro pro Stunde; dies gilt nicht für Beschäftigte der Mitglieder des Kommunalen Arbeitgeberverbandes Baden-Württemberg. [4]Die Beträge verändern sich bei allgemeinen Entgeltanpassungen nach dem 31. Dezember 2026 um den von den Tarifvertragsparteien vereinbarten Vomhundertsatz.

(3) [1]Zugunsten der Beschäftigten können für Dienste, soweit diese zu Zeiten gemäß § 8 Abs. 1 Satz 2 Buchst. b bis f erbracht werden, die dort genannten Prozentbeträge durch Betriebs-/Dienstvereinbarung erhöht werden. [2]Durch Betriebs-/Dienstvereinbarungen können für die freiwillige Übernahme zusätzlich betrieblich veranlasster Dienste Zulagen oder Zuschläge zusätzlich zum ohnehin geschuldeten Entgelt vereinbart werden. [3]Das gesetzliche Mitbestimmungsrecht des Betriebs-/Personalrats ist zu beachten.

*(4) Erhöhungsstunden sind nach § 8 Abs. 7 zu vergüten.**

Niederschriftserklärung zu den §§ 6 bis 10 i. V. m. §§ 44 bis 50:
[1]Die Dokumentation der Arbeitszeit, der Mehrarbeit, der Überstunden, der Bereitschaftsdienste etc. ist nicht mit dem Arbeitszeitkonto gem. § 10 TVöD gleichzusetzen. [2]Arbeitszeitkonten können nur auf der Grundlage des § 10 TVöD durch Betriebs- bzw. einvernehmliche Dienstvereinbarung eingerichtet und geführt werden.

§ 51 Ärztinnen und Ärzte

(1) [1]Für Ärztinnen und Ärzte, die nach dem Teil B Abschnitt II Ziffer 2 der Anlage 1 – Entgeltordnung (VKA) eingruppiert sind, gelten folgende besondere Stufenzuordnungen:

a) Entgeltgruppe I:
   Stufe 1: weniger als einjährige ärztliche Berufserfahrung,
   Stufe 2: nach einjähriger ärztlicher Berufserfahrung,
   Stufe 3: nach dreijähriger ärztlicher Berufserfahrung,
   Stufe 4: nach fünfjähriger ärztlicher Berufserfahrung,
   Stufe 5: nach neunjähriger ärztlicher Berufserfahrung;
b) Entgeltgruppe II:
   Stufe 1: weniger als vierjährige fachärztliche Berufserfahrung,
   Stufe 2: nach vierjähriger fachärztlicher Berufserfahrung,
   Stufe 3: nach achtjähriger fachärztlicher Berufserfahrung,
   Stufe 4: nach zwölfjähriger fachärztlicher Berufserfahrung.

[2]§ 17 bleibt im Übrigen unberührt.

(2) [1]Bei Einstellung von Ärztinnen und Ärzte der Entgeltgruppe I werden Zeiten ärztlicher Berufserfahrung bei der Stufenzuordnung angerechnet. [2]Eine Tätigkeit als Arzt im Praktikum gilt als ärztliche Berufserfahrung. [3]Bei der Einstellung von Fachärztinnen und Fachärzten der Entgeltgruppe II werden Zeiten fachärztlicher Berufserfahrung in der Regel angerechnet. [4]Unabhängig davon kann der Arbeitgeber bei Neueinstellungen zur Deckung des Personalbedarfs Zeiten einer vorherigen

* § 50 Abs. 4 tritt am 1. Januar 2026 in Kraft.

beruflichen Tätigkeit ganz oder teilweise für die Stufenzuordnung berücksichtigen, wenn diese Tätigkeit für die vorgesehene Tätigkeit förderlich ist.

Protokollerklärung zu Absatz 2:
Zeiten ärztlicher Tätigkeit sind nur solche, die von einem gemäß § 10 BÄO oder einer vergleichbaren Qualifikation eines EU-Mitgliedstaates approbierten Beschäftigten geleistet worden sind.

(3) Fachärztinnen und Fachärzte, die als ständige Vertreter der/des leitenden Ärztin/Arztes (Chefärztin/Chefarzt) durch ausdrückliche Anordnung bestellt sind (Leitende Oberärztin/Leitender Oberarzt), erhalten für die Dauer der Bestellung eine Funktionszulage bis 31. März 2025 in Höhe von monatlich 1191,43 Euro, ab 1. April 2025 in Höhe von monatlich 1228,48 Euro und ab 1. Mai 2026 in Höhe von monatlich 1262,88 Euro.

Protokollerklärung zu Absatz 3:
[1]Leitende Oberärztin/leitender Oberarzt im Sinne des Tätigkeitsmerkmals ist nur die/der Ärztin/Arzt, der die/den leitende/n Ärztin/Arzt in der Gesamtheit seiner Dienstaufgaben vertritt. [2]Das Tätigkeitsmerkmal kann daher innerhalb einer Abteilung (Klinik) nur von einer/einem Ärztin/Arzt erfüllt werden.

(4) Ärztinnen und Ärzte, denen aufgrund ausdrücklicher Anordnung die medizinische Verantwortung für einen selbstständigen Funktionsbereich innerhalb einer Fachabteilung oder eines Fachbereichs seit dem 1. September 2006 übertragen worden ist, erhalten für die Dauer der Anordnung eine Funktionszulage bis 31. März 2025 in Höhe von monatlich 796,78 Euro, ab 1. April 2025 in Höhe von monatlich 821,56 Euro und ab 1. Mai 2026 in Höhe von monatlich 844,56 Euro.

Protokollerklärung zu Absatz 4:
Funktionsbereiche sind wissenschaftlich anerkannte Spezialgebiete innerhalb eines ärztlichen Fachgebiets, z. B. Kardiologie, Unfallchirurgie, Neuroradiologie, Intensivmedizin, oder sonstige vom Arbeitgeber ausdrücklich definierte Funktionsbereiche.

(5) [1]Die Funktionszulagen nach den Absätzen 3 und 4 sind dynamisch und entfallen mit dem Wegfall der Funktion. [2]Sind die Voraussetzungen für mehr als eine Funktionszulage erfüllt, besteht nur Anspruch auf eine Funktionszulage. [3]Bei unterschiedlicher Höhe der Funktionszulagen wird die höhere gezahlt.
(6) Die Absätze 1 bis 5 finden auf Apothekerinnen/Apotheker und Tierärztinnen/Tierärzte keine Anwendung.

Niederschriftserklärung zu § 51 Abs. 6:
Für die in Absatz 6 genannten Beschäftigten gelten die Regelungen des Allgemeinen Teils sowie die entsprechenden Regelungen des TVÜ-VKA.

§ 52 Zu § 15 Tabellenentgelt

(1) [1]Beschäftigte, die nach dem Teil B Abschnitt XI Ziffern 1 und 2 der Anlage 1 – Entgeltordnung (VKA) in eine der Entgeltgruppen P 5 bis P 16 eingruppiert sind, erhalten Entgelt nach der Anlage E (VKA). [2]Soweit im Allgemeinen Teil auf bestimmte Entgeltgruppen der Anlage A (VKA) Bezug genommen wird, entspricht

die Entgeltgruppe	der Entgeltgruppe
P 5	3
P 6	4
P 7	7
P 8	8
P 9, P 10	9a
P 11	9b
P 12	9c
P 13	10
P 14, P 15	11
P 16	12.

(2) Abweichend von § 16 (VKA) Abs. 2 Satz 1 ist für die Beschäftigten im Pflegedienst nach Teil B Abschnitt XI Ziffern 1 und 2 der Anlage 1 – Entgeltordnung (VKA) Eingangsstufe in den Entgeltgruppen P 7 bis P 16 die Stufe 2.

(3) Abweichend von § 16 (VKA) Abs. 3 Satz 1 wird von den Beschäftigten im Pflegedienst nach Teil B Abschnitt XI Ziffer 1 der Anlage 1 – Entgeltordnung (VKA) in den Entgeltgruppen P 7 und P 8 die Stufe 3 nach drei Jahren in Stufe 2 erreicht.

Protokollerklärung zu Absatz 3:
Absatz 3 findet keine Anwendung auf Beschäftigte, die mindestens zur Hälfte eine oder mehrere der folgenden Tätigkeiten auszuüben haben:
- Pflege Kranker sowie Bedienung und Überwachung der Geräte in Dialyseeinheiten,
- entsprechende Tätigkeiten in Blutzentralen,
- entsprechende Tätigkeiten in besonderen Behandlungs- und Untersuchungsräumen in mindestens zwei Teilgebieten der Endoskopie,

- entsprechende Tätigkeiten in Polikliniken (Ambulanzbereichen) oder Ambulanzen/Nothilfen,
- entsprechende Tätigkeiten im EEG-Dienst,
- Erfüllung von Pflegeaufgaben an Patienten von psychiatrischen oder neurologischen Krankenhäusern, die nicht in diesen Krankenhäusern untergebracht sind,
- Betreuung von psychisch kranken Patienten bei der Arbeitstherapie in psychiatrischen oder neurologischen Krankenhäusern,
- dem zentralen Sterilisationsdienst vorstehen,
- entsprechende Tätigkeiten im Operationsdienst als Operations- bzw. Anästhesiepflegekräfte,
- entsprechende Tätigkeiten mit Verantwortlichkeit für die fachgerechte Lagerung in der Chirurgie,
- vorbereiten der Herz-Lungen-Maschine und herangezogen werden zur Bedienung der Maschine während der Operation,
- entsprechende Tätigkeiten in Einheiten für Intensivmedizin,
- in erheblichem Umfang der Ärztin bzw. dem Arzt bei Herzkatheterisierungen, Dilatationen oder Angiographien unmittelbar assistieren.

(4) Ärztinnen und Ärzte erhalten Entgelt nach der Anlage C.

(5) Beschäftigte, die in eine der Entgeltgruppen 5 bis 15 bzw. P 5 bis P 16 eingruppiert sind, erhalten zuzüglich zu dem Tabellenentgelt gemäß § 15 Abs. 1 eine nicht dynamische Zulage ab 1. Juli 2008 in Höhe von monatlich 25,00 Euro.

(6) [1]Beschäftigte, die in eine der Entgeltgruppen P 5 bis P 16 eingruppiert sind, erhalten bis 31. März 2025 zuzüglich zu dem Tabellenentgelt gemäß § 15 Abs. 1 eine Pflegezulage in Höhe von monatlich 133,80 Euro. [2]Die Pflegezulage gemäß Satz 1 erhöht sich ab 1. April 2025 auf monatlich 137,96 Euro und ab dem 1. Mai 2026 auf monatlich 141,82 Euro. [3]Die Pflegezulage verändert sich bei allgemeinen Entgeltanpassungen nach dem 31. März 2027 um den von den Tarifvertragsparteien vereinbarten Vomhundertsatz.

(7) [1]Beschäftigte, die in eine der Entgeltgruppen 1 bis 4 eingruppiert sind, erhalten zuzüglich zu dem Tabellenentgelt gemäß § 15 Abs. 1 einmalig im Kalenderjahr eine Einmalzahlung ab 1. Januar 2009 in Höhe von 8,4 v. H. der Stufe 2 ihrer jeweiligen Entgeltgruppe im Auszahlungsmonat. [2]Die Einmalzahlung nach Satz 1 wird mit dem Tabellenentgelt für den Monat Juli ausgezahlt.

Protokollerklärung zu den Absätzen 5 und 7:
Abweichend von den Absätzen 5 und 7 beträgt bei Beschäftigten der Mitglieder des Kommunalen Arbeitgeberverbandes Baden-Württemberg die Zulage nach Absatz 5 Satz 1 monatlich 35,00 Euro und die Einmalzahlung nach Absatz 7 Satz 1 12 v. H.

§ 53 Zu § 17 Allgemeine Regelungen zu den Stufen

(1) [1]Bei Eingruppierung in eine höhere Entgeltgruppe der Anlage E werden die Beschäftigten der gleichen Stufe zugeordnet, die sie in der niedrigeren Entgeltgruppe erreicht haben. [2]Die Stufenlaufzeit in der höheren Entgeltgruppe beginnt mit dem Tag der Höhergruppierung. [3]Bei einer Eingruppierung in eine niedrigere Entgeltgruppe ist die/der Beschäftige der in der höheren Entgeltgruppe erreichten Stufe zuzuordnen; die in der bisherigen Stufe zurückgelegte Stufenlaufzeit wird auf die Stufenlaufzeit in der niedrigeren Entgeltgruppe angerechnet. [4]Die/Der Beschäftigte erhält vom Beginn des Monats an, in dem die Veränderung wirksam wird, das entsprechende Tabellenentgelt aus der in Satz 1 oder Satz 3 festgelegten Stufe der betreffenden Entgeltgruppe. [5]§ 17 Abs. 4 findet keine Anwendung.

Protokollerklärung zu Absatz 1:
[1]Ist Beschäftigten nach § 14 Abs. 1 vorübergehend eine höherwertige Tätigkeit übertragen worden, und wird ihnen im unmittelbaren Anschluss daran eine Tätigkeit derselben höheren Entgeltgruppe dauerhaft übertragen, werden sie hinsichtlich der Stufenzuordnung so gestellt, als sei die Höhergruppierung ab dem ersten Tag der vorübergehenden Übertragung der höherwertigen Tätigkeit erfolgt. [2]Unterschreitet bei Höhergruppierungen nach Satz 1 das Tabellenentgelt nach § 53 Abs. 1 Satz 4 die Summe aus dem Tabellenentgelt und dem Zulagenbetrag nach § 14 Abs. 3, die die/der Beschäftigte am Tag vor der Höhergruppierung erhalten hat, erhält die/der Beschäftigte dieses Entgelt solange, bis das Tabellenentgelt nach § 53 Abs. 1 Satz 4 dieses Entgelt erreicht oder übersteigt.

(2) [1]Soweit es zur regionalen Differenzierung, zur Deckung des Personalbedarfs oder zur Bindung von qualifizierten Fachkräften erforderlich ist, kann sowohl von Gruppen von Beschäftigten als auch einzelnen Beschäftigten abweichend von dem sich aus der nach § 16 (VKA), § 17 Abs. 4 und 4a, § 51 Abs. 1 und 2 sowie § 53 Abs. 1 ergebenden Stufe ihrer jeweiligen Entgeltgruppe zustehenden Entgelt ein um bis zu zwei Stufen höheres Entgelt ganz oder teilweise vorweggewährt werden. [2]Haben Beschäftigte bereits die Stufe 5 oder die Endstufe ihrer jeweiligen Entgeltgruppe erreicht, kann ihnen unter den Voraussetzungen des Satzes 1 ein bis zu 20 v.H. der Stufe 2 ihrer jeweiligen Entgeltgruppe höheres Entgelt gezahlt werden. [3]Die Gewährung eines höheren Entgelts nach den Sätzen 1 und 2 kann zeitlich befristet erfolgen; sie ist jederzeit widerruflich. [4]Im Übrigen bleibt § 17 TVöD unberührt. [5]Die gesetzlichen Mitbestimmungs- und Beteiligungsrechte der Betriebs- oder Personalräte bleiben unberührt.

§ 53a Zu § 18 (VKA) Leistungsentgelt

[1]Das für das Leistungsentgelt zur Verfügung stehende Gesamtvolumen nach § 18 Abs. 3 Satz 1 reduziert sich um einen Prozentpunkt. [2]Satz 1 gilt nicht für Ärztinnen und Ärzte und Beschäftigte der Mitglieder des Kommunalen Arbeitgeberverbandes Baden-Württemberg.

Protokollerklärung zu § 53a:
[1]Abweichend von Satz 1 beträgt das für das Leistungsentgelt zur Verfügung stehende Gesamtvolumen nach § 18 Abs. 3 Satz 1 im Kalenderjahr 2010 0,00 v.H. und im Kalenderjahr 2011 0,75 v.H. [2]Bestehende betriebliche Systeme bleiben unberührt.

§ 54 Zu § 20 (VKA) Jahressonderzahlung

(1) [1]Beschäftigte erhalten die Jahressonderzahlung auch dann, wenn ihr Arbeitsverhältnis vor dem 1. Dezember endet. [2]Bei Beschäftigten, deren Arbeitsverhältnis vor dem 1. Dezember geendet hat, tritt an die Stelle des Bemessungszeitraums nach § 20 (VKA) Abs. 2 der letzte volle Kalendermonat des Arbeitsverhältnisses mit der Maßgabe, dass Bemessungsgrundlage für die Jahressonderzahlung nur das Tabellenentgelt und die in Monatsbeiträgen festgelegten Zulagen sind.

Niederschriftserklärung zu § 54 Abs. 1 Satz 2:
In § 54 Abs. 1 Satz 2 BT-K tritt bei Beschäftigten, die sich in einer individuellen Zwischen- bzw. Endstufe befinden, an die Stelle des Tabellenentgelts das sich aus der jeweiligen Zwischen- bzw. Endstufe ergebende Entgelt.

(2) § 20 findet auf Ärztinnen und Ärzte keine Anwendung.
(3) Für Beschäftigte, die in eine der Entgeltgruppen P 5 bis P 16 eingruppiert sind, gilt § 20 (VKA) Abs. 2 Satz 1 in folgender Fassung:
Die Jahressonderzahlung beträgt bei Beschäftigten,

in den Entgeltgruppen P 5 bis P 8	84,74 Prozent
in den Entgeltgruppen P 9 bis P 16	70,48 Prozent

des der/dem Beschäftigten in den Kalendermonaten Juli, August und September durchschnittlich gezahlten monatlichen Entgelts; unberücksichtigt bleiben hierbei das zusätzlich für Überstunden und Mehrarbeit gezahlte Entgelt (mit Ausnahme der im Dienstplan vorgesehenen Überstunden und Mehrarbeit), Leistungszulagen, Leistungs- und Erfolgsprämien.*

§ 55 Zusatzurlaub

(1) [1]Beschäftigte erhalten bei einer Leistung im Kalenderjahr von mindestens

150 Nachtarbeitsstunden	1 Arbeitstag,
300 Nachtarbeitsstunden	2 Arbeitstage,
450 Nachtarbeitsstunden	3 Arbeitstage,
600 Nachtarbeitsstunden	4 Arbeitstage

Zusatzurlaub im Kalenderjahr. [2]Nachtarbeitsstunden, die in Zeiträumen geleistet werden, für die Zusatzurlaub für Wechselschicht- oder Schichtarbeit zusteht, bleiben unberücksichtigt.

* Ab dem 1. Januar 2026 lautet § 54 Abs. 3:
»Die Jahressonderzahlung beträgt abweichend von § 20 Abs. 2 Satz 1 bei Beschäftigten

in den Entgeltgruppen 1 bis 8, S 2 bis S 8b sowie P 5 bis P 8	90 Prozent
in den Entgeltgruppen 9a bis 15, S 9 bis S 18 sowie P 9 bis P 16	85 Prozent

des der/dem Beschäftigten in den Kalendermonaten Juli, August und September durchschnittlich gezahlten monatlichen Entgelts; unberücksichtigt bleiben hierbei das zusätzlich für Überstunden und Mehrarbeit gezahlte Entgelt (mit Ausnahme der im Dienstplan vorgesehenen Überstunden und Mehrarbeit), Leistungszulagen, Leistungs- und Erfolgsprämien.«

»Protokollerklärung zu Absatz 3:
Im Falle der Kündigung gemäß § 39 Abs. 4 Buchst. j gilt ab deren Wirksamwerden Absatz 3 in folgender Fassung:
»(3) Für Beschäftigte, die in eine der Entgeltgruppen P 5 bis P 16 eingruppiert sind, gilt § 20 (VKA) Abs. 2 Satz 1 in folgender Fassung:
»[1]Die Jahressonderzahlung beträgt bei Beschäftigten

in den Entgeltgruppen P 5 bis P 8	84,74 Prozent
in den Entgeltgruppen P 9 bis P 16	70,48 Prozent

des der/dem Beschäftigten in den Kalendermonaten Juli, August und September durchschnittlich gezahlten monatlichen Entgelts; unberücksichtigt bleiben hierbei das zusätzlich für Überstunden und Mehrarbeit gezahlte Entgelt (mit Ausnahme der im Dienstplan vorgesehenen Überstunden und Mehrarbeit), Leistungszulagen, Leistungs- und Erfolgsprämien.«

Protokollerklärung zu Absatz 1:
Der Anspruch auf Zusatzurlaub bemisst sich nach den abgeleisteten Nachtarbeitsstunden und entsteht im laufenden Jahr, sobald die Voraussetzungen nach Satz 1 erfüllt sind.

(2) Bei Anwendung des Absatzes 1 werden nur die im Rahmen der regelmäßigen Arbeitszeit (§ 6) in der Zeit zwischen 21 Uhr und 6 Uhr dienstplanmäßig bzw. betriebsüblich geleisteten Nachtarbeitsstunden berücksichtigt.

(3) [1]Bei Teilzeitbeschäftigten ist die Zahl der nach Absatz 1 geforderten Nachtarbeitsstunden entsprechend dem Verhältnis ihrer individuell vereinbarten durchschnittlichen regelmäßigen Arbeitszeit zur regelmäßigen Arbeitszeit vergleichbarer Vollzeitbeschäftigter zu kürzen. [2]Ist die vereinbarte Arbeitszeit im Durchschnitt des Urlaubsjahres auf weniger als fünf Arbeitstage in der Kalenderwoche verteilt, ist der Zusatzurlaub in entsprechender Anwendung des § 26 Abs. 1 Sätze 3 und 4 zu ermitteln.

(4) [1]Die Beschäftigten erhalten für die Zeit der Bereitschaftsdienste in den Nachtstunden (§ 7 Abs. 5) einen Zusatzurlaub in Höhe von zwei Arbeitstagen pro Kalenderjahr, sofern mindestens 288 Stunden der Bereitschaftsdienste kalenderjährlich in die Zeit zwischen 21.00 und 6.00 Uhr fallen. [2]Absatz 1 Satz 2 und Absatz 3 gelten entsprechend.

(5) [1]§ 27 Abs. 1 Buchst. a findet mit folgenden Maßgaben Anwendung:
[2]Besteht im Kalenderjahr 2019 Anspruch auf mindestens drei Tage Zusatzurlaub nach § 27 Abs. 1 Buchst. a, wird ein weiterer Tag Zusatzurlaub gewährt. [3]Im Kalenderjahr 2020 wird bei einem Anspruch auf mindestens drei Tage Zusatzurlaub nach § 27 Abs. 1 Buchst. a ein weiterer Tag Zusatzurlaub gewährt; besteht Anspruch auf mindestens vier Tage Zusatzurlaub nach § 27 Abs. 1 Buchst. a, wird ein zweiter zusätzlicher Tag Zusatzurlaub gewährt. [4]Ab dem Kalenderjahr 2021 wird je zwei Tage Zusatzurlaubsanspruch nach § 27 Abs. 1 Buchst. a ein zusätzlicher Tag Zusatzurlaub gewährt.

(6) [1]§ 27 Abs. 4 findet mit folgenden Maßgaben Anwendung:
[2]Der Zusatzurlaub wird nur bis zu insgesamt sieben Arbeitstagen im Kalenderjahr 2019, acht Arbeitstagen im Kalenderjahr 2020, neun Arbeitstagen im Kalenderjahr 2021 und zehn Arbeitstagen ab dem Kalenderjahr 2022 gewährt. [3]Der Erholungsurlaub und der Zusatzurlaub (Gesamturlaub) dürfen im Kalenderjahr 2019 zusammen 37 Arbeitstage, im Kalenderjahr 2020 zusammen 38 Arbeitstage, im Kalenderjahr 2021 zusammen 39 Arbeitstage und ab dem Kalenderjahr 2022 zusammen 40 Arbeitstage nicht überschreiten.

(7) § 58 Abs. 1 Satz 5 findet Anwendung.

§ 56 *(aufgehoben)*

§ 57 Reise- und Umzugskosten

(1) [1]Die Erstattung von Reise- und ggf. Umzugskosten richtet sich nach den beim Arbeitgeber geltenden Grundsätzen. [2]Für Arbeitgeber, die öffentlichem Haushaltsrecht unterliegen, finden, wenn diese nicht nach eigenen Grundsätzen verfahren, die für Beamtinnen und Beamte geltenden Bestimmungen Anwendung.
(2) [1]Bei Dienstreisen gilt nur die Zeit der dienstlichen Inanspruchnahme am auswärtigen Geschäftsort als Arbeitszeit. [2]Für jeden Tag einschließlich der Reisetage wird jedoch mindestens die auf ihn entfallende regelmäßige, durchschnittliche oder dienstplanmäßige Arbeitszeit berücksichtigt, wenn diese bei Nichtberücksichtigung der Reisezeit nicht erreicht würde. [3]Überschreiten nicht anrechenbare Reisezeiten insgesamt 15 Stunden im Monat, so werden auf Antrag 25 v. H. dieser überschreitenden Zeiten bei fester Arbeitszeit als Freizeitausgleich gewährt und bei gleitender Arbeitszeit im Rahmen der jeweils geltenden Vorschriften auf die Arbeitszeit angerechnet. [4]Der besonderen Situation von Teilzeitbeschäftigten ist Rechnung zu tragen. [5]Soweit Einrichtungen in privater Rechtsform oder andere Arbeitgeber nach eigenen, für die Beschäftigten günstigeren Grundsätzen oder Abmachungen verfahren, sind diese abweichend von den Sätzen 1 bis 4 maßgebend.

§ 58 In-Kraft-Treten, Laufzeit

(1) [1]Dieser Tarifvertrag tritt am 1. August 2006 in Kraft. [2]Er kann mit einer Frist von drei Monaten zum Schluss eines Kalenderhalbjahres schriftlich gekündigt werden. [3]§ 47 bleibt unberührt. [4]Abweichend von Satz 2 gilt für die Anlage C zu § 52 Abs. 4, für die Anlage E zu § 52 Abs. 1 Satz 1 sowie für die Anlage G zu § 46 Abs. 4 die Regelung in § 39 Abs. 4 Buchst. c entsprechend.
(2) [1]Bei abgeschlossenen Sanierungs- und Notlagentarifverträgen sowie Tarifverträgen zur Zukunftssicherung und anderweitigen Tarifverträgen zur Beschäftigungssicherung, einschließlich Tarifverträge nach dem TVsA treten die Regelungen dieses Tarifvertrages erst mit Ablauf der zum Zeitpunkt des Abschlusses des jeweiligen Tarifvertrags geltenden Laufzeit bzw. im Falle einer Kündigung des jeweiligen Tarifvertrags mit Ablauf der Kündigungsfrist in Kraft. [2]Die Tarifvertragsparteien können durch landesbezirklichen Tarifvertrag ein früheres In-Kraft-Treten der Regelungen dieses Tarifvertrages ganz oder teilweise vereinbaren.

Anlage C

Tabelle TVöD VKA
Anlage C (Ärztinnen und Ärzte)
gültig vom 1. April 2025 bis 30. April 2026
(monatlich in Euro)

Entgelt-gruppe	Grundentgelt		Entwicklungsstufen		
	Stufe 1	Stufe 2	Stufe 3	Stufe 4	Stufe 5
II	6907,88	7600,01	8215,24	8907,36	
I	5523,61	5938,91	6215,77	6446,48	6600,28

Tabelle TVöD VKA
Anlage C (Ärztinnen und Ärzte)
gültig ab 1. Mai 2026
(monatlich in Euro)

Entgelt-gruppe	Grundentgelt		Entwicklungsstufen		
	Stufe 1	Stufe 2	Stufe 3	Stufe 4	Stufe 5
II	7101,30	7812,81	8445,27	9156,77	
I	5678,27	6105,20	6389,81	6626,98	6785,09

Anlage E

Tabelle TVöD VKA
Anlage E (Pflegedienst)
gültig vom 1. April 2025 bis 30. April 2026
(monatlich in Euro)

Entgelt-gruppe	Stufe 1	Stufe 2	Stufe 3	Stufe 4	Stufe 5	Stufe 6
P 16		5097,32	5268,39	5820,78	6464,70	6748,74
P 15		4992,50	5149,06	5540,47	6008,91	6187,80
P 14		4876,97	5029,76	5411,69	5930,62	6025,31
P 13		4761,46	4910,45	5282,90	5551,83	5621,28
P 12		4530,37	4671,80	5025,33	5242,50	5343,51
P 11		4299,33	4433,17	4767,77	4989,97	5090,99
P 10		4070,43	4194,92	4548,07	4718,51	4825,84
P 9		3883,65	4070,43	4194,92	4434,43	4535,43
P 8		3600,40	3757,59	3964,57	4132,22	4366,71
P 7		3414,69	3600,40	3889,43	4036,57	4188,13
P 6	2930,44	3100,59	3271,86	3636,14	3729,00	3904,10
P 5	2828,00	3060,63	3129,01	3243,28	3329,01	3530,40

Tabelle TVöD VKA
Anlage E (Pflegedienst)
gültig ab 1. Mai 2026
(monatlich in Euro)

Entgelt-gruppe	Stufe 1	Stufe 2	Stufe 3	Stufe 4	Stufe 5	Stufe 6
P 16		5240,04	5415,90	5983,76	6645,71	6937,70
P 15		5132,29	5293,23	5695,60	6177,16	6361,06
P 14		5013,53	5170,59	5563,22	6096,68	6194,02
P 13		4894,78	5047,94	5430,82	5707,28	5778,68
P 12		4657,22	4802,61	5166,04	5389,29	5493,13
P 11		4419,71	4557,30	4901,27	5129,69	5233,54
P 10		4184,40	4312,38	4675,42	4850,63	4960,96
P 9		3992,39	4184,40	4312,38	4558,59	4662,42
P 8		3701,21	3862,80	4075,58	4247,92	4488,98
P 7		3510,30	3701,21	3998,33	4149,59	4305,40
P 6	3012,49	3187,41	3363,47	3737,95	3833,41	4013,41
P 5	2907,18	3146,33	3216,62	3334,09	3422,22	3629,25

Anlage G

I. Anlage A zum TVöD

Entgelt-gruppe	Stundenentgelt gültig vom 1. April 2025 bis 30. April 2026 (in Euro)	Stundenentgelt gültig ab 1. Mai 2026 (in Euro)
EG 15	36,23	37,24
EG 14	33,41	34,35
EG 13	31,96	32,85
EG 12	30,22	31,07
EG 11	27,65	28,42
EG 10	25,47	26,18
EG 9c	25,39	26,10
EG 9b	24,07	24,74
EG 9a	23,28	23,93
EG 8	22,81	23,45
EG 7	21,85	22,46
EG 6	20,93	21,52
EG 5	20,11	20,67
EG 4	19,16	19,70
EG 3	18,41	18,93
EG 2Ü	17,67	18,16
EG 2	17,31	17,79
EG 1	14,37	14,77

II. Ärztinnen und Ärzte

Entgeltgruppe	Stundenentgelt gültig vom 1. April 2025 bis 30. April 2026 (in Euro)	Stundenentgelt gültig ab 1. Mai 2026 (in Euro)
Ärztinnen und Ärzte gem. § 51 Abs. 3 BT-K	49,11	50,49
Ärztinnen und Ärzte gem. § 51 Abs. 4 BT-K	46,06	47,35
II	41,63	42,80
I	34,26	35,22

III. Anlage E

Entgelt-gruppe	Stundenentgelt gültig vom 1. April 2025 bis 30. April 2026 (in Euro)	Stundenentgelt gültig ab 1. Mai 2026 (in Euro)
P 16	32,85	33,77
P 15	30,68	31,54
P 14	28,99	29,80
P 13	27,17	27,93
P 12	26,16	26,89
P 11	25,22	25,93
P 10	24,08	24,75
P 9	23,70	24,36
P 8	22,66	23,29
P 7	21,70	22,31
P 6	20,11	20,67
P 5	18,67	19,19

Besonderer Teil Pflege- und Betreuungseinrichtungen (BT-B)

(VKA) vom 1. August 2006 in der Fassung des Änderungstarifvertrages Nr. 19 vom 6. April 2025

§ 40 Geltungsbereich

(1) Dieser Besondere Teil gilt für Beschäftigte, die in einem Arbeitsverhältnis zu einem Arbeitgeber stehen, der Mitglied eines Mitgliedverbandes der VKA ist, wenn sie in

a) Heil-, Pflege- und Entbindungseinrichtungen,
b) medizinischen Instituten von Heil- und Pflegeeinrichtungen,
c) sonstigen Einrichtungen und Heimen, in denen die betreuten Personen in ärztlicher Behandlung stehen, wenn die Behandlung durch nicht in den Einrichtungen selbst beschäftigte Ärztinnen oder Ärzte stattfindet, oder in
d) Einrichtungen und Heimen, die der Förderung der Gesundheit, der Erziehung, Fürsorge oder Betreuung von Kindern und Jugendlichen, der Fürsorge und Betreuung von obdachlosen, alten, gebrechlichen, erwerbsbeschränkten oder sonstigen hilfsbedürftigen Personen dienen, auch wenn diese Einrichtungen nicht der ärztlichen Behandlung der betreuten Personen dienen,

soweit die Einrichtungen nicht vom Geltungsbereich des Besonderen Teils Krankenhäuser (BT-K) erfasst werden,

beschäftigt sind.

Protokollerklärung zu Absatz 1:
Auf Lehrkräfte findet § 51 Besonderer Teil Verwaltung (BT-V) Anwendung.

Niederschriftserklärung zur Protokollerklärung zu § 40 Abs. 1:
[1]Vom Geltungsbereich des BT-B nicht erfasst werden insbesondere Lehrkräfte an Heim- und Internatsschulen. [2]Für diese gelten die Sonderregelungen des § 51 BT-V. [3]Lehrkräfte an Krankenpflegeschulen und ähnlichen der Ausbildung dienenden Einrichtungen fallen unter den BT-B, soweit diese nicht unter den BT-K fallen.

(2) Soweit in den nachfolgenden Bestimmungen auf die §§ 1 bis 39 verwiesen wird, handelt es sich um die Regelungen des TVöD – Allgemeiner Teil.

§ 41 Besondere Regelung zum Geltungsbereich TVöD

[1]§ 1 Abs. 2 Buchst. b findet auf
(a) Ärztinnen und Ärzte als ständige Vertreterinnen/Vertreter der/des leitenden Ärztin/Arztes,
(b) Ärztinnen und Ärzte, die einen selbständigen Funktionsbereich innerhalb einer Fachabteilung oder innerhalb eines Fachbereichs mit mindestens 10 Mitarbeiter/-innen leiten oder
(c) Ärztinnen und Ärzte, denen mindestens fünf Ärzte unterstellt sind, sowie
(d) ständige Vertreterinnen und Vertreter von leitenden Zahnärztinnen und Zahnärzten mit fünf unterstellten Zahnärztinnen und Zahnärzten

keine Anwendung. [2]Eine abweichende einzelvertragliche Regelung ist zulässig.

§ 42 Allgemeine Pflichten der Ärztinnen und Ärzte

(1) [1]Zu den den Ärztinnen und Ärzten obliegenden ärztlichen Pflichten gehört es auch, ärztliche Bescheinigungen auszustellen. [2]Die Ärztinnen und Ärzte können vom Arbeitgeber auch verpflichtet werden, im Rahmen einer zugelassenen Nebentätigkeit von leitenden Ärztinnen und Ärzten oder für Belegärztinnen und Belegärzte innerhalb der Einrichtung ärztlich tätig zu werden.
(2) [1]Zu den aus der Haupttätigkeit obliegenden Pflichten der Ärztinnen und Ärzte gehört es ferner, am Rettungsdienst in Notarztwagen und Hubschraubern teilzunehmen. [2]Für jeden Einsatz in diesem Rettungsdienst erhalten Ärztinnen und Ärzte einen nicht zusatzversorgungspflichtigen Einsatzzuschlag bis 31. März 2025 in Höhe von 24,26 Euro, ab 1. April 2025 in Höhe von 24,99 Euro und ab 1. Mai 2026 in Höhe von 25,69 Euro. [3]Dieser Betrag verändert sich zu demselben Zeitpunkt und in dem gleichen Ausmaß wie das Tabellenentgelt der Entgeltgruppe 14 Stufe 3.

Protokollerklärungen zu Absatz 2:
1. Eine Ärztin/ein Arzt, die/der nach der Approbation noch nicht mindestens ein Jahr klinisch tätig war, ist grundsätzlich nicht zum Einsatz im Rettungsdienst heranzuziehen.
2. Eine Ärztin/ein Arzt, der/dem aus persönlichen oder fachlichen Gründen (z.B. Vorliegen einer anerkannten Minderung der Erwerbsfähigkeit, die dem Einsatz im Rettungsdienst entgegensteht, Flugunverträglichkeit, langjährige Tätigkeit als Bakteriologin) die Teilnahme am Rettungsdienst nicht zumutbar ist, darf grundsätzlich nicht zum Einsatz im Rettungsdienst herangezogen werden.

3. In Fällen, in denen kein grob fahrlässiges und kein vorsätzliches Handeln der Ärztin/des Arztes vorliegt, ist die Ärztin/der Arzt von etwaigen Haftungsansprüchen freizustellen.
4. [1]Der Einsatzzuschlag steht nicht zu, wenn der Ärztin/dem Arzt wegen der Teilnahme am Rettungsdienst außer den tariflichen Bezügen sonstige Leistungen vom Arbeitgeber oder von einem Dritten (z.B. private Unfallversicherung, für die der Arbeitgeber oder ein Träger des Rettungsdienstes die Beiträge ganz oder teilweise trägt, Liquidationsansprüche usw.) zustehen. [2]Die Ärztin/Der Arzt kann auf die sonstigen Leistungen verzichten.

(3) Die Erstellung von Gutachten, gutachtlichen Äußerungen und wissenschaftlichen Ausarbeitungen, die nicht von einem Dritten angefordert und vergütet werden, gehört zu den den Ärztinnen und Ärzten obliegenden Pflichten aus der Haupttätigkeit.

§ 43 Nebentätigkeit von Ärztinnen und Ärzten

Ärztinnen und Ärzte können vom Arbeitgeber verpflichtet werden, als Nebentätigkeit Unterricht zu erteilen.

§ 44 Zu § 5 Qualifizierung

(1) Für Beschäftigte, die sich in Facharzt-, Schwerpunktweiterbildung oder Zusatzausbildung nach dem Gesetz über befristete Arbeitsverträge mit Ärzten in der Weiterbildung befinden, ist ein Weiterbildungsplan aufzustellen, der unter Berücksichtigung des Standes der Weiterbildung die zu vermittelnden Ziele und Inhalte der Weiterbildungsabschnitte sachlich und zeitlich gegliedert festlegt.

(2) Die Weiterbildung ist vom Betrieb im Rahmen seines Versorgungsauftrags bei wirtschaftlicher Betriebsführung so zu organisieren, dass die/der Beschäftigte die festgelegten Weiterbildungsziele in der nach der jeweiligen Weiterbildungsordnung vorgesehenen Zeit erreichen kann.

(3) [1]Können Weiterbildungsziele aus Gründen, die der Arbeitgeber zu vertreten hat, in der vereinbarten Dauer des Arbeitsverhältnisses nicht erreicht werden, so ist die Dauer des Arbeitsvertrages entsprechend zu verlängern. [2]Die Regelungen des Gesetzes über befristete Arbeitsverträge mit Ärztinnen und Ärzten in der Weiterbildung bleiben hiervon unberührt und sind für den Fall lang andauernder Arbeitsunfähigkeit sinngemäß anzuwenden. [3]Absatz 2 bleibt unberührt.

(4) [1]Bei Beschäftigten im Erziehungsdienst werden – soweit gesetzliche Regelungen bestehen, zusätzlich zu diesen gesetzlichen Regelungen – im Rahmen der regelmäßigen durchschnittlichen wöchentlichen Arbeitszeit im Kalenderjahr 30 Stunden für Zwecke der Vorbereitung und Qualifizierung verwendet; im Tarifgebiet Ost gilt, dass diese Zeiten zur Vorbereitung und Qualifizierung auch durch gesetzliche Regelungen

erfüllt sein können. [2]Bei Teilzeitbeschäftigten gilt Satz 1 entsprechend mit der Maßgabe, dass sich die Stundenzahl nach Satz 1 in dem Umfang, der dem Verhältnis ihrer individuell vereinbarten durchschnittlichen Arbeitszeit zu der regelmäßigen Arbeitszeit vergleichbarer Vollzeitbeschäftigter entspricht, reduziert. [3]Im Erziehungsdienst tätig sind insbesondere Beschäftigte als Kinderpflegerin/Kinderpfleger bzw. Sozialassistentin/Sozialassistent, Heilerziehungspflegerin/Heilerziehungspfleger, Erzieherin/Erzieher im handwerklichen Erziehungsdienst, als Leiterinnen/Leiter oder ständige Vertreterinnen/Vertreter von Leiterinnen/Leitern von Kindertagesstätten oder Erziehungsheimen sowie andere Beschäftigte mit erzieherischer Tätigkeit in der Erziehungs- oder Eingliederungshilfe.

Protokollerklärung zu Absatz 4 Satz 3:
Soweit Berufsbezeichnungen aufgeführt sind, werden auch Beschäftigte erfasst, die eine entsprechende Tätigkeit ohne staatliche Anerkennung oder staatliche Prüfung ausüben.

Niederschriftserklärung zu § 44 Abs. 4 Satz 3:
Beschäftigte im handwerklichen Erziehungsdienst müssen in Einrichtungen tätig sein, in denen auch Kinder oder Jugendliche mit wesentlichen Erziehungsschwierigkeiten zum Zwecke der Erziehung, Ausbildung oder Pflege betreut werden, und für Kinder oder Jugendliche erzieherisch tätig sein.

§ 45 Bereitschaftsdienst und Rufbereitschaft

(1) [1]Bereitschaftsdienst leisten die Beschäftigten, die sich auf Anordnung des Arbeitgebers außerhalb der regelmäßigen Arbeitszeit an einer vom Arbeitgeber bestimmten Stelle aufhalten, um im Bedarfsfall die Arbeit aufzunehmen. [2]Der Arbeitgeber darf Bereitschaftsdienst nur anordnen, wenn zu erwarten ist, dass zwar Arbeit anfällt, erfahrungsgemäß aber die Zeit ohne Arbeitsleistung überwiegt.

(2) Abweichend von den §§ 3, 5 und 6 Abs. 2 ArbZG kann im Rahmen des § 7 ArbZG die tägliche Arbeitszeit im Sinne des Arbeitszeitgesetzes über acht Stunden hinaus verlängert werden, wenn mindestens die acht Stunden überschreitende Zeit im Rahmen von Bereitschaftsdienst geleistet wird, und zwar wie folgt:

a) bei Bereitschaftsdiensten der Stufen A und B bis zu insgesamt maximal 16 Stunden täglich; die gesetzlich vorgeschriebene Pause verlängert diesen Zeitraum nicht,
b) bei Bereitschaftsdiensten der Stufen C und D bis zu insgesamt maximal 13 Stunden täglich; die gesetzlich vorgeschriebene Pause verlängert diesen Zeitraum nicht.

(3) [1]Im Rahmen des § 7 ArbZG kann unter den Voraussetzungen

a) einer Prüfung alternativer Arbeitszeitmodelle,

b) einer Belastungsanalyse gemäß § 5 ArbSchG und
c) ggf. daraus resultierender Maßnahmen zur Gewährleistung des Gesundheitsschutzes

aufgrund einer Betriebs-/Dienstvereinbarung von den Regelungen des Arbeitszeitgesetzes abgewichen werden. [2]Für einen Betrieb/eine Verwaltung, in dem/der ein Personalvertretungsgesetz Anwendung findet, kann eine Regelung nach Satz 1 in einem landesbezirklichen Tarifvertrag getroffen werden, wenn eine Dienstvereinbarung nicht einvernehmlich zustande kommt (§ 38 Abs. 3) und der Arbeitgeber ein Letztentscheidungsrecht hat.

[3]Abweichend von den §§ 3, 5 und 6 Abs. 2 ArbZG kann die tägliche Arbeitszeit im Sinne des Arbeitszeitgesetzes über acht Stunden hinaus verlängert werden, wenn in die Arbeitszeit regelmäßig und in erheblichem Umfang Bereitschaftsdienst fällt. [4]Hierbei darf die tägliche Arbeitszeit ausschließlich der Pausen maximal 24 Stunden betragen.

(4) Unter den Voraussetzungen des Absatzes 3 Satz 1 und 2 kann die tägliche Arbeitszeit gemäß § 7 Abs. 2a ArbZG ohne Ausgleich verlängert werden, wobei

a) bei Bereitschaftsdiensten der Stufen A und B eine wöchentliche Arbeitszeit von bis zu maximal durchschnittlich 58 Stunden,
b) bei Bereitschaftsdiensten der Stufen C und D eine wöchentliche Arbeitszeit von bis zu maximal durchschnittlich 54 Stunden

zulässig ist.

(5) Für den Ausgleichszeitraum nach den Absätzen 2 bis 4 gilt § 6 Abs. 2 Satz 1.

(6) Bei Aufnahme von Verhandlungen über eine Betriebs-/Dienstvereinbarung nach den Absätzen 3 und 4 sind die Tarifvertragsparteien auf landesbezirklicher Ebene zu informieren.

(7) [1]In den Fällen, in denen Beschäftigte Teilzeitarbeit gemäß § 11 vereinbart haben, verringern sich die Höchstgrenzen der wöchentlichen Arbeitszeit nach den Absätzen 2 bis 4 in demselben Verhältnis wie die Arbeitszeit dieser Beschäftigten zu der regelmäßigen Arbeitszeit der Vollbeschäftigten. [2]Mit Zustimmung der/des Beschäftigten oder aufgrund von dringenden dienstlichen oder betrieblichen Belangen kann hiervon abgewichen werden.

(8) [1]Der Arbeitgeber darf Rufbereitschaft nur anordnen, wenn erfahrungsgemäß lediglich in Ausnahmefällen Arbeit anfällt. [2]Durch tatsächliche Arbeitsleistung innerhalb der Rufbereitschaft kann die tägliche Höchstarbeitszeit von zehn Stunden (§ 3 ArbZG) überschritten werden (§ 7 ArbZG).

(9) § 6 Abs. 4 bleibt im Übrigen unberührt.

(10) [1]Für Beschäftigte gemäß § 40 Abs. 1 Buchst. d gelten die Absätze 1 bis 9 mit der Maßgabe, dass die Grenzen für die Stufen A und B ein-

zuhalten sind. [2]Dazu gehören auch die Beschäftigten in Einrichtungen, in denen die betreuten Personen nicht regelmäßig ärztlich behandelt und beaufsichtigt werden (Erholungsheime).

(11) Für die Ärztinnen und die Ärzte in Einrichtungen nach Absatz 10 gelten die Absätze 1 bis 9 ohne Einschränkungen.

§ 46 Bereitschaftsdienstentgelt

(1) Zum Zwecke der Entgeltberechnung wird die Zeit des Bereitschaftsdienstes einschließlich der geleisteten Arbeit wie folgt als Arbeitszeit gewertet:

a) Nach dem Maß der während des Bereitschaftsdienstes erfahrungsgemäß durchschnittlich anfallenden Arbeitsleistungen wird die Zeit des Bereitschaftsdienstes wie folgt als Arbeitszeit gewertet:

Stufe	Arbeitsleistung innerhalb des Bereitschaftsdienstes	Bewertung als Arbeitszeit
A	0 bis 10 v. H.	15 v. H.
B	mehr als 10 bis 25 v. H.	25 v. H.
C	mehr als 25 bis 40 v. H.	40 v. H.
D	mehr als 40 bis 49 v. H.	55 v. H.

Ein hiernach der Stufe A zugeordneter Bereitschaftsdienst wird der Stufe B zugeteilt, wenn der Beschäftigte während des Bereitschaftsdienstes in der Zeit von 22 bis 6 Uhr erfahrungsgemäß durchschnittlich mehr als dreimal dienstlich in Anspruch genommen wird.

b) Entsprechend der Zahl der vom Beschäftigten je Kalendermonat abgeleisteten Bereitschaftsdienste wird die Zeit eines jeden Bereitschaftsdienstes zusätzlich wie folgt als Arbeitszeit gewertet:

Zahl der Bereitschaftsdienste im Kalendermonat	Bewertung als Arbeitszeit
1. bis 8. Bereitschaftsdienst	25 v. H.
9. bis 12. Bereitschaftsdienst	35 v. H.
13. und folgende Bereitschaftsdienste	45 v. H.

(2) Die Zuweisung zu den einzelnen Stufen des Bereitschaftsdienstes erfolgt durch die Betriebsparteien.

(3) [1]Für die Beschäftigten gemäß § 45 Abs. 10 wird zum Zwecke der Entgeltberechnung die Zeit des Bereitschaftsdienstes einschließlich der geleisteten Arbeit mit 25 v. H. als Arbeitszeit bewertet. [2]Leistet die/der

Beschäftigte in einem Kalendermonat mehr als acht Bereitschaftsdienste, wird die Zeit eines jeden über acht Bereitschaftsdienste hinausgehenden Bereitschaftsdienstes zusätzlich mit 15 v. H. als Arbeitszeit gewertet.

(4) [1]Das Entgelt für die nach den Absätzen 1 und 3 zum Zwecke der Entgeltberechnung als Arbeitszeit gewertete Bereitschaftsdienstzeit bestimmt sich nach der Anlage G. [2]Die Beträge der Anlage G verändern sich ab dem 1. März 2012 bei allgemeinen Entgeltanpassungen um den von den Tarifvertragsparteien für die jeweilige Entgeltgruppe festgelegten Vomhundertsatz. [3]Für die Zeit des Bereitschaftsdienstes einschließlich der geleisteten Arbeit und für die Zeit der Rufbereitschaft werden Zeitzuschläge nach § 8 nicht gezahlt.

(5) [1]Die Beschäftigten erhalten zusätzlich zu dem Entgelt nach Absatz 4 für die Zeit des Bereitschaftsdienstes in den Nachtstunden (§ 7 Abs. 5) je Stunde einen Zeitzuschlag in Höhe von 15 v. H. des Entgelts nach Absatz 4. [2]Absatz 4 Satz 3 gilt entsprechend.

(6) An Beschäftigte wird das Bereitschaftsdienstentgelt gezahlt (§ 24 Abs. 1 Satz 3), es sei denn, dass ein Freizeitausgleich im Dienstplan vorgesehen ist, oder eine entsprechende Regelung in einer Betriebs- bzw. einvernehmlichen Dienstvereinbarung getroffen wird oder die/der Beschäftigte dem Freizeitausgleich zustimmt.

§ 47 Sonderkündigungsrecht der Bereitschaftsdienst- und Rufbereitschaftsregelung

[1]Die §§ 45 und 46 können mit einer Frist von drei Monaten gekündigt werden, wenn infolge einer Änderung des Arbeitszeitgesetzes sich materiellrechtliche Auswirkungen ergeben oder weitere Regelungsmöglichkeiten für die Tarifvertragsparteien eröffnet werden. [2]Rein formelle Änderungen berechtigen nicht zu einer Ausübung des Sonderkündigungsrechts.

§ 48 Wechselschichtarbeit

(1) Abweichend von § 6 Abs. 1 Satz 2 werden die gesetzlichen Pausen bei Wechselschichtarbeit nicht in die Arbeitszeit eingerechnet.

(2) Abweichend von § 7 Abs. 1 Satz 1 ist Wechselschichtarbeit die Arbeit nach einem Schichtplan/Dienstplan, der einen regelmäßigen Wechsel der täglichen Arbeitszeit in Wechselschichten vorsieht, bei denen die/der Beschäftigte längstens nach Ablauf eines Monats erneut zu mindestens zwei Nachtschichten herangezogen wird.

Niederschriftserklärung zu § 48 Abs. 2:
Der Anspruch auf Wechselschichtzulage ist auch erfüllt, wenn unter Einhaltung der Monatsfrist zwei Nachtdienste geleistet wurden, die nicht zwingend unmittelbar aufeinander folgen müssen.

§ 49 Arbeit an Sonn- und Feiertagen

Abweichend von § 6 Abs. 3 Satz 3 und in Ergänzung zu § 6 Abs. 5 gilt für Sonn- und Feiertage Folgendes:

(1) [1]Die Arbeitszeit an einem gesetzlichen Feiertag, der auf einen Werktag fällt, wird durch eine entsprechende Freistellung an einem anderen Werktag bis zum Ende des dritten Kalendermonats – möglichst aber schon bis zum Ende des nächsten Kalendermonats – ausgeglichen, wenn es die betrieblichen Verhältnisse zulassen. [2]Kann ein Freizeitausgleich nicht gewährt werden, erhält die/der Beschäftigte je Stunde 100 v. H. des auf eine Stunde entfallenden Anteils des monatlichen Entgelts der jeweiligen Entgeltgruppe und Stufe nach Maßgabe der Entgelttabelle. [3]Ist ein Arbeitszeitkonto eingerichtet, ist eine Buchung gemäß § 10 Abs. 3 zulässig. 4§ 8 Abs. 1 Satz 2 Buchst. d bleibt unberührt.

(2) [1]Für Beschäftigte, die regelmäßig nach einem Dienstplan eingesetzt werden, der Wechselschicht- oder Schichtdienst an sieben Tagen in der Woche vorsieht, vermindert sich die regelmäßige Wochenarbeitszeit um ein Fünftel der arbeitsvertraglich vereinbarten durchschnittlichen Wochenarbeitszeit, wenn sie an einem gesetzlichen Feiertag, der auf einen Werktag fällt,

a) Arbeitsleistung zu erbringen haben oder
b) nicht wegen des Feiertags, sondern dienstplanmäßig nicht zur Arbeit eingeteilt sind und deswegen an anderen Tagen der Woche ihre regelmäßige Arbeitszeit erbringen müssen.

[2]Absatz 1 gilt in diesen Fällen nicht. [3]§ 8 Abs. 1 Satz 2 Buchst. d bleibt unberührt.

(3) [1]Beschäftigte, die regelmäßig an Sonn- und Feiertagen arbeiten müssen, erhalten innerhalb von zwei Wochen zwei arbeitsfreie Tage. [2]Hiervon soll ein freier Tag auf einen Sonntag fallen.

§ 49a Ausgleich für Sonderformen der Arbeit

(1) Abweichend von § 8 Abs. 1 Satz 2 Buchst. f beträgt der Zeitzuschlag für Arbeiten an Samstagen von 13 bis 21 Uhr – auch im Rahmen von Wechselschicht- und Schichtarbeit – für Beschäftigte nach § 38 Abs. 5 Satz 1 20 vom Hundert des auf eine Stunde entfallenden Anteils des Tabellenentgelts der Stufe 3 der jeweiligen Entgeltgruppe.

(2) [1]Beschäftigte, die ständig Wechselschichtarbeit leisten, erhalten abweichend von § 8 Abs. 5 Satz 1 eine Wechselschichtzulage von 250 Euro

monatlich. [2]Beschäftigte, die nicht ständig Wechselschichtarbeit leisten, erhalten abweichend von § 8 Abs. 5 Satz 2 eine Wechselschichtzulage von 1,47 Euro pro Stunde. [3]Die Beträge verändern sich bei allgemeinen Entgeltanpassungen nach dem 31. Dezember 2026 um den von den Tarifvertragsparteien vereinbarten Vomhundertsatz.

(3) [1]Zugunsten der Beschäftigten können für Dienste, soweit diese zu Zeiten gemäß § 8 Abs. 1 Satz 2 Buchst. b bis f erbracht werden, die dort genannten Prozentbeträge durch Betriebs-/Dienstvereinbarung erhöht werden. [2]Durch Betriebs-/Dienstvereinbarungen können für die freiwillige Übernahme zusätzlich betrieblich veranlasster Dienste Zulagen oder Zuschläge zusätzlich zum ohnehin geschuldeten Entgelt vereinbart werden. [3]Das gesetzliche Mitbestimmungsrecht des Betriebs-/Personalrats ist zu beachten.

§ 50 Zu § 17 Allgemeine Regelungen zu den Stufen

(1) [1]Bei Eingruppierung in eine höhere Entgeltgruppe der Anlage E werden die Beschäftigten der gleichen Stufe zugeordnet, die sie in der niedrigeren Entgeltgruppe erreicht haben. [2]Die Stufenlaufzeit in der höheren Entgeltgruppe beginnt mit dem Tag der Höhergruppierung. [3]Bei einer Eingruppierung in eine niedrigere Entgeltgruppe ist die/der Beschäftigte der in der höheren Entgeltgruppe erreichten Stufen zuzuordnen; die in der bisherigen Stufe zurückgelegte Stufenlaufzeit wird auf die Stufenlaufzeit in der niedrigeren Entgeltgruppe angerechnet. [4]Die/Der Beschäftigte erhält vom Beginn des Monats an, in dem die Veränderung wirksam wird, das entsprechende Tabellenentgelt aus der in Satz 1 oder Satz 3 festgelegten Stufe der betreffenden Entgeltgruppe. [5]§ 17 Abs. 4 findet keine Anwendung.

Protokollerklärung zu Absatz 1:
[1]Ist Beschäftigten nach § 14 Abs. 1 vorübergehend eine höherwertige Tätigkeit übertragen worden, und wird ihnen im unmittelbaren Anschluss daran eine Tätigkeit derselben höheren Entgeltgruppe dauerhaft übertragen, werden sie hinsichtlich der Stufenzuordnung so gestellt, als sei die Höhergruppierung ab dem ersten Tag der vorübergehenden Übertragung der höherwertigen Tätigkeit erfolgt. [2]Unterschreitet bei Höhergruppierungen nach Satz 1 das Tabellenentgelt nach § 50 Absatz 1 Satz 4 die Summe aus dem Tabellenentgelt und dem Zulagenbetrag nach § 14 Abs. 3, die die/der Beschäftigte am Tag vor der Höhergruppierung erhalten hat, erhält die/der Beschäftigte dieses Entgelt solange, bis das Tabellenentgelt nach § 50 Satz 4 dieses Entgelt erreicht oder übersteigt.

(2) [1]Soweit es zur regionalen Differenzierung, zur Deckung des Personalbedarfs oder zur Bindung von qualifizierten Fachkräften erforderlich ist, kann sowohl Gruppen von Beschäftigten als auch einzelnen Beschäftigten abweichend von dem sich aus der nach § 16 (VKA), § 17

Abs. 4 und 4a, § 50 Abs. 1, § 51 Abs. 2, § 51a Abs. 2 und 3, sowie § 52 Abs. 2 und 4 ergebenden Stufe ihrer jeweiligen Entgeltgruppe zustehenden Entgelt ein um bis zu zwei Stufen höheres Entgelt ganz oder teilweise vorweggewährt werden. [2]Haben Beschäftigte bereits die Stufe 5 oder die Endstufe ihrer jeweiligen Entgeltgruppe erreicht, kann ihnen unter den Voraussetzungen des Satzes 1 ein um bis zu 20 v. H. der Stufe 2 ihrer jeweiligen Entgeltgruppe höheres Entgelt gezahlt werden. [3]Die Gewährung eines höheren Entgelts nach den Sätzen 1 und 2 kann zeitlich befristet erfolgen; sie ist jederzeit widerruflich. [4]Im Übrigen bleibt § 17 unberührt. [5]Die gesetzlichen Mitbestimmungs- und Beteiligungsrechte der Betriebs- oder Personalräte bleiben unberührt.

Niederschriftserklärung zu den §§ 6 bis 10 i. V. m. §§ 45 bis 50:
[1]Die Dokumentationen der Arbeitszeit, der Mehrarbeit, der Überstunden, der Bereitschaftsdienste etc. ist nicht mit dem Arbeitszeitkonto gem. § 10 TVöD gleichzusetzen. [2]Arbeitszeitkonten können nur auf der Grundlage des § 10 TVöD durch Betriebs- bzw. einvernehmliche Dienstvereinbarungen eingerichtet und geführt werden.

§ 51 Ärztinnen und Ärzte

(1) [1]Abweichend von § 15 Abs. 2 erhalten Ärztinnen und Ärzte in der Entgeltgruppe 15 folgende gesonderte Tabellenwerte:

	Stufe 4	**Stufe 6**
gültig bis 31. März 2025	6753,95	7851,84
gültig ab 1. April 2025	6956,57	8087,40
gültig ab 1. Mai 2026	7151,35	8313,85

[2]Bei allgemeinen Entgeltanpassungen verändern sich diese Tabellenwerte um denselben Prozentsatz bzw. in demselben Umfang wie die Tabellenwerte der jeweiligen Stufe der Entgeltgruppe 15.

(2) [1]Für Ärztinnen und Ärzte gelten abweichend von § 16 (VKA) Abs. 3 folgende besondere Stufenzuordnungen:

a) in Entgeltgruppe 14
   - Stufe 1:
     Ärztinnen und Ärzte ohne Berufserfahrung,
   - Stufe 2:
     Ärztinnen und Ärzte nach einjähriger Berufserfahrung;

b) in Entgeltgruppe 15:
   - Stufe 3:
     Fachärztinnen und Fachärzte,
   - Stufe 4:
     Fachärztinnen und Fachärzte nach fünfjähriger entsprechender Tätigkeit
   - Stufe 5:
     Fachärztinnen und Fachärzte nach neunjähriger entsprechender Tätigkeit,
   - Stufe 6:
     Fachärztinnen und Fachärzte nach dreizehnjähriger entsprechender Tätigkeit.

[2]§§ 16 (VKA) und 17 bleiben im Übrigen unberührt.

(3) Ärztinnen und Ärzte, die als ständige Vertreter der/des leitenden Ärztin/Arztes durch ausdrückliche Anordnung bestellt sind, erhalten für die Dauer der Bestellung eine Funktionszulage bis 31. März 2025 von monatlich 551,06 Euro, ab 1. April 2025 in Höhe von 568,20 Euro und ab 1. Mai 2026 in Höhe von 584,11 Euro.

(4) Ärztinnen und Ärzte, die aufgrund ausdrücklicher Anordnung innerhalb einer Fachabteilung oder eines Fachbereichs einen selbständigen Funktionsbereich mit mindestens zehn Beschäftigten leiten, erhalten für die Dauer der Anordnung eine Funktionszulage bis 31. März 2025 von monatlich 394,65 Euro, ab 1. April 2025 in Höhe von 406,92 Euro und ab 1. Mai 2026 in Höhe von 418,31 Euro.

(5) Ärztinnen und Ärzte, denen aufgrund ausdrücklicher Anordnung mindestens fünf Ärzte unterstellt sind, erhalten für die Dauer der Anordnung eine Funktionszulage bis 31. März 2025 von monatlich 394,65 Euro, ab 1. April 2025 in Höhe von 406,92 Euro und ab 1. Mai 2026 in Höhe von 418,31 Euro.

(6) [1]Die Funktionszulagen nach den Absätzen 3 bis 5 sind dynamisch und entfallen mit dem Wegfall der Funktion. [2]Sind die Voraussetzungen für mehr als eine Funktionszulage erfüllt, besteht nur Anspruch auf eine Funktionszulage. [3]Bei unterschiedlicher Höhe der Funktionszulagen wird die höhere gezahlt.

(7) Die Absätze 1 bis 6 finden auf Zahnärztinnen/Zahnärzte, Apothekerinnen/Apotheker und Tierärztinnen/Tierärzte keine Anwendung.

Protokollerklärungen zu § 51:

1. [1]Ständige Vertreterinnen/Vertreter im Sinne des Tätigkeitsmerkmals ist nur die/der Ärztin/Arzt, der die/den leitende/n Ärztin/Arzt in der Gesamtheit seiner Dienstaufgaben vertritt. [2]Das Tätigkeitsmerkmal kann daher innerhalb einer Abteilung (Klinik) nur von einer/einem Ärztin/Arzt erfüllt werden.
2. Ist der Anspruch auf Zahlung der Funktionszulage nach den Absätzen 3 bis 5 von der Zahl der unterstellten Ärztinnen/Ärzte abhängig, gilt Folgendes:

(a) Für den Anspruch auf Zahlung der Funktionszulage nach den Absätzen 3 bis 5 ist es unschädlich, wenn im Organisations- und Stellenplan zur Besetzung ausgewiesene Stellen nicht besetzt sind.
(b) Bei der Zahl der unterstellten Ärztinnen/Ärzte zählen nur diejenigen unterstellten Ärzte mit, die in einem Arbeits- oder Beamtenverhältnis zu demselben Arbeitgeber (Dienstherrn) stehen oder im Krankenhaus von einem sonstigen öffentlichen Arbeitgeber (Dienstherrn) zur Krankenversorgung eingesetzt werden.
(c) Teilbeschäftigte zählen entsprechend dem Verhältnis der mit ihnen im Arbeitsvertrag vereinbarten Arbeitszeit zur regelmäßigen Arbeitszeit eines Vollbeschäftigten.

3. Funktionsbereiche sind wissenschaftlich anerkannte Spezialgebiete innerhalb eines ärztlichen Fachgebietes, z. B. Nephrologie, Handchirurgie, Neuroradiologie, Elektroencephalographie, Herzkatheterisierung.

Niederschriftserklärung zu § 51 Abs. 6:
Für die in Absatz 6 genannten Beschäftigten gelten die Regelungen des Allgemeinen Teils sowie die entsprechenden Regelungen des TVÜ-VKA.

§ 51a Entgelt der Beschäftigten in der Pflege

(1) [1]Beschäftigte, die nach dem Teil B Abschnitt XI Ziffern 1 und 2 der Anlage 1 – Entgeltordnung (VKA) in eine der Entgeltgruppen P 5 bis P 16 eingruppiert sind, erhalten Entgelt nach der Anlage E. [2]Soweit im Allgemeinen Teil auf bestimmte Entgeltgruppen der Anlage A (VKA) Bezug genommen wird, entspricht

die Entgeltgruppe	der Entgeltgruppe
P 5	3
P 6	4
P 7	7
P 8	8
P 9, P 10	9a
P 11	9b
P 12	9c
P 13	10
P 14, P 15	11
P 16	12.

(2) Abweichend von § 16 (VKA) Abs. 2 Satz 1 ist für die Beschäftigten im Pflegedienst nach Teil B Abschnitt XI Ziffern 1 und 2 der Anlage 1 –

Entgeltordnung (VKA) Eingangsstufe in den Entgeltgruppen P 7 bis P 16 die Stufe 2.

(3) Abweichend von § 16 (VKA) Abs. 3 Satz 1 wird von den Beschäftigten im Pflegedienst nach Teil B Abschnitt XI Ziffer 1 der Anlage 1 – Entgeltordnung (VKA) in den Entgeltgruppen P 7 und P 8 die Stufe 3 nach drei Jahren in Stufe 2 erreicht.

Protokollerklärung zu Absatz 3:

Absatz 3 findet keine Anwendung auf Beschäftigte, die mindestens zur Hälfte eine oder mehrere der folgenden Tätigkeiten auszuüben haben:

- Erfüllung von Pflegeaufgaben an Patienten von psychiatrischen oder neurologischen Krankenhäusern, die nicht in diesen Krankenhäusern untergebracht sind,
- dem zentralen Sterilisationsdienst vorstehen.

(4) [1]Beschäftigte, die in eine der Entgeltgruppen P 5 bis P 16 eingruppiert sind, erhalten ab dem 1. März 2021 zuzüglich zu dem Tabellenentgelt gemäß § 15 Abs. 1 eine nicht dynamische Zulage in Höhe von monatlich 25,00 Euro. [2]Bei Beschäftigten der Mitglieder des Kommunalen Arbeitgeberverbandes Baden-Württemberg beträgt die Zulage monatlich 35,00 Euro.

(5) [1]Beschäftigte, die in eine der Entgeltgruppen P 5 bis P 16 eingruppiert sind, erhalten bis 31. März 2025 zuzüglich zu dem Tabellenentgelt gemäß § 15 Abs. 1 eine Pflegezulage in Höhe von monatlich 133,80 Euro. [2]Die Pflegezulage gemäß Satz 1 erhöht sich ab dem 1. April 2025 auf monatlich 137,96 Euro und ab dem 1. Mai 2026 auf monatlich 141,82 Euro. [3]Die Pflegezulage verändert sich bei allgemeinen Entgeltanpassungen nach dem 31. März 2027 um den von den Tarifvertragsparteien vereinbarten Vomhundertsatz.

§ 52 Entgelt der Beschäftigten im Sozial- und Erziehungsdienst

(1) Beschäftigte, die nach dem Teil B Abschnitt XXIV der Anlage 1 – Entgeltordnung (VKA) eingruppiert sind, erhalten abweichend von § 15 Abs. 2 Satz 2 Entgelt nach der Anlage C (VKA).

(2) Anstelle des § 16 (VKA) gilt Folgendes:

[1]Die Entgeltgruppen S 2 bis S 18 umfassen sechs Stufen. [2]Bei Einstellung werden die Beschäftigten der Stufe 1 zugeordnet, sofern keine einschlägige Berufserfahrung vorliegt. [3]Verfügt die/der Beschäftigte über eine einschlägige Berufserfahrung von mindestens einem Jahr, erfolgt die Einstellung in die Stufe 2; verfügt sie/er über eine einschlägige Berufserfahrung von mindestens drei Jahren, erfolgt in der Regel eine Zuordnung zur Stufe 3. [4]Unabhängig davon kann der Arbeitgeber bei Neueinstellungen zur Deckung des Personalbedarfs Zeiten einer vorherigen be-

ruflichen Tätigkeit ganz oder teilweise für die Stufenzuordnung berücksichtigen, wenn diese Tätigkeit für die vorgesehene Tätigkeit förderlich ist. [5]Bei Einstellung von Beschäftigten in unmittelbarem Anschluss an ein Arbeitsverhältnis im öffentlichen Dienst (§ 34 Abs. 3 Satz 3 und 4) oder zu einem Arbeitgeber, der einen dem TVöD vergleichbaren Tarifvertrag anwendet, kann die in dem vorhergehenden Arbeitsverhältnis erworbene Stufe bei der Stufenzuordnung ganz oder teilweise berücksichtigt werden; Satz 4 bleibt unberührt.

Protokollerklärung zu Absatz 2 Satz 3:
[1]Ein Berufspraktikum nach dem Tarifvertrag für Praktikantinnen/Praktikanten des öffentlichen Dienstes (TVPöD) vom 27. Oktober 2009 gilt grundsätzlich als Erwerb einschlägiger Berufserfahrung. [2]Als Erwerb einer einjährigen einschlägigen Berufserfahrung gilt entsprechend auch die fachpraktische Ausbildung im Rahmen einer abgeschlossenen praxisintegrierten Ausbildung zur Erzieherin/zum Erzieher nach landesgesetzlichen Regelungen und im Rahmen einer abgeschlossenen praxisintegrierten Ausbildung zur Heilerziehungspflegerin/zum Heilerziehungspfleger nach landesgesetzlichen Regelungen.

(3) Soweit im Allgemeinen Teil auf bestimmte Entgeltgruppen Bezug genommen wird, entspricht

die Entgeltgruppe	der Entgeltgruppe
S 2	2
S 3	4
S 4	5
S 5	6
S 6 bis S 8b	8
S 9 bis S 11a	9a
S 11b bis S 13	9b
S 14	9c
S 15 und S 16	10
S 17	11
S 18	12.

(4) [1]Bei Eingruppierung in eine höhere Entgeltgruppe der Anlage C werden die Beschäftigten der gleichen Stufe zugeordnet, die sie in der niedrigeren Entgeltgruppe erreicht haben. [2]Beträgt bei Höhergruppierungen innerhalb der Anlage C der Unterschiedsbetrag zwischen dem derzeitigen Tabellenentgelt und dem Tabellenentgelt nach Satz 1 in der höheren Entgeltgruppe

- in den Entgeltgruppen S 2 bis S 8b bis 31. März 2025 weniger als 72,99 Euro, ab 1. April 2025 weniger als 75,26 Euro und ab 1. Mai 2026 77,37 Euro,
- in den Entgeltgruppen S 9 bis S 18 bis 31. März 2025 weniger als 116,79 Euro, ab 1. April 2025 weniger als 120,42 Euro und ab 1. Mai 2026 123,79 Euro,

erhält die/der Beschäftigte während der betreffenden Stufenlaufzeit anstelle des Unterschiedsbetrages den vorgenannten jeweils zustehenden Garantiebetrag. [3]Die Stufenlaufzeit in der höheren Entgeltgruppe beginnt mit dem Tag der Höhergruppierung. [4]Bei einer Eingruppierung in eine niedrigere Entgeltgruppe ist die/der Beschäftige der in der höheren Entgeltgruppe erreichten Stufe zuzuordnen; die in der bisherigen Stufe zurückgelegte Stufenlaufzeit wird auf die Stufenlaufzeit in der niedrigeren Entgeltgruppe angerechnet. [5]Die/Der Beschäftigte erhält vom Beginn des Monats an, in dem die Veränderung wirksam wird, das entsprechende Tabellenentgelt aus der in Satz 1 oder Satz 4 festgelegten Stufe der betreffenden Entgeltgruppe. [6]§ 17 Abs. 4 findet keine Anwendung.

Protokollerklärung zu Absatz 4 Satz 2:
Die Garantiebeträge nehmen an allgemeinen Entgeltanpassungen teil.

Protokollerklärung zu Absatz 4:
[1]Ist Beschäftigten nach § 14 Abs. 1 vorübergehend eine höherwertige Tätigkeit übertragen worden, und wird ihnen im unmittelbaren Anschluss daran eine Tätigkeit derselben höheren Entgeltgruppe dauerhaft übertragen, werden sie hinsichtlich der Stufenzuordnung so gestellt, als sei die Höhergruppierung ab dem ersten Tag der vorübergehenden Übertragung der höherwertigen Tätigkeit erfolgt. [2]Unterschreitet bei Höhergruppierungen nach Satz 1 das Tabellenentgelt nach § 52 Abs. 4 Satz 5 die Summe aus dem Tabellenentgelt und dem Zulagenbetrag nach § 14 Abs. 3, die die/der Beschäftigte am Tag vor der Höhergruppierung erhalten hat, erhält die/der Beschäftigte dieses Entgelt solange, bis das Tabellenentgelt nach § 52 Abs. 4 Satz 5 dieses Entgelt erreicht oder übersteigt.

(5) Auf Beschäftigte der Entgeltgruppe S 9 findet der § 20 Abs. 2 Satz 1 für die Entgeltgruppen 1 bis 8 ausgewiesene Prozentsatz Anwendung.*
(6) [1]Beschäftigte, die nach Teil B Abschnitt XXIV der Anlage 1 – Entgeltordnung (VKA) in einer der Entgeltgruppen S 2 bis S 11a eingruppiert sind, erhalten eine monatliche SuE-Zulage in Höhe von 130,00 Euro. [2]Beschäftigte, die nach Teil B Abschnitt XXIV der Anlage 1 – Entgeltordnung (VKA) in einer der Entgeltgruppen S 11b bis S 12 sowie S 14

* Zum 1. Januar 2026 wird Abs. 5 durch folgende Fassung ersetzt:
»(5) Auf Beschäftigte der Entgeltgruppe S 9 findet der in § 52a für die Entgeltgruppen 1 bis 8 ausgewiesene Prozentsatz Anwendung.«

oder S 15 bei Tätigkeiten der Fallgruppe 6 eingruppiert sind, erhalten eine monatliche SuE-Zulage in Höhe von 180,00 Euro.

§ 52a Jahressonderzahlung im Bereich der Pflege*

Für Beschäftigte, die in eine der Entgeltgruppen P 5 bis P 16 eingruppiert sind, gilt § 20 (VKA) Abs. 1 Satz 1 in folgender Fassung:
[1]Die Jahressonderzahlung beträgt bei Beschäftigten

in den Entgeltgruppen P 5 bis P 8	84,74 Prozent
in den Entgeltgruppen P 9 bis P 16	70,48 Prozent

des der/dem Beschäftigten in den Kalendermonaten Juli, August und September durchschnittlich gezahlten monatlichen Entgelts; unberücksichtigt bleiben hierbei das zusätzlich für Überstunden und Mehrarbeit gezahlte Entgelt (mit Ausnahme der im Dienstplan vorgesehenen Überstunden und Mehrarbeit), Leistungszulagen, Leistungs- und Erfolgsprämien.

§ 53 Betrieblicher Gesundheitsschutz/Betriebliche Gesundheitsförderung der Beschäftigten im Sozial- und Erziehungsdienst

(1) Die nachfolgenden Regelungen gelten für die Beschäftigten des Sozial- und Erziehungsdienstes, soweit sie nach dem Teil B Abschnitt XXIV der Anlage 1 – Entgeltordnung (VKA) eingruppiert sind.

* Ab dem 1. Januar 2026 lautet § 52a:
»Die Jahressonderzahlung beträgt abweichend von § 20 Abs. 2 Satz 1 bei Beschäftigten

in den Entgeltgruppen 1 bis 8, S 2 bis S 8b sowie P 5 bis P 8	90 Prozent
in den Entgeltgruppen 9a bis 15, S 9 bis S 18 sowie P 9 bis P 16	85 Prozent

des der/dem Beschäftigten in den Kalendermonaten Juli, August und September durchschnittlich gezahlten monatlichen Entgelts; unberücksichtigt bleiben hierbei das zusätzlich für Überstunden und Mehrarbeit gezahlte Entgelt (mit Ausnahme der im Dienstplan vorgesehenen Überstunden und Mehrarbeit), Leistungszulagen, Leistungs- und Erfolgsprämien.«

Protokollerklärung zu § 52a:
Im Falle der Kündigung gemäß § 39 Abs. 4 Buchst. j wird ab deren Wirksamwerden § 52a gestrichen.«

(2) [1]Betriebliche Gesundheitsförderung zielt darauf ab, die Arbeit und die Arbeitsbedingungen so zu organisieren, dass diese nicht Ursache von Erkrankungen oder Gesundheitsschädigungen sind. [2]Sie fördert die Erhaltung bzw. Herstellung gesundheitsgerechter Verhältnisse am Arbeitsplatz sowie gesundheitsbewusstes Verhalten. [3]Zugleich werden damit die Motivation der Beschäftigten und die Qualitätsstandards der Verwaltungen und Betriebe verbessert. [4]Die betriebliche Gesundheitsförderung basiert auf einem aktiv betriebenen Arbeits- und Gesundheitsschutz. [5]Dieser reduziert Arbeitsunfälle, Berufskrankheiten sowie arbeitsbedingte Gesundheitsgefahren und verbessert durch den Abbau von Fehlzeiten und die Vermeidung von Betriebsstörungen die Wettbewerbsfähigkeit der Verwaltungen und Betriebe. [6]Der Arbeits- und Gesundheitsschutz sowie die betriebliche Gesundheitsförderung gehören zu einem zeitgemäßen Gesundheitsmanagement.

(3) [1]Die Beschäftigten haben einen individuellen Anspruch auf die Durchführung einer Gefährdungsbeurteilung. [2]Die Durchführung erfolgt nach Maßgabe des Gesetzes über die Durchführung von Maßnahmen des Arbeitsschutzes zur Verbesserung der Sicherheit und des Gesundheitsschutzes der Beschäftigten bei der Arbeit (Arbeitsschutzgesetz). [3]Die Beschäftigten sind in die Durchführung der Gefährdungsbeurteilung einzubeziehen. [4]Sie sind über das Ergebnis von Gefährdungsbeurteilungen zu unterrichten. [5]Vorgesehene Maßnahmen sind mit ihnen zu erörtern. [6]Widersprechen betroffene Beschäftigte den vorgesehenen Maßnahmen, ist die betriebliche Kommission zu befassen. [7]Die Beschäftigten können verlangen, dass eine erneute Gefährdungsbeurteilung durchgeführt wird, wenn sich die Umstände, unter denen die Tätigkeiten zu verrichten sind, wesentlich ändern, neu entstandene wesentliche Gefährdungen auftreten oder eine Gefährdung auf Grund veränderter arbeitswissenschaftlicher Erkenntnisse erkannt wird. [8]Die Wirksamkeit der Maßnahmen ist in angemessenen Abständen zu überprüfen.

(4) [1]Beim Arbeitgeber wird auf Antrag des Personalrats/Betriebsrats eine betriebliche Kommission gebildet, deren Mitglieder je zur Hälfte vom Arbeitgeber und vom Personal- bzw. Betriebsrat benannt werden. [2]Die Mitglieder müssen Beschäftigte des Arbeitgebers sein. [3]Soweit ein Arbeitsschutzausschuss gebildet ist, können Mitglieder dieses Ausschusses auch in der betrieblichen Kommission tätig werden. [4]Im Falle des Absatzes 3 Satz 6 berät die betriebliche Kommission über die erforderlichen Maßnahmen und kann Vorschläge zu den zu treffenden Maßnahmen machen. [5]Der Arbeitgeber führt die Maßnahmen durch, wenn die Mehrheit der vom Arbeitgeber benannten Mitglieder der betrieblichen Kommission im Einvernehmen mit dem Arbeitgeber dem Beschluss zugestimmt hat. [6]Gesetzliche Rechte der kommunalen Beschlussorgane

bleiben unberührt. [7]Wird ein Vorschlag nur von den vom Personalrat/Betriebsrat benannten Mitgliedern gemacht und folgt der Arbeitgeber diesem Vorschlag nicht, sind die Gründe darzulegen. [8]Die betriebliche Kommission ist auch für die Beratung von schriftlich begründeten Beschwerden zuständig, wenn der Arbeitgeber eine erneute Gefährdungsbeurteilung ablehnt. [9]Der Arbeitgeber entscheidet auf Vorschlag des Arbeitsschutzausschusses bzw. der betrieblichen Kommission, ob und in welchem Umfang der Beschwerde im Einzelfall abgeholfen wird. [10]Wird dem Vorschlag nicht gefolgt, sind die Gründe darzulegen.

(5) [1]Die betriebliche Kommission kann zeitlich befristet Gesundheitszirkel zur Gesundheitsförderung einrichten, deren Aufgabe es ist, Belastungen am Arbeitsplatz und deren Ursachen zu analysieren und Lösungsansätze zur Verbesserung der Arbeitssituation zu erarbeiten. [2]Sie berät über Vorschläge der Gesundheitszirkel und unterbreitet, wenn ein Arbeitsschutzausschuss gebildet ist, diesem, ansonsten dem Arbeitgeber Vorschläge. [3]Die Ablehnung eines Vorschlags ist durch den Arbeitgeber zu begründen. [4]Näheres regelt die Geschäftsordnung der betrieblichen Kommission.

(6) [1]Zur Durchführung ihrer Aufgaben sind der betrieblichen Kommission die erforderlichen, zur Verfügung stehenden Unterlagen zugänglich zu machen. [2]Die betriebliche Kommission gibt sich eine Geschäftsordnung, in der auch Regelungen über die Beteiligung der Beschäftigten bei der Gefährdungsbeurteilung, deren Bekanntgabe und Erörterung sowie über die Qualifizierung der Mitglieder der betrieblichen Kommission und von Gesundheitszirkeln zu treffen sind.

(7) Gesetzliche Bestimmungen, günstigere betriebliche Regelungen und die Rechte des Personal- bzw. Betriebsrats bleiben unberührt.

Protokollerklärungen:

1. Sollte sich aufgrund gerichtlicher Entscheidungen erweisen, dass die über die Zusammensetzung der betrieblichen Kommission oder die Berufung ihrer Mitglieder getroffenen Regelungen mit geltendem Recht unvereinbar sind, werden die Tarifvertragsparteien Verhandlungen aufnehmen und eine ersetzende Regelung treffen, die mit geltendem Recht vereinbar ist und dem von den Tarifvertragsparteien Gewollten möglichst nahe kommt.
2. Die Tarifvertragsparteien stimmen darin überein, dass mit dieser Regelung außerhalb seines Geltungsbereichs der betriebliche Gesundheitsschutz/die betriebliche Gesundheitsförderung im BT-V und BT-B nicht abschließend tariflich geregelt sind und die übrigen Besonderen Teile des TVöD von der hier getroffenen Regelung unberührt bleiben.

§ 53a Regenerationstage/Umwandlungstage

(1) [1]Beschäftigte, die nach Teil B Abschnitt XXIV der Anlage 1 – Entgeltordnung (VKA) eingruppiert sind, haben im Kalenderjahr bei Verteilung der wöchentlichen Arbeitszeit auf fünf Tage in der Kalenderwoche Anspruch auf zwei Arbeitstage Arbeitsbefreiung unter Fortzahlung des Entgelts gemäß § 21 (Regenerationstage). [2]Wird die wöchentliche Arbeitszeit an weniger als fünf Tagen in der Woche erbracht, vermindert sich der Anspruch auf die Regenerationstage entsprechend. [3]Maßgeblich für die Verminderung nach Satz 2 sind die jeweiligen Verhältnisse zum Zeitpunkt der Antragstellung nach Abs. 2 Satz 2. [4]Verändert sich im Zeitraum zwischen der Antragstellung und dem gewährten Regenerationstag die Verteilung der wöchentlichen Arbeitszeit, erhöht oder vermindert sich der Anspruch auf die Regenerationstage entsprechend. [5]Verbleibt bei den Berechnungen nach den Sätzen 2 oder 4 ein Bruchteil, der mindestens einen halben Regenerationstag ergibt, wird er auf einen vollen Regenerationstag aufgerundet; Bruchteile von weniger als einem halben Regenerationstag bleiben unberücksichtigt.

Protokollerklärung zu Absatz 1 Satz 1:
[1]Der Anspruch reduziert sich auf einen Regenerationstag, wenn in dem Kalenderjahr nicht für mindestens vier Kalendermonate Anspruch auf Entgelt bestanden hat. [2]Anspruch auf Entgelt im Sinne des Satz 1 sind auch der Anspruch auf Entgeltfortzahlung aus Anlass der in § 21 Satz 1 TVöD genannten Ereignisse und der Anspruch auf Krankengeldzuschuss (§ 22 Absatz 2 und 3 TVöD), auch wenn dieser wegen der Höhe der Barleistungen des Sozialversicherungsträgers nicht gezahlt wird. [3]Einem Anspruch auf Entgelt gleichgestellt ist der Bezug von Krankengeld nach § 45 SGB V oder entsprechender gesetzlicher Leistungen, Leistungen nach § 56 IfSG, Kurzarbeitergeld und der Bezug von Leistungen nach §§ 18 bis 20 MuSchG.

(2) [1]Bei der Festlegung der Lage der Regenerationstage sind die Wünsche der/des Beschäftigten zu berücksichtigen, sofern dem keine dringenden dienstlichen/betrieblichen Gründe entgegenstehen. [2]Der/Die Beschäftigte hat den/die Regenerationstag/e spätestens vier Wochen vor dem gewünschten Zeitpunkt der Gewährung in Textform gegenüber dem Arbeitgeber geltend zu machen. [3]Der Arbeitgeber entscheidet über die Gewährung der Regenerationstage bis spätestens zwei Wochen vor diesen und teilt dies der/dem Beschäftigten in Textform mit. [4]Im gegenseitigen Einvernehmen ist unter Berücksichtigung der aktuellen dienstlichen/betrieblichen Verhältnisse abweichend von den Sätzen 2 und 3 auch eine kurzfristige Gewährung von Regenerationstagen möglich. [5]Regenerationstage, für die im laufenden Kalenderjahr keine Arbeitsbefreiung nach Absatz 1 Satz 1 erfolgt ist, verfallen. [6]Abweichend von Satz 5 verfallen Regenerationstage, die wegen dringender betrieblicher/

dienstlicher Gründe im laufenden Kalenderjahr nicht gewährt worden sind, spätestens am 30. September des Folgejahres.

(3) [1]Beschäftigte, die Anspruch auf eine monatliche SuE-Zulage gemäß § 52 Abs. 6 haben, können bis zum 31. Oktober des laufenden Kalenderjahres in Textform geltend machen, statt der ihnen zustehenden SuE-Zulage im Folgejahr bis zu zwei Arbeitstage Arbeitsbefreiung unter Fortzahlung des Entgelts gemäß § 21 in Anspruch zu nehmen (Umwandlungstage). [2]Beschäftigte, die erstmalig einen Anspruch auf eine SuE-Zulage gemäß § 56 Abs. 6 erwerben, können nach Ablauf von drei Kalendermonaten nach Aufnahme des Arbeitsverhältnisses (Neubegründung des Arbeitsverhältnisses oder Tätigkeitswechsel) die Geltendmachung der Umwandlungstage für das laufende Kalenderjahr erklären. [3]Die SuE-Zulage wird jeweils nach der erfolgten Arbeitsbefreiung gekürzt. [4]Der Kürzungsbetrag ergibt sich aus dem gemäß § 24 Abs. 3 Satz 3 ermittelten Stundenentgelt bezogen auf die an dem Umwandlungstag dienstplanmäßig bzw. betrieblich festgelegten Arbeitsstunden. [5]Besteht zum Zeitpunkt der Beantragung kein Dienstplan bzw. keine betrieblich festgelegte Arbeitszeit, so ist die an dem Umwandlungstag zu leistende Arbeitszeit dadurch zu ermitteln, dass die arbeitsvertraglich vereinbarte regelmäßige durchschnittliche wöchentliche Arbeitszeit durch die Anzahl der Arbeitstage zu teilen ist, die die/der Beschäftigte in der Woche zu leisten hat, in der der Umwandlungstag liegt. [6]Der/Die Beschäftigte hat den/die Umwandlungstag/e spätestens vier Wochen vor dem gewünschten Zeitpunkt der Gewährung in Textform gegenüber dem Arbeitgeber geltend zu machen. [7]Der Arbeitgeber entscheidet über die Gewährung der Umwandlungstage bis spätestens zwei Wochen vor diesen und teilt dies der/dem Beschäftigten in Textform mit. [8]Bei der Festlegung der Lage der Umwandlungstage sind die Wünsche der/des Beschäftigten zu berücksichtigen, sofern dem keine dringenden dienstlichen/betrieblichen Gründe entgegenstehen. [9]Im gegenseitigen Einvernehmen ist unter Berücksichtigung der aktuellen dienstlichen/betrieblichen Verhältnisse abweichend von den Sätzen 6 und 7 auch eine kurzfristige Gewährung von Umwandlungstagen möglich. [10]Eine im Vorjahr nach Satz 1 oder im laufenden Kalenderjahr nach Satz 2 beantragte Umwandlung der SuE-Zulage wirkt längstens bis zum Ende des laufenden Kalenderjahres.

Protokollerklärung zu Absatz 3 Satz 1:
Für das Kalenderjahr 2022 gilt statt des 31. Oktober der 30. November.

Protokollerklärung zu Absatz 3 Satz 2:
Satz 2 gilt nur für Geltendmachungen ab dem 1. Januar 2023.

Protokollerklärung zu § 53a:
Bei den Regenerations- und Umwandlungstagen handelt es sich nicht um Urlaubs-/Zusatzurlaubstage.

§ 54 Erholungsurlaub

[1]Die Beschäftigten an Heimschulen und Internaten haben den Urlaub in der Regel während der Schulferien zu nehmen. [2]Die Sonderregelungen für Lehrkräfte bleiben unberührt.

§ 55 Zusatzurlaub

(1) [1]Beschäftigte erhalten bei einer Leistung im Kalenderjahr von mindestens

150 Nachtarbeitsstunden	1 Arbeitstag,
300 Nachtarbeitsstunden	2 Arbeitstage,
450 Nachtarbeitsstunden	3 Arbeitstage,
600 Nachtarbeitsstunden	4 Arbeitstage

Zusatzurlaub im Kalenderjahr. [2]Nachtarbeitsstunden, die in Zeiträumen geleistet werden, für die Zusatzurlaub für Wechselschicht- oder Schichtarbeit zusteht, bleiben unberücksichtigt. [3]§ 27 Abs. 4 findet mit der Maßgabe Anwendung, dass Erholungsurlaub und Zusatzurlaub insgesamt im Kalenderjahr 35 Tage, bei Zusatzurlaub wegen Wechselschichtarbeit 36 Tage, nicht überschreiten. [4]§ 27 Abs. 5 findet Anwendung.

Protokollerklärung zu Absatz 1:
Der Anspruch auf Zusatzurlaub bemisst sich nach den abgeleisteten Nachtarbeitsstunden und entsteht im laufenden Jahr, sobald die Voraussetzungen nach Satz 1 erfüllt sind.

(2) Bei Anwendung des Absatzes 1 werden nur die im Rahmen der regelmäßigen Arbeitszeit (§ 6) in der Zeit zwischen 21 Uhr und 6 Uhr dienstplanmäßig bzw. betriebsüblich geleisteten Nachtarbeitsstunden berücksichtigt.

(3) [1]Bei Teilzeitbeschäftigten ist die Zahl der nach Absatz 1 geforderten Nachtarbeitsstunden entsprechend dem Verhältnis ihrer individuell vereinbarten durchschnittlichen regelmäßigen Arbeitszeit zur regelmäßigen Arbeitszeit vergleichbarer Vollzeitbeschäftigter zu kürzen. [2]Ist die vereinbarte Arbeitszeit im Durchschnitt des Urlaubsjahres auf weniger als fünf Arbeitstage in der Kalenderwoche verteilt, ist der Zusatzurlaub in entsprechender Anwendung des § 26 Abs. 1 Sätze 3 und 4 zu ermitteln.

(4) [1]Die Beschäftigten erhalten für die Zeit der Bereitschaftsdienste in den Nachtstunden (§ 7 Abs. 5) einen Zusatzurlaub in Höhe von zwei Ar-

beitstagen pro Kalenderjahr, sofern mindestens 288 Stunden der Bereitschaftsdienste kalenderjährlich in die Zeit zwischen 21.00 und 6.00 Uhr fallen. [2]Absatz 1 Sätze 2 bis 4 und Absatz 3 gelten entsprechend.

§ 56 Reise- und Umzugskosten

(1) [1]Die Erstattung von Reise- und ggf. Umzugskosten richtet sich nach den beim Arbeitgeber geltenden Grundsätzen. [2]Für Arbeitgeber, die öffentlichem Haushaltsrecht unterliegen, finden, wenn diese nicht nach eigenen Grundsätzen verfahren, die für Beamtinnen und Beamte geltenden Bestimmungen Anwendung.
(2) [1]Bei Dienstreisen gilt nur die Zeit der dienstlichen Inanspruchnahme am auswärtigen Geschäftsort als Arbeitszeit. [2]Für jeden Tag einschließlich der Reisetage wird jedoch mindestens die auf ihn entfallende regelmäßige, durchschnittliche oder dienstplanmäßige Arbeitszeit berücksichtigt, wenn diese bei Nichtberücksichtigung der Reisezeit nicht erreicht würde. [3]Überschreiten nicht anrechenbare Reisezeiten insgesamt 15 Stunden im Monat, so werden auf Antrag 25 v. H. dieser überschreitenden Zeiten bei fester Arbeitszeit als Freizeitausgleich gewährt und bei gleitender Arbeitszeit im Rahmen der jeweils geltenden Vorschriften auf die Arbeitszeit angerechnet. [4]Der besonderen Situation von Teilzeitbeschäftigten ist Rechnung zu tragen. [5]Soweit Einrichtungen in privater Rechtsform oder andere Arbeitgeber nach eigenen, für die Beschäftigten günstigeren Grundsätzen oder Abmachungen verfahren, sind diese abweichend von den Sätzen 1 bis 4 maßgebend.

§ 57 Inkrafttreten, Laufzeit

[1]Dieser Tarifvertrag tritt am 1. Oktober 2005 in Kraft. [2]Die Bestimmungen dieses Tarifvertrages sind mit der Kündigung der entsprechenden Vorschriften des Besonderen Teils Krankenhäuser (BT-K) zum gleichen Zeitpunkt gekündigt. [3]Abweichend von Satz 2 können die §§ 44 Abs. 4, § 52, § 53 und § 53a mit einer Frist von drei Monaten zum Schluss eines Kalendervierteljahres, frühestens jedoch zum 31. Dezember 2026, schriftlich gekündigt werden. [4]Für die Kündigung der Anlage C (VKA) zum TVöD gilt § 39 Abs. 4 Buchst. c entsprechend.

Anlage C

Tabelle TVöD VKA
Anlage C (Sozial- und Erziehungsdienst)
gültig vom 1. April 2025 bis 30. April 2026
(monatlich in Euro)

Entgelt-gruppe	Stufe 1	Stufe 2	Stufe 3	Stufe 4	Stufe 5	Stufe 6
S 18	4591,95	4708,94	5288,55	5723,21	6375,22	6773,65
S 17	4233,84	4527,84	4998,73	5288,55	5868,09	6208,58
S 16	4147,17	4433,68	4752,42	5143,62	5578,29	5839,11
S 15	4000,66	4274,25	4564,08	4897,32	5433,43	5665,23
S 14	3962,44	4232,66	4554,71	4882,30	5244,56	5498,11
S 13	3869,68	4132,98	4491,62	4781,38	5143,62	5324,74
S 12	3859,50	4122,07	4465,71	4769,97	5146,70	5306,08
S 11b	3808,48	4067,31	4249,15	4712,82	5075,04	5292,38
S 11a	3741,49	3994,28	4174,59	4636,51	4998,73	5216,07
S 10	[nicht besetzt]					
S 9	3549,30	3781,54	4053,20	4455,27	4835,59	5128,99
S 8b	3481,39	3708,79	3980,49	4380,82	4759,33	5049,51
S 8a	3413,85	3636,31	3868,50	4092,49	4311,44	4541,67
S 7	3333,59	3550,19	3765,70	3987,31	4153,80	4404,69
S 6	[nicht besetzt]					
S 5	[nicht besetzt]					
S 4	3201,81	3408,76	3597,33	3725,30	3848,61	4043,12
S 3	3034,89	3229,62	3410,78	3577,12	3653,23	3744,14
S 2	2829,14	2948,41	3036,64	3132,45	3240,19	3347,95

Tabelle TVöD VKA
Anlage C (Sozial- und Erziehungsdienst)
gültig ab 1. Mai 2026
(monatlich in Euro)

Entgelt-gruppe	Stufe 1	Stufe 2	Stufe 3	Stufe 4	Stufe 5	Stufe 6
S 18	4720,52	4840,79	5436,63	5883,46	6553,73	6963,31
S 17	4352,39	4654,62	5138,69	5436,63	6032,40	6382,42
S 16	4263,29	4557,82	4885,49	5287,64	5734,48	6002,61
S 15	4112,68	4393,93	4691,87	5034,44	5585,57	5823,86
S 14	4073,39	4351,17	4682,24	5019,00	5391,41	5652,06
S 13	3978,03	4248,70	4617,39	4915,26	5287,64	5473,83
S 12	3967,57	4237,49	4590,75	4903,53	5290,81	5454,65
S 11b	3915,12	4181,19	4368,13	4844,78	5217,14	5440,57
S 11a	3846,25	4106,12	4291,48	4766,33	5138,69	5362,12
S 10	[nicht besetzt]					
S 9	3648,68	3887,42	4166,69	4580,02	4970,99	5272,60
S 8b	3578,87	3812,64	4091,94	4503,48	4892,59	5190,90
S 8a	3509,44	3738,13	3976,82	4207,08	4432,16	4668,84
S 7	3426,93	3649,60	3871,14	4098,95	4270,11	4528,02
S 6	[nicht besetzt]					
S 5	[nicht besetzt]					
S 4	3291,46	3504,21	3698,06	3829,61	3956,37	4156,33
S 3	3119,87	3320,05	3506,28	3677,28	3755,52	3848,98
S 2	2908,36	3030,97	3121,67	3220,16	3330,92	3441,69

Anlage E

Tabelle TVöD VKA
Anlage E (Pflegedienst)
gültig vom 1. April 2025 bis 30. April 2026
(monatlich in Euro)

Entgelt-gruppe	Stufe 1	Stufe 2	Stufe 3	Stufe 4	Stufe 5	Stufe 6
P 16		5097,32	5268,39	5820,78	6464,70	6748,74
P 15		4992,50	5149,06	5540,47	6008,91	6187,80
P 14		4876,97	5029,76	5411,69	5930,62	6025,31
P 13		4761,46	4910,45	5282,90	5551,83	5621,28
P 12		4530,37	4671,80	5025,33	5242,50	5343,51
P 11		4299,33	4433,17	4767,77	4989,97	5090,99
P 10		4070,43	4194,92	4548,07	4718,51	4825,84
P 9		3883,65	4070,43	4194,92	4434,43	4535,43
P 8		3600,40	3757,59	3964,57	4132,22	4366,71
P 7		3414,69	3600,40	3889,43	4036,57	4188,13
P 6	2930,44	3100,59	3271,86	3636,14	3729,00	3904,10
P 5	2828,00	3060,63	3129,01	3243,28	3329,01	3530,40

Tabelle TVöD VKA
Anlage E (Pflegedienst)
gültig ab 1. Mai 2026
(monatlich in Euro)

Entgelt-gruppe	Stufe 1	Stufe 2	Stufe 3	Stufe 4	Stufe 5	Stufe 6
P 16		5240,04	5415,90	5983,76	6645,71	6937,70
P 15		5132,29	5293,23	5695,60	6177,16	6361,06
P 14		5013,53	5170,59	5563,22	6096,68	6194,02
P 13		4894,78	5047,94	5430,82	5707,28	5778,68
P 12		4657,22	4802,61	5166,04	5389,29	5493,13
P 11		4419,71	4557,30	4901,27	5129,69	5233,54
P 10		4184,40	4312,38	4675,42	4850,63	4960,96
P 9		3992,39	4184,40	4312,38	4558,59	4662,42
P 8		3701,21	3862,80	4075,58	4247,92	4488,98
P 7		3510,30	3701,21	3998,33	4149,59	4305,40
P 6	3012,49	3187,41	3363,47	3737,95	3833,41	4013,41
P 5	2907,18	3146,33	3216,62	3334,09	3422,22	3629,25

Anlage G

I. Beschäftigte, die Entgelt nach der Anlage A zum TVöD erhalten (ausgenommen Beschäftigte nach nachfolgender Ziffer III)

Entgeltgruppe	Stundenentgelt gültig vom 1. April 2025 bis 30. April 2026 (in Euro)	Stundenentgelt gültig ab 1. Mai 2026 (in Euro)
EG 15	42,31	43,49
EG 14	39,05	40,14
EG 13	35,80	36,80
EG 12	35,10	36,08
EG 11	34,63	35,60
EG 10	31,45	32,33
EG 9c	27,59	28,36
EG 9b	26,93	27,68
EG 9a	26,25	26,99
EG 8	25,06	25,76
EG 7	24,12	24,80
EG 6	23,29	23,94
EG 5	21,86	22,47
EG 4	21,17	21,76
EG 3	20,56	21,14
EG 2	19,93	20,49
EG 1	16,10	16,55

II. Anlage E

Entgelt-gruppe	Stundenentgelt gültig vom 1. April 2025 bis 30. April 2026 (in Euro)	Stundenentgelt gültig ab 1. Mai 2026 (in Euro)
P 16	37,71	38,77
P 15	34,92	35,90
P 14	32,92	33,84
P 13	30,97	31,84
P 12	29,48	30,31
P 11	28,69	29,49
P 10	27,22	27,98
P 9	26,62	27,37
P 8	26,09	26,82
P 7	25,11	25,81
P 6	22,96	23,60
P 5	21,16	21,75

III. Beschäftigte, die nach dem Teil A Abschnitt I Ziffer 2 der Anlage 1 – Entgeltordnung (VKA) eingruppiert oder nach der Anlage 3 zum TVÜ-VKA den Entgeltgruppen der Anlage A zum TVöD zugeordnet sind

Entgelt-gruppe	Stundenentgelt gültig vom 1. April 2025 bis 30. April 2026 (in Euro)	Stundenentgelt gültig ab 1. Mai 2026 (in Euro)
9a	26,90	27,65
8	25,93	26,66
7	24,78	25,47
6	23,82	24,49
5	22,78	23,42
4	21,73	22,34
3	20,87	21,45
2Ü	20,00	20,56
2	19,47	20,02

Besonderer Teil Sparkassen (BT-S)

vom 13. September 2005 in der Fassung des Änderungstarifvertrages Nr. 9 vom 6. April 2025

§ 40 Geltungsbereich

(1) [1]Dieser Tarifvertrag gilt für Beschäftigte der Sparkassen. [2]Er bildet im Zusammenhang mit dem Allgemeinen Teil des Tarifvertrages für den öffentlichen Dienst (TVöD) den Tarifvertrag für die Sparte Sparkassen.
(2) Soweit in den nachfolgenden Bestimmungen auf die §§ 1 bis 39 verwiesen wird, handelt es sich um die Regelungen des TVöD – Allgemeiner Teil –.

§ 41 Grundsätze für leistungs- und erfolgsorientierte variable Entgelte

(1) [1]Durch einvernehmliche Dienstvereinbarung (befristet, unter Ausschluss der Nachwirkung) können individuelle und/oder teambezogene leistungs- und/oder erfolgsorientierte Prämien und/oder Zulagen als betriebliche Systeme eingeführt werden. [2]Bemessungsmethoden sind die Zielvereinbarung (§ 42) und die systematische Leistungsbewertung (§ 43).
(2) Bei der Entwicklung, Einführung und dem Controlling der betrieblichen Systeme (Kriterien und Verfahren einschl. Weiterentwicklung/Plausibilitätsprüfung) nach Absatz 1 und § 44 wirkt ein Gemeinsamer Ausschuss mit, dessen Mitglieder je zur Hälfte vom Arbeitgeber und vom Personalrat aus dem Betrieb benannt werden.
(3) [1]Der Gemeinsame Ausschuss ist auch für die Beratung von schriftlich begründeten Beschwerden zuständig, die sich auf Mängel des Systems bzw. seiner Anwendung beziehen. [2]Der Arbeitgeber entscheidet auf Vorschlag des Gemeinsamen Ausschusses darüber, ob und in welchem Umfang der Beschwerde im Wege der Korrektur des Systems bzw. von Systembestandteilen oder auch von einzelnen konkreten Anwendungsfällen abgeholfen werden soll. [3]Die Rechte der betrieblichen Mitbestimmung bleiben unberührt.

§ 42 Zielvereinbarung

(1) [1]In Zielvereinbarungen legen Arbeitgeber und Beschäftigte gemeinsam für einen bestimmten Zeitraum die anzustrebenden Ergebnisse fest, welche insbesondere mit Leistungsprämien honoriert werden. [2]Pro Zielvereinbarungszeitraum sollten mehrere Ziele vereinbart werden. [3]Quantitative und qualitative Ziele sind möglich. [4]Sie können unterschiedlich gewichtet werden. [5]Für einzelne Ziele können Zielerreichungsstufen festgelegt werden. [6]Die Ziele und die Kriterien der Zielerreichung müssen sich auf den Arbeitsplatz/das Team und die damit verbundenen Arbeitsaufgaben beziehen. [7]Die Erfüllung der Ziele muss in der vertraglich geschuldeten Arbeitszeit möglich sein.

(2) Im Ausnahmefall sind Korrekturen der Zielvereinbarung einvernehmlich dann möglich, wenn sich maßgebliche Rahmenbedingungen gravierend geändert haben.

(3) [1]Die jeweilige Zielerreichung wird auf der Grundlage eines Soll-Ist-Vergleichs festgestellt und auf Wunsch den Beschäftigten erläutert. [2]Die Feststellung, dass Ziele nicht erreicht wurden, darf für sich allein nicht zu arbeitsrechtlichen Maßnahmen führen. [3]Umgekehrt schließt die Teilnahme an einer Zielvereinbarung arbeitsrechtliche Maßnahmen nicht aus.

§ 43 Systematische Leistungsbewertung

(1) Die Leistungsbewertung knüpft im Rahmen eines Systems an konkrete Tatsachen und Verhaltensweisen an; sie begründet insbesondere Leistungszulagen.

(2) [1]Bewertungskriterien (z. B. Arbeitsquantität, Arbeitsqualität, Kundenorientierung, Teamfähigkeit, Führungsverhalten) sowie deren ggf. unterschiedlich gewichtete Abstufung werden in einer einvernehmlichen Dienstvereinbarung festgelegt. [2]Es können nur Kriterien herangezogen werden, die für den Arbeitsplatz relevant und von der/dem Beschäftigten beeinflussbar sind. [3]Die Leistungsbewertung nimmt die zuständige Führungskraft vor. [4]Der Bewertungsentwurf wird mit der/dem Beschäftigten besprochen, von der Führungskraft begründet und entschieden.

Niederschriftserklärung:
Regelbeurteilungen sind für die Feststellung von Leistungszulagen ausgeschlossen.

§ 44 Sparkassensonderzahlung

(1) [1]Bankspezifisch Beschäftigte haben in jedem Kalenderjahr Anspruch auf eine Sparkassensonderzahlung (SSZ). [2]Sie besteht aus einem garan-

tierten und einem variablen Anteil. [3]Der garantierte Anteil in Höhe eines Monatstabellenentgelts bis zum Kalenderjahr 2016 und in Höhe von 96 v. H. eines Monatstabellenentgelts ab dem Kalenderjahr 2017 steht jedem Beschäftigten zu. [4]Der variable Anteil ist individuell-leistungsbezogen und unternehmenserfolgsbezogen. [5]Er bestimmt sich nach den Absätzen 3 und 4. [6]Alle ausgezahlten Anteile sind zusatzversorgungspflichtiges Entgelt. [7]Voraussetzung für die SSZ ist, dass der Beschäftigte am 1. Dezember des jeweiligen Kalenderjahres im Arbeitsverhältnis steht. [8]Die SSZ vermindert sich um ein Zwölftel für jeden Kalendermonat, in dem Beschäftigte keinen Anspruch auf Entgelt, Entgelt im Krankheitsfall (§ 22) oder Fortzahlung des Entgelts während des Erholungsurlaubs (§ 26) haben. [9]Die Verminderung unterbleibt für Kalendermonate,

1. für die Beschäftigte kein Entgelt erhalten haben wegen
   a) Ableistung von Grundwehrdienst oder Zivildienst, wenn sie diesen vor dem 1. Dezember beendet und die Beschäftigung unverzüglich wieder aufgenommen haben,
   b) Beschäftigungsverboten nach dem Mutterschutzgesetz,
   c) Inanspruchnahme der Elternzeit nach dem Bundeselterngeld- und Elternzeitgesetz bis zum Ende des Kalenderjahres, in dem das Kind geboren ist, wenn am Tag vor Antritt der Elternzeit Entgeltanspruch bestanden hat,
2. in denen Beschäftigten Krankengeldzuschuss gezahlt wurde oder nur wegen der Höhe des zustehenden Krankengeldes ein Krankengeldzuschuss nicht gezahlt worden ist.

Protokollerklärungen zu § 44 Abs. 1:

1. [1]Bankspezifisch Beschäftigte im Sinne von § 44 Abs. 1 Satz 1 sind Beschäftigte gemäß § 38 Abs. 5 Satz 1. [2]Die übrigen Beschäftigten haben Anspruch auf den garantierten Anteil der SSZ gemäß Absatz 1 Sätze 2 und 3; eigene leistungsdifferenzierende Systeme für diese Beschäftigten sind nicht ausgeschlossen.
2. Der variable Anteil der SSZ wird abhängig von der Ausweitung der Leistungsbezahlung im TVöD – Allgemeiner Teil – wie folgt wachsen (Grundlage: 14 Monatstabellenentgelte pro Jahr):
   a) Solange bis der Zuwachs der Variabilität in der SSZ 1,36 v. H. (= 8,5 v. H. insgesamt) nicht erreicht, wird dieser dem individuell-leistungsbezogenen Anteil der SSZ zugeschlagen.
   b) Hat der Zuwachs 1,36 v. H. erreicht, werden darüber hinaus gehende Zuwächse jeweils zur Hälfte dem garantierten Anteil und zur Hälfte dem variablen Anteil zugeordnet (¼ individuell-leistungsbezogen, ¼ unternehmenserfolgsbezogen).
   c) Eine ggf. andere Verteilung der Anteile bleibt späteren Tarifverhandlungen vorbehalten.
3. *(aufgehoben)*
4. [1]Wegen der am 29. April 2016 vereinbarten Festschreibung des garantierten Anteils der Sparkassensonderzahlung beträgt abweichend von Satz 3 der Be-

messungssatz für den garantierten Anteil der Sparkassensonderzahlung im Kalenderjahr 2016 97,66 Prozent und im Kalenderjahr 2017 91,60 Prozent. [2]Der garantierte Anteil beträgt ab dem Kalenderjahr 2018 88,77 v. H., im Kalenderjahr 2021 81,77 v. H. und ab dem Kalenderjahr 2022 74,77 v. H.

(2) Das Monatstabellenentgelt gemäß Absatz 1 Satz 3 ist das Entgelt des Beschäftigten für den Monat Oktober, das sich aufgrund der individuell für diesen Monat vereinbarten durchschnittlichen regelmäßigen Arbeitszeit ergibt.

Protokollerklärung zu § 44 Abs. 2:
Das für die Berechnung des garantierten und der variablen Anteile der Sparkassensonderzahlung maßgebliche Monatstabellenentgelt beträgt im Kalenderjahr 2021 98,62 v. H., im Kalenderjahr 2022 97,64 v. H. und ab Kalenderjahr 2023 96,88 v. H. des Entgeltes der/des Beschäftigten für den Monat Oktober, das sich aufgrund der individuell für diesen Monat vereinbarten durchschnittlichen regelmäßigen Arbeitszeit ergibt.

(3) [1]Der individuell-leistungsbezogene Teil des variablen Anteils der SSZ bestimmt sich wie folgt: [2]Für jeden Beschäftigten wird jährlich ein Betrag in Höhe von 64 v. H. eines Monatstabellenentgelts (Absatz 2) in ein Leistungsentgelt eingestellt. [3]Die jährliche Ausschüttung des Leistungsbudgets an die Beschäftigten erfolgt in Form von Leistungszulagen und/oder Leistungsprämien auf der Grundlage individueller und/oder teambezogener Leistungskriterien. [4]Bemessungsmethode für Leistungszulagen ist die systematische Leistungsbewertung (§ 43) und für Leistungsprämien die Zielvereinbarung (§ 42). [5]Es ist sicherzustellen, dass das jeweilige Auszahlungsvolumen den beteiligten Beschäftigten nach einem ratierlichen auf alle anzuwendenden Maßstab zugeordnet wird. [6]Bei teilweiser Zielerreichung können Teilzahlungen erfolgen, wenn es die Zielvereinbarung vorsieht. [7]Die vollständige Ausschüttung des Gesamtbudgets ist zu gewährleisten. [8]Die weiteren Einzelheiten werden in einer einvernehmlichen Dienstvereinbarung geregelt. [9]Bis zu dem Abschluss und der Anwendung der Dienstvereinbarung werden 25 v. H. eines Monatstabellenentgelts gezahlt.

Niederschriftserklärungen zu § 44 Abs. 3:
1. Wann immer praktizierbar und zweckmäßig, sind Zielvereinbarungen abzuschließen. Ansonsten werden systematische Leistungsbewertungen durchgeführt. Mischformen sind möglich.
2. Bei noch ausstehender Dienstvereinbarung werden die vorerst nicht auszuzahlenden 25 v. H. eines Monatstabellenentgelts gestundet.

(4) [1]Der unternehmenserfolgsbezogene Teil des variablen Anteils der SSZ bestimmt sich wie folgt:

[2]Für jeden Beschäftigten wird jährlich ein Betrag in Höhe eines halben Monatstabellenentgelts (Absatz 2) in ein Unternehmenserfolgsbudget eingestellt. [3]Die Höhe des Ausschüttungsvolumens bestimmt sich nach der Erreichung von institutsindividuellen Geschäftszielen der Sparkasse. [4]Die Definition der Geschäftsziele erfolgt vor Beginn des Kalenderjahres durch den Arbeitgeber im Rahmen der Unternehmensplanung. [5]Die für den unternehmenserfolgsabhängigen Anteil relevanten Ziele müssen den definierten Geschäftszielen entsprechen. [6]Die weiteren Einzelheiten, insbesondere der/ein Katalog relevanter Ziele und Kriterien für die Geschäftszielerreichung und die Fälligkeit (in der Regel im Monat nach der Schlussbesprechung), werden in einer einvernehmlichen Dienstvereinbarung geregelt. [7]Bei Zielerreichung ist jeder/m Beschäftigten das halbe Monatstabellenentgelt auszuzahlen. [8]Eine teilweise Zielerreichung kann nach den Maßgaben der Dienstvereinbarung zur anteiligen Ausschüttung führen. [9]Zielübererfüllungen können zu einer höheren Ausschüttung führen. [10]Kommt bis zum Ende des zu bewertenden Kalenderjahres keine Einigung über die Dienstvereinbarung zustande, besteht abweichend von Satz 2 nur Anspruch auf 25 v. H. eines Monatstabellenentgelts; der restliche Anteil verfällt.

Niederschriftserklärung zu § 44 Abs. 4:
[1]Zeichnet sich ab, dass keine Dienstvereinbarung zu dem unternehmenserfolgsbezogenen Teil der SSZ zustande kommt, wird auf Antrag einer Betriebspartei der Gemeinsame Ausschuss um jeweils einen Vertreter der Landesbezirkstarifvertragsparteien ergänzt. [2]Der ergänzte Gemeinsame Ausschuss unterbreitet den für die Vereinbarung zuständigen Betriebsparteien einen Konsensvorschlag spätestens bis zum 30. Juni.

(5) Der garantierte Anteil der SSZ wird mit dem Entgelt des Monats November, der variable Anteil gemäß Absatz 3 wird spätestens mit dem Entgelt für den Monat April des folgenden Kalenderjahres ausgezahlt.
(6) Im Übergangsjahr – in der Regel im Jahr 2006 – ist sicherzustellen, dass durch Abschlagszahlung auf die nach Absatz 1 Sätze 2 bis 4 zustehenden Anteile der SSZ 1,75 Monatstabellenentgelte (= 87,5 v. H. der SSZ) zur Ausschüttung kommen; die Einzelheiten werden in der Dienstvereinbarung geregelt.
(7) Die Beschäftigten haben keinen tarifvertraglichen Anspruch auf weitere Jahressonder- bzw. mantelrechtliche Einmalzahlungen.

Niederschriftserklärungen zu § 44:
1. [1]Die Tarifvertragsparteien gehen davon aus, dass es aus Anlass der Einführung dieser neuen Regelungen nicht zu einer Verrechnung von bestehenden Hausregelungen kommt. [2]Sie erheben keine Bedenken gegen eine Volumen erhöhende Einbeziehung in die SSZ gemäß den Absätzen 3 und 4.

2. Die Vereinbarung der SSZ dient nicht zur Einsparung von Personalkosten.
3. Um insbesondere eine ausreichende Einführungs- oder Übergangsphase für die SSZ zu ermöglichen, können – das Einvernehmen der Betriebsparteien vorausgesetzt – die betrieblichen Systeme auch eine undifferenzierte Verteilung der variablen Entgeltbestandteile vorsehen.

§ 45 Beschäftigte der Entgeltgruppe 15

Mit Beschäftigten der Entgeltgruppe 15 können einzelarbeitsvertraglich vom Tarifrecht abweichende Regelungen zum Entgelt und zur Arbeitszeit getroffen werden.

§ 46 Bankgeheimnis, Schweigepflicht

[1]Die Beschäftigten haben über Angelegenheiten, deren Geheimhaltung durch gesetzliche Vorschriften vorgesehen oder vom Arbeitgeber angeordnet worden ist, Verschwiegenheit zu wahren; dies gilt auch über die Beendigung des Arbeitsverhältnisses hinaus. [2]Der Beschäftigte hat das Bankgeheimnis auch dann zu wahren, wenn dies nicht ausdrücklich vom Arbeitgeber angeordnet ist.

Niederschriftserklärung zu Beihilfen in Krankheitsfällen:
Der TVöD bzw. der TV-S greift in bei dem Arbeitgeber geltende Bestimmungen nicht ein, wenn Beschäftigte vor der Überleitung Beihilfe in Krankheitsfällen wie Beamte erhalten hätten.

§ 47 Qualifizierung

(1) [1]Ein hohes Qualifikationsniveau und lebenslanges Lernen liegen im gemeinsamen Interesse von Beschäftigten und Arbeitgebern. [2]Qualifizierung dient der Steigerung von Effektivität und Effizienz der Sparkassen, der Nachwuchsförderung und der Steigerung von beschäftigungsbezogenen Kompetenzen. [3]Die Tarifvertragsparteien verstehen Qualifizierung auch als Teil der Personalentwicklung.
(2) [1]Vor diesem Hintergrund stellt Qualifizierung nach diesem Tarifvertrag ein Angebot dar, aus dem für die Beschäftigten kein individueller Anspruch außer nach Absatz 4 abgeleitet werden kann. [2]Das Angebot kann durch einvernehmliche Dienstvereinbarung wahrgenommen und näher ausgestaltet werden. [3]Weitergehende Mitbestimmungsrechte werden dadurch nicht berührt.
(3) [1]Qualifizierungsmaßnahmen sind
a) die Fortentwicklung der fachlichen, methodischen und sozialen Kompetenzen für die übertragenen Tätigkeiten (Erhaltungsqualifizierung),
b) der Erwerb zusätzlicher Qualifikationen (Fort- und Weiterbildung),

c) die Qualifizierung zur Arbeitsplatzsicherung (Qualifizierung für eine andere Tätigkeit; Umschulung),

d) die Einarbeitung bei längerer Abwesenheit (Wiedereinstiegsqualifizierung).

[2]Die Teilnahme an einer Qualifizierungsmaßnahme wird dokumentiert und den Beschäftigten schriftlich bestätigt.

(4) [1]Beschäftigte haben – auch in den Fällen des Absatzes 3 Satz 1 Buchst. d – Anspruch auf ein regelmäßiges Gespräch mit der jeweiligen Führungskraft, in dem festgestellt wird, ob und welcher Qualifizierungsbedarf besteht. [2]Dieses Gespräch kann auch als Gruppengespräch geführt werden. [3]Wird nichts anderes geregelt, ist das Gespräch jährlich zu führen.

(5) [1]Die Kosten einer vom Arbeitgeber veranlassten Qualifizierungsmaßnahme – einschließlich Reisekosten – werden, soweit sie nicht von Dritten übernommen werden, grundsätzlich vom Arbeitgeber getragen. [2]Ein möglicher Eigenbeitrag und eventuelle Rückzahlungspflichten bei vorzeitigem Ausscheiden werden in einer Qualifizierungsvereinbarung geregelt. [3]Die Betriebsparteien sind gehalten, die Grundsätze einer fairen Kostenverteilung unter Berücksichtigung des betrieblichen und individuellen Nutzens zu regeln. [4]Ein Eigenbeitrag der/des Beschäftigten kann in Geld und/oder Zeit erfolgen.

(6) [1]Zeiten von vereinbarten Qualifizierungsmaßnahmen gelten als Arbeitszeit. [2]Absatz 5 Sätze 2 bis 4 bleiben unberührt.

(7) Gesetzliche Förderungsmöglichkeiten können in die Qualifizierungsplanung einbezogen werden.

(8) Für Beschäftigte mit individuellen Arbeitszeiten sollen Qualifizierungsmaßnahmen so angeboten werden, dass ihnen eine gleichberechtigte Teilnahme ermöglicht wird.

§ 48 Entgelt für Auszubildende

Die unter den Tarifvertrag für Auszubildende des öffentlichen Dienstes (TVAöD) vom 13. September 2005 fallenden Auszubildenden der Sparkassen erhalten im ersten, zweiten und dritten Ausbildungsjahr das nach dem TVAöD maßgebende Ausbildungsentgelt für das zweite, dritte bzw. vierte Ausbildungsjahr.

§ 49 Vermögenswirksame Leistungen

(1) [1]Nach Maßgabe des Vermögensbildungsgesetzes in seiner jeweiligen Fassung haben Beschäftigte, deren Arbeitsverhältnis voraussichtlich mindestens sechs Monate dauert, einen Anspruch auf vermögenswirksame Leistungen. [2]Für Vollbeschäftigte beträgt die vermögenswirksame Leistung für jeden vollen Kalendermonat 40 Euro. [3]Der Anspruch entsteht

frühestens für den Kalendermonat, in dem Beschäftigte dem Arbeitgeber die erforderlichen Angaben schriftlich mitteilen, und für die beiden vorangegangenen Monate desselben Kalenderjahres; die Fälligkeit tritt nicht vor acht Wochen nach Zugang der Mitteilung beim Arbeitgeber ein. [4]Die vermögenswirksame Leistung wird nur für Kalendermonate gewährt, für die den Beschäftigten Tabellenentgelt, Entgeltfortzahlung oder Krankengeldzuschuss zusteht. [5]Für Zeiten, für die Krankengeldzuschuss zusteht, ist die vermögenswirksame Leistung Teil des Krankengeldzuschusses. [6]Die vermögenswirksame Leistung ist kein zusatzversorgungspflichtiges Entgelt.

(2) Absatz 1 gilt auch für die Auszubildenden der Sparkassen.

§ 50 Reise- und Umzugskosten

(1) Die Erstattung von Reise- und Umzugskosten richtet sich nach den beim Arbeitgeber geltenden Grundsätzen.

(2) [1]Bei Dienstreisen gilt nur die Zeit der dienstlichen Inanspruchnahme am auswärtigen Geschäftsort als Arbeitszeit. [2]Für jeden Tag einschließlich der Reisetage wird jedoch mindestens die auf ihn entfallende regelmäßige, durchschnittliche oder dienstplanmäßige Arbeitszeit berücksichtigt, wenn diese bei Nichtberücksichtigung der Reisezeit nicht erreicht würde. [3]Überschreiten nicht anrechenbare Reisezeiten insgesamt 15 Stunden im Monat, so werden auf Antrag 25 v. H. dieser überschreitenden Zeiten bei fester Arbeitszeit als Freizeitausgleich gewährt und bei gleitender Arbeitszeit im Rahmen der jeweils geltenden Vorschriften auf die Arbeitszeit angerechnet. [4]Der besonderen Situation von Teilzeitbeschäftigten ist Rechnung zu tragen. [5]Soweit Einrichtungen in privater Rechtsform oder andere Arbeitgeber nach eigenen, für die Beschäftigten günstigeren Grundsätzen oder Abmachungen verfahren, sind diese abweichend von den Sätzen 1 bis 4 maßgebend.

§ 50a Erholungsurlaub

(1) Unbeschadet der bestehenden tariflichen und gesetzlichen Regelungen zum Erholungsurlaub erhöht sich der tarifliche Urlaubsanspruch für Beschäftigte, die Anspruch auf eine Sparkassensonderzahlung nach § 44 haben, bei Verteilung der wöchentlichen Arbeitszeit auf fünf Tage

- ab dem Kalenderjahr 2021 um einen zusätzlichen Arbeitstag und
- ab dem Kalenderjahr 2022 um einen weiteren zusätzlichen Arbeitstag.

Protokollerklärung:

[1]Durch einvernehmliche Dienstvereinbarung kann der Urlaubsanspruch nach Absatz 1 ab dem Kalenderjahr 2021 erhöht werden, wobei für jeden zusätzlichen Ur-

laubstag eine Absenkung des garantierten Anteils der Sparkassensonderzahlung (§ 44 Abs. 1 Satz 3) um 7 Prozentpunkte erfolgt. [2]Die Summe der zusätzlichen Urlaubstage gemäß Absatz 1 und der durch die einvernehmliche Dienstvereinbarung vereinbarten zusätzlichen Urlaubstage darf (bei Verteilung der wöchentlichen Arbeitszeit auf fünf Tage) maximal vier betragen. [3]Bestehende Dienstvereinbarungen bleiben davon unberührt.

(2) Die Werte des § 27 Abs. 4 Satz 2 bis 4 werden entsprechend erhöht.

*§ 50b Teilweise Umwandlung des garantierten Anteils der Sparkassensonderzahlung**

[1]§ 29a (VKA) gilt unter Beibehaltung der übrigen Regelungen mit der Maßgabe, dass die Beschäftigten geltend machen können, einen Teil des ihnen nach § 44 Abs. 1 BT-S zustehenden garantierten Anteils der Sparkassensonderzahlung in bis zu drei Arbeitstage (Tauschtage) umzuwandeln, für die ihnen im darauffolgenden Kalenderjahr volle freie Tage unter Fortzahlung des Entgelts gemäß § 21 gewährt werden. [2]Bei Beschäftigten, die einen Anspruch auf Tauschtage gemäß § 29a (VKA) geltend gemacht haben, vermindert sich der garantierte Anteil der Sparkassensonderzahlung (§ 44 Abs. 1 Satz 3) für das laufende Kalenderjahr (Jahr der Antragstellung nach Satz 1) in entsprechender Anwendung von § 29a (VKA) Abs. 2 mit der Maßgabe, dass Bemessungsgrundlage für die Berechnung des Wertes eines Tauschtages das Monatstabellenentgelt gemäß § 44 Abs. 1 Satz 3 ist und sich der garantierte Anteil der Sparkassensonderzahlung um den Betrag vermindert, der dem Wert der nach Absatz 1 erklärten Anzahl der Tauschtage entspricht (Umwandlungsbetrag).

§ 51 In-Kraft-Treten, Laufzeit

(1) [1]Dieser Tarifvertrag tritt am 1. Oktober 2005 in Kraft. [2]Er kann mit einer Frist von drei Monaten zum Schluss eines Kalenderhalbjahres schriftlich gekündigt werden.

(2) Abweichend von Absatz 1 kann § 49 mit einer Frist von einem Monat zum Schluss eines Kalendermonats schriftlich gekündigt werden.

* § 50b tritt am 1. Januar 2026 in Kraft.

Besonderer Teil Flughäfen (BT-F)

vom 13. September 2005 in der Fassung des Änderungstarifvertrages Nr. 4 vom 25. Oktober 2020

§ 40 Geltungsbereich

(1) [1]Dieser Tarifvertrag gilt für Beschäftigte der Verkehrsflughäfen. [2]Er bildet im Zusammenhang mit dem Allgemeinen Teil des Tarifvertrages für den öffentlichen Dienst (TVöD) den Tarifvertrag für die Sparte Flughäfen.
(2) Soweit in den nachfolgenden Bestimmungen auf die §§ 1 bis 39 verwiesen wird, handelt es sich um die Regelungen des TVöD – Allgemeiner Teil.

§ 41 Wechselschichtarbeit

Durch landesbezirklichen Tarifvertrag kann bestimmt werden, dass abweichend von

a) § 6 Abs. 1 Satz 2 die gesetzlichen Pausen bei Wechselschichtarbeit nicht in die Arbeitszeit einzurechnen sind und
b) § 7 Abs. 1 Satz 1 Wechselschichtarbeit erst dann vorliegt, wenn die/der Beschäftigte längstens nach Ablauf eines Monats erneut zu mindestens zwei Nachtschichten herangezogen wird.

§ 42 Rampendienst

(1) [1]Beschäftigten im Rampendienst wird für je sechs Arbeitstage ein freier Arbeitstag gewährt. [2]Im Jahresdurchschnitt soll mindestens jeder dritte freie Tag auf einen Sonntag fallen.
(2) [1]Als freier Tag gilt in der Regel eine arbeitsfreie Zeit von 36 Stunden. [2]Diese kann in Ausnahmefällen auf 32 Stunden verringert werden, wenn die Betriebsverhältnisse es erfordern. Werden zwei zusammenhängende freie Tage gewährt, gilt in der Regel eine arbeitsfreie Zeit von 60 Stunden, die in Ausnahmefällen auf 56 Stunden verringert werden kann, als zwei freie Tage. [3]Für weitere freie Tage erhöhen sich die Zeiten um jeweils 24 Stunden für einen Tag.
(3) Die Zeitzuschläge nach § 8 Abs. 1 werden pauschal mit einem Zuschlag von 12 v. H. des auf eine Stunde entfallenden Anteils des monatlichen Ent-

gelts der Stufe 3 der jeweiligen Entgeltgruppe nach Maßgabe der Entgelttabelle abgegolten.

§ 43 Feuerwehr- und Sanitätspersonal

(1) Für das Feuerwehr- und Sanitätspersonal wird – unter Einbeziehung der Zeitzuschläge nach § 8 Abs. 1 – das monatliche Entgelt landesbezirklich oder betrieblich geregelt.
(2) Wenn das Feuerwehr- und Sanitätspersonal in Ausnahmefällen aus der zusammenhängenden Ruhezeit zur Arbeit gerufen wird, ist diese – einschließlich etwaiger Zeitzuschläge – neben dem Tabellenentgelt besonders zu vergüten.
(3) [1]Für den Gesundheitsschutz der Beschäftigten von Flughafenfeuerwehren im Einsatzdienst gelten die in der Anlage G aufgeführten Regelungen. [2]Von den Vorschriften der Anlage G kann durch Tarifvertrag auf landesbezirklicher Ebene abgewichen werden.

§ 44 Reise- und Umzugskosten

(1) Die Erstattung von Reise- und Umzugskosten richtet sich nach den beim Arbeitgeber geltenden Grundsätzen.
(2) [1]Bei Dienstreisen gilt nur die Zeit der dienstlichen Inanspruchnahme am auswärtigen Geschäftsort als Arbeitszeit. [2]Für jeden Tag einschließlich der Reisetage wird jedoch mindestens die auf ihn entfallende regelmäßige, durchschnittliche oder dienstplanmäßige Arbeitszeit berücksichtigt, wenn diese bei Nichtberücksichtigung der Reisezeit nicht erreicht würde. [3]Überschreiten nicht anrechenbare Reisezeiten insgesamt 15 Stunden im Monat, so werden auf Antrag 25 v. H. dieser überschreitenden Zeiten bei fester Arbeitszeit als Freizeitausgleich gewährt und bei gleitender Arbeitszeit im Rahmen der jeweils geltenden Vorschriften auf die Arbeitszeit angerechnet. [4]Der besonderen Situation von Teilzeitbeschäftigten ist Rechnung zu tragen. [5]Soweit Einrichtungen in privater Rechtsform oder andere Arbeitgeber nach eigenen, für die Beschäftigten günstigeren Grundsätzen oder Abmachungen verfahren, sind diese abweichend von den Sätzen 1 bis 4 maßgebend.

§ 45 In-Kraft-Treten, Laufzeit

[1]Dieser Tarifvertrag am 1. Oktober 2005 in Kraft. [2]Er kann mit einer Frist von drei Monaten zum Schluss eines Kalenderhalbjahres schriftlich gekündigt werden.

Anlage G zu § 43 Abs. 3 TVöD-BT-F

Präambel

[1]Die Tarifvertragsparteien sind sich darüber einig, dass dem Gesundheitsschutz der Beschäftigten von Flughafenfeuerwehren, die im Einsatzfall besonderen Risiken ausgesetzt sind, eine hohe Bedeutung zukommt. [2]Der Gesundheitsschutz hat die Erhaltung gesundheitsgerechter Verhältnisse am Arbeitsplatz sowie gesundheitsbewusstes Verhalten zu fördern. [3]Er basiert auf einem von den Unternehmen und den Beschäftigten aktiv betriebenen Gesundheitsschutz.

§ 1 Geltungsbereich

(1) Diese Anlage gilt für Beschäftigte bei Flughafenfeuerwehren, die im Einsatzdienst tätig sind.
(2) Sofern bei einem Flughafen aufgrund örtlichen Tarifvertrags Regelungen zu Regelungsgegenständen aus Abschnitt I (Sportangebot), aus Abschnitt II (Informations- und Vorsorgeangebot) oder aus Abschnitt III (Atemschutzuntauglichkeit) dieser Anlage bestehen, finden die Regelungen des jeweiligen Abschnitts keine Anwendung.

Protokollerklärung zu Absatz 2:
Die Verdrängungswirkung der örtlichen Regelung gegenüber der Anlage G tritt immer dann ein, wenn die örtliche Regelung eine konkrete inhaltliche Festlegung zum jeweiligen Regelungsgegenstand beinhaltet, ohne dass diese deckungsgleich sein muss.

(3) Sind in einer Betriebsvereinbarung Arbeitsbedingungen geregelt, die Gegenstand dieses Tarifvertrags sind, ist für eine solche Betriebsvereinbarung die Verdrängungswirkung des Tarifvertrags gemäß § 77 Abs. 3 BetrVG bis zum 31. August 2019 ausgesetzt.
(4) Landesbezirklich können abweichende Tarifregelungen vereinbart werden.

Abschnitt I: Sportangebot

§ 2 Sportangebot

(1) Der Arbeitgeber hat vier Stunden je Kalenderwoche Sport, davon mindestens zwei Stunden während der Vollarbeitszeit, in geeigneten Räumlichkeiten und unter Anleitung durch eine ausreichend qualifizierte Person anzubieten.

Protokollerklärung zu Absatz 1:
[1]Die Räumlichkeiten sind geeignet, wenn die zuständige Unfallkasse der Nutzung zum Dienstsport zustimmt. [2]Ausreichend qualifiziert zur Anleitung von Beschäftigten während des Dienstsports sind Personen, die mindestens die Lizenz als Übungsleiter B »Sport in der Prävention« des DOSB besitzen.

(2) Bei der Planung und Durchführung des Sports ist den Erfordernissen körperlicher Fitness zur Erhaltung der Einsatzfähigkeit bei der Flughafenfeuerwehr Rechnung zu tragen; die jederzeitige Einsatzbereitschaft der Teilnehmenden muss gewährleistet sein. [2]Hochverletzungsgefährdende Sportarten entsprechend den DGUV-Empfehlungen sollen ausgeschlossen werden. [3]Hinweise der Betriebsärztin/des Betriebsarztes sollen berücksichtigt werden. [4]Das betriebliche Gesundheitsmanagement ist einzubeziehen.

Abschnitt II: Informations- und Vorsorgeangebote

§ 3 Informationsangebote

(1) [1]Der Arbeitgeber hat als Bestandteil des betrieblichen Gesundheitsmanagements in der Bereitschaftszeit regelmäßig Informationsveranstaltungen zur Aufklärung über präventive, gesundheitserhaltende oder -fördernde Verhaltensweisen und Maßnahmen anzubieten. [2]Die Beschäftigten haben in ihrer eigenverantwortlichen Pflicht zur Erhaltung ihrer Gesundheit und Arbeitsfähigkeit an entsprechenden Veranstaltungen teilzunehmen.
(2) Die Informationsangebote sind so zu planen und durchzuführen, dass die jederzeitige Einsatzbereitschaft der Teilnehmenden gewährleistet ist.
(3) Die Informationsangebote nach Absatz 1 werden in regelmäßigen Abständen evaluiert und gegebenenfalls angepasst.

§ 4 Vorsorgeangebote

[1]Der Arbeitgeber hat die sich aus dem Anhang ergebenden Vorsorgeuntersuchungen sowie weitere Maßnahmen, deren Notwendigkeit sich aus einer Vorsorgeuntersuchung ergibt, anzubieten, soweit solche nicht von den Krankenkassen, der Deutschen Rentenversicherung, den Unfallversicherungsträgern oder anderen Stellen unter Übernahme der Kosten angeboten werden. [2]Die Inanspruchnahme solcher Vorsorgeuntersuchungen nach Satz 1 erfolgt in Abstimmung mit der Betriebsärztin/dem Betriebsarzt. [3]Die Untersuchungsergebnisse werden ausschließlich der/dem Beschäftigten und der beauftragten Ärztin/dem beauftragten Arzt (§ 3 Abs. 4 Satz 2 TVöD) zugänglich gemacht. [4]Der/die Beschäftigte kann der Weitergabe der Untersuchungsergebnisse an die beauftragte Ärztin/den beauftragten Arzt (§ 3 Abs. 4 Satz 2 TVöD) widersprechen. [5]Die Untersuchungen finden während

der Freizeit der Beschäftigten statt. [6]Die Kosten der Vorsorgeuntersuchungen trägt der Arbeitgeber, soweit kein anderer Kostenträger zuständig ist.

Abschnitt III: Atemschutzuntauglichkeit

§ 5 Zeitlich begrenzte Atemschutzuntauglichkeit

(1) [1]Bei einer zeitlich begrenzten Atemschutzuntauglichkeit (§ 7 Nr. 2) hat die Betriebsärztin/der Betriebsarzt ggf. in Zusammenwirken mit Fachärztinnen/Fachärzten zumutbare Maßnahmen zur Wiederherstellung der Atemschutztauglichkeit zu planen und zu veranlassen. [2]Die/Der Beschäftigte ist verpflichtet, bei diesen Maßnahmen aktiv mitzuwirken. [3]Die Kosten entsprechender Maßnahmen trägt der Arbeitgeber, soweit kein anderer Kostenträger zuständig ist.

(2) [1]Für die Dauer einer zeitlich begrenzten Atemschutzuntauglichkeit erhält die/der Beschäftigte, wenn sie/er an allen Maßnahmen, die zur Wiederherstellung der Atemschutzuntauglichkeit nach Absatz 1 ergriffen werden, aktiv mitwirkt, Entgeltsicherung nach Maßgabe des Absatzes 3, wenn

1. die/der Beschäftigte eine ununterbrochene Beschäftigungszeit bei der Flughafenfeuerwehr von mindestens 15 Jahren aufweist und nachweislich an mindestens 85 Prozent der angebotenen Sportstunden aktiv teilgenommen hat, oder
2. die Atemschutzuntauglichkeit auf einem nicht selbst verschuldeten Arbeitsunfall (§ 7 Nr. 1) oder auf einer Berufskrankheit (§ 7 Nr. 3) im bestehenden Arbeitsverhältnis beruht. [2]Als Verschulden gelten insoweit nur Vorsatz und grobe Fahrlässigkeit.

Protokollerklärung zu Absatz 2 Satz 1 Nr. 1:
[1]Die Teilnahmequote bezieht sich auf die Zeit ab der betrieblichen Geltung des Abschnitts III. [2]Die aus dienstlichen Gründen, wegen Arbeitsunfähigkeit, Erholungsurlaub, Sonderurlaubs oder Arbeitsbefreiung nicht mögliche Teilnahme ist als Teilnahme zu werten.

[3]Hat die/der Beschäftigte zuvor eine Nebentätigkeit ausgeübt, so entsteht der Anspruch auf Entgeltsicherung nach Satz 1 Nr. 1 nur, wenn die Nebentätigkeit innerhalb einer Woche nach Feststellung der Atemschutzuntauglichkeit beendet und dies dem Arbeitgeber nachgewiesen wird, es sei denn, die Ausübung der Nebentätigkeit steht der Wiederherstellung der Atemschutztauglichkeit nicht entgegen. [4]Der Anspruch auf Entgeltsicherung nach Satz 1 Nr. 1 bzw. Nr. 2 entfällt, sobald während der zeitlich begrenzten Atemschutzuntauglichkeit eine schädliche Nebentätigkeit im Sinne von Satz 3 ausgeübt wird.

(3) [1]Die/Der Beschäftigte erhält, soweit keine Arbeitsunfähigkeit vorliegt, für die Dauer von vier Monaten nach Feststellung ihrer/seiner Atemschutzuntauglichkeit Entgelt wie bei einer Entgeltfortzahlung nach § 22 Abs. 1 Satz 1 TVöD. [2]Nach Ablauf der Frist nach Satz 1 erhält die/der Beschäftigte das ihr/ihm aus der vorübergehend übertragenen Tätigkeit zustehende Entgelt. [3]Liegt während der Atemschutzuntauglichkeit Arbeitsunfähigkeit vor, wird abweichend von § 22 Abs. 2 TVöD der Krankengeldzuschuss in Höhe des Unterschiedsbetrages zwischen dem festgesetzten Nettokrankengeld oder der entsprechenden gesetzlichen Nettoleistung und dem Nettoentgelt (§ 22 Abs. 2 Satz 2 und 3 TVöD) gezahlt. [4]Nettokrankengeld ist das um die Arbeitnehmeranteile zur Sozialversicherung reduzierte Krankengeld. [5]§ 22 Abs. 2 Satz 4 TVöD findet Anwendung.

§ 6 Dauerhafte Atemschutzuntauglichkeit

(1) [1]Bei einer dauerhaften Atemschutzuntauglichkeit (§ 7 Nr. 2) prüft der Arbeitgeber, ob die/der Beschäftigte auf einem anderen Arbeitsplatz weiterbeschäftigt werden kann, vorzugsweise im Bereich der Feuerwehr. [2]Für die Prüfung der Weiterbeschäftigungsmöglichkeiten gilt folgende Reihenfolge:

1. Weiterbeschäftigung im Einsatzdienst der Flughafenfeuerwehr,
2. Weiterbeschäftigung im Feuerwehrdienst der Flughafenfeuerwehr,
3. Weiterbeschäftigung beim Flughafen.

[3]Bei der Prüfung der Möglichkeiten zur Weiterbeschäftigung ist der Betriebsrat beratend einzubeziehen.

(2) [1]Die/Der Beschäftigte erhält, wenn sie/er an allen Maßnahmen, die zur Wiederherstellung der Atemschutztauglichkeit nach § 5 Abs. 1 ergriffen wurden, aktiv mitgewirkt hat, bei einer Weiterbeschäftigung auf einem anderen Arbeitsplatz Entgeltsicherung nach Maßgabe des Absatzes 3, wenn

1. die/der Beschäftigte eine ununterbrochene Beschäftigungszeit bei der Flughafenfeuerwehr von mindestens 18 Jahren aufweist und nachweislich an mindestens 90 Prozent der angebotenen Sportstunden aktiv teilgenommen hat, oder
2. die Atemschutzuntauglichkeit auf einem nicht selbst verschuldeten Arbeitsunfall (§ 7 Nr. 1) oder auf einer Berufskrankheit (§ 7 Nr. 3) im bestehenden Arbeitsverhältnis beruht. [2]Als Verschulden gelten insoweit nur Vorsatz und grobe Fahrlässigkeit.

Protokollerklärung zu Absatz 2 Satz 1 Nr. 1:
[1]Die Teilnahmequote bezieht sich auf die Zeit ab der betrieblichen Geltung des Abschnitts III. [2]Die aus dienstlichen Gründen, wegen Arbeitsunfähigkeit, Erholungsurlaub, Sonderurlaubs oder Arbeitsbefreiung nicht mögliche Teilnahme ist als Teilnahme zu werten.

(3) [1]Die/der Beschäftigte erhält neben ihrem/seinen Entgelt aus der neuen Tätigkeit eine monatliche Zulage in Höhe von 70 Prozent der Differenz zwischen dem in entsprechender Anwendung des § 5 Abs. 3 Satz 1 ermittelten Entgelt vor Eintritt der Atemschutzuntauglichkeit (Vergleichsentgelt) und dem Entgelt aus der neuen Tätigkeit. [2]Der Betrag der Zulage ist zum Zeitpunkt allgemeiner Entgelterhöhungen neu zu berechnen; dabei verändert sich das Vergleichsentgelt zu demselben Zeitpunkt und um denselben Prozentsatz wie die höchste Stufe der Entgeltgruppe vor Eintritt der Atemschutzuntauglichkeit. [3]Bei Veränderungen der individuellen regelmäßigen Arbeitszeit der/des Beschäftigten ändert sich die Zulage entsprechend.

§ 7 Begriffsbestimmungen

1. Arbeitsunfall:
Ein Arbeitsunfall ist ein im bestehenden Arbeitsverhältnis erlittener Arbeitsunfall gemäß § 8 SGB VII.

2. Atemschutzuntauglichkeit:
[1]Atemschutzuntauglichkeit liegt vor, sobald die jeweiligen Anforderungen an Atemschutzgeräteträger nach dem DGUV-Grundsatz G 26.3 nicht erfüllt werden; die Feststellungen hierzu trifft die beauftragte Ärztin/der beauftragte Arzt gemäß § 3 Abs. 4 Satz 2 TVöD. [2]Bis zum Ablauf der auf diese Feststellung der Ärztin/des Arztes folgenden sechs vollen Kalendermonate gilt sie als zeitlich begrenzte Atemschutzuntauglichkeit, sofern die Wiederherstellung der Atemschutztauglichkeit nach Beurteilung der Ärztin/des Arztes möglich erscheint.

3. Berufskrankheit:
Eine Berufskrankheit ist eine Berufskrankheit gemäß § 9 SGB VII, die die/der Beschäftigte sich im bestehenden Arbeitsverhältnis zugezogen hat.

Anhang zu § 4 der Anlage G

Die Tarifvertragsparteien gehen davon aus, dass zum Beispiel folgende Untersuchungen bei der betriebsärztlichen Planung zu berücksichtigen sind:

a) Ultraschalluntersuchung des Bauchraumes zur Beurteilung der dort liegenden Organe,
b) Echokardiographie und Farbdoppleruntersuchung des Herzens zur Erkennung von Durchblutungsstörungen sowie Veränderungen des Herzmuskels, der Herzklappen und des Blutstromes innerhalb des Herzens,
c) Farbdoppleruntersuchung der Halsschlagadern zur Früherkennung von Ablagerungen,

d) Endoskopische Untersuchung des Dickdarmes zur Früherkennung von entzündlichen oder bösartigen Veränderungen,
e) Untersuchung von Prostata* und Hoden*, Nieren und Blase,
f) Test zur Früherkennung von Blasenkrebs,
g) Bestimmung des PSA-Wertes (Prostatakrebs-Früherkennung)*,
h) Hämoccult-Test (Darmkrebsfrüherkennung),
i) Untersuchung des Augenhintergrundes zur Beurteilung der Netzhaut und der Augengefäße,
j) Messung des Augeninnendruckes zur Früherkennung des grünen Stars (Glaukom).

---

* Nur für Männer.

Besonderer Teil Entsorgung (BT-E)

vom 13. September 2005 in der Fassung des Änderungstarifvertrages Nr. 3 vom 25. Oktober 2020

§ 40 Geltungsbereich

(1) [1]Dieser Tarifvertrag gilt für Beschäftigte der Entsorgungsbetriebe, unabhängig von deren Rechtsform. [2]Er bildet im Zusammenhang mit dem Allgemeinen Teil des Tarifvertrages für den öffentlichen Dienst (TVöD) den Tarifvertrag für die Sparte Entsorgung.
(2) Soweit in den nachfolgenden Bestimmungen auf die §§ 1 bis 39 verwiesen wird, handelt es sich um die Regelungen des TVöD – Allgemeiner Teil –.

§ 41 Tägliche Rahmenzeit

Die tägliche Rahmenzeit kann auf bis zu zwölf Stunden in der Zeitspanne von 6 bis 22 Uhr vereinbart werden.

§ 42 Öffnungsregelung zu § 14 TzBfG

(1) Die kalendermäßige Befristung eines Arbeitsvertrages ohne Vorliegen eines sachlichen Grundes ist nach Maßgabe der Absätze 2 bis 4 bis zur Dauer von vier Jahren zulässig; bis zu dieser Gesamtdauer ist auch die höchstens dreimalige Verlängerung eines kalendermäßig befristeten Arbeitsvertrages möglich.
(2) Die Befristung nach Absatz 1 über die Dauer von zwei Jahren hinaus bedarf der vorherigen Zustimmung des Personalrats/Betriebsrats.
(3) Die Befristung nach Absatz 1 über die Dauer von zwei Jahren hinaus ist unzulässig, wenn mit dem Abschluss des Arbeitsvertrages mehr als 40 v. H. der bei dem Arbeitgeber begründeten Arbeitsverhältnisse ohne Vorliegen eines sachlichen Grundes abgeschlossen wären.
(4) [1]Soweit von der Befristung nach Absatz 1 über die Dauer von zwei Jahren hinaus Gebrauch gemacht wird, ist die Beschäftigung von Leiharbeitnehmerinnen/Leiharbeitnehmern nicht zulässig. [2]In begründeten Einzelfällen kann mit Zustimmung des Personalrats/Betriebsrats von Satz 1 abgewichen werden.

(5) Beschäftigte, mit denen eine Befristung nach Absatz 1 über die Dauer von zwei Jahren hinaus vereinbart ist, sind nach Ablauf der vereinbarten Zeit in ein Arbeitsverhältnis auf unbestimmte Dauer zu übernehmen, sofern im Falle des Ausscheidens dieser Beschäftigten für den betreffenden Funktionsbereich ein befristetes Arbeitsverhältnis mit anderen Beschäftigten begründet würde.
(6) Beim Abschluss von nach Absatz 1 befristeten Arbeitsverträgen über die Dauer von zwei Jahren hinaus sind Auszubildende, die bei demselben Arbeitgeber ausgebildet worden sind, nach erfolgreich abgeschlossener Abschlussprüfung bei gleicher Eignung und Befähigung vorrangig zu berücksichtigen.

§ 43 Betrieblicher Gesundheits- und Arbeitsschutz

(1) Arbeiten in der Abfall- und Entsorgungswirtschaft verpflichten Arbeitgeber und Beschäftigte in besonders hohem Maße zur Einhaltung aller einschlägigen Arbeitsschutz- und Sicherheitsvorschriften.
(2) Es sind ein sicherheitsgerechter Arbeitsplatz und eine Arbeitsumgebung zur Verfügung zu stellen, die eine Gefährdung nach Möglichkeit ausschließen, wobei gesicherte arbeitswissenschaftliche Erkenntnisse über menschengerechte Arbeitsplatzgestaltung berücksichtigt werden.
(3) [1]Neben den allgemeinen Bestimmungen der gesetzlichen Unfallversicherungsträger, den Rechten und Pflichten, die sich aus dem Betriebsverfassungsgesetz und den Personalvertretungsgesetzen sowie dem Arbeitssicherheitsgesetz ergeben, hat der Arbeitgeber dafür Sorge zu tragen, dass

1. die Beschäftigten mindestens im Turnus von einem Jahr über die zu beachtenden Gesetze, Verordnungen und Unfallverhütungsvorschriften unterrichtet werden sowie bei Einführung neuer Arbeitsverfahren und neuer Arbeitsstoffe bzw. vor der Arbeitsaufnahme an einem neuen Arbeitsplatz. [2]Bei Bedarf sind Unterweisungen öfter durchzuführen. [3]Beschäftigte, die der deutschen Sprache nicht ausreichend mächtig sind, müssen in einer ihnen verständlichen Sprache unterwiesen werden. [4]Dieses kann auch in schriftlicher Form in der jeweiligen Landessprache erfolgen,
2. die für die Beschäftigten und die Ausführung der Arbeiten erforderlichen Schutzausrüstungen, Werkzeuge, Maschinen und Fahrzeuge im betriebssicheren Zustand zur Verfügung gestellt werden,
3. Arbeits- und Schutzkleidung den Witterungsbedingungen entsprechend zur Verfügung gestellt, gereinigt und instand gesetzt wird.

(4) [1]Die Beschäftigten sind verpflichtet, die sicherheitstechnischen Vorschriften und die turnusmäßigen betrieblichen Belehrungen zu beachten. [2]Sie sind ferner dazu verpflichtet, die ihnen vom Betrieb gestellten Schutzausrüstungen, Werkzeuge, Maschinen und Fahrzeuge zur Herstellung der

Arbeitssicherheit zu verwenden und sich vor dem Einsatz von dem ordnungsgemäßen Zustand zu überzeugen. [3]Weitergehende Arbeitsschutzvorschriften der jeweiligen Arbeitgeber sind vorrangig einzuhalten.

(5) Beschäftigte, die sich über die Arbeitssicherheit zur Ausführung eines bestimmten Auftrages nicht ausreichend belehrt fühlen, haben das Recht und die Pflicht, dies dem betrieblich Verantwortlichen vor der Arbeitsaufnahme zu melden.

(6) In den Betriebsstätten und festen Baustellen haben die allgemeinen und für die jeweilige Arbeit speziellen Unfallverhütungsvorschriften der gesetzlichen Unfallversicherungsträger den Beschäftigten während der Arbeitszeit zugänglich zu sein.

(7) Näheres soll durch Betriebs-/Dienstvereinbarung zum betrieblichen Arbeits- und Gesundheitsschutz geregelt werden.

§ 44 Erfolgsbeteiligung

[1]Die Beschäftigten können an einem auf ihrer Mehrleistung beruhenden Betriebsergebnis im Abrechnungszeitraum beteiligt werden. [2]Qualität und Menge der erbrachten Mehrleistung sind nachzuweisen. [3]Die Kriterien für diese Erfolgsbeteiligung und das Verfahren werden in einem betrieblich zu vereinbarenden System festgelegt. [4]Die Erfolgsbeteiligung ist kein zusatzversorgungspflichtiges Entgelt.

§ 45 Qualifizierung

(1) [1]Ein hohes Qualifikationsniveau und lebenslanges Lernen liegen im gemeinsamen Interesse von Beschäftigten und Arbeitgebern. [2]Qualifizierung dient der Steigerung von Effektivität und Effizienz des Betriebes, der Nachwuchsförderung und der Steigerung von beschäftigungsbezogenen Kompetenzen. [3]Die Tarifvertragsparteien verstehen Qualifizierung auch als Teil der Personalentwicklung.

(2) [1]Vor diesem Hintergrund stellt Qualifizierung nach diesem Tarifvertrag ein Angebot dar, aus dem für die Beschäftigten kein individueller Anspruch außer nach Absatz 4 abgeleitet werden kann. [2]Das Angebot kann durch freiwillige Betriebsvereinbarung/Dienstvereinbarung wahrgenommen und näher ausgestaltet werden. [3]Weitergehende Mitbestimmungsrechte werden dadurch nicht berührt.

(3) [1]Qualifizierungsmaßnahmen sind

a) die Fortentwicklung der fachlichen, methodischen und sozialen Kompetenzen für die übertragenen Tätigkeiten (Erhaltungsqualifizierung),
b) der Erwerb zusätzlicher Qualifikationen (Fort- und Weiterbildung),
c) die Qualifizierung zur Arbeitsplatzsicherung (Qualifizierung für eine andere Tätigkeit; Umschulung),

d) die Einarbeitung bei längerer Abwesenheit (Wiedereinstiegsqualifizierung).

[2]Die Teilnahme an einer Qualifizierungsmaßnahme wird dokumentiert und den Beschäftigten schriftlich bestätigt.

(4) [1]Beschäftigte haben – auch in den Fällen des Absatzes 3 Satz 1 Buchst. d – Anspruch auf ein regelmäßiges Gespräch mit der jeweiligen Führungskraft, in dem festgestellt wird, ob und welcher Qualifizierungsbedarf besteht. [2]Dieses Gespräch kann auch als Gruppengespräch geführt werden. [3]Wird nichts anderes geregelt, ist das Gespräch jährlich zu führen.

(5) [1]Die Kosten einer vom Arbeitgeber veranlassten Qualifizierungsmaßnahme – einschließlich Reisekosten – werden, soweit sie nicht von Dritten übernommen werden, grundsätzlich vom Arbeitgeber getragen. [2]Ein möglicher Eigenbeitrag und eventuelle Rückzahlungspflichten bei vorzeitigem Ausscheiden werden in einer Qualifizierungsvereinbarung geregelt. [3]Die Betriebsparteien sind gehalten, die Grundsätze einer fairen Kostenverteilung unter Berücksichtigung des betrieblichen und individuellen Nutzens zu regeln. [4]Ein Eigenbeitrag der/des Beschäftigten kann in Geld und/oder Zeit erfolgen.

(6) [1]Zeiten von vereinbarten Qualifizierungsmaßnahmen gelten als Arbeitszeit. [2]Absatz 5 Sätze 2 bis 4 bleiben unberührt.

(7) Gesetzliche Förderungsmöglichkeiten können in die Qualifizierungsplanung einbezogen werden.

(8) Für Beschäftigte mit individuellen Arbeitszeiten sollen Qualifizierungsmaßnahmen so angeboten werden, dass ihnen eine gleichberechtigte Teilnahme ermöglicht werden kann.

§ 46 Reise- und Umzugskosten

(1) [1]Die Erstattung von Reise- und Umzugskosten richtet sich nach den beim Arbeitgeber geltenden Grundsätzen. [2]Für Arbeitgeber, die dem öffentlichen Haushaltsrecht unterliegen, finden, wenn diese nicht nach eigenen Grundsätzen verfahren, die für Beamtinnen und Beamten geltenden Bestimmungen Anwendung.

(2) [1]Bei Dienstreisen gilt nur die Zeit der dienstlichen Inanspruchnahme am auswärtigen Geschäftsort als Arbeitszeit. [2]Für jeden Tag einschließlich der Reisetage wird jedoch mindestens die auf ihn entfallende regelmäßige, durchschnittliche oder dienstplanmäßige Arbeitszeit berücksichtigt, wenn diese bei Nichtberücksichtigung der Reisezeit nicht erreicht würde. [3]Überschreiten nicht anrechenbare Reisezeiten insgesamt 15 Stunden im Monat, so werden auf Antrag 25 v. H. dieser überschreitenden Zeiten bei fester Arbeitszeit als Freizeitausgleich gewährt und bei gleitender Arbeitszeit im Rahmen der jeweils geltenden Vorschriften auf die Arbeitszeit angerechnet. [4]Der besonderen Situation von Teilzeitbeschäftigten ist Rechnung zu tragen.

[5]Soweit Einrichtungen in privater Rechtsform oder andere Arbeitgeber nach eigenen, für die Beschäftigten günstigeren Grundsätzen oder Abmachungen verfahren, sind diese abweichend von den Sätzen 1 bis 4 maßgebend.

§ 47 In-Kraft-Treten, Laufzeit

[1]Dieser Tarifvertrag tritt am 1. Oktober 2005 in Kraft. [2]Er kann mit einer Frist von drei Monaten zum Schluss eines Kalenderhalbjahres schriftlich gekündigt werden.

B. Tarifvertrag zur Überleitung der Beschäftigten der kommunalen Arbeitgeber in den TVöD und zur Regelung des Übergangsrechts (TVÜ-VKA)

vom 13. September 2005 in der Fassung des Änderungstarifvertrages Nr. 21 vom 6. April 2025

Abschnitt I
Allgemeine Vorschriften

§ 1 Geltungsbereich

(1) [1]Dieser Tarifvertrag gilt für Angestellte, Arbeiterinnen und Arbeiter, deren Arbeitsverhältnis zu einem tarifgebundenen Arbeitgeber, der Mitglied eines Mitgliedverbandes der Vereinigung der kommunalen Arbeitgeberverbände (VKA) ist, über den 30. September 2005 hinaus fortbesteht, und die am 1. Oktober 2005 unter den Geltungsbereich des Tarifvertrages für den öffentlichen Dienst (TVöD) fallen, für die Dauer des ununterbrochen fortbestehenden Arbeitsverhältnisses. [2]Dieser Tarifvertrag gilt ferner für die unter § 19 Abs. 2 fallenden Beschäftigten.

Protokollerklärung zu Absatz 1 Satz 1:
Unterbrechungen sind von bis zu einem Monat unschädlich.

Protokollerklärung zu Absatz 1:
Tritt ein Arbeitgeber erst nach dem 30. September 2005 einem der Mitgliedverbände der VKA als ordentliches Mitglied bei und hat derselbe Arbeitgeber vor dem 1. September 2002 einem Mitgliedverband der VKA als ordentliches Mitglied angehört, so ist Absatz 1 mit der Maßgabe anzuwenden, dass an die Stelle des 30. September 2005 das Datum tritt, welches dem Tag der Wiederbegründung der Verbandsmitgliedschaft vorausgeht, während das Datum des Wirksamwerdens der Verbandsmitgliedschaft den 1. Oktober 2005 ersetzt.

(2) Nur soweit nachfolgend ausdrücklich bestimmt, gelten die Vorschriften dieses Tarifvertrages auch für Beschäftigte, deren Arbeitsverhältnis zu einem Arbeitgeber im Sinne des Absatzes 1 nach dem 30. September 2005 beginnt und die unter den Geltungsbereich des TVöD fallen.

(3) Die Bestimmungen des TVöD gelten, soweit dieser Tarifvertrag keine abweichenden Regelungen trifft.

§ 2 Ablösung bisheriger Tarifverträge durch den TVöD

(1) [1]Der TVöD ersetzt in Verbindung mit diesem Tarifvertrag bei tarifgebundenen Arbeitgebern, die Mitglied eines Mitgliedverbandes der VKA sind, den

- Bundes-Angestelltentarifvertrag (BAT) vom 23. Februar 1961,
- Tarifvertrag zur Anpassung des Tarifrechts – Manteltarifliche Vorschriften – (BAT-O) vom 10. Dezember 1990,
- Tarifvertrag zur Anpassung des Tarifrechts – Manteltarifliche Vorschriften – (BAT-Ostdeutsche Sparkassen) vom 21. Januar 1991,
- Bundesmanteltarifvertrag für Arbeiter gemeindlicher Verwaltungen und Betriebe – BMT-G II – vom 31. Januar 1962,
- Tarifvertrag zur Anpassung des Tarifrechts – Manteltarifliche Vorschriften für Arbeiter gemeindlicher Verwaltungen und Betriebe – (BMT-G-O) vom 10. Dezember 1990,
- Tarifvertrag über die Anwendung von Tarifverträgen auf Arbeiter (TV Arbeiter-Ostdeutsche Sparkassen) vom 25. Oktober 1990

sowie die diese Tarifverträge ergänzenden Tarifverträge der VKA, soweit in diesem Tarifvertrag oder im TVöD nicht ausdrücklich etwas anderes bestimmt ist. [2]Die Ersetzung erfolgt mit Wirkung vom 1. Oktober 2005, soweit kein abweichender Termin bestimmt ist.

Protokollerklärung zu Absatz 1:
Von der ersetzenden Wirkung werden von der VKA abgeschlossene ergänzende Tarifverträge nicht erfasst, soweit diese anstelle landesbezirklicher Regelungen vereinbart sind.

Niederschriftserklärung zur Protokollerklärung zu § 2 Abs. 1:
Landesbezirkliche Regelungen sind auch Regelungen, die vor der ver.di-Gründung im Tarifrecht als bezirkliche Regelungen bezeichnet sind.

Niederschriftserklärung zu § 2 Abs. 1:
[1]Werden Beschäftigte nach dem 1. Oktober 2005 in den TVöD übergeleitet, wird der Stichtag »30. September 2005« durch das Datum des Tages vor der Überleitung und, soweit der 1. Oktober 2005 als Stichtag genannt ist, dieser durch das Datum des Tages der Überleitung ersetzt. [2]Beginn- und Endzeitpunkt von Fristen im TVÜ-VKA verschieben sich in diesen Fällen um den Zeitraum der späteren Überleitung in den TVöD.

(2) [1]Die von den Mitgliedverbänden der VKA abgeschlossenen Tarifverträge sind durch die landesbezirklichen Tarifvertragsparteien hinsichtlich ihrer Weitergeltung zu prüfen und bei Bedarf bis zum 31. Dezember 2006 an

den TVöD anzupassen; die landesbezirklichen Tarifvertragsparteien können diese Frist verlängern. [2]Das Recht zur Kündigung der in Satz 1 genannten Tarifverträge bleibt unberührt.

Protokollerklärung zu Absatz 2:
Entsprechendes gilt hinsichtlich der von der VKA abgeschlossenen Tarifverträge, soweit diese anstelle landesbezirklicher Regelungen vereinbart sind.

(3) [1]Sind in Tarifverträgen nach Absatz 2 Satz 1 Vereinbarungen zur Beschäftigungssicherung/Sanierung und/oder Steigerung der Wettbewerbsfähigkeit getroffen, findet ab dem 1. Oktober 2005 der TVöD unter Berücksichtigung der materiellen Wirkungsgleichheit dieser Tarifverträge Anwendung. [2]In diesen Fällen ist durch die landesbezirklichen Tarifvertragsparteien baldmöglichst die redaktionelle Anpassung der in Satz 1 genannten Tarifverträge vorzunehmen.[3] Bis dahin wird auf der Grundlage der bis zum 30. September 2005 gültigen Tarifregelungen weiter gezahlt. [4]Die Überleitung in den TVöD erfolgt auf der Grundlage des Rechtsstandes vom 30. September 2005. [5]Familienbezogene Entgeltbestandteile richten sich ab 1. Oktober 2005 nach diesem Tarifvertrag.

Protokollerklärung zu Absatz 3:
[1]Der Rahmentarifvertrag vom 13. Oktober 1998 zur Erhaltung der Wettbewerbsfähigkeit der deutschen Verkehrsflughäfen und zur Sicherung der Arbeitsplätze (Fassung vom 28. November 2002) wird in seinen Wirkungen nicht verändert. [2]Er bleibt mit gleichem materiellen Inhalt und gleichen Laufzeiten als Rechtsgrundlage bestehen. [3]Beschäftigte in Unternehmen, für die Anwendungstarifverträge zum Rahmentarifvertrag nach Satz 1 vereinbart worden sind, werden zum 1. Oktober 2005 übergeleitet. [4]Die tatsächliche personalwirtschaftliche Überleitung – einschließlich individueller Nachberechnungen – erfolgt zu dem Zeitpunkt, zu dem die Verständigung über den angepassten Anwendungstarifvertrag erzielt ist.

(4) Absatz 1 gilt nicht für Beschäftigte in Versorgungsbetrieben, Nahverkehrsbetrieben und für Beschäftigte in Wasserwirtschaftsverbänden in Nordrhein-Westfalen, die gemäß § 1 Abs. 2 Buchst. d und e TVöD vom Geltungsbereich des TVöD ausgenommen sind, es sei denn, Betriebe oder Betriebsteile, die dem fachlichen Geltungsbereich des TV-V, eines TV-N oder des TV-WW/NW entsprechen, werden in begründeten Einzelfällen durch landesbezirklichen Tarifvertrag in den Geltungsbereich des TVöD und dieses Tarifvertrages einbezogen.

Protokollerklärung zu Absatz 4:
Die Möglichkeit, Betriebsteile, die dem Geltungsbereich eines TV-N entsprechen, in den Geltungsbereich eines anderen Spartentarifvertrages (TV-V, TV-WW/NW) einzubeziehen, bleibt unberührt.

Niederschriftserklärung zu § 2:
[1]Die Tarifvertragsparteien gehen davon aus, dass der TVöD und dieser Tarifvertrag bei tarifgebundenen Arbeitgebern das bisherige Tarifrecht auch dann ersetzen, wenn arbeitsvertragliche Bezugnahmen nicht ausdrücklich den Fall der ersetzenden Regelung beinhalten. [2]Die Geltungsbereichsregelungen des TV-V, der TV-N und des TV WW/NW bleiben hiervon unberührt.

Abschnitt II Überleitungsregelungen

§ 3 Überleitung in den TVöD

Die von § 1 Abs. 1 erfassten Beschäftigten werden am 1. Oktober 2005 gemäß den nachfolgenden Regelungen in den TVöD übergeleitet.

§ 4 Zuordnung der Vergütungs- und Lohngruppen

(1) [1]Für die Überleitung der Beschäftigten wird ihre Vergütungs- bzw. Lohngruppe (§ 22 BAT/BAT-O/BAT-Ostdeutsche Sparkassen bzw. entsprechende Regelungen für Arbeiterinnen und Arbeiter bzw. besondere tarifvertragliche Vorschriften für bestimmte Berufsgruppen) nach der Anlage 1 den Entgeltgruppen des TVöD zugeordnet. [2]Abweichend von Satz 1 gilt für Ärztinnen und Ärzte die Entgeltordnung gemäß § 51 Besonderer Teil Krankenhäuser (BT-K) bzw. gemäß § 51 Besonderer Teil Pflege- und Betreuungseinrichtungen (BT-B), soweit sie unter den BT-K bzw. den BT-B fallen.

Niederschriftserklärung zu § 4 Abs. 1:
Lehrkräfte, die ihre Lehrbefähigung nach dem Recht der DDR erworben haben und zur Anerkennung als Lehrkräfte nach Abschnitt A der Lehrer-Richtlinien der VKA auf Grund beamtenrechtlicher Regelungen unterschiedlich lange Bewährungszeiten durchlaufen mussten bzw. müssen, gehören nicht zur Gruppe der Lehrkräfte nach Abschnitt B der Lehrer-Richtlinien der VKA.

(2) Beschäftigte, die im Oktober 2005 bei Fortgeltung des bisherigen Tarifrechts die Voraussetzungen für einen Bewährungs-, Fallgruppen- oder Tätigkeitsaufstieg erfüllt hätten, werden für die Überleitung so behandelt, als wären sie bereits im September 2005 höhergruppiert worden.
(3) Beschäftigte, die im Oktober 2005 bei Fortgeltung des bisherigen Tarifrechts in eine niedrigere Vergütungs- bzw. Lohngruppe eingruppiert worden wären, werden für die Überleitung so behandelt, als wären sie bereits im September 2005 herabgruppiert worden.

§ 5 Vergleichsentgelt

(1) Für die Zuordnung zu den Stufen der Entgelttabelle des TVöD wird für die Beschäftigten nach § 4 ein Vergleichsentgelt auf der Grundlage der im September 2005 erhaltenen Bezüge gemäß den Absätzen 2 bis 7 gebildet.
(2) [1]Bei Beschäftigten aus dem Geltungsbereich des BAT / BAT-O / BAT-Ostdeutsche Sparkassen setzt sich das Vergleichsentgelt aus der Grundvergütung, der allgemeinen Zulage und dem Ortszuschlag der Stufe 1 oder 2 zusammen. [2]Ist auch eine andere Person im Sinne von § 29 Abschn. B Abs. 5 BAT / BAT-O / BAT-Ostdeutsche Sparkassen ortszuschlagsberechtigt oder nach beamtenrechtlichen Grundsätzen familienzuschlagsberechtigt, wird nur die Stufe 1 zugrunde gelegt; findet der TVöD am 1. Oktober 2005 auch auf die andere Person Anwendung, geht der jeweils individuell zustehende Teil des Unterschiedsbetrages zwischen den Stufen 1 und 2 des Ortszuschlages in das Vergleichsentgelt ein. [3]Ferner fließen im September 2005 tarifvertraglich zustehende Funktionszulagen insoweit in das Vergleichsentgelt ein, als sie nach dem TVöD nicht mehr vorgesehen sind. [4]Erhalten Beschäftigte eine Gesamtvergütung (§ 30 BAT / BAT-O / BAT-Ostdeutsche Sparkassen), bildet diese das Vergleichsentgelt. [5]Bei Lehrkräften, die die Zulage nach Abschnitt A Unterabschnitt II der Lehrer-Richtlinien der VKA erhalten, wird diese Zulage und bei Lehrkräften, die am 30. September 2005 einen arbeitsvertraglichen Anspruch auf Zahlung einer allgemeinen Zulage wie die unter die Anlage 1a zum BAT / BAT-O fallenden Angestellten haben, wird dieser Betrag in das Vergleichsentgelt eingerechnet.

Protokollerklärungen zu Absatz 2 Satz 2:

1. Findet der TVöD am 1. Oktober 2005 für beide Beschäftigte Anwendung und hat einer der beiden im September 2005 keine Bezüge erhalten wegen Elternzeit, Wehr- oder Zivildienstes, Sonderurlaubs, bei dem der Arbeitgeber vor Antritt ein dienstliches oder betriebliches Interesse an der Beurlaubung anerkannt hat, Bezuges eine Rente auf Zeit wegen verminderter Erwerbsfähigkeit oder wegen Ablaufs der Krankenbezugsfristen, erhält die/der andere Beschäftigte zusätzlich zu ihrem/seinem Entgelt den Differenzbetrag zwischen dem ihr/ihm im September 2005 individuell zustehenden Teil des Unterschiedsbetrages zwischen der Stufe 1 und 2 des Ortszuschlags und dem vollen Unterschiedsbetrag als Besitzstandszulage.
2. Hat die andere ortzuschlagsberechtigte oder nach beamtenrechtlichen Grundsätzen familienzuschlagsberechtigte Person im September 2005 aus den in Nr. 1 genannten Gründen keine Bezüge erhalten, erhält die/der in den TVöD übergeleitete Beschäftigte zusätzlich zu ihrem/seinem Entgelt den vollen Unterschiedsbetrag zwischen der Stufe 1 und der Stufe 2 des Ortszuschlags als Besitzstandszulage.
3. [1]Ist die andere ortzuschlagsberechtigte oder familienzuschlagsberechtigte Person im September 2005 aus dem öffentlichen Dienst ausgeschieden, ist das Tabellenentgelt ab dem 1. Juli 2008 auf Antrag neu zu ermitteln. [2]Basis ist dabei die Stufenzuordnung nach § 6 Abs. 1 Satz 2, die sich zum 1. Oktober 2007

ergeben hätte, wenn das Vergleichsentgelt unter Berücksichtigung der Stufe 2 des Ortszuschlags gebildet worden wäre.

4. [1]Die Besitzstandszulage nach den Nrn. 1 und 2 oder das neu ermittelte Tabellenentgelt nach Nr. 3 wird auf einen bis zum 30. September 2008 zu stellenden schriftlichen Antrag (Ausschlussfrist) vom 1. Juli 2008 an gezahlt. [2]Ist eine entsprechende Leistung bis zum 31. März 2008 schriftlich geltend gemacht worden, erfolgt die Zahlung vom 1. Juni 2008 an.
5. [1]In den Fällen der Nrn. 1 und 2 wird bei Stufensteigerungen und Höhergruppierungen der Unterschiedsbetrag zum bisherigen Entgelt auf die Besitzstandszulage angerechnet. [2]Die/Der Beschäftigte hat das Vorliegen der Voraussetzungen der Nrn. 1 und 2 nachzuweisen und Änderungen anzuzeigen. [3]Die Besitzstandszulage nach den Nrn. 1 und 2 entfällt mit Ablauf des Monats, in dem die/der andere Beschäftigte die Arbeit wieder aufnimmt.

Protokollerklärung zu Absatz 2 Satz 3:
Vorhandene Beschäftigte erhalten bis zum 31. Dezember 2016 ihre Techniker-, Meister- und Programmiererzulage unter den bisherigen Voraussetzungen als persönliche Besitzstandszulage.

(3) [1]Bei Beschäftigten aus dem Geltungsbereich des BMT-G / BMT-G-O / TV Arbeiter-Ostdeutsche Sparkassen wird der Monatstabellenlohn als Vergleichsentgelt zugrunde gelegt. [2]Absatz 2 Satz 3 gilt entsprechend. [3]Erhalten Beschäftigte nicht den Volllohn (§ 21 Abs. 1 Buchst. a BMT-G / BMT-G-O), gilt Absatz 2 Satz 4 entsprechend.

(4) [1]Beschäftigte, die im Oktober 2005 bei Fortgeltung des bisherigen Rechts die Grundvergütung bzw. den Monatstabellenlohn der nächsthöheren Stufe erhalten hätten, werden für die Bemessung des Vergleichsentgelts so behandelt, als wäre der Stufenaufstieg bereits im September 2005 erfolgt. [2]§ 4 Abs. 2 und 3 gilt bei der Bemessung des Vergleichsentgelts entsprechend.

Protokollerklärung zu Absatz 4:
Fällt bei Beschäftigten aus dem Geltungsbereich des BAT / BAT-O / BAT-Ostdeutsche Sparkassen, bei denen sich bisher die Grundvergütung nach § 27 Abschn. A BAT / BAT-O / BAT-Ostdeutsche Sparkassen bestimmt, im Oktober 2005 eine Stufensteigerung mit einer Höhergruppierung zusammen, ist zunächst die Stufensteigerung in der bisherigen Vergütungsgruppe und danach die Höhergruppierung durchzuführen.

(5) Bei Teilzeitbeschäftigten wird das Vergleichsentgelt auf der Grundlage eines vergleichbaren Vollzeitbeschäftigten bestimmt.

Protokollerklärung zu Absatz 5:
[1]Lediglich das Vergleichsentgelt wird auf der Grundlage eines entsprechenden Vollzeitbeschäftigten ermittelt; sodann wird nach der Stufenzuordnung das zustehende Entgelt zeitratierlich berechnet. [2]Diese zeitratierliche Kürzung des auf den Ehegattenanteil im Ortszuschlag entfallenden Betrag unterbleibt nach Maßgabe

des § 29 Abschn. B Abs. 5 Satz 2 BAT/BAT-O/BAT-Ostdeutsche Sparkassen. [3]Neue Ansprüche entstehen hierdurch nicht.

(6) Für Beschäftigte, die nicht für alle Tage im September 2005 oder für keinen Tag dieses Monats Bezüge erhalten, wird das Vergleichsentgelt so bestimmt, als hätten sie für alle Tage dieses Monats Bezüge erhalten; in den Fällen des § 27 Abschn. A Abs. 3 Unterabs. 6 und Abschn. B Abs. 3 Unterabs. 4 BAT / BAT-O / BAT-Ostdeutsche Sparkassen bzw. der entsprechenden Regelungen für Arbeiterinnen und Arbeiter werden die Beschäftigten für das Vergleichsentgelt so gestellt, als hätten sie am 1. September 2005 die Arbeit wieder aufgenommen.

(7) Abweichend von den Absätzen 2 bis 6 wird bei Beschäftigten, die gemäß § 27 Abschn. A Abs. 6 oder Abschn. B Abs. 7 BAT / BAT-O / BAT-Ostdeutsche Sparkassen bzw. den entsprechenden Regelungen für Arbeiterinnen und Arbeiter den Unterschiedsbetrag zwischen der Grundvergütung bzw. dem Monatstabellenlohn ihrer bisherigen zur nächsthöheren Stufe im September 2005 nur zur Hälfte erhalten, für die Bestimmung des Vergleichsentgelts die volle Grundvergütung bzw. der volle Monatstabellenlohn aus der nächsthöheren Stufe zugrunde gelegt.

§ 6 Stufenzuordnung der Angestellten

(1) [1]Beschäftigte aus dem Geltungsbereich des BAT / BAT-O / BAT-Ostdeutsche Sparkassen werden einer ihrem Vergleichsentgelt entsprechenden individuellen Zwischenstufe der gemäß § 4 bestimmten Entgeltgruppe zugeordnet. [2]Zum 1. Oktober 2007 steigen diese Beschäftigten in die dem Betrag nach nächsthöhere reguläre Stufe ihrer Entgeltgruppe auf. [3]Der weitere Stufenaufstieg richtet sich nach den Regelungen des TVöD.

(2) [1]Werden Beschäftigte vor dem 1. Oktober 2007 höhergruppiert (nach § 8 Abs. 1 und 3 1. Alt., § 9 Abs. 3 Buchst. a oder aufgrund Übertragung einer mit einer höheren Entgeltgruppe bewerteten Tätigkeit), so erhalten sie in der höheren Entgeltgruppe Entgelt nach der regulären Stufe, deren Betrag mindestens der individuellen Zwischenstufe entspricht, jedoch nicht weniger als das Entgelt der Stufe 2; der weitere Stufenaufstieg richtet sich nach den Regelungen des TVöD. [2]In den Fällen des Satzes 1 gilt § 17 Abs. 4 Satz 2 TVöD entsprechend. [3]Werden Beschäftigte vor dem 1. Oktober 2007 herabgruppiert, werden sie in der niedrigeren Entgeltgruppe derjenigen individuellen Zwischenstufe zugeordnet, die sich bei Herabgruppierung im September 2005 ergeben hätte; der weitere Stufenaufstieg richtet sich nach Absatz 1 Satz 2 und 3.

(3) [1]Ist bei Beschäftigten, deren Eingruppierung sich nach der Vergütungsordnung für Angestellte im Pflegedienst (Anlage 1b zum BAT) richtet, das Vergleichsentgelt niedriger als das Entgelt der Stufe 3, entspricht es aber

mindestens dem Mittelwert aus den Beträgen der Stufen 2 und 3 und ist die/der Beschäftigte am Stichtag mindestens drei Jahre in einem Arbeitsverhältnis bei dem selben Arbeitgeber beschäftigt, wird sie/er abweichend von Absatz 1 bereits zum 1. Oktober 2005 in die Stufe 3 übergeleitet. [2]Der weitere Stufenaufstieg richtet sich nach den Regelungen des TVöD.
(4) [1]Liegt das Vergleichsentgelt über der höchsten Stufe der gemäß § 4 bestimmten Entgeltgruppe, werden Beschäftigte abweichend von Absatz 1 einer dem Vergleichsentgelt entsprechenden individuellen Endstufe zugeordnet. [2]Das Entgelt aus der individuellen Endstufe gilt als Tabellenentgelt im Sinne des § 15 TVöD. [3]Bei einer Höhergruppierung aus einer individuellen Endstufe werden die Beschäftigten entsprechend § 17 Abs. 4 TVöD der Endstufe der höheren Entgeltgruppe zugeordnet. [4]Beträgt das Tabellenentgelt nach Satz 3 weniger als die Summe aus dem Entgelt der bisherigen individuellen Endstufe und 2 Prozent der Endstufe der höheren Entgeltgruppe, wird die/der Beschäftigte in der höheren Entgeltgruppe erneut einer individuellen Endstufe zugeordnet. [5]Das Entgelt der neuen individuellen Endstufe wird dabei festgesetzt auf die Summe aus dem Entgelt der bisherigen individuellen Endstufe und 2 Prozent des Tabellenentgelts der Endstufe der höheren Entgeltgruppe. [6]Der Betrag der individuellen Endstufe verändert sich um denselben Prozentsatz bzw. in demselben Umfang wie die höchste Stufe der jeweiligen Entgeltgruppe.

Protokollerklärung zu Absatz 4 Satz 6:
Die Beträge der individuellen Endstufen erhöhen sich ab dem 1. April 2025 um 3 Prozent, mindestens aber um 110,00 Euro, und ab dem 1. Mai 2026 um weitere 2,8 Prozent.

(5) [1]Beschäftigte, deren Vergleichsentgelt niedriger ist als das Entgelt in der Stufe 2, werden abweichend von Absatz 1 der Stufe 2 zugeordnet. [2]Der weitere Stufenaufstieg richtet sich nach den Regelungen des TVöD. [3]Abweichend von Satz 1 werden Beschäftigte, denen am 30. September 2005 eine in der Vergütungsordnung (Anlage 1a zum BAT) durch die Eingruppierung in Vergütungsgruppe Vb BAT / BAT-O / BAT-Ostdeutsche Sparkassen mit Aufstieg nach IVb und IVa abgebildete Tätigkeit übertragen ist, der Stufe 1 der Entgeltgruppe 10 zugeordnet.
(6) [1]Für unter § 51 Abs. 1 bis 5 BT-B fallende Ärztinnen und Ärzte gelten die Absätze 1 bis 5, soweit nicht im Folgenden etwas Abweichendes geregelt ist.
[2]Ärztinnen und Ärzte ohne Facharztanerkennung, die in der Entgeltgruppe 14 einer individuellen Zwischenstufe zwischen Stufe 1 und Stufe 2 zugeordnet werden, steigen nach einem Jahr in die Stufe 2 auf.

[3]Ärztinnen und Ärzte ohne Facharztanerkennung, die in der Entgeltgruppe 14 einer individuellen Zwischenstufe zwischen Stufe 2 und Stufe 3 zugeordnet werden, steigen mit der Facharztanerkennung in die Stufe 3 auf.
[4]Ärztinnen und Ärzte mit Facharztanerkennung am 30. September 2005 steigen zum 1. Oktober 2006 in die Stufe 3 auf, wenn sie in eine individuelle Zwischenstufe unterhalb der Stufe 3 übergeleitet worden sind.
[5]Ärztinnen und Ärzte mit Facharztanerkennung am 30. September 2005, die in eine individuelle Zwischenstufe oberhalb der Stufe 3 übergeleitet worden sind, steigen in die nächsthöhere Stufe nach den Regelungen des § 51 BT-B auf, frühestens zum 1. Oktober 2006.
[6]Die weiteren Stufenaufstiege richten sich jeweils nach dem § 51 BT-B.
[7]Zeiten als Fachärztin oder Facharzt mit entsprechender Tätigkeit bei anderen Arbeitgebern werden abweichend von § 51 BT-B i. V. m. § 16 Abs. 3 Satz 1 TVöD auf den weiteren Stufenverlauf angerechnet.

Protokollerklärung zu Absatz 6:
[1]Die Überleitungsregelungen für Ärztinnen und Ärzte folgen den Regelungen in § 51 BT-B, wonach Ärztinnen und Ärzte bis zur Facharztanerkennung und der Übertragung entsprechender Tätigkeiten in der Stufe 2 verbleiben. [2]Übergeleitete Ärztinnen und Ärzte ohne Facharztanerkennung und mit einem Vergleichsentgelt oberhalb der Stufe 2 verbleiben in ihrer individuellen Zwischenstufe bis zur Facharztanerkennung und der Übertragung entsprechender Tätigkeiten.

(7) [1]Die Funktionszulagen gemäß § 51 Abs. 2 bis 5 BT-B stehen bei Erfüllung der Voraussetzungen auch übergeleiteten Ärztinnen und Ärzten zu und werden zusätzlich zu dem jeweiligen Vergleichsentgelt bzw. zum jeweiligen Tabellenentgelt gezahlt. [2]Der Zahlbetrag aus Vergleichsentgelt und Funktionszulage ist auf die Summe aus dem Tabellenentgelt der Entgeltgruppe 15 Stufe 6 und der jeweiligen Zulage nach § 51 Abs. 2 bis 5 BT-B begrenzt. [3]Übersteigt das Vergleichsentgelt die Summe aus dem Tabellenentgelt der Entgeltgruppe 15 Stufe 6 und der jeweiligen Zulage nach § 51 Abs. 2 bis 5 BT-B, werden auf den Differenzbetrag zukünftige allgemeine Entgelterhöhungen jeweils zur Hälfte angerechnet.

Protokollerklärung zu §§ 4 und 6:
Für die Überleitung in die Entgeltgruppe 8a zum 1. Oktober 2005 gemäß Anlagen 4 und 5 TVÜ-VKA gilt für übergeleitete Beschäftigte
- der Vergütungsgruppe Kr. V vier Jahre, Kr. Va zwei Jahre Kr. VI
- der Vergütungsgruppe Kr. Va drei Jahre Kr. VI
- der Vergütungsgruppe Kr. Va fünf Jahre Kr. VI
- der Vergütungsgruppe Kr. V sechs Jahre Kr. VI

mit Ortszuschlag der Stufe 2 Folgendes:
1. Zunächst erfolgt die Überleitung nach den allgemeinen Grundsätzen.
2. Die Verweildauer in Stufe 3 wird von drei Jahren auf zwei Jahre verkürzt.
3. Der Tabellenwert der Stufe 4 wird nach der Überleitung um 100 Euro erhöht.

§ 7 Stufenzuordnung der Arbeiterinnen und Arbeiter

(1) [1]Beschäftigte aus dem Geltungsbereich des BMT-G / BMT-G-O / TV Arbeiter-Ostdeutsche Sparkassen werden entsprechend ihrer Beschäftigungszeit nach § 6 BMT-G / BMT-G-O der Stufe der gemäß § 4 bestimmten Entgeltgruppe zugeordnet, die sie erreicht hätten, wenn die Entgelttabelle des TVöD bereits seit Beginn ihrer Beschäftigungszeit gegolten hätte; Stufe 1 ist hierbei ausnahmslos mit einem Jahr zu berücksichtigen. [2]Der weitere Stufenaufstieg richtet sich nach den Regelungen des TVöD.
(2) § 6 Abs. 4 und Abs. 5 Satz 1 und 2 gilt für Beschäftigte gemäß Absatz 1 entsprechend.
(3) [1]Ist das Entgelt nach Absatz 1 Satz 1 niedriger als das Vergleichsentgelt, werden Beschäftigte einer dem Vergleichsentgelt entsprechenden individuellen Zwischenstufe zugeordnet. [2]Der Aufstieg aus der individuellen Zwischenstufe in die dem Betrag nach nächsthöhere reguläre Stufe ihrer Entgeltgruppe findet zu dem Zeitpunkt statt, zu dem sie gemäß Absatz 1 Satz 1 die Voraussetzungen für diesen Stufenaufstieg aufgrund der Beschäftigungszeit erfüllt haben. [3]§ 6 Abs. 4 Satz 6 gilt entsprechend.
(4) [1]Werden Beschäftigte während ihrer Verweildauer in der individuellen Zwischenstufe höhergruppiert, erhalten sie in der höheren Entgeltgruppe Entgelt nach der regulären Stufe, deren Betrag mindestens der individuellen Zwischenstufe entspricht, jedoch nicht weniger als das Entgelt der Stufe 2; der weitere Stufenaufstieg richtet sich nach den Regelungen des TVöD. [2]§ 17 Abs. 4 Satz 2 TVöD gilt entsprechend. [3]Werden Beschäftigte während ihrer Verweildauer in der individuellen Zwischenstufe herabgruppiert, erfolgt die Stufenzuordnung in der niedrigeren Entgeltgruppe, als sei die niedrigere Eingruppierung bereits im September 2005 erfolgt; der weitere Stufenaufstieg richtet sich bei Zuordnung zu einer individuellen Zwischenstufe nach Absatz 3 Satz 2, ansonsten nach Absatz 1 Satz 2.

Abschnitt III
Besitzstandsregelungen

§ 8 Bewährungs- und Fallgruppenaufstiege

(1) [1]Aus dem Geltungsbereich des BAT/BAT-O/BAT-Ostdeutsche Sparkassen in eine der Entgeltgruppen 3, 5, 6 oder 8 übergeleitete Beschäftigte, die am 1. Oktober 2005 bei Fortgeltung des bisherigen Tarifrechts die für eine Höhergruppierung erforderliche Zeit der Bewährung oder Tätigkeit zur Hälfte erfüllt haben, sind zu dem Zeitpunkt, zu dem sie nach bisherigem Recht höhergruppiert wären, in die nächsthöhere Entgeltgruppe des TVöD eingruppiert. [2]Abweichend von Satz 1 erfolgt die Höhergruppierung in die

Entgeltgruppe 5, wenn die Beschäftigten aus der Vergütungsgruppe VIII BAT/BAT-O/BAT-Ostdeutsche Sparkassen mit ausstehendem Aufstieg nach Vergütungsgruppe VII BAT/BAT-O/BAT-Ostdeutsche Sparkassen übergeleitet worden sind; sie erfolgt in die Entgeltgruppe 8, wenn die Beschäftigten aus der Vergütungsgruppe VIb BAT/BAT-O/BAT-Ostdeutsche Sparkassen mit ausstehendem Aufstieg nach Vergütungsgruppe Vc BAT/BAT-O/BAT-Ostdeutsche Sparkassen übergeleitet worden sind. [3]Voraussetzung für die Höhergruppierung nach Satz 1 und 2 ist, dass

- zum individuellen Aufstiegszeitpunkt keine Anhaltspunkte vorliegen, die bei Fortgeltung des bisherigen Rechts einer Höhergruppierung entgegengestanden hätten, und
- bis zum individuellen Aufstiegszeitpunkt nach Satz 1 weiterhin eine Tätigkeit auszuüben ist, die diesen Aufstieg ermöglicht hätte.

[4]Die Sätze 1 bis 3 gelten nicht in den Fällen des § 4 Abs. 2. [5]Erfolgt die Höhergruppierung vor dem 1. Oktober 2007, gilt – gegebenenfalls unter Berücksichtigung des Satzes 2 – § 6 Abs. 2 Satz 1 und 2 entsprechend.

(2) [1]Aus dem Geltungsbereich des BAT/BAT-O/BAT-Ostdeutsche Sparkassen in eine der Entgeltgruppen 2 sowie 9 bis 15 übergeleitete Beschäftigte, die am 1. Oktober 2005 bei Fortgeltung des bisherigen Tarifrechts die für eine Höhergruppierung erforderliche Zeit der Bewährung oder Tätigkeit zur Hälfte erfüllt haben und in der Zeit zwischen dem 1. November 2005 und dem 30. September 2007 höhergruppiert wären, erhalten ab dem Zeitpunkt, zu dem sie nach bisherigem Recht höhergruppiert wären, in ihrer bisherigen Entgeltgruppe Entgelt nach derjenigen individuellen Zwischen- bzw. Endstufe, die sich ergeben hätte, wenn sich ihr Vergleichsentgelt (§ 5) nach der Vergütung aufgrund der Höhergruppierung bestimmt hätte. [2]Voraussetzung für diesen Stufenaufstieg ist, dass

- zum individuellen Aufstiegszeitpunkt keine Anhaltspunkte vorliegen, die bei Fortgeltung des bisherigen Rechts einer Höhergruppierung entgegengestanden hätten, und
- bis zum individuellen Aufstiegszeitpunkt nach Satz 1 weiterhin eine Tätigkeit auszuüben ist, die diesen Aufstieg ermöglicht hätte.

[3]Ein etwaiger Strukturausgleich wird ab dem individuellen Aufstiegszeitpunkt nicht mehr gezahlt. [4]Der weitere Stufenaufstieg richtet sich bei Zuordnung zu einer individuellen Zwischenstufe nach § 6 Abs. 1. [5]§ 4 Abs. 2 bleibt unberührt. [6]Zur Ermittlung einer neuen individuellen Zwischenstufe gemäß Satz 1 ist für Beschäftigte, für die die Regelungen des Tarifgebiets Ost Anwendung finden, das auf den Rechtsstand vom 30. September 2005 festgestellte neue Vergleichsentgelt um den Faktor 1,01596 zu erhöhen, wenn die Neuberechnung des Vergleichsentgelts in der Zeit vom 1. Juli 2006 bis 30. Juni 2007, und um den Faktor 1,03191, wenn die Neuberechnung des Vergleichsentgelts nach dem 30. Juni 2007 zu erfolgen hat.

Niederschriftserklärung zu § 8 Abs. 2:
Die Neuberechnung des Vergleichsentgelts führt nicht zu einem Wechsel der Entgeltgruppe.

(3) [1]Abweichend von Absatz 1 Satz 1 und Absatz 2 Satz 1 gelten die Absätze 1 bzw. 2 auf schriftlichen Antrag entsprechend für übergeleitete Beschäftigte, die bei Fortgeltung des BAT/BAT-O/BAT-Ostdeutsche Sparkassen bis spätestens zum 31. Dezember 2016 wegen Erfüllung der erforderlichen Zeit der Bewährung oder Tätigkeit höhergruppiert worden wären, unabhängig davon, ob die Hälfte der erforderlichen Bewährungs- oder Tätigkeitszeit am Stichtag erfüllt ist. [2]In den Fällen des Absatzes 2 Satz 1 erhalten Beschäftigte, die in der Zeit zwischen dem 1. Oktober 2007 und dem 31. Dezember 2016 bei Fortgeltung des BAT/BAT-O/BAT-Ostdeutsche Sparkassen höhergruppiert worden wären, in ihrer bisherigen Entgeltgruppe Entgelt nach derjenigen individuellen Zwischen- oder Endstufe, die sich aus der Summe des bisherigen Tabellenentgelts und dem nach Absatz 2 ermittelten Höhergruppierungsgewinn nach bisherigem Recht ergibt; die Stufenlaufzeit bleibt hiervon unberührt. [3]Bei Beschäftigten mit individueller Endstufe erhöht sich in diesen Fällen ihre individuelle Endstufe um den nach bisherigem Recht ermittelten Höhergruppierungsgewinn. [4]§ 6 Abs. 4 Satz 6 gilt entsprechend.

Protokollerklärung zu Absatz 3:
1. Wäre die/der Beschäftigte bei Fortgeltung des BAT/BAT-O/BAT-Ostdeutsche Sparkassen in der Zeit vom 1. Oktober 2007 bis 31. Dezember 2007 wegen Erfüllung der Voraussetzungen des Absatzes 3 höhergruppiert worden, findet Absatz 3 auf schriftlichen Antrag vom 1. Januar 2008 an Anwendung.
2. Die Beträge der individuellen Zwischenstufe verändern sich bei allgemeinen Entgeltanpassungen um den von den Tarifvertragsparteien für die jeweilige Entgeltgruppe festgelegten Prozentsatz; sie erhöhen sich ab dem 1. April 2025 um 3 Prozent, mindestens aber um 110 Euro, und ab dem 1. Mai 2026 um weitere 2,8 Prozent.

(4) Die Absätze 1 bis 3 finden auf übergeleitete Beschäftigte, deren Eingruppierung sich nach der Vergütungsordnung für Angestellte im Pflegedienst (Anlage 1b zum BAT) richtet, und auf unter § 51 Abs. 1 bis 5 BT-B bzw. § 51 Abs. 1 bis 5 BT-K fallende Ärztinnen und Ärzte keine Anwendung.
(5) [1]Ist bei einer Lehrkraft, die gemäß Nr. 5 der Bemerkung zu allen Vergütungsgruppen nicht unter die Anlage 1a zum BAT fällt, eine Höhergruppierung nur vom Ablauf einer Bewährungszeit und von der Bewährung abhängig und ist am Stichtag die Hälfte der Mindestzeitdauer für einen solchen Aufstieg erfüllt, erfolgt in den Fällen des Absatzes 1 unter den weiteren dort genannten Voraussetzungen zum individuellen Aufstiegszeitpunkt der Aufstieg in die nächsthöhere Entgeltgruppe. [2]Absatz 1 Satz 2 und Höhergruppierungsmöglichkeiten durch entsprechende Anwendung beamtenrechtlicher

Regelungen bleiben unberührt. [3]Im Fall des Absatzes 2 gilt Satz 1 mit der Maßgabe, dass anstelle der Höhergruppierung eine Neuberechnung des Vergleichsentgelts nach Absatz 2 erfolgt.

§ 9 Vergütungsgruppenzulagen

(1) Aus dem Geltungsbereich des BAT / BAT-O / BAT-Ostdeutsche Sparkassen übergeleitete Beschäftigte, denen am 30. September 2005 nach der Vergütungsordnung zum BAT eine Vergütungsgruppenzulage zusteht, erhalten in der Entgeltgruppe, in die sie übergeleitet werden, eine Besitzstandszulage in Höhe ihrer bisherigen Vergütungsgruppenzulage.
(2) [1]Aus dem Geltungsbereich des BAT / BAT-O / BAT-Ostdeutsche Sparkassen übergeleitete Beschäftigte, die bei Fortgeltung des bisherigen Rechts nach dem 30. September 2005 eine Vergütungsgruppenzulage ohne vorausgehenden Bewährungs- oder Fallgruppenaufstieg erreicht hätten, erhalten ab dem Zeitpunkt, zu dem ihnen die Zulage nach bisherigem Recht zugestanden hätte, eine Besitzstandszulage. [2]Die Höhe der Besitzstandszulage bemisst sich nach dem Betrag, der als Vergütungsgruppenzulage zu zahlen gewesen wäre, wenn diese bereits am 30. September 2005 zugestanden hätte. [3]Voraussetzung ist, dass

- am 1. Oktober 2005 die für die Vergütungsgruppenzulage erforderliche Zeit der Bewährung oder Tätigkeit nach Maßgabe des § 23b Abschn. B BAT / BAT-O / BAT-Ostdeutsche Sparkassen zur Hälfte erfüllt ist,
- zu diesem Zeitpunkt keine Anhaltspunkte vorliegen, die bei Fortgeltung des bisherigen Rechts der Vergütungsgruppenzulage entgegengestanden hätten und
- bis zum individuellen Zeitpunkt nach Satz 1 weiterhin eine Tätigkeit auszuüben ist, die zu der Vergütungsgruppenzulage geführt hätte.

(2a) [1]Absatz 2 gilt auf schriftlichen Antrag entsprechend für übergeleitete Beschäftigte, die bei Fortgeltung des BAT/BAT-O/BAT-Ostdeutsche Sparkassen bis spätestens zum 31. Dezember 2016 wegen Erfüllung der erforderlichen Zeit der Bewährung oder Tätigkeit die Voraussetzungen der Vergütungsgruppenzulage erfüllt hätten, unabhängig davon, ob die Hälfte der erforderlichen Zeit der Bewährung oder Tätigkeit am Stichtag nicht erfüllt ist. [2]Die Protokollerklärung Nr. 1 zu § 8 Abs. 3 gilt entsprechend.
(3) Für aus dem Geltungsbereich des BAT/BAT-O/BAT-Ostdeutsche Sparkassen übergeleitete Beschäftigte, die bei Fortgeltung des bisherigen Rechts nach dem 30. September 2005 im Anschluss an einen Fallgruppenaufstieg eine Vergütungsgruppenzulage erreicht hätten, gilt Folgendes:

a) [1]In eine der Entgeltgruppen 3, 5, 6 oder 8 übergeleitete Beschäftigte, die den Fallgruppenaufstieg am 30. September 2005 noch nicht erreicht haben, sind zu dem Zeitpunkt, zu dem sie nach bisherigem Recht höhergruppiert worden wären, in die nächsthöhere Entgeltgruppe des

TVöD eingruppiert; § 8 Abs. 1 Satz 2 bis 5 gilt entsprechend. [2]Eine Besitzstandszulage für eine Vergütungsgruppenzulage steht nicht zu.

b) [1]Ist ein der Vergütungsgruppenzulage vorausgehender Fallgruppenaufstieg am 30. September 2005 bereits erfolgt, gilt Absatz 2 mit der Maßgabe, dass am 1. Oktober 2005 die Hälfte der Gesamtzeit für den Anspruch auf die Vergütungsgruppenzulage einschließlich der Zeit für den vorausgehenden Aufstieg zurückgelegt sein muss oder die Vergütungsgruppenzulage bei Fortgeltung des bisherigen Rechts bis zum 31. Dezember 2016 erworben worden wäre. [2]Im Fall des Satzes 1 2. Alternative wird die Vergütungsgruppenzulage auf schriftlichen Antrag gewährt. [3]Die Protokollerklärung Nr. 1 zu § 8 Abs. 3 gilt entsprechend.

c) Wäre im Fall des Buchstaben a nach bisherigem Recht der Fallgruppenaufstieg spätestens am 30. September 2007 erreicht worden, gilt Absatz 2 mit der Maßgabe, dass am 1. Oktober 2007 die Hälfte der Gesamtzeit für den Anspruch auf die Vergütungsgruppenzulage einschließlich der Zeit für den vorausgehenden Aufstieg erreicht worden sein muss und die Vergütungsgruppenzulage bei Fortgeltung des bisherigen Rechts bis zum 31. Dezember 2016 erworben worden wäre. Die Protokollerklärung Nr. 1 zu § 8 Abs. 3 gilt entsprechend.

(4) [1]Die Besitzstandszulage nach den Absätzen 1, 2 und 3 Buchst. b wird so lange gezahlt, wie die anspruchsbegründende Tätigkeit ununterbrochen ausgeübt wird und die sonstigen Voraussetzungen für die Vergütungsgruppenzulage nach bisherigem Recht weiterhin bestehen. [2]Sie verändert sich bei allgemeinen Entgeltanpassungen um den von den Tarifvertragsparteien für die jeweilige Entgeltgruppe festgelegten Vomhundertsatz.

Protokollerklärungen zu Absatz 4 Sätze 1 und 2:

1. [1]Unterbrechungen wegen Elternzeit, Wehr- oder Zivildienstes, Sonderurlaubs, bei dem der Arbeitgeber vor Antritt ein dienstliches oder betriebliches Interesse an der Beurlaubung anerkannt hat, Bezuges einer Rente auf Zeit wegen verminderter Erwerbsfähigkeit oder wegen Ablaufs der Krankenbezugsfristen sowie wegen vorübergehender Übertragung einer höherwertigen Tätigkeit sind unschädlich. [2]In den Fällen, in denen eine Unterbrechung aus den in Satz 1 genannten Gründen nach dem 30. September 2005 und vor dem 1. Juli 2008 endet, wird eine Besitzstandszulage nach § 9 Abs. 1, 2 und 3 Buchst. b oder c vom 1. Juli 2008 an gezahlt, wenn bis zum 30. September 2008 ein entsprechender Antrag (Ausschlussfrist) gestellt worden ist. [3]Ist eine entsprechende Leistung bis zum 31. März 2008 schriftlich geltend gemacht worden, erfolgt die Zahlung vom 1. Juni 2008 an.
2. Die Besitzstandszulage erhöht sich am 1. April 2025 um 3,11 Prozent und am 1. Mai 2026 um weitere 2,8 Prozent.

Niederschriftserklärung zu § 8 Abs. 1 Satz 3 und Abs. 2 Satz 2 sowie § 9 Abs. 2 bis 4:
Eine missbräuchliche Entziehung der Tätigkeit mit dem ausschließlichen Ziel, eine Höhergruppierung bzw. eine Besitzstandszulage zu verhindern, ist nicht zulässig.

§ 10 Fortführung vorübergehend übertragener höherwertiger Tätigkeit

(1) [1]Beschäftigte, denen am 30. September 2005 eine Zulage nach § 24 BAT / BAT-O / BAT-Ostdeutsche Sparkassen zusteht, erhalten nach Überleitung in den TVöD eine Besitzstandszulage in Höhe ihrer bisherigen Zulage, solange sie die anspruchsbegründende Tätigkeit weiterhin ausüben und die Zulage nach bisherigem Recht zu zahlen wäre. [2]Wird die anspruchsbegründende Tätigkeit über den 30. September 2007 hinaus beibehalten, finden mit Wirkung ab dem 1. Oktober 2007 die Regelungen des TVöD über die vorübergehende Übertragung einer höherwertigen Tätigkeit Anwendung. [3]Für eine vor dem 1. Oktober 2005 vorübergehend übertragene höherwertige Tätigkeit, für die am 30. September 2005 wegen der zeitlichen Voraussetzungen des § 24 Abs. 1 bzw. 2 BAT / BAT-O / BAT-Ostdeutsche Sparkassen noch keine Zulage gezahlt wird, gilt Satz 1 und 2 ab dem Zeitpunkt entsprechend, zu dem nach bisherigem Recht die Zulage zu zahlen gewesen wäre. [4]Sätze 1 bis 3 gelten für landesbezirkliche Regelungen gemäß § 9 Abs. 3 BMT-G und nach Abschnitt I. der Anlage 3 des Tarifvertrages zu § 20 Abs. 1 BMT-G-O (Lohngruppenverzeichnis) entsprechend. [5]Sätze 1 bis 4 gelten bei besonderen tarifvertraglichen Vorschriften über die vorübergehende Übertragung höherwertiger Tätigkeiten entsprechend. [6]Ist Beschäftigten, die eine Besitzstandszulage nach Satz 1 erhalten, die anspruchsbegründende Tätigkeit bis zum 30. September 2007 dauerhaft übertragen worden, erhalten sie eine persönliche Zulage. [7]Die Zulage nach Satz 6 wird für die Dauer der Wahrnehmung dieser Tätigkeit auf einen bis zum 30. September 2008 zu stellenden schriftlichen Antrag (Ausschlussfrist) der/des Beschäftigten vom 1. Juli 2008 an gezahlt. [8]Die Höhe der Zulage bemisst sich nach dem Unterschiedsbetrag zwischen dem am 1. Oktober 2005 nach § 6 oder § 7 zustehenden Tabellenentgelt oder Entgelt nach einer individuellen Zwischen- oder Endstufe einschließlich der Besitzstandszulage nach Satz 1 und dem Tabellenentgelt nach der Höhergruppierung. [9]Allgemeine Entgeltanpassungen, Erhöhungen des Entgelts durch Stufenaufstiege und Höhergruppierungen sowie Zulagen gemäß § 14 Abs. 3 TVöD und gemäß § 18 Abs. 4 Satz 1 sind auf die persönliche Zulage anzurechnen.

(2) [1]Beschäftigte, denen am 30. September 2005 eine Zulage nach § 2 der Anlage 3 zum BAT zustand, erhalten eine Besitzstandszulage in Höhe ihrer bisherigen Zulage, solange sie die anspruchsbegründende Tätigkeit weiterhin ausüben und die Zulage nach bisherigem Recht zu zahlen wäre. [2]Soweit

sich bei entsprechender Anwendung von Absatz 1 Satz 2 eine Zulage ergäbe, die höher ist als die Besitzstandszulage nach Satz 1, wird die höhere Zulage gezahlt. [3]Absatz 1 Satz 3 gilt entsprechend.

Niederschriftserklärung zu § 10 Abs. 1 und 2:
Die Tarifvertragsparteien stellen klar, dass die vertretungsweise Übertragung einer höherwertigen Tätigkeit ein Unterfall der vorübergehenden Übertragung einer höherwertigen Tätigkeit ist. Gleiches gilt für die Zulage nach § 2 der Anlage 3 zum BAT.

§ 11 Kinderbezogene Entgeltbestandteile

(1) [1]Für im September 2005 zu berücksichtigende Kinder werden die kinderbezogenen Entgeltbestandteile des BAT / BAT-O / BAT-Ostdeutsche Sparkassen oder BMTG / BMTG-O in der für September 2005 zustehenden Höhe als Besitzstandszulage fortgezahlt, solange für diese Kinder Kindergeld nach dem Einkommensteuergesetz (EStG) oder nach dem Bundeskindergeldgesetz (BKGG) ununterbrochen gezahlt wird oder ohne Berücksichtigung des § 64 oder § 65 EStG oder des § 3 oder § 4 BKGG gezahlt würde. [2]Die Besitzstandszulage entfällt ab dem Zeitpunkt, zu dem einer anderen Person, die im öffentlichen Dienst steht oder auf Grund einer Tätigkeit im öffentlichen Dienst nach beamtenrechtlichen Grundsätzen oder nach einer Ruhelohnordnung versorgungsberechtigt ist, für ein Kind, für welches die Besitzstandszulage gewährt wird, das Kindergeld gezahlt wird; die Änderung der Kindergeldberechtigung hat die/der Beschäftigte dem Arbeitgeber unverzüglich schriftlich anzuzeigen. [3]Unterbrechungen wegen der Ableistung von Grundwehrdienst, Zivildienst oder Wehrübungen sowie die Ableistung eines freiwilligen sozialen oder ökologischen Jahres sind unschädlich; soweit die unschädliche Unterbrechung bereits im Monat September 2005 vorliegt, wird die Besitzstandszulage ab dem Zeitpunkt des Wiederauflebens der Kindergeldzahlung gewährt.

Protokollerklärungen zu Absatz 1:

1. [1]Die Unterbrechung der Entgeltzahlung im September 2005 wegen Elternzeit, Wehr- oder Zivildienstes, Sonderurlaubs, bei dem der Arbeitgeber vor Antritt ein dienstliches oder betriebliches Interesse an der Beurlaubung anerkannt hat, Bezuges einer Rente auf Zeit wegen verminderter Erwerbsfähigkeit oder wegen des Ablaufs der Krankenbezugsfristen ist für das Entstehen des Anspruchs auf die Besitzstandszulage unschädlich. [2]Für die Höhe der Besitzstandszulage nach Satz 1 gilt § 5 Abs. 6 entsprechend.
2. Ist die andere Person im September 2005 aus dem öffentlichen Dienst ausgeschieden und entfiel aus diesem Grund der kinderbezogene Entgeltbestandteil, entsteht der Anspruch auf die Besitzstandszulage bei dem in den TVöD übergeleiteten Beschäftigten.
3. [1]Beschäftigte mit mehr als zwei Kindern, die im September 2005 für das dritte und jedes weitere Kind keinen kinderbezogenen Entgeltanteil erhalten haben,

weil sie nicht zum Kindergeldberechtigten bestimmt waren, haben Anspruch auf die Besitzstandszulage für das dritte und jedes weitere Kind, sofern und solange sie für diese Kinder Kindergeld erhalten, wenn sie bis zum 30. September 2008 einen Berechtigtenwechsel beim Kindergeld zu ihren Gunsten vornehmen und der Beschäftigungsumfang der kindergeldberechtigten anderen Person am 30. September 2005 30 Wochenstunden nicht überstieg. [2]Die Höhe der Besitzstandszulage ist so zu bemessen, als hätte die/der Beschäftigte bereits im September 2005 Anspruch auf Kindergeld gehabt.

4. [1]Bei Tod der/des Kindergeldberechtigten wird ein Anspruch nach Absatz 1 für den anderen in den TVöD übergeleiteten Beschäftigten auch nach dem 1. Oktober 2005 begründet. [2]Die Höhe der Besitzstandszulage ist so zu bemessen, als hätte sie/er bereits im September 2005 Anspruch auf Kindergeld gehabt.
5. [1]Endet eine Unterbrechung aus den in Nr. 1 Satz 1 genannten Gründen vor dem 1. Juli 2008, wird die Besitzstandszulage vom 1. Juli 2008 an gezahlt, wenn bis zum 30. September 2008 ein entsprechender schriftlicher Antrag (Ausschlussfrist) gestellte worden ist. [2]Wird die Arbeit nach dem 30. Juni 2008 wieder aufgenommen oder erfolgt die Unterbrechung aus den in Nr. 1 Satz 1 genannten Gründen nach dem 30. Juni 2008, wird die Besitzstandszulage nach Wiederaufnahme der Arbeit auf schriftlichen Antrag gezahlt. [3]In den Fällen der Nrn. 2 und 3 wird die Besitzstandszulage auf einen bis zum 30. September 2008 zu stellenden schriftlichen Antrag (Ausschlussfrist) von 1. Juli 2008 an gezahlt. [4]Ist eine den Nrn. 1 bis 3 entsprechende Leistung bis zum 31. März 2008 schriftlich geltend gemacht worden, erfolgt die Zahlung vom 1. Juni 2008 an. [5]In den Fällen der Nr. 4 wird die Besitzstandszulage auf schriftlichen Antrag ab dem ersten Tag des Monats, der dem Sterbemonat folgt, frühestens jedoch ab dem 1. Juli 2008 gezahlt. [6]Die/Der Beschäftigte hat das Vorliegen der Voraussetzungen der Nrn. 1 bis 4 nachzuweisen und Änderungen anzuzeigen.

(2) [1]*(aufgehoben)* [2]Die Besitzstandszulage nach Absatz 1 Satz 1 verändert sich bei allgemeinen Entgeltanpassungen um den von den Tarifvertragsparteien für die jeweilige Entgeltgruppe festgelegten Vomhundertsatz. [3]Ansprüche nach Absatz 1 können für Kinder ab dem vollendeten 16. Lebensjahr durch Vereinbarung mit der/dem Beschäftigten abgefunden werden. [4]*(aufgehoben)*

Protokollerklärung zu Absatz 2 Satz 1:
Die tarifliche Arbeitszeitverlängerung zum 1. Juli 2008 führt nicht zu einer Veränderung der Besitzstandszulage, sofern als Besitzstandszulage die kinderbezogenen Entgeltbestandteile aufgrund vor dem 1. Oktober 2005 anzuwendender Konkurrenzregelungen (§ 29 Abschn. B Abs. 6 BAT/BAT-O/BAT Ostdeutsche Sparkassen und entsprechender Arbeiterregelungen) in ungekürzter Höhe zustehen.

Protokollerklärung zu Absatz 2 Satz 2:
Die Besitzstandszulage erhöht sich am 1. April 2025 um 3,11 Prozent und am 1. Mai 2026 um weitere 2,8 Prozent.

(3) Die Absätze 1 und 2 gelten entsprechend für

a) zwischen dem 1. Oktober 2005 und dem 31. Dezember 2005 geborene Kinder der übergeleiteten Beschäftigten,
b) die Kinder von bis zum 31. Dezember 2005 in ein Arbeitsverhältnis übernommenen Auszubildenden, Schülerinnen/Schüler in der Gesundheits- und Krankenpflege, Gesundheits- und Kinderkrankenpflege und in der Entbindungspflege sowie Praktikantinnen und Praktikanten aus tarifvertraglich geregelten Beschäftigungsverhältnissen, soweit diese Kinder vor dem 1. Januar 2006 geboren sind.

§ 12 Strukturausgleich

(1) [1]Aus dem Geltungsbereich des BAT / BAT-O / BAT-Ostdeutsche Sparkassen übergeleitete Beschäftigte erhalten ausschließlich in den in Anlage 2 aufgeführten Fällen zusätzlich zu ihrem monatlichen Entgelt einen nicht dynamischen Strukturausgleich. [2]Für alle Beschäftigten, auf die die Regelungen des Tarifgebiets Ost Anwendung finden, bestimmt sich der Strukturausgleich ab 1. Januar 2010 nach den für das Tarifgebiet West ausgewiesenen Beträgen. [3]Maßgeblicher Stichtag für die anspruchsbegründenden Voraussetzungen (Vergütungsgruppe, Stufe, Ortszuschlag, Aufstiegszeiten) ist der 1. Oktober 2005, sofern in Anlage 2 nicht ausdrücklich etwas anderes geregelt ist.
(2) Die Zahlung des Strukturausgleichs beginnt im Oktober 2007, sofern in Anlage 2 nicht etwas anderes bestimmt ist.
(3) [1]Bei Teilzeitbeschäftigung steht der Strukturausgleich anteilig zu (§ 24 Abs. 2 TVöD). [2]*(aufgehoben)*

Protokollerklärung zu Absatz 3:
Bei späteren Veränderungen der individuellen regelmäßigen Arbeitszeit der/des Beschäftigten ändert sich der Strukturausgleich entsprechend.

(4) [1]Bei Höhergruppierungen wird der Unterschiedsbetrag zum bisherigen Entgelt auf den Strukturausgleich angerechnet. [2]Für die Dauer der vorübergehenden Übertragung einer höherwertigen Tätigkeit wird die Zulage nach § 14 Abs. 3 TVöD auf den Strukturausgleich angerechnet. [3]Entsprechendes gilt für die Zulage in den Fällen der Übertragung einer Führungsposition auf Probe nach § 31 TVöD und auf Zeit nach § 32 TVöD.
(5) Einzelvertraglich kann der Strukturausgleich abgefunden werden.
(6) Die Absätze 1 bis 5 finden auf Ärztinnen und Ärzte, die unter § 51 BT-K bzw. § 51 BT-B fallen, keine Anwendung.

Niederschriftserklärung zu § 12:
[1]Die Tarifvertragsparteien sind sich angesichts der Fülle der denkbaren Fallgestaltungen bewusst, dass die Festlegung der Strukturausgleiche je nach individueller Fallgestaltung in Einzelfällen sowohl zu überproportional positiven Wirkungen als

auch zu Härten führen kann. [2]Sie nehmen diese Verwerfungen im Interesse einer für eine Vielzahl von Fallgestaltungen angestrebten Abmilderung von Exspektanzverlusten hin.

§ 13 Entgeltfortzahlung im Krankheitsfall

[1]Bei Beschäftigten, für die bis zum 30. September 2005 § 71 BAT gegolten hat, wird abweichend von § 22 Abs. 2 TVöD für die Dauer des über den 30. September 2005 hinaus ununterbrochen fortbestehenden Arbeitsverhältnisses der Krankengeldzuschuss in Höhe des Unterschiedsbetrages zwischen dem festgesetzten Nettokrankengeld oder der entsprechenden gesetzlichen Nettoleistung und dem Nettoentgelt (§ 22 Abs. 2 Satz 2 und 3 TVöD) gezahlt. [2]Nettokrankengeld ist das um die Arbeitnehmeranteile zur Sozialversicherung reduzierte Krankengeld. [3]Für Beschäftigte, die nicht der Versicherungspflicht in der gesetzlichen Krankenversicherung unterliegen, ist bei der Berechnung des Krankengeldzuschusses der Höchstsatz des Nettokrankengeldes, der bei Pflichtversicherung in der gesetzlichen Krankenversicherung zustünde, zugrunde zu legen.

Protokollerklärung zu § 13:
Ansprüche aufgrund von beim Arbeitgeber am 30. September 2005 geltenden Regelungen für die Gewährung von Beihilfen an Arbeitnehmerinnen und Arbeitnehmer im Krankheitsfall bleiben für die von § 1 Abs. 1 erfassten Beschäftigten unberührt. Änderungen von Beihilfevorschriften für Beamte kommen zur Anwendung, soweit auf Landes- bzw. Bundesvorschriften Bezug genommen wird.

§ 14 Beschäftigungszeit

(1) Für die Dauer des über den 30. September 2005 hinaus fortbestehenden Arbeitsverhältnisses werden die vor dem 1. Oktober 2005 nach Maßgabe der jeweiligen tarifrechtlichen Vorschriften anerkannten Beschäftigungszeiten als Beschäftigungszeit im Sinne des § 34 Abs. 3 TVöD berücksichtigt.
(2) Für die Anwendung des § 23 Abs. 2 TVöD werden die bis zum 30. September 2005 zurückgelegten Zeiten, die nach Maßgabe
- des BAT anerkannte Dienstzeit,
- des BAT-O/BAT-Ostdeutsche Sparkassen, BMT-G / BMT-G-O anerkannte Beschäftigungszeit

sind, als Beschäftigungszeit im Sinne des § 34 Abs. 3 TVöD berücksichtigt.
(3) Aus dem Geltungsbereich des BMT-G übergeleitete Beschäftigte, die am 30. September 2005 eine Beschäftigungszeit (§ 6 BMT-G ohne die nach § 68a BMT-G berücksichtigten Zeiten) von mindestens zehn Jahren zurückgelegt haben, erwerben abweichend von § 34 Abs. 2 Satz 1 TVöD den besonderen Kündigungsschutz nach Maßgabe des § 52 Abs. 1 BMT-G.

§ 15 Urlaub

(1) [1]Aus dem Geltungsbereich des BAT / BAT-O / BAT-Ostdeutsche Sparkassen übergeleitete Beschäftigte der Vergütungsgruppen I und Ia, die für das Urlaubsjahr 2005 einen Anspruch auf 30 Arbeitstage Erholungsurlaub erworben haben, behalten bei einer Fünftagewoche diesen Anspruch für die Dauer des über den 30. September 2005 hinaus ununterbrochen fortbestehenden Arbeitsverhältnisses. [2]Die Urlaubsregelungen des TVöD bei abweichender Verteilung der Arbeitszeit gelten entsprechend.
(2) § 42 Abs. 1 BMT-G / BMT-G-O i. V. m. bezirklichen Tarifverträgen zu § 42 Abs. 2 BMT-G und der Tarifvertrag zu § 42 Abs. 2 BMT-G-O (Zusatzurlaub für Arbeiter) gelten bis zum In-Kraft-Treten entsprechender landesbezirklicher Tarifverträge fort; im Übrigen gilt Absatz 1 entsprechend.

§ 16 Abgeltung

[1]Durch Vereinbarungen mit der/dem Beschäftigten können Entgeltbestandteile aus Besitzständen, ausgenommen für Vergütungsgruppenzulagen, pauschaliert bzw. abgefunden werden. [2]§ 11 Abs. 2 Satz 3 und § 12 Abs. 5 bleiben unberührt.

§ 16a Leistungsgeminderte Beschäftigte

(1) Die nach Satz 1 und 2 der Protokollerklärung zum 3. Abschnitt in der bis zum 28. Februar 2014 geltenden Fassung zurückgestellte Überleitung der Beschäftigten mit Anspruch auf Entgeltsicherung bei Leistungsminderung in das Entgeltsystem des TVöD erfolgt nach folgenden Regelungen:

1. [1]Beschäftigte, die am 30. September 2005 eine Zahlung nach §§ 28 Abs. 1 und 2, 28a BMT-G/BMT-G-O erhalten haben, werden rückwirkend zum 1. Oktober 2005 nach Maßgabe des § 4 i. V. m. der Anlage 1 in das Entgeltsystem des TVöD übergeleitet. [2]Maßgebend hierbei ist die Lohngruppe, in der die/der Beschäftigte vor Eintritt der Leistungsminderung eingruppiert war. [3]Die Stufenzuordnung bestimmt sich nach Maßgabe der §§ 5 und 7. [4]Der weitere Stufenaufstieg ist unter Anwendung des § 7 und der Regelungen des TVöD bis zum 28. Februar 2014 nachzuzeichnen. [5]Ab dem 1. März 2014 richtet sich der weitere Stufenaufstieg nach den Regelungen des TVöD.

   [6]Zur Ermittlung des der/dem Beschäftigten zustehenden Entgelts sind dem nach Satz 1 bis 5 zustehenden Tabellenentgelt zuzüglich der nach §§ 28 Abs. 1 und 2, 28a BMT-G/BMT-G-O entsprechenden Entgeltbestandteile das jeweilige Tabellenentgelt, das sich aus der aufgrund der Leistungsminderung zugewiesenen Tätigkeit ergeben würde, und die sonstigen §§ 28 Abs. 1 und 2, 28a BMT-G/BMT-G-O entsprechenden

Entgeltbestandteile (Vorarbeiter- und andere Funktionszulagen, Erschwerniszuschläge und Schichtzulagen sowie etwaige Zeitzuschläge) monatlich gegenüberzustellen. [7]Das der Leistungsminderung entsprechende Tabellenentgelt ist in entsprechender Anwendung der Sätze 1 bis 4 nachzuzeichnen; Satz 5 gilt entsprechend. [8]Ist das der Leistungsminderung entsprechende Entgelt nach Satz 6 und 7 niedriger als das gesicherte Entgelt, ist ab 1. März 2014 an seiner Stelle das gesicherte Entgelt zu zahlen. [9]Für die Zeit davor verbleibt es bei den geleisteten Zahlungen, wenn diese die sich aus Satz 2 der Protokollerklärung zum 3. Abschnitt in der bis zum 28. Februar 2014 geltenden Fassung ergebenden Ansprüche nicht unterschreiten; § 37 TVöD bleibt unberührt. [10]Beschäftigte, die am 30. September 2005 Monatslohn nach § 25 Abs. 4 BMT-G/BMT-G-O erhalten haben, werden rückwirkend zum 1. Oktober 2005 in entsprechender Anwendung der Sätze 1, 3 und 4 in das Entgeltsystem des TVöD übergeleitet; Satz 5 gilt entsprechend.

2. [1]Beschäftigte, die am 30. September 2005 eine Ausgleichszulage nach § 56 BAT/BAT-O erhalten haben, werden rückwirkend zum 1. Oktober 2005 nach Maßgabe des § 4 in Verbindung mit der Anlage 1 in das Entgeltsystem des TVöD übergeleitet. [2]Maßgebend hierbei ist die Vergütungsgruppe, in der die/der Beschäftigte vor ihrem/seinen Unfall bzw. vor Feststellung einer Berufskrankheit eingruppiert war. [3]Die Stufenzuordnung bestimmt sich nach Maßgabe der §§ 5 und 6. [4]Der weitere Stufenaufstieg ist unter Anwendung des § 6 und der Regelungen des TVöD bis zum 28. Februar 2014 nachzuzeichnen.

   [5]Zur Ermittlung der der/dem Beschäftigten zustehenden Ausgleichszulage sind in entsprechender Anwendung der Sätze 1 bis 4 die Entgeltgruppe und die Stufe festzustellen, in denen die/der Beschäftigte weiterbeschäftigt wird. [6]Der Unterschiedsbetrag zwischen beiden Entgeltgruppen und Stufen ist der ab dem 1. März 2014 zu zahlende Ausgleichsbetrag. [7]Für die Zeit davor verbleibt es bei den geleisteten Zahlungen, wenn diese die sich aus Satz 2 der Protokollerklärung zum 3. Abschnitt in der bis zum 28. Februar 2014 geltenden Fassung ergebenden Ansprüche nicht unterschreiten; § 37 TVöD bleibt unberührt.

3. [1]Soweit abweichend von Nummern 1 und 2 bereits vor dem 1. März 2014 die Überleitung in das Entgeltsystem des TVöD erfolgt ist, verbleibt es dabei auch für die Zeit nach dem 28. Februar 2014. [2]Der/Die Beschäftigte kann bis zum 31. August 2014 schriftlich die Anwendung von Nummer 1 oder 2 mit Wirkung ab dem 1. März 2014 beantragen.

(2) [1]§§ 25 Abs. 4, 28 Abs. 1 und 2, 28a BMT-G/BMT-G-O und § 56 BAT/BAT-O finden in ihrem jeweiligen Geltungsbereich weiterhin Anwendung, und zwar auch auf Beschäftigte im Sinne des § 1 Abs. 2. [2]§ 55 Abs. 2 Unterabs. 2 Satz 2 BAT, Nrn. 7 und 10 SR 2o BAT sowie Nr. 3 SR 2x BAT/BAT-O bleiben in ihrem bisherigen Geltungsbereich unberührt.

(3) Die in den Absätzen 1 und 2 genannten Regelungen des BMT-G/BMT-G-O und BAT/BAT-O ergeben sich aus dem Anhang zu § 16a.

Abschnitt IV Sonstige vom TVöD abweichende oder ihn ergänzende Bestimmungen

§ 17 Eingruppierung

(1) [1]An die Stelle der § 2 Abs. 2 des Rahmentarifvertrages zu § 20 BMT-G entsprechenden Vorschriften in den landesbezirklichen Lohngruppenverzeichnissen treten § 12 (VKA) TVöD und § 13 (VKA) TVöD. [2]Gleiches gilt hinsichtlich § 2 Abs. 3 des Tarifvertrages zu § 20 Abs. 1 BMT-G-O (Lohngruppenverzeichnis).
(2)–(6) *(aufgehoben)*
(7) [1]Die Lohngruppen der Lohngruppenverzeichnisse sind gemäß Anlage 3 den Entgeltgruppen des TVöD zugeordnet. [2]In den Fällen des § 16 (VKA) Abs. 2a TVöD kann die Eingruppierung in die in dem unmittelbar vorhergehenden Arbeitsverhältnis durch Zeit-, Tätigkeits- oder Bewährungsaufstieg erreichte Entgeltgruppe erfolgen, sofern das unmittelbar vorhergehende Arbeitsverhältnis vor dem 1. Oktober 2005 begründet worden ist.
(8) *(aufgehoben)*
(9) Ist anlässlich der vorübergehenden Übertragung einer höherwertigen Tätigkeit im Sinne des § 14 TVöD zusätzlich eine Tätigkeit auszuüben, für die nach landesbezirklichen Regelungen oder den Regelungen in Anlage 3 Teil I des Tarifvertrages zu § 20 Abs. 1 BMT-G-O (Lohngruppenverzeichnis) ein Anspruch auf Zahlung einer Zulage für Vorarbeiter/-innen und Vorhandwerker/-innen, Fachvorarbeiter/-innen und vergleichbare Beschäftigte oder Lehrgesellen/-innen besteht, erhält die/der Beschäftigte abweichend von § 14 Abs. 3 TVöD anstelle der Zulage nach § 14 TVöD für die Dauer der Ausübung sowohl der höherwertigen als auch der zulagenberechtigenden Tätigkeit eine persönliche Zulage von 10 Prozent ihres/seines Tabellenentgelts.

Protokollerklärung zu Absatz 9:
[1]Die Zulage für Vorarbeiter/innen und Vorhandwerker/innen, Fachvorarbeiter/innen und vergleichbare Beschäftigte oder Lehrgesellen/innen verändert sich bei allgemeinen Entgeltanpassungen nach dem 31. Dezember 2009 um den von den Tarifvertragsparteien für die jeweilige Entgeltgruppe festgelegten Vomhundertsatz. [2]Die Zulage nach Satz 1 erhöht sich am 1. April 2025 um 3,11 Prozent und am 1. Mai 2026 um weitere 2,8 Prozent. [3]Abweichende Regelungen in landesbezirklichen Tarifverträgen bleiben unberührt.

§ 18 Vorübergehende Übertragung einer höherwertigen Tätigkeit nach dem 30. September 2005

(1) *(weggefallen)*

(2) Wird aus dem Geltungsbereich des BMT-G/BMT-G-O übergeleiteten Beschäftigten nach dem 30. September 2005 erstmalig außerhalb von § 10 eine höherwertige Tätigkeit vorübergehend übertragen, gelten bis zum In-Kraft-Treten eines Tarifvertrages über eine persönliche Zulage die bisherigen bezirklichen Regelungen gemäß § 9 Abs. 3 BMT-G und nach Anlage 3 Teil I des Tarifvertrages zu § 20 Abs. 1 BMT-G-O (Lohngruppenverzeichnis) im bisherigen Geltungsbereich mit der Maßgabe entsprechend, dass sich die Höhe der Zulage nach dem TVöD richtet, soweit sich aus § 17 Abs. 9 nichts anderes ergibt.

Niederschriftserklärungen zu § 18:

1. [1]Abweichend von der Grundsatzregelung des TVöD über eine persönliche Zulage bei vorübergehender Übertragung einer höherwertigen Tätigkeit ist durch einen landesbezirklichen Tarifvertrag im Rahmen eines Katalogs, der die hierfür in Frage kommenden Tätigkeiten aufführt, zu bestimmen, dass die Voraussetzung für die Zahlung einer persönlichen Zulage bereits erfüllt ist, wenn die vorübergehende übertragene Tätigkeit mindestens drei Arbeitstage angedauert hat und die/der Beschäftigte ab dem ersten Tag der Vertretung in Anspruch genommen ist. [2]Die landesbezirklichen Tarifverträge sollen spätestens am 1. Juli 2007 in Kraft treten.
2. Die Niederschriftserklärung zu § 10 Abs. 1 und 2 gilt entsprechend.

§ 19 Entgeltgruppe 2 Ü und 15 Ü

(1) Für Beschäftigte, die nach der Anlage 3 der Entgeltgruppe 2Ü zugeordnet sind, gelten folgende Tabellenwerte:

	Stufe 1	Stufe 2	Stufe 3	Stufe 4	Stufe 5	Stufe 6
gültig bis 31. März 2025	2601,60	2835,82	2921,62	3036,03	3114,63	3229,97
gültig vom 1. April 2025 bis 30. April 2026	2711,60	2945,82	3031,62	3146,03	3224,63	3339,97
gültig ab 1. Mai 2026	2787,52	3028,30	3116,51	3234,12	3314,92	3433,49

(2) [1]Übergeleitete Beschäftigte der Vergütungsgruppe I BAT/BAT-O/BAT-Ostdeutsche Sparkassen unterliegen dem TVöD. [2]Sie werden in die Entgeltgruppe 15 Ü übergeleitet. [3]Für sie gelten folgende Tabellenwerte:

	Stufe 2	Stufe 3	Stufe 4	Stufe 5	Stufe 6
gültig bis 31. März 2025	6752,60	7462,02	8134,09	8582,18	8686,69
gültig vom 1. April 2025 bis 30. April 2026	6955,18	7685,88	8378,11	8839,65	8947,29
gültig ab 1. Mai 2026	7149,93	7901,08	8612,70	9087,16	9197,81

[4]Die Verweildauer in den Stufen 2 bis 5 beträgt jeweils fünf Jahre.

§ 20 *(aufgehoben)*

§ 21 *(aufgehoben)*

§ 22 Sonderregelungen für Beschäftigte im bisherigen Geltungsbereich der SR 2a, SR 2b und SR 2c zum BAT/BAT-O

(1) *(aufgehoben)*
(2) Nr. 7 SR 2a BAT/BAT-O gilt im bisherigen Geltungsbereich bis zum In-Kraft-Treten einer Neuregelung fort.
(3) Nr. 5 SR 2c BAT/BAT-O gilt für übergeleitete Ärztinnen und Ärzte bis zu einer arbeitsvertraglichen Neuregelung deren Nebentätigkeit fort.
(4) Bestehende Regelungen zur Anrechnung von Wege- und Umkleidezeiten auf die Arbeitszeit bleiben durch das In-Kraft-Treten des TVöD unberührt.

§ 23 Erschwerniszuschläge, Schichtzulagen

(1) [1]Bis zur Regelung in einem landesbezirklichen Tarifvertrag gelten für die von § 1 Abs. 1 und 2 erfassten Beschäftigten im jeweiligen bisherigen Geltungsbereich

- die jeweils geltenden bezirklichen Regelungen zu Erschwerniszuschlägen gemäß § 23 Abs. 3 BMT-G,
- der Tarifvertrag zu § 23 Abs. 3 BMT-G-O vom 14. Mai 1991,
- der Tarifvertrag über die Gewährung von Zulagen gemäß § 33 Abs. 1 Buchst. c BAT vom 11. Januar 1962 und
- der Tarifvertrag über die Gewährung von Zulagen gemäß § 33 Abs. 1 Buchst. c BAT-O

fort. [2]Dies gilt für die landesbezirklichen Tarifverträge mit der Maßgabe, dass die Grenzen und die Bemessungsgrundlagen des § 19 Abs. 4 TVöD zu beachten sind.

(2) [1]Für Beschäftigte gemäß § 1 Abs. 1, auf die bis zum 30. September 2005 der Tarifvertrag betreffend Wechselschicht- und Schichtzulagen für Angestellte vom 1. Juli 1981, der Tarifvertrag betreffend Wechselschicht- und Schichtzulagen für Angestellte (TV Schichtzulagen Ang-O) vom 8. Mai 1991, der Tarifvertrag zu § 24 BMT-G (Schichtlohnzuschlag) vom 1. Juli 1981 oder der Tarifvertrag zu § 24 Abs. 4 Unterabs. 1 BMT-G-O (TV Schichtlohnzuschlag Arb-O) vom 8. Mai 1991 Anwendung gefunden hat, gelten diese Tarifverträge einschließlich der bis zum 30. September 2005 zu ihrer Anwendung maßgebenden Begriffsbestimmungen des BAT/BAT-O/BMT-G/BMT-G-O weiter. [2]Für alle übrigen Beschäftigten gelten die Regelungen des § 8 Abs. 5 und 6 in Verbindung mit § 7 Abs. 1 und 2 TVöD. [3]Satz 1 gilt nicht für § 4 Nrn. 2, 3, 8 und 10 des Tarifvertrages zu § 24 BMT-G (Schichtlohnzuschlag) vom 1. Juli 1981; insoweit findet § 2 Abs. 2 Anwendung.

Niederschriftserklärung zu § 23 Abs. 2:
[1]Die Höhe der aufgrund der weiter anzuwendenden Tarifverträge zustehenden Zulagen und Zuschläge bemisst sich nach den Betrag, der zu zahlen gewesen wäre, wenn diese bereits am 30. September 2005 zugestanden hätten. [2]Die Weitergeltung der genannten Tarifverträge lässt den Anspruch auf Zusatzurlaub nach § 27 TVöD unberührt. [3]Anstelle der Zulagen nach § 8 Abs. 5 Satz 1 und Abs. 6 Satz 1 TVöD treten die nach den weiter anzuwendenden Tarifverträgen zustehenden Zulagen und Zuschläge.

§ 24 Bereitschaftszeiten

[1]Die landesbezirklich für Hausmeister und Beschäftigtengruppen mit Bereitschaftszeiten innerhalb ihrer regelmäßigen Arbeitszeit getroffenen Tarifverträge und Tarifregelungen sowie Nr. 3 SR 2r BAT-O gelten fort. [2]Dem Anhang zu § 9 TVöD widersprechende Regelungen zur Arbeitszeit sind bis zum 31. Dezember 2005 entsprechend anzupassen.

§ 25 Übergangsregelung zur Zusatzversorgungspflicht der Feuerwehrzulage

[1]Abweichend von der allgemeinen Regelung, dass die Feuerwehrzulage für Beschäftigte im feuerwehrtechnischen Dienst nicht zusatzversorgungspflichtig ist, ist diese Zulage bei Beschäftigten, die eine Zulage nach Nr. 2 Abs. 2 SR 2x BAT/BAT-O bereits vor dem 1. Januar 1999 erhalten haben und bis zum 30. September 2005 nach Vergütungsgruppen X bis Va/b eingruppiert waren (§ 4 Abs. 1 Satz 1 i. V. m. der Anlage 1), zusatzversorgungspflichtiges Entgelt nach Ablauf des Kalendermonats, in dem sie sieben Jahre

lang bezogen worden ist, längstens jedoch bis zum 31. Dezember 2007. [2]Auf die Mindestzeit werden auch solche Zeiträume angerechnet, während derer die Feuerwehrzulage nur wegen Ablaufs der Krankenbezugsfristen nicht zugestanden hat. [3]Sätze 1 und 2 gelten nicht, wenn der Beschäftigte bis zum 31. Dezember 2007 bei Fortgeltung des BAT / BAT-O oberhalb der Vergütungsgruppe Va/b eingruppiert wäre.

§ 26 Angestellte als Lehrkräfte an Musikschulen

Für die bis zum 30. September 2005 unter den Geltungsbereich der Nr. 1 SR 2l ll BAT fallenden Angestellten, die am 28. Februar 1987 in einem Arbeitsverhältnis standen, das am 1. März 1987 zu demselben Arbeitgeber bis zum 30. September 2005 fortbestanden hat, wird eine günstigere einzelarbeitsvertragliche Regelung zur Arbeitszeit durch das In-Kraft-Treten des TVöD nicht berührt.

§ 27 Angestellte im Bibliotheksdienst

Regelungen gemäß Nr. 2 SR 2m BAT / BAT-O bleiben durch das In-Kraft-Treten des TVöD unberührt.

§ 28 *(aufgehoben)*

Abschnitt IVa
Besondere Regelungen für Beschäftigte im Sozial- und Erziehungsdienst

§ 28a Überleitung der Beschäftigten in die Anlage C (VKA) zum TVöD und weitere Regelungen

(1) [1]Die unter den Anhang zu der Anlage C (VKA) zum TVöD fallenden Beschäftigten (§ 1 Abs. 1 und 2) werden am 1. November 2009 in die Entgeltgruppe, in der sie nach dem Anhang zu der Anlage C (VKA) zum TVöD eingruppiert sind, übergeleitet. [2]Die Stufenzuordnung in der neuen Entgeltgruppe bestimmt sich nach Absatz 2, das der/dem Beschäftigten in der neuen Entgeltgruppe und Stufe zustehende Entgelt nach den Absätzen 3 und 4. [3]Die Absätze 5 bis 10 bleiben unberührt.

(2) [1]Die Beschäftigten werden wie folgt einer Stufe und innerhalb dieser Stufe dem Jahr der Stufenlaufzeit ihrer Entgeltgruppe, in der sie gemäß dem Anhang zu der Anlage C (VKA) zum TVöD eingruppiert sind, zugeordnet:

bisherige Stufe und Jahr innerhalb der Stufe		neue Stufe und Jahr
1	→	1
2/1	→	2/1
2/2	→	2/2
3/1	→	2/3
3/2	→	3/1
3/3	→	3/2
4/1	→	3/3
4/2	→	3/4
4/3	→	4/1
4/4	→	4/2
5/1	→	4/3
5/2	→	4/4
5/3	→	5/1
5/4	→	5/2
5/5	→	5/3
6/1	→	5/4
6/2	→	5/5.

[2]Beschäftigte, die in ihrer bisherigen Entgeltgruppe in der Stufe 6 mindestens zwei Jahre zurückgelegt haben, werden der Stufe 6 zugeordnet. [3]§ 1 Abs. 2 Satz 7 der Anlage zu Abschnitt VIII Sonderregelungen (VKA) § 56 BT-V bzw. § 52 Abs. 2 Satz 7 BT-B bleibt unberührt. [4]Für Beschäftigte der bisherigen Entgeltgruppe 8, die in der Entgeltgruppe S 8 eingruppiert sind, gilt Satz 1 mit der Maßgabe, dass die verlängerte Stufenlaufzeit in den Stufen 4 und 5 gemäß § 1 Abs. 2 Satz 8 der Anlage zu Abschnitt VIII Sonderregelungen (VKA) § 56 BT-V bzw. § 52 Abs. 2 Satz 8 BT-B bei der Stufenzuordnung zu berücksichtigen ist.

[5]Abweichend von Satz 1 werden Beschäftigte der bisherigen Entgeltgruppe 9, die in der Entgeltgruppe S 8 eingruppiert sind, wie folgt einer Stufe und innerhalb dieser Stufe dem Jahr der Stufenlaufzeit ihrer Entgeltgruppe zugeordnet:

bisherige Stufe und Jahr innerhalb der Stufe		neue Stufe und Jahr
1	→	1
2/1	→	2/1
2/2	→	2/2
3/1	→	2/3
3/2	→	3/1
3/3	→	3/2
4/1	→	3/3
4/2	→	3/4
4/3	→	4/1
4/4	→	4/2
4/5	→	4/3
4/6	→	4/4
4/7	→	4/5
4/8	→	4/6
4/9	→	4/7
5/1	→	4/8
5/2	→	5/1
5/3	→	5/2
5/4	→	5/3
5/5	→	5/4
5/6	→	5/5
5/7	→	5/6
5/8	→	5/7
5/9	→	5/8
5/10	→	5/9
5/11	→	5/10.

[6]Beschäftigte, die in ihrer bisherigen Entgeltgruppe in der Stufe 5 mindestens elf Jahre zurückgelegt haben, werden der Stufe 6 zugeordnet. [7]Für Beschäftigte der bisherigen Entgeltgruppe 9, die in der Entgeltgruppe S 9 eingruppiert sind, gilt Satz 4 mit der Maßgabe, dass die Stufenlaufzeiten gemäß § 1 Abs. 2 Satz 6 der Anlage zu Abschnitt VIII Sonderregelungen (VKA)

§ 56 BT-V bzw. § 52 Abs. 2 Satz 6 BT-B bei der Stufenzuordnung zu berücksichtigen sind.
[8]Maßgeblich sind dabei ausschließlich die in der bisherigen Entgeltgruppe erreichte Stufe und die in dieser Stufe zurückgelegte Laufzeit. [9]Innerhalb des nach Satz 1, Satz 4, Satz 5 oder Satz 7 zugeordneten Jahres der Stufenlaufzeit ist die in der bisherigen Stufe unterhalb eines vollen Jahres zurückgelegte Zeit für den Aufstieg in das nächste Jahr der Stufenlaufzeit bzw. in eine höhere Stufe zu berücksichtigen. [10]Der weitere Stufenaufstieg richtet sich nach § 1 Abs. 2 Satz 6 bis 8 der Anlage zu Abschnitt VIII (Sonderregelungen VKA) § 56 BT-V bzw. § 52 Abs. 2 Satz 6 bis 8 BT-B.

Niederschriftserklärungen zu § 28a Abs. 2:

a) Eine Beschäftigte, die am 31. Oktober 2009 in ihrer Entgeltgruppe der Stufe 3 zugeordnet ist und in dieser Stufe mit Ablauf des 31. Oktober 2009 zwei Jahre und einen Monat zurückgelegt hat, wird mit ihrer Überleitung in die Entgeltgruppe S, in der sie nach dem Anhang zu der Anlage C (VKA) zum TVöD eingruppiert ist, der Stufe 3 zweites Jahr mit einer zurückgelegten Stufenlaufzeit im zweiten Jahr von einem Monat zugeordnet. Bei Durchlaufen der Regelstufenlaufzeit steigt die Beschäftigte am 1. Oktober 2012 in die Stufe 4 auf.
b) Ein Beschäftigter, der im Wege des vorgezogenen Stufenaufstiegs (§ 17 Abs. 2 TVöD) am 1. Juli 2009 in seiner Entgeltgruppe in die Stufe 3 aufgestiegen ist und in dieser Stufe mit Ablauf des 31. Oktober 2009 vier Monate zurückgelegt hat, wird mit seiner Überleitung in der Entgeltgruppe S, in der er gemäß dem Anhang zu der Anlage C (VKA) zum TVöD eingruppiert ist, der Stufe 2 drittes Jahr mit einer zurückgelegten Stufenlaufzeit im dritten Jahr von vier Monaten zugeordnet. Bei Durchlaufen der Regelstufenlaufzeit steigt der Beschäftigte am 1. Juli 2010 in die Stufe 3 auf.

(3) [1]Es wird ein Vergleichsentgelt gebildet, das sich aus dem am 31. Oktober 2009 zustehenden Tabellenentgelt oder aus dem Entgelt einer individuellen Endstufe einschließlich eines nach § 17 Abs. 4 Satz 2 TVöD gegebenenfalls zustehenden Garantiebetrags sowie einer am 31. Oktober 2009 nach § 9 oder § 17 Abs. 5 Satz 2 zustehenden Besitzstandszulage zusammensetzt. [2]In den Fällen des § 8 Abs. 3 Satz 2 tritt an die Stelle des Tabellenentgelts das Entgelt aus der individuellen Zwischenstufe. [3]Bei Teilzeitbeschäftigten wird das Vergleichsentgelt auf der Grundlage eines vergleichbaren Vollzeitbeschäftigten bestimmt, anschließend wird das zustehende Entgelt nach § 24 Abs. 2 TVöD berechnet. [4]Satz 3 gilt für Beschäftigte, deren Arbeitszeit nach § 3 des Tarifvertrages zur sozialen Absicherung (TVsA) vom 13. September 2005 herabgesetzt ist, entsprechend. [5]Für Beschäftigte, die nicht für alle Tage im Oktober 2009 oder für keinen Tag dieses Monats Entgelt erhalten haben, wird das Vergleichsentgelt so bestimmt, als hätten sie für alle Tage dieses Monats Entgelt erhalten. [6]Beschäftigte, die im November 2009 in ihrer bisherigen Entgeltgruppe bei Fortgeltung des bisherigen Rechts einen Stufenaufstieg

gehabt hätten, werden für die Bemessung des Vergleichsentgelts so behandelt, als wäre der Stufenaufstieg bereits im Oktober 2009 erfolgt. [7]Bei am 1. Oktober 2005 vom BAT/BAT-O in den TVöD übergeleiteten Beschäftigten, die aus den Stufen 2 bis 5 ihrer Entgeltgruppe, in der sie am 31. Oktober 2009 eingruppiert sind, übergeleitet werden, wird das Vergleichsentgelt um 2,65 v.H. erhöht. [8]Bei Beschäftigten, die am 1. Oktober 2005 vom BAT/BAT-O in den TVöD übergeleitet wurden und die nach dem Anhang zu der Anlage C (VKA) zum TVöD in Entgeltgruppe S 8 oder S 9 eingruppiert sind, erfolgt abweichend von Satz 7 eine Erhöhung des Vergleichsentgelts um 2,65 v. H., wenn sie aus den Stufen 2 bis 4 der Entgeltgruppe übergeleitet werden. [9]Bei Beschäftigten, auf die die Regelungen des Tarifgebiets Ost Anwendung finden und die aus den Entgeltgruppen 10 bis 12 in die Anlage C (VKA) zum TVöD in die Entgeltgruppen S 15 bis S 18 übergeleitet sind, erhöht sich das Vergleichsentgelt am 1. Januar 2010 um den Faktor 1,03093.

(4) [1]Ist das Vergleichsentgelt niedriger als das Tabellenentgelt der sich nach Absatz 2 ergebenden Stufe der Entgeltgruppe, in der die/der Beschäftigte am 1. November 2009 eingruppiert ist, erhält die/der Beschäftigte das entsprechende Tabellenentgelt ihrer/seiner Entgeltgruppe. [2]Übersteigt das Vergleichsentgelt das Tabellenentgelt der sich nach Absatz 2 ergebenden Stufe, erhält die/der Beschäftige so lange das Vergleichsentgelt, bis das Tabellenentgelt unter Berücksichtigung der Stufenlaufzeiten nach § 1 Abs. 2 Satz 6 bis 8 der Anlage zu Abschnitt VIII (Sonderregelungen VKA) § 56 BT-V bzw. § 52 Abs. 2 Satz 6 bis 8 BT-B das Vergleichsentgelt erreicht bzw. übersteigt. [3]Liegt das Vergleichsentgelt über der höchsten Stufe der Entgeltgruppe, in der die/der Beschäftigte nach dem Anhang zu der Anlage C (VKA) zum TVöD eingruppiert ist, wird die/der Beschäftigte einer dem Vergleichsentgelt entsprechenden individuellen Endstufe zugeordnet. [4]Erhält die/der Beschäftigte am 31. Oktober 2009 Entgelt nach einer individuellen Endstufe, wird sie/er in der Entgeltgruppe, in der sie/er nach dem Anhang zu der Anlage C (VKA) zum TVöD eingruppiert ist, derjenigen Stufe zugeordnet, deren Betrag mindestens der individuellen Endstufe entspricht. [5]Steht der/dem Beschäftigten am 31. Oktober 2009 eine Besitzstandszulage nach § 9 oder § 17 Abs. 5 Satz 2 zu, ist diese bei Anwendung des Satzes 4 dem Betrag der individuellen Endstufe hinzuzurechnen. [6]Liegt der Betrag der individuellen Endstufe – bei Anwendung des Satzes 5 erhöht um die Besitzstandszulage – über der höchsten Stufe, wird die/der Beschäftigte erneut einer dem Betrag der bisherigen individuellen Endstufe – bei Anwendung des Satzes 5 erhöht um die Besitzstandszulage – entsprechenden individuellen Endstufe zugeordnet. [7]Das Vergleichsentgelt verändert sich um denselben Vomhundertsatz bzw. in demselben Umfang wie die nächsthöhere Stufe; eine individuelle Endstufe nach Satz 3 und 6 verändert sich denselben Vomhundertsatz bzw. in demselben Umfang wie die höchste Stufe der jeweiligen Entgeltgruppe. [8]Absatz 3 Satz 9 gilt entsprechend.

Protokollerklärung zu Absatz 4 Satz 7:
Die Vergleichsentgelte sowie die Beträge der individuellen Endstufen erhöhen sich am 1. April 2025 um 3 Prozent, mindestens aber um 110 Euro, und zum 1. Mai 2026 um weitere 2,8 Prozent.

(5) [1]Werden Beschäftigte, die nach dem 31. Oktober 2009 das Vergleichsentgelt erhalten, höhergruppiert, erhalten sie in der höheren Entgeltgruppe Entgelt nach der regulären Stufe, deren Betrag mindestens dem Vergleichsentgelt entspricht, jedoch nicht weniger als das Entgelt der Stufe 2. [2]Werden Beschäftigte aus einer individuellen Endstufe höhergruppiert, erhalten sie in der höheren Entgeltgruppe mindestens den Betrag, der ihrer bisherigen individuellen Endstufe entspricht. [3]Werden Beschäftigte, die das Vergleichsentgelt oder Entgelt aus einer individuellen Endstufe erhalten, herabgruppiert, erhalten sie in der niedrigeren Entgeltgruppe Entgelt nach der regulären Stufe, deren Betrag unterhalb des Vergleichsentgelts bzw. der individuellen Endstufe liegt, jedoch nicht weniger als das Entgelt der Stufe 2. [4]In den Fällen von Satz 1 bis 3 gilt Absatz 2 Satz 10 und in den Fällen von Satz 1 und 2 gilt § 1 Abs. 4 der Anlage zu Abschnitt VIII Sonderregelungen (VKA) § 56 BT-V bzw. § 52 Abs. 4 BT-B entsprechend.

(6) Das Vergleichsentgelt steht dem Tabellenentgelt im Sinne des § 15 Abs. 1 TVöD gleich.

(7) [1]Auf am 1. Oktober 2005 aus dem BAT/BAT-O in den TVöD übergeleitete Beschäftigte, die nach dem Anhang zu der Anlage C (VKA) zum TVöD in der Entgeltgruppe S 8 oder S 9 eingruppiert wären, finden mit Ausnahme der Beschäftigten in der Tätigkeit von Sozialarbeiterinnen/Sozialarbeitern bzw. Sozialpädagoginnen/Sozialpädagogen mit staatlicher Anerkennung die Absätze 1 bis 6 nur Anwendung, wenn sie bis zum 31. Dezember 2009 (Ausschlussfrist) ihre Eingruppierung nach dem Anhang zu der Anlage C (VKA) zum TVöD schriftlich geltend machen. [2]§ 2 der Anlage zu Abschnitt VIII Sonderregelungen (VKA) § 56 BT-V bzw. § 53 BT-B findet auch dann Anwendung, wenn keine Geltendmachung nach Satz 1 erfolgt.

(8) [1]Am 1. Oktober 2005 aus dem BAT/BAT-O übergeleitete Beschäftigte, denen am 31. Oktober 2009 eine Besitzstandszulage nach § 9 zustand und die

a) nach dem Anhang zu der Anlage C (VKA) zum TVöD in der Entgeltgruppe S 11b eingruppiert sind, erhalten für die Dauer der Zuordnung zur Stufe 6 zusätzlich zu dem Tabellenentgelt der Entgeltgruppe S 11b Stufe 6 eine Zulage
   - bis zum 31. März 2025 in Höhe von 90,69 Euro monatlich,
   - vom 1. April 2025 bis zum 30. April 2026 in Höhe von 93,51 Euro monatlich und
   - ab 1. Mai 2026 in Höhe von 96,13 Euro monatlich;

a) nach dem Anhang zu der Anlage C (VKA) zum TVöD in der Entgeltgruppe S 12 eingruppiert sind, erhalten für die Dauer der Zuordnung zur Stufe 6 zusätzlich zu dem Tabellenentgelt der Entgeltgruppe S 12 Stufe 6 eine Zulage
   - bis zum 31. März 2025 in Höhe von 103,62 Euro monatlich,
   - vom 1. April 2025 bis zum 30. April 2026 in Höhe von 106,84 Euro monatlich und
   - ab 1. Mai 2026 in Höhe von 109,83 Euro monatlich.

[2]Die jeweilige Zulage nach Satz 1 verändert sich bei allgemeinen Entgeltanpassungen um den von den Tarifvertragsparteien für die Entgeltgruppe S 11b bzw. S 12 festgelegten Vomhundertsatz. [3]Die Sätze 1 und 2 gelten für Beschäftigte, die einer individuellen Endstufe zugeordnet sind, entsprechend.

[4]Abweichend von § 15 Abs. 2 Satz 2 TVöD gelten für am 1. Oktober 2005 aus dem BAT/BAT-O übergeleitete Beschäftigte, denen am 31. Oktober 2009 eine Besitzstandszulage nach § 9 zustand und die nach dem Anhang zu der Anlage C (VKA) zum TVöD in der Entgeltgruppe S 13 eingruppiert sind, folgende Tabellenwerte der Entgeltgruppe S 13 Ü:

	Stufe 1	Stufe 2	Stufe 3	Stufe 4	Stufe 5	Stufe 6
gültig bis 31. März 2025	3814,04	4069,28	4419,98	4701,33	5052,99	5228,82
gültig vom 1. April 2025 bis 30. April 2026	3928,46	4191,36	4552,58	4842,37	5204,58	5385,68
gültig ab 1. Mai 2026	4038,46	4308,72	4680,05	4977,96	5350,31	5536,48

[5]Im Übrigen gelten die Regelungen der Absätze 1 bis 6 mit Ausnahme von Absatz 3 Satz 7 entsprechend.

(9) [1]Abweichend von § 15 Abs. 2 Satz 2 TVöD gelten für am 1. Oktober 2005 aus dem BAT/BAT-O übergeleitete Beschäftigte, denen am 31. Oktober 2009 eine Besitzstandszulage nach § 9 zusteht und die nach Absatz 2 aus den Stufen 3 oder 4 ihrer bisherigen Entgeltgruppe übergeleitet werden und nach dem Anhang zu der Anlage C (VKA) zum TVöD in der Entgeltgruppe S 16 eingruppiert sind, in den Stufen 3, 4 und 5 folgende Tabellenwerte der Entgeltgruppe S 16 Ü:

	Stufe 3	Stufe 4	Stufe 5
gültig bis 31. März 2025	4775,69	5275,07	5584,55
gültig vom 1. April 2025 bis 30. April 2026	4918,96	5433,32	5752,09
gültig ab 1. Mai 2026	5056,69	5585,45	5913,15

[2]Im Übrigen gelten die Regelungen der Absätze 1 bis 6 mit Ausnahme von Absatz 3 Satz 7 entsprechend. [3]Mit Erreichen der Stufe 6 gilt der Tabellenwert der Stufe 6.

(10) §§ 8, 9 und § 17 Abs. 7 sowie die Anlagen 1 und 3 finden auf Beschäftigte, die nach dem Anhang zu der Anlage C (VKA) zum TVöD eingruppiert sind, keine Anwendung.

(11) [1]Ein am 31. Oktober 2009 zustehender Strukturausgleich steht nach den Regelungen des § 12 auch nach der Überleitung in eine Entgeltgruppe nach dem Anhang zu der Anlage C zum TVöD zu; die Anrechnung des Unterschiedsbetrages bei Höhergruppierungen nach § 12 Abs. 4 bleibt unberührt. [2]Ein am 1. November 2009 noch nicht zustehender Strukturausgleich, der nach Überleitung aus dem BAT/BAT-O aus der Ortszuschlagsstufe 2 zu zahlen ist, wird um den Betrag gekürzt, der bei Überleitung aus dem BAT/BAT-O aus derselben Vergütungsgruppe und der derselben Stufe aus der Ortszuschlagsstufe 1 in der Anlage 2 ausgewiesen ist. [3]Die Kürzung erfolgt unabhängig davon, ab welchem Zeitpunkt und für welche Dauer der Strukturausgleich den aus Ortszuschlagsstufe 1 übergeleiteten Beschäftigten zusteht. [4]Am 1. November 2009 noch nicht zustehende Strukturausgleiche für aus Ortszuschlagsstufe 1 übergeleitete Beschäftigte entfallen.

(12) Die sich aus der Eingruppierung der Beschäftigten nach dem Anhang zu der Anlage C (VKA) zum TVöD bzw. nach Absatz 8 und 9 ergebenden Entgeltsteigerungen gelten als allgemeine Entgeltanpassung im Sinne von § 10 Abs. 1 Satz 9.

§ 28b Besondere Regelungen für am 30. Juni 2015 nach dem Anhang zur Anlage C zum TVöD eingruppierte Beschäftigte und weitere Regelungen

(1) Beschäftigte, die nach dem Anhang zur Anlage C zum TVöD am 30. Juni 2015 in einer der folgenden Entgeltgruppen eingruppiert sind und am 1. Juli 2015 in einer der folgenden Entgeltgruppen eingruppiert sind:

Entgeltgruppe am 30. Juni 2015	Entgeltgruppe am 1. Juli 2015
S 5 bei Tätigkeiten der Fallgruppe 1	S 7
S 6	S 8a
S 8 bei Tätigkeiten der Fallgruppen 1, 3 und 5	S 8b
S 7, S 8 bei Tätigkeiten der Fallgruppe 2	S 9
S 11	S 11b,

werden stufengleich und unter Beibehaltung der in ihrer Stufe zurückgelegten Stufenlaufzeit in die am 1. Juli 2015 maßgebliche Entgeltgruppe übergeleitet.

Protokollerklärungen zu Absatz 1:

1. [1]Die Zuordnung zu einer individuellen Zwischen- oder Endstufe bleibt unberührt. [2]§ 28a Abs. 4 Satz 7 findet Anwendung.
2. [1]Für in Entgeltgruppe S 8 eingruppierte Beschäftigte, die den Entgeltgruppen S 8b oder S 9 zugeordnet werden, gelten folgende abweichende Vorschriften:
   a) Bei Erfüllung einer Stufenlaufzeit von mindestens sechs Jahren in Stufe 4 erfolgt in der Entgeltgruppe S 8b die Zuordnung zu der Stufe 5.
   b) Bei Erfüllung einer Stufenlaufzeit von mindestens acht Jahren in Stufe 5 erfolgt in der Entgeltgruppe S 8b die Zuordnung zu der Stufe 6.
   c) Bei Erfüllung einer Stufenlaufzeit von mindestens vier Jahren in Stufe 4 erfolgt in der Entgeltgruppe S 9 die Zuordnung zu der Stufe 5.
   d) Bei Erfüllung einer Stufenlaufzeit von mindestens fünf Jahren in Stufe 5 erfolgt in der Entgeltgruppe S 9 die Zuordnung zu der Stufe 6.

   [2]Die Stufenlaufzeit beginnt nach der Zuordnung zu der höheren Stufe nach Satz 1 neu.

(2) [1]Beschäftigte, die sich außerhalb von Absatz 1 am 1. Juli 2015 nach dem Anhang zur Anlage C zum TVöD eine Eingruppierung in einer höheren Entgeltgruppe als am 30. Juni 2015 ergibt, bleiben in ihrer bisherigen Entgeltgruppe eingruppiert, wenn sie nicht bis zum 30. Juni 2016 (Ausschlussfrist) ihre Höhergruppierung beantragen. [2]Der Antrag wirkt auf den 1. Juli 2015 zurück. [3]Ruht das Arbeitsverhältnis am 1. Juli 2015, beginnt die Frist von einem Jahr mit der Wiederaufnahme der Tätigkeit; Satz 2 findet Anwendung. [4]Für diese Höhergruppierungen finden § 17 Abs. 4 TVöD und § 28a Abs. 5 Satz 1 Anwendung. [5]Fallen am 1. Juli 2015 ein Stufenaufstieg und die Höhergruppierung zusammen, erfolgt erst der Stufenaufstieg und anschließend die Höhergruppierung.

Protokollerklärungen zu Absatz 2:

1. [1]Für Beschäftigte, die über den 30. Juni 2015 hinaus in der Entgeltgruppe S 10 eingruppiert sind, weil sie keinen Antrag nach Absatz 2 Satz 1 gestellt haben, gelten abweichend von § 15 Abs. 2 Satz 2 TVöD folgende Tabellenwerte:

	Stufe 1	Stufe 2	Stufe 3	Stufe 4	Stufe 5	Stufe 6
gültig bis 31. März 2025	3394,81	3718,24	3879,97	4363,14	4757,25	5080,96
gültig vom 1. April 2025 bis 30. April 2026	3504,81	3829,79	3996,37	4494,03	4899,97	5233,39
gültig ab 1. Mai 2026	3602,94	3937,02	4108,27	4619,86	5037,17	5379,92

   [2]Diese Tabellenwerte verändern sich bei allgemeinen Entgeltanpassungen um den von den Tarifvertragsparteien für die Entgeltgruppe S 9 festgelegten Vomhundertsatz.
2. Bei Höhergruppierungen aus der Entgeltgruppe S 9 bei Tätigkeiten der Fallgruppe 2 nach der Fassung vom 30. Juni 2015 in die Entgeltgruppe S 11a gilt bei den Stufen 5 und 6 in entsprechender Anwendung von § 17 Abs. 4 Satz 3 TVöD die Entgeltgruppe S 10 mit ihren am 30. Juni 2015 gültigen Tabellenwerten als dazwischen liegende Entgeltgruppe.

(3) [1]Werden Beschäftigte zum 1. Juli 2015 aus einer individuellen Endstufe nach Absatz 1 einer höheren Entgeltgruppe zugeordnet oder nach Absatz 2 höhergruppiert, erhalten sie in der höheren Entgeltgruppe ein Entgelt, das dem Entgelt ihrer bisherigen individuellen Endstufe zuzüglich des Zuordnungs- bzw. Höhergruppierungsgewinns, den die Beschäftigten erhalten, die aus der Stufe 6 ihrer bisherigen Entgeltgruppe der höheren Entgeltgruppe zugeordnet oder in diese höhergruppiert werden, entspricht. [2]Soweit sich zum 1. Juli 2015 allein die Tabellenwerte der Entgeltgruppe der Anlage C (VKA) zum TVöD erhöhen, findet § 6 Abs. 4 Satz 4 entsprechende Anwendung.

(4) Für Beschäftigte der Entgeltgruppe S 9 bei Tätigkeiten der Fallgruppe 1, die am 30. Juni 2015 den Stufen 1 oder 2 zugeordnet sind, finden für die Dauer des Verbleibs in den Stufen 1 und 2 die Tabellenwerte der Stufen 1 und 2 nach dem Stand vom 30. Juni 2015 Anwendung.

(5) [1]Beschäftigte im Sinne des § 28a Abs. 7 Satz 1, die nicht innerhalb der Antragsfrist nach § 28a Abs. 7 Satz 1 ihre Eingruppierung nach dem Anhang zu der Anlage C (VKA) zum TVöD geltend gemacht haben und die weiterhin Entgelt nach der Anlage A (VKA) zum TVöD erhalten, können bis zum 29. Februar 2016 (Ausschlussfrist) ihre Eingruppierung nach dem Anhang zu der Anlage C (VKA) zum TVöD schriftlich beantragen. [2]Bei Beschäftigten, die von ihrem Antragsrecht nach Satz 1 Gebrauch machen, wird ein Ver-

gleichsentgelt gebildet, das aus dem diesen Beschäftigten am 30. Juni 2015 zustehenden Tabellenentgelt, gegebenenfalls zuzüglich eines am 30. Juni 2015 nach § 17 Abs. 4 Satz 2 TVöD zustehenden Garantiebetrages und einer am 30. Juni 2015 zustehenden Besitzstandszulage nach § 9, besteht. [3]Diese Beschäftigten werden einer ihrem Vergleichsentgelt entsprechenden individuellen Zwischenstufe der Entgeltgruppen S 8b, S 9 bzw. S 11a zugeordnet. [4]Zum 1. Juli 2017 steigen diese Beschäftigten in die dem Betrag nach nächsthöhere reguläre Stufe ihrer Entgeltgruppe auf. [5]Der weitere Stufenaufstieg richtet sich nach § 1 Abs. 2 der Anlage zu Abschnitt VIII Sonderregelungen (VKA) § 56 BT-V bzw. § 52 Abs. 2 BT-B. [6]Liegt das Vergleichsentgelt nach Satz 2 über der höchsten Stufe der Entgeltgruppe S 8b, S 9 bzw. S 11a, werden diese Beschäftigten einer dem Vergleichsentgelt entsprechenden individuellen Endstufe zugeordnet. [7]Werden Beschäftigte vor dem 1. Juli 2017 aus einer individuellen Zwischenstufe höhergruppiert, so erhalten sie in der höheren Entgeltgruppe Entgelt nach der regulären Stufe, deren Betrag mindestens der individuellen Zwischenstufe entspricht. [8]Werden Beschäftigte aus einer individuellen Endstufe höhergruppiert, so erhalten sie in der höheren Entgeltgruppe mindestens den Betrag, der ihrer bisherigen individuellen Endstufe entspricht. [9]Die individuelle Zwischen- bzw. Endstufe verändert sich bei allgemeinen Entgeltanpassungen um den von den Tarifvertragsparteien für die Entgeltgruppe S 8b, S 9 bzw. S 11a festgelegten Vomhundertsatz. [10]§ 28a Abs. 10 findet Anwendung. [11]§ 28a Abs. 11 gilt entsprechend mit der Maßgabe, dass an die Stelle des 31. Oktober 2009 der 30. Juni 2015 und an die Stelle des 1. November 2009 der 1. Juli 2015 tritt.

(6) [1]Ein am 30. Juni 2015 zustehender Strukturausgleich nach § 12 vermindert sich bei Höhergruppierung nach Absatz 2 um den sich daraus ergebenden Höhergruppierungsgewinn. [2]Dies gilt auch bei Höhergruppierungen aus einer individuellen Endstufe nach Absatz 3.

§ 28c Überleitung in die Anlage C (VKA) zum TVöD zum 1. Januar 2023

(1) [1]Beschäftigte im Sinne des § 28b Abs. 5 Satz 1, die nicht innerhalb der Antragsfrist nach § 28b Abs. 5 Satz 1 ihre Eingruppierung nach dem Teil B Abschnitt XXIV der Anlage 1 zum TVöD – Entgeltordnung (VKA) geltend gemacht haben und die weiterhin Entgelt nach der Anlage A (VKA) zum TVöD erhalten, können bis zum 30. Juni 2023 (Ausschlussfrist) ihre Eingruppierung nach dem Anhang zu der Anlage C (VKA) zum TVöD schriftlich beantragen. [2]Der Antrag wirkt auf den 1. Januar 2023 zurück.

(2) [1]Beschäftigte, die von ihrem Antragsrecht nach Absatz 1 Gebrauch machen, erhalten ab dem 1. Januar 2023 Entgelt nach einer der Entgeltgruppen S 8b, S 9 bzw. S 11a, in die sie nach dem Teil B Abschnitt XXIV der Anlage 1 zum TVöD – Entgeltordnung (VKA) eingruppiert sind. [2]Bei

Beschäftigten nach Satz 1 wird ein Vergleichsentgelt gebildet, das aus dem diesen Beschäftigten am 31. Dezember 2022 zustehenden Tabellenentgelt, einem am 31. Dezember 2022 ggf. zustehenden Garantiebetrag und einer am 31. Dezember 2022 zustehenden Besitzstandszulage nach § 9 besteht. [3]Diese Beschäftigten werden einer ihrem Vergleichsentgelt entsprechenden individuellen Zwischenstufe zugeordnet. [4]Zum 1. Januar 2027 steigen diese Beschäftigten in die dem Betrag nach nächsthöhere reguläre Stufe ihrer Entgeltgruppe auf; der weitere Stufenaufstieg richtet sich nach § 1 Abs. 2 der Anlage zu Abschnitt VIII Sonderregelungen (VKA) § 56 BT-V bzw. § 52 Abs. 2 BT-B. [5]Liegt das Vergleichsentgelt nach Satz 2 über der höchsten Stufe derjenigen Entgeltgruppe, in die sie nach Satz 1 eingruppiert sind, werden diese Beschäftigten einer dem Vergleichsentgelt entsprechenden individuellen Endstufe zugeordnet. [6]Werden Beschäftigte vor dem 1. Januar 2027 aus einer individuellen Zwischenstufe höhergruppiert, so erhalten sie in der höheren Entgeltgruppe Entgelt nach der regulären Stufe, deren Betrag mindestens ihrer bisherigen individuellen Zwischenstufe entspricht; § 1 Abs. 4 Satz 3 der Anlage zu § 56 BT-V findet Anwendung. [7]Werden Beschäftigte aus einer individuellen Endstufe höhergruppiert, so erhalten sie in der höheren Entgeltgruppe Entgelt nach der regulären Stufe bzw. einer erneuten individuellen Endstufe, die mindestens dem Betrag ihrer bisherigen individuellen Endstufe entspricht; § 1 Abs. 4 Satz 3 der Anlage zu § 56 BT-V findet Anwendung. [8]Die individuelle Zwischen- bzw. Endstufe verändert sich bei allgemeinen Entgeltanpassungen um den von den Tarifvertragsparteien für die jeweilige Entgeltgruppe festgelegten Vomhundertsatz.

§ 28d Höhergruppierung auf Antrag

[1]Ergibt sich für Beschäftigte, die am 30. Juni 2022 in die Entgeltgruppe S 11b eingruppiert waren, aufgrund der Änderungen ab 1. Juli 2022 im Teil B Abschnitt XXIV der Anlage 1 zum TVöD – Entgeltordnung (VKA) eine Eingruppierung in die Entgeltgruppe S 12, sind diese Beschäftigten nur auf Antrag gemäß § 12 (VKA) TVöD in diese Entgeltgruppe eingruppiert. [2]Ergibt sich für Beschäftigte, die am 30. Juni 2022 in die Entgeltgruppe S 12 eingruppiert waren, aufgrund der Änderungen ab 1. Juli 2022 im Teil B Abschnitt XXIV der Anlage 1 zum TVöD – Entgeltordnung (VKA) eine Eingruppierung in die Entgeltgruppe S 14, sind diese Beschäftigten nur auf Antrag gemäß § 12 (VKA) TVöD in diese Entgeltgruppe eingruppiert. [3]Der Antrag nach Satz 1 oder 2 kann nur bis zum 31. Juli 2023 gestellt werden (Ausschlussfrist) und wirkt jeweils auf den 1. Juli 2022 zurück. [4]Nach dem 1. Juli 2022 eingetretene Änderungen der Stufenzuordnung in der bisherigen Entgeltgruppe bleiben bei der Stufenzuordnung in der höheren Entgeltgruppe unberücksichtigt. [5]Werden Beschäftigte nach Satz 1 aus einer individuellen Endstufe höhergruppiert, so erhalten sie in der höheren Entgeltgruppe

Entgelt, das mindestens dem Entgelt ihrer bisherigen individuellen Endstufe zuzüglich des Garantiebetrags nach § 1 Abs. 4 Satz 2 der Anlage zu § 56 BT-V bzw. § 52 Abs. 4 Satz 2 BT-B entspricht. [6]Werden Beschäftigte nach Satz 2 aus einer individuellen Endstufe höhergruppiert, so erhalten sie in der höheren Entgeltgruppe Entgelt, das mindestens dem Entgelt ihrer bisherigen individuellen Endstufe zuzüglich des Höhergruppierungsgewinns, den die Beschäftigten erhalten, die aus Stufe 6 ihrer bisherigen Entgeltgruppe in die höhere Entgeltgruppe höhergruppiert werden, entspricht. [7]Die individuelle Endstufe verändert sich bei allgemeinen Entgeltanpassungen um den von den Tarifvertragsparteien für die jeweilige Entgeltgruppe festgelegten Vomhundertsatz.

§ 28e Besondere Regelungen hinsichtlich der Stufenlaufzeit für Beschäftigte, die unter § 1 der Anlage zu § 56 (VKA) BT-V oder § 52 BT-B fallen und weitere Regelungen

(1) [1]Beschäftigte, die nach dem Teil B Abschnitt XXIV der Anlage 1 zum TVöD – Entgeltordnung (VKA) eingruppiert sind und die am 1. Oktober 2024 in Stufe 2 eine Stufenlaufzeit von mehr als zwei Jahren absolviert haben, werden zum 1. Oktober 2024 der Stufe 3 zugeordnet. [2]Beschäftigte, die nach dem Teil B Abschnitt XXIV der Anlage 1 zum TVöD – Entgeltordnung (VKA) eingruppiert sind und die am 1. Oktober 2024 in Stufe 3 eine Stufenlaufzeit von mehr als drei Jahren absolviert haben, werden zum 1. Oktober 2024 der Stufe 4 zugeordnet.

(2) [1]Beschäftigte mit Eingruppierung in der Entgeltgruppe S 4 bei Tätigkeiten der Fallgruppe 3 und Beschäftigte mit Eingruppierung in der Entgeltgruppe S 8b bei Tätigkeiten in der Fallgruppe 3, die am 1. Oktober 2024 in Stufe 4 eine Stufenlaufzeit von mehr als vier Jahren absolviert haben, werden zum1. Oktober 2024 der Stufe 5 zugeordnet. [2]Beschäftigte mit Eingruppierung in der Entgeltgruppe S 8b bei Tätigkeiten der Fallgruppen 1 oder 2, die am 1. Oktober 2024 in der Stufe 4 eine Stufenlaufzeit von mehr als vier Jahren absolviert haben, werden zum 1. Oktober 2024 der Stufe 5 zugeordnet. [3]Beschäftigte mit Eingruppierung in der Entgeltgruppe S 8b bei Tätigkeiten der Fallgruppen 1 oder 2, die am 1. Oktober 2024 in der Stufe 5 eine Stufenlaufzeit von mehr als fünf Jahren absolviert haben, werden zum 1. Oktober 2024 der Stufe 6 zugeordnet.

(3) Für die Stufenzuordnung gemäß den Absätzen 1 und 2 gilt, dass die ab dem 1. Oktober 2024 zugeordnete Stufe jeweils neu zu laufen beginnt.

Abschnitt IVb
Überleitung in die Entgeltordnung zum TVöD für den Bereich der VKA

§ 29 Grundsatz

(1) [1]Für die in den TVöD übergeleiteten Beschäftigten (§ 1 Abs. 1) sowie für die zwischen dem Inkrafttreten des TVöD und dem 31. Dezember 2016 neu eingestellten Beschäftigten (§ 1 Abs. 2), deren Arbeitsverhältnis über den 31. Dezember 2016 hinaus fortbesteht, gelten ab dem 1. Januar 2017 für Eingruppierungen § 12 (VKA) und § 13 (VKA) zum TVöD. [2]Diese Beschäftigten sind zum 1. Januar 2017 gemäß den nachfolgenden Regelungen in die Anlage 1 – Entgeltordnung (VKA) übergeleitet.

(2) [1]Mit dem Inkrafttreten des § 12 (VKA) und des § 13 (VKA) TVöD in Verbindung mit der Anlage 1 – Entgeltordnung (VKA) zum TVöD treten die allgemeinen Tätigkeitsmerkmale für Beschäftigte mit handwerklichen Tätigkeiten an die Stelle der bisherigen Oberbegriffe in den Lohngruppenverzeichnissen. [2]Soweit Tätigkeitsmerkmale in Lohngruppenverzeichnissen auf besondere körperliche Belastungen oder besondere Verantwortung abstellen, bleiben diese unberührt. [3]Spezielle Eingruppierungsregelungen in Lohngruppenverzeichnissen gelten bis zur Vereinbarung neuer Regelungen auf der Bundesebene bzw. auf Ebene eines kommunalen Arbeitgeberverbandes fort. [4]Die Lohngruppen der Lohngruppenverzeichnisse sind gemäß Anlage 3 den Entgeltgruppen des TVöD zugeordnet.

Protokollerklärung zu Absatz 2 Satz 3:
Satz 3 findet im Anwendungsbereich der Entgeltgruppe 1 (Teil A Abschnitt I Ziffer 1 der Anlage 1 zum TVöD – Entgeltordnung [VKA]) keine Anwendung.

§ 29a Besitzstandsregelungen

(1) [1]Die Überleitung erfolgt unter Beibehaltung der bisherigen Entgeltgruppe für die Dauer der unverändert auszuübenden Tätigkeit. [2]Eine Überprüfung und Neufeststellung der Eingruppierungen findet aufgrund der Überleitung in die Entgeltordnung für den Bereich der VKA nicht statt.

Protokollerklärung zu Absatz 1:
Die Zuordnung zu der Entgeltgruppe des TVöD nach der Anlage 1 oder 3 TVÜ-VKA in der bis zum 31. Dezember 2016 geltenden Fassung gilt als Eingruppierung.

(2) Hängt die Eingruppierung nach § 12 (VKA) und § 13 (VKA) TVöD in Verbindung mit der Anlage 1 – Entgeltordnung (VKA) zum TVöD von der Zeit einer Tätigkeit oder Berufsausübung ab, wird die vor dem 1. Januar

2017 zurückgelegte Zeit so berücksichtigt, wie sie zu berücksichtigen wäre, wenn § 12 (VKA) und § 13 (VKA) TVöD sowie die Anlage 1 – Entgeltordnung (VKA) zum TVöD bereits seit dem Beginn des Arbeitsverhältnisses gegolten hätten.

(3) Beschäftigte, denen am 31. Dezember 2016 eine persönliche Besitzstandszulage nach der Protokollerklärung zu § 5 Abs. 2 Satz 3 oder eine persönliche Zulage nach § 17 Abs. 6 in der bis zum 31. Dezember 2016 geltenden Fassung zugestanden hat, erhalten eine Besitzstandszulage in Höhe ihrer bisherigen Zulage, solange die anspruchsbegründende Tätigkeit unverändert auszuüben ist.

(4) [1]Soweit an die Tätigkeit in der bisherigen Entgeltgruppe über Absatz 3 hinaus besondere Entgeltbestandteile geknüpft waren und diese in der Anlage 1 – Entgeltordnung (VKA) zum TVöD nicht oder in geringerer Höhe entsprechend vereinbart sind, wird die hieraus am 1. Januar 2017 bestehende Differenz unter den bisherigen Voraussetzungen als Besitzstandszulage so lange gezahlt, wie die anspruchsbegründende Tätigkeit unverändert auszuüben ist und die Voraussetzungen für den besonderen Entgeltbestandteil nach bisherigem Recht weiterhin erfüllt sind. [2]Die Differenz verändert sich bei allgemeinen Entgeltanpassungen um den von den Tarifvertragsparteien für die jeweilige Entgeltgruppe festgelegten Prozentsatz.

Protokollerklärung zu Absatz 4:

1. Absatz 4 findet auf die Regelung in der Protokollerklärung Nr. 5 des Teils B Abschnitt XI Ziffer 1 der Anlage 1 – Entgeltordnung (VKA) sowie auf § 52 Abs. 4 BT-K in der bis zum 31. Dezember 2016 gültigen Fassung und die Protokollerklärungen Nr. 1 Abs. 2 der Abschnitte A und B der Anlage 1b zum BAT keine Anwendung.
2. Der Betrag der Differenz nach Satz 2 erhöht sich am 1. April 2025 um 3,11 Prozent und am 1. Mai 2026 um weitere 2,8 Prozent.

(5) Abweichend von Absatz 4 bestimmt sich die Zahlung der Besitzstandszulage für eine Vergütungsgruppenzulage nach § 9.

(6) Bei Veränderungen der individuellen regelmäßigen Arbeitszeit der/des Beschäftigten ändert sich in den Fällen der Absätze 3 und 4 die Besitzstandszulage entsprechend.

(7) Beschäftigte, die am 31. Dezember 2016 nach § 3 Absatz 1 Buchst. a der Anlage 3 zum BAT von der Ausbildungs- und Prüfungspflicht befreit sind, bleiben für die Dauer ihres über den 31. Dezember 2016 hinaus zu demselben Arbeitgeber fortbestehenden Arbeitsverhältnisses von der Ausbildungs- und Prüfungspflicht befreit.

§ 29b Höhergruppierungen

(1) [1]Ergibt sich nach der Anlage 1 – Entgeltordnung (VKA) zum TVöD eine höhere Entgeltgruppe, sind die Beschäftigten auf Antrag in der Entgeltgruppe eingruppiert, die sich nach § 12 (VKA) TVöD ergibt. [2]Der Antrag kann nur bis zum 31. Dezember 2017 gestellt werden (Ausschlussfrist) und wirkt auf den 1. Januar 2017 zurück; nach dem Inkrafttreten der Anlage 1 – Entgeltordnung (VKA) zum TVöD eingetretene Änderungen der Stufenzuordnung in der bisherigen Entgeltgruppe bleiben bei der Stufenzuordnung nach den Absätzen 2 bis 5 unberücksichtigt. [3]Ruht das Arbeitsverhältnis am 1. Januar 2017, beginnt die Frist von einem Jahr nach Satz 1 mit der Wiederaufnahme der Tätigkeit; der Antrag wirkt auf den 1. Januar 2017 zurück.

(2) [1]Die Stufenzuordnung in der höheren Entgeltgruppe richtet sich nach den Regelungen für Höhergruppierungen (§ 17 Abs. 4 TVöD in der bis zum 28. Februar 2017 geltenden Fassung). [2]War die/der Beschäftigte in der bisherigen Entgeltgruppe der Stufe 1 zugeordnet, wird sie/er abweichend von Satz 1 der Stufe 1 der höheren Entgeltgruppe zugeordnet; die bisher in Stufe 1 verbrachte Zeit wird angerechnet.

(3) [1]Sind Beschäftigte, die eine Besitzstandszulage nach § 9 erhalten, auf Antrag nach Absatz 1 höhergruppiert, entfällt die Besitzstandszulage rückwirkend ab dem 1. Januar 2017. [2]Abweichend von Absatz 2 Satz 1 wird für die Anwendung des § 17 Abs. 4 Satz 1 und 2 TVöD in der bis zum 28. Februar 2017 geltenden Fassung zu dem jeweiligen bisherigen Tabellenentgelt die wegfallende Zulage hinzugerechnet und anschließend der Unterschiedsbetrag ermittelt.

Protokollerklärung zu Absatz 3:
Im Falle einer Höhergruppierung über mehr als eine Entgeltgruppe wird die Besitzstandszulage nach § 9 nur in der Ausgangsentgeltgruppe dem Tabellenentgelt hinzugerechnet.

(4) [1]Sind Beschäftigte, die eine Besitzstandszulage nach § 29a Abs. 3 erhalten, auf Antrag nach Absatz 1 höhergruppiert, entfällt die Besitzstandszulage rückwirkend ab dem 1. Januar 2017. [2]Ergibt sich durch die Höhergruppierung die Zuordnung zu einer niedrigeren Stufe als in der bisherigen Entgeltgruppe, wird abweichend von Absatz 2 Satz 1 die in der bisherigen Stufe zurückgelegte Stufenlaufzeit auf die Stufenlaufzeit in der höheren Entgeltgruppe angerechnet. [3]Ist dadurch am Tag der Höhergruppierung in der höheren Entgeltgruppe die Stufenlaufzeit zum Erreichen der nächsthöheren Stufe erfüllt, beginnt in dieser nächsthöheren Stufe die Stufenlaufzeit neu. [4]§ 29a Abs. 4 findet keine Anwendung.

(5) [1]Sind Beschäftigte, die eine Besitzstandszulage nach § 9 und eine Besitzstandszulage nach § 29a Abs. 3 erhalten, auf Antrag nach Absatz 1 höhergruppiert, entfallen beide Besitzstandszulagen rückwirkend ab dem 1. Janu-

ar 2017. [2]Abweichend von Absatz 2 Satz 1 werden für die Anwendung des § 17 Abs. 4 Satz 1 und 2 TVöD zu dem jeweiligen bisherigen Tabellenentgelt die beiden wegfallenden Besitzstandszulagen hinzugerechnet und anschließend der Unterschiedsbetrag ermittelt. [3]Ergibt sich durch die Höhergruppierung die Zuordnung zu einer niedrigeren Stufe als in der bisherigen Entgeltgruppe, wird abweichend von Absatz 2 Satz 1 die in der bisherigen Stufe zurückgelegte Stufenlaufzeit auf die Stufenlaufzeit in der höheren Entgeltgruppe angerechnet. [4]Ist dadurch am Tag der Höhergruppierung in der höheren Entgeltgruppe die Stufenlaufzeit zum Erreichen der nächsthöheren Stufe erfüllt, beginnt in dieser nächsthöheren Stufe die Stufenlaufzeit neu. [5]§ 29a Abs. 4 findet keine Anwendung.

Protokollerklärung zu Absatz 5 Satz 2:
Im Falle einer Höhergruppierung über mehr als eine Entgeltgruppe werden die Besitzstandszulagen nach § 9 und nach § 29a Abs. 3 nur in der Ausgangsentgeltgruppe dem Tabellenentgelt hinzugerechnet.

Protokollerklärung zu den Absätzen 4 und 5:
Im Falle einer Höhergruppierung über mehr als eine Entgeltgruppe erfolgt die Mitnahme der Stufenlaufzeit nur bei der ersten dazwischenliegenden Entgeltgruppe nach § 17 Abs. 4 Satz 3 Halbsatz 1 TVöD.

§ 29c Besondere Überleitungsregelungen

(1) Beschäftigte mit einem Anspruch auf die bisherige Zulage nach § 17 Abs. 8 in der bis zum 31. Dezember 2016 geltenden Fassung sind stufengleich und unter Mitnahme der in ihrer Stufe zurückgelegten Stufenlaufzeit in die Entgeltgruppe 14 übergeleitet.
(2) Beschäftigte der Entgeltgruppe 9, für die keine besonderen Stufenregelungen gelten, sind stufengleich und unter Mitnahme der in ihrer Stufe zurückgelegten Stufenlaufzeit in die Entgeltgruppe 9b übergeleitet.
(3) [1]Beschäftigte der Entgeltgruppe 9, für die gemäß des Anhangs zu § 16 (VKA) TVöD in der bis zum 31. Dezember 2016 geltenden Fassung die Stufe 5 Endstufe ist, sind unter Mitnahme der in ihrer Stufe zurückgelegten Stufenlaufzeit in die Stufe der Entgeltgruppe 9a übergeleitet, deren Betrag dem Betrag ihrer bisherigen Stufe entspricht. [2]Für Beschäftigte, die am 31. Dezember 2016 der Stufe 2 zugeordnet sind, finden bis zum 31. Januar 2017 die Tabellenwerte der Stufe 2 nach dem Stand vom 31. Dezember 2016 Anwendung. [3]Ist bei Beschäftigten, die am 31. Dezember 2016 der Stufe 4 zugeordnet sind, bei der Überleitung am 1. Januar 2017 in die Entgeltgruppe 9a die Stufenlaufzeit zum Erreichen der Stufe 5 erfüllt, werden sie der Stufe 5 zugeordnet. [4]Ist in der bisherigen Stufe 4 eine über vier Jahre hinausgehende Stufenlaufzeit zurückgelegt, wird die darüber hinaus zurückgelegte Stufenlaufzeit auf die Stufenlaufzeit in der Stufe 5 der Entgeltgruppe 9a angerechnet.

Protokollerklärung zu den Absätzen 2 und 3:
Die Zuordnung zu einer individuellen Zwischen- oder Endstufe bleibt unberührt.

(4) [1]Beschäftigte der Entgeltgruppe 9, für die gemäß des Anhangs zu § 16 (VKA) TVöD in der bis zum 31. Dezember 2016 geltenden Fassung die Stufe 4 Endstufe ist, sind stufengleich und unter Mitnahme der in ihrer Stufe zurückgelegten Stufenlaufzeit in die Entgeltgruppe 9a übergeleitet. [2]Absatz 1 Buchstabe b und Absatz 2 des Anhangs zu § 16 (VKA) bleiben unberührt.
(5) Fallen am 1. Januar 2017 ein Stufenaufstieg und die Höhergruppierung nach § 29b Abs. 1 zusammen, erfolgt erst der Stufenaufstieg und anschließend die Höhergruppierung.
(6) [1]Bei Höhergruppierungen nach § 29b Abs. 1 wird der Unterschiedsbetrag zum bisherigen Entgelt auf den Strukturausgleich nach § 12 angerechnet. [2]Dies gilt auch für Höhergruppierungen in die Entgeltgruppe 9c. [3]Eine Überleitung in die Entgeltgruppen 9a, 9b oder 14 nach den Absätzen 1 bis 4 gilt nicht als Höhergruppierung.

§ 29d Überleitung in die Anlage E zum BT-K und zum BT-B

(1) [1]Die unter die Anlage 4 in der bis zum 31. Dezember 2016 gültigen Fassung (Kr-Anwendungstabelle) fallenden Beschäftigten sind stufengleich und unter Mitnahme der in ihrer Stufe zurückgelegten Stufenlaufzeit

von der Entgeltgruppe der Anlage 4	in die Entgeltgruppe der Anlage E
KR 12a	P 16
KR 11b	P 15
KR 11a	P 14
KR 10a	P 13
KR 9d	P 12
KR 9c	P 11
KR 9b	P 10
KR 9a	P 9
KR 8a	P 8
KR 7a	P 7
1KR 4a	P 6
KR 3a	P 5

übergeleitet.

[2]Aus der Stufe 1 der Entgeltgruppe KR 7a und KR 8a erfolgt die Überleitung in die Stufe 2 der Entgeltgruppe P 7 bzw. P 8 der Anlage E zum BT-K und zum BT-B unter Mitnahme der in der Stufe 1 zurückgelegten Stufenlaufzeit. [3]Erfolgt die Überleitung aus der Stufe 2 der Entgeltgruppen KR 7a oder KR 8a, wird die Stufenlaufzeit der Stufe 1 auf die Stufenlaufzeit der Stufe 2 der Entgeltgruppe P 7 bzw. P 8 der Anlage E zum BT-K und zum BT-B angerechnet. [4]Ist durch eine Verkürzung der Stufenlaufzeit in der Anlage E zum BT-K und zum BT-B am 1. Januar 2017 die Stufenlaufzeit zum Erreichen der nächsthöheren Stufe der jeweiligen Entgeltgruppe erfüllt, beginnt in dieser nächsthöheren Stufe die Stufenlaufzeit neu. [5]Haben am 31. Dezember 2016 einer der Entgeltgruppen KR 9a bis KR 11a der Anlage 4 in der bis zum 31. Dezember 2016 gültigen Fassung (Kr-Anwendungstabelle) zugeordnete Beschäftigte in der Stufe 5 ihrer Entgeltgruppe eine Stufenlaufzeit von mindestens fünf Jahren zurückgelegt, erfolgt die Zuordnung zu der Stufe 6 der Entgeltgruppe der Anlage E zum BT-K und zum BT-B, in die sie gemäß Satz 1 übergeleitet werden. [6]§ 29b Abs. 1 und 2 bleibt unberührt.

(2) [1]Beschäftigte, die nach § 29b Abs. 1 aus den Stufen 3, 4 oder 5 der Entgeltgruppe P 7 in die Entgeltgruppe P 8 höhergruppiert werden, erhalten zusätzlich zu ihrem Tabellenentgelt der Entgeltgruppe P 8

- für die Dauer des Verbleibs in der Stufe 2 der Entgeltgruppe P 8 bei Höhergruppierung aus der Stufe 3 der Entgeltgruppe P 7,
- für die Dauer des Verbleibs in der Stufe 4 der Entgeltgruppe P 8 bei Höhergruppierung aus der Stufe 4 der Entgeltgruppe P 7,
- für die Dauer des Verbleibs in der Stufe 5 der Entgeltgruppe P 8 bei Höhergruppierung aus der Stufe 5 der Entgeltgruppe P 7

eine monatliche Zulage in Höhe von 46,02 Euro,

sofern und solange sie nach den Protokollerklärungen Nr. 1 Abs. 1 Buchst. b der Abschnitte A und B zu der Anlage 1b zum BAT einen Anspruch auf eine monatliche Zulage gehabt hätten. [2]Für die Dauer des Verbleibs in der Stufe 5 im Anschluss an die Stufenlaufzeit der Stufe 4 der Entgeltgruppe P 8 bei Höhergruppierung aus der Stufe 4 der Entgeltgruppe P 7 erhalten die Beschäftigten unter den sonstigen Voraussetzungen des Satzes 1 eine monatliche Zulage in Höhe von 23,01 Euro.

(3) Beschäftigte, die am 31. Dezember 2016 in der Entgeltgruppe KR 7a einer der Stufen 4 bis 6 oder einer individuellen Zwischen- oder Endstufe oberhalb der Stufe 4 der Anlage 4 zum TVÜ-VKA bzw. in der Entgeltgruppe KR 8a den Stufen 5 oder 6 oder einer individuellen Zwischen- oder Endstufe oberhalb der Stufe 5 der Anlage 4 zum TVÜ-VKA zugeordnet waren, erhalten solange ihr Bereitschaftsdienstentgelt nach dem Stand vom 31. Dezember 2016, bis das Bereitschaftsdienstentgelt nach der Anlage G zum BT-K dieses übersteigt.

§ 29e Hebammen und Entbindungspfleger

[1]Hebammen und Entbindungspfleger, denen am 1. Januar 2025 oder danach Tätigkeiten übertragen sind, die eines der Tätigkeitsmerkmale der Entgeltgruppe P 11 in der seit dem 1. Januar 2025 geltenden Fassung erfüllen, werden rechtlich so gestellt, als ob sie seit der Übertragung der Tätigkeit, frühestens seit dem 1. Januar 2025, in die entsprechende Entgeltgruppe eingruppiert gewesen wären. [2]Satz 1 findet so lange Anwendung, wie die Voraussetzungen eines dieser Tätigkeitsmerkmale weiterhin vorliegen, längstens jedoch, bis diese Hebammen oder Entbindungspfleger in der Entgeltgruppe P 11 eingruppiert sind.

Abschnitt V
Besondere Regelungen für einzelne Mitgliedverbände der VKA

§ 30 KAV Berlin

(1) Auf Beschäftigte, die unter den Geltungsbereich des § 2 Abs. 1 bis 6 und 8 des Tarifvertrages über die Geltung des VKA-Tarifrechts für die Angestellten und angestelltenversicherungspflichtigen Auszubildenden der Mitglieder des Kommunalen Arbeitgeberverbandes Berlin (KAV Berlin) – Überleitungs-TV KAV Berlin – vom 9. Dezember 1999 in der jeweils geltenden Fassung fallen und auf deren Arbeitsverhältnis § 27 Abschnitt A BAT / BAT-O in der für den Bund und die Tarifgemeinschaft deutscher Länder geltenden Fassung sowie der Vergütungstarifvertrag für den Bereich des Bundes und der Länder Anwendung findet, findet der TVöD und dieser Tarifvertrag Anwendung, soweit nachfolgend nichts Besonderes bestimmt ist.

(2) [1]Auf überzuleitende Beschäftigte aus dem Geltungsbereich des BAT/BAT-O finden anstelle der §§ 4 bis 6, §§ 12, 17 und 19 Abs. 2 und 3 sowie der Anlagen 1 bis 3 dieses Tarifvertrages die §§ 4 bis 6, §§ 12, 17 und 19 Abs. 2 und 3 sowie die Anlagen 2 bis 4 des Tarifvertrages zur Überleitung der Beschäftigten des Bundes in den TVöD und zur Regelung des Übergangsrechts (TVÜ-Bund) vom 13. September 2005 Anwendung. [2]Abweichend von Anlage 2 TVÜ-Bund in der bis zum 31. Dezember 2013 geltenden Fassung und von § 16 (VKA) TVöD gelten ab der Entgeltgruppe 9a folgende besonderen Regelungen:

a) *(aufgehoben)*
b) Ab der Entgeltgruppe 9b wird die Stufe 5a nach fünf Jahren in Stufe 5 und die Stufe 6 – frühestens ab 1. Oktober 2015 – nach fünf Jahren in Stufe 5a erreicht.

[3]Die Entgeltgruppe 15 Ü wird um die Stufe 6 mit einem Tabellenwert bis 31. März 2025 in Höhe von 8686,69 Euro, vom 1. April 2025 bis zum 30. April 2026 in Höhe von 8947,29 Euro und ab 1. Mai 2026 in Höhe von 9197,81 Euro erweitert. [4]Die Entgeltstufe 5a entspricht dem Tabellenwert der Stufe 5 zuzüglich des halben Differenzbetrages zwischen den Stufen 5 und 6, kaufmännisch auf volle Eurobeträge gerundet. [5]Bei Höhergruppierung aus der Stufe 6 einer der Entgeltgruppen 1 bis 8 in eine der Entgeltgruppen 9b bis 15 erfolgt die Zuordnung zur Stufe 5a. [6]Dies gilt nicht, wenn die/der Beschäftigte zum Zeitpunkt der Höhergruppierung mindestens zehn Jahre in der Stufe 6 zurückgelegt hat. [7]Mit Erreichen der Stufe 5a entfällt ein etwaiger Strukturausgleich. [8]Mit Erreichen der Stufe 6 findet uneingeschränkt das VKA-Tarifrecht Anwendung.

Niederschriftserklärung zu § 30 Abs. 2:
Der Tabellenwert von 5625 Euro verändert sich zu demselben Zeitpunkt und in derselben Höhe wie der Tabellenwert der Stufe 6 der Entgeltgruppe 15 Ü gemäß § 19 Abs. 2.

(3) *(nicht besetzt)*

(4) *(nicht besetzt)*

(5) Der Tarifvertrag über die Fortgeltung des TdL-Tarifrechts für die Angestellten und angestelltenrentenversicherungspflichtigen Auszubildenden der NET-GE Kliniken Berlin GmbH (jetzt Vivantes Netzwerk für Gesundheit GmbH) vom 17. Januar 2001 gilt uneingeschränkt fort; die vorstehenden Absätze 1 bis 4 gelten nicht.

Niederschriftserklärung zu § 30 Abs. 5:
Die Entscheidung, ob und in welcher Höhe Arbeitern, auf die die Tarifregelungen des Tarifgebiets Ost Anwendung finden, eine Einmalzahlung erhalten, bleibt den Tarifvertragsparteien auf landesbezirklicher Ebene vorbehalten.

Niederschriftserklärung zu § 30:
Von den Tarifvertragsparteien auf der landesbezirklichen Ebene ist in Tarifverhandlungen über Hilfestellungen einzutreten, wenn die Überführung der Beschäftigten in die VKA-Entgelttabelle bei einzelnen Mitgliedern des KAV Berlin ab 1. Oktober 2010 zu finanziellen Problemen führt.

§ 31 KAV Bremen

(1) Der Tarifvertrag über die Geltung des VKA-Tarifrechts für die Beschäftigten der Mitglieder des KAV Bremen vom 17. Februar 1995 bleibt durch das In-Kraft-Treten des TVöD und dieses Tarifvertrages unberührt und gilt uneingeschränkt fort.

(2) Der Tarifvertrag über die Geltung des VKA-Tarifrechts für die Arbeiter und die arbeiterrentenversicherungspflichtigen Auszubildenden des Landes und der Stadtgemeinde Bremen sowie der Stadt Bremerhaven (Überleitungs-TV Bremen) vom 17. Februar 1995 in der Fassung des Änderungstarifvertrages Nr. 8 vom 31. Januar 2003 gilt mit folgenden Maßgaben weiter:

1. Der TVöD und dieser Tarifvertrag treten an die Stelle der in § 2 Abs. 2 vereinbarten Geltung des BMT-G II.
2. § 2 Abs. 3 tritt mit Wirkung vom 1. Oktober 2005 außer Kraft.
3. In § 2 Abs. 4 bis 7 und 9 wird die Bezugnahme auf den BMT-G II ersetzt durch die Bezugnahme auf den TVöD.
4. In den Anlagen 3 bis 6 wird die Bezugnahme auf den BMT-G II ersetzt durch die inhaltliche Bezugnahme auf die entsprechenden Regelungen des TVöD. Diese Anlagen sind bis zum 31. Dezember 2006 an den TVöD und diesen Tarifvertrag anzupassen.

(3) In Ergänzung der Anlage 3 dieses Tarifvertrages werden der Entgeltgruppe 3 ferner folgende für den Bereich des KAV Bremen nach dem Rahmentarifvertrag zu § 20 Abs. 1 BMT-G II vorgesehene und im bremischen Lohngruppenverzeichnis vom 17. Februar 1995 vereinbarte Lohngruppen zugeordnet:

- Lgr. 2 mit Aufstieg nach 2a und 3
- Lgr. 2a mit Aufstieg nach 3 und 3a
- Lgr. 2a mit Aufstieg nach 3

(4) Der Tarifvertrag über die Geltung des VKA-Tarifrechts für die Angestellten und Arbeiter und die angestellten- und arbeiterrentenversicherungspflichtigen Auszubildenden der Entsorgung Nord GmbH Bremen, der Abfallbehandlung Nord GmbH Bremen, der Schadstoffentsorgung Nord GmbH Bremen, der Kompostierung Nord GmbH Bremen sowie der Abwasser Bremen GmbH vom 5. Juni 1998 gilt mit folgender Maßgabe fort:
Der TVöD und dieser Tarifvertrag treten mit folgenden Maßgaben an die Stelle der in § 2 Abs. 2 und 3 vereinbarten Geltung des BAT und BMT-G II:

1. Zu § 17 dieses Tarifvertrages: § 25 BAT findet keine Anwendung.
2. Eine nach § 2 Abs. 2 Nr. 3 Buchst. a bzw. Buchst. b des Tarifvertrages vom 5. Juni 1998 im September 2005 gezahlte Besitzstandszulage fließt in das Vergleichsentgelt gemäß § 5 Abs. 2 dieses Tarifvertrages ein.
3. Übergeleitete Beschäftigte, die am 1. Oktober 2005 bei Fortgeltung des bisherigen Tarifrechts gemäß § 2 Abs. 2 Nr. 3 Buchst. b des Tarifvertrages vom 5. Juni 1998 die für die Zahlung einer persönlichen Zulage erforderliche Zeit der Bewährung zur Hälfte erfüllt haben, erhalten zum Zeitpunkt, zu dem sie nach bisherigem Recht die persönliche Zulage erhalten würden, in ihrer Entgeltgruppe Entgelt nach derjenigen individuellen Zwischenstufe, Stufe bzw. Endstufe, die sich ergeben hätte, wenn in das Vergleichsentgelt (§ 5 Abs. 2) die persönliche Zulage eingerechnet worden wäre. § 8 Abs. 2 Sätze 2 bis 5 sowie Absatz 3 gelten entsprechend.

4. Gegenüber den zum Zeitpunkt der Rechtsformänderung (Betriebsübergang) der Bremer Entsorgungsbetriebe auf die Gesellschaften übergegangenen und unbefristet beschäftigten kündbaren Beschäftigten sind betriebsbedingte Kündigungen ausgeschlossen.

§ 32 AV Hamburg

(1) Der als Protokollerklärung bezeichnete Tarifvertrag aus Anlass des Beitritts der Arbeitsrechtlichen Vereinigung Hamburg e. V. (AV Hamburg) zur Vereinigung der kommunalen Arbeitgeberverbände (VKA) am 1. Juli 1955 vom 5. August 1955 bleibt durch das In-Kraft-Treten des TVöD und dieses Tarifvertrages unberührt und gilt uneingeschränkt fort.

Protokollerklärung zu Absatz. 1:
An die Stelle des als Protokollerklärung bezeichneten Tarifvertrages aus Anlass des Beitritts der Arbeitsrechtlichen Vereinigung Hamburg e.V. (AV Hamburg) zur Vereinigung der kommunalen Arbeitgeberverbände (VKA) am 1. Juli 1955 vom 5. August 1955 tritt mit Wirkung vom 1. August 2018 der Tarifvertrag über die Tarifbindung der Mitglieder der Arbeitsrechtlichen Vereinigung Hamburg an das Tarifrecht der Vereinigung der kommunalen Arbeitgeberverbände vom 1. August 2018 (TV TB AVH).

(2) [1]Auf überzuleitende Beschäftigte aus dem Geltungsbereich des BAT finden anstelle der §§ 4 bis 6, §§ 12, 17 und 19 Abs. 2 und 3 sowie der Anlagen 1 bis 3 dieses Tarifvertrages die §§ 4 bis 6, §§ 12, 17 und 19 Abs. 2 und 3 sowie die Anlagen 2 bis 4 des Tarifvertrages zur Überleitung der Beschäftigten des Bundes in den TVöD und zur Regelung des Übergangsrechts (TVÜ-Bund) vom 13. September 2005 Anwendung. [2]Abweichend von Anlage 2 TVÜ-Bund in der bis zum 31. Dezember 2013 geltenden Fassung und von § 16 (VKA) TVöD gelten ab der Entgeltgruppe 9a folgende besonderen Regelungen:

a) *(aufgehoben)*
b) Ab der Entgeltgruppe 9b wird die Stufe 5a nach fünf Jahren in Stufe 5 und die Stufe 6 – frühestens ab 1. Oktober 2015 – nach fünf Jahren in Stufe 5a erreicht.

[3]Die Entgeltgruppe 15 Ü wird um die Stufe 6 mit einem Tabellenwert bis 31. März 2025 in Höhe von 8686,69 Euro, vom 1. April 2025 bis zum 30. April 2026 in Höhe von 8947,29 Euro und ab 1. Mai 2026 in Höhe von 9197,81 Euro erweitert. [4]Die Entgeltstufe 5a entspricht dem Tabellenwert der Stufe 5 zuzüglich des halben Differenzbetrages zwischen den Stufen 5 und 6, kaufmännisch auf volle Eurobeträge gerundet. [5]Bei Höhergruppierung aus der Stufe 6 einer der Entgeltgruppen 1 bis 8 in eine der Entgeltgruppen 9b bis 15 erfolgt die Zuordnung zur Stufe 5a. [6]Dies gilt nicht, wenn die/der Beschäftigte zum Zeitpunkt der Höhergruppierung mindestens zehn Jahre in

der Stufe 6 zurückgelegt hat. [7]Mit Erreichen der Stufe 5a entfällt ein etwaiger Strukturausgleich. [8]Mit Erreichen der Stufe 6 findet uneingeschränkt das VKA-Tarifrecht Anwendung.

Niederschriftserklärung zu § 32 Abs. 2:
Der Tabellenwert von 5625 Euro verändert sich zu demselben Zeitpunkt und in derselben Höhe wie der Tabellenwert der Stufe 6 der Entgeltgruppe 15 Ü gemäß § 19 Abs. 2.

(3) In Ergänzung der Anlagen 1 und 3 dieses Tarifvertrages werden der Entgeltgruppe 3 ferner folgende für die Flughafen Hamburg GmbH nach dem Tarifvertrag über die Einreihung der Arbeiter der Flughafen Hamburg GmbH in die Lohngruppen und über die Gewährung von Erschwerniszuschlägen (§ 23 BMT-G) vereinbarte Lohngruppen zugeordnet:
- Lgr. 2 mit Aufstieg nach 2a und 3
- Lgr. 2a mit Aufstieg nach 3 und 3a
- Lgr. 2a mit Aufstieg nach 3

(4) [1]Auf die Beschäftigten der Asklepios Kliniken Hamburg GmbH, der Universitätsklinikum Hamburg-Eppendorf KöR, der Universitäres Herzzentrum Hamburg GmbH und der Asklepios Westklinikum Hamburg GmbH als Mitglieder der Arbeitsrechtlichen Vereinigung Hamburg e. V. findet das Tarifrecht der VKA ab dem 1. August 2018 mit den Maßgaben des landesbezirklichen Tarifvertrages zur Überleitung der Beschäftigten der Hamburger Krankenhäuser in das Tarifrecht der VKA vom 1. August 2018 Anwendung. [2]Die Absätze 2 und 3 finden auf die in Satz 1 genannten Beschäftigten keine Anwendung.

§ 33 Gemeinsame Regelung

(1) [1]Soweit in (landes-)bezirklichen Lohngruppenverzeichnissen bei den Aufstiegen andere Verweildauern als drei Jahre bzw. – für die Eingruppierung in eine a-Gruppe – als vier Jahre vereinbart sind, haben die landesbezirklichen Tarifvertragsparteien die Zuordnung der Lohngruppen zu den Entgeltgruppen gemäß Anlagen 1 und 3 nach den zu Grunde liegenden Grundsätzen bis zum 31. Dezember 2005 vorzunehmen. [2]Für Beschäftigte, die dem Gehaltstarifvertrag für Angestellte in Versorgungs- und Verkehrsbetrieben im Lande Hessen (HGTAV) unterfallen, werden die landesbezirklichen Tarifvertragsparteien über die Fortgeltung des HGTAV bzw. dessen Anpassung an den TVöD spätestens bis zum 30. Juni 2006 eine Regelung vereinbaren. [3]Soweit besondere Lohngruppen vereinbart sind, hat eine entsprechende Zuordnung zu den Entgeltgruppen landesbezirklich zu erfolgen. [4]Am 1. Oktober 2005 erfolgt in den Fällen der Sätze 1 bis 3 die Fortzahlung

der bisherigen Bezüge als zu verrechnender Abschlag auf das Entgelt, das den Beschäftigten nach der Überleitung zusteht.

(2) [1]Soweit auf das Arbeitsverhältnis von aus dem Geltungsbereich des BAT/BAT-O/BAT-Ostdeutsche Sparkassen überzuleitende Beschäftigten bei sonstigen Arbeitgebern von Mitgliedern der Mitgliedverbände der VKA nach § 27 Abschn. A BAT/BAT-O in der für den Bund und die Tarifgemeinschaft deutscher Länder geltenden Fassung sowie der Vergütungstarifvertrag für den Bereich des Bundes und der Länder Anwendung finden, haben die landesbezirklichen Tarifvertragsparteien die für die Überleitung notwendigen Regelungen zu vereinbaren. [2]Am 1. Oktober 2005 erfolgt die Fortzahlung der bisherigen Bezüge als zu verrechnender Abschlag auf das Entgelt, das diesen Beschäftigten nach der Überleitung zusteht. [3]Kommt auf landesbezirklicher Ebene bis zum 31. Dezember 2005 – ggf. nach einer einvernehmlichen Verlängerung – keine tarifliche Regelung zustande, treffen die Tarifvertragsparteien dieses Tarifvertrages die notwendigen Regelungen.

Abschnitt VI
Übergangs- und Schlussvorschriften

§ 34 In-Kraft-Treten, Laufzeit

(1) Dieser Tarifvertrag tritt am 1. Oktober 2005 in Kraft.

(2) [1]Der Tarifvertrag kann ohne Einhaltung einer Frist jederzeit schriftlich gekündigt werden. [2]Abweichend von Satz 1 kann § 28a mit einer Frist von drei Monaten zum Schluss eines Kalendervierteljahres, frühestens jedoch zum 31. Dezember 2014, schriftlich gekündigt werden.

Anhang zu § 16a

1. Die in § 16a in Bezug genommenen Tarifvorschriften lauten wie folgt:

§ 25 Abs. 4 BMT-G/BMT-G-O
Lohn in besonderen Fällen

(4) Für minderleistungsfähige Arbeiter wird der Monatslohn nach der Leistungsfähigkeit für die ihnen übertragene Arbeit bemessen.

§ 28 Abs. 1 und 2 BTM-G/BMT-G-O Sicherung des Lohnstandes bei Leistungsminderung

(1) Ist der Arbeiter nach einjähriger Beschäftigungszeit* infolge eines Arbeitsunfalles im Sinne des § 8 SGB VII oder nach zweijähriger Beschäftigungszeit[7] infolge einer Berufskrankheit im Sinne des § 9 SGB VII nicht mehr voll leistungsfähig, behält er den jeweiligen Monatstabellenlohn seiner bisherigen Lohngruppe.

Lohnzulagen behält der Arbeiter in der zuletzt bezogenen Höhe, wenn er diese Zulagen bei Eintritt der Leistungsminderung für dieselbe Tätigkeit mindestens drei Jahr ununterbrochen bezogen hat. Wenn der Arbeiter bei Eintritt der Leistungsminderung mindestens fünf Jahre für mindestens drei Viertel der regelmäßigen Arbeitszeit einen oder mehrere Erschwerniszuschläge bezogen hat, behält er den auf die Arbeitsstunde bezogenen Durchschnitt der Erschwerniszuschläge der vorangegangenen zwölf Monate als Zuschlag.

Die gleiche Regelung gilt sinngemäß für einen Erschwerniszuschlag, der in einer Pauschale gemäß § 25 Abs. 5 enthalten ist. Lässt sich der Anteil des Erschwerniszuschlages nicht mehr ermitteln, kann er geschätzt und im Arbeitsvertrag vereinbart werden.

Vorstehende Regelung gilt auch dann, wenn dem Arbeiter wegen seiner verminderten Leistungsfähigkeit eine geringer bewertete Arbeit zugewiesen wird.

Lohnzulagen und Lohnzuschläge für die zugewiesene Arbeit werden insoweit gezahlt, als ihre Summe über die Summe der nach Unterabsatz 2 gesicherten Zulagen und der nach Unterabsatz 2 und § 28a gesicherten Zuschläge hinausgeht; der nach den Unterabsätzen 1 bis 3 und § 28a gesicherte Lohn darf jedoch nicht überschritten werden. Sind die Lohnzulagen und Lohnzuschläge für die zugewiesene Arbeit in Prozentsätzen des Monatstabellenlohnes oder Monatsgrundlohnes vorgesehen, ist von dem Monatstabellenlohn bzw. Monatsgrundlohn auszugehen, der der zugewiesenen Arbeit entspricht.

Ist in einem Kalendermonat der der zugewiesenen Arbeit entsprechende Monatslohn höher als der nach den Unterabsätzen 1 bis 2 und § 28a gesicherte Lohn, finden die Vorschriften über die Sicherung des Lohnstandes bei Leistungsminderung für diesen Monat keine Anwendung.

Protokollerklärung zu Absatz 1 Unterabs. 1:
Ein Erschwerniszuschlag gilt auch dann als gewährt, wenn der Arbeiter den Erschwerniszuschlag vorübergehend wegen Krankheit, Urlaub oder Arbeitsbefreiung nicht erhalten hat.

---

* Im Bereich des BMT-G-O: Beschäftigungszeit (§ 6 – ohne die nach Nr. 3 der Übergangsvorschriften zu berücksichtigenden Zeiten).

(2) Das Gleiche gilt

a) für Arbeiter nach zehnjähriger Beschäftigungszeit*, wenn die Leistungsminderung durch eine Gesundheitsschädigung hervorgerufen wurde, die durch fortwirkende schädliche Einflüsse der Arbeit eingetreten ist,

b) für mindestens 53 Jahre alte Arbeiter nach fünfzehnjähriger Beschäftigungszeit*, wenn die Leistungsminderung durch Abnahme der körperlichen Kräfte und Fähigkeiten infolge langjähriger Arbeit verursacht ist,

c) für mindestens 50 Jahre alte Arbeiter nach zwanzigjähriger Beschäftigungszeit*, wenn die Leistungsminderung durch Abnahme der körperlichen Kräfte und Fähigkeiten infolge langjähriger Arbeit verursacht ist,

d) für Arbeiter nach fünfundzwanzigjähriger Beschäftigungszeit*, wenn die Leistungsminderung durch Abnahme der körperlichen Kräfte und Fähigkeiten infolge langjähriger Arbeit verursacht ist.

Wenn der Arbeiter erst in den letzten zwei Jahren vor Eintritt der Leistungsminderung in seine Lohngruppe aufgerückt war, erhält er den jeweiligen Monatstabellenlohn der Lohngruppe, in der er vorher war.

Protokollerklärung zu Absatz 2 Unterabs. 1:
Ist streitig, ob der erforderliche Ursachenzusammenhang vorliegt, soll auf Verlangen die Stellungnahme eines Arztes des beiderseitigen Vertrauens eingeholt werden. Ist kein anderer Kostenträger zuständig, trägt die Kosten der Arbeitgeber, wenn der Anspruch auf Lohnsicherung endgültig zuerkannt ist; anderenfalls trägt sie der Arbeiter.

§ 28a BTM-G/BMT-G-O Sicherung des Schichtlohnzuschlages für Wechselschichtarbeit bei Leistungsminderung

(1) Kann der Arbeiter

a) infolge eines Arbeitsunfalles im Sinne des § 8 SGB VII, den er im bestehenden Arbeitsverhältnis erlitten hat, oder

b) infolge einer Berufskrankheit im Sinne des § 9 SGB VII, die er sich im bestehenden Arbeitsverhältnis zugezogen hat,

keine Wechselschichtarbeit mehr leisten, behält er, wenn er für dieselbe Tätigkeit mindestens fünf Jahre ununterbrochen für die gesamte regelmäßige Arbeitszeit Schichtlohnzuschläge für Wechselschichtarbeit bezogen hat, die Hälfte dieser Zuschläge in der zuletzt bezogenen Höhe.

Protokollerklärung zu Absatz 1:
Der Schichtlohnzuschlag gilt auch dann als für die gesamte regelmäßige Arbeitszeit gewährt, wenn ihn der Arbeiter vorübergehend wegen Krankheit, Urlaubs- oder Arbeitsbefreiung nicht erhalten hat.

(2) Absatz 1 gilt entsprechend für den Arbeiter, der in demselben Arbeitsverhältnis

a) mindestens 20 Jahre ununterbrochen für die gesamte regelmäßige Arbeitszeit Schichtlohnzuschläge für Wechselschichtarbeit bezogen und der das 50. Lebensjahr vollendet hat, oder
b) mindestens 15 Jahre ununterbrochen für die gesamte regelmäßige Arbeitszeit Schichtlohnzuschläge für Wechselschichtarbeit bezogen und das 55. Lebensjahr vollendet hat,

wenn er wegen Leistungsminderung keine Wechselschichtarbeit mehr leisten kann.

§ 56 BAT/BAT-O Ausgleichszulage bei Arbeitsunfall und Berufskrankheit

[1]Ist der Angestellte infolge eines Unfalls, den er nach mindestens einjähriger ununterbrochener Beschäftigung bei demselben Arbeitgeber in Ausübung oder infolge seiner Arbeit ohne Vorsatz oder grobe Fahrlässigkeit erlitten hat, in seiner bisherigen Vergütungsgruppe nicht mehr voll leistungsfähig und wird er deshalb in einer niedrigeren Vergütungsgruppe weiterbeschäftigt, so erhält er eine Ausgleichszulage in Höhe des Unterschiedsbetrages zwischen der ihm in der neuen Vergütungsgruppe jeweils zustehenden Grundvergütung zuzüglich der allgemeinen Zulage und der Grundvergütung zuzüglich der allgemeinen Zulage, die er in der verlassenen Vergütungsgruppe zuletzt bezogen hat. [2]Das Gleiche gilt bei einer Berufskrankheit im Sinne des § 9 SGB VII nach mindestens dreijähriger ununterbrochener Beschäftigung.

2. Für die in Nr. 1 genannten Tarifvorschriften des BMT-G/BMT-G-O gelten folgende Begriffsbestimmungen des § 67 BMT-G/BMT-G-O:

24. Lohnzulagen

Lohnzulagen sind Vorarbeiter- und andere Funktionszulagen.

25. Lohnzuschläge

Lohnzuschläge sind Zeitzuschläge (§ 22), Erschwerniszuschläge (§ 23) sowie Schichtlohnzuschläge (§ 24).

26a Monatstabellenlohn

Monatstabellenlohn ist der in der tarifvertraglich vereinbarten Lohntabelle festgesetzte Lohn für Arbeiter, mit denen die in § 14 Abs. 1 Satz 1 festgesetzte regelmäßige wöchentliche Arbeitszeit vereinbart ist.

Für die Errechnung des auf die Arbeitsstunde entfallenden Teils des Monatstabellenlohnes ist der Monatstabellenlohn durch 167,40* zu teilen.

26b Monatsgrundlohn

Monatsgrundlohn ist die Summe des Monatstabellenlohnes und der für alle Arbeitsstunden des Kalendermonats zustehenden Lohnzulagen.
Für die Errechnung des auf die Arbeitsstunde entfallenden Teils des Monatsgrundlohnes ist der Monatsgrundlohn durch 167,40* zu teilen.

26c Monatslohn

Monatslohn ist die Summe des Monatstabellenlohnes, der Lohnzulagen und Lohnzuschläge.

Anlage 1 TVÜ-VKA
(weggefallen)

Anlage 2 TVÜ-VKA

Strukturausgleiche für Angestellte (VKA)
Angestellte, deren Ortszuschlag sich nach § 29 Abschn. B Abs. 5 BAT / BAT-O /BAT-Ostdeutsche Sparkassen bemisst, erhalten den entsprechenden Anteil, in jedem Fall aber die Hälfte des Strukturausgleichs für Verheiratete.
Soweit nicht anders ausgewiesen, beginnt die Zahlung des Strukturausgleichs am 1. Oktober 2007. Die Angabe »nach … Jahren« bedeutet, dass die Zahlung nach den genannten Jahren ab dem In-Kraft-Treten des TVöD beginnt; so wird z. B. bei dem Merkmal »nach 4 Jahren« der Zahlungsbeginn auf den 1. Oktober 2009 festgelegt, wobei die Auszahlung eines Strukturausgleichs mit den jeweiligen Monatsbezügen erfolgt. Die Dauer der Zahlung ist

* Im Bereich des BMT-G-O: 174.
Im Bereich des BMT-G ab dem 1. Juli 2008: 169,57. Abweichend hiervon beträgt der Divisor im Geltungsbereich des Besonderen Teils Krankenhäuser mit Ausnahme des Bereichs der KAV Baden-Württemberg weiterhin 167,4. Im Geltungsbereich des Besonderen Teils Krankenhäuser im Bereich des KAV Baden-Württemberg beträgt der Divisor 169,57. Ebenfalls abweichend beträgt der Divisor im Bereich des KAV Baden-Württemberg bereits ab dem 1. Mai 2006 und im Bereich des KAV Niedersachsen bereits ab dem 1. April 2006 169,57.

ebenfalls angegeben; dabei bedeutet »dauerhaft« die Zahlung während der Zeit des Arbeitsverhältnisses.

Ist die Zahlung »für« eine bestimmte Zahl von Jahren angegeben, ist der Bezug auf diesen Zeitraum begrenzt (z. B. »für 5 Jahre« bedeutet Beginn der Zahlung im Oktober 2007 und Ende der Zahlung mit Ablauf September 2012). Eine Ausnahme besteht dann, wenn das Ende des Zahlungszeitraumes nicht mit einem Stufenaufstieg in der jeweiligen Entgeltgruppe zeitlich zusammenfällt; in diesen Fällen wird der Strukturausgleich bis zum nächsten Stufenaufstieg fortgezahlt. Diese Ausnahmeregelung gilt nicht, wenn der Stufenaufstieg in die Endstufe erfolgt; in diesen Fällen bleibt es bei der festgelegten Dauer.

Betrifft die Zahlung eines Strukturausgleichs eine Vergütungsgruppe (Fallgruppe) mit Bewährungs- bzw. Zeitaufstieg, wird dies ebenfalls angegeben. Soweit keine Aufstiegszeiten angegeben sind, gelten die Ausgleichsbeträge für alle Aufstiege.

I. Angestellte (einschl. Lehrkräfte) mit Ausnahme des Pflegepersonals im Sinne der Anlage 1b zum BAT/BAT-O

EG	Vergütungsgruppe	Ortszuschlag Stufe 1/2	Überleitung aus Stufe	nach	für	Betrag Tarifgebiet West
15 Ü	I	OZ 1	9	2 Jahren	5 Jahre	130,– €
	I	OZ 2	8	2 Jahren	dauerhaft	50,– €
	I	OZ 2	10	2 Jahren	dauerhaft	50,– €
	I	OZ 2	11	2 Jahren	dauerhaft	50,– €
15	Ia	OZ 1	6	2 Jahren	4 Jahre	60,– €
	Ia	OZ 1	8	4 Jahren	dauerhaft	30,– €
	Ia	OZ 1	9	2 Jahren	für 5 Jahre danach	90,– € 30,– €
	Ia	OZ 1	10	4 Jahren	dauerhaft	30,– €
	Ia	OZ 1	11	2 Jahren	dauerhaft	30,– €
	Ia	OZ 2	6	2 Jahren	für 4 Jahre danach	110,– € 60,– €
	Ia	OZ 2	7	4 Jahren	dauerhaft	50,– €
	Ia	OZ 2	8	2 Jahren	dauerhaft	80,– €
	Ia	OZ 2	9	4 Jahren	dauerhaft	80,– €

EG	Vergütungsgruppe	Ortszuschlag Stufe 1/2	Überleitung aus Stufe	nach	für	Betrag Tarifgebiet West
	Ia	OZ 2	10	2 Jahren	dauerhaft	80,– €
14	Ib	OZ 1	5	2 Jahren	4 Jahre	50,– €
	Ib	OZ 1	8	2 Jahren	5 Jahre	50,– €
	Ib	OZ 2	5	2 Jahren	4 Jahre danach	130,– € 20,– €
	Ib	OZ 2	7	2 Jahren	5 Jahre danach	90,– € 40,– €
	Ib	OZ 2	8	2 Jahren	5 Jahre danach	110,– € 40,– €
	Ib	OZ 2	9	2 Jahren	dauerhaft	30,– €
14	II/5J. Ib	OZ 1	4	1 Jahr	8 Jahre	110,– €
	II/5J. Ib	OZ 1	5	2 Jahren	4 Jahre	50,– €
	II/5J. Ib	OZ 1	8	2 Jahren	5 Jahre	50,– €
	II/5J. Ib	OZ 2	4	2 Jahren	5 Jahre	90,– €
	II/5J. Ib	OZ 2	5	2 Jahren	4 Jahre danach	130,– € 20,– €
	II/5J. Ib	OZ 2	7	4 Jahren	3 Jahre danach	90,– € 40,– €
	II/5J. Ib	OZ 2	8	2 Jahren	5 Jahre danach	110,– € 40,– €
	II/5J. Ib	OZ 2	9	2 Jahren	dauerhaft	30,– €
14	II/6J. Ib	OZ 1	4	2 Jahren	7 Jahre	110,– €
	II/6J. Ib	OZ 1	5	2 Jahren	4 Jahre	50,– €
	II/6J. Ib	OZ 1	8	2 Jahren	5 Jahre	50,– €
	II/6J. Ib	OZ 2	4	2 Jahren	5 Jahre	90,– €
	II/6J. Ib	OZ 2	5	2 Jahren	4 Jahre danach	130,– € 20,– €
	II/6J. Ib	OZ 2	7	4 Jahren	3 Jahre danach	90,– € 40,– €
	II/6J. Ib	OZ 2	8	2 Jahren	5 Jahre danach	110,– € 40,– €
	II/6J. Ib	OZ 2	9	2 Jahren	dauerhaft	30,– €

EG	Vergütungsgruppe	Ortszuschlag Stufe 1/2	Überleitung aus Stufe	nach	für	Betrag Tarifgebiet West
13	II	OZ 1	9	2 Jahren	5 Jahre	50,– €
	II	OZ 2	8	2 Jahren	5 Jahre	80,– €
12	III/5J. II	OZ 1	5	2 Jahren	4 Jahre	90,– €
	III/5J. II	OZ 1	8	2 Jahren	5 Jahre	80,– €
	III/5J. II	OZ 2	4 (aus III)	1 Jahr	2 Jahre	110,– €
	III/5J. II	OZ 2	4 (aus II)	2 Jahren	4 Jahre	90,– €
	III/5J. II	OZ 2	6	4 Jahren	dauerhaft	30,– €
	III/5J. II	OZ 2	7	4 Jahren	dauerhaft	60,– €
	III/5J. II	OZ 2	8	4 Jahren	dauerhaft	50,– €
	III/5J. II	OZ 2	9	2 Jahren	dauerhaft	50,– €
	III/5J. II	OZ 2	10	2 Jahren	dauerhaft	30,– €
12	III/6J. II	OZ 1	5	2 Jahren	4 Jahre	90,– €
	III/6J. II	OZ 1	8	2 Jahren	5 Jahre	70,– €
	III/6J. II	OZ 2	4 (aus III)	2 Jahren	5 Jahre	70,– €
	III/6J. II	OZ 2	4 (aus II)	2 Jahren	für 4 Jahre	90,– €
	III/6J. II	OZ 2	6	4 Jahren	dauerhaft	30,– €
	III/6J. II	OZ 2	7	4 Jahren	dauerhaft	60,– €
	III/6J. II	OZ 2	8	4 Jahren	dauerhaft	50,– €
	III/6J. II	OZ 2	9	2 Jahren	dauerhaft	50,– €
	III/6J. II	OZ 2	10	2 Jahren	dauerhaft	30,– €
12	III/8J. II	OZ 1	5 (aus III)	2 Jahren	5 Jahre	70,– €
	III/8J. II	OZ 1	5 (aus II)	2 Jahren	4 Jahre	90,– €
	III/8J. II	OZ 1	8	2 Jahren	5 Jahre	70,– €
	III/8J. II	OZ 2	5 (aus III)	2 Jahren	4 Jahre	130,– €
	III/8J. II	OZ 2	6	4 Jahren	dauerhaft	30,– €
	III/8J. II	OZ 2	7	4 Jahren	dauerhaft	60,– €
	III/8J. II	OZ 2	8	4 Jahren	dauerhaft	50,– €
	III/8J. II	OZ 2	9	2 Jahren	dauerhaft	50,– €
	III/8J. II	OZ 2	10	2 Jahren	dauerhaft	30,– €

EG	Vergütungsgruppe	Ortszuschlag Stufe 1/2	Überleitung aus Stufe	nach	für	Betrag Tarifgebiet West
12	III/10J. II	OZ 1	6 (aus III)	2 Jahren	4 Jahre	90,– €
	III/10J. II	OZ 1	8	2 Jahren	5 Jahre	70,– €
	III/10J. II	OZ 2	6 (aus III)	2 Jahren	4 Jahre danach	110,– € 60,– €
	III/10J. II	OZ 2	6 (aus II)	4 Jahren	dauerhaft	30,– €
	III/10J. II	OZ 2	7	4 Jahren	dauerhaft	60,– €
	III/10J. II	OZ 2	8	4 Jahren	dauerhaft	50,– €
	III/10J. II	OZ 2	9	2 Jahren	dauerhaft	50,– €
	III/10J. II	OZ 2	10	2 Jahren	dauerhaft	30,– €
11	III	OZ 1	5	2 Jahren	4 Jahre	90,– €
	III	OZ 1	9	2 Jahren	5 Jahre	60,– €
	III	OZ 2	4	2 Jahren	4 Jahre	90,– €
	III	OZ 2	7	4 Jahren	3 Jahre	90,– €
	III	OZ 2	8	2 Jahren	5 Jahre	90,– €
11	IVa/4J. III	OZ 1	5	2 Jahren	4 Jahre	90,– €
	IVa/4J. III	OZ 1	9	2 Jahren	5 Jahre	60,– €
	IVa/4J. III	OZ 2	4	2 Jahren	4 Jahre	90,– €
	IVa/4J. III	OZ 2	7	4 Jahren	3 Jahre	90,– €
	IVa/4J. III	OZ 2	8	2 Jahren	5 Jahre	90,– €
	IVa/6J. III	OZ 1	5	2 Jahren	4 Jahre	90,– €
	IVa/6J. III	OZ 1	9	2 Jahren	5 Jahre	60,– €
	IVa/6J. III	OZ 2	4	2 Jahren	4 Jahre	90,– €
	IVa/6J. III	OZ 2	7	4 Jahren	3 Jahre	90,– €
	IVa/6J. III	OZ 2	8	2 Jahren	5 Jahre	100,– €
11	IVa/8J. III	OZ 1	5	2 Jahren	4 Jahre	90,– €
	IVa/8J. III	OZ 1	9	2 Jahren	5 Jahre	60,– €
	IVa/8J. III	OZ 2	5	2 Jahren	9 Jahre	110,– €
	IVa/8J. III	OZ 2	7	4 Jahren	3 Jahre	90,– €
	IVa/8J. III	OZ 2	8	2 Jahren	5 Jahre	90,– €

EG	Vergütungsgruppe	Ortszuschlag Stufe 1/2	Überleitung aus Stufe	nach	für	Betrag Tarifgebiet West
10	IVa	OZ 2	4	2 Jahren	4 Jahre	30,– €
	IVa	OZ 2	7	4 Jahren	dauerhaft	25,– €
	IVa	OZ 2	8	2 Jahren	5 Jahre danach	50,– € 25,– €
	IVa	OZ 2	9	2 Jahren	dauerhaft	25,– €
10	IV b/2J. IVa	OZ 2	4	2 Jahren	4 Jahre	30,– €
	IV b/2J. IVa	OZ 2	7	4 Jahren	dauerhaft	25,– €
	IV b/2J. IVa	OZ 2	8	2 Jahren	5 Jahre danach	50,– € 25,– €
	IV b/2J. IVa	OZ 2	9	2 Jahren	dauerhaft	25,– €
10	IV b/4J. IVa	OZ 2	4	2 Jahren	4 Jahre	30,– €
	IV b/4J. IVa	OZ 2	7	4 Jahren	dauerhaft	25,– €
	IV b/4J. IVa	OZ 2	8	2 Jahren	5 Jahre danach	50,– € 25,– €
	IV b/4J. IVa	OZ 2	9	2 Jahren	dauerhaft	25,– €
10	IV b/5J. IVa	OZ 1	4	1 Jahr	8 Jahre	90,– €
	IV b/5J. IVa	OZ 2	4	1 Jahr	6 Jahre	90,– €
	IV b/5J. IVa	OZ 2	7	4 Jahren	dauerhaft	25,– €
	IV b/5J. IVa	OZ 2	8	2 Jahren	5 Jahre danach	50,– € 25,– €
	IV b/5J. IVa	OZ 2	9	2 Jahren	dauerhaft	25,– €
10	IV b/6J. IVa	OZ 1	4	2 Jahren	7 Jahre	90,– €
	IV b/6J. IVa	OZ 2	4	2 Jahren	5 Jahre	90,– €
	IV b/6J. IVa	OZ 2	7	4 Jahren	dauerhaft	25,– €
	IV b/6J. IVa	OZ 2	8	2 Jahren	5 Jahre danach	50,– € 25,– €
	IV b/6J. IVa	OZ 2	9	2 Jahren	dauerhaft	25,– €
10	IV b/8J. IVa	OZ 1	4	4 Jahren	5 Jahre	90,– €
	IV b/8J. IVa	OZ 1	5	2 Jahren	7 Jahre	180,– €
	IV b/8J. IVa	OZ 2	5	2 Jahren	5 Jahre danach	115,– € 25,– €
	IV b/8J. IVa	OZ 2	7	4 Jahren	dauerhaft	25,– €

EG	Vergütungsgruppe	Ortszuschlag Stufe 1/2	Überleitung aus Stufe	nach	für	Betrag Tarifgebiet West
	IV b/8J. IVa	OZ 2	8	2 Jahren	5 Jahre danach	50,– € 25,– €
	IV b/8J. IVa	OZ 2	9	2 Jahren	dauerhaft	25,– €
9	IVb	OZ 1	5	2 Jahren	4 Jahre	50,– €
	IVb	OZ 1	8	2 Jahren	5 Jahre	50,– €
	IVb	OZ 2	4	2 Jahren	4 Jahre	80,– €
	IVb	OZ 2	6	2 Jahren	5 Jahre	25,– €
	IVb	OZ 2	7	2 Jahren	5 Jahre	90,– €
9	Vb/2J. IVb	OZ 1	5	2 Jahren	4 Jahre	50,– €
	Vb/2J. IVb	OZ 1	8	2 Jahren	5 Jahre	50,– €
	Vb/2J. IVb	OZ 2	4	2 Jahren	4 Jahre	80,– €
	Vb/2J. IVb	OZ 2	6	2 Jahren	5 Jahre	25,– €
	Vb/2J. IVb	OZ 2	7	2 Jahren	5 Jahre	90,– €
9	Vb/4J. IVb	OZ 1	5	2 Jahren	4 Jahre	50,– €
	Vb/4J. IVb	OZ 1	8	2 Jahren	5 Jahre	50,– €
	Vb/4J. IVb	OZ 2	4	2 Jahren	4 Jahre	80,– €
	Vb/4J. IVb	OZ 2	6	2 Jahren	5 Jahre	25,– €
	Vb/4J. IVb	OZ 2	7	2 Jahren	5 Jahre	90,– €
9	Vb/5J. IVb	OZ 1	4	1 Jahr	2 Jahre	110,– €
	Vb/5J. IVb	OZ 1	5	2 Jahren	4 Jahre	50,– €
	Vb/5J. IVb	OZ 1	8	2 Jahren	5 Jahre	50,– €
	Vb/5J. IVb	OZ 2	4	1 Jahr	5 Jahre	80,– €
	Vb/5J. IVb	OZ 2	6	2 Jahren	5 Jahre	25,– €
	Vb/5J. IVb	OZ 2	7	2 Jahren	5 Jahre	90,– €
9	Vb/6J. IVb	OZ 1	5	2 Jahren	4 Jahre	50,– €
	Vb/6J. IVb	OZ 1	8	2 Jahren	5 Jahre	50,– €
	Vb/6J. IVb	OZ 2	4	2 Jahren	4 Jahre	80,– €
	Vb/6J. IVb	OZ 2	6	2 Jahren	5 Jahre	25,– €
	Vb/6J. IVb	OZ 2	7	2 Jahren	5 Jahre	90,– €

EG	Vergütungsgruppe	Ortszuschlag Stufe 1/2	Überleitung aus Stufe	nach	für	Betrag Tarifgebiet West
9	Vb	OZ 2	6	2 Jahren	9 Jahre	50,– €
8	Vc	OZ 1	2	9 Jahren	dauerhaft	55,– €
	Vc	OZ 1	3	9 Jahren	dauerhaft	55,– €
	Vc	OZ 1	4	7 Jahren	dauerhaft	55,– €
	Vc	OZ 1	5	6 Jahren	dauerhaft	55,– €
	Vc	OZ 1	6	2 Jahren	dauerhaft	55,– €
	Vc	OZ 1	7	2 Jahren	dauerhaft	55,– €
	Vc	OZ 1	8	2 Jahren	dauerhaft	55,– €
	Vc	OZ 2	2	5 Jahren	dauerhaft	55,– €
	Vc	OZ 2	3	3 Jahren	dauerhaft	120,– €
	Vc	OZ 2	4	2 Jahren	dauerhaft	120,– €
	Vc	OZ 2	5	2 Jahren	dauerhaft	120,– €
	Vc	OZ 2	6	2 Jahren	dauerhaft	120,– €
	Vc	OZ 2	7	2 Jahren	dauerhaft	120,– €
	Vc	OZ 2	8	2 Jahren	dauerhaft	55,– €
6	VIb	OZ 1	2	9 Jahren	dauerhaft	50,– €
	VIb	OZ 1	3	9 Jahren	dauerhaft	50,– €
	VIb	OZ 1	4	7 Jahren	dauerhaft	50,– €
	VIb	OZ 1	5	6 Jahren	dauerhaft	50,– €
	VIb	OZ 1	6	6 Jahren	dauerhaft	50,– €
	VIb	OZ 1	7	2 Jahren	dauerhaft	50,– €
	VIb	OZ 1	8	2 Jahren	dauerhaft	50,– €
	VIb	OZ 1	9	2 Jahren	dauerhaft	50,– €
	VIb	OZ 2	2	7 Jahren	dauerhaft	90,– €
	VIb	OZ 2	3	6 Jahren	dauerhaft	90,– €
	VIb	OZ 2	4	6 Jahren	dauerhaft	90,– €
	VIb	OZ 2	5	2 Jahren	dauerhaft	90,– €
	VIb	OZ 2	6	2 Jahren	dauerhaft	90,– €
	VIb	OZ 2	7	2 Jahren	dauerhaft	90,– €

EG	Vergütungsgruppe	Ortszuschlag Stufe 1/2	Überleitung aus Stufe	nach	für	Betrag Tarifgebiet West
	VIb	OZ 2	8	2 Jahren	dauerhaft	50,– €
	VIb	OZ 2	9	2 Jahren	dauerhaft	50,– €
5	VII	OZ 2	4	4 Jahren	dauerhaft	20,– €
	VII	OZ 2	5	2 Jahren	dauerhaft	20,– €
	VII	OZ 2	6	2 Jahren	dauerhaft	20,– €
	VII	OZ 2	7	2 Jahren	dauerhaft	20,– €
	VII	OZ 2	8	2 Jahren	dauerhaft	20,– €
3	VIII	OZ 1	7	2 Jahre	4 Jahre	30,– €
	VIII	OZ 1	9	2 Jahren	5 Jahre	20,– €
	VIII	OZ 2	3	2 Jahren	9 Jahre	40,– €
	VIII	OZ 2	4	4 Jahren	3 Jahre	25,– €
	VIII	OZ 2	5	2 Jahren	dauerhaft	50,– €
3	VIII	OZ 2	6	2 Jahren	dauerhaft	50,– €
	VIII	OZ 2	7	2 Jahren	dauerhaft	50,– €
	VIII	OZ 2	8	2 Jahren	dauerhaft	50,– €
	VIII	OZ 2	9	2 Jahren	dauerhaft	35,– €
	VIII	OZ 2	10	2 Jahren	dauerhaft	25,– €
2	IX 2J. IXa	OZ 2	4	2 Jahren	5 Jahre	45,– €
2	X 2J. IX	OZ 1	5	2 Jahren	4 Jahre	25,– €
	X 2J. IX	OZ 2	3	4 Jahren	dauerhaft	40,– €
	X 2J. IX	OZ 2	4	4 Jahren	dauerhaft	40,– €
	X 2J. IX	OZ 2	5	2 Jahren	dauerhaft	40,– €
	X 2J. IX	OZ 2	6	2 Jahren	dauerhaft	40,– €
	X 2J. IX	OZ 2	7	2 Jahren	dauerhaft	25,– €

II. Angestellte, die aus der Anlage 1b zum BAT/BAT-O übergeleitet werden

EG	Vergütungs-gruppe	Orts-zuschlag Stufe 1/2	Überlei-tung aus Stufe	nach	für	Betrag Tarif-gebiet West
12a	Kr. XII 5 Jahre Kr. XIII	OZ 2	6	1 Jahr	6 Jahre	90,– €
11b	Kr. XI 5 Jahre Kr. XII	OZ 2	6	1 Jahr	6 Jahre	150,– €
		OZ 1	6	1 Jahr	6 Jahre	90,– €
			7	2 Jahren	5 Jahre	130,– €
11a	Kr. X 5 Jahre Kr. XI	OZ 2	4	5 Jahren	2 Jahre	220,– €
			5	3 Jahren	4 Jahre	300,– €
		OZ 1	5	3 Jahren	4 Jahre	190,– €
			6	1 Jahr	6 Jahre	260,– €
10a	Kr. IX 5 Jahre Kr. X	OZ 2	5	3 Jahren	2 Jahre, danach dauerhaft	270,– € 20,– €
			6	4 Jahren	dauerhaft	35,– €
			7	2 Jahren	dauerhaft	35,– €
			8	2 Jahren	dauerhaft	35,– €
		OZ 1	5	3 Jahren	2 Jahre	170,– €
			6	1 Jahr	4 Jahre	240,– €
9d	Kr. VIII 5 Jahre Kr. IX	OZ 2	5	6 Jahren	dauerhaft	15,– €
			6	1 Jahr	3 Jahre, danach dauerhaft	140,– € 15,– €

EG	Vergütungs-gruppe	Orts-zuschlag Stufe 1/2	Überlei-tung aus Stufe	nach	für	Betrag Tarif-gebiet West
			7	2 Jah-ren	dauerhaft	30,– €
			8	2 Jah-ren	dauerhaft	20,– €
		OZ 1	6	1 Jahr	1 Jahr, danach für 2 Jahre	200,– € 60,– €
9b	Kr. VII	OZ 2	5	4 Jah-ren	3 Jahre	45,– €
			6	2 Jah-ren	2 Jahre, danach für 3 Jahre	40,– € 100,– €
			7	2 Jah-ren	dauerhaft	10,– €
			8	2 Jah-ren	dauerhaft	10,– €
		OZ 1	6	6 Jah-ren	1 Jahr	60,– €
			7	4 Jah-ren	3 Jahre	60,– €
9c	Kr. VII 5 Jahre Kr. VIII	OZ 2	4	4 Jah-ren	2 Jahre, danach für 4 Jahre	55,– € 110,– €
			5	4 Jah-ren	3 Jahre	80,– €
			6	1 Jahr	6 Jahre	140,– €
		OZ 1	5	3 Jah-ren	2 Jahre, danach für 5 Jahre	150,– € 60,– €
			6	1 Jahr	9 Jahre	150,– €
			7	2 Jah-ren	5 Jahre	100,– €
9b	Kr. VI 5 Jahre Kr. VII	OZ 2	6	1 Jahr	6 Jahre	90,– €
			7	2 Jah-ren	dauerhaft	10,– €

EG	Vergütungsgruppe	Ortszuschlag Stufe 1/2	Überleitung aus Stufe	nach	für	Betrag Tarifgebiet West
			8	2 Jahren	dauerhaft	10,– €
		OZ 1	5	3 Jahren	2 Jahre	240,– €
			6	1 Jahr	1 Jahr	200,– €
			7	4 Jahren	3 Jahre	65,– €
9b	Kr. VI 7 Jahre Kr. VII	OZ 2	6	4 Jahren	3 Jahre	90,– €
			7	1 Jahr	1 Jahr danach für 5 Jahre	200,– € 120,– €
			8	2 Jahren	dauerhaft	10,– €
		OZ 1	5	4 Jahren	4 Jahre	50,– €
			7	1 Jahr	1 Jahr danach für 5 Jahre	190,– € 20,– €
9a	Kr VI	OZ 2	4	4 Jahren	3 Jahre	30,– €
			5	2 Jahren	5 Jahre	75,– €
		OZ 1	5	2 Jahren	8 Jahre	50,– €
			6	4 Jahren	3 Jahre	40,– €
			7	2 Jahren	5 Jahre	60,– €
8a	Kr. Va 3 Jahre, Kr. VI	OZ 2	3	4 Jahren	7 Jahre	45,– €
			5	2 Jahren	5 Jahre	60,– €
		OZ 1	4	2 Jahren	9 Jahre	55,– €

EG	Vergütungsgruppe	Ortszuschlag Stufe 1/2	Überleitung aus Stufe	nach	für	Betrag Tarifgebiet West
			7	2 Jahren	5 Jahre	60,– €
8a	Kr. Va 5 Jahre Kr. VI	OZ 2	3	4 Jahren	7 Jahre	45,– €
			5	2 Jahren	5 Jahre	60,– €
		OZ 1	3	4 Jahren	3 Jahre	55,– €
			4	2 Jahren	9 Jahre	55,– €
			7	2 Jahren	5 Jahre	60,– €
8a	Kr. V 6 Jahre Kr. VI	OZ 2	2	6 Jahren	7 Jahre	30,– €
			3	4 Jahren	7 Jahre	35,– €
			5	2 Jahren	5 Jahre	60,– €
		OZ 1	3	2 Jahren	7 Jahre	120,– €
			4	2 Jahren	9 Jahre	55,– €
			7	2 Jahren	5 Jahre	60,– €
8a	Kr. V 4 Jahre, Kr. Va 2 Jahre, Kr. VI	OZ 2	2	6 Jahren	7 Jahre	60,– €
			3	4 Jahren	7 Jahre	60,– €
			4	3 Jahren	4 Jahre	25,– €
			5	1 Jahr	2 Jahre, danach für 4 Jahre	25,– € 80,– €
			7	1 Jahr	1 Jahr	40,– €

EG	Vergütungs-gruppe	Orts-zuschlag Stufe 1/2	Überlei-tung aus Stufe	nach	für	Betrag Tarif-gebiet West
			8	1 Jahr	1 Jahr	40,– €
		OZ 1	3	2 Jah-ren	5 Jahre	55,– €
			4	2 Jah-ren	4 Jahre, danach für 5 Jahre	70,– € 20,– €
			7	2 Jah-ren	5 Jahre	55,– €
7a	Kr. V 4 Jahre Kr. Va	OZ 2	3	4 Jah-ren	7 Jahre	55,– €
			5	4 Jah-ren	3 Jahre	70,– €
			7	2 Jah-ren	dauerhaft	25,– €
			8	2 Jah-ren	dauerhaft	20,– €
		OZ 1	5	2 Jah-ren	9 Jahre	45,– €
			7	2 Jah-ren	5 Jahre	40,– €
7a	Kr. V 5 Jahre Kr. Va	OZ 2	3	4 Jah-ren	7 Jahre	45,– €
			4	2 Jah-ren	9 Jahre	100,– €
			5	4 Jah-ren	3 Jahre	90,– €
			7	2 Jah-ren	dauerhaft	25,– €
			8	2 Jah-ren	dauerhaft	20,– €
		OZ 1	5	2 Jah-ren	9 Jahre	45,– €
			7	2 Jah-ren	5 Jahre	40,– €

EG	Vergütungs-gruppe	Orts-zuschlag Stufe 1/2	Überlei-tung aus Stufe	nach	für	Betrag Tarif-gebiet West
7a	Kr. IV 2 Jahre (Hebammen 1 Jahr, Altenpfle-gerinnen 3 Jahre) Kr. V 4 Jahre Kr. Va	OZ 2	3	2 Jah-ren (Alten-pflege-rinnen nach 3 Jah-ren)	9 Jahre (Alten-pflegerin-nen für 8 Jahre)	50,– E Kr. IV 3 Jahre Kr. V 4 Jahre
	Kr. Va (Altenpfle-gerinnen)		4	2 Jah-ren	9 Jahre	110,– €
			5	2 Jah-ren	5 Jahre	55,– €
			7	2 Jah-ren	dauerhaft	25,– €
			8	2 Jah-ren	dauerhaft	20,– €
		OZ 1	4	4 Jah-ren	2 Jahre	20,– €
			5	2 Jah-ren	9 Jahre	55,– €
			6	4 Jah-ren	3 Jahre	10,– €
			7	2 Jah-ren	5 Jahre	60,– €
7a	Kr. IV 4 Jahre Kr. V	OZ 2	4	4 Jah-ren	dauerhaft	25,– €
			5	6 Jah-ren	dauerhaft	25,– €
			6	4 Jah-ren	dauerhaft	35,– €
			7	2 Jah-ren	dauerhaft	65,– €
			8	2 Jah-ren	dauerhaft	40,– €
		OZ 1	3	2 Jah-ren	3 Jahre	100,– €

EG	Vergütungs-gruppe	Orts-zuschlag Stufe 1/2	Überlei-tung aus Stufe	nach	für	Betrag Tarif-gebiet West
			6	2 Jah-ren	4 Jahre	40,– €
			7	2 Jah-ren	4 Jahre	90,– €
4a	Kr. III 4 Jahre Kr. IV	OZ 2	3	2 Jah-ren	2 Jahre danach für 7 Jahre	20,– € 60,– €
			4	4 Jah-ren	3 Jahre	40,– €
			5	2 Jah-ren	5 Jahre	60,– €
			7	2 Jah-ren	dauerhaft	25,– €
			8	2 Jah-ren	dauerhaft	35,– €
		OZ 1	5	2 Jah-ren	9 Jahre	55,– €
			7	2 Jah-ren	5 Jahre	40,– €
4a	Kr. II 2 Jahre Kr. III 4 Jahre Kr. IV	OZ 2	3	2 Jah-ren	9 Jahre	40,– €
			4	4 Jah-ren	3 Jahre	40,– €
			5	2 Jah-ren	5 Jahre	60,– €
			7	2 Jah-ren	dauerhaft	25,– €
			8	2 Jah-ren	dauerhaft	35,– €
		OZ 1	5	2 Jah-ren	9 Jahre	55,– €
			7	2 Jah-ren	5 Jahre	40,– €
3a	Kr. I 3 Jahre Kr. II	OZ 2	2	1 Jahr	10 Jahre	55,– €

EG	Vergütungs-gruppe	Orts-zuschlag Stufe 1/2	Überlei-tung aus Stufe	nach	für	Betrag Tarif-gebiet West
			7	4 Jah-ren	dauerhaft	15,– €
			8	2 Jah-ren	dauerhaft	25,– €
		OZ 1	2	1 Jahr	3 Jahre	30,– €
			4	2 Jahre	9 Jahre	35,– €

Anlage 3 TVÜ-VKA

Zuordnung der Lohngruppen zu den Entgeltgruppen

Entgeltgruppe	Lohngruppe
9a	9
8	7 mit Aufstieg nach 8 und 8a
7	7 mit Aufstieg nach 7a 6 mit Aufstieg nach 7 und 7a
6	6 mit Aufstieg nach 6a 5 mit Aufstieg nach 6 und 6a
5	5 mit Aufstieg nach 5a 4 mit Aufstieg nach 5 und 5a
4	4 mit Aufstieg nach 4a 3 mit Aufstieg nach 4 und 4a
3	3 mit Aufstieg nach 3a 2 mit Aufstieg nach 3 und 3a
2 Ü	2 mit Aufstieg nach 2a 1 mit Aufstieg nach 2 und 2a
2	1 mit Aufstieg nach 1a

C. Tarifvertrag zur Überleitung der Beschäftigten des Bundes in den TVöD und zur Regelung des Übergangsrechts (TVÜ-Bund)

vom 13. September 2005 in der Fassung des Änderungstarifvertrages Nr. 18 vom 6. April 2025

1. Abschnitt
Allgemeine Vorschriften

§ 1 Geltungsbereich

(1) [1]Dieser Tarifvertrag gilt für Angestellte, Arbeiterinnen und Arbeiter, deren Arbeitsverhältnis zum Bund über den 30. September 2005 hinaus fortbesteht, und die am 1. Oktober 2005 unter den Geltungsbereich des Tarifvertrages für den öffentlichen Dienst (TVöD) fallen, für die Dauer des ununterbrochen fortbestehenden Arbeitsverhältnisses. [2]Dieser Tarifvertrag gilt ferner für die unter § 19 Abs. 2 fallenden Beschäftigten.

Protokollerklärung zu Absatz 1 Satz 1:
Unterbrechungen von bis zu einem Monat sind unschädlich.

(2) Nur soweit nachfolgend ausdrücklich bestimmt, gelten die Vorschriften dieses Tarifvertrages auch für Beschäftigte, deren Arbeitsverhältnis zum Bund nach dem 30. September 2005 beginnt und die unter den Geltungsbereich des TVöD fallen.
(3) *(aufgehoben)*
(4) Die Bestimmungen des TVöD gelten, soweit dieser Tarifvertrag keine abweichenden Regelungen trifft.

§ 2 Ersetzung bisheriger Tarifverträge durch den TVöD

(1) [1]Der TVöD ersetzt in Verbindung mit diesem Tarifvertrag für den Bereich des Bundes die in Anlage 1 TVÜ-Bund Teil A und Anlage 1 TVÜ-Bund Teil B aufgeführten Tarifverträge (einschließlich Anlagen) bzw. Tarifvertragsregelungen, soweit im TVöD, in diesem Tarifvertrag oder in den Anlagen nicht ausdrücklich etwas anderes bestimmt ist. [2]Die Ersetzung erfolgt mit Wirkung vom 1. Oktober 2005, soweit kein abweichender Termin bestimmt ist.

Protokollerklärung zu Absatz 1:
[1]Die noch abschließend zu verhandelnde Anlage 1 TVÜ-Bund Teil B (Negativliste) enthält – über die Anlage 1 TVÜ-Bund Teil A hinaus – die Tarifverträge bzw. die Tarifvertragsregelungen, die am 1. Oktober 2005 ohne Nachwirkung außer Kraft treten. [2]Ist für diese Tarifvorschriften in der Negativliste ein abweichender Zeitpunkt für das Außerkrafttreten bzw. eine vorübergehende Fortgeltung vereinbart, beschränkt sich die Fortgeltung dieser Tarifverträge auf deren bisherigen Geltungsbereich (Arbeiter/Angestellte; Tarifgebiet Ost/Tarifgebiet West usw.).

Niederschriftserklärung zu § 2 Abs. 1:
Die Tarifvertragsparteien gehen davon aus, dass der TVöD und der diesen ergänzende TVÜ-Bund das bisherige Tarifrecht auch dann ersetzen, wenn arbeitsvertragliche Bezugnahmen nicht ausdrücklich den Fall der ersetzenden Regelungen beinhalten.

(2) [1]Im Übrigen werden solche Tarifvertragsregelungen mit Wirkung vom 1. Oktober 2005 ersetzt, die
- materiell in Widerspruch zu Regelungen des TVöD bzw. dieses Tarifvertrages stehen,
- einen Regelungsinhalt haben, der nach dem Willen der Tarifvertragsparteien durch den TVöD bzw. diesen Tarifvertrag ersetzt oder aufgehoben worden ist, oder
- zusammen mit dem TVöD bzw. diesem Tarifvertrag zu Doppelleistungen führen würden.

Niederschriftserklärung zu § 2 Abs. 2:
Mit Abschluss der Verhandlungen über die Anlage 1 TVÜ-Bund Teil B heben die Tarifvertragsparteien § 2 Absatz 2 auf.

(3) [1]Die in der Anlage 1 TVÜ-Bund Teil C aufgeführten Tarifverträge und Tarifvertragsregelungen gelten fort, soweit im TVöD, in diesem Tarifvertrag oder in den Anlagen nicht ausdrücklich etwas anderes bestimmt ist. [2]Die Fortgeltung erfasst auch Beschäftigte im Sinne des § 1 Abs. 2.

Protokollerklärung zu Absatz 3:
Die Fortgeltung dieser Tarifverträge beschränkt sich auf den bisherigen Geltungsbereich (Arbeiter/Angestellte; Tarifgebiet Ost/Tarifgebiet West usw.).

(4) Soweit in nicht ersetzten Tarifverträgen und Tarifvertragsregelungen auf Vorschriften verwiesen wird, die aufgehoben oder ersetzt worden sind, gelten an deren Stelle bis zu einer redaktionellen Anpassung die Regelungen des TVöD bzw. dieses Tarifvertrages entsprechend.

2. Abschnitt
Überleitungsregelungen

§ 3 Überleitung in den TVöD

Die von § 1 Abs. 1 erfassten Beschäftigten werden am 1. Oktober 2005 gemäß den nachfolgenden Regelungen in den TVöD übergeleitet.

§ 4 Zuordnung der Vergütungs- und Lohngruppen

(1) Für die Überleitung der Beschäftigten wird ihre Vergütungs- bzw. Lohngruppe (§ 22 BAT/BAT-O bzw. entsprechende Regelungen für Arbeiterinnen und Arbeiter bzw. besondere tarifvertragliche Vorschriften für bestimmte Berufsgruppen) nach der Anlage 2 TVÜ-Bund den Entgeltgruppen des TVöD zugeordnet.

(2) Beschäftigte, die im Oktober 2005 bei Fortgeltung des bisherigen Tarifrechts die Voraussetzungen für einen Bewährungs-, Fallgruppen- oder Tätigkeitsaufstieg erfüllt hätten, werden für die Überleitung so behandelt, als wären sie bereits im September 2005 höhergruppiert bzw. höher eingereiht worden.

(3) Beschäftigte, die im Oktober 2005 bei Fortgeltung des bisherigen Tarifrechts in eine niedrigere Vergütungs- bzw. Lohngruppe eingruppiert bzw. eingereiht worden wären, werden für die Überleitung so behandelt, als wären sie bereits im September 2005 herabgruppiert bzw. niedriger eingereiht worden.

§ 5 Vergleichsentgelt

(1) Für die Zuordnung zu den Stufen der Entgelttabelle des TVöD wird für die Beschäftigten nach § 4 ein Vergleichsentgelt auf der Grundlage der im September 2005 erhaltenen Bezüge gemäß den Absätzen 2 bis 7 gebildet.

(2) [1]Bei Beschäftigten aus dem Geltungsbereich des BAT/BAT-O setzt sich das Vergleichsentgelt aus Grundvergütung, allgemeiner Zulage und Ortszuschlag der Stufe 1 oder 2 zusammen. [2]Ist auch eine andere Person im Sinne von § 29 Abschn. B Abs. 5 BAT/BAT-O ortszuschlagsberechtigt oder nach beamtenrechtlichen Grundsätzen familienzuschlagsberechtigt, wird nur die Stufe 1 zugrunde gelegt; findet der TVöD am 1. Oktober 2005 auch auf die andere Person Anwendung, geht der jeweils individuell zustehende Teil des Unterschiedsbetrages zwischen den Stufen 1 und 2 des Ortszuschlags in das Vergleichsentgelt ein. [3]Ferner fließen im September 2005 tarifvertraglich zustehende Funktionszulagen insoweit in das Vergleichsentgelt ein, als sie nach dem TVöD nicht mehr vorgesehen sind. [4]Erhalten Beschäftigte eine Gesamtvergütung (§ 30 BAT/BAT-O), bildet diese das Vergleichsentgelt. [5]Bei

Lehrkräften im Sinne der Vorbemerkung Nr. 5 zu allen Vergütungsgruppen der Anlage 1a zum BAT/BAT-O wird die Zulage nach § 2 Absatz 3 des Tarifvertrages über Zulagen an Angestellte in das Vergleichsentgelt eingerechnet. [6]Abweichend von Satz 5 wird bei Lehrkräften, die am 30. September 2005 einen Anspruch auf die Zulage nach dem Erlass des Bundesministeriums der Verteidigung vom 31. März 1998 – PSZ II 4 (S II 3) – Az. 18–20–02 haben, die Zulage nach § 2 Abs. 2 Buchst. c des Tarifvertrages über Zulagen an Angestellte, und bei Lehrkräften, die einen arbeitsvertraglichen Anspruch auf Zahlung einer allgemeinen Zulage wie die unter die Anlage 1a zum BAT/BAT-O fallenden Angestellten haben, diese Zulage in das Vergleichsentgelt eingerechnet.

Protokollerklärungen zu Absatz 2 Satz 2:

1. Findet der TVöD am 1. Oktober 2005 für beide Beschäftigte Anwendung und hat einer der beiden im September 2005 keine Bezüge erhalten wegen Elternzeit, Wehr- oder Zivildienstes, unbezahlten Sonderurlaubs aufgrund von Familienpflichten im Sinne des § 4 Abs. 2 BGleiG vom 30. November 2001 (BGBl. I S. 3234), Sonderurlaubs, bei dem der Arbeitgeber vor Antritt ein dienstliches oder betriebliches Interesse an der Beurlaubung anerkannt hat, Bezuges einer Rente auf Zeit wegen verminderter Erwerbsfähigkeit oder wegen Ablaufs der Krankenbezugsfristen, erhält die/der andere Beschäftigte zusätzlich zu ihrem/seinem Entgelt den Differenzbetrag zwischen der ihr/ihm im September 2005 individuell zustehenden Teil des Unterschiedsbetrages zwischen der Stufe 1 und 2 des Ortszuschlags und dem vollen Unterschiedsbetrag als Besitzstandszulage.
2. Hat die andere ortzuschlagsberechtigte oder nach beamtenrechtlichen Grundsätzen familienzuschlagsberechtigte Person im September 2005 aus den in Nr. 1 genannten Gründen keine Bezüge erhalten, erhält die/der in den TVöD übergeleitete Beschäftigte zusätzlich zu ihrem/seinem Entgelt den vollen Unterschiedsbetrag zwischen der Stufe 1 und der Stufe 2 des Ortszuschlags als Besitzstandszulage.
3. [1]Ist die andere ortszuschlagsberechtigte oder familienzuschlagsberechtigte Person im September 2005 aus dem öffentlichen Dienst ausgeschieden, ist das Tabellenentgelt neu zu ermitteln. [2]Basis ist dabei die Stufenzuordnung nach § 6 Abs. 1 Satz 2, die sich zum 1. Oktober 2007 ergeben hätte, wenn das Vergleichsentgelt unter Berücksichtigung der Stufe 2 des Ortszuschlags gebildet worden wäre.
4. [1]Die Besitzstandszulage nach den Nrn. 1 und 2 oder das neu ermittelte Tabellenentgelt nach Nr. 3 wird auf einen bis zum 30. September 2008 zu stellenden schriftlichen Antrag (Ausschlussfrist) vom 1. Juli 2008 an gezahlt. [2]Ist eine entsprechende Leistung bis zum 31. März 2008 schriftlich geltend gemacht worden, erfolgt die Zahlung vom 1. Juni 2008 an.
5. [1]In den Fällen der Nrn. 1 und 2 wird bei Stufensteigerungen und Höhergruppierungen der Unterschiedsbetrag zum bisherigen Entgelt auf die Besitzstandszulage angerechnet. [2]Die/Der Beschäftigte hat das Vorliegen der Voraussetzungen der Nrn. 1 und 2 nachzuweisen und Änderungen anzuzeigen. [3]Die Besitzstandszulage nach den Nrn. 1 und 2 entfällt mit Ablauf des Monats, in dem die/der andere Beschäftigte die Arbeit wieder aufnimmt.

(3) [1]Bei Beschäftigten aus dem Geltungsbereich des MTArb/MTArb-O wird der Monatstabellenlohn als Vergleichsentgelt zugrunde gelegt. [2]Absatz 2 Satz 3 gilt entsprechend. [3]Erhalten Beschäftigte Lohn nach § 23 Abs. 1 MTArb/MTArb-O, bildet dieser das Vergleichsentgelt.
(4) [1]Beschäftigte, die im Oktober 2005 bei Fortgeltung des bisherigen Rechts die Grundvergütung bzw. den Monatstabellenlohn der nächsthöheren Lebensalters- bzw. Lohnstufe erhalten hätten, werden für die Bemessung des Vergleichsentgelts so behandelt, als wäre der Stufenaufstieg bereits im September 2005 erfolgt. [2]§ 4 Abs. 2 und 3 gilt bei der Bemessung des Vergleichsentgelts entsprechend.
(5) Bei Teilzeitbeschäftigten wird das Vergleichsentgelt auf der Grundlage eines vergleichbaren Vollzeitbeschäftigten bestimmt.

Protokollerklärung zu Abs. 5:
[1]Lediglich das Vergleichsentgelt wird auf der Grundlage eines entsprechenden Vollzeitbeschäftigten ermittelt; sodann wird nach der Stufenzuordnung das zustehende Entgelt zeitratierlich berechnet. [2]Diese zeitratierliche Kürzung des auf den Ehegattenanteil im Ortszuschlag entfallenden Betrages (§ 5 Abs. 2 Satz 2 2. Halbsatz) unterbleibt nach Maßgabe des § 29 Abschn. B Abs. 5 Satz 2 BAT/BAT-O.

(6) Für Beschäftigte, die nicht für alle Tage im September 2005 oder für keinen Tag dieses Monats Bezüge erhalten, wird das Vergleichsentgelt so bestimmt, als hätten sie für alle Tage dieses Monats Bezüge erhalten; in den Fällen des § 27 Abschn. A Abs. 7 und Abschn. B Abs. 3 Unterabs. 4 BAT/BAT-O bzw. der entsprechenden Regelungen für Arbeiterinnen und Arbeiter werden die Beschäftigten für das Vergleichsentgelt so gestellt, als hätten sie am 1. September 2005 die Arbeit wieder aufgenommen.
(7) Abweichend von den Absätzen 2 bis 6 wird bei Beschäftigten, die gemäß § 27 Abschn. A Abs. 8 oder Abschn. B Abs. 7 BAT/BAT-O bzw. den entsprechenden Regelungen für Arbeiterinnen und Arbeiter den Unterschiedsbetrag zwischen der Grundvergütung bzw. dem Monatstabellenlohn ihrer bisherigen zur nächsthöheren Lebensalters- bzw. Lohnstufe im September 2005 nur zur Hälfte erhalten, für die Bestimmung des Vergleichsentgelts die volle Grundvergütung bzw. der volle Monatstabellenlohn aus der nächsthöheren Lebensalters- bzw. Lohnstufe zugrunde gelegt.

§ 6 Stufenzuordnung der Angestellten

(1) [1]Beschäftigte aus dem Geltungsbereich des BAT/BAT-O werden einer ihrem Vergleichsentgelt entsprechenden individuellen Zwischenstufe der gemäß § 4 bestimmten Entgeltgruppe zugeordnet. [2]Zum 1. Oktober 2007 steigen diese Beschäftigten in die dem Betrag nach nächsthöhere reguläre Stufe ihrer Entgeltgruppe auf. [3]Der weitere Stufenaufstieg richtet sich nach den Regelungen des TVöD.

(2) [1]Werden Beschäftigte vor dem 1. Oktober 2007 höhergruppiert (nach § 8 Abs. 1 und 3 1. Alternative, § 9 Abs. 3 Buchst. a oder aufgrund Übertragung einer mit einer höheren Entgeltgruppe bewerteten Tätigkeit), so erhalten sie in der höheren Entgeltgruppe Tabellenentgelt nach der regulären Stufe, deren Betrag mindestens der individuellen Zwischenstufe entspricht, jedoch nicht weniger als das Tabellenentgelt der Stufe 2; der weitere Stufenaufstieg richtet sich nach den Regelungen des TVöD. [2]In den Fällen des Satzes 1 gilt § 17 Abs. 4 Satz 2 TVöD entsprechend. [3]Werden Beschäftigte vor dem 1. Oktober 2007 herabgruppiert, werden sie in der niedrigeren Entgeltgruppe derjenigen individuellen Zwischenstufe zugeordnet, die sich bei Herabgruppierung im September 2005 ergeben hätte; der weitere Stufenaufstieg richtet sich nach Absatz 1 Satz 2 und 3.

(3) [1]Liegt das Vergleichsentgelt über der höchsten Stufe der gemäß § 4 bestimmten Entgeltgruppe, werden die Beschäftigten abweichend von Absatz 1 einer dem Vergleichsentgelt entsprechenden individuellen Endstufe zugeordnet; bei Lehrkräften im Sinne der Vorbemerkung Nr. 5 zu allen Vergütungsgruppen der Anlage 1a zum BAT/BAT-O gilt dabei die Entgelttabelle des TVöD (Bund) mit den Maßgaben des § 19 Abs. 2a. [2]Das Entgelt aus der individuellen Endstufe gilt als Tabellenentgelt im Sinne des § 15 TVöD. [3]Bei einer Höhergruppierung aus einer individuellen Endstufe werden die Beschäftigten entsprechend § 17 Abs. 5 TVöD der Endstufe der höheren Entgeltgruppe zugeordnet. [4]Beträgt das Tabellenentgelt nach Satz 3 weniger als die Summe aus dem Entgelt der bisherigen individuellen Endstufe zuzüglich 2 v. H. der Endstufe der höheren Entgeltgruppe, wird die/der Beschäftigte in der höheren Entgeltgruppe erneut einer individuellen Endstufe zugeordnet. [5]Das Entgelt der neuen individuellen Endstufe wird dabei festgesetzt auf die Summe aus dem Entgelt der bisherigen individuellen Endstufe zuzüglich 2 v. H. des Tabellenentgelts der Endstufe der höheren Entgeltgruppe. [6]Der Betrag der individuellen Endstufe verändert sich um denselben Vomhundertsatz bzw. in demselben Umfang wie die höchste Stufe der jeweiligen Entgeltgruppe.

Protokollerklärung zu Absatz 3 Satz 6:
Für die Veränderung der Beträge der individuellen Endstufen ab 1. April 2025 und ab 1. Mai 2026 gelten folgende Prozentsätze:

a) Anlage A (Bund) zum TVöD:

Entgeltgruppe	ab 1. April 2025	ab 1. Mai 2026
15	3,00 %	2,80 %
14	3,00 %	2,80 %
13	3,00 %	2,80 %
12	3,00 %	2,80 %

Entgeltgruppe	ab 1. April 2025	ab 1. Mai 2026
11	3,00 %	2,80 %
10	3,00 %	2,80 %
9c	3,00 %	2,80 %
9b	3,00 %	2,80 %
9a	3,00 %	2,80 %
8	3,00 %	2,80 %
7	3,00 %	2,80 %
6	3,00 %	2,80 %
5	3,08 %	2,80 %
4	3,22 %	2,80 %
3	3,34 %	2,80 %
2	3,41 %	2,80 %
1	4,28 %	2,80 %

b) Entgeltgruppen 2Ü und 15Ü

Entgeltgruppe	ab 1. April 2025	ab 1. Mai 2026
15Ü	3,00 %	2,80 %
2Ü	3,47 %	2,80 %

(4) [1]Beschäftigte, deren Vergleichsentgelt niedriger ist als das Tabellenentgelt in der Stufe 2, werden abweichend von Absatz 1 der Stufe 2 zugeordnet. [2]Der weitere Stufenaufstieg richtet sich nach den Regelungen des TVöD. [3]Abweichend von Satz 1 werden Beschäftigte, denen am 30. September 2005 eine in der Allgemeinen Vergütungsordnung (Anlage 1a) durch die Eingruppierung in Vergütungsgruppe Va BAT/BAT-O mit Aufstieg nach IVb und IVa BAT/BAT-O abgebildete Tätigkeit übertragen ist, der Stufe 1 der Entgeltgruppe 10 zugeordnet.

§ 7 Stufenzuordnung der Arbeiterinnen und Arbeiter

(1) [1]Beschäftigte aus dem Geltungsbereich des MTArb/MTArb-O werden entsprechend ihrer Beschäftigungszeit nach § 6 MTArb/MTArb-O der Stufe der gemäß § 4 bestimmten Entgeltgruppe zugeordnet, die sie erreicht hätten, wenn die Entgelttabelle des TVöD bereits seit Beginn ihrer Beschäftigungszeit gegolten hätte; Stufe 1 ist hierbei ausnahmslos mit einem Jahr zu berück-

sichtigen. [2]Der weitere Stufenaufstieg richtet sich nach den Regelungen des TVöD.

(2) § 6 Abs. 3 und Abs. 4 Satz 1 und 2 gilt für Beschäftigte gemäß Absatz 1 entsprechend.

(3) [1]Ist das Tabellenentgelt nach Absatz 1 Satz 1 niedriger als das Vergleichsentgelt, werden die Beschäftigten einer dem Vergleichsentgelt entsprechenden individuellen Zwischenstufe zugeordnet. [2]Der Aufstieg aus der individuellen Zwischenstufe in die dem Betrag nach nächsthöhere reguläre Stufe ihrer Entgeltgruppe findet zu dem Zeitpunkt statt, zu dem sie gemäß Absatz 1 Satz 1 die Voraussetzungen für diesen Stufenaufstieg aufgrund der Beschäftigungszeit erfüllt haben. [3]§ 6 Abs. 3 Satz 4 gilt entsprechend.

(4) [1]Werden Beschäftigte während ihrer Verweildauer in der individuellen Zwischenstufe höhergruppiert, erhalten sie in der höheren Entgeltgruppe Tabellenentgelt nach der regulären Stufe, deren Betrag mindestens der individuellen Zwischenstufe entspricht, jedoch nicht weniger als das Entgelt der Stufe 2; der weitere Stufenaufstieg richtet sich nach den Regelungen des TVöD. [2]§ 17 Abs. 4 Satz 2 TVöD gilt entsprechend. [3]Werden Beschäftigte während ihrer Verweildauer in der individuellen Zwischenstufe herabgruppiert, erfolgt die Stufenzuordnung in der niedrigeren Entgeltgruppe, als sei die niedrigere Einreihung bereits im September 2005 erfolgt; der weitere Stufenaufstieg richtet sich bei Zuordnung zu einer individuellen Zwischenstufe nach Absatz 3 Satz 2, ansonsten nach Absatz 1 Satz 2.

3. Abschnitt
Besitzstandsregelungen

§ 8 Bewährungs- und Fallgruppenaufstiege

(1) [1]Aus dem Geltungsbereich des BAT/BAT-O in eine der Entgeltgruppen 3, 5, 6 oder 8 übergeleitete Beschäftigte, die am 1. Oktober 2005 bei Fortgeltung des bisherigen Tarifrechts die für eine Höhergruppierung erforderliche Zeit der Bewährung oder Tätigkeit zur Hälfte erfüllt haben, sind zu dem Zeitpunkt, zu dem sie nach bisherigem Recht höhergruppiert wären, in die nächsthöhere Entgeltgruppe des TVöD eingruppiert. [2]Abweichend von Satz 1 erfolgt die Höhergruppierung in die Entgeltgruppe 5, wenn die Beschäftigten aus der Vergütungsgruppe VIII BAT/BAT-O mit ausstehendem Aufstieg nach Vergütungsgruppe VII BAT/BAT-O übergeleitet worden sind; sie erfolgt in die Entgeltgruppe 8, wenn die Beschäftigten aus der Vergütungsgruppe VIb BAT/BAT-O mit ausstehendem Aufstieg nach Vergütungsgruppe Vc BAT/BAT-O übergeleitet worden sind. [3]Voraussetzung für die Höhergruppierung nach Satz 1 und 2 ist, dass

- zum individuellen Aufstiegszeitpunkt keine Anhaltspunkte vorliegen, die bei Fortgeltung des bisherigen Rechts einer Höhergruppierung entgegengestanden hätten, und
- bis zum individuellen Aufstiegszeitpunkt nach Satz 1 weiterhin eine Tätigkeit auszuüben ist, die diesen Aufstieg ermöglicht hätte.

[4]Die Sätze 1 bis 3 gelten nicht in den Fällen des § 4 Abs. 2. [5]Erfolgt die Höhergruppierung vor dem 1. Oktober 2007, gilt – gegebenenfalls unter Berücksichtigung des Satzes 2 – § 6 Abs. 2 Satz 1 und 2 entsprechend.

(2) [1]Aus dem Geltungsbereich des BAT/BAT-O in eine der Entgeltgruppen 2 sowie 9 bis 15 übergeleitete Beschäftigte, die am 1. Oktober 2005 bei Fortgeltung des bisherigen Tarifrechts die für eine Höhergruppierung erforderliche Zeit der Bewährung oder Tätigkeit zur Hälfte erfüllt haben und in der Zeit zwischen dem 1. November 2005 und dem 30. September 2007 höhergruppiert wären, erhalten ab dem Zeitpunkt, zu dem sie nach bisherigem Recht höhergruppiert wären, in ihrer bisherigen Entgeltgruppe Entgelt nach derjenigen individuellen Zwischen- bzw. Endstufe, die sich ergeben hätte, wenn sich ihr Vergleichsentgelt (§ 5) nach der Vergütung aufgrund der Höhergruppierung bestimmt hätte. [2]Voraussetzung für diesen Stufenaufstieg ist, dass

- zum individuellen Aufstiegszeitpunkt keine Anhaltspunkte vorliegen, die bei Fortgeltung des bisherigen Rechts einer Höhergruppierung entgegengestanden hätten, und
- bis zum individuellen Aufstiegszeitpunkt nach Satz 1 weiterhin eine Tätigkeit auszuüben ist, die diesen Aufstieg ermöglicht hätte.

[3]Ein etwaiger Strukturausgleich wird ab dem individuellen Aufstiegszeitpunkt nicht mehr gezahlt. [4]Der weitere Stufenaufstieg richtet sich bei Zuordnung zu einer individuellen Zwischenstufe nach § 6 Abs. 1. [5]§ 4 Abs. 2 bleibt unberührt. [6]§ 6 Abs. 3 Sätze 2 bis 6 gelten entsprechend.

Niederschriftserklärung zu § 8 Abs. 2:
Die Neuberechnung des Vergleichsentgelts führt nicht zu einem Wechsel der Entgeltgruppe.

(3) [1]Abweichend von Absatz 1 Satz 1 und Absatz 2 Satz 1 gelten die Absätze 1 bzw. 2 auf schriftlichen Antrag entsprechend für übergeleitete Beschäftigte, die bei Fortgeltung des BAT/BAT-O bis spätestens zum 31. Dezember 2013 wegen Erfüllung der erforderlichen Zeit der Bewährung oder Tätigkeit höhergruppiert worden wären, unabhängig davon, ob die Hälfte der erforderlichen Bewährungs- oder Tätigkeitszeit am Stichtag erfüllt ist. [2]In den Fällen des Absatzes 2 Satz 1 erhalten Beschäftigte, die in der Zeit zwischen dem 1. Oktober 2007 und dem 31. Dezember 2013 bei Fortgeltung des BAT/BAT-O höhergruppiert worden wären, in ihrer bisherigen Entgeltgruppe Entgelt nach derjenigen individuellen Zwischen- oder Endstufe, die

sich aus der Summe des bisherigen Tabellenentgelts und dem nach Absatz 2 ermittelten Höhergruppierungsgewinn nach bisherigem Recht ergibt; die Stufenlaufzeit bleibt hiervon unberührt. [3]Bei Beschäftigten mit individueller Endstufe erhöht sich in diesen Fällen ihre individuelle Endstufe um den nach bisherigem Recht ermittelten Höhergruppierungsgewinn. [4]§ 6 Abs. 3 Sätze 2 bis 6 gelten entsprechend.

Protokollerklärung zu Absatz 3:

1. Wäre die/der Beschäftigte bei Fortgeltung des BAT/BAT-O in der Zeit vom 1. Oktober 2007 bis 31. Dezember 2007 wegen Erfüllung der Voraussetzungen des Absatzes 3 höhergruppiert worden, findet Absatz 3 auf schriftlichen Antrag vom 1. Januar 2008 an Anwendung.
2. Die individuelle Zwischenstufe verändert sich bei allgemeinen Entgeltanpassungen um den von den Tarifvertragsparteien für die jeweilige Entgeltgruppe festgelegten Prozentsatz; sie erhöht sich am 1. April 2025 um 3,00 Prozent, mindestens aber um 110,00 Euro, und am 1. Mai 2026 um weitere 2,8 Prozent.

(4) [1]Ist bei einer Lehrkraft, die gemäß Nr. 5 der Vorbemerkungen zu allen Vergütungsgruppen nicht unter die Anlage 1a zum BAT fällt, eine Höhergruppierung nur vom Ablauf einer Bewährungszeit und von der Bewährung abhängig und ist am Stichtag die Hälfte der Mindestzeitdauer für einen solchen Aufstieg erfüllt oder wäre unabhängig von der Erfüllung der Hälfte der Mindestzeitdauer am Stichtag die Lehrkraft bei Fortgeltung des BAT/BAT-O bis spätestens zum 31. Dezember 2009 wegen Erfüllung der erforderlichen Zeit der Bewährung höhergruppiert, erfolgt in den Fällen der Absätze 1 und 3 unter den weiteren dort genannten Voraussetzungen zum individuellen Aufstiegszeitpunkt der Aufstieg in die nächsthöhere Entgeltgruppe. [2]Absatz 1 Satz 2 und Höhergruppierungsmöglichkeiten durch entsprechende Anwendung beamtenrechtlicher Regelungen bleiben unberührt. [3]Im Fall der Absätze 2 und 3 gilt Satz 1 mit der Maßgabe, dass anstelle der Höhergruppierung eine Neuberechnung des Vergleichsentgelts/Entgelts der individuellen Zwischen- bzw. Endstufe nach Absatz 2 beziehungsweise Absatz 3 Satz 2 und 3 erfolgt.

§ 9 Vergütungsgruppenzulagen

(1) Aus dem Geltungsbereich des BAT/BAT-O übergeleitete Beschäftigte, denen am 30. September 2005 nach der Vergütungsordnung zum BAT/BAT-O eine Vergütungsgruppenzulage zusteht, erhalten in der Entgeltgruppe, in die sie übergeleitet werden, eine Besitzstandszulage in Höhe ihrer bisherigen Vergütungsgruppenzulage.

(2) [1]Aus dem Geltungsbereich des BAT/BAT-O übergeleitete Beschäftigte, die bei Fortgeltung des bisherigen Rechts nach dem 30. September 2005 eine Vergütungsgruppenzulage ohne vorausgehenden Fallgruppenaufstieg

erreicht hätten, erhalten ab dem Zeitpunkt, zu dem ihnen die Zulage nach bisherigem Recht zugestanden hätte, eine Besitzstandszulage. [2]Die Höhe der Besitzstandszulage bemisst sich nach dem Betrag, der als Vergütungsgruppenzulage zu zahlen gewesen wäre, wenn diese bereits am 30. September 2005 zugestanden hätte. [3]Voraussetzung ist, dass

- am 1. Oktober 2005 die für die Vergütungsgruppenzulage erforderliche Zeit der Bewährung oder Tätigkeit nach Maßgabe des § 23b Abschn. A BAT/BAT-O zur Hälfte erfüllt ist,
- zu diesem Zeitpunkt keine Anhaltspunkte vorliegen, die bei Fortgeltung des bisherigen Rechts der Vergütungsgruppenzulage entgegengestanden hätten und
- bis zum individuellen Zeitpunkt nach Satz 1 weiterhin eine Tätigkeit auszuüben ist, die zu der Vergütungsgruppenzulage geführt hätte.

(2a) [1]Absatz 2 gilt auf schriftlichen Antrag entsprechend für übergeleitete Beschäftigte, die bei Fortgeltung des BAT/BAT-O bis spätestens zum 31. Dezember 2013 wegen Erfüllung der erforderlichen Zeit der Bewährung oder Tätigkeit die Voraussetzungen der Vergütungsgruppenzulage erfüllt hätten, unabhängig davon, ob die Hälfte der erforderlichen Zeit der Bewährung oder Tätigkeit am Stichtag erfüllt ist. [2]Die Protokollerklärung zu § 8 Abs. 3 gilt entsprechend.

(3) [1]Für aus dem Geltungsbereich des BAT/BAT-O übergeleitete Beschäftigte, die bei Fortgeltung des bisherigen Rechts nach dem 30. September 2005 im Anschluss an einen Fallgruppenaufstieg eine Vergütungsgruppenzulage erreicht hätten, gilt Folgendes:

a) [1]In eine der Entgeltgruppen 3, 5, 6 oder 8 übergeleitete Beschäftigte, die den Fallgruppenaufstieg am 30. September 2005 noch nicht erreicht haben, sind zu dem Zeitpunkt, zu dem sie nach bisherigem Recht höhergruppiert worden wären, in die nächsthöhere Entgeltgruppe des TVöD eingruppiert; § 8 Abs. 1 Satz 2 bis 5 gilt entsprechend. [2]Eine Besitzstandszulage für eine Vergütungsgruppenzulage steht nicht zu.

b) [1]Ist ein der Vergütungsgruppenzulage vorausgehender Fallgruppenaufstieg am 30. September 2005 bereits erfolgt, gilt Absatz 2 mit der Maßgabe, dass am 1. Oktober 2005 die Hälfte der Gesamtzeit für den Anspruch auf die Vergütungsgruppenzulage einschließlich der Zeit für den vorausgehenden Aufstieg zurückgelegt sein muss oder die Vergütungsgruppenzulage bei Fortgeltung des bisherigen Rechts bis zum 31. Dezember 2013 erworben worden wäre. [2]Im Fall des Satzes 1 2. Alternative wird die Vergütungsgruppenzulage auf schriftlichen Antrag gewährt. [3]Die Protokollerklärung zu § 8 Abs. 3 gilt entsprechend.

c) [1]Wäre im Fall des Buchstaben a nach bisherigem Recht der Fallgruppenaufstieg spätestens am 30. September 2007 erreicht worden, gilt Absatz 2 mit der Maßgabe, dass am 1. Oktober 2007 die Hälfte der Gesamtzeit für den Anspruch auf die Vergütungsgruppenzulage einschließlich der Zeit für den vorausgehenden Aufstieg erreicht worden sein muss und die Vergütungsgruppenzulage bei Fortgeltung des bisherigen Rechts bis zum 31. Dezember 2013 erworben worden wäre. [2]Die Protokollerklärung zu § 8 Abs. 3 gilt entsprechend.

(4) [1]Die Besitzstandszulage nach den Absätzen 1, 2 und 3 Buchst. b wird so lange gezahlt, wie die anspruchsbegründende Tätigkeit ununterbrochen ausgeübt wird und die sonstigen Voraussetzungen für die Vergütungsgruppenzulage nach bisherigem Recht weiterhin bestehen. [2]Sie verändert sich bei allgemeinen Entgeltanpassungen um den von den Tarifvertragsparteien für die jeweilige Entgeltgruppe festgelegten Vomhundertsatz. [3]Daneben steht ein weiterer Anspruch auf eine Entgeltgruppenzulage nach dem Tarifvertrag über die Entgeltordnung des Bundes nicht zu.

Protokollerklärungen zu Absatz 4 Sätze 1 und 2:

1. [1]Unterbrechungen wegen Elternzeit, Wehr- oder Zivildienstes, Sonderurlaubs, bei dem der Arbeitgeber vor Antritt ein dienstliches oder betriebliches Interesse an der Beurlaubung anerkannt hat, Bezuges einer Rente auf Zeit wegen verminderter Erwerbsfähigkeit oder wegen Ablaufs des Krankenbezugsfristen sowie wegen vorübergehender Übertragung einer höherwertigen Tätigkeit sind unschädlich. [2]Bis zum 30. April 2015 sind Unterbrechungen wegen unbezahlten Sonderurlaubs aufgrund von Familienpflichten im Sinne des § 4 Abs. 2 BGleiG vom 30. November 2001 (BGBl. I S. 3234), das zuletzt durch Artikel 15 Absatz 54 des Gesetzes vom 5. Februar 2009 (BGBl. I S. 160) geändert worden ist, unschädlich. [3]Ab dem 1. Mai 2015 sind Unterbrechungen wegen unbezahlten Sonderurlaubs aufgrund von Familien- und Pflegeaufgaben im Sinne des § 3 Nummer 6 und 7 BGleiG vom 24. April 2015 (BGBl. I S. 642, 643) in der jeweils geltenden Fassung unschädlich. [4]In den Fällen, in denen eine Unterbrechung aus den in Satz 1 oder 2 genannten Gründen nach dem 30. September 2005 und vor dem 1. Juli 2008 endet, wird eine Besitzstandszulage nach § 9 Abs. 1, 2 oder 3 Buchst. b oder c vom 1. Juli 2008 an gezahlt, wenn bis zum 30. September 2008 ein schriftlicher Antrag (Ausschlussfrist) gestellt worden ist. [5]Ist eine entsprechende Leistung bis zum 31. März 2008 schriftlich geltend gemacht worden, erfolgt die Zahlung vom 1. Juni 2008 an.
2. Die Besitzstandszulage erhöht sich am 1. April 2025 um 3,11 Prozent und am 1. Mai 2026 um weitere 2,8 Prozent.

Niederschriftserklärung zu § 8 Abs. 1 Satz 3 und Abs. 2 Satz 2 sowie § 9 Abs. 2 bis 4:
Eine missbräuchliche Entziehung der Tätigkeit mit dem ausschließlichen Ziel, eine Höhergruppierung bzw. eine Besitzstandszulage zu verhindern, ist nicht zulässig.

§ 10 Fortführung vorübergehend übertragener höherwertiger Tätigkeit

[1]Beschäftigte, denen am 30. September 2005 eine Zulage nach § 24 BAT/BAT-O zusteht, erhalten nach Überleitung in den TVöD eine Besitzstandszulage in Höhe ihrer bisherigen Zulage, solange sie die anspruchsbegrün-

dende Tätigkeit weiterhin ausüben und die Zulage nach bisherigem Recht zu zahlen wäre. [2]Wird die anspruchsbegründende Tätigkeit über den 30. September 2007 hinaus beibehalten, finden mit Wirkung ab dem 1. Oktober 2007 die Regelungen des TVöD über die vorübergehende Übertragung einer höherwertigen Tätigkeit Anwendung. [3]Für eine vor dem 1. Oktober 2005 vorübergehend übertragene höherwertige Tätigkeit, für die am 30. September 2005 wegen der zeitlichen Voraussetzungen des § 24 Abs. 1 bzw. 2 BAT/BAT-O noch keine Zulage gezahlt wird, gilt Satz 1 und 2 ab dem Zeitpunkt entsprechend, zu dem nach bisherigem Recht die Zulage zu zahlen gewesen wäre. [4]Sätze 1 bis 3 gelten in den Fällen des § 9 MTArb/MTArb-O entsprechend; bei Vertretung einer Arbeiterin/eines Arbeiters bemisst sich die Zulage nach dem Unterschiedsbetrag zwischen dem Lohn nach § 9 Abs. 2 Buchst. a MTArb/MTArb-O und dem im September 2005 ohne Zulage zustehenden Lohn. [5]Sätze 1 bis 4 gelten bei besonderen tarifvertraglichen Vorschriften über die vorübergehende Übertragung höherwertiger Tätigkeiten entsprechend. [6]Ist Beschäftigten, die eine Besitzstandszulage nach Satz 1 erhalten, die anspruchsbegründende Tätigkeit bis zum 30. September 2007 dauerhaft übertragen worden, erhalten sie eine persönliche Zulage. [7]Die Zulage nach Satz 6 wird für die Dauer der Wahrnehmung dieser Tätigkeit auf einen bis zum 30. September 2008 zu stellenden schriftlichen Antrag (Ausschlussfrist) der/des Beschäftigten vom 1. Juli 2008 an gezahlt. [8]Die Höhe der Zulage bemisst sich nach dem Unterschiedsbetrag zwischen dem am 1. Oktober 2005 nach § 6 oder § 7 zustehenden Tabellenentgelt oder Entgelt nach einer individuellen Zwischen- oder Endstufe einschließlich der Besitzstandszulage nach Satz 1 und dem Tabellenentgelt nach der Höhergruppierung. [9]Allgemeine Entgeltanpassungen, Erhöhungen des Entgelts durch Stufenaufstiege und Höhergruppierungen sowie Zulagen gemäß § 14 Abs. 3 TVöD sind auf die persönliche Zulage in voller Höhe anzurechnen.

Niederschriftserklärung zu § 10:
Die Tarifvertragsparteien stellen klar, dass die vertretungsweise Übertragung einer höherwertigen Tätigkeit ein Unterfall der vorübergehenden Übertragung einer höherwertigen Tätigkeit ist.

§ 11 Kinderbezogene Entgeltbestandteile

(1) [1]Für im September 2005 zu berücksichtigende Kinder werden die kinderbezogenen Entgeltbestandteile des BAT/BAT-O oder MTArb/MTArb-O in der für September 2005 zustehenden Höhe als Besitzstandszulage fortgezahlt, solange für diese Kinder Kindergeld nach dem Einkommensteuergesetz (EStG) oder nach dem Bundeskindergeldgesetz (BKGG) ununterbrochen gezahlt wird oder ohne Berücksichtigung des § 64 oder § 65 EStG oder des § 3 oder § 4 BKGG gezahlt würde. [2]Die Besitzstandszulage entfällt

ab dem Zeitpunkt, zu dem einer anderen Person, die im öffentlichen Dienst steht oder auf Grund einer Tätigkeit im öffentlichen Dienst nach beamtenrechtlichen Grundsätzen oder nach einer Ruhelohnordnung versorgungsberechtigt ist, für ein Kind, für welches die Besitzstandszulage gewährt wird, das Kindergeld gezahlt wird; die Änderung der Kindergeldberechtigung hat die/der Beschäftigte dem Arbeitgeber unverzüglich schriftlich anzuzeigen. [3]Unterbrechungen wegen Ableistung von Grundwehrdienst, Zivildienst oder Wehrübungen sowie die Ableistung eines freiwilligen sozialen oder ökologischen Jahres sind unschädlich; soweit die unschädliche Unterbrechung bereits im Monat September 2005 vorliegt, wird die Besitzstandszulage ab dem Zeitpunkt des Wiederauflebens der Kindergeldzahlung gewährt.

Protokollerklärungen zu Absatz 1:

1. [1]Die Unterbrechung der Entgeltzahlung im September 2005 wegen Elternzeit, Wehr- oder Zivildienstes, unbezahlten Sonderurlaubs aufgrund von Familienpflichten im Sinne des § 4 Abs. 2 BGleiG vom 30. November 2001 (BGBl. I S. 3234), Sonderurlaubs, bei dem der Arbeitgeber vor Antritt ein dienstliches oder betriebliches Interesse an der Beurlaubung anerkannt hat, Bezuges einer Rente auf Zeit wegen verminderter Erwerbsfähigkeit oder wegen des Ablaufs der Krankenbezugsfristen ist für das Entstehen des Anspruchs auf die Besitzstandszulage unschädlich. [2]Für die Höhe der Besitzstandszulage nach Satz 1 gilt § 5 Abs. 6 entsprechend.
2. Ist die andere Person im September 2005 aus dem öffentlichen Dienst ausgeschieden und entfiel aus diesem Grund der kinderbezogene Entgeltbestandteil, entsteht der Anspruch auf die Besitzstandszulage bei dem in den TVöD übergeleiteten Beschäftigten.
3. [1]Beschäftigte mit mehr als zwei Kindern, die im September 2005 für das dritte und jedes weitere Kind keinen kinderbezogenen Entgeltanteil erhalten haben, weil sie nicht zum Kindergeldberechtigten bestimmt waren, haben Anspruch auf die Besitzstandszulage für das dritte und jedes weitere Kind, sofern und solange sie für diese Kinder Kindergeld erhalten, wenn sie bis zum 30. September 2008 einen Berechtigtenwechsel beim Kindergeld zu ihren Gunsten vornehmen und der Beschäftigungsumfang der kindergeldberechtigten anderen Person am 30. September 2005 30 Wochenstunden nicht überstieg. [2]Die Höhe der Besitzstandszulage ist so zu bemessen, als hätte die/der Beschäftigte bereits im September 2005 Anspruch auf Kindergeld gehabt.
4. [1]Bei Tod der/des Kindergeldberechtigten wird ein Anspruch nach Absatz 1 für den anderen in den TVöD übergeleiteten Beschäftigten auch nach dem 1. Oktober 2005 begründet. [2]Die Höhe der Besitzstandszulage ist so zu bemessen, als hätte sie/er bereits im September 2005 Anspruch auf Kindergeld gehabt.
5. [1]Endet eine Unterbrechung aus den in Nr. 1 Satz 1 genannten Gründen vor dem 1. Juli 2008, wird die Besitzstandszulage vom 1. Juli 2008 an gezahlt, wenn bis zum 30. September 2008 ein entsprechender schriftlicher Antrag (Ausschlussfrist) gestellte worden ist. [2]Wird die Arbeit nach dem 30. Juni 2008 wieder aufgenommen oder erfolgt die Unterbrechung aus den in Nr. 1 Satz 1 genannten Gründen nach dem 30. Juni 2008, wird die Besitzstandszulage nach Wiederaufnahme der Arbeit auf schriftlichen Antrag gezahlt. [3]In den Fällen der Nrn. 2 und 3 wird die Besitzstandszulage auf einen bis zum 30. September

2008 zu stellenden schriftlichen Antrag (Ausschlussfrist) vom 1. Juli 2008 an gezahlt. [4]Ist eine den Nrn. 1 bis 3 entsprechende Leistung bis zum 31. März 2008 schriftlich geltend gemacht worden, erfolgt die Zahlung vom 1. Juni 2008 an. [5]In den Fällen der Nr. 4 wird die Besitzstandszulage auf schriftlichen Antrag ab dem ersten Tag des Monats, der dem Sterbemonat folgt, frühestens jedoch ab dem 1. Juli 2008 gezahlt. [6]Die/Der Beschäftigte hat das Vorliegen der Voraussetzungen der Nrn. 1 bis 4 nachzuweisen und Änderungen anzuzeigen.

(2) [1]§ 24 Abs. 2 TVöD ist anzuwenden. [2]Die Besitzstandszulage nach Absatz 1 Satz 1 verändert sich bei allgemeinen Entgeltanpassungen um den von den Tarifvertragsparteien für die jeweilige Entgeltgruppe festgelegten Vomhundertsatz. [3]Ansprüche nach Absatz 1 können für Kinder ab dem vollendeten 16. Lebensjahr durch Vereinbarung mit der/dem Beschäftigten abgefunden werden.

Protokollerklärung zu Absatz 2 Satz 2:
Die Besitzstandszulage erhöht sich am 1. April 2025 um 3,11 Prozent und am 1. Mai 2026 um weitere 2,8 Prozent.

(3) Die Absätze 1 und 2 gelten entsprechend für
(a) zwischen dem 1. Oktober 2005 und dem 31. Dezember 2005 geborene Kinder der übergeleiteten Beschäftigten,
(b) die Kinder von bis zum 31. Dezember 2005 in ein Arbeitsverhältnis übernommenen Auszubildenden, Schülerinnen/Schüler in der Gesundheits- und Krankenpflege, Gesundheits- und Kinderkrankenpflege und in der Entbindungspflege sowie Praktikantinnen und Praktikanten aus tarifvertraglich geregelten Beschäftigungsverhältnissen, soweit diese Kinder vor dem 1. Januar 2006 geboren sind.

§ 12 Strukturausgleich

(1) [1]Aus dem Geltungsbereich des BAT/BAT-O übergeleitete Beschäftigte erhalten ausschließlich in den in Anlage 3 TVÜ-Bund aufgeführten Fällen zusätzlich zu ihrem monatlichen Entgelt einen nicht dynamischen Strukturausgleich. [2]Maßgeblicher Stichtag für die anspruchsbegründenden Voraussetzungen (Vergütungsgruppe, Lebensaltersstufe, Ortszuschlag, Aufstiegszeiten) ist der 1. Oktober 2005, sofern in Anlage 3 TVÜ-Bund nicht ausdrücklich etwas anderes geregelt ist.
(2) Die Zahlung des Strukturausgleichs beginnt im Oktober 2007, sofern in Anlage 3 TVÜ-Bund nicht etwas anderes bestimmt ist.
(3) *(aufgehoben)*
(4) Bei Teilzeitbeschäftigung steht der Strukturausgleich anteilig zu (§ 24 Abs. 2 TVöD).

Protokollerklärung zu Absatz 4:
Bei späteren Veränderungen der individuellen regelmäßigen wöchentlichen Arbeitszeit der/des Beschäftigten ändert sich der Strukturausgleich entsprechend.

(5) [1]Bei Höhergruppierungen wird der Unterschiedsbetrag zum bisherigen Entgelt auf den Strukturausgleich angerechnet. [2]Dies gilt auch, wenn eine Höhergruppierung aufgrund der Überleitung in den Tarifvertrag über die Entgeltordnung des Bundes gemäß § 26 erfolgt. [3]Für die Dauer der vorübergehenden Übertragung einer höherwertigen Tätigkeit wird die Zulage nach § 14 Abs. 3 TVöD auf den Strukturausgleich angerechnet. [4]Entsprechendes gilt für die Zulage in den Fällen der Übertragung einer Führungsposition auf Probe nach § 31 TVöD und auf Zeit nach § 32 TVöD. [5]Für Beschäftigte in einer der Entgeltgruppen 9a bis 15 wird bei Erreichen der Stufe 6 auch der Unterschiedsbetrag zwischen Stufe 5 und Stufe 6 auf den Strukturausgleich angerechnet; dies gilt auch in den Fällen des § 29.

Protokollerklärung zu Absatz 5:
Eine Überleitung in die Entgeltgruppen 9a, 9b oder 14 gemäß § 27 gilt nicht als Höhergruppierung.

(6) Einzelvertraglich kann der Strukturausgleich abgefunden werden.

Protokollerklärung zu § 12:
[1]Aus dem Geltungsbereich des BAT/BAT-O übergeleitete Lehrkräfte des Bundes erhalten rückwirkend (ab dem 1. Oktober 2007 beziehungsweise den Zeitpunkten der Anlage 3 TVÜ-Bund) entsprechend den Voraussetzungen und Bedingungen des § 12 i.V.m. der Anlage 3 TVÜ-Bund einen Strukturausgleich. [2]Aufgrund des rückwirkenden Überleitungszeitpunkts zum 1. Oktober 2005 kommt es damit für Spalte 2 der Anlage 3 TVÜ-Bund auf den Zeitpunkt des In-Kraft-Tretens des TVÜ-Bund an.

Niederschriftserklärungen zu § 12:

1. [1]Die Tarifvertragsparteien sind sich angesichts der Fülle der denkbaren Fallgestaltungen bewusst, dass die Festlegung der Strukturausgleiche je nach individueller Fallgestaltung in Einzelfällen sowohl zu überproportional positiven Folgen als auch zu Härten führen kann. [2]Sie nehmen diese Verwerfungen im Interesse einer für eine Vielzahl von Fallgestaltungen angestrebten Abmilderung von Exspektanzverlusten hin.
2. [1]Die Tarifvertragsparteien erkennen unbeschadet der Niederschriftserklärung Nr. 1 an, dass die Strukturausgleiche in einem Zusammenhang mit der zukünftigen Entgeltordnung stehen. [2]Die Tarifvertragsparteien werden nach einer Vereinbarung der Entgeltordnung zum TVöD, rechtzeitig vor Ablauf des 30. September 2007 prüfen, ob und in welchem Umfang sie neben den bereits verbindlich vereinbarten Fällen, in denen Strukturausgleichsbeträge festgelegt sind, für einen Zeitraum bis längstens Ende 2014 in weiteren Fällen Regelungen, die auch in der Begrenzung der Zuwächse aus Strukturausgleichen bestehen können, vornehmen müssen. [3]Sollten zusätzliche Strukturausgleiche

vereinbart werden, sind die sich daraus ergebenden Kostenwirkungen in der Entgeltrunde 2008 zu berücksichtigen.

§ 13 Entgeltfortzahlung im Krankheitsfall

(1) [1]Bei Beschäftigten, für die bis zum 30. September 2005 § 71 BAT gegolten hat, wird abweichend von § 22 Abs. 2 TVöD für die Dauer des über den 30. September 2005 hinaus ununterbrochen fortbestehenden Arbeitsverhältnisses der Krankengeldzuschuss in Höhe des Unterschiedsbetrages zwischen dem festgesetzten Nettokrankengeld oder der entsprechenden gesetzlichen Nettoleistung und dem Nettoentgelt (§ 22 Abs. 2 Satz 2 und 3 TVöD) gezahlt. [2]Nettokrankengeld ist das um die Arbeitnehmeranteile zur Sozialversicherung reduzierte Krankengeld. [3]Für Beschäftigte, die nicht der Versicherungspflicht in der gesetzlichen Krankenversicherung unterliegen, ist bei der Berechnung des Krankengeldzuschusses der Höchstsatz des Nettokrankengeldes, der bei Pflichtversicherung in der gesetzlichen Krankenversicherung zustünde, zugrunde zu legen.
(2) *(aufgehoben)*

Protokollerklärung zu § 13:
[1]Soweit Beschäftigte, deren Arbeitsverhältnis mit dem Bund vor dem 1. August 1998 begründet worden ist, Anspruch auf Beihilfe im Krankheitsfall haben, besteht dieser nach den bisher geltenden Regelungen des Bundes zur Gewährung von Beihilfen an Arbeitnehmerinnen und Arbeitnehmer fort. [2]Änderungen der Beihilfevorschriften für die Beamtinnen und Beamten des Bundes kommen zur Anwendung.

§ 14 Beschäftigungszeit

(1) [1]Für die Dauer des über den 30. September 2005 hinaus fortbestehenden Arbeitsverhältnisses werden die vor dem 1. Oktober 2005 nach Maßgabe der jeweiligen tarifrechtlichen Vorschriften anerkannten Beschäftigungszeiten als Beschäftigungszeit im Sinne des § 34 Abs. 3 TVöD berücksichtigt. [2]Abweichend von Satz 1 bleiben bei § 34 Abs. 2 TVöD für Beschäftigte Zeiten, die vor dem 3. Oktober 1990 im Beitrittsgebiet (Art. 3 des Einigungsvertrages vom 31. August 1990) zurückgelegt worden sind, bei der Beschäftigungszeit unberücksichtigt.
(2) Für die Anwendung des § 23 Abs. 2 TVöD werden die bis zum 30. September 2005 zurückgelegten Zeiten, die nach Maßgabe

- des BAT anerkannte Dienstzeit,
- des BAT-O bzw. MTArb-O anerkannte Beschäftigungszeit,
- des MTArb anerkannte Jubiläumszeit

sind, als Beschäftigungszeit im Sinne des § 34 Abs. 3 TVöD berücksichtigt.

§ 15 Urlaub

(1) *(aufgehoben)*

(2) *(aufgehoben)*

(3) § 49 Abs. 1 und 2 MTArb/MTArb-O i. V. m. dem Tarifvertrag über Zusatzurlaub für gesundheitsgefährdende Arbeiten für Arbeiter des Bundes gelten bis zum In-Kraft-Treten eines entsprechenden Tarifvertrags des Bundes fort.

(4) *(aufgehoben)*

§ 16 Abgeltung

[1]Durch Vereinbarung mit der/dem Beschäftigten können Entgeltbestandteile aus Besitzständen, ausgenommen für Vergütungsgruppenzulagen, pauschaliert bzw. abgefunden werden. [2]§ 11 Abs. 2 Satz 3 und § 12 Abs. 6 bleiben unberührt.

§ 16a Leistungsgeminderte Beschäftigte

(1) [1]§§ 25 und 37 MTArb/MTArb-O finden auf Beschäftigte, die nach Tätigkeitsmerkmalen eingruppiert sind, welche im Anhang zu Nrn. 21, 22 und 23 der Anlage 1 Teil B aufgelistet sind, entsprechend Anwendung, und zwar auch auf Beschäftigte im Sinne des § 1 Abs. 2. [2]Bei der Anwendung der nach Satz 1 fortgeltenden Bestimmungen wird § 37 MTArb/MTArb-O auch auf die Zulage für Vorarbeiterinnen und Vorarbeiter sowie Vorhandwerkerinnen und Vorhandwerker nach § 15 Tarifvertrag über die Entgeltordnung des Bundes und die Ausbildungszulage nach § 16 Tarifvertrag über die Entgeltordnung des Bundes angewendet. [3]§ 56 BAT/BAT-O findet auf Beschäftigte, die nicht nach Tätigkeitsmerkmalen eingruppiert sind, welche im Anhang zu Nrn. 21, 22 und 23 der Anlage I Teil B aufgelistet sind, entsprechend Anwendung, und zwar auch auf Beschäftigte im Sinne des § 1 Abs. 2. [4]Für die Beschäftigten nach Satz 2, für die die Regelungen des Tarifgebiets West Anwendung finden, bleibt § 55 Abs. 2 Unterabs. 2 Satz 2 BAT in seinem bisherigen Geltungsbereich unberührt.

(2) Die in Absatz 1 genannten Regelungen des MTArb/MTArb-O und BAT/BAT-O ergeben sich aus dem Anhang zu § 16a.

4. Abschnitt
Sonstige vom TVöD abweichende oder ihn ergänzende Bestimmungen

§ 17 Eingruppierung

(1)–(6) *(aufgehoben)*
(7) In den Fällen des § 16 (Bund) Abs. 3 TVöD kann die Eingruppierung unter Anwendung der Anlage 2 TVÜ-Bund in der bis zum 31. Dezember 2013 geltenden Fassung in die in dem unmittelbar vorhergehenden Arbeitsverhältnis gemäß § 4 Abs. 1 i. V. m. Anlage 2 TVÜ-Bund in der bis zum 31. Dezember 2013 geltenden Fassung, § 8 Abs. 1 und 3 oder durch vergleichbare Regelungen erworbene Entgeltgruppe erfolgen, sofern das unmittelbar vorhergehende Arbeitsverhältnis vor dem 1. Oktober 2005 begründet worden ist.

Protokollerklärung zu Absatz 7:
Im vorhergehenden Arbeitsverhältnis noch nicht vollzogene Bewährungs-, Tätigkeits- oder Zeitaufstiege werden in dem neuen Arbeitsverhältnis nicht weitergeführt.

(8)–(11) *(aufgehoben)*

§ 18 Vorübergehende Übertragung einer höherwertigen Tätigkeit nach dem 30. September 2005

(1) *(aufgehoben)*
(2) Wird aus dem Geltungsbereich des MTArb/MTArb-O übergeleiteten Beschäftigten nach dem 30. September 2005 erstmalig außerhalb von § 10 eine höherwertige Tätigkeit vorübergehend übertragen, gelten bis zum In-Kraft-Treten eines Tarifvertrages über eine persönliche Zulage die bisherigen Regelungen des MTArb/MTArb-O mit der Maßgabe entsprechend, dass sich die Höhe der Zulage nach dem TVöD richtet.
(3) *(aufgehoben)*

Niederschriftserklärungen zu § 18:
1. Abweichend von der Grundsatzregelung des TVöD über eine persönliche Zulage bei vorübergehender Übertragung einer höherwertigen Tätigkeit ist durch einen Tarifvertrag für den Bund im Rahmen eines Katalogs, der die hierfür in Frage kommenden Tätigkeiten aufführt, zu bestimmen, dass die Voraussetzung für die Zahlung einer persönlichen Zulage bereits erfüllt ist, wenn die vorübergehend übertragene Tätigkeit mindestens drei Arbeitstage angedauert hat und die/der Beschäftigte ab dem ersten Tag der Vertretung in Anspruch genommen ist. Der Tarifvertrag soll spätestens am 1. Juli 2007 in Kraft treten.
2. Die Niederschriftserklärung zu § 10 gilt entsprechend.

§ 19 Entgeltgruppen 2 Ü und 15 Ü

(1) Für Beschäftigte, die in die Entgeltgruppe 2 Ü übergeleitet worden sind, oder zwischen dem 1. Oktober 2005 und dem 31. Dezember 2013 in die Lohngruppe 1 mit Aufstieg nach 2 und 2a oder in die Lohngruppe 2 mit Aufstieg nach 2a eingestellt und der Entgeltgruppe 2 Ü zugeordnet worden sind, gelten folgende besondere Tabellenwerte, soweit sich aus den Regelungen im 5. Abschnitt nichts anderes ergibt:

	Stufe 1	Stufe 2	Stufe 3	Stufe 4	Stufe 5	Stufe 6
gültig bis 31. März 2025	2601,60 €	2835,82 €	2921,62 €	3036,03 €	3114,63 €	3173,31 €
gültig ab 1. April 2025	2711,60 €	2945,82 €	3031,62 €	3146,03 €	3224,63 €	3283,31 €
gültig ab 1. Mai 2026	2787,52 €	3028,30 €	3116,51 €	3234,12 €	3314,92 €	3375,24 €

(2) [1]Übergeleitete Beschäftigte der Vergütungsgruppe I BAT/BAT-O unterliegen dem TVöD. [2]Sie werden in die Entgeltgruppe 15 Ü übergeleitet. [3]Für sie gelten folgende Tabellenwerte:

	Stufe 1	Stufe 2	Stufe 3	Stufe 4	Stufe 5
gültig bis 31. März 2025	6670,43 €	7379,87 €	8051,94 €	8500,01 €	8604,56 €
gültig ab 1. April 2025	6870,54 €	7601,27 €	8293,50 €	8755,01 €	8862,70 €
gültig ab 1. Mai 2026	7062,92 €	7814,11 €	8525,72 €	9000,15 €	9110,86 €

[4]Die Verweildauer in den Stufen 2 bis 5 beträgt jeweils fünf Jahre. [5]§ 6 Abs. 4 findet keine Anwendung.

§ 20 *(aufgehoben)*

§ 21 *(aufgehoben)*

§ 22 Bereitschaftszeiten

[1]Nr. 3 SR 2r BAT/BAT-O für Hausmeister und entsprechende Tarifregelungen für Beschäftigtengruppen mit Bereitschaftszeiten innerhalb ihrer regelmäßigen Arbeitszeit gelten fort. [2]Dem Anhang zu § 9 TVöD widersprechende Regelungen zur Arbeitszeit sind bis zum 31. Dezember 2005 entsprechend anzupassen.

§ 23 Sonderregelungen für besondere Berufsgruppen

Die Überleitungs-, Übergangs- und Besitzstandsregelungen für besondere Berufsgruppen im Bereich des Bundes ergeben sich aus der Anlage 5 TVÜ-Bund.

5. Abschnitt
Überleitung in den TV EntgO Bund am 1. Januar 2014

§ 24 Grundsatz

[1]Für die in den TVöD übergeleiteten Beschäftigten (§ 1 Abs. 1) sowie für die zwischen dem Inkrafttreten des TVöD und dem 31. Dezember 2013 beim Bund neu eingestellten Beschäftigten (§ 1 Abs. 2), deren Arbeitsverhältnis zum Bund über den 31. Dezember 2013 hinaus fortbesteht und die am 1. Januar 2014 unter den Geltungsbereich des TVöD fallen, gelten ab dem 1. Januar 2014 für Eingruppierungen § 12 (Bund) und § 13 (Bund) TVöD in Verbindung mit dem Tarifvertrag über die Entgeltordnung des Bundes (TV EntgO Bund). [2]Diese Beschäftigten sind bis zum 1. Januar 2014 gemäß den Regelungen dieses Abschnitts in den TV EntgO Bund übergeleitet.

§ 25 Besitzstandsregelungen

(1) Die Überleitung erfolgt unter Beibehaltung der bisherigen Entgeltgruppe für die Dauer der unverändert auszuübenden Tätigkeit.

Protokollerklärung zu Absatz 1:
[1]Die vorläufige Zuordnung zu der Entgeltgruppe des TVöD nach der Anlage 2 oder 4 TVÜ-Bund in der bis zum 31. Dezember 2013 geltenden Fassung gilt als Eingruppierung. [2]Eine Überprüfung und Neufeststellung der Eingruppierungen findet aufgrund der Überleitung in den TV EntgO Bund nicht statt.

(2) Hängt die Eingruppierung nach § 12 (Bund) und § 13 (Bund) TVöD in der Verbindung mit dem TV EntgO Bund von der Zeit einer Tätigkeit oder

Berufsausübung ab, wird die vor dem 1. Januar 2014 zurückgelegte Zeit so berücksichtigt, wie sie zu berücksichtigen wären, wenn § 12 (Bund) und § 13 (Bund) TVöD sowie der TV EntgO Bund bereits seit dem Beginn des Arbeitsverhältnisses gegolten hätten.
(3) Beschäftigte, denen am 31. Dezember 2013 eine persönliche Besitzstandszulage nach der Protokollerklärung zu § 5 Abs. 2 Satz 3 oder eine persönliche Zulage nach § 17 Abs. 6 in der bis zum 31. Dezember 2013 geltenden Fassung (entfallene Techniker-, Meister- oder Programmiererzulage) zugestanden hat, erhalten eine Besitzstandszulage in Höhe ihrer bisherigen Zulage, solange die anspruchsbegründende Tätigkeit unverändert auszuüben ist.
(4) [1]Soweit an die Tätigkeit in der bisherigen Entgeltgruppe besondere Entgeltbestandteile geknüpft waren und diese in dem TV EntgO Bund in geringerer Höhe entsprechend vereinbart sind, wird die hieraus am 1. Januar 2014 bestehende Differenz unter den bisherigen Voraussetzungen als Besitzstandszulage so lange gezahlt, wie die anspruchsbegründende Tätigkeit unverändert auszuüben ist und die sonstigen Voraussetzungen für den besonderen Entgeltbestandteil nach bisherigem Recht weiterhin bestehen. [2]Dies gilt entsprechend, wenn besondere Entgeltbestandteile im TV EntgO Bund nicht mehr vereinbart sind. [3]Die Differenz verändert sich bei allgemeinen Entgeltanpassungen um den von den Tarifvertragsparteien für die jeweilige Entgeltgruppe festgelegten Vomhundertsatz.

Protokollerklärung zu Absatz 4 Satz 3:
Der Differenzbetrag erhöht sich am 1. April 2025 um 3,11 Prozent und am 1. Mai 2026 um weitere 2,8 Prozent.

§ 26 Höhergruppierungen

(1) [1]Ergibt sich nach dem TV EntgO Bund eine höhere Entgeltgruppe, sind die Beschäftigten auf Antrag in der Entgeltgruppe eingruppiert, die sich nach § 12 (Bund) ergibt. [2]Der Antrag kann nur bis zum 30. Juni 2015 gestellt werden (Ausschlussfrist) und wirkt auf den 1. Januar 2014 zurück; nach dem Inkrafttreten des TV EntgO Bund eingetretene Änderungen der Stufenzuordnung in der bisherigen Entgeltgruppe bleiben bei der Stufenzuordnung nach Absatz 2 bis 5 unberücksichtigt. [3]Ruht das Arbeitsverhältnis am 1. Januar 2014, beginnt die Frist von einem Jahr mit der Wiederaufnahme der Tätigkeit; der Antrag wirkt auf den 1. Januar 2014 zurück.
(2) [1]Die Stufenzuordnung in der höheren Entgeltgruppe richtet sich nach den Regelungen für Höhergruppierungen (§ 17 Abs. 4 TVöD in der bis zum 28. Februar 2014 geltenden Fassung). [2]War die/der Beschäftigte in der bisherigen Entgeltgruppe der Stufe 1 zugeordnet, wird sie/er abweichend von

Satz 1 der Stufe 1 der höheren Entgeltgruppe zugeordnet; die bisher in Stufe 1 verbrachte Zeit wird angerechnet.

(3) [1]Sind Beschäftigte, die eine Besitzstandszulage nach § 9 (Vergütungsgruppenzulagen) erhalten, auf Antrag nach Absatz 1 höhergruppiert, entfällt die Besitzstandszulage rückwirkend ab dem 1. Januar 2014. [2]Abweichend von Absatz 2 Satz 1 wird für die Anwendung des § 17 Abs. 4 Satz 1 und 2 TVöD zu dem jeweiligen bisherigen Tabellenentgelt die wegfallende Zulage hinzugerechnet und anschließend der Unterschiedsbetrag ermittelt. [3]§ 25 Abs. 4 findet keine Anwendung.

Niederschriftserklärung zu § 26 Abs. 3 Satz 2:
Die Tarifvertragsparteien sind sich einig, dass im Falle einer Höhergruppierung über mehr als eine Entgeltgruppe die Besitzstandszulage nach § 9 (Vergütungsgruppenzulagen) nur in der Ausgangsentgeltgruppe dem Tabellenentgelt hinzugerechnet wird.

(4) [1]Sind Beschäftigte, die eine Besitzstandszulage nach § 25 Abs. 3 (Techniker-, Meister- oder Programmiererzulage) erhalten, auf Antrag nach Absatz 1 höhergruppiert, entfällt die Besitzstandszulage rückwirkend ab dem 1. Januar 2014. [2]Ergibt sich durch die Höhergruppierung die Zuordnung zu einer niedrigeren Stufe als in der bisherigen Entgeltgruppe, wird abweichend von Absatz 2 Satz 1 die in der bisherigen Stufe zurückgelegte Stufenlaufzeit auf die Stufenlaufzeit in der höheren Entgeltgruppe angerechnet. [3]Ist dadurch am Tag der Höhergruppierung in der höheren Entgeltgruppe die Stufenlaufzeit zum Erreichen der nächsthöheren Stufe erfüllt, beginnt in dieser nächsthöheren Stufe die Stufenlaufzeit von Neuem. [4]§ 25 Abs. 4 findet keine Anwendung.

(5) [1]Sind Beschäftigte, die eine Besitzstandszulage nach § 9 (Vergütungsgruppenzulagen) und eine Besitzstandszulage nach § 25 Abs. 3 (Techniker-, Meister- oder Programmiererzulage) erhalten, auf Antrag nach Absatz 1 höhergruppiert, entfallen beide Besitzstandszulagen rückwirkend ab dem 1. Januar 2014. [2]Abweichend von Absatz 2 Satz 1 werden für die Anwendung des § 17 Abs. 4 Satz 1 und 2 TVöD zu dem jeweiligen bisherigen Tabellenentgelt die beiden wegfallenden Besitzstandszulagen hinzugerechnet und anschließend der Unterschiedsbetrag ermittelt. [3]Ergibt sich durch die Höhergruppierung die Zuordnung zu einer niedrigeren Stufe als in der bisherigen Entgeltgruppe, wird abweichend von Absatz 2 Satz 1 die in der bisherigen Stufe zurückgelegte Stufenlaufzeit auf die Stufenlaufzeit der höheren Entgeltgruppe angerechnet. [4]Ist dadurch am Tag der Höhergruppierung in der höheren Entgeltgruppe die Stufenlaufzeit zum Erreichen der nächsthöheren Stufe erfüllt, beginnt in dieser nächsthöheren Stufe die Stufenlaufzeit von Neuem. [5]§ 25 Abs. 4 findet keine Anwendung.

Niederschriftserklärung zu §§ 26 Abs. 4 und 5:
Die Tarifvertragsparteien sind sich einig, dass im Falle einer Höhergruppierung über mehr als eine Entgeltgruppe die Mitnahme der Stufenlaufzeit nur bei der ersten dazwischenliegenden Entgeltgruppe nach § 17 Abs. 4 Satz 3 Halbsatz 1 erfolgt.

Niederschriftserklärung zu § 26 Abs. 5 Satz 2:
Die Tarifvertragsparteien sind sich einig, dass im Falle einer Höhergruppierung über mehr als eine Entgeltgruppe die Besitzstandszulagen nach § 9 (Vergütungsgruppenzulagen) und nach § 25 Abs. 3 (Techniker-, Meister- oder Programmiererzulage) nur in der Ausgangsentgeltgruppe dem Tabellenentgelt hinzugerechnet wird.

§ 27 Besondere Überleitungsregelungen

(1) Beschäftigte mit einem Anspruch auf die bisherigen Zulage nach § 17 Abs. 8 in der bis zum 31. Dezember 2013 geltenden Fassung sind stufengleich und unter Beibehaltung der in ihrer Stufe zurückgelegten Stufenlaufzeit in die Entgeltgruppe 14 übergeleitet.
(2) Beschäftigte der Entgeltgruppe 9, für die keine besonderen Stufenregelungen gelten, sind stufengleich und unter Beibehaltung der in ihrer Stufe zurückgelegten Stufenlaufzeit in die Entgeltgruppe 9b übergeleitet.
(3) [1]Beschäftigte der Entgeltgruppe 9, für die gemäß des Anhangs zu § 16 (Bund) TVöD in der bis zum 31. Dezember 2013 geltenden Fassung besondere Stufenregelungen gelten, sind unter Beibehaltung der in ihrer Stufe zurückgelegten Stufenlaufzeit in die Stufe der Entgeltgruppe 9a übergeleitet, deren Betrag dem Betrag ihrer bisherigen Stufe entspricht. [2]Ist dadurch am Tag der Überleitung in die Entgeltgruppe 9a die Stufenlaufzeit zum Erreichen der nächsthöheren Stufe erfüllt, beginnt in dieser nächsthöheren Stufe die Stufenlaufzeit von Neuem. [3]Im Falle der sich aus Satz 2 ergebenden Zuordnung zu der Stufe 3 wird die zwei Jahre übersteigende Stufenlaufzeit auf die Stufenlaufzeit in der Stufe 3 angerechnet. [4]In Stufe 1 oder 2 übergeleitete Beschäftigte, die am 31. Dezember 2013 nach einem Tätigkeitsmerkmal der Lohngruppe 9 des Tarifvertrags über das Lohngruppenverzeichnis des Bundes zum MTArb in Verbindung mit § 17 TVÜ-Bund und der Anlage 4 zum TVÜ-Bund in der bis zum 31. Dezember 2013 geltenden Fassung oder in Verbindung mit § 4 Abs. 1 und der Anlage 2 zum TVÜ-Bund in der bis zum 31. Dezember 2013 geltenden Fassung in Entgeltgruppe 9 TVöD eingruppiert waren und für die gemäß § 16 (Bund) Abs. 4 Satz 2 TVöD in der bis zum 31. Dezember 2013 geltenden Fassung abweichende Stufenlaufzeiten und Endstufen galten, erreichen nach Ablauf der Stufenlaufzeit in Stufe 2 die Stufe 4; die Stufenlaufzeit in Stufe 4 zum Erreichen der Stufe 5 beträgt sieben Jahre. [5]Für die in Entgeltgruppe 9a übergeleiteten Beschäftigten bemessen sich für die Dauer der Eingruppierung in Entgeltgruppe 9a die Zeitzuschläge gemäß § 8 Abs. 1 Satz 2 TVöD nach dem auf eine Stunde entfallenden Anteil des Tabellenentgelts der Stufe 4, und bei Überstunden

richtet sich das Entgelt für die tatsächliche Arbeitsleistung abweichend von der Protokollerklärung nach § 8 Abs. 1 Satz 1 TVöD nach der individuellen Stufe, höchstens jedoch nach der Stufe 5.

Protokollerklärung zu Absatz 2 und 3:
Die Zuordnung zu einer individuellen Zwischen- oder Endstufe bleibt unberührt.

(4) Ergibt sich nach dem TV EntgO Bund für Tätigkeitsmerkmale der Entgeltgruppe 2 oder der Entgeltgruppe 3 erstmalig die Stufe 6, ist die/der Beschäftigte auf Antrag der Stufe 6 zugeordnet, wenn die fünfjährige Stufenlaufzeit in der Stufe 5 erfüllt ist.

(5) [1]In Entgeltgruppe 2Ü eingruppierte Beschäftigte mit Zuordnung zur Stufe 6 werden auf Antrag in Entgeltgruppe 2 eingruppiert und der Stufe 6 dieser Entgeltgruppe zugeordnet. [2]Die Eingruppierung in Entgeltgruppe 2 erfolgt individuell mit Beginn des Monats, in dem der Antrag gestellt worden ist, frühestens aber zum Zeitpunkt des Erreichens der Stufe 6 in der Entgeltgruppe 2Ü.

§ 28 Entgeltgruppenzulagen

Ergibt sich nach dem TV EntgO Bund erstmalig der Anspruch auf eine Entgeltgruppenzulage, steht den Beschäftigten auf Antrag die Zulage zu; § 26 Abs. 1 Satz 2 und 3 gilt entsprechend.

6. Abschnitt
Weitere Überleitungsregelungen

§ 29 Zuordnung zur Stufe 6 in den Entgeltgruppen 9a bis 15 am 1. März 2016

[1]Am 29. Februar 2016 in eine der Entgeltgruppen 9a bis 15 eingruppierte Beschäftigte mit Zuordnung zur Stufe 5 und einer zu diesem Zeitpunkt in Stufe 5 absolvierten Stufenlaufzeit von mindestens fünf Jahren sind am 1. März 2016 der Stufe 6 ihrer Entgeltgruppe zugeordnet; entsprechendes gilt für Beschäftigte in einer individuellen Endstufe. [2]Ist das Tabellenentgelt der Stufe 6 niedriger als der Betrag der individuellen Endstufe, wird die/der Beschäftigte erneut einer individuellen Endstufe unter Beibehaltung der bisherigen Entgelthöhe zugeordnet. [3]§ 6 Abs. 3 Sätze 2 bis 6 gelten entsprechend. [4]Für Beschäftigte in der Entgeltgruppe 9b wird die vor dem 1. Januar 2014 in der Stufe 5 der Entgeltgruppe 9 absolvierte Stufenlaufzeit angerechnet. [5]Für Beschäftigte in der Entgeltgruppe 9a wird die vor dem 1. Januar 2014 in der Stufe 4 der Entgeltgruppe 9 absolvierte Stufenlaufzeit angerechnet.

§ 29a Überleitung Pflegekräfte in die P-Tabelle am 1. März 2018

(1) [1]Die unter die Anlage E (Bund) zum TVöD – BT-V in der bis zum 28. Februar 2018 gültigen Fassung fallenden Beschäftigten sind stufengleich und unter Mitnahme der in ihrer Stufe zurückgelegten Stufenlaufzeit von der Entgeltgruppe Kr. in die Entgeltgruppe P der Anlage E (Bund) zum TVöD – BT-V in der ab 1. März 2018 geltenden Fassung wie folgt übergeleitet:

Kr. 12a	P 16
Kr. 11b	P 15
Kr. 11a	P 14
Kr. 10a	P 13
Kr. 9d	P 12
Kr. 9c	P 11
Kr. 9b	P 10
Kr. 9a	P 9
Kr. 8a	P 8
Kr. 7a	P 7
Kr. 4a	P 6
Kr. 3a	P 5

[2]Aus der Stufe 1 der Entgeltgruppen Kr. 7a und Kr. 8a erfolgt die Überleitung in die Stufe 2 der Entgeltgruppe P 7 bzw. P 8 der Anlage E (Bund) zum TVöD – BT-V unter Mitnahme der in der Stufe 1 zurückgelegten Stufenlaufzeit. [3]Erfolgt die Überleitung aus der Stufe 2 der Entgeltgruppen Kr. 7a oder Kr. 8a, wird die Stufenlaufzeit der Stufe 1 auf die Stufenlaufzeit der Stufe 2 der Entgeltgruppe P 7 bzw. P 8 der Anlage E (Bund) zum TVöD – BT-V angerechnet. [4]Ist durch eine Verkürzung der Stufenlaufzeit in der Anlage E (Bund) zum TVöD – BT-V am 1. März 2018 die Stufenlaufzeit zum Erreichen der nächsthöheren Stufe der jeweiligen Entgeltgruppe erfüllt, beginnt in dieser nächsthöheren Stufe die Stufenlaufzeit neu. [5]Haben am 28. Februar 2018 einer der Entgeltgruppen Kr. 9a bis Kr. 11a der Anlage E (Bund) zum TVöD – BT-V in der bis zum 28. Februar gültigen Fassung zugeordnete Beschäftigte in der Stufe 5 ihrer Entgeltgruppe eine Stufenlaufzeit von mindestens fünf Jahren zurückgelegt, erfolgt die Zuordnung zu der Stufe 6 der Entgeltgruppe der Anlage E (Bund) zum TVöD – BT-V in der ab dem 1. März 2018 geltenden Fassung, in die sie gemäß Satz 1 übergeleitet werden.

(2) [1]Ergibt sich nach den Tätigkeitsmerkmalen des Teils IV Abschnitt 25 der Anlage 1 zum TV EntgO Bund (Entgeltordnung) in der ab dem 1. März 2018 geltenden Fassung eine höhere Entgeltgruppe, sind die Beschäftigten auf Antrag in der Entgeltgruppe eingruppiert, die sich nach § 12 (Bund) TVöD ergibt. [2]Der Antrag kann nur bis zum 28. Februar 2019 gestellt werden (Ausschlussfrist) und wirkt auf den 1. März 2018 zurück; nach dem 28. Februar 2018 eingetretene Änderungen der Stufenzuordnung in der bisherigen Entgeltgruppe bleiben bei der Stufenzuordnung unberücksichtigt. [3]Ruht das Arbeitsverhältnis am 1. März 2018, beginnt die Frist von einem Jahr mit der Wiederaufnahme der Tätigkeit; der Antrag wirkt auf den 1. März 2018 zurück.

(3) [1]Beschäftigte, die nach Absatz 2 aus den Stufen 3, 4 oder 5 der Entgeltgruppe P 7 in die Entgeltgruppe P 8 höhergruppiert werden, erhalten zusätzlich zu ihrem Tabellenentgelt der Entgeltgruppe P 8

- für die Dauer des Verbleibs in der Stufe 2 der Entgeltgruppe P 8 bei Höhergruppierung aus der Stufe 3 der Entgeltgruppe P 7,
- für die Dauer des Verbleibs in der Stufe 4 der Entgeltgruppe P 8 bei Höhergruppierung aus der Stufe 4 der Entgeltgruppe P 7,
- für die Dauer des Verbleibs in der Stufe 5 der Entgeltgruppe P 8 bei Höhergruppierung aus der Stufe 5 der Entgeltgruppe P 7

eine monatliche Zulage in Höhe von 90 Euro, sofern und solange sie nach der Vorbemerkung Nr. 4 des Teils IV Abschnitt 25 der Anlage 1 zum TV EntgO Bund (Entgeltordnung) in der bis zum 28. Februar 2018 gültigen Fassung einen Anspruch auf eine monatliche Zulage gehabt hätten. [2]Für die Dauer des Verbleibs in der Stufe 5 im Anschluss an die Stufenlaufzeit der Stufe 4 der Entgeltgruppe P 8 bei Höhergruppierung aus der Stufe 4 der Entgeltgruppe P 7 erhalten die Beschäftigten unter den sonstigen Voraussetzungen des Satzes 1 eine monatliche Zulage in Höhe von 45 Euro.

(4) Beschäftigte, die am 28. Februar 2018 in der Entgeltgruppe Kr. 7a einer der Stufen 4 bis 6 oder einer individuellen Zwischen- oder Endstufe oberhalb der Stufe 4 der Anlage E (Bund) zum TVöD – BT-V in der bis zum 28. Februar 2018 gültigen Fassung bzw. in der Entgeltgruppe Kr. 8a den Stufen 5 oder 6 oder einer individuellen Zwischen- oder Endstufe oberhalb der Stufe 5 der Anlage E (Bund) zum TVöD – BT-V in der bis zum 28. Februar 2018 gültigen Fassung zugeordnet waren, erhalten solange ihr Bereitschaftsdienstentgelt nach dem Stand vom 28. Februar 2018, bis das Bereitschaftsdienstentgelt nach der Anlage C (Bund) zum TVöD – BT-V dieses übersteigt.

§ 29b Höhergruppierung auf Antrag am 1. März 2018 für bestimmte Beschäftigtengruppen

(1) [1]Ergibt sich nach den Tätigkeitsmerkmalen der Anlage 1 zum TV EntgO Bund (Entgeltordnung) in der ab dem 1. März 2018 geltenden Fassung die Entgeltgruppe 9c, sind die Beschäftigten auf Antrag in dieser Entgeltgruppe eingruppiert. [2]Der Antrag kann nur bis zum 28. Februar 2019 gestellt werden (Ausschlussfrist) und wirkt auf den 1. März 2018 zurück; nach dem 28. Februar 2018 eingetretene Änderungen der Stufenzuordnung in der bisherigen Entgeltgruppe bleiben bei der Stufenzuordnung unberücksichtigt. [2]Ruht das Arbeitsverhältnis am 1. März 2018, beginnt die Frist von einem Jahr mit der Wiederaufnahme der Tätigkeit; der Antrag wirkt auf den 1. März 2018 zurück.
(2) [1]Ergibt sich nach den Tätigkeitsmerkmalen des Teils III Abschnitt 21 der Anlage 1 zum TV EntgO Bund (Entgeltordnung) in der ab dem 1. März 2018 geltenden Fassung eine höhere Entgeltgruppe, sind die Beschäftigten auf Antrag in der Entgeltgruppe eingruppiert, die sich nach § 12 (Bund) TVöD ergibt. [2]Absatz 1 Satz 2 und 3 gelten entsprechend.
(3) [1]Ergibt sich nach den Tätigkeitsmerkmalen des Teils IV Abschnitt 14 der Anlage 1 zum TV EntgO Bund (Entgeltordnung) in der ab dem 1. März 2018 geltenden Fassung die Entgeltgruppe 3, sind die Beschäftigten auf Antrag in dieser Entgeltgruppe eingruppiert. [2]Absatz 1 Satz 2 und 3 gelten entsprechend.

§ 29c Höhergruppierung auf Antrag bis 31. Oktober 2023 für bestimmte Beschäftigtengruppen

(1) [1]Ergibt sich aufgrund des Änderungstarifvertrags Nummer 9 zum TV EntgO Bund vom 14. Juli 2022 eine höhere Entgeltgruppe, sind die Beschäftigten auf Antrag in die Entgeltgruppe eingruppiert, die sich aufgrund dieses Änderungstarifvertrags nach § 12 (Bund) TVöD ergibt. [2]Der Antrag kann nur bis zum 31. Oktober 2023 gestellt werden (Ausschlussfrist), und wirkt auf den 1. November 2022 zurück. [3]Ruht das Arbeitsverhältnis am 1. November 2022, beginnt die zwölfmonatige Frist mit der Wiederaufnahme der Tätigkeit; der Antrag wirkt auf den 1. November 2022 zurück.
(2) Beschäftigte, die vor dem 1. November 2022 außerhalb des Bundessprachenamtes oder des Auswärtigen Amtes bereits nach den Tätigkeitsmerkmalen des Teils III Abschnitt 16, Unterabschnitt 16.5 der Anlage 1 zum Tarifvertrag über die Entgeltordnung des Bundes als Sprachlehrerinnen oder Sprachlehrer eingruppiert sind, erhalten Bestandsschutz für ihre Eingruppierung für die Dauer der unverändert auszuübenden Tätigkeit.
(3) Beschäftigte, die vor dem 1. November 2022 als Pflegedienstleiterinnen und Pflegedienstleiter oder als ständige Vertreterinnen und Vertreter von

Pflegedienstleiterinnen und Pflegedienstleitern beschäftigt sind, erhalten Bestandsschutz für ihre Eingruppierung für die Dauer der unverändert auszuübenden Tätigkeit.

§ 29d Höhergruppierung auf Antrag bis 30. Juni 2025 für bestimmte Berufsgruppen

[1]Ergibt sich aufgrund des Änderungstarifvertrags Nummer 11 zum TV EntgO Bund vom 24. Oktober 2024 eine höhere Entgeltgruppe, sind die Beschäftigten auf Antrag in die Entgeltgruppe eingruppiert, die sich aufgrund dieses Änderungstarifvertrags nach § 12 (Bund) TVöD ergibt. [2]Der Antrag kann nur bis zum 30. Juni 2025 gestellt werden (Ausschlussfrist), und wirkt auf den 1. Januar 2025 zurück. [3]Ruht das Arbeitsverhältnis am 1. Januar 2025, beginnt die sechsmonatige Frist mit der Wiederaufnahme der Tätigkeit; der Antrag wirkt auf den 1. Januar 2025 zurück.

7. Abschnitt
Übergangs- und Schlussvorschrift

§ 30 Inkrafttreten, Laufzeit

(1) Dieser Tarifvertrag tritt am 1. Oktober 2005 in Kraft.

(2) [1]Der Tarifvertrag kann ohne Einhaltung einer Frist jederzeit schriftlich gekündigt werden. [2]Die §§ 18 und 19 können ohne Einhaltung einer Frist, jedoch nur insgesamt, schriftlich gekündigt werden; die Nachwirkung dieser Vorschriften wird ausgeschlossen.

Anhang zu § 16a

Die in § 16a in Bezug genommenen Tarifvorschriften lauten wie folgt:

§ 25 MTArb/MTArb-O
Nicht voll leistungsfähige Arbeiter

(1) [1]Mit dem Arbeiter, der bei seiner Einstellung nach amtsärztlichem Gutachten mehr als 20 v. H. erwerbsbeschränkt ist und infolgedessen die ihm zu übertragende Arbeit nicht voll auszuführen vermag, kann entsprechend dem Grad seiner Leistungsfähigkeit ein geminderter Lohn vereinbart werden. [2]Der Arbeiter soll aber möglichst auf einem Arbeitsplatz verwendet werden, auf dem er die Leistung eines voll leistungsfähigen Arbeiters erbringen kann.

(2) Ist nach Absatz 1 Satz 1 ein geminderter Lohn vereinbart worden, besteht bei Änderung der Leistungsfähigkeit für den Arbeitgeber und den Arbeiter ein Anspruch auf Neufestsetzung des Lohnes.
(3) Absatz 1 gilt nicht für den Arbeiter, dessen Leistungsfähigkeit durch Ereignisse im Sinne von § 1 des Bundesversorgungsgesetzes oder von § 1 des Bundesgesetzes zur Entschädigung für Opfer der nationalsozialistischen Verfolgung gemindert ist.

§ 37 MTArb/MTArb-O Sicherung des Lohnstandes bei Leistungsminderung

(1) [1]Ist der Arbeiter, der eine mindestens einjährige Beschäftigungszeit zurückgelegt hat, infolge eines Unfalls, den er in Ausübung oder infolge seiner Arbeit ohne Vorsatz oder grobe Fahrlässigkeit erlitten hat, in seiner Lohngruppe nicht mehr voll leistungsfähig und wird er deshalb in einer niedrigeren Lohngruppe weiterbeschäftigt, wird der Unterschiedsbetrag zwischen dem jeweiligen Monatstabellenlohn der bisherigen und neuen Lohngruppe als persönliche Zulage gewährt. [2]Lohnzuschläge nach § 29, die der Arbeiter bei Eintritt der Leistungsminderung mindestens fünf Jahre für mindestens drei Viertel der regelmäßigen Arbeitszeit bezogen hat, erhält er in der zuletzt bezogenen Höhe weiter. [3]Dies gilt unter den Voraussetzungen des Satzes 2 auch für Lohnzuschläge nach § 29, die in einem Pauschalzuschlag oder in einem Gesamtpauschallohn gemäß § 30 Abs. 6 enthalten sind. [4]Lohnzuschläge nach § 29, die der Arbeiter in der niedrigeren Lohngruppe erhält, werden nur insoweit gezahlt, als sie über die Lohnzuschläge nach Satz 2 hinausgehen.
Das Gleiche gilt bei einer Berufskrankheit im Sinne des § 9 SGB VII nach einer mindestens zweijährigen Beschäftigungszeit*.

Protokollnotiz zu Absatz 1 Unterabs. 1 Satz 2:
Ein Lohnzuschlag gilt auch dann als gewährt, wenn der Arbeiter den Lohnzuschlag vorübergehend wegen Arbeitsunfähigkeit, Erholungsurlaubs oder Arbeitsbefreiung nicht erhalten hat.

(2) Absatz 1 gilt entsprechend
a) für Arbeiter nach zehnjähriger Beschäftigungszeit*, wenn die Leistungsminderung durch eine Gesundheitsschädigung hervorgerufen wurde, die durch fortwirkende schädliche Einflüsse der Arbeit eingetreten ist,

* Im Bereich des MTArb-O: Beschäftigungszeit (§ 6 – ohne die nach Nr. 3 der Übergangsvorschriften zu berücksichtigenden Zeiten).

b) für mindestens 53 Jahre alte Arbeiter nach fünfzehnjähriger Beschäftigungszeit*, wenn die Leistungsminderung durch Abnahme der körperlichen Kräfte und Fähigkeiten infolge langjähriger Arbeit verursacht ist,
c) für mindestens 50 Jahre alte Arbeiter nach zwanzigjähriger Beschäftigungszeit*, wenn die Leistungsminderung durch Abnahme der körperlichen Kräfte und Fähigkeiten infolge langjähriger Arbeit verursacht ist,
d) für Arbeiter nach fünfundzwanzigjähriger Beschäftigungszeit*, wenn die Leistungsminderung durch Abnahme der körperlichen Kräfte und Fähigkeiten infolge langjähriger Arbeit verursacht ist.

Wenn der Arbeiter erst in den letzten zwei Jahren vor Eintritt der Leistungsminderung in seine Lohngruppe aufgerückt war, erhält er den jeweiligen Monatstabellenlohn der Lohngruppe, in der er vorher war.

Protokollnotiz zu Absatz 2 Unterabs. 1:
Ist streitig, ob der erforderliche Ursachenzusammenhang vorliegt, soll auf Verlangen die Stellungnahme eines Arztes des beiderseitigen Vertrauens eingeholt werden. Ist kein anderer Kostenträger zuständig, trägt die Kosten der Arbeitgeber, wenn der Anspruch auf Lohnsicherung endgültig zuerkannt ist; anderenfalls trägt sie der Arbeiter.

§ 56 BAT/BAT-O Ausgleichszulage bei Arbeitsunfall und Berufskrankheit

[1]Ist der Angestellte infolge eines Unfalls, den er nach mindestens einjähriger ununterbrochener Beschäftigung bei demselben Arbeitgeber in Ausübung oder infolge seiner Arbeit ohne Vorsatz oder grobe Fahrlässigkeit erlitten hat, in seiner bisherigen Vergütungsgruppe nicht mehr voll leistungsfähig und wird er deshalb in einer niedrigeren Vergütungsgruppe weiterbeschäftigt, so erhält er eine Ausgleichszulage in Höhe des Unterschiedsbetrages zwischen der ihm in der neuen Vergütungsgruppe jeweils zustehenden Grundvergütung zuzüglich der allgemeinen Zulage und der Grundvergütung zuzüglich der allgemeinen Zulage, die er in der verlassenen Vergütungsgruppe zuletzt bezogen hat. [2]Das Gleiche gilt bei einer Berufskrankheit im Sinne des § 9 SGB VII nach mindestens dreijähriger ununterbrochener Beschäftigung.

Anlage 1 TVÜ-Bund Teil A

1. Bundes-Angestelltentarifvertrag (BAT) vom 23. Februar 1961, zuletzt geändert durch den 78. Tarifvertrag zur Änderung des Bundes-Angestelltentarifvertrages vom 31. Januar 2003

2. Tarifvertrag zur Anpassung des Tarifrechts – Manteltarifliche Vorschriften – (BAT-O) vom 10. Dezember 1990, zuletzt geändert durch den Änderungstarifvertrag Nr. 13 vom 31. Januar 2003 zum Tarifvertrag zur Anpassung des Tarifrechts – Manteltarifliche Vorschriften – (BAT-O)
3. Manteltarifvertrag für Arbeiterinnen und Arbeiter des Bundes und der Länder (MTArb) vom 6. Dezember 1995, zuletzt geändert durch den Änderungstarifvertrag Nr. 4 vom 31. Januar 2003 zum Manteltarifvertrag für Arbeiterinnen und Arbeiter des Bundes und der Länder (MTArb)
4. Tarifvertrag zur Anpassung des Tarifrechts für Arbeiter an den MTArb – (MTArb-O) vom 10. Dezember 1990, zuletzt geändert durch den Änderungstarifvertrag Nr. 11 vom 31. Januar 2003 zum Tarifvertrag zur Anpassung des Tarifrechts für Arbeiter an den MTArb – (MTArb-O)

Anlage 1 TVÜ-Bund Teil B

Vorbemerkungen:
1. Die nachfolgende Liste ist noch nicht abschließend. Sobald die Verhandlungen der Tarifvertragsparteien zu Anlage 1 TVÜ-Bund Teil B abgeschlossen sind, ersetzt die Neufassung diese Anlage.
2. [1]Die Nrn. 21, 22 und 23 gelten für Beschäftigte, die nach Tätigkeitsmerkmalen eingruppiert sind, welche im Anhang zu Nrn. 21, 22 und 23 aufgelistet sind. [2]Die Nrn. 19 und 20 gelten für Beschäftigte, die nicht nach Tätigkeitsmerkmalen eingruppiert sind, welche im Anhang zu Nrn. 21, 22 und 23 aufgelistet sind. [3]Die Bestimmung des persönlichen Geltungsbereichs in den Sätzen 1 und 2 gilt weder als eine tarifliche Neuregelung der Erschwerniszuschläge gemäß § 19 TVöD im Sinne der Nrn. 19 bis 23 noch als Inkrafttreten eines entsprechenden Tarifvertrages im Sinne des § 19 Abs. 5 Satz 2 TVöD.
3. [1]Arbeiterinnen und Arbeiter der Wasser- und Schifffahrtsverwaltung des Bundes im Sinne der Anlage 2 Satz 3 Buchstabe a des Tarifvertrags über die betriebliche Altersversorgung der Beschäftigten des öffentlichen Dienstes (Tarifvertrag Altersversorgung – ATV) sind die Beschäftigten der Wasser- und Schifffahrtsverwaltung des Bundes, die nach Tätigkeitsmerkmalen eingruppiert sind, welche im Anhang zu Nrn. 21, 22 und 23 aufgelistet sind; dies gilt nicht für Beschäftigte des Bundesamtes für Seeschifffahrt und Hydrographie. [2]Die bei der betrieblichen Altersversorgung im Rahmen der Pflichtversicherung am 31. Dezember 2013 bestehende Zuordnung von Beschäftigten der Wasser- und Schifffahrtsverwaltung des Bundes zu einer Zusatzversorgungseinrichtung des öffentlichen Dienstes bleibt ungeachtet der Veränderung der für sie

maßgeblichen Tätigkeitsmerkmale für die Dauer der unverändert auszuübenden Tätigkeit bestehen.

4. Soweit einzelne Tarifvertragsregelungen vorübergehend fortgelten, erstreckt sich die Fortgeltung auch auf Beschäftigte i. S. d. § 1 Abs. 2 TVÜ-Bund.

1. Tarifvertrag zu § 71 BAT betreffend Besitzstandswahrung vom 23. Februar 1961
2. Tarifvertrag über die Regelung der Arbeitsbedingungen der Kapitäne und der Besatzungsmitglieder der Fischereischutzboote und der Fischereiforschungsschiffe des Bundes vom 11. Januar 1972
3. Tarifvertrag über eine Zuwendung für Kapitäne und Besatzungsmitglieder der Fischereischutzboote und Fischereiforschungsschiffe des Bundes vom 31. Januar 1974
4. Tarifvertrag für die Angestellten der Wasser- und Schifffahrtsverwaltung des Bundes auf Laderaumsaugbaggern vom 22. März 1978
5. Tarifvertrag für die Arbeiter der Wasser- und Schifffahrtsverwaltung des Bundes auf Laderaumsaugbaggern vom 22. März 1978
6. Festlegung des Gerichtsstandes bei Arbeitsrechtsstreitigkeiten zwischen dem Bund und den Angestellten des Deutschen Wetterdienstes, Tarifvertrag vom 2. September 1964
7. Vergütungstarifvertrag Nr. 35 zum BAT für den Bereich des Bundes vom 31. Januar 2003
8. Vergütungstarifvertrag Nr. 7 zum BAT-O für den Bereich des Bundes vom 31. Januar 2003,mit Ausnahme des § 3 Abs. 1 der für die Tabellenentgelte der Anlage B – Bund nach § 15 Abs. 2 Satz 2 TVöD i. V. m. der Anlage 2 zu § 4 Abs. 1 und der Anlage 4 zu § 17 Abs. 7 TVÜ-Bund fortgilt
9. Monatslohntarifvertrag Nr. 5 zum MTArb vom 31. Januar 2003
10. Monatslohntarifvertrag Nr. 7 zum MTArb-O vom 31. Januar 2003, mit Ausnahme des § 3 Abs. 1, der für die Tabellenentgelte der Anlage B – Bund nach § 15 Abs. 2 Satz 2 TVöD i. V. m. der Anlage 2 zu § 4 Abs. 1 und der Anlage 4 zu § 17 Abs. 7 TVÜ-Bund fortgilt
11. Tarifvertrag über das Lohngruppenverzeichnis des Bundes zum MTArb (TV LohngrV) vom 11. Juli 1966
12. Tarifvertrag über das Lohngruppenverzeichnis des Bundes zum MTArb-O (TV Lohngruppen-O-Bund) vom 8. Mai 1991
13. Tarifvertrag über die Ausführung von Arbeiten im Leistungslohnverfahren im Bereich der SR 2g des Abschnitts A der Anlage 2 MTArb vom 16. November 1971
14. Tarifvertrag zur Überleitung der Arbeiter der Zoll- und Verbrauchssteuerverwaltung und der Bundesvermögensverwaltung der Oberfinanzdirektion Berlin sowie der Bundesmonopol-verwaltung für Branntwein in das Tarifrecht des Bundes vom 18. September 1991

15. Tarifvertrag über die Eingruppierung der Angestellten in den Warenfachabteilungen und bei den Außenstellen der Einfuhr- und Vorratsstellen, der Einfuhrstelle für Zucker und der Mühlenstelle vom 8. Dezember 1966
16. Tarifvertrag über Zusatzurlaub für gesundheitsgefährdende Arbeiten für Arbeiter des Bundes vom 26. Juli 1960
17. Tarifvertrag über Zulagen an Angestellte (Bund) vom 17. Mai 1982, mit Ausnahme der §§ 6a, 9 und 10, die bis zum Inkrafttreten der Entgeltordnung fortgelten
18. Tarifvertrag über Zulagen an Angestellte (TV Zulagen Ang-O) (Bund) vom 8. Mai 1991, mit Ausnahme
    - des Eingangssatzes des § 1 Abs. 1,
    - des § 1 Abs. 1 Nr. 1, 1. Halbsatz entsprechend Nr. 20,
    - des § 1 Abs. 1 Nr. 2 entsprechend Nr. 17 und
    - des § 1 Abs. 1 Nr. 4, 5 und 7
19. Tarifvertrag über die Gewährung von Zulagen gemäß § 33 Abs. 1 Buchst. c BAT vom 11. Januar 1962
    - Fortgeltung bis zum Inkrafttreten einer tariflichen Neuregelung der Erschwerniszuschläge gemäß § 19 TVöD
20. Tarifvertrag über die Gewährung von Zulagen gemäß § 33 Abs. 1 Buchst. c BAT-O (TV Zulagen zu § 33 BAT-O) vom 8. Mai 1991
    - Fortgeltung bis zum Inkrafttreten einer tariflichen Neureglung der Erschwerniszuschläge gemäß § 19 TVöD
21. Tarifvertrag über Lohnzuschläge gemäß § 29 MTArb für Arbeiter des Bundes (LohnzuschlagsTV) vom 9. Mai 1969
    - Fortgeltung bis zum Inkrafttreten einer tariflichen Neuregelung der Erschwerniszuschläge gemäß § 19 TVöD
22. Tarifvertrag über Taucherzuschläge für Arbeiter des Bundes vom 13. September 1973
    - Fortgeltung bis zum Inkrafttreten einer tariflichen Neuregelung der Erschwerniszuschläge gemäß § 19 TVöD
23. Tarifvertrag über Lohnzuschläge gemäß § 29 MTArb-O und über Taucherzuschläge für Arbeiter des Bundes im Geltungsbereich des MTArb-O (TV Lohnzuschläge-O-Bund) vom 8. Mai 1991
    - Fortgeltung bis zum Inkrafttreten einer tariflichen Neuregelung der Erschwerniszuschläge gemäß § 19 TVöD
24. Tarifvertrag über vermögenswirksame Leistungen an Angestellte vom 17. Dezember 1970
25. Tarifvertrag über vermögenswirksame Leistungen an Angestellte (TV VL Ang-O) vom 8. Mai 1991
26. Tarifvertrag über vermögenswirksame Leistungen an Arbeiter (Bund) vom 17. Dezember 1970

27. Tarifvertrag über vermögenswirksame Leistungen an Arbeiter (TV VL Arb-O) vom 8. Mai 1991
28. Tarifvertrag über eine Zuwendung für Angestellte vom 12. Oktober 1973
29. Tarifvertrag über eine Zuwendung für Angestellte (TV Zuwendung Ang-O) vom 10. Dezember 1990
30. Tarifvertrag über eine Zuwendung für Arbeiter des Bundes und der Länder vom 12. Oktober 1973
31. Tarifvertrag über eine Zuwendung für Arbeiter (TV Zuwendung Arb-O) vom 10. Dezember 1990
32. Tarifvertrag über ein Urlaubsgeld für Angestellte vom 16. März 1977
33. Tarifvertrag über ein Urlaubsgeld für Angestellte (TV Urlaubsgeld Ang-O) vom 10. Dezember 1990
34. Tarifvertrag über ein Urlaubsgeld für Arbeiter vom 16. März 1977
35. Tarifvertrag über ein Urlaubsgeld für Arbeiter (TV Urlaubsgeld Arb-O) vom 10. Dezember 1990
36. Beihilfetarifvertrag, TV vom 15. Juni 1959
37. Tarifvertrag über die Gewährung von Beihilfen an Arbeiter, Lehrlinge und Anlernlinge des Bundes vom 15. Juni 1959
38. Tarifvertrag zur Regelung der Rechtsverhältnisse der Ärzte/Ärztinnen im Praktikum vom 10. April 1987
39. Tarifvertrag zur Regelung der Rechtsverhältnisse der Ärzte/Ärztinnen im Praktikum (Mantel-TV AiP-O) vom 5. März 1991
40. Entgelttarifvertrag Nr. 12 für Ärzte/Ärztinnen im Praktikum vom 31. Januar 2003
41. Entgelttarifvertrag Nr. 7 für Ärzte/Ärztinnen im Praktikum (Ost) vom 31. Januar 2003
42. Tarifvertrag über vermögenswirksame Leistungen an Ärzte/Ärztinnen im Praktikum vom 10. April 1987
43. Tarifvertrag über eine Zuwendung für Ärzte/Ärztinnen im Praktikum vom 10. April 1987
44. Tarifvertrag über eine Zuwendung für Ärzte/Ärztinnen im Praktikum (TV Zuwendung AiP-O) vom 5. März 1991
45. Tarifvertrag über ein Urlaubsgeld für Ärzte/Ärztinnen im Praktikum vom 10. April 1987
46. Tarifvertrag über ein Urlaubsgeld für Ärzte/Ärztinnen im Praktikum (TV Urlaubsgeld AiP-O) vom 5. März 1991
47. Tarifvertrag über die Erhöhung der Löhne und Gehälter für Beschäftigte im öffentlichen Dienst vom 4. September 1990
48. Tarifvertrag über die Eingruppierung der Angestellten des Bundesverbandes für den Selbstschutz vom 15. November 1978
49. Tarifvertrag über eine Zulage an Arbeiter bei der Bundesanstalt für Flugsicherung vom 20. September 1990

50. Tarifvertrag über eine Zulage an Arbeiter beim Bundesausfuhramt vom 15. April 1992
51. Tarifvertrag über eine Zulage für Angestellte mit Aufgaben nach dem Asylverfahrensgesetz (TV Zulage Asyl Ang-O) vom 3. Mai 1993
52. Tarifvertrag über eine Zulage an Auszubildende (TV-Zulage Azubi-O) vom 5. März 1991
53. Vereinbarung über die Schaffung zusätzlicher Ausbildungsplätze im öffentlichen Dienst vom 17. Juli 1996
54. Tarifvertrag über die Versorgung der Arbeitnehmer des Bundes und der Länder sowie von Arbeitnehmern kommunaler Verwaltungen und Betriebe (Versorgungs-TV) vom 4. November 1966

Anhang zu Nrn. 21, 22 und 23

Tätigkeitsmerkmale der Entgeltordnung

1. Teil II
2. Teil III
   Abschnitt 4, Abschnitt 9, Abschnitt 10, Abschnitt 19, Abschnitt 22, Abschnitt 23, Abschnitt 29, Abschnitt 31 Entgeltgruppen 3 und 4, Abschnitt 33, Abschnitt 37, Abschnitt 38, Abschnitt 39, Abschnitt 44, Abschnitt 45 Entgeltgruppe 3, Entgeltgruppe 4, Entgeltgruppe 5 Fallgruppe 2 und Entgeltgruppe 6 Fallgruppe 2, Abschnitt 47, Abschnitt 48 Entgeltgruppe 8.
3. Teil IV
   a) Abschnitt 1 Entgeltgruppen 3 bis 7, Entgeltgruppe 8 Fallgruppen 1 bis 3 und Entgeltgruppe 9a,
   b) Abschnitte 4 bis 6,
   c) Abschnitt 8 Entgeltgruppen 5 und 6,
   d) Abschnitte 12 und 13,
   e) Abschnitt 14 Entgeltgruppe 2 und Entgeltgruppe 3 Fallgruppe 1,
   f) Abschnitte 15 bis 19,
   g) Abschnitte 21 und 22,
   h) Abschnitt 23 Entgeltgruppen 3 und 5, Entgeltgruppe 6 Fallgruppen 2 bis 8, Entgeltgruppe 7 Fallgruppen 4 bis 8, Entgeltgruppe 8 Fallgruppen 4 bis 9,
   i) Abschnitt 26 Entgeltgruppe 9a Fallgruppe 2,
   j) Abschnitt 28,
   k) Abschnitt 30,
   l) Abschnitt 31 Entgeltgruppen 5 bis 8,
   m) Abschnitt 32 Entgeltgruppe 4 und Entgeltgruppe 5 Fallgruppe 2.
4. Teil V

a) Abschnitt 1
   aa) Unterabschnitt 1 Entgeltgruppen 4 bis 7, Entgeltgruppe 8 Fallgruppen 1, 2 und 5 bis 11 und Entgeltgruppe 9a,
   bb) Unterabschnitt 2 Entgeltgruppen 4 bis 6, Entgeltgruppe 7 Fallgruppe 2 und Entgeltgruppe 8 Fallgruppe 2,
   cc) Unterabschnitt 3 Entgeltgruppe 6 Fallgruppe 2,
b) Abschnitt 2 Unterabschnitt 1 Entgeltgruppen 3 bis 7, Entgeltgruppe 8 Fallgruppen 3 und 5 bis 9 und Entgeltgruppe 9a und Unterabschnitt 2,
c) Abschnitt 3 Entgeltgruppen 3 bis 8 und Entgeltgruppe 9a Fallgruppen 1 und 3,
d) Abschnitt 4 Unterabschnitt 1 Entgeltgruppen 4 bis 7 und Entgeltgruppe 8 Fallgruppen 3 bis 3.

5. Teil IV

Anlage 1 TVÜ-Bund Teil C

Vorbemerkung:
Die in dieser Anlage aufgeführten Tarifverträge sind in der jeweils geltenden Fassung zitiert.

1. Tarifvertrag für Arbeitnehmer des Bundes über die Arbeitsbedingungen bei besonderen Verwendungen im Ausland (AuslandsV-TV) vom 9. November 1993
2. Tarifvertrag zur Regelung der Arbeitsbedingungen der bei Auslandsvertretungen der Bundesrepublik Deutschland beschäftigten nicht entsandten Arbeitnehmer – Tarifvertrag Arbeitnehmer Ausland (TV AN Ausland) vom 30. November 2001
3. *(aufgehoben)*
4. *(aufgehoben)*
5. Tarifvertrag über den Rationalisierungsschutz für Angestellte (RatSchTV Ang) vom 9. Januar 1987
6. Tarifvertrag über den Rationalisierungsschutz für Arbeiter des Bundes und der Länder (RatSchTV Arb) vom 9. Januar 1987
7. Tarifvertrag zur Ergänzung der Lohn- und Vergütungssicherung in bestimmten Bereichen des Bundes vom 9. Januar 1987
8. *(aufgehoben)*
9. Tarifvertrag über sozialverträgliche Begleitmaßnahmen im Zusammenhang mit der Umgestaltung der Bundeswehr vom 18. Juli 2001
10. Tarifvertrag über die Geltung des Tarifvertrages über sozialverträgliche Begleitmaßnahmen im Zusammenhang mit der Umgestaltung des

Bundeswehr vom 18. Juli 2001 für die Fernleitungs-Betriebsgesellschaft m.b.H. vom 15. Januar 2002

11. Tarifvertrag über Begleitmaßnahmen im Zusammenhang mit dem Beschluss des deutschen Bundestages vom 20. Juni 1991 zur Vollendung der Einheit Deutschlands (UmzugsTV) vom 24. Juni 1996
12. Tarifvertrag zur Regelung der Altersteilzeitarbeit (TV ATZ) vom 5. Mai 1998
13. Tarifvertrag über die betriebliche Altersversorgung der Beschäftigten des öffentlichen Dienstes (Tarifvertrag Altersversorgung – ATV) vom 1. März 2002
14. Tarifvertrag über den Geltungsbereich der für den öffentlichen Dienst in der Bundesrepublik Deutschland bestehenden Tarifverträge vom 1. August 1990
15. Tarifvertrag zur Übernahme von Tarifverträgen vom 12. Mai 1975
16. Tarifvertrag über Zulagen an Angestellte bei obersten Bundesbehörden vom 4. November 1971
17. Tarifvertrag über Zulagen an Arbeiter bei obersten Bundesbehörden oder bei obersten Landesbehörden vom 4. November 1971
18. Tarifvertrag über Zulagen an Angestellte bei den Sicherheitsdiensten des Bundes vom 21. Juni 1977
19. Tarifvertrag über eine Zulage für Angestellte beim Bundesamt für Sicherheit in der Informationstechnik vom 14. Dezember 1990
20. Tarifvertrag über Zulagen an Arbeiter bei den Sicherheitsdiensten des Bundes vom 21. Juni 1977
21. Tarifvertrag über eine Zulage für Arbeiter beim Bundesamt für Sicherheit in der Informationstechnik vom 14. Dezember 1990
22. Tarifvertrag über Zulagen an Arbeiter des Bundes im Geltungsbereich des MTArb-O (TV Zulagen Arb-O-Bund) vom 8. Mai 1991;
23. Tarifvertrag über die Ausführung von Arbeiten im Leistungslohnverfahren im Bereich der SR 2a des Abschnitts A der Anlage 2 MTArb (Gedingerichtlinien) vom 1. April 1964.
24. *(aufgehoben)*

Anlage 2 TVÜ-Bund
(aufgehoben)

Anlage 3 TVÜ-Bund
Strukturausgleiche für Angestellte (Bund)

Angestellte, deren Ortszuschlag sich nach § 29 Abschnitt B Abs. 5 BAT / BAT-O bemisst, erhalten den entsprechenden Anteil, in jedem Fall aber die Hälfte des Strukturausgleichs für Verheiratete.
Soweit nicht anders ausgewiesen, beginnt die Zahlung des Strukturausgleichs am 1. Oktober 2007. Die Angabe »nach … Jahren« bedeutet, dass die Zahlung nach den genannten Jahren ab dem In-Kraft-Treten des TVöD beginnt; so wird z. B. bei dem Merkmal »nach 4 Jahren« der Zahlungsbeginn auf den 1. Oktober 2009 festgelegt, wobei die Auszahlung eines Strukturausgleichs mit den jeweiligen Monatsbezügen erfolgt. Die Dauer der Zahlung ist ebenfalls angegeben; dabei bedeutet »dauerhaft« die Zahlung während der Zeit des Arbeitsverhältnisses.
Ist die Zahlung »für« eine bestimmte Zahl von Jahren angegeben, ist der Bezug auf diesen Zeitraum begrenzt (z. B. »für 5 Jahre« bedeutet Beginn der Zahlung im Oktober 2007 und Ende der Zahlung mit Ablauf September 2012). Eine Ausnahme besteht dann, wenn das Ende des Zahlungszeitraumes nicht mit einem Stufenaufstieg in der jeweiligen Entgeltgruppe zeitlich zusammenfällt; in diesen Fällen wird der Strukturausgleich bis zum nächsten Stufenaufstieg fortgezahlt. Diese Ausnahmeregelung gilt nicht, wenn der Stufenaufstieg in die Endstufe erfolgt; in diesen Fällen bleibt es bei der festgelegten Dauer.

Entgeltgruppe	Vergütungsgruppe bei In-Kraft-Treten TVÜ	Aufstieg	Ortszuschlag Stufe 1,2	Lebensaltersstufe	Höhe Ausgleichsbetrag	Dauer
2	X	IXb nach 2 Jahren	OZ 2	23	40 €	für 4 Jahre
2	X	IXb nach 2 Jahren	OZ 2	29	30 €	dauerhaft
2	X	IXb nach 2 Jahren	OZ 2	31	30 €	dauerhaft
2	X	IXb nach 2 Jahren	OZ 2	33	30 €	dauerhaft
2	X	IXb nach 2 Jahren	OZ 2	35	20 €	dauerhaft
3	VIII	ohne	OZ 2	25	35 €	nach 4 Jahren dauerhaft

Entgeltgruppe	Vergütungsgruppe bei In-Kraft-Treten TVÜ	Aufstieg	Ortszuschlag Stufe 1,2	Lebensaltersstufe	Höhe Ausgleichsbetrag	Dauer
3	VIII	ohne	OZ 2	27	35 €	dauerhaft
3	VIII	ohne	OZ 2	29	35 €	nach 4 Jahren dauerhaft
3	VIII	ohne	OZ 2	31	35 €	dauerhaft
3	VIII	ohne	OZ 2	33	35 €	dauerhaft
3	VIII	ohne	OZ 2	35	35 €	dauerhaft
3	VIII	ohne	OZ 2	37	20 €	dauerhaft
6	VIb	ohne	OZ 2	29	50 €	dauerhaft
6	VIb	ohne	OZ 2	31	50 €	dauerhaft
6	VIb	ohne	OZ 2	33	50 €	dauerhaft
6	VIb	ohne	OZ 2	35	50 €	dauerhaft
6	VIb	ohne	OZ 2	37	50 €	dauerhaft
6	VIb	ohne	OZ 2	39	50 €	dauerhaft
8	Vc	ohne	OZ 2	37	40 €	dauerhaft
8	Vc	ohne	OZ 2	39	40 €	dauerhaft
9	Vb	ohne	OZ 1	29	60 €	für 12 Jahre
9	Vb	ohne	OZ 1	31	60 €	nach 4 Jahren für 7 Jahre
9	Vb	ohne	OZ 1	33	60 €	für 7 Jahre
9	Vb	ohne	OZ 2	27	90 €	nach 4 Jahren für 7 Jahre
9	Vb	ohne	OZ 2	29	90 €	für 7 Jahre
9	Vb	ohne	OZ 2	35	20 €	nach 4 Jahren dauerhaft
9	Vb	ohne	OZ 2	37	40 €	nach 4 Jahren dauerhaft

Entgeltgruppe	Vergütungsgruppe bei In-Kraft-Treten TVÜ	Aufstieg	Ortszuschlag Stufe 1,2	Lebensaltersstufe	Höhe Ausgleichsbetrag	Dauer
9	Vb	ohne	OZ 2	39	40 €	dauerhaft
9	Vb	ohne	OZ 2	41	40 €	dauerhaft
9	Vb	IVb nach 6 Jahren	OZ 1	29	50 €	für 3 Jahre
9	Vb	IVb nach 2, 3, 4, 6 Jahren	OZ 1	35	60 €	für 4 Jahre
9	Vb	IVb nach 2, 3, 4, 6 Jahren	OZ 2	31	50 €	für 4 Jahre
9	Vb	IVb nach 2, 3, 4, 6 Jahren	OZ 2	37	60 €	dauerhaft
9	Vb	IVb nach 2, 3, 4, 6 Jahren	OZ 2	39	60 €	dauerhaft
9	Vb	IVb nach 2, 3, 4, 6 Jahren	OZ 2	41	60 €	dauerhaft
9	IVb	ohne	OZ 1	35	60 €	für 4 Jahre
9	IVb	ohne	OZ 2	31	50 €	für 4 Jahre
9	IVb	ohne	OZ 2	37	60 €	dauerhaft
9	IVb	ohne	OZ 2	39	60 €	dauerhaft
9	IVb	ohne	OZ 2	41	60 €	dauerhaft
10	IVb	IVa nach 2, 4, 6 Jahren	OZ 1	35	40 €	für 4 Jahre
10	IVb	IVa nach 2, 4, 6 Jahren	OZ 1	41	30 €	dauerhaft
10	IVb	IVa nach 2, 4, 6 Jahren	OZ 1	43	30 €	dauerhaft
10	IVb	IVa n. 6. J.	OZ 2	29	70 €	für 7 Jahre

Entgeltgruppe	Vergütungsgruppe bei In-Kraft-Treten TVÜ	Aufstieg	Ortszuschlag Stufe 1,2	Lebensaltersstufe	Höhe Ausgleichsbetrag	Dauer
10	IVb	IVa nach 2, 4, 6 Jahren	OZ 2	37	60 €	nach 4 Jahren dauerhaft
10	IVb	IVa nach 2, 4, 6 Jahren	OZ 2	39	60 €	dauerhaft
10	IVb	IVa nach 2, 4, 6 Jahren	OZ 2	41	85 €	dauerhaft
10	IVb	IVa nach 2, 4, 6 Jahren	OZ 2	43	60 €	dauerhaft
10	IVa	ohne	OZ 1	35	40 €	für 4 Jahre
10	IVa	ohne	OZ 1	41	30 €	dauerhaft
10	IVa	ohne	OZ 1	43	30 €	dauerhaft
10	IVa	ohne	OZ 2	37	60 €	nach 4 Jahren dauerhaft
10	IVa	ohne	OZ 2	39	60 €	dauerhaft
10	IVa	ohne	OZ 2	41	85 €	dauerhaft
10	IVa	ohne	OZ 2	43	60 €	dauerhaft
11	IVa	III nach 4, 6, 8 Jahren	OZ 1	41	40 €	dauerhaft
11	IVa	III nach 4, 6, 8 Jahren	OZ 1	43	40 €	dauerhaft
11	IVa	III nach 4, 6, 8 Jahren	OZ 2	37	70 €	nach 4 Jahren dauerhaft
11	IVa	III nach 4, 6, 8 Jahren	OZ 2	39	70 €	dauerhaft
11	IVa	III nach 4, 6, 8 Jahren	OZ 2	41	85 €	dauerhaft

Entgeltgruppe	Vergütungsgruppe bei In-Kraft-Treten TVÜ	Aufstieg	Ortszuschlag Stufe 1,2	Lebensaltersstufe	Höhe Ausgleichsbetrag	Dauer
11	IVa	III nach 4, 6, 8 Jahren	OZ 2	43	70 €	dauerhaft
11	III	ohne	OZ 1	41	40 €	nach 4 Jahren dauerhaft
11	III	ohne	OZ 1	43	40 €	dauerhaft
11	III	ohne	OZ 2	37	70 €	nach 4 Jahren dauerhaft
11	III	ohne	OZ 2	39	70 €	dauerhaft
11	III	ohne	OZ 2	41	85 €	dauerhaft
11	III	ohne	OZ 2	43	70 €	dauerhaft
11	IIb	ohne	OZ 1	31	60 €	nach 4 Jahren für 2 Jahre*
11	IIb	ohne	OZ 1	39	60 €	nach 4 Jahren dauerhaft*
11	IIb	ohne	OZ 1	41	80 €	dauerhaft*
11	IIb	ohne	OZ 2	29	60 €	nach 4 Jahren für 2 Jahre*
11	IIb	ohne	OZ 2	35	80 €	nach 4 Jahren dauerhaft*
11	IIb	ohne	OZ 2	37	100 €	nach 4 Jahren dauerhaft*
11	IIb	ohne	OZ 2	39	110 €	dauerhaft*
11	IIb	ohne	OZ 2	41	80 €	dauerhaft*

* Der Strukturausgleich wird rückwirkend, jedoch frühestens ab dem 1. Februar 2008 geleistet.

Entgeltgruppe	Vergütungsgruppe bei In-Kraft-Treten TVÜ	Aufstieg	Ortszuschlag Stufe 1,2	Lebensaltersstufe	Höhe Ausgleichsbetrag	Dauer
12	III	IIa nach 10 Jahren	OZ 1	33	95 €	für 5 Jahre
12	III	IIa nach 10 Jahren	OZ 1	35	95 €	für 4 Jahre
12	III	IIa nach 10 Jahren	OZ 1	39	50 €	nach 4 Jahren dauerhaft
12	III	IIa nach 10 Jahren	OZ 1	41	50 €	dauerhaft
12	III	IIa nach 10 Jahren	OZ 1	43	50 €	dauerhaft
12	III	IIa nach 10 Jahren	OZ 2	33	100 €	für 4 Jahre
12	III	IIa nach 10 Jahren	OZ 2	37	100 €	nach 4 Jahren dauerhaft
12	III	IIa nach 10 Jahren	OZ 2	39	100 €	dauerhaft
12	III	IIa nach 10 Jahren	OZ 2	41	100 €	dauerhaft
12	III	IIa nach 10 Jahren	OZ 2	43	85 €	dauerhaft
12	III	IIa nach 8 Jahren	OZ 1	35	95 €	für 4 Jahre
12	III	IIa nach 8 Jahren	OZ 1	39	50 €	nach 4 Jahren dauerhaft
12	III	IIa nach 8 Jahren	OZ 1	41	50 €	dauerhaft
12	III	IIa nach 8 Jahren	OZ 1	43	50 €	dauerhaft
12	III	IIa nach 8 Jahren	OZ 2	31	100 €	für 5 Jahre
12	III	IIa nach 8 Jahren	OZ 2	33	100 €	für 4 Jahre

Entgeltgruppe	Vergütungsgruppe bei In-Kraft-Treten TVÜ	Aufstieg	Ortszuschlag Stufe 1,2	Lebensaltersstufe	Höhe Ausgleichsbetrag	Dauer
12	III	IIa nach 8 Jahren	OZ 2	37	100 €	nach 4 Jahren dauerhaft
12	III	IIa nach 8 Jahren	OZ 2	39	100 €	dauerhaft
12	III	IIa nach 8 Jahren	OZ 2	41	100 €	dauerhaft
12	III	IIa nach 8 Jahren	OZ 2	43	85 €	dauerhaft
12	III	IIa nach 5 Jahren	OZ 1	29	100 €	für 3 Jahre
12	III	IIa nach 5 u. 6 Jahren	OZ 1	35	95 €	für 4 Jahre
12	III	IIa nach 5 u. 6 Jahren	OZ 1	39	50 €	nach 4 Jahren dauerhaft
12	III	IIa nach 5 u. 6 Jahren	OZ 1	41	50 €	dauerhaft
12	III	IIa nach 5 u. 6 Jahren	OZ 1	43	50 €	dauerhaft
12	III	IIa nach 5 u. 6 Jahren	OZ 2	33	100 €	für 4 Jahre
12	III	IIa nach 5 u. 6 Jahren	OZ 2	37	100 €	nach 4 Jahren dauerhaft
12	III	IIa nach 5 u. 6 Jahren	OZ 2	39	100 €	dauerhaft
12	III	IIa nach 5 u. 6 Jahren	OZ 2	41	100 €	dauerhaft

Entgeltgruppe	Vergütungsgruppe bei In-Kraft-Treten TVÜ	Aufstieg	Ortszuschlag Stufe 1,2	Lebensaltersstufe	Höhe Ausgleichsbetrag	Dauer
12	III	IIa nach 5 u. 6 Jahren	OZ 2	43	85 €	dauerhaft
13	IIa	ohne	OZ 2	39	60 €	nach 4 Jahren dauerhaft
13	IIa	ohne	OZ 2	41	60 €	dauerhaft
13	IIa	ohne	OZ 2	43	60 €	dauerhaft
14	IIa	Ib nach 15 Jahren	OZ 1	39	80 €	dauerhaft
14	IIa	Ib nach 15 Jahren	OZ 1	41	80 €	dauerhaft
14	IIa	Ib nach 15 Jahren	OZ 1	43	80 €	dauerhaft
14	IIa	Ib nach 15 Jahren	OZ 1	45	60 €	dauerhaft
14	IIa	Ib nach 15 Jahren	OZ 2	37	110 €	dauerhaft
14	IIa	Ib nach 15 Jahren	OZ 2	39	110 €	dauerhaft
14	IIa	Ib nach 15 Jahren	OZ 2	41	110 €	dauerhaft
14	IIa	Ib nach 15 Jahren	OZ 2	43	110 €	dauerhaft
14	IIa	Ib nach 15 Jahren	OZ 2	45	60 €	dauerhaft
14	IIa	Ib nach 5 u. 6 Jahren	OZ 1	31	100 €	für 3 Jahre
14	IIa	Ib nach 5 u. 6 Jahren	OZ 1	35	100 €	für 4 Jahre
14	IIa	Ib nach 5 u. 6 Jahren	OZ 1	41	80 €	nach 4 Jahren dauerhaft

Entgeltgruppe	Vergütungsgruppe bei In-Kraft-Treten TVÜ	Aufstieg	Ortszuschlag Stufe 1,2	Lebensaltersstufe	Höhe Ausgleichsbetrag	Dauer
14	IIa	Ib nach 5 u. 6 Jahren	OZ 1	43	80 €	dauerhaft
14	IIa	Ib nach 5 u. 6 Jahren	OZ 1	45	60 €	dauerhaft
14	IIa	Ib nach 5 u. 6 Jahren	OZ 2	31	110 €	für 7 Jahre
14	IIa	Ib nach 5 u. 6 Jahren	OZ 2	33	50 €	für 4 Jahre
14	IIa	Ib nach 5 u. 6 Jahren	OZ 2	39	110 €	nach 4 Jahren dauerhaft
14	IIa	Ib nach 5 u. 6 Jahren	OZ 2	41	110 €	dauerhaft
14	IIa	Ib nach 5 u. 6 Jahren	OZ 2	43	110 €	dauerhaft
14	IIa	Ib nach 5 u. 6 Jahren	OZ 2	45	60 €	dauerhaft
14	IIa	Ib nach 11 Jahren	OZ 1	33	50 €	nach 4 Jahren für 5 Jahre
14	IIa	Ib nach 11 Jahren	OZ 1	35	50 €	für 5 Jahre
14	IIa	Ib nach 11 Jahren	OZ 1	37	80 €	für 4 Jahre
14	IIa	Ib nach 11 Jahren	OZ 1	41	80 €	nach 4 Jahren dauerhaft
14	IIa	Ib nach 11 Jahren	OZ 1	43	80 €	dauerhaft

Entgeltgruppe	Vergütungsgruppe bei In-Kraft-Treten TVÜ	Aufstieg	Ortszuschlag Stufe 1,2	Lebensaltersstufe	Höhe Ausgleichsbetrag	Dauer
14	IIa	Ib nach 11 Jahren	OZ 1	45	60 €	dauerhaft
14	IIa	Ib nach 11 Jahren	OZ 2	35	110 €	nach 3 Jahren für 3 Jahre
14	IIa	Ib nach 11 Jahren	OZ 2	37	110 €	dauerhaft
14	IIa	Ib nach 11 Jahren	OZ 2	39	110 €	nach 4 Jahren dauerhaft
14	IIa	Ib nach 11 Jahren	OZ 2	41	110 €	dauerhaft
14	IIa	Ib nach 11 Jahren	OZ 2	43	110 €	dauerhaft
14	IIa	Ib nach 11 Jahren	OZ 2	45	60 €	dauerhaft
14	Ib	ohne	OZ 1	35	100 €	für 4 Jahre
14	Ib	ohne	OZ 1	41	80 €	nach 4 Jahren dauerhaft
14	Ib	ohne	OZ 1	43	80 €	dauerhaft
14	Ib	ohne	OZ 1	45	60 €	dauerhaft
14	Ib	ohne	OZ 2	33	50 €	für 4 Jahre
14	Ib	ohne	OZ 2	39	110 €	nach 4 Jahren dauerhaft
14	Ib	ohne	OZ 2	41	110 €	dauerhaft
14	Ib	ohne	OZ 2	43	110 €	dauerhaft
14	Ib	ohne	OZ2	45	60 €	dauerhaft
15	Ia	ohne	OZ 1	39	110 €	für 4 Jahre
15	Ia	ohne	OZ 1	43	50 €	dauerhaft
15	Ia	ohne	OZ 1	45	50 €	dauerhaft
15	Ia	ohne	OZ 2	37	110 €	für 4 Jahre

Entgeltgruppe	Vergütungsgruppe bei In-Kraft-Treten TVÜ	Aufstieg	Ortszuschlag Stufe 1,2	Lebensaltersstufe	Höhe Ausgleichsbetrag	Dauer
15	Ia	ohne	OZ 2	41	50 €	dauerhaft
15	Ia	ohne	OZ 2	43	50 €	dauerhaft
15	Ia	ohne	OZ 2	45	50 €	dauerhaft
15	Ib	Ia nach 8 Jahren	OZ 1	39	110 €	für 4 Jahre
15	Ib	Ia nach 8 Jahren	OZ 1	43	50 €	dauerhaft
15	Ib	Ia nach 8 Jahren	OZ 1	45	50 €	dauerhaft
15	Ib	Ia nach 8 Jahren	OZ 2	37	110 €	für 4 Jahre
15	Ib	Ia nach 8 Jahren	OZ 2	41	50 €	dauerhaft
15	Ib	Ia nach 8 Jahren	OZ 2	43	50 €	dauerhaft
15	Ib	Ia nach 8 Jahren	OZ 2	45	50 €	dauerhaft
15	Ib	Ia nach 4 Jahren	OZ 1	39	110 €	für 4 Jahre
15	Ib	Ia nach 4 Jahren	OZ 1	43	50 €	dauerhaft
15	Ib	Ia nach 4 Jahren	OZ 1	45	50 €	dauerhaft
15	Ib	Ia nach 4 Jahren	OZ 2	37	110 €	für 4 Jahre
15	Ib	Ia nach 4 Jahren	OZ 2	41	50 €	dauerhaft
15	Ib	Ia nach 4 Jahren	OZ 2	43	50 €	dauerhaft
15	Ib	Ia nach 4 Jahren	OZ 2	45	50 €	dauerhaft
15 Ü	I	ohne	OZ 2	43	50 €	dauerhaft
15 Ü	I	ohne	OZ 2	45	50 €	dauerhaft

Anlage 4 TVÜ-Bund
(aufgehoben)

Anlage 5 zu § 23 TVÜ-Bund

1. Übergangsregelung zu § 45 Nr. 7 TVöD:
   a) [1]Bis zum In-Kraft-Treten eines Tarifvertrags über eine persönliche Zulage nach § 14 gilt die in § 18 Abs. 2 i.V.m. § 9 Abs. 1 MTArb/MTArb-O genannte Frist von 30 Tagen nicht für zu einer Auslandsdienststelle entsandten Beschäftigte, die vor dem 1 Januar 2005 der Rentenversicherung der Arbeiter unterlegen hätten. Diese Beschäftigten sind verpflichtet,
      - während des Heimaturlaubs,
      - in anderen Fällen Beschäftigte oder Beamtinnen/Beamte bis zur Dauer von drei Monaten

      zu vertreten. [2]§ 18 Abs. 2 i.V.m. § 9 Abs. 2 MTArb/MTArb-O finden für diesen Zeitraum keine Anwendung.
   b) [1]Bei Änderungen infolge der Zuordnung zu den neuen Entgeltgruppen bei ins Ausland entsandten Beschäftigten, die unter die Sonderregelungen für Beschäftigte, die zu Auslandsdienstorten des Bundes entsandt sind, fallen, bemisst sich die Höhe der Auslandsbezüge bis zur nächsten Versetzung nach der bis zum 30. September 2005 geltenden Rechtslage. [2]Ergeben sich nach altem Recht höhere Auslandsbezüge als nach neuem Recht, erhalten Beschäftigte eine abbaubare persönliche Zulage in Höhe des Unterschiedsbetrags zwischen den Auslandsbezügen, die sich nach dem bis zum 30. September 2005 geltenden Recht ergeben hätten, und dem ab 1. Oktober 2005 zu zahlenden Auslandsentgelt. [3]Die persönliche Zulage entfällt bei einer Höhergruppierung. Allgemeine Entgeltanpassungen werden auf die persönliche Zulage angerechnet.
2. Übergangsregelung für Personen, denen am 30. September 2005 nach den Sonderregelungen für die Angestellten im Bereich des Bundesministeriums der Verteidigung (SR 2e I BAT) sowie nach dem Tarifvertrag über einen sozialverträglichen Personalabbau im Bereich des Bundesministers der Verteidigung vom 30. November 1991 (SOPA) eine Übergangsversorgung zugestanden hat:
   Nr. 9a der SR 2e I BAT gilt weiter.
3. Übergangs- und Überleitungsregelung zu § 46 Sonderregelungen für die Beschäftigten im Bereich des Bundesministeriums der Verteidigung:

a) Die SR 2b Nr. 10 Abs. 3 MTArb/MTArb-O und SR 2e II Nr. 9 Abs. 1 und 3 BAT/BAT-O gelten bis zum In-Kraft-Treten einer ablösenden tarifvertraglichen Regelung fort.
b) Für Beschäftigte im Pflegedienst ergeben sich die Strukturausgleichsbeträge aus Anlage 2 Abschnitt II TVÜ-VKA; im Übrigen gilt § 12 TVÜ-Bund.

4. Regelung für Beschäftigte, die unter den Geltungsbereich der ehemaligen SR 2h BAT fallen:
[1]Für Beschäftigte des Luftfahrt-Bundesamtes, die auf Grund von § 1 des Gesetzes zur Übernahme der Beamten und Arbeitnehmer bei der Bundesanstalt für Flugsicherung (Artikel 7 des Zehnten Gesetzes zur Änderung des Luftverkehrsgesetzes vom 23. Juli 1992) Aufgaben der Flugsicherung wahrnehmen, gelten die Sonderregelungen 2h BAT für den Bereich des Bundes in der bis zum 31. Dezember 2001 geltenden Fassung für die Dauer des fortbestehenden Arbeitsverhältnisses weiter. [2]Teil III Abschn. C der Anlage 1a zum BAT gilt fort. [3]Diese Beschäftigten werden zum Zwecke der Berechnung ihres Tabellenentgelts so gestellt, als wären sie in den TVöD übergeleitet worden.

5. Übergangsregelung für die Beschäftigten auf Fischereischutzbooten und Fischereiforschungsfahrzeugen einschließlich der Ärzte und Heilgehilfen im Bereich des Bundesministeriums für Verbraucherschutz, Ernährung und Landwirtschaft:
[1]Beschäftigte auf Fischereischutzbooten und Fischereiforschungsfahrzeugen einschließlich der Ärzte und Heilgehilfen, jedoch ohne die auf diesen Fahrzeugen eingesetzten Beschäftigten des Deutschen Wetterdienstes, werden vom Geltungsbereich des TVöD und TVÜ-Bund vorläufig ausgenommen. [2]Für die Beschäftigten, für die die Regelungen des Tarifgebiets West Anwendung finden, gelten der Tarifvertrag zur Regelung der Arbeitsbedingungen und der Besatzungsmitglieder der Fischereischutzboote und Fischereiforschungsfahrzeuge vom 11. Januar 1972 in der Fassung vom 13. März 1987 und der Tarifvertrag über eine Zuwendung für Kapitäne und Besatzungsmitglieder der Fischereischutzboote und Fischereiforschungsschiffe des Bundes vom 31. Januar 1974 vorläufig weiter. [3]Die Tarifvertragsparteien stimmen darüber ein, dass die Beschäftigten nach Satz 1 in den TVöD übergeleitet werden sollen. [4]Die Tarifverhandlungen sollen spätestens nach In-Kraft-Treten der Entgeltordnung aufgenommen werden.

6. Übergangsregelung für Beschäftigte im Bereich des Bundesministeriums der Finanzen
a) Für Arbeiterinnen und Arbeiter des Bundes bei der Bundesmonopolverwaltung für Branntwein, deren dortiges Arbeitsverhältnis über den 30. September 2005 hinaus fortbesteht, und die zum 1. Oktober 2005 unter den Geltungsbereich des TVöD fallen, gelten für die

Dauer des ununterbrochen fortbestehenden Arbeitsverhältnisses die tarifvertraglichen Bestimmungen der Nr. 5 und 7 der Sonderregelung 2g MTArb/MTArb-O sowie der Tarifvertrag über die Ausführung von Arbeiten im Leistungslohnverfahren im Bereich der SR 2g des Abschnitts A der Anlage 2 MTArb vom 16. November 1971 weiter.

b) Für Arbeiterinnen und Arbeiter des Bundes im Geltungsbereich des Tarifvertrags zur Überleitung der Arbeiter der Zoll- und Verbrauchsteuerverwaltung und der Bundesvermögensverwaltung der Oberfinanzdirektion Berlin sowie der Bundesmonopolverwaltung für Branntwein in das Tarifrecht des Bundes vom 18. September 1991, deren Arbeitsverhältnis zum Bund über den 30. September 2005 hinaus fortbesteht, und die zum 1. Oktober 2005 unter den Geltungsbereich des TVöD fallen, gelten für die Dauer des ununterbrochen fortbestehenden Arbeitsverhältnisses die tarifvertraglichen Bestimmungen des vorgenannten Überleitungstarifvertrags weiter.

c) Für Beschäftigte der Bundesmonopolverwaltung für Branntwein, für die bis zum 31. Dezember 2013 das Sonderverzeichnis 2g zum TV Lohngruppenverzeichnis Bund gegolten hat und deren dortiges Beschäftigungsverhältnis über den 31. Dezember 2013 hinaus fortbesteht, gelten für die Dauer des ununterbrochen fortbestehenden Beschäftigungsverhältnisses für Eingruppierungen nach dem 31. Dezember 2013 bis zum Ablauf des Bundesmonopoles für Branntwein die folgenden Tätigkeitsmerkmale:

Entgelt-gruppe	Fall-gruppe	Tätigkeitsmerkmal
3	1	Beschäftigte in Brennspiritus-Abfüll- und -Verpackungslinien.
3	2	Füller.
3	3	Rangierarbeiter.
3	4	Fahrer von nicht zum öffentlichen Verkehr zugelassenen Gabelstaplern.
3	5	Maschinenführer in Brennspiritus-Abfüll- und -Verpackungslinien.
3	6	Beschäftigung als Mitfahrer bei der Brennspiritus-Auslieferung mit Inkassotätigkeiten.
4	1	Beschäftigte bei einer Außenabteilung der Verwertungsstelle, die Personen- und Warenkontrollen an Betriebsein- und -ausgängen durchführen.

Entgelt-gruppe	Fall-gruppe	Tätigkeitsmerkmal
4	2	Diesellokführer.
4	3	Fahrer von nicht zum öffentlichen Verkehr zugelassenen Gabelstaplern mit einer Hubkraft ab 1 t, die auch brennbare Flüssigkeiten transportieren.
5	1	Füller mit einschlägiger abgeschlossener dreijähriger Berufsausbildung.
5	2	Maschinenführer in Brennspiritus-Abfüll- und -Verpackungslinien mit einschlägiger dreijähriger Berufsausbildung.
6	1	Rangierer mit Rangierleiterprüfung.
8	1	Beschäftigte mit einschlägiger abgeschlossener dreijähriger Berufsausbildung, die als Apparateführer in einer Reinigungsanstalt tätig sind.
8	2	Beschäftigte mit einschlägiger abgeschlossener dreijähriger Berufsausbildung als erste Gehilfen des Meisters in einer Reinigungsanstalt oder in einem Lagerbetrieb, denen die Vertretung des Meisters obliegt.
		Protokollerklärung: Für die Vertretung des Meisters wird keine Zulage nach § 14 TVöD gezahlt.
9a	1	Beschäftigte mit einschlägiger abgeschlossener dreijähriger Berufsausbildung als Apparateführer in einer Reinigungsanstalt, die Verfahrensanlagen im Druckstufenverbund mit Prozessleitsystem (zentrale Mess-, Steuer- und Regeltechnik) führen, warten, instand halten und die Steuerung der Anlagen den jeweiligen Produktionsvorgaben anpassen.
9a	2	Beschäftigte mit einschlägiger abgeschlossener dreijähriger Berufsausbildung in einer Reinigungsanstalt mit Verfahrensanlagen im Druckstufenverbund und Prozessleitsystem (zentrale Mess-, Steuer- und Regeltechnik), die besonders schwierige Prüf-, Wartungs- und Instandsetzungsarbeiten durchführen sowie Programmfehler feststellen und beseitigen.

7. *(aufgehoben)*
8. *(aufgehoben)*
9. *(aufgehoben)*
10. Für die Eingruppierung der Beschäftigten im Sozial- und Erziehungsdienst im Sinne des § 1 Abs. 1 und 2 gilt Folgendes:
    a) [1]Die Beschäftigten, deren Arbeitsverhältnis zum Bund über den 31. Dezember 2013 hinaus fortbesteht, und die am 1. Januar 2014 unter den Geltungsbereich des TVöD fallen, bleiben für die Dauer der unverändert auszuübenden Tätigkeit in der bisherigen Entgeltgruppe eingruppiert. [2]Die Protokollerklärung zu § 25 Abs. 1 gilt entsprechend. [3]§§ 8 und 9 bleiben unberührt.
    b) Für Eingruppierungen nach dem 31. Dezember 2013 gelten die folgenden Tätigkeitsmerkmale.
    c) [1]Die Beschäftigten erhalten für die Dauer der Ausübung ihrer Tätigkeit eine Zulage in Höhe von 160,00 Euro monatlich. [2]§ 24 Abs. 2 TVöD gilt entsprechend.

Abschnitt 1: Leiter von Kindertagesstätten

Vorbemerkungen

1. Kindertagesstätten im Sinne der Tätigkeitsmerkmale dieses Unterabschnitts sind Krippen, Kindergärten, Horte, Kinderbetreuungsstuben und Kinderhäuser.
2. Der Ermittlung der Durchschnittsbelegung ist für das jeweilige Kalenderjahr grundsätzlich die Zahl der vom 1. Oktober bis 31. Dezember des vorangegangenen Kalenderjahres vergebenen, je Tag gleichzeitig belegbaren Plätze zugrunde zu legen.

Entgeltgruppe	Fallgruppe	Tätigkeitsmerkmal
11		Leiter von Kindertagesstätten mit einer Durchschnittsbelegung von mindestens 180 Plätzen.
10	1	Leiter von Kindertagesstätten mit einer Durchschnittsbelegung von mindestens 130 Plätzen.
10	2	Beschäftigte, die durch ausdrückliche Anordnung als ständige Vertreter von Leitern von Kindertagesstätten mit einer Durchschnittsbelegung von mindestens 180 Plätzen bestellt sind.
10	3	Leiter von Kindertagesstätten mit einer Durchschnittsbelegung von mindestens 100 Plätzen.

Entgelt-gruppe	Fall-gruppe	Tätigkeitsmerkmal
10	4	Beschäftigte, die durch ausdrückliche Anordnung als ständige Vertreter von Leitern von Kindertagesstätten mit einer Durchschnittsbelegung von mindestens 130 Plätzen bestellt sind.
9b	1	Leiter von Kindertagesstätten mit einer Durchschnittsbelegung von mindestens 70 Plätzen.
9b	2	Beschäftigte, die durch ausdrückliche Anordnung als ständige Vertreter von Leitern von Kindertagesstätten mit einer Durchschnittsbelegung von mindestens 100 Plätzen bestellt sind.
9b	3	Leiter von Kindertagesstätten mit einer Durchschnittsbelegung von mindestens 40 Plätzen.
9b	4	Beschäftigte, die durch ausdrückliche Anordnung als ständige Vertreter von Leitern von Kindertagesstätten mit einer Durchschnittsbelegung von mindestens 70 Plätzen bestellt sind.
8	1	Leiter von Kindertagesstätten.
8	2	Beschäftigte, die durch ausdrückliche Anordnung als ständige Vertreter von Leitern von Kindertagesstätten mit einer Durchschnittsbelegung von mindestens 40 Plätzen bestellt sind.

Abschnitt 2: Sozialarbeiter/Sozialpädagogen, Heilpädagogen

Entgelt-gruppe	Fall-gruppe	Tätigkeitsmerkmal
12		Sozialarbeiter/Sozialpädagogen mit staatlicher Anerkennung und entsprechender Tätigkeit sowie sonstige Beschäftigte, die aufgrund gleichwertiger Fähigkeiten und ihrer Erfahrungen entsprechende Tätigkeiten ausüben, deren Tätigkeit sich durch das Maß der damit verbundenen Verantwortung erheblich aus der Entgeltgruppe 11 heraushebt.
11		Sozialarbeiter/Sozialpädagogen mit staatlicher Anerkennung und entsprechender Tätigkeit sowie sonstige Beschäftigte, die aufgrund gleichwertiger Fähigkeiten und ihrer Erfahrungen entsprechende Tätigkeiten ausüben, deren Tätigkeit sich durch besondere Schwierigkeit und Bedeutung aus der Entgeltgruppe 9b Fallgruppe 1 heraushebt.

Entgelt-gruppe	Fall-gruppe	Tätigkeitsmerkmal
10		Sozialarbeiter/Sozialpädagogen mit staatlicher Anerkennung und entsprechender Tätigkeit sowie sonstige Beschäftigte, die aufgrund gleichwertiger Fähigkeiten und ihrer Erfahrungen entsprechende Tätigkeiten ausüben, deren Tätigkeit sich mindestens zu einem Drittel durch besondere Schwierigkeit und Bedeutung aus der Entgeltgruppe 9b Fallgruppe 1 heraushebt.
9b	1	Sozialarbeiter/Sozialpädagogen mit staatlicher Anerkennung und entsprechender Tätigkeit sowie sonstige Beschäftigte, die aufgrund gleichwertiger Fähigkeiten und ihrer Erfahrungen entsprechende Tätigkeiten ausüben, mit schwierigen Tätigkeiten. (Hierzu Protokollerklärung)
9b	2	Sozialarbeiter/Sozialpädagogen mit staatlicher Anerkennung und entsprechender Tätigkeit sowie sonstige Beschäftigte, die aufgrund gleichwertiger Fähigkeiten und ihrer Erfahrungen entsprechende Tätigkeiten ausüben.
8		Heilpädagogen mit staatlicher Anerkennung und entsprechender Tätigkeit.
8		Beschäftigte in der Tätigkeit von Sozialarbeitern/ Sozialpädagogen mit staatlicher Anerkennung

Protokollerklärung:
Schwierige Tätigkeiten sind z. B. die

a) Beratung von Suchtmittel-Abhängigen,
b) Beratung von HIV-Infizierten oder an AIDS erkrankten Personen,
c) Koordinierung der Arbeiten mehrerer Beschäftigter mindestens der Entgeltgruppe 9a.

Abschnitt 3: Erzieherinnen/Kinderpflegerinnen

Entgelt-gruppe	Fall-gruppe	Tätigkeitsmerkmal
9a		Erzieherinnen mit staatlicher Anerkennung und entsprechender Tätigkeit sowie sonstige Beschäftigte, die aufgrund gleichwertiger Fähigkeiten und ihrer Erfahrungen entsprechende Tätigkeiten ausüben, mit fachlich koordinierenden Aufgaben für mindestens drei Beschäftigte mindestens der Entgeltgruppe 8 Fallgruppe 1. (Hierzu Protokollerklärungen Nrn. 1 und 2)
8	1	Erzieherinnen mit staatlicher Anerkennung und entsprechender Tätigkeit sowie sonstige Beschäftigte, die aufgrund gleichwertiger Fähigkeiten und ihrer Erfahrungen entsprechende Tätigkeiten ausüben, mit besonders schwierigen fachlichen Tätigkeiten. (Hierzu Protokollerklärungen Nrn. 1, 2 und 3)
8	2	Erzieherinnen mit staatlicher Anerkennung und entsprechender Tätigkeit sowie sonstige Beschäftigte, die aufgrund gleichwertiger Fähigkeiten und ihrer Erfahrungen entsprechende Tätigkeiten ausüben, in Schulkindergärten, Vorklassen oder Vermittlungsgruppen für nicht schulpflichtige Kinder. (Hierzu Protokollerklärungen Nrn. 2 und 4)
6		Erzieherinnen mit staatlicher Anerkennung und entsprechender Tätigkeit sowie sonstige Beschäftigte, die aufgrund gleichwertiger Fähigkeiten und ihrer Erfahrungen entsprechende Tätigkeiten ausüben. (Hierzu Protokollerklärungen Nrn. 1 und 2)
5	1	Kinderpflegerinnen mit staatlicher Anerkennung oder mit staatlicher Prüfung und entsprechender Tätigkeit sowie sonstige Beschäftigte, die aufgrund gleichwertiger Fähigkeiten und ihrer Erfahrungen entsprechende Tätigkeiten ausüben, mit schwierigen fachlichen Tätigkeiten. (Hierzu Protokollerklärung Nr. 5)
5	2	Beschäftigte in der Tätigkeit von Erzieherinnen mit staatlicher Anerkennung. (Hierzu Protokollerklärung Nr. 1)
3		Kinderpflegerinnen mit staatlicher Anerkennung oder mit staatlicher Prüfung und entsprechender Tätigkeit sowie sonstige Beschäftigte, die aufgrund gleichwertiger Fähigkeiten und ihrer Erfahrungen entsprechende Tätigkeiten ausüben.
2		Beschäftigte in der Tätigkeit von Kinderpflegerinnen mit staatlicher Anerkennung.

Protokollerklärungen:

Nr. 1 Als entsprechende Tätigkeiten von Erzieherinnen gilt auch die Betreuung von über 18-jährigen Personen (z. B. in Einrichtungen für behinderte Menschen im Sinne des § 2 SGB IX oder für Obdachlose)

Nr. 2 Nach diesem Tätigkeitsmerkmal eingruppiert sind auch
- a) Kindergärtnerinnen und Hortnerinnen mit staatlicher Anerkennung und staatlicher Prüfung,
- b) Gesundheits- und Kinderkrankenpflegerinnen, die in Kinderkrippen tätig sind.

Nr. 3 Besonders schwierige fachliche Tätigkeiten sind z. B. die
- a) Tätigkeiten in Integrationsgruppen (Erziehungsgruppen, denen besondere Aufgaben in der gemeinsamen Förderung behinderter und nicht behinderter Kinder zugewiesen sind) mit einem Anteil von mindestens einem Drittel von behinderten Kindern im Sinne des § 2 SGB IX in Einrichtungen der Kindertagesbetreuung,
- b) Tätigkeiten in Gruppen von behinderten Menschen im Sinne des § 2 SGB IX oder von Kindern und/oder Jugendlichen mit wesentlichen Erziehungsschwierigkeiten,
- c) Tätigkeiten in Jugendzentren/Häusern der offenen Tür,
- d) Tätigkeiten in geschlossenen (gesicherten) Gruppen,
- e) fachlichen Koordinierungstätigkeiten für mindestens vier Beschäftigte mindestens der Entgeltgruppe 6,
- f) Tätigkeiten einer Facherzieherin mit einrichtungsübergreifenden Aufgaben.

Nr. 4 Die Tätigkeit setzt voraus, dass überwiegend Kinder, die im nächsten Schuljahr schulpflichtig werden, nach einem speziellen pädagogischen Konzept gezielt auf die Schule vorbereitet werden.

Nr. 5 Schwierige fachliche Tätigkeiten sind z. B.
- a) Tätigkeiten in Einrichtungen für behinderte Menschen im Sinne des § 2 SGB IX und in psychiatrischen Kliniken,
- b) allein verantwortliche Betreuung von Gruppen z. B. in Randzeiten,
- c) Tätigkeiten in Integrationsgruppen (Erziehungsgruppen, denen besondere Aufgaben in der gemeinsamen Förderung behinderter und nicht behinderter Kinder zugewiesen sind) mit einem Anteil von mindestens einem Drittel von behinderten Kindern im Sinne des § 2 SGB IX in Einrichtungen der Kindertagesbetreuung,
- d) Tätigkeiten in Gruppen von behinderten Menschen im Sinne des § 2 SGB IX oder in Gruppen von Kindern und/oder Jugendlichen mit wesentlichen Erziehungsschwierigkeiten,
- e) Tätigkeiten in geschlossenen (gesicherten) Gruppen.

11. Übergangsregelung für Beschäftigte mit besonderen körperlich/handwerklich geprägten Tätigkeiten:

Für Beschäftigte im Sinne des § 1 Abs. 1 und 2, die eines der nachstehend aufgeführten Tätigkeitsmerkmale erfüllen, gilt Folgendes:

a) [1]Die Beschäftigten, deren Arbeitsverhältnis zum Bund über den 31. Dezember 2013 hinaus fortbesteht, und die am 1. Januar 2014 unter den Geltungsbereich des TVöD fallen, bleiben für die Dauer der unverändert auszuübenden Tätigkeit in der bisherigen Entgeltgruppe eingruppiert. [2]Die Protokollerklärung zu § 25 Abs. 1 gilt entsprechend.

b) [1]Für Eingruppierungen nach dem 31. Dezember 2013 gelten für Beschäftigte mit körperlich/handwerklich geprägten Tätigkeiten bis zu einer Neuregelung die folgenden Tätigkeitsmerkmale. [2]§ 2 Abs. 3 Tarifvertrag über die Entgeltordnung des Bundes gilt entsprechend.

Entgelt-gruppe	**Fall-gruppe**	**Tätigkeitsmerkmal**
9a	1	Beschäftigte mit körperlich/handwerklich geprägten Tätigkeiten mit abgeschlossener einschlägiger Berufsausbildung in einem anerkannten Ausbildungsberuf mit einer Ausbildungsdauer von mindestens dreieinhalb Jahren, die als Bediener von CNC-gesteuerten Maschinen komplizierte Werkstücke aus verschiedenen Materialien herstellen und dafür selbstständig nach Fertigungsunterlagen Arbeitsablaufprogramme ergänzen, Maschinenprogramme eingeben, testen und fahren sowie Programmfehler feststellen und beseitigen.
9a	2	Beschäftigte mit körperlich/handwerklich geprägten Tätigkeiten mit abgeschlossener einschlägiger Berufsausbildung in einem anerkannten Ausbildungsberuf mit einer Ausbildungsdauer von mindestens dreieinhalb Jahren, die bei Einsatz von Laserschneidtechnik und Lasergraviertechnik selbstständig Arbeitsablaufprogramme ergänzen, eingeben, testen und fahren sowie Programmfehler feststellen und beseitigen.
8	1	Beschäftigte der Entgeltgruppe 6 als Werkzeugmacher für die Anfertigung und Unterhaltung komplizierter Werkzeuge.
8	2	Bohrwerkdreher mit abgeschlossener einschlägiger Berufsausbildung in einem anerkannten Ausbildungsberuf mit einer Ausbildungsdauer von mindestens drei Jahren an Bohrwerken, die mehrere Arbeitsgänge gleichzeitig erledigten, wenn sie die erforderlichen Werkzeuge selbst einstellen.

Entgelt-gruppe	Fall-gruppe	Tätigkeitsmerkmal
7	1	Beschäftigte der Entgeltgruppe 6 als Werkzeugmacher für die Anfertigung und Unterhaltung von Werkzeugen.
7	2	Beschäftigte mit körperlich/handwerklich geprägten Tätigkeiten mit abgeschlossener einschlägiger Berufsausbildung in einem anerkannten Ausbildungsberuf mit einer Ausbildungsdauer von mindestens drei Jahren als Einrichter.
		Protokollerklärung: Einrichter sind Beschäftigte, die Werkzeuge schleifen und Maschinen einzurichten haben.
6		Beschäftigte mit körperlich/handwerklich geprägten Tätigkeiten mit abgeschlossener einschlägiger Berufsausbildung in einem anerkannten Ausbildungsberuf mit mindestens drei Jahren als Werkzeugmacher.

12. Für Hausmeister des Auswärtigen Amtes, die mit einer Tätigkeit der Lohngruppe 4 Fallgruppe 5.6 des Lohngruppenverzeichnisses des Bundes zum MTArb und mit einer Zuordnung zur Entgeltgruppe 5 gemäß dem fünften Abschnitt in den TV EntO Bund übergeleitet werden und die der Rotation unterliegen, gilt abweichend von Teil III Abschnitt 23 der Anlage 1 TV EntgO Bund, dass sie bei nach dem 31. Dezember 2013 veranlassten Arbeitsplatzwechseln und erneuter Übertragung der Tätigkeit als Hausmeister in Entgeltgruppe 5 eingruppiert sind, sofern die neu übertragene Tätigkeit bei Fortgeltung des bis zum 31. Dezember 2013 geltenden Eingruppierungsrechts zur Zuordnung zur Entgeltgruppe 5 geführt hätte.

D. Tarifvertrag über die Entgeltordnung des Bundes (TV EntgO Bund)

vom 5. September 2013 in der Fassung des Änderungstarifvertrages Nr. 12 vom 6. April 2025

Abschnitt I
Allgemeine Vorschriften

§ 1 Geltungsbereich

(1) Dieser Tarifvertrag gilt für alle Beschäftigten des Bundes, die unter den Geltungsbereich des Tarifvertrags für den öffentlichen Dienst (TVöD) fallen.

(2) Dieser Tarifvertrag gilt nicht für

a) Beschäftigte, die als Lehrkräfte – auch wenn sie nicht unter § 49 (Bund) TVöD BT-V fallen – beschäftigt sind, soweit nicht ein besonderes Tätigkeitsmerkmal vereinbart ist,

b) Ärztinnen und Ärzte sowie Zahnärztinnen und Zahnärzte in Bundeswehrkrankenhäusern und anderen kurativen Einrichtungen der Bundeswehr.

§ 2 Tätigkeitsmerkmale, körperlich/handwerklich geprägte Tätigkeiten

(1) Die Tätigkeitsmerkmale ergeben sich aus der Anlage 1 (Entgeltordnung).

(2) [1]Werden in einem Tätigkeitsmerkmal Beschäftigte einer anderen Entgeltgruppe in Bezug genommen, handelt es sich um Beschäftigte einer Entgeltgruppe derselben jeweils kleinsten Gliederungseinheit (Unterabschnitt, Abschnitt bzw. Teil) der Entgeltordnung, wenn in dem Tätigkeitsmerkmal nichts anderes geregelt ist. [2]Satz 1 gilt nicht, soweit ein Tätigkeitsmerkmal auf unterstellte Beschäftigte abstellt.

Protokollerklärung zu Absatz 2 Satz 1:

[1]Es müssen auch die Anforderungen des in Bezug genommenen Tätigkeitsmerkmals erfüllt sein; bei mehrfachen Verweisungen auch die Anforderungen der weiteren Tätigkeitsmerkmale. [2]Die Erfüllung der Anforderungen des in Bezug nehmenden Tätigkeitsmerkmals setzt keine vorherigen Eingruppierung nach dem in Bezug genommenen Tätigkeitsmerkmal voraus.

(3) Körperlich/handwerklich geprägte Tätigkeiten sind solche, die bei Weitergeltung des Tarifvertrages über das Lohngruppenverzeichnis des Bundes zum MTArb von einem Tätigkeitsmerkmal der Anlage 1 des Tarifvertrags über das Lohngruppenverzeichnis des Bundes zum MTArb erfasst würden.

§ 3 Geltung der einzelnen Teile der Entgeltordnung

(1) [1]Die Tätigkeitsmerkmale des Teils IV gelten nur für Tätigkeiten im Bereich des Bundesministeriums der Verteidigung. [2]Die Tätigkeitsmerkmale des Teils V gelten nur für Tätigkeiten im Bereich des Bundesministeriums für Digitales und Verkehr. [3]Die Tätigkeitsmerkmale des Teils VI gelten nur für Tätigkeiten im Bereich des Bundesministeriums des Innern. [4]Erfüllt die Tätigkeit einer/eines Beschäftigten ein Tätigkeitsmerkmal der Teile IV, V oder VI, gilt dieses Tätigkeitsmerkmal. [5]Im Fall des Satzes 4 gelten die Tätigkeitsmerkmale der Teile I, II und III weder in der Entgeltgruppe, in der das Tätigkeitsmerkmal in den Teilen IV, V oder VI aufgeführt ist, noch in einer höheren Entgeltgruppe.
(2) [1]Erfüllt die Tätigkeit einer/eines Beschäftigten kein Tätigkeitsmerkmal der Teile IV, V oder VI, gelten die Tätigkeitsmerkmale des Teils III, wenn ihre/seine Tätigkeit eines der dort aufgeführten Tätigkeitsmerkmale erfüllt. [2]Im Fall des Satzes 1 gelten die Tätigkeitsmerkmale der Teile I und II weder in der Entgeltgruppe, in der das Tätigkeitsmerkmal in Teil III aufgeführt ist, noch in einer höheren Entgeltgruppe.
(3) [1]Erfüllt die Tätigkeit einer/eines Beschäftigten keines der Tätigkeitsmerkmale der Teile III, IV, V oder VI, gelten die Tätigkeitsmerkmale des Teils II, wenn die auszuübende Tätigkeit körperlich/handwerklich geprägt ist. [2]Im Fall des Satzes 1 gelten die Tätigkeitsmerkmale des Teils I weder in der Entgeltgruppe, in der das Tätigkeitsmerkmal in Teil II aufgeführt ist, noch in einer höheren Entgeltgruppe.
(4) [1]Erfüllt die Tätigkeit einer/eines Beschäftigten keines der Tätigkeitsmerkmale der Teile III, IV, V oder VI und handelt es sich nicht um eine körperlich/handwerkliche geprägte Tätigkeit, gelten die Tätigkeitsmerkmale des Teils I. [2]Die Tätigkeitsmerkmale der Entgeltgruppen 2 bis 12 des Teils I gelten nur, wenn die auszuübende Tätigkeit einen unmittelbaren Bezug zu den eigentlichen Aufgaben der betreffenden Verwaltungsdienststellen, -behörden oder -institutionen hat. [3]Die Tätigkeitsmerkmale der Entgeltgruppen 13 bis 15 des Teils I gelten für Beschäftigte mit einer abgeschlossenen wissenschaftlichen Hochschulbildung und entsprechender Tätigkeit sowie für sonstige Beschäftigte, die aufgrund gleichwertiger Fähigkeiten und ihrer Erfahrungen entsprechende Tätigkeiten ausüben, es sei denn, dass die Tätigkeit in einem der Tätigkeitsmerkmale der Entgeltgruppen 13 bis 15 der Teile III, IV, V oder VI aufgeführt ist.

(5) Das Tätigkeitsmerkmal der Entgeltgruppe 1 der Teile I und II gilt auch für Tätigkeiten der Teile III bis VI.

Protokollerklärung zu § 3:
Die Geltung von Tätigkeitsmerkmalen der einzelnen Teile ist für jeden Arbeitsvorgang (Protokollerklärung Nr. 1 zu § 12

Niederschriftserklärung zu § 3:
[1]In der Entgeltordnung sind die bisher getrennten Regelwerke für die Eingruppierung von Angestellten sowie von Arbeiterinnen und Arbeitern in einer neuen Struktur zusammengeführt. [2]Die jeweiligen besonderen Tätigkeitsmerkmale sind in den Teilen III bis VI zusammengefasst, während die allgemeinen Tätigkeitsmerkmale der Vergütungsordnung (Fallgruppen 1 des Teils I der Anlage 1a zum BAT) in Teil I und die Oberbegriffe des allgemeinen Teils des Lohngruppenverzeichnisses in Teil II abgebildet sind. [3]Dies bisherige Regelungsweise im Lohngruppenverzeichnis in Form von Oberbegriffen, Beispielen und »Ferner«-Merkmalen und ihr Verhältnis zueinander entfällt. [4]§ 3 regelt die Gestaltung der einzelnen Teile der Entgeltordnung auf der Grundlage der Vorbemerkung Nr. 1 zu allen Vergütungsgruppen der Anlage 1a zum BAT. [5]Die Tarifvertragsparteien sind sich einig, dass es dadurch nicht zu Regelungslücken oder strukturellen Verschlechterungen für die ehemaligen Arbeiterinnen und Arbeiter kommen soll. [6]Vor diesem Hintergrund sollen folgende Beispielsfälle den Regelungsgehalt von § 3 verdeutlichen, wobei durch die Bildung von Beispielen mit ausschließlich auszuübenden Tätigkeiten in den Nummern 1, 2, 3, 4, 6 und 7 § 12 (Bund) Abs. 2 Satz 2 TVöD unberührt bleibt.
(...)

Niederschriftserklärung zu § 3 Abs. 4:
Die Tarifvertragsparteien sind sich einig, dass die allgemeinen Tätigkeitsmerkmale für den Verwaltungsdienst (Teil I der Entgeltordnung) eine Auffangfunktion in dem gleichen Umfang besitzen wie – bestätigt durch die ständige Rechtsprechung des BAG – die ersten Fallgruppen des Allgemeinen Teils der Anlage 1a zum BAT.

§ 4 Ständige Vertreterinnen und Vertreter

Ständige Vertreterinnen und Vertreter sind nicht die Vertreterinnen und Vertreter in Urlaub- und sonstigen Abwesenheitsfällen.

§ 5 Unterstellungsverhältnisse

[1]Soweit die Eingruppierung von der Zahl der unterstellten Beschäftigten abhängig ist, rechnen hierzu auch Beamtinnen und Beamte sowie Soldatinnen und Soldaten der vergleichbaren Besoldungsgruppen. [2]Für diesen Zweck ist vergleichbar:

der Entgeltgruppe	die Besoldungsgruppe
2	A 2
3	A 3
4	A 4
5	A 5
6	A 6
7	A 7
8	A 8
9a, 9b, 9c	A 9
10	A 10
11	A 11
12	A 12
13	A 13
14	A 14
15	A 15

[3]Bei der Zahl der unterstellten bzw. beaufsichtigten oder der in dem betreffenden Bereich beschäftigten Personen zählen Teilzeitbeschäftigte entsprechend dem Verhältnis der mit ihnen im Arbeitsvertrag vereinbarten Arbeitszeit zur regelmäßigen Arbeitszeit einer/eines Vollzeitbeschäftigten. [4]Für die Eingruppierung ist es unschädlich, wenn im Organisations- und Stellenplan zur Besetzung ausgewiesene Stellen nicht besetzt sind.

Abschnitt II
Voraussetzungen in der Person

§ 6 Voraussetzungen in der Person

Dieser Abschnitt enthält Regelungen zu Voraussetzungen in der Person gemäß § 12 (Bund) Abs. 2 Satz 6 TVöD.

§ 7 Wissenschaftliche Hochschulbildung

[1]Eine abgeschlossene wissenschaftliche Hochschulbildung liegt vor, wenn das Studium an einer staatlichen Hochschule im Sinne des § 1 Hochschulrahmengesetz (HRG) oder einer nach § 70 HRG staatlich anerkannten Hochschule

a) mit einer nicht an einer Fachhochschule abgelegten ersten Staatsprüfung, Magisterprüfung oder Diplomprüfung oder
b) mit einer Masterprüfung

beendet worden ist.

[2]Diesen Prüfungen steht eine Promotion oder die Akademische Abschlussprüfung (Magisterprüfung) einer Philosophischen Fakultät nur in den Fällen gleich, in denen die Ablegung einer ersten Staatsprüfung, einer Masterprüfung oder einer Diplomprüfung nach den einschlägigen Ausbildungsvorschriften nicht vorgesehen ist. [3]Eine abgeschlossene wissenschaftliche Hochschulbildung im Sinne des Satzes 1 Buchst. a setzt voraus, dass die Abschlussprüfung in einem Studiengang abgelegt wurde, der seinerseits mindestens das Zeugnis der Hochschulreife (allgemeine Hochschulreife oder einschlägige fachgebundene Hochschulreife) oder eine andere landesrechtliche Hochschulzugangsberechtigung als Zugangsvoraussetzung erfordert, und für den Abschluss eine Regelstudienzeit von mindestens acht Semestern – ohne etwaige Praxissemester, Prüfungssemester o. Ä. – vorschreibt. [4]Ein Bachelorstudiengang erfüllt diese Voraussetzung auch dann nicht, wenn mehr als sechs Semester für den Abschluss vorgeschrieben sind. [5]Der Masterstudiengang muss nach den Regelungen des Akkreditierungsrats akkreditiert sein. [6]Ein Abschluss an einer ausländischen Hochschule gilt als abgeschlossene wissenschaftliche Hochschulbildung, wenn er von der zuständigen staatlichen Stelle als dem deutschen Hochschulabschluss vergleichbar bewertet wurde.

Protokollerklärung zu Satz 5:
Das Akkreditierungserfordernis ist bis zum 31. Dezember 2029 ausgesetzt.

§ 8 Hochschulbildung

[1]Eine abgeschlossene Hochschulbildung liegt vor, wenn von einer staatlichen Hochschule im Sinne des § 1 Hochschulrahmengesetz (HRG) oder einer nach § 70 HRG staatlich anerkannten Hochschule ein Diplomgrad mit dem Zusatz »Fachhochschule« (»FH«), ein anderer nach § 18 HRG gleichwertiger Abschlussgrad oder ein Bachelorgrad verliehen wurde. [2]Die Abschlussprüfung muss in einem Studiengang abgelegt worden sein, der seinerseits mindestens das Zeugnis der Hochschulreife (allgemeine Hochschulreife oder einschlägige fachgebundene Hochschulreife) oder eine andere landesrechtliche Hochschulzugangsberechtigung als Zugangsvoraussetzung erfordert, und für den Abschluss eine Regelstudienzeit von mindestens sechs Semestern – ohne etwaige Praxissemester, Prüfungssemester o. Ä. – vorschreibt. [3]Der Bachelorstudiengang muss nach den Regelungen des Akkreditierungsrats akkreditiert sein. [4]Dem gleichgestellt sind Abschlüsse in

akkreditierten Bachelorausbildungsgängen an Berufsakademien. [5]§ 7 Satz 6 gilt entsprechend.

Protokollerklärung zu Satz 3 und 4:
Das Akkreditierungserfordernis ist bis zum 31. Dezember 2029 ausgesetzt.

§ 9 Technische Hochschulbildung

[1]Eine abgeschlossene technische Hochschulbildung liegt vor, wenn von einer staatlichen Hochschule im Sinne des § 1 Hochschulrahmengesetz (HRG) oder einer nach § 70 HRG staatlich anerkannten Hochschule ein Diplomgrad mit dem Zusatz »Fachhochschule« (»FH«), ein anderer nach § 18 HRG gleichwertiger Abschlussgrad oder ein Bachelorgrad verliehen wurde, der den Zugang zur Laufbahn des gehobenen technischen Verwaltungsdienstes des Bundes oder des gehobenen naturwissenschaftlichen Dienstes des Bundes eröffnet. [2]§ 7 Satz 6 gilt entsprechend.

§ 10 Geprüfte Meisterinnen und Meister sowie staatliche geprüfte Technikerinnen und Techniker

(1) Geprüfte Meisterinnen und Meister sind Beschäftigte, die eine Meisterprüfung auf Grundlage der Handwerksordnung oder des Berufsbildungsgesetzes bestanden haben.
(2) Staatliche geprüfte Technikerinnen und Techniker sind Beschäftigte, die nach dem Berufsordnungsrecht berechtigt sind, diese Berufsbezeichnung zu führen.

§ 11 Berufsausbildung

[1]Eine abgeschlossene Berufsausbildung liegt vor, wenn eine Abschlussprüfung in einem nach dem Berufsbildungsgesetz oder nach der Handwerksordnung staatlich anerkannten oder als staatlich anerkannt geltenden Ausbildungsberuf mit einer Ausbildungsdauer von mindestens drei Jahren erfolgreich bestanden wurde. [2]In Tätigkeitsmerkmalen genannte Ausbildungsberufe umfassen auch die entsprechenden früheren Ausbildungsberufe.

Niederschriftserklärung zu § 11 Satz 2:
Die Tarifvertragsparteien sind sich einig, dass die Abschlussprüfungen, die nach Teil II Abschnitt L Unterabschnitte III, IV, X und XI der Anlage 1a zum BAT in den Tätigkeitsmerkmalen für Laboranten, Zeichner, Fotografen und Fotolaboranten als »Abschlussprüfung« anerkannt waren, als entsprechende frühere Ausbildungsberufe gelten und damit auch in der Zukunft als »abgeschlossene Berufsausbildung« anerkannt sind.

§ 12 Eingruppierung bei Nichterfüllung einer Vorbildungs- oder Ausbildungsvoraussetzung

(1) Ist in einem Tätigkeitsmerkmal eine Vorbildung oder Ausbildung als Anforderung bestimmt, ohne dass sonstige Beschäftigte, die aufgrund gleichwertiger Fähigkeiten und ihrer Erfahrungen entsprechende Tätigkeiten ausüben, von ihm miterfasst werden, sind Beschäftigte, die die geforderte Vorbildung oder Ausbildung nicht besitzen, bei Erfüllung der sonstigen Anforderungen des Tätigkeitsmerkmals eine Entgeltgruppe niedriger eingruppiert.

(2) Ist in einem Tätigkeitsmerkmal

a) eine Vorbildung oder Ausbildung als Anforderung bestimmt und

b) werden von ihm sonstige Beschäftigte, die aufgrund gleichwertiger Fähigkeiten und ihrer Erfahrungen entsprechende Tätigkeiten ausüben, miterfasst

sind Beschäftigte, die weder die Voraussetzung nach Buchstabe a noch die nach Buchstabe b erfüllen, bei Erfüllung der sonstigen Anforderungen des Tätigkeitsmerkmals eine Entgeltgruppe niedriger eingruppiert.

(3) Die Absätze 1 und 2 gelten entsprechend für Tätigkeitsmerkmale, die bei Erfüllung qualifizierter Anforderungen eine höhere Eingruppierung vorsehen.

(4) Die Absätze 1 bis 3 gelten nicht, wenn die Entgeltordnung in dem jeweiligen Abschnitt neben einem Tätigkeitsmerkmal mit einer Vorbildungs- oder Ausbildungsvoraussetzung ein besonderes Tätigkeitsmerkmal enthält (z. B. »Beschäftigte in der Tätigkeit von …«).

§ 13 Verwaltungseigene Prüfungen

[1]Für die Eingruppierung von Beschäftigten mit körperlich/handwerklich geprägten Tätigkeiten nach Tätigkeitsmerkmalen, welche im Anhang zur Anlage 2 aufgelistet sind, steht eine bestandene verwaltungseigene Prüfung einer abgeschlossenen Berufsausbildung im Sinne von § 11 gleich. [2]Die verwaltungseigene Prüfung ist in Anlage 2 geregelt.

§ 14 Übergangsregelungen DDR-Abschlüsse

(1) [1]Aufgrund des Artikels 37 des Einigungsvertrages und der Vorschriften hierzu als gleichwertig festgestellte Abschlüsse, Prüfungen und Befähigungsnachweise stehen ab dem Zeitpunkt ihres Erwerbs den in den Tätigkeitsmerkmalen geforderten entsprechenden Anforderungen gleich. [2]Ist die Gleichwertigkeit erst nach Erfüllung zusätzlicher Erfordernisse festgestellt worden, gilt die Gleichstellung ab der Feststellung.

(2) Facharbeiterinnen und Facharbeiter mit einem im Beitrittsgebiet erworbenen Facharbeiterzeugnis, das nach Artikel 37 des Einigungsvertrages und den Vorschriften hierzu dem Prüfungszeugnis in einem anerkannten Ausbildungsberuf mit einer Ausbildungsdauer von mindestens drei Jahren bzw. einer kürzeren Ausbildungsdauer gleichgestellt ist, sind bei entsprechender Tätigkeit wie Beschäftigte mit erfolgreich abgeschlossener Ausbildung in einem solchen Ausbildungsberuf eingruppiert.

Abschnitt III
Zulagen

§ 15 Zulage für Vorarbeiterinnen und Vorarbeiter sowie Vorhandwerkerinnen und Vorhandwerker

(1) § 15 gilt nur für Beschäftigte, die nach einem Tätigkeitsmerkmal eingruppiert sind, welches im Anhang zu § 15 aufgelistet ist.
(2) [1]Vorarbeiterinnen und Vorarbeiter erhalten zum Tabellenentgelt eine Zulage. [2]Die Zulage beträgt bis zum 31. März 2025 monatlich 199,92 Euro, vom 1. April 2025 bis zum 30. April 2026 monatlich 205,92 Euro und ab dem 1. Mai 2026 monatlich 211,69 Euro. [3]Vorarbeiterinnen und Vorarbeiter sind Beschäftigte, die aufgrund schriftlicher Bestellung einer Arbeitsgruppe vorstehen und selbst mitarbeiten. [4]Die Gruppe muss außer der Vorarbeiterin oder dem Vorarbeiter aus mindestens zwei Beschäftigten der Entgeltgruppen 1 bis 4 bestehen.
(3) [1]Vorhandwerkerinnen und Vorhandwerker erhalten zum Tabellenentgelt eine Zulage. [2]Die Zulage beträgt bis zum 31. März 2025 monatlich 342,25 Euro, vom 1. April 2025 bis zum 30. April 2026 monatlich 352,52 Euro und ab dem 1. Mai 2026 monatlich 362,39 Euro. [3]Vorhandwerkerinnen und Vorhandwerker sind Beschäftigte mit einer Berufsausbildung nach § 11, die aufgrund schriftlicher Bestellung einer Arbeitsgruppe vorstehen und selbst mitarbeiten. [4]Die Gruppe muss außer der Vorhandwerkerin oder dem Vorhandwerker aus mindestens zwei selbständig tätigen Beschäftigten bestehen, von denen mindestens eine Beschäftigte oder ein Beschäftigter eine Berufsausbildung nach § 11 haben muss. [5]Auszubildende nach dem Tarifvertrag für Auszubildende des öffentlichen Dienstes vom 13. September 2005 in der jeweils geltenden Fassung können im dritten oder vierten Ausbildungsjahr als Beschäftigte mit Berufsausbildung nach § 11 gerechnet werden. [6]Die Zulage für Vorhandwerkerinnen und Vorhandwerker erhalten auch zu Vorarbeiterinnen und Vorarbeitern bestellte Beschäftigte der Entgeltgruppe 5 oder einer höheren Entgeltgruppe; Satz 4 gilt entsprechend.
(4) Im Bereich des Bundesministeriums der Verteidigung und im Bereich der Bundespolizei gilt § 5 entsprechend.

(5) Wird die Bestellung zur Vorarbeiterin oder zum Vorarbeiter oder zur Vorhandwerkerin oder zum Vorhandwerker widerrufen, so ist die Zulage für Vorarbeiterinnen und Vorarbeiter bzw. für Vorhandwerkerinnen und Vorhandwerker für die Dauer von vier Wochen weiterzuzahlen, es sei denn, dass die Bestellung von vornherein für eine bestimmte Zeit erfolgt ist.
(6) Die Absätze 2 bis 5 gelten nicht für Beschäftigte im Wachdienst sowie Wächterinnen und Wächter der Entgeltgruppen 4 und 5, Besatzungen von Schiffen und schwimmenden Geräten – mit Ausnahme der Führerinnen und Führer von Schwimmrammen –, Schleusendecksleute sowie Feuerwehrleute.
(7) [1]Im Bereich des Bundesministeriums der Verteidigung rechnen zur Gruppe der Beschäftigten nach Absatz 2 Satz 4 und Absatz 3 Satz 4 auch Beschäftigte von Kooperationspartnern der Bundeswehr. [2]Kooperationspartner der Bundeswehr sind Wirtschaftsunternehmen, die mit der Bundeswehr eine Kooperation im Sinne des Kooperationsgesetzes der Bundeswehr (BwKoopG) eingegangen sind.

§ 16 Ausbildungszulage

(1) [1]Beschäftigte, die nach einem Tätigkeitsmerkmal des Teils III Abschnitt 4 der Entgeltordnung eingruppiert sind, erhalten für die Dauer der Ausübung der Ausbildungstätigkeit als solche eine monatliche Zulage. [2]Die monatliche Zulage erhalten auch Beschäftigte, denen vorübergehend höherwertige Tätigkeiten nach einem Tätigkeitsmerkmal des Teils III Abschnitt 4 der Entgeltordnung übertragen werden, soweit und solange die/der Beschäftigte dafür die persönliche Zulage nach § 14 TVöD erhält. [3]Daneben wird die Zulage nach § 15 nicht gezahlt.
(2) [1]Sofern ein Anspruch auf die Ausbildungszulage nicht für alle Tage eines Kalendermonats besteht, gilt § 24 Abs. 3 TVöD. [2]Die Ausbildungszulage wird bei Unterbrechung der Ausübung der Ausbildungstätigkeit für die Dauer von vier Wochen weitergezahlt.
(3) Die Zulage nach Absatz 1 beträgt bis zum 31. März 2025 monatlich 342,25 Euro, vom 1. April 2025 bis 30. April 2026 monatlich 352,52 Euro und ab dem 1. Mai 2026 362,39 Euro.

§ 17 Entgeltgruppenzulagen

Die in der Entgeltordnung ausgebrachten Entgeltgruppenzulagen betragen:

Nr. der Entgeltgruppenzulage	Betrag bis 31. März 2025	Betrag vom 1. April 2025 bis 30. April 2026	Betrag ab 1. Mai 2026
	Euro je Monat	Euro je Monat	Euro je Monat
1	72,19	74,36	76,44
2	98,43	101,38	104,22
3	110,25	113,56	116,74
4	124,67	128,41	132,01
5	137,77	141,90	145,87
6	146,97	151,38	155,62
7	158,78	163,54	168,12
8	180,55	185,97	191,18

§ 18 Zulagen für Beschäftigte im Pflegedienst

Die Zulagen für Beschäftigte im Pflegedienst gemäß Protokollerklärung Nr. 2 zu Abschnitt 25 Unterabschnitt 2 des Teils IV der Entgeltordnung (Bund) betragen:

Nr. der Zulage	Betrag bis 31. März 2025	Betrag vom 1. April 2025 bis 30. April 2026	Betrag ab 1. Mai 2026
	Euro je Monat	Euro je Monat	Euro je Monat
2	582,61	600,09	616,89
3	540,60	556,82	572,42

§ 19 Dynamisierung der Zulagen

[1]Die Zulagen nach §§ 15 bis 18 verändern sich bei allgemeinen Entgeltanpassungen um den von den Tarifvertragsparteien für die jeweilige Entgeltgruppe festgelegten Vomhundertsatz. [2]Sockelbeträge, Mindestbeträge und vergleichbare nichtlineare Steigerungen bleiben unberücksichtigt.

Abschnitt IV
Schlussvorschriften

§ 20 Inkrafttreten, Laufzeit

(1) Dieser Tarifvertrag tritt am 1. Januar 2014 in Kraft.

(2) Der Tarifvertrag einschließlich Anlagen kann ohne Einhaltung einer Frist, jedoch nur insgesamt, jederzeit schriftlich gekündigt werden, frühestens jedoch zum 31. Dezember 2016; die Nachwirkung dieser Vorschriften wird ausgeschlossen.

Anhang zu § 15

Zulage für Vorarbeiterinnen und Vorarbeiter sowie Vorhandwerkerinnen und Vorhandwerker

Tätigkeitsmerkmale der Entgeltordnung (Anlage 1)

1. Teil II
2. Teil III

   Abschnitt 4, Abschnitt 9, Abschnitt 10, Abschnitt 19, Abschnitt 22, Abschnitt 23, Abschnitt 29, Abschnitt 31 Entgeltgruppen 3 und 4, Abschnitt 33, Abschnitt 37, Abschnitt 38, Abschnitt 39, Abschnitt 44, Abschnitt 45 Entgeltgruppe 3, Entgeltgruppe 4, Entgeltgruppe 5 Fallgruppe 2 und Entgeltgruppe 6 Fallgruppe 2, Abschnitt 48 Entgeltgruppe 8
3. Teil IV
   a) Abschnitt 1 Entgeltgruppen 3 bis 7, Entgeltgruppe 8 Fallgruppen 1 bis 3 und Entgeltgruppe 9a
   b) Abschnitte 4 bis 6,
   c) Abschnitte 12 und 13,
   d) Abschnitt 14 Entgeltgruppe 2 und Entgeltgruppe 3 Fallgruppe 1,
   e) Abschnitte 15 und 16,
   f) Abschnitt 17 Entgeltgruppe 3, Entgeltgruppe 5 und Entgeltgruppe 6 Fallgruppe 1,
   g) Abschnitte 18 und 19,
   h) Abschnitte 21 und 22,
   i) Abschnitt 26 Entgeltgruppe 9a Fallgruppe 2,
   j) Abschnitt 28,
   k) Abschnitt 30,
   l) Abschnitt 31 Entgeltgruppen 5 bis 8.
4. Teil IV
   a) Abschnitt 1 Unterabschnitt 2 Entgeltgruppe 6, Entgeltgruppe 7 Fallgruppe 2 und Entgeltgruppe 8 Fallgruppe 2,

   b) Abschnitt 2 Unterabschnitt 2,
   c) Abschnitt 3 Entgeltgruppen 3 bis 8 und Entgeltgruppe 9a Fallgruppen 1 und 3.
5. Teil VI
   a) Abschnitt 1,
   b) Abschnitt 2 Entgeltgruppen 3 und 5 sowie Entgeltgruppe 6 Fallgruppe 1,
   c) Abschnitte 3 und 4.

Anlagen

Anlage 1 Entgeltordnung

(nicht abgedruckt)

Anlage 2 Richtlinien für verwaltungseigene Prüfungen

(nicht abgedruckt)

E. Tarifvertrag Versorgungsbetriebe (TV-V)

vom 5. Oktober 2000 in der Fassung des Änderungstarifvertrages Nr. 18 vom 6. April 2025

§ 1 Geltungsbereich

(1) [1]Dieser Tarifvertrag gilt für Arbeitnehmer in rechtlich selbständigen Versorgungsbetrieben, die dem Betriebsverfassungsgesetz unterliegen, in der Regel mehr als 20 wahlberechtigte Arbeitnehmer beschäftigen und Mitglieder der Arbeitgeberverbände sind, die der Vereinigung der kommunalen Arbeitgeberverbände (VKA) angehören. [2]Rechtlich selbständige Versorgungsbetriebe sind solche Unternehmen, die nach Satzung oder Gesellschaftsvertrag Energie- und/oder Wasserversorgung einschließlich zugehöriger Dienstleistungen betreiben, wenn in den genannten Bereichen mindestens 90 v. H. des Gesamtpersonalbestandes eingesetzt sind. [3]Ausgenommen sind Unternehmen, die in einen Konzern eingebunden sind, dem auch Unternehmen mit anderen Unternehmenszwecken angehören, wenn die hierfür eingesetzten Beschäftigten mindestens 10 v. H. des Gesamtpersonalbestandes des Konzerns ausmachen.

(2) Ungeachtet der Voraussetzungen des Absatzes 1 können Betriebe durch landesbezirklichen Tarifvertrag ganz oder teilweise in den Geltungsbereich einbezogen oder ausgenommen werden.

(3) Dieser Tarifvertrag gilt nicht für

a) leitende Angestellte im Sinne von § 5 Abs. 3 des Betriebsverfassungsgesetzes (BetrVG), wenn ihre Arbeitsbedingungen einzelvertraglich besonders vereinbart sind, sowie Arbeitnehmer, die ein über die höchste Entgeltgruppe dieses Tarifvertrages hinausgehendes Entgelt erhalten,
b) Auszubildende, Volontäre und Praktikanten,
c) Arbeitnehmer, für die Eingliederungsleistungen gewährt werden,
d) geringfügig beschäftigte Arbeitnehmer im Sinne des § 8 Abs. 1 Nr. 2 SGB IV,
e) Arbeitnehmer nach § 6 Abs. 4 Satz 2, für die – abweichend von § 18 – eine eigenständige betriebliche Regelung zur Alters- und Hinterbliebenenversorgung besteht; eine landesbezirkliche Vereinbarung nach Absatz 2 bleibt unberührt.

(4) Dieser Tarifvertrag gilt nicht für den Bereich der Arbeitsrechtlichen Vereinigung Hamburg e. V.

(5) Die in diesem Tarifvertrag verwendete Bezeichnung »Arbeitnehmer« umfasst weibliche und männliche Arbeitnehmer.

Protokollerklärung zu § 1 Abs. 1:
Die Geltung des TV-V nach § 1 Abs. 1 besteht auch dann fort, wenn die hierfür erforderlichen Voraussetzungen (z.B. Unterschreiten des Quorums von 90 v.H. des Gesamtpersonalbestandes) wegfallen; § 1 Abs. 2 bleibt unberührt.

Protokollerklärung zu § 1 Abs. 1 Satz 2:
Versorgungsbetriebe im Sinne von Absatz 1 Satz 2 sind auch rechtlich selbständige Netz- und Netzservicegesellschaften.

Niederschriftserklärung zu § 1 Abs. 2:
Auf Antrag eines Betriebes sind vom kommunalen Arbeitgeberverband Tarifverhandlungen über eine Einbeziehung in den Tarifvertrag Versorgungsbetriebe aufzunehmen.

§ 2 Arbeitsvertrag, Probezeit

(1) [1]Der Arbeitsvertrag wird schriftlich unter Angabe der Entgeltgruppe abgeschlossen. [2]Nebenabreden sind schriftlich zu vereinbaren. [3]In der Nebenabrede kann vereinbart werden, dass sie jederzeit mit einer Frist von zwei Wochen zum Monatsende gesondert gekündigt werden kann.
(2) [1]Die ersten drei Monate der Beschäftigung gelten als Probezeit. [2]Im Arbeitsvertrag kann auf eine Probezeit verzichtet oder eine andere Probezeit, längstens von sechs Monaten, vereinbart werden. [3]Bei Einstellung von Auszubildenden in unmittelbarem Anschluss an das Ausbildungsverhältnis in ein ausbildungsadäquates Arbeitsverhältnis entfällt die Probezeit, wenn die Ausbildung überwiegend im übernehmenden Betrieb stattgefunden hat; im Übrigen soll von einer Probezeit abgesehen werden, wenn der Arbeitnehmer in unmittelbarem Anschluss an ein erfolgreich abgeschlossenes Ausbildungsverhältnis bei demselben Arbeitgeber eingestellt wird.

Protokollerklärung zu § 2 Abs. 2 Satz 3:
Satz 3 1. Halbsatz findet auch dann Anwendung, wenn bei Verbundausbildung innerhalb eines Konzerns im Sinne des § 18 des Aktiengesetzes die Ausbildung überwiegend für den zu übernehmenden Betrieb stattgefunden hat.

§ 3 Allgemeine Pflichten

(1) [1]Der Arbeitnehmer hat die ihm übertragenen Aufgaben gewissenhaft und ordnungsgemäß auszuführen. [2]Er ist verpflichtet, den Anordnungen des Arbeitgebers nachzukommen.
(2) [1]Jede entgeltliche Nebenbeschäftigung muss dem Arbeitgeber rechtzeitig vor Ausübung schriftlich angezeigt werden. [2]Der Arbeitgeber kann

die Ausübung einer Nebenbeschäftigung untersagen, wenn sie geeignet ist, die Erfüllung der arbeitsvertraglichen Pflichten des Arbeitnehmers oder berechtigte Interessen des Arbeitgebers zu beeinträchtigen.
(3) [1]Der Arbeitgeber ist bei gegebener Veranlassung berechtigt, den Arbeitnehmer durch einen Vertrauensarzt dahingehend untersuchen zu lassen, ob er zur Leistung der arbeitsvertraglich geschuldeten Tätigkeit in der Lage ist. [2]Die Kosten dieser Untersuchung trägt der Arbeitgeber.
(4) [1]Werden Aufgaben der Arbeitnehmer zu einem Dritten verlagert, ist auf Verlangen des Arbeitgebers bei weiter bestehendem Arbeitsverhältnis die arbeitsvertraglich geschuldete Arbeitsleistung bei dem Dritten zu erbringen (Personalgestellung). [2]§ 613a BGB sowie gesetzliche Kündigungsrechte bleiben unberührt.
(5) Landesbezirklich kann eine über § 1 Abs. 1b AÜG hinausgehende Überlassungshöchstdauer vereinbart werden.
(6) Die Schadenshaftung der Beschäftigten ist bei dienstlich oder betrieblich veranlassten Tätigkeiten auf Vorsatz und grobe Fahrlässigkeit beschränkt.

Protokollerklärung zu § 3 Abs. 3:
Vertrauensarzt ist derjenige, der gemeinsam von den Betriebsparteien festgelegt worden ist.

Protokollerklärung zu § 3 Abs. 4:
[1]Personalgestellung ist – unter Fortsetzung des bestehenden Arbeitsverhältnisses – die auf Dauer angelegte Beschäftigung bei einem Dritten. [2]Die Modalitäten der Personalgestellung werden zwischen dem Arbeitgeber und dem Dritten vertraglich geregelt.

§ 4 Betriebszugehörigkeit

Betriebszugehörigkeit ist die bei demselben Arbeitgeber in einem Arbeitsverhältnis zurückgelegte Zeit.

§ 5 Eingruppierung

(1) [1]Der Arbeitnehmer ist entsprechend seiner mindestens zur Hälfte regelmäßig auszuübenden Tätigkeit in einer Entgeltgruppe nach Anlage 1 eingruppiert. [2]Soweit in Anlage 1 ausdrücklich ein von Satz 1 abweichendes Maß bestimmt ist, gilt dieses. [3]Erreicht keine der vom Arbeitnehmer auszuübenden Tätigkeiten das in Satz 1 oder 2 geforderte Maß, werden höherwertige Tätigkeiten zu der jeweils nächstniedrigeren Tätigkeit hinzugerechnet.
(2) [1]Die Entgeltgruppen 2 bis 15 sind in sechs Stufen aufgeteilt. [2]Beginnend mit der Stufe 1 erreicht der Arbeitnehmer die jeweils nächste Stufe inner-

halb seiner Entgeltgruppe unter Berücksichtigung der Betriebszugehörigkeit (§ 4) nach folgenden Zeiten:

Stufe 2 nach zwei Jahren in Stufe 1,
Stufe 3 nach zwei Jahren in Stufe 2,
Stufe 4 nach drei Jahren in Stufe 3,
Stufe 5 nach vier Jahren in Stufe 4,
Stufe 6 nach vier Jahren in Stufe 5.

[3]Förderliche Zeiten können für die Stufenzuordnung berücksichtigt werden. [4]Bei Leistungen, die erheblich über dem Durchschnitt liegen, kann die erforderliche Zeit in den Stufen verkürzt werden. [5]Bei Leistungen, die erheblich unter dem Durchschnitt liegen, kann die erforderliche Zeit in jeder Stufe einmal bis zur Hälfte verlängert werden. [6]Für Beschwerdefälle ist die betriebliche Kommission (§ 6 Abs. 5 mit dem entsprechenden Verfahren) zuständig.

(2a) [1]Bei Eingruppierung in eine höhere Entgeltgruppe aus den Entgeltgruppen 2 bis 14 wird der Arbeitnehmer der gleichen Stufe zugeordnet, die er in der niedrigeren Entgeltgruppe erreicht hat. [2]Die Stufenlaufzeit in der höheren Entgeltgruppe beginnt mit dem Tag der Höhergruppierung.

(3) [1]Wird einem Arbeitnehmer vorübergehend eine höherwertige Tätigkeit übertragen und hat er sie mindestens einen Monat ausgeübt, erhält er eine Zulage für die Dauer der Übertragung. [2]Die Zulage bemisst sich aus dem Unterschied zwischen dem Entgelt, das dem Arbeitnehmer zustehen würde, wenn er in der nächsthöheren Entgeltgruppe eingruppiert wäre, und der Entgeltgruppe, in der er eingruppiert ist.

Protokollerklärung zu § 5 Abs. 2 Satz 5:
Bei Leistungsminderungen, die auf einem anerkannten Arbeitsunfall beruhen, ist diese Ursache in geeigneter Weise zu berücksichtigen.

Protokollerklärung zu § 5 Abs. 2 und § 6 Abs. 5 und 6:
Die Mitwirkung der Kommission erfasst nicht die Vergabeentscheidung.

Protokollerklärung zu § 5 Abs. 3:
Die Regelung gilt auch für die Vertretung von Vorhandwerkern und Vorarbeitern.

Niederschriftserklärung zu § 5 Abs. 1 Satz 3:
Bei Teiltätigkeiten, die unterschiedlichen Entgeltgruppen zuzuordnen sind, soll auf der Grundlage der nachfolgenden Beispiele verfahren werden:

Beispiel 1:
Auszuübende Teiltätigkeiten:

Entgeltgruppe	Umfang der Teiltätigkeit
8	25
7	45
6	30

Die 25 % der Teiltätigkeit in EGr. 8 sind der nächstniedrigeren EGr. 7 zuzurechnen (25 % + 45 % = 70 %). Damit ist die mindestens zur Hälfte auszuübende Tätigkeit erreicht. Der Arbeitnehmer ist in EGr. 7 eingruppiert.

Beispiel 2:
Auszuübende Teiltätigkeiten:

Entgeltgruppe	Umfang der Teiltätigkeit
8	20
7	20
6	20
5	20
4	20

Die 20 % der Teiltätigkeit in EGr. 8 sind der nächstniedrigeren EGr. 7 zuzurechnen (20 % + 20 % = 40 %). Damit ist die mindestens zur Hälfte auszuübende Tätigkeit noch nicht erreicht. Diese 40 % Teiltätigkeiten werden wiederum der nächstniedrigeren EGr. 6 zugerechnet (40 % + 20 % = 60 %). Damit ist die mindestens zur Hälfte auszuübende Tätigkeit erreicht. Der Arbeitnehmer ist in EGr. 6 eingruppiert.

Beispiel 3:
Auszuübende Teiltätigkeiten:

Entgeltgruppe	Umfang der Teiltätigkeit
8	35
7	15
6	20
5	30

Die 35 % der Teiltätigkeit in EGr. 8 sind der nächstniedrigeren EGr. 7 zuzurechnen (35 % + 15 % = 50 %). Damit ist die mindestens zur Hälfte auszuübende Tätigkeit erreicht. Der Arbeitnehmer ist in EGr. 7 eingruppiert.

§ 6 Entgelt

(1) Die Arbeitnehmer erhalten Entgelt nach der Anlage 2.

(2) [1]Bemessungszeitraum für das Entgelt des Arbeitnehmers ist der Kalendermonat. [2]Die Zahlung erfolgt zum letzten Tag des laufenden Monats auf ein von dem Arbeitnehmer eingerichtetes Girokonto im Inland.

(3) [1]Bemessungsgrundlage für die Fortzahlung des Entgelts nach den § 8 Abs. 3 Satz 2, § 13 Abs. 1, § 14 Abs. 1 und 4 und § 15 Abs. 2 bis 4 ist der Durchschnitt der tariflichen Entgelte, die in den letzten drei dem maßgeblichen Ereignis für die Fortzahlung vorhergehenden vollen Kalendermonate gezahlt worden sind. [2]Ausgenommen hiervon sind das zusätzlich für Überstunden gezahlte Arbeitsentgelt (mit Ausnahme der dienstplanmäßig vorgesehenen Überstunden), Leistungszulagen (Absatz 5), Leistungsprämien (Absatz 6), Sonderzahlungen (§ 16) sowie besondere Zahlungen (§ 17 Abs. 1).

(4) [1]Zur Ermittlung des Stundenentgelts ist das Entgelt (Absatz 1) durch das 4,348-fache der regelmäßigen wöchentlichen Arbeitszeit (§ 8 Abs. 1 Satz 1) zu teilen. [2]Die Stundenentgelte der Arbeitnehmer werden in der Anlage 3 ausgewiesen.

(5) [1]An Arbeitnehmer, deren Leistungen hinsichtlich der Arbeitsqualität oder Arbeitsquantität erheblich über dem Durchschnitt der Leistungen liegen, die normalerweise zu erwarten sind, können jederzeit widerruflich Leistungszulagen gewährt werden, wenn ihre Leistungen zum wirtschaftlichen Erfolg des Betriebes beigetragen haben. [2]Über die Leistungszulage ist jährlich neu zu entscheiden. [3]Die Kriterien für Leistungszulagen und das Verfahren werden in einem betrieblich zu vereinbarenden System festgelegt. [4]Bei der Entwicklung und beim ständigen Controlling des Systems wirkt eine betriebliche Kommission mit, deren Mitglieder je zur Hälfte vom Arbeitgeber und vom Betriebs-/Personalrat aus dem Betrieb benannt werden. [5]Die betriebliche Kommission ist auch für die Beratung von schriftlich begründeten Beschwerden zuständig, die sich auf Mängel des Systems bzw. seiner Anwendung beziehen. [6]Der Arbeitgeber entscheidet auf Vorschlag der betrieblichen Kommission darüber, ob und in welchem Umfang der Beschwerde im Wege der Korrektur des Systems bzw. von Systembestandteilen oder auch von einzelnen konkreten Anwendungsfällen abgeholfen werden soll.

(6) [1]Arbeitnehmer, deren Arbeitsaufgabe die Erreichung von vereinbarten oder festgelegten besonderen Zielen umfasst, können entsprechend der Zielerreichung eine Leistungsprämie erhalten. [2]Leistungsprämien können auch an Gruppen von Arbeitnehmern gewährt werden. [3]Absatz 5 Sätze 3 bis 6 gilt entsprechend.

(7) Die nach den Absätzen 5 und 6 gewährten leistungsbezogenen Entgelte sind nicht zusatzversorgungspflichtig.

Protokollerklärung zu § 5 Abs. 2 und § 6 Abs. 5 und 6:
Die Mitwirkung der Kommission erfasst nicht die Vergabeentscheidung.

Protokollerklärung zu § 6 Abs. 2 Satz 2:
Die Umstellung des Zahlungstages vom 15. auf den letzten Tag des laufenden Monats kann nur im Dezember beginnen. Betrieblich kann auf die Umstellung ganz oder zeitweise verzichtet werden.

Niederschriftserklärung zu § 6:
Zusätzliche Entgeltbestandteile (z. B. Zeitzuschläge, Erschwerniszuschläge, Entgelt für Rufbereitschaft nach § 10 Abs. 3) können pauschaliert werden.

§ 6a Alternative Anreize

(1) Durch Betriebs- oder einvernehmliche Dienstvereinbarung kann geregelt werden, dass arbeitgeberfinanzierte Maßnahmen zur Verbesserung der Arbeitsplatzattraktivität, der Gesundheitsförderung oder der Nachhaltigkeit (alternative Anreize) getroffen werden (z. B. Zuschüsse für Fitnessstudios, Fahrkostenzuschüsse für ÖPNV/Job-Ticket, Sachbezüge und Kita-Zuschüsse).
(2) In der Betriebs- oder Dienstvereinbarung nach Absatz 1 sind die Kriterien für die alternativen Anreize und das Verfahren festzulegen.

§ 7 Teilzeitbeschäftigung

(1) Wünscht der vollbeschäftigte Arbeitnehmer Teilzeitarbeit, so ist dem Rechnung zu tragen, wenn die betrieblichen Verhältnisse es zulassen.
(2) Ist mit einem früher vollbeschäftigten Arbeitnehmer auf seinen Wunsch eine nicht befristete Teilzeitbeschäftigung vereinbart worden, soll der Arbeitnehmer bei späterer Besetzung eines Vollzeitarbeitsplatzes bei gleicher Eignung im Rahmen der betrieblichen Möglichkeiten bevorzugt berücksichtigt werden.
(3) Bei teilzeitbeschäftigten Arbeitnehmern sind die Leistungen nach § 6 Abs. 1 und § 16 Abs. 1 sowie die Leistung des Arbeitgebers und der Eigenbetrag des Arbeitnehmers nach § 17 Abs. 2 entsprechend dem Verhältnis der vereinbarten durchschnittlichen regelmäßigen Arbeitszeit zur regelmäßigen Arbeitszeit eines entsprechenden vollbeschäftigten Arbeitnehmers zu bemessen; *bei Arbeitnehmern mit einer erhöhten Arbeitszeit gemäß § 8 Abs. 1a bemessen sich diese Leistungen an dem Umfang, der ihrer individuell erhöhten regelmäßigen durchschnittlichen wöchentlichen Arbeitszeit gemäß § 8 Abs. 1a Satz 1 entspricht.**

* § 7 Abs. 3 2. Halbs. tritt am 1. Januar 2026 in Kraft.

Protokollerklärungen zu § 7 Abs. 1:

(1) [1]Mit vollbeschäftigten Arbeitnehmern soll auf Antrag eine geringere als die regelmäßige Arbeitszeit (§ 8) vereinbart werden, wenn sie

a) mindestens ein Kind unter 18 Jahren oder

b) einen nach ärztlichem Gutachten pflegebedürftigen sonstigen Angehörigen tatsächlich betreuen oder pflegen und dringende betriebliche Belange nicht entgegenstehen. [2]Die Teilzeitbeschäftigung ist auf Antrag auf bis zu fünf Jahre zu befristen. [3]Sie kann verlängert werden; der Antrag ist spätestens sechs Monate vor Ablauf der vereinbarten Teilzeitbeschäftigung zu stellen. [4]§ 7 Abs. 1 gilt sinngemäß auch für Arbeitnehmer, die einen Antrag auf Beurlaubung ohne Fortzahlung des Entgeltes stellen.

(2) Wünscht der teilzeitbeschäftigte Arbeitnehmer eine weitere Reduzierung seiner Arbeitszeit, so gilt die Regelung entsprechend.

§ 8 Regelmäßige Arbeitszeit

(1) [1]Die regelmäßige Arbeitszeit beträgt ausschließlich der Pausen durchschnittlich 39 Stunden. [2]Bei Wechselschichtarbeit werden die gesetzlich vorgeschriebenen Pausen in die Arbeitszeit eingerechnet. [3]Die regelmäßige Arbeitszeit kann auf fünf Tage, aus notwendigen betrieblichen Gründen auch auf sechs Tage verteilt werden.

*(1a) 1Abweichend von Absatz 1 können Arbeitnehmer und Arbeitgeber im gegenseitigen Einvernehmen, frühestens nach Ablauf der Probezeit nach § 2 Abs. 2, die Erhöhung der regelmäßigen Arbeitszeit auf bis zu durchschnittlich 42 Stunden wöchentlich (ausschließlich der Pausen) in Textform vereinbaren. 2Bei der Übernahme von Auszubildenden sowie dual Studierenden im Geltungsbereich des Tarifvertrages für Studierende in ausbildungsintegrierten dualen Studiengängen im öffentlichen Dienst (TVSöD) oder des Tarifvertrages für Studierende in einem dualen Hebammenstudium im öffentlichen Dienst (TVHöD) darf die Vereinbarung gemäß Satz 1 nicht bereits mit Beginn des Arbeitsverhältnisses geschlossen werden. 3Die Erhöhung ist auf maximal 18 Monate zu befristen. 4Verlängerungen sind nur befristet und nur in gegenseitigem Einvernehmen möglich. 5Die Verlängerungen können jeweils bis zu 18 Monate betragen. 6Die Vereinbarung kann aus wichtigem Grund in Textform mit einer Frist von vier Wochen zum Monatsende gekündigt werden. 7Soweit tarifvertraglich auf die regelmäßige durchschnittliche wöchentliche Arbeitszeit von vollbeschäftigten Arbeitnehmern Bezug genommen wird, gilt in diesem Fall die individuell erhöhte regelmäßige wöchentliche Arbeitszeit nach Satz 1. 8Näheres kann durch eine Betriebs- oder einvernehmliche Dienstvereinbarung geregelt werden.**

(2) [1]Für die Berechnung des Durchschnitts der regelmäßigen wöchentlichen Arbeitszeit ist ein Zeitraum von bis zu einem Jahr zugrundezulegen.

* § 8 Abs. 1a tritt am 1. Januar 2026 in Kraft.

[2]Bei Arbeitnehmern, die ständig Wechselschicht- oder Schichtarbeit zu leisten haben, kann ein längerer Zeitraum zugrundegelegt werden.
(3) [1]Die regelmäßige Arbeitszeit vermindert sich für jeden gesetzlichen Feiertag, der auf einen Werktag fällt, um die dienstplanmäßig ausgefallenen Stunden. [2]Soweit es die betrieblichen Verhältnisse zulassen, wird der Arbeitnehmer am 24. Dezember und am 31. Dezember unter Fortzahlung des Entgeltes nach § 6 Abs. 3 von der Arbeit freigestellt. [3]Kann die Freistellung nach Satz 2 aus betrieblichen Gründen nicht erfolgen, ist entsprechender Freizeitausgleich innerhalb von drei Monaten zu gewähren.
(4) Aus dringenden betrieblichen Gründen (z. B. Revision, Störungen, außergewöhnliche Reparaturarbeiten) kann auf der Grundlage einer Betriebs- oder Dienstvereinbarung im Rahmen der §§ 7 und 12 ArbZG von den Vorschriften des Arbeitszeitgesetzes abgewichen werden.
(5) Der Arbeitnehmer ist im Rahmen begründeter betrieblicher Notwendigkeiten zur Leistung von Sonntags-, Feiertags-, Nacht-, Wechselschicht-, Schichtarbeit sowie zu Bereitschaftsdienst, Rufbereitschaft, Überstunden und Mehrarbeit verpflichtet.
(6) [1]Durch Betriebs- oder Dienstvereinbarung kann ein wöchentlicher Arbeitszeitkorridor von bis zu 45 Stunden eingerichtet werden. [2]Die innerhalb eines Arbeitszeitkorridors geleisteten zusätzlichen Arbeitsstunden werden im Rahmen des nach Absatz 2 Satz 1 festgelegten Zeitraumes ausgeglichen.
(7) [1]Durch Betriebs- oder Dienstvereinbarung kann in der Zeit von 6 bis 21 Uhr eine tägliche Rahmenzeit von bis zu 13 Stunden eingeführt werden. [2]Die innerhalb der täglichen Rahmenzeit geleisteten zusätzlichen Arbeitsstunden werden im Rahmen des nach Absatz 2 Satz 1 festgelegten Zeitraumes ausgeglichen.
(8) Die Absätze 6 und 7 gelten nur alternativ und nicht bei Wechselschicht- und Schichtarbeit.
(9) Für einen Betrieb, in dem ein Personalvertretungsgesetz Anwendung findet, kann eine Regelung nach Absatz 4, Absatz 6 Satz 1 und Absatz 7 Satz 1 in einem landesbezirklichen Tarifvertrag getroffen werden, wenn eine Dienstvereinbarung nicht einvernehmlich zustande kommt.
(10) [1]Bei Dienstreisen gilt nur die Zeit der dienstlichen Inanspruchnahme am auswärtigen Geschäftsort als Arbeitszeit. [2]Für jeden Tag einschließlich der Reisetage wird jedoch mindestens die auf ihn entfallende regelmäßige, durchschnittliche oder dienstplanmäßige Arbeitszeit berücksichtigt, wenn diese bei Nichtberücksichtigung der Reisezeit nicht erreicht würde. [3]Überschreiten nicht anrechenbare Reisezeiten insgesamt 15 Stunden im Monat, so werden auf Antrag 25 v. H. dieser überschreitenden Zeiten bei fester Arbeitszeit als Freizeitausgleich gewährt und bei gleitender Arbeitszeit im Rahmen der jeweils geltenden Vorschriften auf die Arbeitszeit angerechnet. [4]Der besonderen Situation von Teilzeitbeschäftigten ist Rechnung zu tragen.

[5]Soweit Einrichtungen in privater Rechtsform oder andere Arbeitgeber nach eigenen für die Beschäftigten günstigeren Grundsätzen oder Abmachungen verfahren, sind diese abweichend von den Sätzen 1 bis 4 maßgebend.

Protokollerklärungen zu § 8 Abs. 3 Satz 1:
Die Verminderung der regelmäßigen Arbeitszeit betrifft die Arbeitnehmer, die wegen des Dienstplans am Feiertag frei haben und deshalb ohne diese Regelung nacharbeiten müssten.

Protokollerklärung zu § 8 Abs. 4:
Wenn es zum Erhalt einer regelmäßigen Schichtfolge erforderlich ist, kann an Sonn- und Feiertagen die tägliche Arbeitszeit verlängert werden.

Niederschriftserklärung zu § 8 Abs. 9:
Eine einvernehmliche Dienstvereinbarung liegt nur ohne Entscheidung der Einigungsstelle vor.

§ 9 Sonderformen der Arbeit

(1) [1]Wechselschichtarbeit ist die Arbeit nach einem Schichtplan, der einen regelmäßigen Wechsel der täglichen Arbeitszeit in Wechselschichten vorsieht, bei denen der Arbeitnehmer durchschnittlich längstens nach Ablauf eines Monats erneut zur Nachtschicht herangezogen wird. [2]Wechselschichten sind wechselnde Arbeitsschichten, in denen ununterbrochen bei Tag und Nacht, werktags, sonntags und feiertags gearbeitet wird. [3]Nachtschichten sind Arbeitsschichten, die mindestens zwei Stunden Nachtarbeit umfassen.
(2) Schichtarbeit ist die Arbeit nach einem Schichtplan, der einen regelmäßigen Wechsel des Beginns der täglichen Arbeitszeit um mindestens zwei Stunden in Zeitabschnitten von längstens einem Monat vorsieht, und die innerhalb einer Zeitspanne von mindestens 13 Stunden geleistet wird.
(3) Bereitschaftsdienst leistet der Arbeitnehmer, der sich auf Anordnung des Arbeitgebers außerhalb der regelmäßigen Arbeitszeit an einer vom Arbeitgeber bestimmten Stelle aufhält, um im Bedarfsfall die Arbeit aufzunehmen.
(4) [1]Rufbereitschaft leistet der Arbeitnehmer, der sich auf Anordnung des Arbeitgebers außerhalb der regelmäßigen Arbeitszeit an einer dem Arbeitgeber anzuzeigenden Stelle aufhält, um auf Abruf die Arbeit aufzunehmen. [2]Rufbereitschaft wird nicht dadurch ausgeschlossen, dass der Arbeitnehmer vom Arbeitgeber mit einem Europieper, einem Funktelefon oder einem vergleichbaren technischen Hilfsmittel ausgestattet ist. [3]Der Arbeitgeber darf Rufbereitschaft nur anordnen, wenn erfahrungsgemäß lediglich in Ausnahmefällen Arbeit anfällt.
(5) Nachtarbeit ist die Arbeit zwischen 21 Uhr und 6 Uhr.

(6) Mehrarbeit sind die Arbeitsstunden, die der teilzeitbeschäftigte Arbeitnehmer über die vereinbarte regelmäßige Arbeitszeit hinaus bis zur regelmäßigen wöchentlichen Arbeitszeit eines Vollbeschäftigten (§ 8 Abs. 1 Satz 1) leistet.

(7) Überstunden sind die auf Anordnung des Arbeitgebers geleisteten Arbeitsstunden, die über die im Rahmen der regelmäßigen Arbeitszeit eines Vollbeschäftigten (§ 8 Abs. 1 Satz 1) für die Woche dienstplanmäßig bzw. betriebsüblich festgesetzten Arbeitsstunden hinausgehen.

(8) Abweichend von Absatz 7 sind nur die Arbeitsstunden Überstunden, die

a) im Falle der Festlegung eines Arbeitszeitkorridors nach § 8 Abs. 6 über 45 Stunden oder über die vereinbarte Obergrenze hinaus,
b) im Falle der Einführung einer täglichen Rahmenzeit nach § 8 Abs. 7 außerhalb der Rahmenzeit,
c) im Falle von Wechselschicht- oder Schichtarbeit über die im Schichtplan festgelegten täglichen Arbeitsstunden einschließlich der im Schichtplan vorgesehenen Arbeitsstunden, die bezogen auf die regelmäßige wöchentliche Arbeitszeit im Schichtplanturnus nicht ausgeglichen werden,

angeordnet worden sind.

*(9) [1]Erhöhungsstunden sind die nach § 8 Abs. 1a vereinbarten Arbeitsstunden, die über die regelmäßige durchschnittliche wöchentliche Arbeitszeit von vollbeschäftigten Arbeitnehmern (§ 8 Abs. 1 Satz 1) hinausgehen. [2]Erhöhungsstunden sind keine Überstunden nach Absatz 7 und 8.**

§ 10 Ausgleich für Sonderformen der Arbeit

(1) [1]Der Arbeitnehmer erhält neben dem Entgelt für die tatsächliche Arbeitsleistung Zeitzuschläge. [2]Sie betragen je Stunde

a)	für Überstunden	30 v. H.
b)	für Nachtarbeit	25 v. H.,
c)	für Sonntagsarbeit	25 v. H.,
d)	für Arbeit an Ostersonntag und Pfingstsonntag	35 v. H.,
e)	für Feiertagsarbeit	135 v. H.,
f)	für Arbeit am 24. Dezember und am 31. Dezember	40 v. H.,
g)	für Arbeit an Samstagen ab 13 Uhr, soweit diese nicht im Rahmen von Wechselschicht- oder Schichtarbeit anfällt	20 v. H.

* § 9 Abs. 9 tritt am 1. Januar 2026 in Kraft.

des auf eine Stunde entfallenden Anteils des monatlichen Entgelts der Stufe 2 der jeweiligen Entgeltgruppe nach Maßgabe der Anlage 3. [3]Beim Zusammentreffen von Zeitzuschlägen nach Satz 2 Buchst. c bis g wird nur der höchste Zeitzuschlag gezahlt. [4]Auf Wunsch des Arbeitnehmers können, soweit ein Arbeitszeitkonto (§ 11) eingerichtet ist und die betrieblichen Verhältnisse es zulassen, die nach Satz 2 zu zahlenden Zeitzuschläge im Verhältnis 1:1 in Zeit umgewandelt und ausgeglichen werden. [5]Dies gilt entsprechend für Überstunden als solche.

(2) Für Arbeitsstunden, die keine Überstunden sind und die aus betrieblichen Gründen nicht innerhalb des nach § 8 Abs. 2 Satz 1 oder 2 festgelegten Zeitraums mit Freizeit ausgeglichen werden, erhält der Arbeitnehmer je Stunde 100 v.H. des auf eine Stunde entfallenden Anteils des monatlichen Entgelts der jeweiligen Entgeltgruppe und Stufe nach Maßgabe der Anlage 3.

(3) [1]Für die Rufbereitschaft wird eine tägliche Pauschale je Entgeltgruppe bezahlt. [2]Sie beträgt für die Tage Montag bis Freitag das Zweifache, für Samstag, Sonntag sowie für Feiertage das Vierfache des tariflichen Stundenentgelts nach Maßgabe der Anlage 3. [3]Maßgebend für die Bemessung der Pauschale nach Satz 2 ist der Tag, an dem die Rufbereitschaft beginnt. [4]Für die Arbeitsleistung innerhalb der Rufbereitschaft außerhalb des Aufenthaltsortes im Sinne des § 9 Abs. 4 wird die Zeit jeder einzelnen Inanspruchnahme einschließlich der hierfür erforderlichen Wegezeiten jeweils auf eine volle Stunde gerundet und mit dem Entgelt für Überstunden sowie mit etwaigen Zeitzuschlägen nach Absatz 1 bezahlt. [5]Wird die Arbeitsleistung innerhalb der Rufbereitschaft am Aufenthaltsort im Sinne des § 9 Abs. 4 telefonisch (z.B. in Form einer Auskunft) oder mittels technischer Einrichtungen (z.B. Tablets) erbracht, wird abweichend von Satz 4 die Summe der Arbeitsleistungen für jeden angefangenen 24-Stundenzeitraum der Rufbereitschaft auf die nächste volle Stunde gerundet und mit dem Entgelt für Überstunden sowie mit etwaigen Zeitzuschlägen nach Absatz 1 bezahlt. [6]Absatz 1 Satz 4 gilt entsprechend.

(4) Das Entgelt für Bereitschaftsdienst wird landesbezirklich geregelt.

(5) [1]Der Arbeitnehmer, der ständig Wechselschichtarbeit leistet, erhält eine Wechselschichtzulage bis 31. Mai 2025 von 232,68 Euro, vom 1. Juni 2025 bis 31. Mai 2026 von 244,55 Euro und ab 1. Juni 2026 von 247,61 Euro monatlich. [2]Der Arbeitnehmer, der nicht ständig Wechselschichtarbeit leistet, erhält eine Wechselschichtzulage bis 31. Mai 2025 von 1,32 Euro, vom 1. Juni 2025 bis 31. Mai 2026 von 1,39 Euro und ab 1. Juni 2026 von 1,41 Euro pro Stunde.

(6) [1]Der Arbeitnehmer, der ständig Schichtarbeit leistet, erhält eine Schichtzulage bis 31. Mai 2025 von 147,35 Euro, vom 1. Juni 2025 bis 31. Mai 2026 von 154,86 Euro und ab 1. Juni 2026 von 156,80 Euro monatlich. [2]Der Arbeitnehmer, der nicht ständig Schichtarbeit leistet, erhält eine Schichtzula-

ge bis 31. Mai 2025 von 0,87 Euro, vom 1. Juni 2025 bis 31. Mai 2026 von 0,91 Euro und ab 1. Juni 2026 von 0,92 Euro pro Stunde.

(7) [1]Der Arbeitnehmer, der ständig versorgungs- bzw. entsorgungstypische Wechselschichtarbeit leistet, erhält eine Wechselschichtzulage bis 31. Mai 2025 von 303,37 Euro, vom 1. Juni 2025 bis 31. Mai 2026 von 318,84 Euro und ab 1. Juni 2026 von 322,83 Euro monatlich. [2]Der Arbeitnehmer, der nicht ständig versorgungs- bzw. entsorgungstypische Wechselschichtarbeit leistet, erhält eine Wechselschichtzulage bis 31. Mai 2025 von 1,78 Euro, vom 1. Juni 2025 bis 31. Mai 2026 von 1,87 Euro und ab 1. Juni 2026 von 1,89 Euro pro Stunde.

(8) [1]Der Arbeitnehmer, der ständig versorgungs- bzw. entsorgungstypische Schichtarbeit leistet, erhält eine Schichtzulage bis 31. Mai 2025 von 197,15 Euro, vom 1. Juni 2025 bis 31. Mai 2026 von 207,20 Euro und ab 1. Juni 2026 von 209,79 Euro monatlich. [2]Der Arbeitnehmer, der nicht ständig versorgungs- bzw. entsorgungstypische Schichtarbeit leistet, erhält eine Schichtzulage bis 31. Mai 2025 von 1,17 Euro, vom 1. Juni 2025 bis 31. Mai 2026 von 1,23 Euro und ab 1. Juni 2026 von 1,25 Euro pro Stunde.

(9) [1]Versorgungs- bzw. entsorgungstypische Wechselschicht- bzw. Schichtarbeit im Sinne des Absatzes 7 bzw. 8 liegt vor, wenn Arbeitnehmer z. B.

a) in Kraftwerken, Müllverbrennungsanlagen oder Wasserwerken,
b) in Leitstellen oder Leitwarten,
c) im Entstördienst oder
d) im Wartungs- und Instandsetzungsservice im Netzbereich

tätig sind. [2]Ausgenommen sind Tätigkeiten als Pförtner, im Bäderbereich, in sonstigen Freizeiteinrichtungen, in Parkhäusern, im Sicherheitsdienst, im Reinigungsdienst oder in vergleichbaren Tätigkeiten, soweit sie überwiegend auszuüben sind. [3]Betrieblich kann hiervon abgewichen werden.

(10) Die Wechselschicht- und Schichtzulagen nach den Absätzen 5 bis 8 verändern sich zu demselben Zeitpunkt und um denselben Vomhundertsatz wie das Entgelt nach der Anlage 2.

(11) [1]Arbeitnehmer mit einer erhöhten Arbeitszeit nach § 8 Abs. 1a erhalten neben dem Entgelt für jede Erhöhungsstunde einen Zuschlag. [2]Der Zuschlag beträgt je Erhöhungsstunde

- *in den Entgeltgruppen 1 bis 8* *25 v. H.,*
- *in den Entgeltgruppen 9 bis 15* *10 v. H.*

*des auf eine Stunde entfallenden Anteils des Tabellenentgelts der Stufe 2 der jeweiligen Entgeltgruppe.**

Protokollerklärung zu § 10 Abs. 3:

Zur Ermittlung der Tage einer Rufbereitschaft, für die eine Pauschale gezahlt wird, ist auf den Tag des Beginns der Rufbereitschaft abzustellen.

* § 10 Abs. 11 tritt am 1. Januar 2026 in Kraft.

Protokollerklärung zu § 10 Abs. 11:*

[1]Der Zuschlag wird als verstetigtes Entgelt in Monatsbeträgen gezahlt. [2]Dabei sind die vereinbarten wöchentlichen Erhöhungsstunden (§ 9 Abs. 9) zunächst mit dem Faktor 4,348 (§ 6 Abs. 4 Satz 1) und anschließend mit dem sich aus § 10 Abs. 11 ergebenden Zuschlag zu multiplizieren.

Niederschriftserklärung zu § 10 Abs. 3:

Eine einvernehmliche Dienstvereinbarung liegt nur ohne Entscheidung der Einigungsstelle vor.

> **Beispiel:**
> Beginnt eine Wochenendrufbereitschaft am Freitag um 15.00 Uhr und endet am Montag um 7.00 Uhr, so erhält der Arbeitnehmer folgende Pauschalen: 2 Std. für Freitag, je 4 Std. für Samstag und Sonntag, keine Pauschale für Montag. Er erhält somit 10 Stundenentgelte.

§ 11 Arbeitszeitkonto

(1) [1]Durch Betriebs- oder Dienstvereinbarung kann ein Arbeitszeitkonto eingerichtet werden. [2]Für einen Betrieb, in dem ein Personalvertretungsgesetz Anwendung findet, kann eine Regelung nach Satz 1 auch in einem landesbezirklichen Tarifvertrag getroffen werden, wenn eine Dienstvereinbarung nicht einvernehmlich zustande kommt. [3]Soweit ein Arbeitszeitkorridor (§ 8 Abs. 6) oder eine Rahmenzeit (§ 8 Abs. 7) vereinbart wird, ist ein Arbeitszeitkonto einzurichten.

(2) [1]In der Betriebs- oder Dienstvereinbarung wird festgelegt, ob das Arbeitszeitkonto im ganzen Betrieb oder Teilen davon eingerichtet wird. [2]Alle Arbeitnehmer der Betriebsteile, für die ein Arbeitszeitkonto eingerichtet wird, werden von den Regelungen des Arbeitszeitkontos erfasst.

(3) [1]Auf das Arbeitszeitkonto können Zeiten, die bei Anwendung des nach § 8 Abs. 2 festgelegten Zeitraumes als Zeitguthaben oder als Zeitschuld bestehen bleiben, nicht durch Freizeit ausgeglichene Zeiten nach § 10 Abs. 1 Satz 5 und Abs. 2 sowie im Verhältnis 1:1 in Zeit umgewandelte Zuschläge nach § 10 Abs. 1 Satz 4, Rufbereitschaftsentgelte nach § 10 Abs. 3 sowie landesbezirklich festgelegte Bereitschaftsdienstentgelte gebucht werden. [2]Der Arbeitnehmer entscheidet für einen in der Betriebs- oder Dienstvereinbarung festgelegten Zeitraum, welche der in Satz 1 genannten Zeiten auf das Arbeitszeitkonto gebucht werden.

(4) In der Dienst- oder Betriebsvereinbarung sind insbesondere folgende Regelungen zu treffen:

---

* Die Protokollerklärung zu § 10 Abs. 11 tritt am 1. Januar 2026 in Kraft.

a) Die höchstmögliche Zeitschuld (bis zu 40 Stunden) und das höchstzulässige Zeitguthaben (bis zu einem Vielfachen von 40 Stunden), die innerhalb eines bestimmten Zeitraumes anfallen dürfen;
b) nach dem Umfang des beantragten Freizeitausgleichs gestaffelte Fristen für das Abbuchen von Zeitguthaben oder für den Abbau von Zeitschulden durch den Arbeitnehmer;
c) die Berechtigung, das Abbuchen von Zeitguthaben zu bestimmten Zeiten (z. B. an sogenannten Brückentagen) vorzusehen;
d) die Folgen, wenn der Arbeitgeber einen bereits genehmigten Freizeitausgleich kurzfristig widerruft.

(5) [1]Der Arbeitgeber kann mit dem Arbeitnehmer die Einrichtung eines Langzeitkontos vereinbaren. [2]In diesem Fall ist der Betriebsrat zu beteiligen und eine Regelung zur Insolvenzsicherung zu treffen.

Protokollerklärung zu § 11 Abs. 3:
Eine Buchung von in Zeit umgewandelten Entgeltbestandteilen auf das Arbeitszeitkonto führt dazu, dass sie bei der Bemessungsgrundlage für die Fortzahlung des Entgelts nach § 6 Abs. 3 nicht berücksichtigt werden.

Niederschriftserklärung zu § 11 Abs. 4 Buchst. d:
Unter »Folgen« wird insbesondere die Gewährung eines Zeitguthabens verstanden.

§ 12 Erschwerniszuschläge

(1) [1]Ein Erschwerniszuschlag wird für Arbeiten gezahlt, die außergewöhnliche Erschwernisse beinhalten. [2]Dies gilt nicht für Erschwernisse, die mit dem der Eingruppierung zugrundeliegenden Berufs- oder Tätigkeitsbild verbunden sind.

(2) Außergewöhnliche Erschwernisse im Sinne des Absatzes 1 ergeben sich grundsätzlich nur bei Arbeiten
a) mit besonderer Gefährdung,
b) mit extremer nicht klimabedingter Hitzeeinwirkung,
c) mit besonders starker Schmutz- oder Staubbelästigung oder
d) unter sonstigen vergleichbar erschwerten Umständen.

(3) Zuschläge nach Absatz 1 werden nicht gewährt, soweit der außergewöhnlichen Erschwernis durch geeignete Vorkehrungen, insbesondere zum Arbeitsschutz, ausreichend Rechnung getragen wird.

(4) [1]Die zuschlagspflichtigen Arbeiten und die Höhe der Zuschläge werden landesbezirklich vereinbart. [2]Die Zuschläge betragen mindestens 5 v. H., höchstens 15 v. H. des auf eine Stunde entfallenden Anteils des monatlichen Entgelts der Stufe 1 der Entgeltgruppe 2.

§ 13 Entgeltfortzahlung im Krankheitsfall

(1) [1]Wird der Arbeitnehmer durch Arbeitsunfähigkeit infolge Krankheit ohne sein Verschulden an der Arbeitsleistung verhindert, erhält er für die Zeit der Arbeitsunfähigkeit für die Dauer von bis zu sechs Wochen sowie nach Maßgabe der gesetzlichen Bestimmungen bei Wiederholungserkrankungen das Arbeitsentgelt (§ 6 Abs. 3) fortgezahlt. [2]Nach Ablauf des nach Satz 1 maßgebenden Zeitraums erhält der Arbeitnehmer, der zu Beginn der Arbeitsunfähigkeit eine Betriebszugehörigkeit (§ 4) von sechs Monaten erreicht hat, für die Zeit, für die ihm Krankengeld oder entsprechende Leistungen zustehen, einen Krankengeldzuschuss.
(2) [1]Der Krankengeldzuschuss ergibt sich aus der Höhe der Differenz zwischen dem festgesetzten Nettokrankengeld und dem sich nach Absatz 1 Satz 1 ergebenden Nettoarbeitsentgelt. [2]Er wird längstens bis zum Ende der 39. Woche seit dem Beginn der Arbeitsunfähigkeit wegen derselben Erkrankung gezahlt. [3]Zahlt die Krankenkasse wegen Verschuldens des Arbeitnehmers kein oder nur anteiliges Krankengeld, so entfällt oder vermindert sich der Anspruch auf den Krankengeldzuschuss. [4]Für den Arbeitnehmer, der nicht der Versicherungspflicht in der gesetzlichen Krankenversicherung unterliegt, ist der Zuschussberechnung der Krankengeldhöchstsatz für versicherungspflichtige Arbeitnehmer zugrunde zu legen.
(3) [1]Das Entgelt im Krankheitsfall und der Krankengeldzuschuss werden nicht über das Ende des Arbeitsverhältnisses hinaus gezahlt. [2]Krankengeldzuschüsse, die über den Zeitpunkt, zu dem der Arbeitnehmer eine Rente aus der gesetzlichen Rentenversicherung, aus einer zusätzlichen Alters- oder Hinterbliebenenversorgung oder aus einer sonstigen Versorgungseinrichtung erhält, gewährt worden sind, gelten als Vorschuss auf die für den Zeitraum der Überzahlung zustehende Rente; die Ansprüche gehen insoweit auf den Arbeitgeber über. [3]Verzögert der Arbeitnehmer schuldhaft, dem Arbeitgeber die Zustellung des Rentenbescheides mitzuteilen, gelten die für die Zeit nach dem Tage der Zustellung des Rentenbescheides überzahlten Krankengeldzuschüsse in vollem Umfang als Vorschuss; Ansprüche gehen in diesem Falle in Höhe der für die Zeit nach dem Tage der Zustellung des Rentenbescheides überzahlten Leistungen auf den Arbeitgeber über.

Niederschriftserklärung zu § 13 Abs. 2 Satz 1:
Nettokrankengeld ist das um die Arbeitnehmeranteile zur Sozialversicherung reduzierte Krankengeld.

§ 14 Erholungsurlaub, Zusatzurlaub

(1) [1]Die Arbeitnehmer haben in jedem Kalenderjahr Anspruch auf Erholungsurlaub unter Fortzahlung des Arbeitsentgelts (§ 6 Abs. 3). [2]Der Urlaub

muss im laufenden Kalenderjahr gewährt und kann auch in Teilen genommen werden; dabei muss der Urlaub in ganzen Tagen genommen werden.
(2) [1]Eine Übertragung des Urlaubs auf das nächste Kalenderjahr erfolgt nur dann, wenn dringende betriebliche oder in der Person des Arbeitnehmers liegende Gründe dies rechtfertigen. [2]Im Falle der Übertragung muss der Urlaub in den ersten drei Monaten des folgenden Kalenderjahres angetreten werden. [3]Kann der Urlaub wegen Arbeitsunfähigkeit nicht bis zum 31. März angetreten werden, ist er bis zum 31. Mai anzutreten.
(3) [1]Bei Verteilung der wöchentlichen Arbeitszeit auf fünf Tage in der Kalenderwoche beträgt der Urlaubsanspruch *30 Arbeitstage**. [2]Bei anderer Verteilung der Arbeitszeit in der Kalenderwoche erhöht oder vermindert sich der Urlaubsanspruch entsprechend. [3]Fällt in den Urlaub ein gesetzlicher Feiertag, der auf einen Werktag fällt, an dem der Arbeitnehmer dienstplanmäßig zu arbeiten hätte, verlängert sich der Erholungsurlaub um einen Arbeitstag. [4]Satz 3 gilt auch dann, wenn ein gesetzlicher Feiertag, der üblicherweise auf einen Werktag fällt, ausnahmsweise auf einen Sonntag fällt, an dem der Arbeitnehmer dienstplanmäßig zu arbeiten hätte.
(4) [1]Bei Schichtarbeit erhält der Arbeitnehmer für je vier zusammenhängende Monate einen zusätzlichen Urlaubstag. [2]Bei Wechselschichtarbeit erhält der Arbeitnehmer für je zwei zusammenhängende Monate einen zusätzlichen Urlaubstag. [3]Für Arbeitnehmer, die Schichtarbeit oder Wechselschichtarbeit leisten, ohne die Voraussetzungen des Satzes 1 oder 2 zu erfüllen, soll bei annähernd gleicher Belastung die Gewährung zusätzlicher Urlaubstage durch Betriebs- oder Dienstvereinbarung geregelt werden.
(5) Beginnt oder endet das Arbeitsverhältnis im Laufe eines Jahres, erhält der Arbeitnehmer als Urlaub für jeden vollen Monat des Beschäftigungsverhältnisses ein Zwölftel des Urlaubsanspruchs nach Absatz 3; § 5 des Bundesurlaubsgesetzes (BUrlG) bleibt unberührt.
(6) Abweichend von § 11 Abs. 2 BUrlG wird das nach Absatz 1 Satz 1 fortzuzahlende Entgelt zu dem in § 6 Abs. 2 Satz 2 genannten Zeitpunkt gezahlt.

§ 15 Sonderurlaub, Arbeitsbefreiung

(1) Der Arbeitnehmer kann bei Vorliegen eines wichtigen Grundes unter Verzicht auf die Fortzahlung des Entgelts Sonderurlaub erhalten, wenn die betrieblichen Verhältnisse es zulassen.

---

* Zum 1. Januar 2027 wird die Angabe »30 Arbeitstage« durch die Angabe »31 Arbeitstage« ersetzt und nach Abs. 3 wird folgende Protokollerklärung eingefügt:
»Protokollerklärung zu § 14 Abs. 3 Satz 1:
Im Falle der Kündigung gemäß § 24 Abs. 3 Satz 1 Buchst. e gilt ab deren Wirksamwerden § 14 Abs. 3 Satz 1 in folgender Fassung: »[1]Bei Verteilung der wöchentlichen Arbeitszeit auf fünf Tage in der Kalenderwoche beträgt der Urlaubsanspruch in jedem Kalenderjahr 30 Arbeitstage.«

(2) Dem Arbeitnehmer kann in dringenden Fällen in Anlehnung an § 616 BGB Arbeitsbefreiung unter Fortzahlung des Arbeitsentgelts (§ 6 Abs. 3) aufgrund einer Betriebs- oder Dienstvereinbarung gewährt werden.
(3) [1]Zur Teilnahme an Tagungen kann den gewählten Vertretern der Bezirksvorstände, der Landesbezirksvorstände, der Landesbezirksfachbereichsvorstände, der Landesbezirksfachgruppenvorstände, der Bundesfachbereichsvorstände, der Bundesfachgruppenvorstände, des Bundesfachausschusses kommunale Versorger und des Gewerkschaftsrates auf Anfordern der vertragschließenden Gewerkschaften Arbeitsbefreiung bis zu acht Werktagen im Jahr unter Fortzahlung des Arbeitsentgelts (§ 6 Abs. 3) erteilt werden, sofern nicht dringende betriebliche Interessen entgegenstehen. [2]Zur Teilnahme an Tarifverhandlungen mit der Vereinigung der kommunalen Arbeitgeberverbände oder ihrer Mitgliedverbände kann auf Anfordern einer der vertragschließenden Gewerkschaften Arbeitsbefreiung unter Fortzahlung des Arbeitsentgelts (§ 6 Abs. 3) ohne zeitliche Begrenzung erteilt werden.
(4) Zur Teilnahme an Sitzungen von Prüfungs- und Berufsbildungsausschüssen nach dem Berufsbildungsgesetz sowie für eine Tätigkeit in Organen von Sozialversicherungsträgern kann den Mitgliedern Arbeitsbefreiung unter Fortzahlung des Arbeitsentgelts (§ 6 Abs. 3) gewährt werden, sofern nicht dringende betriebliche Interessen entgegenstehen.

Niederschriftserklärung zu § 15 Abs. 3 Satz 1:
Die Tarifvertragsparteien sind sich darüber einig, dass bei gewählten Vertretern der Bundesfachgruppenvorstände eine Freistellung nur in Betracht kommt, wenn der Arbeitnehmer in einem Bereich beschäftigt ist, der unter die Organisationszuständigkeit der Bundesfachgruppe fällt.

Niederschriftserklärung zu § 15 Absatz 3 Satz 2:
Die Mitglieder der Verhandlungskommission TV-V sind von § 15 Absatz 3 Satz 2 TV-V erfasst.

*§ 15a Teilweise Umwandlung der Sonderzahlung**

(1) Arbeitnehmer können bis zum 1. September des jeweiligen laufenden Kalenderjahres in Textform geltend machen, einen Teil der ihnen nach § 16 zustehenden Sonderzahlung in bis zu drei Arbeitstage (Tauschtage) umzuwandeln, für die ihnen im darauffolgenden Kalenderjahr volle freie Tage unter Fortzahlung des Entgelts gemäß § 6 Abs. 3 gewährt werden.
(2) [1]Die Berechnung des Wertes eines Tauschtages erfolgt auf Stundenbasis (§ 6 Abs. 4 Satz 1). [2]Bemessungsgrundlage für die Berechnung dieses Wertes ist das dem Arbeitnehmer im Oktober zustehende Arbeitsentgelt nach § 16 Abs. 1.

* § 15a tritt am 1. Januar 2026 in Kraft.

[3]Die Sonderzahlung nach § 16 vermindert sich um den Betrag, der dem Wert der nach Absatz 1 geltend gemachten Anzahl der Tauschtage entspricht (Umwandlungsbetrag). [4]Maßgebend für die Berechnung nach den Sätzen 1 bis 3 sind die Verhältnisse am 1. September des laufenden Kalenderjahres.

(3) [1]Die Tauschtage müssen im folgenden Kalenderjahr (Kalenderjahr, das auf die Antragstellung nach Absatz 1 folgt) gewährt werden. [2]Bei der Festlegung der Tauschtage sind die Wünsche der Arbeitnehmer zu berücksichtigen, sofern diesen keine dringenden dienstlichen/betrieblichen Gründe entgegenstehen. [3]Der Arbeitnehmer soll dem Arbeitgeber seine Wünsche zur zeitlichen Lage der Tauschtage spätestens vier Wochen vor ihrer geplanten Inanspruchnahme mitteilen.

(4) [1]Tauschtage, die nicht innerhalb des in Absatz 3 genannten Zeitraums in Anspruch genommen werden, verfallen. [2]Eine finanzielle Abgeltung der Tauschtage ist ausgeschlossen. [3]Können vom Arbeitgeber bewilligte Tauschtage wegen einer unverzüglich angezeigten und durch ärztliches Attest nachgewiesenen Arbeitsunfähigkeit oder wegen der Geltendmachung von dringenden betrieblichen/dienstlichen Gründen durch den Arbeitgeber an dem entsprechenden Tag/den entsprechenden Tagen nicht in Anspruch genommen werden und kann in dem verbleibenden Zeitraum nach Absatz 3 Satz 1 keine Ersatzfreistellung erfolgen, besteht für diese ansonsten mit Ablauf dieses Kalenderjahres verfallenden Tauschtage ein entsprechender Ausgleichsanspruch in Geld; maßgebend ist dabei der zum Zeitpunkt der Umwandlung der Sonderzahlung nach Absatz 2 ermittelte Umwandlungsbetrag.

Protokollerklärungen zu § 15a Abs. 2:*

1. *[1]Bei der Berechnung des Wertes eines Tauschtages wird die maßgebende Anzahl der Stunden ermittelt, indem die individuell vereinbarte regelmäßige durchschnittliche wöchentliche Arbeitszeit durch die sich aus der Verteilung der wöchentlichen Arbeitszeit ergebende Anzahl der vereinbarten Arbeitstage pro Kalenderwoche geteilt wird. [2]Anschließend wird die Anzahl der Stunden mit der von dem Arbeitnehmer nach Absatz 1 geltend gemachten Anzahl der Tauschtage vervielfacht. [3]Für die Berechnung des Umwandlungsbetrages wird das nach Absatz 2 Satz 2 ermittelte durchschnittliche monatliche Entgelt durch das 4,348-fache der vereinbarten regelmäßigen wöchentlichen Arbeitszeit geteilt (§ 6 Abs. 4 Satz 1). [4]Das danach errechnete Stundenentgelt wird anschließend mit der Gesamtzahl der Stunden für die geltend gemachte Anzahl von Tauschtagen vervielfacht.*
2. *[1]Sofern der Gesamtbetrag nach Ziffer 1 Satz 4 die Höhe der Sonderzahlung in dem Jahr der Geltendmachung übersteigt, vermindert sich die geltend gemachte Anzahl an Tauschtagen, bis die Höhe der Sonderzahlung zur Gewährung voller Tauschtage ausreicht. [2]In diesem Fall vermindert sich die Sonderzahlung nach § 16 nur um den Betrag, der dem Wert der Tauschtage gemäß Satz 1 entspricht.*

* Die Protokollerklärungen zu § 15a Abs. 2 treten am 1. Januar 2026 in Kraft.

§ 16 Sonderzahlung

(1) [1]Der Arbeitnehmer, der am 1. Dezember im Arbeitsverhältnis steht, hat Anspruch auf eine jährliche Sonderzahlung, über deren Höhe der Arbeitgeber jährlich neu entscheidet. [2]Diese beträgt jedoch mindestens 100 v. H. des dem Arbeitnehmer im Oktober zustehenden Arbeitsentgelts; unberücksichtigt bleiben hierbei das zusätzlich für Überstunden gezahlte Arbeitsentgelt (mit Ausnahme der dienstplanmäßig vorgesehenen Überstunden), Leistungszulagen (§ 6 Abs. 5), Leistungsprämien (§ 6 Abs. 6), alternative Anreize (§ 6a) sowie besondere Zahlungen (§ 17 Abs. 1). [3]Betrieblich kann ein von Satz 2 abweichender Bemessungszeitraum vereinbart werden. [4]Der Anspruch ermäßigt sich um ein Zwölftel für jeden Kalendermonat, in dem der Arbeitnehmer keinen Anspruch auf Entgelt (§ 6), Entgeltfortzahlung im Krankheitsfall (§ 13) oder Fortzahlung des Entgelts während des Erholungsurlaubs (§ 14) hat.
(2) [1]Die Sonderzahlung wird mit dem für November zustehenden Entgelt ausgezahlt. [2]Ein Teilbetrag kann zu einem früheren Zeitpunkt ausgezahlt werden.

§ 17 Besondere Zahlungen

(1) [1]Dem Arbeitnehmer kann bei langjähriger Betriebszugehörigkeit (§ 4) ein Jubiläumsgeld gewährt werden. [2]Voraussetzungen und Höhe des Jubiläumsgeldes werden in einer Betriebs- oder Dienstvereinbarung geregelt.
(2) [1]Nach Maßgabe des Vermögensbildungsgesetzes in seiner jeweiligen Fassung erhalten vollbeschäftigte Arbeitnehmer mindestens 6,65 Euro je Monat. [2]Der in Satz 1 genannte Betrag erhöht sich auf 26 Euro je Monat, wenn der Arbeitnehmer die vermögenswirksame Leistung gemäß § 4 Satz 2 Buchst. c TV-EUmw/VKA im Rahmen der Entgeltumwandlung verwendet. [3]Der in Satz 2 genannte Betrag erhöht sich auf 50 Euro je Monat, wenn die vermögenswirksame Leistung gemäß § 5 Satz 2 Buchst. c TV-EUmw/VKA im Rahmen der Entgeltumwandlung verwendet wird und der Arbeitnehmer hierbei mindestens einen Eigenbeitrag von zusätzlich 13 Euro je Monat erbringt. [4]Der Anspruch auf vermögenswirksame Leistungen entsteht frühestens für den Kalendermonat, in dem der Arbeitnehmer dem Arbeitgeber die erforderlichen Angaben mitteilt, und für die beiden vorangegangenen Monate desselben Kalenderjahres. [5]Die vermögenswirksame Leistung ist nicht zusatzversorgungspflichtig.
(3) Im Falle des Todes des Arbeitnehmers kann ein Sterbegeld gezahlt werden.

Protokollerklärung zu § 17 Abs. 2:
[1]Für am 31. Dezember 2008 bestehende Anlageverträge im Sinne von Satz 1 kann der Arbeitnehmer für deren Laufzeit abweichend von Satz 2 einen Betrag in Höhe von 19,35 Euro im Rahmen der Entgeltumwandlung verwenden. [2]Dies gilt entsprechend für am 29. Februar 2012 bestehende Anlageverträge von Arbeitnehmern, die bei einem Arbeitgeber im Sinne von § 1 Abs. 2 beschäftigt sind. [3]Für am 29. Februar 2012 bestehende Anlageverträge im Sinne von Satz 1 können Arbeitnehmer, die bei einem Arbeitgeber im Sinne von § 1 Abs. 1 beschäftigt sind, für deren Laufzeit abweichend von Satz 3 einen Betrag in Höhe von 43,35 Euro im Rahmen der Entgeltumwandlung verwenden, sofern sie hierbei mindestens den nach Satz 3 erforderlichen Eigenbeitrag erbringen. [4]Dies gilt entsprechend für am 29. Februar 2012 bestehende Anlageverträge von Arbeitnehmern, die bei einem Arbeitgeber im Sinne von § 1 Abs. 2 beschäftigt sind, soweit der Arbeitgeber von der Regelung in Satz 3 in der bis zum 28. Februar 2014 geltenden Fassung Gebrauch macht. [5]Für am 28. Februar 2014 bestehende Anlageverträge im Sinne von Satz 1 können Arbeitnehmer, die bei einem Arbeitgeber im Sinne von § 1 Abs. 2 beschäftigt sind, für deren Laufzeit abweichend von Satz 3 einen Betrag in Höhe von 43,35 Euro im Rahmen der Entgeltumwandlung verwenden, sofern sie hierbei mindestens den nach Satz 3 erforderlichen Eigenbeitrag erbringen.

§ 18 Zusatzversorgung

Der Arbeitnehmer hat Anspruch auf Versicherung unter eigener Beteiligung zum Zwecke einer zusätzlichen Altersvorsorge nach Maßgabe des Tarifvertrages über die zusätzliche Altersvorsorge der Beschäftigten des öffentlichen Dienstes – Altersvorsorge-TV-Kommunal – (ATV-K) oder des Tarifvertrages über die betriebliche Altersversorgung der Beschäftigten des öffentlichen Dienstes (Tarifvertrag Altersversorgung – ATV) in ihrer jeweils geltenden Fassung.

§ 19 Beendigung des Arbeitsverhältnisses

(1) [1]Das Arbeitsverhältnis endet, ohne dass es einer Kündigung bedarf,

a) mit Ablauf des Monats, in dem der Arbeitnehmer das gesetzlich festgelegte Alter zum Erreichen der Regelaltersrente vollendet hat, es sei denn, zwischen dem Arbeitgeber und dem Arbeitnehmer ist während des Arbeitsverhältnisses vereinbart worden, den Beendigungszeitpunkt nach § 41 Satz 3 SGB VI hinauszuschieben,
b) jederzeit im gegenseitigen Einvernehmen (Auflösungsvertrag),
c) bei einem befristeten oder auflösend bedingten Arbeitsverhältnis nach den Regelungen des Arbeitsvertrages,
d) mit Ablauf des Monats, in dem der Bescheid eines Rentenversicherungsträgers, in dem festgestellt wird, dass der Arbeitnehmer voll erwerbsgemindert ist, zugestellt wird; frühestens jedoch zwei Wochen

nach Zugang der schriftlichen Mitteilung des Arbeitgebers über den Zeitpunkt des Eintritts der auflösenden Bedingung.

[2]Im Falle von Satz 1 Buchst. d hat der Arbeitnehmer den Arbeitgeber von der Zustellung des Rentenbescheides unverzüglich zu unterrichten. [3]Beginnt die Rente wegen voller Erwerbsminderung erst nach der Zustellung des Rentenbescheids, endet das Arbeitsverhältnis mit Ablauf des dem Rentenbeginn vorangehenden Tages; frühestens jedoch zwei Wochen nach Zugang der schriftlichen Mitteilung des Arbeitgebers über den Zeitpunkt des Eintritts der auflösenden Bedingung.

(2) [1]Im Falle teilweiser Erwerbsminderung prüft der Arbeitgeber zumutbare Beschäftigungsmöglichkeiten. [2]Sind solche nicht vorhanden, endet das Arbeitsverhältnis mit Ablauf des Monats, in dem der Rentenbescheid zugestellt worden ist. [3]Absatz 1 Satz 3 gilt entsprechend. [4]Liegt bei einem Arbeitnehmer, der schwerbehindert im Sinne des SGB IX ist, im Zeitpunkt der Beendigung des Arbeitsverhältnisses nach Satz 2 oder 3 die nach § 175 SGB IX erforderliche Zustimmung des Integrationsamtes noch nicht vor, endet das Arbeitsverhältnis mit Ablauf des Tages der Zustellung des Zustimmungsbescheides des Integrationsamtes; jedoch auch hier frühestens zwei Wochen nach Zugang der schriftlichen Mitteilung im Sinne von Satz 3.

(3) [1]Das Arbeitsverhältnis endet nicht, wenn nach dem Bescheid des Rentenversicherungsträgers eine Rente auf Zeit gewährt wird. [2]In diesem Fall ruht das Arbeitsverhältnis für den Zeitraum, für den eine Rente auf Zeit gewährt wird.

(4) Nach Maßgabe des Absatzes 5 können unbefristete Arbeitsverhältnisse jederzeit, befristete Arbeitsverhältnisse in der Probezeit gekündigt werden.

(5) [1]Bis zum Ende des sechsten Monats seit Beginn des Arbeitsverhältnisses beträgt die Kündigungsfrist zwei Wochen zum Monatsschluss. [2]Im übrigen beträgt die Kündigungsfrist bei einer Betriebszugehörigkeit (§ 4)

bis zu einem Jahr	ein Monat zum Monatsschluss,
von mehr als einem Jahr	6 Wochen,
von mindestens 5 Jahren	3 Monate,
von mindestens 8 Jahren	4 Monate,
von mindestens 10 Jahren	5 Monate,
von mindestens 12 Jahren	6 Monate
von mindestens 15 Jahren	7 Monate,

zum Schluss eines Kalendervierteljahres.

(6) Kündigung, Auflösungsvertrag und Befristung bedürfen der Schriftform.

Protokollerklärung zu § 19 Abs. 2:
Der Arbeitgeber kann eine Weiterbeschäftigung, die der Arbeitnehmer innerhalb von zwei Wochen nach Zugang des Rentenbescheides schriftlich beantragt, nur ablehnen, wenn dringende betriebliche Gründe entgegenstehen.

§ 20 Ausschlussfrist

[1]Ansprüche aus dem Arbeitsverhältnis verfallen, wenn sie nicht innerhalb einer Ausschlussfrist von sechs Monaten nach Fälligkeit in Textform gegenüber dem Arbeitsvertragspartner geltend gemacht werden. [2]Für denselben Sachverhalt reicht die einmalige Geltendmachung aus. [3]Satz 1 gilt nicht für Ansprüche, soweit sie kraft Gesetzes einer Ausschlussfrist entzogen sind.

§ 21 Anwendung weiterer Tarifverträge

(1) Neben diesem Tarifvertrag sind die nachfolgenden Tarifverträge in ihrer jeweils geltenden Fassung anzuwenden:

a) Tarifvertrag über den Rationalisierungsschutz für Angestellte vom 9. Januar 1987 für von § 6 Abs. 4 Satz 2 erfasste sowie für Arbeitnehmer, die von der dem Tarifvertrag betreffend die Überleitung der Angestellten der ostdeutschen Wasserversorgungs- und Abwasserbehandlungsbetriebe in das kommunale Tarifrecht vom 4. Dezember 1991 oder von dem Tarifvertrag betreffend die Überleitung der Arbeiter der ostdeutschen Wasserversorgungs- und Abwasserbehandlungsbetriebe in das kommunale Tarifrecht vom 4. Dezember 1991 erfasst waren,
b) der Tarifvertrag zur sozialen Absicherung (TVsA) vom 13. September 2005 für von § 6 Abs. 4 Satz 3 erfasste Arbeitnehmer,
c) der Tarifvertrag zur Regelung der Altersteilzeitarbeit (TV ATZ) vom 5. Mai 1998,
d) der Tarifvertrag zu flexiblen Arbeitszeitregelungen für ältere Beschäftigte – TV FlexAZ – vom 27. Februar 2010,
e) der Tarifvertrag zur Entgeltumwandlung für Arbeitnehmer/-innen im kommunalen öffentlichen Dienst (TV-EUmw/VKA) vom 18. Februar 2003.

(2) [1]Soweit in den in Absatz 1 genannten Tarifverträgen auf Vorschriften anderer Tarifverträge verwiesen wird, treten an deren Stelle die entsprechenden Vorschriften dieses Tarifvertrages. [2]Die nach § 22 Abs. 11 und § 22a Abs. 11 anerkannten Zeiten sind bei den am Stichtag (§ 22 Abs. 1 Satz 1 bzw. § 22a Abs. 1 Satz 1) beschäftigten Arbeitnehmern als Betriebszugehörigkeit nach § 4 zu berücksichtigen.

§ 22 Überleitungs- und Übergangsregelungen

(1) [1]Arbeitnehmer, die

a) bei rechtlich selbständigen Versorgungsbetrieben, für die nach § 1 Abs. 1 dieser Tarifvertrag unmittelbar gilt,

b) bei Betrieben, für die dieser Tarifvertrag durch landesbezirklichen Tarifvertrag zur Anwendung kommt, zum Zeitpunkt des in dem landesbezirklichen Tarifvertrag vereinbarten In-Kraft-Tretens dieses Tarifvertrages beschäftigt sind, werden zu dem jeweiligen Zeitpunkt (Stichtag) nach den Regelungen dieses Tarifvertrages übergeleitet. [2]Für die Überleitung werden zugeordnet,

Entgeltgruppen neu	Vergütungsgruppen nach BAT/BAT-O	Lohngruppen nach BMT-G/BMT-G-O
15	I	
14	Ia	
13	Ib	
12	II	
11	III	
10	IVa	
	IVb	
8	Vb	9
7	Vc	7–8a
6	VIb	6/6a
5	VII	5/5a
4	VIII	3–4a
3	IX, IXa	2/2a
2	X	1/1a
1	neu	

[3]Für die Stufenzuordnung innerhalb der Entgeltgruppe ist auf der Basis der am Stichtag tatsächlich erhaltenen Bezüge ein Vergleichsentgelt zu ermitteln.[4]Bei Arbeitnehmern, deren Arbeitsverhältnis sich am Stichtag nach dem BAT/BAT-O richtet, ist die Grundvergütung, die allgemeine Zulage und der Ortszuschlag der Stufe 1 oder 2, abhängig vom Familienstand des Arbeitnehmers, sowie eine etwaige Vergütungsgruppenzulage zu berücksichtigen; ist auch eine andere Person ortszuschlagsberechtigt, wird bei dem Arbeitnehmer nur die Stufe 1 zu Grunde gelegt. [5]Bei Arbeitnehmern, deren Arbeitsverhältnis sich am Stichtag nach dem BMT-G/BMT-G-O richtet, ist

der Monatstabellenlohn zu Grunde zu legen. [6]Bei der Ermittlung der bisherigen Bezüge nach den Sätzen 4 und 5 sind Funktionszulagen nur insoweit zu berücksichtigen, als sie nach diesem Tarifvertrag nicht mehr vorgesehen und nach Absatz 4 und Absatz 5 nicht erfasst sind. [7]Das Vergleichsentgelt wird bei Zuordnung zu den

Entgeltgruppen	2 bis 5	um 6 v. H.,
Entgeltgruppen	6 bis 10	um 4 v. H.,
Entgeltgruppen	11 bis 15	um 2 v. H.

erhöht (erhöhtes Entgelt). [8]Der Arbeitnehmer wird in seiner Entgeltgruppe einer individuellen Zwischenstufe zugeordnet, die dem erhöhten Entgelt entspricht; nach zwei Jahren steigt er in die nächsthöhere reguläre Stufe auf, spätestens nach weiteren drei Jahren in die darauffolgende Stufe, jedoch nicht über die Endstufe der jeweiligen Entgeltgruppe hinaus. [9]Erreicht auch die Endstufe der nach Satz 2 ermittelten Entgeltgruppe das erhöhte Entgelt nicht, wird der Arbeitnehmer in der nächsthöheren Entgeltgruppe einer individuellen Zwischenstufe zugeordnet, die dem erhöhten Entgelt entspricht; nach zwei Jahren steigt er in die nächsthöhere reguläre Stufe auf, weitere Stufensteigerungen finden in diesem Fall nicht statt.

(2) [1]Arbeitnehmer, die am Stichtag (Absatz 1 Satz 1) in einer Vergütungsgruppe bzw. Lohngruppe eingruppiert sind, aus der ein Bewährungs-, Zeit- oder Tätigkeitsaufstieg stattfindet oder die eine Vergütungsgruppenzulage vorsieht, und die bis zum Erreichen der nächsthöheren Gruppe/Vergütungsgruppenzulage nicht mehr als zwei Jahre benötigen, werden, wenn keine Anhaltspunkte dafür vorliegen, dass sie die Voraussetzungen nicht erfüllt hätten, bei der Zuordnung nach Absatz 1 Satz 2 so behandelt, als hätten sie die höhere Lohngruppe/Vergütungsgruppe/Vergütungsgruppenzulage zum Stichtag bereits erreicht. [2]Arbeitnehmer, die bis zum Erreichen der nächsthöheren Gruppe/Vergütungsgruppenzulage mehr als zwei Jahre benötigen, werden, wenn keine Anhaltspunkte dafür vorliegen, dass sie die Voraussetzungen nicht erfüllt hätten, bei der Zuordnung nach Absatz 1 Satz 2 in die Entgeltgruppe eingruppiert, die dem Aufstieg entspricht; dabei werden sie in der höheren Entgeltgruppe einer individuellen Zwischenstufe, mindestens aber der ersten Stufe der Entgeltgruppe zugeordnet, die dem Vergleichsentgelt nach Absatz 1 Satz 4 bis 6 – ohne Erhöhung nach Absatz 1 Satz 7 – entspricht.

(3) [1]Bisher erhaltene kinderbezogene Entgeltbestandteile bleiben bei der Ermittlung der Bezüge nach Absatz 1 Satz 4 bis 6 unberücksichtigt. [2]Für am Stichtag (Absatz 1 Satz 1) berücksichtigte Kinder sind die kinderbezogenen Entgeltbestandteile nach Maßgabe der Vorschriften des BAT/BAT-O bzw. BMT-G/BMT-G-O bis zur Vollendung des 18. Lebensjahres des Kindes als persönliche Zulage fortzuzahlen. [3]Für Arbeitnehmer gemäß § 6 Abs. 4 Satz 3 beträgt die persönliche Zulage 100 v. H. der nach den Tarifvorschriften für

Arbeitnehmer gemäß § 6 Abs. 4 Satz 2 geltenden Beträge. [4]Für anspruchsberechtigte Kinder, die am Stichtag mindestens das 16. Lebensjahr vollendet haben, werden die kinderbezogenen Entgeltbestandteile nach Maßgabe der Vorschriften des BAT/BAT-O bzw. BMT-G/BMT-G-O längstens für drei Jahre, höchstens bis zu dem gesetzlich festgelegten Höchstalter des Kindes, bis zu dem Anspruch auf Kindergeld besteht, als persönliche Zulage fortgezahlt. [5]Aufgrund einer einzelvertraglichen Vereinbarung können die kinderbezogenen Entgeltbestandteile abgefunden werden.

(4) Arbeitnehmer, denen nach den Vorschriften des BMT-G/BMT-G-O und der ergänzenden landesbezirklichen Regelung am Stichtag (Absatz 1 Satz 1) eine Vorarbeiter-/Vorhandwerker-/Fachvorarbeiterzulage zusteht, werden wie folgt übergeleitet:

a) [1]Arbeitnehmer, die aus einer der Lohngruppen 2 bis 8a BMT-G/BMT-G-O übergeleitet werden, erhalten diese Vorarbeiter-/Vorhandwerker-/Fachvorarbeiterzulage als persönliche Zulage für die Dauer der Ausübung dieser Funktion im ununterbrochenen Arbeitsverhältnis. [2]Die persönliche Zulage verändert sich zu demselben Zeitpunkt und um denselben Vomhundertsatz, um den sich das Entgelt der Entgeltgruppe 7 Stufe 1 verändert. [3]Nr. 4 der Vorbemerkungen der Anlage 1 gilt nicht.

b) [1]Für Arbeitnehmer, die aus der Lohngruppe 9 BMT-G/BMT-G-O übergeleitet werden, gilt Nr. 4 der Vorbemerkungen der Anlage 1. [2]Sie werden dementsprechend in die Entgeltgruppe 9 übergeleitet. [3]Maßgebliche Stufe in dieser Entgeltgruppe ist die nächstniedrigere reguläre Stufe, die unterhalb der nach Absatz 1 für die Entgeltgruppe 8 ermittelten individuellen Zwischenstufe liegt. [4]Nach einem Jahr steigt der Arbeitnehmer in die nächsthöhere Stufe auf. [5]Der weitere Stufenaufstieg richtet sich nach § 5 Abs. 2 Satz 2.

(5) Arbeitnehmer, denen nach den Vorschriften des BMT-G/BMT-G-O und der ergänzenden landesbezirklichen Regelung am Stichtag (Absatz 1 Satz 1) ein Vertretungszuschlag zusteht, erhalten den Differenzbetrag zwischen dem ihnen gezahlten Zuschlag und dem nach § 5 Abs. 3 zustehenden Betrag als persönliche Zulage für die Dauer der Ausübung der höherwertigen Tätigkeit im ununterbrochen bestehenden Arbeitsverhältnis.

(6) Die landesbezirklichen Regelungen in Baden-Württemberg, in Nordrhein-Westfalen und im Saarland zu Leistungszuschlägen zu § 20 BMT-G bleiben unberührt.

(7) [1]Die in § 6 Abs. 4 Satz 2 genannten Arbeitnehmer, deren Arbeitsverhältnisse nach den Vorschriften des BAT und des BMT-G am Stichtag (Absatz 1 Satz 1) ordentlich nicht mehr kündbar sind, behalten diesen besonderen Kündigungsschutz für das ununterbrochen bestehende Arbeitsverhältnis. [2]Arbeitnehmer, deren Arbeitsverhältnis am Stichtag (Absatz 1 Satz 1) mindestens siebeneinhalb Jahre ununterbrochen angedauert hat, erhalten den

besonderen Kündigungsschutz nach Maßgabe der Bestimmungen des BAT und des BMT-G.

(8) [1]Arbeitnehmern, die am Stichtag wegen Leistungsminderung nach §§ 28, 28a BMT-G/BMT-G-O eine Zahlung erhalten, wird diese nach Maßgabe der genannten Vorschriften als Besitzstand weitergezahlt. [2]Dieser entfällt bzw. vermindert sich mit Erreichen der jeweils nächsten Stufe der Entgeltgruppe um die Hälfte der Stufensteigerung sowie bei einer Höhergruppierung um die sich jeweils ergebende Entgeltsteigerung.

(9) Bis zur Regelung in einem landesbezirklichen Tarifvertrag gelten die bis zum Zeitpunkt des Inkrafttretens dieses Tarifvertrages jeweils geltenden bezirklichen Regelungen zu Erschwerniszuschlägen bzw. für die in § 6 Abs. 4 Satz 3 genannten Arbeitnehmer der Tarifvertrag zu § 23 Abs. 3 BMT-G-O mit der Maßgabe weiter, dass die Grenzen und die Bemessungsgrundlage des § 12 Abs. 4 mit In-Kraft-Treten dieses Tarifvertrages zu beachten sind.

(10) Bis zum In-Kraft-Treten

a) einer landesbezirklichen Regelung nach § 10 Abs. 4,
b) einer Betriebs- oder Dienstvereinbarung über die Arbeitsbefreiung nach § 15 Abs. 2,
c) einer Betriebs- oder Dienstvereinbarung über ein Jubiläumsgeld nach § 17 Abs. 1

gelten die in dem jeweiligen Betrieb am Stichtag (Absatz 1 Satz 1) jeweils geltenden Bestimmungen fort.

(11) Für die Anwendung des § 17 Abs. 1 und des § 19 Abs. 5 sind die bisher nach den Vorschriften des BAT/BAT-O bzw. BMT-G/BMT-G-O anerkannten Beschäftigungszeiten als Betriebszugehörigkeit nach § 4 zu berücksichtigen.

(12) [1]Für Angestellte in Versorgungsbetrieben gemäß § 1 Abs. 1 Satz 1, die am Tag vor dem In-Kraft-Treten dieses Tarifvertrages in einem von dem »Gehaltstarifvertrag für Angestellte in Versorgungs- und Verkehrsbetrieben im Lande Hessen (HGTAV)« erfassten Arbeitsverhältnis stehen, das am Tage des In-Kraft-Tretens dieses Tarifvertrages fortbesteht, kann für die Dauer dieses Arbeitsverhältnisses eine landesbezirkliche Regelung über eine Besitzstandswahrung vereinbart werden. [2]Für die Überleitung der Angestellten findet die Nr. 3 der Vorbemerkungen der Anlage 1 TV-V Anwendung. [3]Die im HGTAV zusätzlich zu den Tätigkeitsmerkmalen des BAT vereinbarten Fallgruppen sind dabei zu berücksichtigen.

(13) *(aufgehoben)*

(14) Für die in § 6 Abs. 4 Satz 2 genannten Arbeitnehmer, die sich in einem Altersteilzeitarbeitsverhältnis befinden oder deren Altersteilzeitarbeitsverhältnis spätestens am 1. Juli 2008 beginnt, gilt § 8 Abs. 1 Satz 1 in der bis zum 30. Juni 2008 geltenden Fassung bei der Berechnung des Entgelts (§ 6 Abs. 1) und von in Monatsbeträgen zustehenden Zulagen.

(15) *(aufgehoben)*

Protokollerklärung zu § 22 Abs. 1 Satz 3:
Für Arbeitnehmer, die nicht für alle Tage des Monats vor dem Stichtag (Absatz 1 Satz 1) oder für keinen Tag dieses Monats Bezüge erhalten, wird das Vergleichsentgelt so bestimmt, als hätten sie für alle Tage dieses Monats Bezüge erhalten.

Protokollerklärung zu § 22 Abs. 1 Satz 4 2. Halbsatz:
Fallen beide Ehepartner unter den Geltungsbereich des TV-V, geht der ihnen jeweils individuell zustehende Teil des Unterschiedsbetrages zwischen den Stufen 1 und 2 des Ortszuschlags in die Vergleichsberechnung ein.

Protokollerklärung zu § 22 Abs. 1 Satz 9:
[1]Übersteigt das erhöhte Entgelt die Endstufe der Entgeltgruppe 15, erhält der Arbeitnehmer den übersteigenden Betrag als persönliche dynamisierte Zulage. [2]Erreicht die Endstufe der nach Satz 2 ermittelten Entgeltgruppe das erhöhte Entgelt deshalb nicht, weil beim Vergleichsentgelt eine Vergütungsgruppenzulage nach § 22 Abs. 1 Satz 4 berücksichtigt ist, gilt abweichend vom zweiten Halbsatz § 22 Abs. 1 Satz 8.

Protokollerklärung zu § 22 Abs. 9:
§ 22 Abs. 9 gilt für Entsorgungsbetriebe mit der Maßgabe, dass die Höchstgrenze für Erschwerniszuschläge bis zum Abschluss eines entsprechenden landesbezirklichen Tarifvertrages überschritten werden kann.

Niederschriftserklärung zu § 22 Abs. 1 Satz 8:
Ergibt die Berechnung der individuellen Zwischenstufe einen geringeren Betrag als den der Stufe 1 der Entgeltgruppe nach § 22 Abs. 1 Satz 2, ist die individuelle Zwischenstufe auf den Betrag der Stufe 1 dieser Entgeltgruppe anzuheben.

Niederschriftserklärung zu § 22 Abs. 4 Buchst. b:
Zur Erläuterung der ab 1.4.2002 geltenden Fassung sind sich die Tarifvertragsparteien über folgendes Beispiel einig:

> **Beispiel:**
> Der aus der Lohngruppe 9 überzuleitende Arbeitnehmer, der, ohne am Stichtag eine Vorarbeiterfunktion auszuüben, in der Entgeltgruppe 8 in eine individuelle Zwischenstufe zwischen Stufe 4 und 5 übergeleitet würde, erhält wegen der Vorarbeitertätigkeit für deren Dauer sein Entgelt in der Entgeltgruppe 9 aus der Stufe 4, nach einem Jahr aus der Stufe 5. Der weitere Stufenaufstieg richtet sich nach § 5 Abs. 2 Satz 2, d.H. die Stufe 6 wird nach weiteren vier Jahren erreicht.

§ 22a Überleitung aus dem TVöD

Im Falle der Überleitung aus dem Tarifvertrag für den öffentlichen Dienst (TVöD) in diesen Tarifvertrag gelten anstelle des § 22 die nachfolgenden Regelungen:

(1) [1]Beschäftigte, die

a) bei rechtlich selbständigen Versorgungsbetrieben, für die nach § 1 Abs. 1 dieser Tarifvertrag unmittelbar gilt,
b) bei Betrieben, für die dieser Tarifvertrag durch landesbezirklichen Tarifvertrag zur Anwendung kommt, zum Zeitpunkt des in dem landesbezirklichen Tarifvertrag vereinbarten In-Kraft-Tretens dieses Tarifvertrages beschäftigt sind, werden zu dem jeweiligen Zeitpunkt (Stichtag) nach den Regelungen dieses Tarifvertrages übergeleitet. [2]Für die Überleitung werden zugeordnet,

Entgeltgruppe des TVöD	**Entgeltgruppe des TV-V**
15 Ü	15
15	14
14	13
13	12
12	12 (keine Stufe 6)
11	11
10	10
9b und 9c	9
9a	8
7 und 8	7
6	6
5	5
4	4
3	3
2 und 2 Ü	3 (keine Stufe 6)
1	1

[3]Für die Stufenzuordnung innerhalb der Entgeltgruppe ist auf der Basis der am Stichtag tatsächlich erhaltenen Bezüge ein Vergleichsentgelt zu ermitteln. [4]Bestandteile des Vergleichsentgelts sind
a) das Tabellenentgelt (§ 15 Abs. 1 TVöD) bzw. eine individuelle Zwischenstufe (§ 7 Abs. 3, § 8 Abs. 3 TVÜ-VKA) bzw. eine individuelle Endstufe (§ 6 Abs. 4, § 7 Abs. 2, § 8 Abs. 3 TVÜ-VKA);
b) ein etwaiger Garantiebetrag nach § 17 Abs. 4 Satz 2 TVöD in der bis zum 28. Februar 2017 geltenden Fassung;

c) eine etwaige Besitzstandszulage nach § 9 TVÜ-VKA;
d) ein etwaiger Strukturausgleichsbetrag nach § 12 TVÜ-VKA;
e) etwaige Funktionszulagen, soweit sie nach diesem Tarifvertrag nicht mehr vorgesehen und von den Absätzen 4 und 5 nicht erfasst sind,
f) etwaige Besitzstandszulagen nach § 29a Abs. 3 und 4 TVÜ-VKA.

[5]Das Vergleichsentgelt wird bei Zuordnung zu den

Entgeltgruppen	2 bis 5	um 6 v. H.,
Entgeltgruppen	6 bis 10	um 4 v. H.,
Entgeltgruppen	11 bis 15	um 2 v. H.

erhöht (erhöhtes Entgelt). [6]Der Arbeitnehmer wird in seiner Entgeltgruppe einer individuellen Zwischenstufe zugeordnet, die dem erhöhten Entgelt entspricht; nach zwei Jahren steigt er in die nächsthöhere reguläre Stufe auf, spätestens nach weiteren drei Jahren in die darauffolgende Stufe, jedoch nicht über die Endstufe der jeweiligen Entgeltgruppe hinaus. [7]Erreicht auch die Endstufe der nach Satz 2 ermittelten Entgeltgruppe das erhöhte Entgelt nicht, wird der Arbeitnehmer in der nächsthöheren Entgeltgruppe einer individuellen Zwischenstufe zugeordnet, die dem erhöhten Entgelt entspricht; nach zwei Jahren steigt er in die nächsthöhere reguläre Stufe auf, weitere Stufensteigerungen finden in diesem Fall nicht statt.

(2) *(aufgehoben)*

(3) [1]Bisher erhaltene Besitzstandszulagen nach § 11 TVÜ-VKA bleiben bei der Ermittlung der Bezüge nach Absatz 1 Satz 4 unberücksichtigt. [2]Für am Stichtag (Absatz 1 Satz 1) berücksichtigte Kinder sind die Besitzstandszulagen nach § 11 TVÜ-VKA bis zur Vollendung des 18. Lebensjahres des Kindes als persönliche Zulage in der am Stichtag zustehenden Höhe fortzuzahlen. [3]Für Arbeitnehmer gemäß § 6 Abs. 4 Satz 3 beträgt die persönliche Zulage 100 v. H. der nach den Tarifvorschriften für Arbeitnehmer gemäß § 6 Abs. 4 Satz 2 geltenden Beträge. [4]Für anspruchsberechtigte Kinder, die am Stichtag (Absatz 1 Satz 1) mindestens das 16. Lebensjahr vollendet haben, werden die Besitzstandszulagen nach § 11 TVÜ-VKA längstens für drei Jahre, höchstens bis zu dem gesetzlich festgelegten Höchstalter des Kindes, bis zu dem Anspruch auf Kindergeld besteht, als persönliche Zulage in der am Stichtag zustehenden Höhe fortgezahlt. [5]Aufgrund einer einzelvertraglichen Vereinbarung können die Besitzstandszulagen abgefunden werden.

(4) Beschäftigte im Sinne von § 38 Abs. 5 Satz 2 TVöD, denen am Stichtag (Absatz 1 Satz 1) eine Vorarbeiter-/Vorhandwerker-/Fachvorarbeiterzulage zusteht, werden wie folgt übergeleitet:

a) [1]Beschäftigte, die aus einer der Entgeltgruppen 2 bis 8 TVöD übergeleitet werden, erhalten diese Vorarbeiter-/Vorhandwerker-/Fachvorarbeiter-zulage als persönliche Zulage für die Dauer der Ausübung dieser Funktion im ununterbrochenen Arbeitsverhältnis. [2]Die persönliche Zulage verändert sich zu demselben Zeitpunkt und um denselben

Vomhundertsatz, um den sich das Entgelt der Entgeltgruppe 7 Stufe 1 verändert. [3]Nr. 4 der Vorbemerkungen der Anlage 1 gilt nicht.

b) [1]Für Beschäftigte, die aus der Entgeltgruppe 9a TVöD übergeleitet werden, gilt Nr. 4 der Vorbemerkungen der Anlage 1. [2]Sie werden dementsprechend in die Entgeltgruppe 9 übergeleitet. [3]Maßgebliche Stufe in dieser Entgeltgruppe ist die nächstniedrigere reguläre Stufe, die unterhalb der nach Absatz 1 für die Entgeltgruppe 8 ermittelten individuellen Zwischenstufe liegt. [4]Nach einem Jahr steigt der Arbeitnehmer in die nächsthöhere Stufe auf. [5]Der weitere Stufenaufstieg richtet sich nach § 5 Abs. 2 Satz 2.

(5) Beschäftigten im Sinne von § 38 Abs. 5 Satz 2 TVöD, denen am Stichtag (Absatz 1 Satz 1) ein Vertretungszuschlag nach § 14 TVöD zusteht, erhalten den Differenzbetrag zwischen dem ihnen gezahlten Zuschlag und dem nach § 5 Abs. 3 zustehenden Betrag als persönliche Zulage für die Dauer der Ausübung der höherwertigen Tätigkeit im ununterbrochen bestehenden Arbeitsverhältnis, sofern der bis zum Stichtag zustehende Zuschlag höher ist als die Zulage nach § 5 Abs. 3.

(6) Die landesbezirklichen Regelungen in Baden-Württemberg, in Nordrhein-Westfalen und im Saarland zu Leistungsentgelten bleiben unberührt.

(7) [1]Die in § 6 Abs. 4 Satz 2 genannten Arbeitnehmer, deren Arbeitsverhältnisse nach § 34 Abs. 2 TVöD bzw. § 14 Abs. 3 TVÜ-VKA am Stichtag (Absatz 1 Satz 1) ordentlich nicht mehr kündbar sind, behalten diesen besonderen Kündigungsschutz für das ununterbrochen bestehende Arbeitsverhältnis. [2]Arbeitnehmer, deren Arbeitsverhältnis am Stichtag (Absatz 1 Satz 1) mindestens siebeneinhalb Jahre ununterbrochen angedauert hat, erhalten den besonderen Kündigungsschutz nach Maßgabe der Bestimmungen des TVöD bzw. TVÜ-VKA.

(8) [1]Beschäftigten, die am Stichtag (Absatz 1 Satz 1) eine Zahlung gemäß § 16a Abs. 1 Nr. 1 oder Nr. 2 oder Abs. 2 Satz 1 TVÜ-VKA erhalten, wird diese nach Maßgabe der genannten Vorschriften als Besitzstand weitergezahlt. [2]Dieser entfällt bzw. vermindert sich mit Erreichen der jeweils nächsten Stufe der Entgeltgruppe um die Hälfte der Stufensteigerung sowie bei einer Höhergruppierung um die sich jeweils ergebende Entgeltsteigerung.

(9) Bis zur Regelung in einem landesbezirklichen Tarifvertrag gelten die jeweils geltenden bezirklichen Regelungen zu Erschwerniszuschlägen bzw. für die in § 6 Abs. 4 Satz 3 genannten Arbeitnehmer der Tarifvertrag zu § 23 Abs. 3 BMT-G-O mit der Maßgabe weiter, dass ergänzend die getroffenen landesbezirklichen Regelungen zu beachten sind.

(10) Bis zum Inkrafttreten

a) einer landesbezirklichen Regelung nach § 10 Abs. 4,

b) einer Betriebs- oder Dienstvereinbarung über die Arbeitsbefreiung nach § 15 Abs. 2,

c) einer Betriebs- oder Dienstvereinbarung über ein Jubiläumsgeld nach § 17 Abs. 1

gelten die in dem jeweiligen Betrieb am Stichtag (Absatz 1 Satz 1) jeweils geltenden Bestimmungen fort.

(11) Für die Anwendung des § 17 Abs. 1 und des § 19 Abs. 5 sind die nach den Vorschriften des § 34 TVöD bzw. des § 14 Abs. 1 und 2 TVÜ-VKA anerkannten Beschäftigungszeiten als Betriebszugehörigkeit nach § 4 zu berücksichtigen.

(12) [1]Für Angestellte in Versorgungsbetrieben gemäß § 1 Abs. 1 Satz 1, die am Tag vor dem Inkrafttreten dieses Tarifvertrages in einem von dem »Gehaltstarifvertrag für Angestellte in Versorgungs- und Verkehrsbetrieben im Lande Hessen (HGTAV)« erfassten Arbeitsverhältnis stehen, das am Tage des In-Kraft-Tretens dieses Tarifvertrages fortbesteht, kann für die Dauer dieses Arbeitsverhältnisses eine landesbezirkliche Regelung über eine Besitzstandswahrung vereinbart werden. [2]Für die Überleitung der Angestellten findet die Nr. 3 der Vorbemerkungen der Anlage 1 TV-V Anwendung. [3]Die im HGTAV zusätzlich zu den Tätigkeitsmerkmalen des BAT vereinbarten Fallgruppen sind dabei zu berücksichtigen.

(13) *(aufgehoben)*

(14) Für die in § 6 Abs. 4 Satz 2 genannten Arbeitnehmer, deren Altersteilzeitarbeitsverhältnis spätestens am 1. Juli 2008 begonnen hat, gilt § 8 Abs. 1 Satz 1 in der bis zum 30. Juni 2008 geltenden Fassung bei der Berechnung des Entgelts (§ 6 Abs. 1) und von in Monatsbeträgen zustehenden Zulagen.

Protokollerklärung zu § 22a Abs. 1 Satz 3:
Für Arbeitnehmer, die nicht für alle Tage des Monats vor dem Stichtag (Absatz 1 Satz 1) oder für keinen Tag dieses Monats Bezüge erhalten, wird das Vergleichsentgelt so bestimmt, als hätten sie für alle Tage dieses Monats Bezüge erhalten.

Protokollerklärung zu § 22a Abs. 1 Satz 7:
Übersteigt das erhöhte Entgelt die Endstufe der Entgeltgruppe 15, erhält der Arbeitnehmer den übersteigenden Betrag als persönliche dynamisierte Zulage.

Protokollerklärung zu § 22a Abs. 9:
§ 22a Abs. 9 gilt für Entsorgungsbetriebe mit der Maßgabe, dass die Höchstgrenze für Erschwerniszuschläge bis zum Abschluss eines entsprechenden landesbezirklichen Tarifvertrages überschritten werden kann.

§ 23 Eingruppierung ehemals arbeiterrentenversicherungspflichtiger Arbeitnehmer

[1]Für Arbeitnehmer, deren Tätigkeit vor dem 1. Januar 2005 der Rentenversicherung der Arbeiter unterlegen hätte und die neu eingestellt werden oder höherwertige Tätigkeiten übertragen bekommen, gelten bis zu einer landes-

bezirklichen Vereinbarung nach Nr. 3 der Vorbemerkungen der Anlage 1 die in den Bezirkstarifverträgen bzw. im Tarifvertrag zu § 20 Abs. 1 BMT-G-O (Lohngruppenverzeichnis) vereinbarten Tätigkeitsmerkmale weiter, soweit sie den Oberbegriffen nicht widersprechen. [2]Tätigkeitsmerkmale, die Bewährungs- und Tätigkeitsaufstiege regeln, gelten nicht mehr. [3]Die Lohngruppen nach den Bezirkstarifverträgen bzw. nach dem Lohngruppenverzeichnis sind den Entgeltgruppen dieses Tarifvertrages wie folgt zugeordnet:

Entgeltgruppe	**Lohngruppe**
1	–
2	1
3	2
4	3, 4
5	5
6	6
7	7, 9

§ 24 In-Kraft-Treten

(1) Dieser Tarifvertrag tritt am 1. April 2002 in Kraft.

(2) Dieser Tarifvertrag kann mit einer Frist von drei Kalendermonaten zum Schluss eines Kalenderhalbjahres schriftlich gekündigt werden.

(3) [1]Abweichend von Absatz 2 können schriftlich gekündigt werden

a) § 5 Abs. 1 mit Anlage 1 jederzeit ohne Einhaltung einer Kündigungsfrist, jedoch nur insgesamt,

b) § 6 Abs. 1 mit Anlage 2 mit einer Frist von einem Monat zum Schluss eines Kalendermonats, frühestens jedoch zum 31. März 2027,

c) § 8 Abs. 1 Satz 1 mit einer Frist von einem Monat zum Schluss eines Kalendermonats,

d) § 10 mit einer Frist von einem Jahr zum Schluss eines Kalendermonats.*

[2]Im Fall der Kündigung nach Satz 1 *Buchst. a*** wird die Nachwirkung (§ 4 Abs. 5 TVG) ausgeschlossen.

---

* Zum 1. Januar 2027 wird nach Buchst. d folgender Buchst. e eingefügt: »§ 7 Abs. 3 2. Halbsatz, § 8 Abs. 1a, § 9 Abs. 9, § 10 Abs. 11 und § 15a mit einer Frist von sechs Monaten zum Schluss eines Kalenderjahres, jedoch nur insgesamt, frühestens zum 31. Dezember 2029; die Nachwirkung wird ausgeschlossen.«

** Zum 1. Januar 2027 wird die Angabe »Buchst. a« durch die Angabe »Buchst. a und e« ersetzt.

Protokollerklärung zu § 24 Abs. 3:
Die Laufzeiten der in Abs. 3 Buchst. b, c und d geregelten Sachverhalte werden wie die Laufzeiten der entsprechenden Regelungen im allgemeinen öffentlichen Dienst angepasst.*

Protokollerklärung zu »betrieblich«:
Unter dem Begriff »betrieblich« ist keine tarifvertragliche, sondern eine Regelung der Betriebsparteien selbst zu verstehen, wie sie im Rahmen der jeweiligen Betriebsform gesetzlich zulässig ist.

Anlage 1

Eingruppierung von Arbeitnehmern in den Versorgungsbetrieben

Vorbemerkungen:

1. [1]Die Tätigkeiten des Arbeitnehmers müssen die Voraussetzungen eines Oberbegriffs und die ihm zugrundeliegende Wertigkeit erfüllen. [2]Die in den Beispielen zu den Entgeltgruppen umschriebenen Tätigkeiten entsprechen der Wertigkeit eines Oberbegriffs. [3]Sind Tätigkeiten als Beispiel nur in einer Entgeltgruppe vereinbart, wird dadurch nicht ausgeschlossen, dass die Anforderungen eines Oberbegriffes einer höheren Entgeltgruppe erfüllt sein können.
2. Sind in einer Entgeltgruppe mehrere Oberbegriffe vorhanden, stehen diese gleichwertig nebeneinander.
3. Für Arbeitnehmer in den Entgeltgruppen 1 bis 11 können durch landesbezirkliche Tarifverträge unter Beachtung der allgemeinen Voraussetzungen des jeweils zutreffenden Oberbegriffs und der ihm zugrundeliegenden Wertigkeit weitere Beispiele vereinbart werden.
4. [1]Arbeitnehmer, denen die Funktion eines Vorarbeiters oder Vorhandwerkers übertragen worden ist, werden für die Dauer dieser Tätigkeit jeweils eine Entgeltgruppe höher eingruppiert. [2]Diese Eingruppierung ist jederzeit widerruflich.

---

* Zum 1. Januar 2027 treten die Protokollerklärungen zu § 24 Abs. 3 Buchst. e in Kraft:
»Protokollerklärungen zu § 24 Abs. 3 Buchst. e
Laufende individuelle Vereinbarungen nach § 8 Abs. 1a bleiben für deren vereinbarte Dauer von einer Kündigung unberührt.
Die Kündigung wirkt nicht auf Tauschtage, die gemäß § 15a vor Wirksamwerden der Kündigung bereits verlangt bzw. geltend gemacht wurden.«

Entgeltgruppe 1

1 Arbeitnehmer mit einfachsten Tätigkeiten
Ausschließlichkeitskatalog

Niederschriftserklärung zu Anlage 1 Entgeltgruppe 1:
Die Tarifvertragsparteien sind sich einig, dass sie erstmals nach fünf Jahren nach Inkrafttreten des Tarifvertrages prüfen wollen, welche Auswirkungen sich hinsichtlich einfacherer Tätigkeiten aus der Einführung der Entgeltgruppe 1 ergeben.

Entgeltgruppe 2

2 Arbeitnehmer mit einfachen Tätigkeiten
(Einfache Tätigkeiten sind vorwiegend mechanische Tätigkeiten, die eine Einarbeitung erfordern. Einarbeitung setzt die Vermittlung und Aneignung von Kenntnissen und Fertigkeiten voraus, um die Tätigkeiten sach- und fachgerecht ausüben zu können.)

Beispiele:
2.1 Reinigen von Werkstätten und Labors
2.2 Einfache Bürotätigkeiten (wie Führen von einfachen Listen, Mithilfe bei der Postabfertigung, Registratur, Fotokopieren)
2.3 Tätigkeiten als Bote

Entgeltgruppe 3

3 Arbeitnehmer mit Tätigkeiten, die eine eingehende fachliche Einarbeitung erfordern

Beispiele:
3.1 Tätigkeiten als Messgehilfe
3.2 Tätigkeiten als Zählerableser
3.3 Tätigkeiten als Pförtner
3.4 Tätigkeiten als Telefonist

Entgeltgruppe 4

4.1 Arbeitnehmer, die Tätigkeiten ausüben, die gründliche Fachkenntnisse erfordern
(Gründliche Fachkenntnisse erfordern nähere Kenntnisse von Gesetzen, Tarifbestimmungen usw. im Rahmen der auszuübenden Tätigkeiten)

sowie

4.2 Arbeitnehmer, die aufgrund ihrer Fähigkeiten oder Erfahrungen entsprechende gleichwertige Tätigkeiten ausüben

Beispiele:
4.3.1 Verwaltung von Lagern und Magazinen
4.3.2 Tätigkeiten als Fahrer von Kraftfahrzeugen
4.3.3 Tätigkeiten als Schreibkraft
4.3.4 Montagearbeiten in Netzen (Gas, Wasser, Fernheizung, Kabel, Freileitung)

Entgeltgruppe 5

5.1 Arbeitnehmer mit abgeschlossener Ausbildung in einem anerkannten Ausbildungsberuf und entsprechenden Tätigkeiten

sowie

5.2 Arbeitnehmer, die Tätigkeiten ausüben, die gründliche und vielseitige Fachkenntnisse erfordern

(Gründliche und vielseitige Fachkenntnisse erfordern gegenüber gründlichen Fachkenntnissen eine Erweiterung dem Umfang nach.)

sowie

5.3 Arbeitnehmer, die aufgrund ihrer Fähigkeiten oder Erfahrungen entsprechende gleichwertige Tätigkeiten ausüben

Beispiele:
5.4.1 Bedienen und Überwachen von Kraftwerksmaschinen
5.4.2 Tätigkeiten als Schaltwart
5.4.3 Tätigkeiten als Wasserwart
5.4.4 Tätigkeiten als geprüfter Kesselwärter
5.4.5 Tätigkeiten als Fahrer von Kraftfahrzeugen mit mehr als 7,5 t zulässigem Gesamtgewicht
5.4.6 Fahren und Bedienen von Spezialkraftfahrzeugen (wie Kraftfahrzeug mit komplizierten Arbeitsmaschinen)
5.4.7 Montagearbeiten in Netzen (Gas, Wasser, Fernheizung, Kabel, Freileitung)
5.4.8 Tätigkeiten als kaufmännischer Sachbearbeiter

Entgeltgruppe 6

6.1 Arbeitnehmer der Entgeltgruppe 5.1, die besonders hochwertige oder besonders vielseitige Tätigkeiten ausüben

(Besonders hochwertige Tätigkeiten erfordern hochwertiges fachliches Können sowie besondere Umsicht und Zuverlässigkeit. Besonders vielseitige Tätigkeiten erfordern vielseitiges fachliches Können und breitere Einsetzbarkeit.)

sowie

6.2 Arbeitnehmer, die Tätigkeiten ausüben, die gründliche und vielseitige Fachkenntnisse und mindestens zu einem Fünftel selbständige Leistungen erfordern

(Selbständige Leistungen erfordern ein den vorausgesetzten Fachkenntnissen entsprechendes selbständiges Erarbeiten eines Ergebnisses unter

Entwicklung einer eigenen geistigen Initiative. Eine leichte geistige Arbeit kann diese Anforderung nicht erfüllen.)

sowie

6.3 Arbeitnehmer, die aufgrund ihrer Fähigkeiten oder Erfahrungen entsprechende gleichwertige Tätigkeiten ausüben

> **Beispiele:**
> 6.4.1 Handwerks- und Industriemeister mit entsprechenden Tätigkeiten
> 6.4.2 Staatlich geprüfte Techniker mit entsprechenden Tätigkeiten
> 6.4.3 Technische Assistenten mit entsprechenden Tätigkeiten

Entgeltgruppe 7

7.1 Arbeitnehmer der Entgeltgruppe 6.1, die Tätigkeiten ausüben, die besondere Spezialkenntnisse erfordern

sowie

7.2 Arbeitnehmer, die Tätigkeiten ausüben, die gründliche und vielseitige Fachkenntnisse und selbständige Leistungen erfordern

sowie

7.3 Arbeitnehmer, die aufgrund ihrer Fähigkeiten oder Erfahrungen entsprechende gleichwertige Tätigkeiten ausüben

> **Beispiele:**
> 7.4.1 Handwerks- und Industriemeister mit fachlicher Aufsicht über Handwerker oder Facharbeiter
> 7.4.2 Handwerks- und Industriemeister, die die Voraussetzungen der Ausbildereignungs-Verordnung erfüllen und in der Berufsausbildung entsprechend tätig sind
> 7.4.3 Komplizierte Instandhaltungs-, Reparatur- und Überholungsarbeiten an Hochspannungs- und Hochleistungsschaltgeräten oder leittechnischen Anlagen von mindestens 110 KV
> 7.4.4 Versorgungstechnische, vertragsrechtliche und energiewirtschaftlich Kundenberatung
> 7.4.5 An- und Abfahren aller Kraftwerksanlagen und Eingreifen bei Störungen als Kraftwerker mit Kraftwerkerprüfung

Entgeltgruppe 8

8.1 Arbeitnehmer, deren Tätigkeiten sich durch das Maß ihrer Verantwortung erheblich aus der Entgeltgruppe 7.1 herausheben

sowie

8.2 Arbeitnehmer, die Tätigkeiten ausüben, die gründliche, umfassende Fachkenntnisse und selbständige Leistungen erfordern
(Gründliche, umfassende Fachkenntnisse bedeuten gegenüber gründlichen und vielseitigen Fachkenntnissen eine Steigerung der Tiefe und Breite nach.)

sowie

8.3 Arbeitnehmer, die aufgrund ihrer Fähigkeiten oder Erfahrungen entsprechende gleichwertige Tätigkeiten ausüben

Beispiele:

8.4.1 Handwerks- und Industriemeister, die große Arbeitsstätten (Bereiche, Werkstätten, Abteilungen oder Betriebe) fachlich beaufsichtigen, in denen Handwerker oder Facharbeiter beschäftigt sind

8.4.2 An- und Abfahren von Kraftwerksblöcken mit einer Leistung von mehr als 100 MW und Eingreifen bei Störungen als Kraftwerker mit Kraftwerkerprüfung

8.4.3 Erstellen von Kostenangeboten und Bearbeiten von Versorgungsanfragen in mehreren Energiesparten

8.4.4 Selbständiges Anfertigen, Ändern und Pflegen von DV-Programmen und DV-Programmbausteinen

Entgeltgruppe 9

9.1 Arbeitnehmer, deren Tätigkeiten sich dadurch aus der Entgeltgruppe 8.2 herausheben, dass sie besonders verantwortungsvoll sind

sowie

9.2 Arbeitnehmer mit abgeschlossener Fachhochschul- oder Bachelorausbildung und entsprechenden Tätigkeiten

sowie

9.3 Arbeitnehmer, die aufgrund ihrer Fähigkeiten oder Erfahrungen entsprechende gleichwertige Tätigkeiten ausüben

Beispiele:

9.4.1 Handwerks- und Industriemeister, die ausdrücklich zu Leitern von großen Arbeitsstätten, in denen Handwerker oder Facharbeiter beschäftigt sind, bestellt sind

9.4.2 Bau und/oder Betrieb von Netzen einschließlich Personal- und Materialeinsatz

9.4.3 Abschließende Bearbeitung und Zuordnung von aktivierungspflichtigen und nichtaktivierungspflichtigen Aufträgen und deren Weiterberechnung

9.4.4 Abrechnung von schwierigen und speziellen Verträgen der Sonderabnehmer

9.4.5 Selbständiges Anfertigen, Ändern und Pflegen von DV-Programmen und DV-Programmbausteinen mittleren Schwierigkeitsgrades

Entgeltgruppe 10

10.1 Arbeitnehmer, deren Tätigkeiten sich durch besondere Schwierigkeit und Bedeutung aus der Entgeltgruppe 9.1 oder 9.2 herausheben

sowie

10.2 Arbeitnehmer, die aufgrund ihrer Fähigkeiten oder Erfahrungen entsprechende gleichwertige Tätigkeiten ausüben

Beispiele:

10.3.1 Versorgungstechnische, vertragsrechtliche und energiewirtschaftliche Kundenberatung der Sonderabnehmer
10.3.2 Kostenrechnungen, Kostenanalysen, Kalkulationen und Wirtschaftlichkeitsberechnungen
10.3.3 Bearbeiten von schwierigen Aufgaben in der Finanz-/Anlagenbuchhaltung (Kontierungen, Wertberichtigungen und Abschreibungen) mit Jahresabschlussarbeiten (Bilanz, GuV)
10.3.4 Alleinverantwortliche Überwachung von Energieerzeugungsanlagen
10.3.5 Selbständiges Anfertigen, Ändern und Pflegen von DV-Programmen und DV-Programmbausteinen hohen Schwierigkeitsgrades
10.3.6 Asset-Manager
10.3.7 Bilanzkreismanager

Entgeltgruppe 11

11.1 Arbeitnehmer mit abgeschlossener wissenschaftlicher Hochschulbildung und entsprechenden Tätigkeiten

sowie

11.2 Arbeitnehmer, deren Tätigkeiten sich durch das Maß der Verantwortung erheblich aus der Entgeltgruppe 10.1 herausheben

sowie

11.3 Arbeitnehmer, die aufgrund ihrer Fähigkeiten oder Erfahrungen entsprechende gleichwertige Tätigkeiten ausüben

Beispiele:

11.4.1 Ermittlung von bereichsübergreifenden Vergleichszahlen, Soll-/Ist-Vergleich und Abweichungsanalysen als Controller
11.4.2 Analysieren, Testen und Einführen von DV-Systemen und deren Wartung als DV-Organisator
11.4.3 Analysieren, Planen, Implementieren und Kontrollieren von Betriebssystemen von Standardsoftware als Systemprogrammierer
11.4.4 Bauleitung von besonders schwierigen Neu- und Erweiterungsbauten im Strom-, Gas-, Wasser- oder Fernwärmenetz
11.4.5 Entwurf, Vortrassierung und Ausschreibung von Leitungs- und Tiefbauprojekten im MS- und HS-Netz von besonderer Schwierigkeit

Entgeltgruppe 12

12.1 Arbeitnehmer mit abgeschlossener wissenschaftlicher Hochschulbildung nach einjähriger einschlägiger Berufsausübung und entsprechenden Tätigkeiten

sowie

12.2 Arbeitnehmer, die aufgrund ihrer Fähigkeiten oder Erfahrungen entsprechende gleichwertige Tätigkeiten ausüben

Entgeltgruppe 13

13.1 Arbeitnehmer mit abgeschlossener wissenschaftlicher Hochschulbildung und entsprechenden Tätigkeiten, deren Tätigkeiten sich durch besondere Schwierigkeit und Bedeutung aus der Entgeltgruppe 12.1 herausheben

sowie

13.2 Arbeitnehmer, die aufgrund ihrer Fähigkeiten oder Erfahrungen entsprechende gleichwertige Tätigkeiten ausüben

Entgeltgruppe 14

14.1 Arbeitnehmer mit abgeschlossener wissenschaftlicher Hochschulbildung und entsprechenden Tätigkeiten, deren Tätigkeiten sich durch das Maß der Verantwortung erheblich aus der Entgeltgruppe 13.1 herausheben

sowie

14.2 Arbeitnehmer, die aufgrund ihrer Fähigkeiten oder Erfahrungen entsprechende gleichwertige Tätigkeiten ausüben

Entgeltgruppe 15

15.1 Arbeitnehmer mit abgeschlossener wissenschaftlicher Hochschulbildung und entsprechenden Tätigkeiten, die sich erheblich aus der Entgeltgruppe 14.1 herausheben

sowie

15.2 Arbeitnehmer, die aufgrund ihrer Fähigkeiten oder Erfahrungen entsprechende gleichwertige Tätigkeiten ausüben

Anlage 2

TV-V
gültig vom 1. Juni 2025 bis 31. Mai 2026
(monatlich in Euro)

Entgelt-gruppe	Stufe 1	Stufe 2	Stufe 3	Stufe 4	Stufe 5	Stufe 6
15	6729,11	7451,50	8145,00	8773,41	9286,50	9799,59
14	6295,70	6912,13	7509,30	8071,27	8539,37	9007,47
13	5910,41	6488,35	7046,96	7495,12	7819,22	8143,33
12	5525,13	6035,66	6522,96	6919,04	7197,91	7478,63
11	5187,98	5659,97	6009,89	6288,89	6534,15	6777,35
10	4850,89	5293,97	5622,74	5842,03	6038,44	6178,70
9	4561,92	4947,21	5217,69	5421,18	5514,72	5655,00
8	4227,47	4425,52	4614,59	4803,60	4990,94	5131,26
7	3939,41	4128,47	4289,47	4429,75	4523,30	4616,85
6	3696,36	3876,41	4027,59	4158,52	4233,36	4298,84
5	3462,31	3624,38	3765,73	3887,30	3962,12	4083,70
4	3273,30	3426,30	3559,93	3672,17	3777,38	3948,41
3	3057,25	3176,48	3298,04	3400,96	3471,30	3606,69
2	2886,19	3021,25	3139,07	3241,96	3307,42	3344,82
1	2572,36					

Die Entgelte aus den individuellen Zwischenstufen werden entsprechend verändert.

Anlage 2

TV-V
gültig ab 1. Juni 2026
(monatlich in Euro)

Entgelt-gruppe	Stufe 1	Stufe 2	Stufe 3	Stufe 4	Stufe 5	Stufe 6
15	6813,22	7544,64	8246,81	8883,08	9402,58	9922,08
14	6374,40	6998,53	7603,17	8172,16	8646,11	9120,06
13	5984,29	6569,45	7135,05	7588,81	7916,96	8245,12
12	5594,19	6111,11	6604,50	7005,53	7287,88	7572,11
11	5252,83	5730,72	6085,01	6367,50	6615,83	6862,07
10	4911,53	5360,14	5693,02	5915,06	6113,92	6255,93
9	4618,94	5009,05	5282,91	5488,94	5583,65	5725,69
8	4280,31	4480,84	4672,27	4863,65	5053,33	5195,40
7	3988,65	4180,08	4343,09	4485,12	4579,84	4674,56
6	3742,56	3924,87	4077,93	4210,50	4286,28	4352,58
5	3505,59	3669,68	3812,80	3935,89	4011,65	4134,75
4	3314,22	3469,13	3604,43	3718,07	3824,60	3997,77
3	3095,47	3216,19	3339,27	3443,47	3514,69	3651,77
2	2922,27	3059,02	3178,31	3282,48	3348,76	3386,63
1	2604,51					

Die Entgelte aus den individuellen Zwischenstufen werden entsprechend verändert.

Anlage 3

Stundenentgelte
TV-V
gültig vom 1. Juni 2025 bis 31. Mai 2026
(in Euro)

Entgelt-gruppe	Stufe 1	Stufe 2	Stufe 3	Stufe 4	Stufe 5	Stufe 6
15	39,68	43,94	48,03	51,74	54,76	57,79
14	37,13	40,76	44,28	47,60	50,36	53,12
13	34,86	38,26	41,56	44,20	46,11	48,02
12	32,58	35,59	38,47	40,80	42,45	44,10
11	30,59	33,38	35,44	37,09	38,53	39,97
10	28,61	31,22	33,16	34,45	35,61	36,44
9	26,90	29,18	30,77	31,97	32,52	33,35
8	24,93	26,10	27,21	28,33	29,43	30,26
7	23,23	24,35	25,30	26,12	26,68	27,23
6	21,80	22,86	23,75	24,52	24,97	25,35
5	20,42	21,37	22,21	22,92	23,37	24,08
4	19,30	20,21	20,99	21,66	22,28	23,28
3	18,03	18,73	19,45	20,06	20,47	21,27
2	17,02	17,82	18,51	19,12	19,50	19,73
1	15,17					

Die Entgelte aus den individuellen Zwischenstufen werden entsprechend verändert.

Anlage 3

Stundenentgelte
TV-V
gültig ab 1. Juni 2026
(in Euro)

Entgelt-gruppe	Stufe 1	Stufe 2	Stufe 3	Stufe 4	Stufe 5	Stufe 6
15	40,18	44,49	48,63	52,39	55,45	58,51
14	37,59	41,27	44,84	48,19	50,99	53,78
13	35,29	38,74	42,08	44,75	46,69	48,62
12	32,99	36,04	38,95	41,31	42,98	44,65
11	30,98	33,80	35,88	37,55	39,02	40,47
10	28,96	31,61	33,57	34,88	36,06	36,89
9	27,24	29,54	31,15	32,37	32,93	33,77
8	25,24	26,42	27,55	28,68	29,80	30,64
7	23,52	24,65	25,61	26,45	27,01	27,57
6	22,07	23,15	24,05	24,83	25,28	25,67
5	20,67	21,64	22,49	23,21	23,66	24,38
4	19,54	20,46	21,26	21,93	22,55	23,58
3	18,25	18,97	19,69	20,31	20,73	21,54
2	17,23	18,04	18,74	19,36	19,75	19,97
1	15,36					

Die Entgelte aus den individuellen Zwischenstufen werden entsprechend verändert.

F. Tarifvertrag für Auszubildende des öffentlichen Dienstes (TVAöD) – Allgemeiner Teil –

vom 13. September 2005 in der Fassung des Änderungstarifvertrages Nr. 14 vom 6. April 2025

§ 1 Geltungsbereich

(1) Dieser Tarifvertrag gilt für

a) Personen, die in Verwaltungen und Betrieben, die unter den Geltungsbereich des TVöD fallen, in einem staatlich anerkannten oder als staatlich anerkannt geltenden Ausbildungsberuf ausgebildet werden,

b) Schülerinnen/Schüler
   - in der Gesundheits- und Krankenpflege, Gesundheits- und Kinderkrankenpflege, Entbindungspflege, Altenpflege,
   - in der Operationstechnischen Assistenz und der Anästhesietechnischen Assistenz, die unter das Gesetz über den Beruf der Anästhesietechnischen Assistentin und des Anästhesietechnischen Assistenten und über den Beruf der Operationstechnischen Assistentin und des Operationstechnischen Assistenten (Anästhesietechnische- und Operationstechnische-Assistenten-Gesetz – ATA-OTA-G) fallen,

Protokollerklärung zu Abs. 1 Buchst. b zweiter Spiegelstrich:
Für Schülerinnen/Schüler, die ihre Ausbildung in der Operationstechnischen Assistenz und der Anästhesietechnischen Assistenz vor dem 1. Januar 2022 begonnen haben, richtet sich diese jeweils nach der Empfehlung der Deutschen Krankenhausgesellschaft vom 17. September 2013.

   - nach dem Notfallsanitätergesetz und
   - in praxisintegrierten Ausbildungsgängen zur Erzieherin/zum Erzieher nach landesrechtlichen Regelungen und
   - für Auszubildende in der Pflege nach dem Gesetz über die Pflegeberufe (Pflegeberufegesetz),
   - in praxisintegrierten Ausbildungsgängen zur Heilerziehungspflegerin/zum Heilerziehungspfleger nach landesrechtlichen Regelungen,

   die in Verwaltungen und Betrieben, die unter den Geltungsbereich des TVöD fallen, ausgebildet werden,

c) Auszubildende in betrieblich-schulischen Gesundheitsberufen, die in Verwaltungen und Betrieben, die unter den Geltungsbereich des TVöD fallen, ausgebildet werden, nach folgenden Maßgaben:

	Berufsausbildung	**Gesetzliche Vorschriften in der jeweils aktuellen Fassung**
1.	Orthoptistinnen und Orthoptisten	Orthoptistengesetz vom 28. November 1989 (BGBl. I S. 2061) Ausbildungs- und Prüfungsverordnung für Orthoptistinnen und Orthoptisten vom 21. März 1990 (BGBl. I S. 563)
2.	Logopädinnen und Logopäden	Gesetz über den Beruf des Logopäden vom 7. Mai 1980 (BGBl. I S. 529) Ausbildungs- und Prüfungsordnung für Logopäden vom 1. Oktober 1980 (BGBl. I S. 1892)
3.	a) Medizinisch-technische Laboratoriumsassistentinnen und Medizinisch-technische Laboratoriumsassistenten b) Medizinisch-technische Radiologieassistentinnen und Medizinisch-technische Radiologieassistenten c) Medizinisch-technische Assistentinnen für Funktionsdiagnostik und Medizinisch-technische Assistenten für Funktionsdiagnostik	MTA-Gesetz vom 2. August 1993 (BGBl. I S. 1402) Ausbildungs- und Prüfungsverordnung für technische Assistenten in der Medizin vom 25. April 1994 (BGBl. I S. 922)
4.	Ergotherapeutinnen und Ergotherapeuten	Ergotherapeutengesetz vom 25. Mai 1976 (BGBl. I S. 1246) Ergotherapeuten-Ausbildungs- und Prüfungsverordnung vom 2. August 1999 (BGBl. I S. 1731)
5.	Physiotherapeutinnen und Physiotherapeuten	Masseur- und Physiotherapeutengesetz vom 26. Mai 1994 (BGBl. I S. 1084) Ausbildungs- und Prüfungsverordnung für Physiotherapeuten vom 6. Dezember 1994 (BGBl. I S. 3786)
6.	Diätassistentinnen und Diätassistenten	Diätassistentengesetz vom 8. März 1994 (BGBl. I S. 446) Ausbildungs- und Prüfungsverordnung für Diätassistentinnen und Diätassistenten vom 1. August 1994 (BGBl. I S. 2088).

d) Auszubildende in Betrieben oder Betriebsteilen, auf deren Arbeitnehmerinnen/Arbeitnehmer der TV-V oder der TV-WW/NW Anwendung findet,
e) Auszubildende in Betrieben oder Betriebsteilen, auf deren Arbeitnehmerinnen/Arbeitnehmer ein TV-N Anwendung findet, soweit und solange nicht eine anderweitige landesbezirkliche Regelung getroffen wurde

(Auszubildende).

(2) Dieser Tarifvertrag gilt nicht für

a) Schülerinnen/Schüler in der Krankenpflegehilfe und Altenpflegehilfe,
b) Praktikantinnen/Praktikanten und Volontärinnen/Volontäre,
c) Auszubildende, die in Ausbildungsberufen der Landwirtschaft, des Weinbaues oder der Forstwirtschaft ausgebildet werden, es sei denn, dass die Beschäftigten des Ausbildenden unter den Tarifvertrag für den öffentlichen Dienst (TVöD) fallen,
d) körperlich, geistig oder seelisch behinderte Personen, die aufgrund ihrer Behinderung in besonderen Ausbildungswerkstätten, Berufsförderungswerkstätten oder in Lebenshilfeeinrichtungen ausgebildet werden sowie
e) für Studierende in einem ausbildungsintegrierten dualen Studium, die vom Geltungsbereich des Tarifvertrages für Studierende in ausbildungsintegrierten dualen Studiengängen im öffentlichen Dienst (TVSöd) erfasst sind.

(3) Soweit in diesem Tarifvertrag nichts anderes geregelt ist, gelten die jeweils einschlägigen gesetzlichen Vorschriften.

Niederschriftserklärung zu § 1:
Ausbildender im Sinne dieses Tarifvertrages ist, wer andere Personen zur Ausbildung einstellt.

§ 1a Geltungsbereich des Besonderen Teils

[In den Besonderen Teilen geregelt]

§ 2 Ausbildungsvertrag, Nebenabreden

(1) [1]Vor Beginn des Ausbildungsverhältnisses ist ein schriftlicher Ausbildungsvertrag zu schließen, der neben der Bezeichnung des Ausbildungsberufs mindestens Angaben enthält über

a) die maßgebliche Ausbildungs- und Prüfungsordnung in der jeweils geltenden Fassung sowie Art, sachliche und zeitliche Gliederung der Ausbildung,
b) Beginn und Dauer der Ausbildung,

c) Dauer der regelmäßigen täglichen oder wöchentlichen Ausbildungszeit,
d) Dauer der Probezeit,
e) Zahlung und Höhe des Ausbildungsentgelts,
f) Dauer des Urlaubs,
g) Voraussetzungen, unter denen der Ausbildungsvertrag gekündigt werden kann,
h) die Geltung des Tarifvertrages für Auszubildende im öffentlichen Dienst (TVAöD) sowie einen in allgemeiner Form gehaltenen Hinweis auf die auf das Ausbildungsverhältnis anzuwendenden Betriebs-/Dienstvereinbarungen.

[2]Bei Auszubildenden in der Pflege nach dem Pflegeberufegesetz muss der Ausbildungsvertrag darüber hinaus folgende Angaben enthalten:
a) den gewählten Vertiefungseinsatz einschließlich einer Ausrichtung nach § 7 Abs. 4 Satz 2 Pflegeberufegesetz,
b) Verpflichtung der Auszubildenden/des Auszubildenden zum Besuch der Ausbildungsveranstaltungen der Pflegeschule,
c) Umfang etwaiger Sachbezüge,
d) Hinweis auf die Rechte als Arbeitnehmerin/Arbeitnehmer im Sinne von § 5 des Betriebsverfassungsgesetzes oder von § 4 des Bundespersonalvertretungsgesetz des Trägers der praktischen Ausbildung.

(2) [1]Nebenabreden sind nur wirksam, wenn sie schriftlich vereinbart werden. [2]Sie können gesondert gekündigt werden, soweit dies einzelvertraglich vereinbart ist.

§ 3 Probezeit

[In den Besonderen Teilen geregelt]

§ 4 Ärztliche Untersuchungen

(1) [1]Auszubildende haben auf Verlangen des Ausbildenden vor ihrer Einstellung ihre gesundheitliche Eignung durch das Zeugnis einer Betriebsärztin/eines Betriebsarztes, einer Personalärztin/eines Personalarztes oder einer Amtsärztin/eines Amtsarztes nachzuweisen, soweit sich die Betriebsparteien nicht auf eine andere Ärztin/einen anderen Arzt geeinigt haben. [2]Für Auszubildende, die unter das Jugendarbeitsschutzgesetz fallen, ist ergänzend § 32 Abs. 1 JArbSchG zu beachten.

(2) [1]Der Ausbildende ist bei begründeter Veranlassung berechtigt, Auszubildende zu verpflichten, durch ärztliche Bescheinigung nachzuweisen, dass sie in der Lage sind, die nach dem Ausbildungsvertrag übernommenen Verpflichtungen zu erfüllen. [2]Bei der beauftragten Ärztin/dem beauftragten Arzt kann es sich um eine Betriebsärztin/einen Betriebsarzt, eine Personal-

ärztin/einen Personalarzt oder eine Amtsärztin/einen Amtsarzt handeln, soweit sich die Betriebsparteien nicht auf eine andere Ärztin/einen anderen Arzt geeinigt haben. [3]Die Kosten dieser Untersuchung trägt der Ausbildende.

(3) Auszubildende, die besonderen Ansteckungsgefahren ausgesetzt, mit gesundheitsgefährdenden Tätigkeiten beschäftigt oder mit der Zubereitung von Speisen beauftragt sind, sind in regelmäßigen Zeitabständen oder auf ihren Antrag bei Beendigung des Ausbildungsverhältnisses ärztlich zu untersuchen.

§ 5 Schweigepflicht, Nebentätigkeiten, Schadenshaftung

(1) Auszubildende haben in demselben Umfang Verschwiegenheit zu wahren wie die Beschäftigten des Ausbildenden.

(2) [1]Nebentätigkeiten gegen Entgelt haben Auszubildende ihrem Ausbildenden rechtzeitig vorher schriftlich anzuzeigen. [2]Der Ausbildende kann die Nebentätigkeit untersagen oder mit Auflagen versehen, wenn diese geeignet ist, die nach dem Ausbildungsvertrag übernommenen Verpflichtungen der Auszubildenden oder berechtigte Interessen des Ausbildenden zu beeinträchtigen.

(3) Für die Schadenshaftung der Auszubildenden finden die für die Beschäftigten des Ausbildenden geltenden tariflichen Bestimmungen entsprechende Anwendung.

§ 6 Personalakten

(1) [1]Die Auszubildenden haben ein Recht auf Einsicht in ihre vollständigen Personalakten. [2]Sie können das Recht auf Einsicht durch einen hierzu schriftlich Bevollmächtigten ausüben lassen. [3]Sie können Auszüge oder Kopien aus ihren Personalakten erhalten.

(2) [1]Beurteilungen sind Auszubildenden unverzüglich bekannt zu geben. [2]Die Bekanntgabe ist aktenkundig zu machen.

§ 7 Wöchentliche und tägliche Ausbildungszeit

[In den Besonderen Teilen geregelt]

§ 8 Ausbildungsentgelt

[In den Besonderen Teilen geregelt]

§ 8a Unständige Entgeltbestandteile

Für die Ausbildung an Samstagen, Sonntagen, Feiertagen und Vorfesttagen, für den Bereitschaftsdienst und die Rufbereitschaft, für die Überstunden und für die Zeitzuschläge gelten die für die Beschäftigten des Ausbildenden geltenden Regelungen sinngemäß.

§ 8b Sonstige Entgeltregelungen

[In den Besonderen Teilen geregelt]

§ 9 Urlaub

[In den Besonderen Teilen geregelt]

§ 10 Ausbildungsmaßnahmen außerhalb der Ausbildungsstätte

[In den Besonderen Teilen geregelt]

§ 10a Familienheimfahrten

[In den Besonderen Teilen geregelt]

§ 11 Schutzkleidung, Ausbildungsmittel

[In den Besonderen Teilen geregelt]

§ 12 Entgelt im Krankheitsfall

(1) Werden Auszubildende durch Arbeitsunfähigkeit infolge Krankheit ohne ihr Verschulden verhindert, ihre Verpflichtungen aus dem Ausbildungsvertrag zu erfüllen, erhalten sie für die Zeit der Arbeitsunfähigkeit für die Dauer von bis zu sechs Wochen sowie nach Maßgabe der gesetzlichen Bestimmungen bei Wiederholungserkrankungen das Ausbildungsentgelt (§ 8) in entsprechender Anwendung der für die Beschäftigten des Ausbildenden geltenden Regelungen fortgezahlt.
(2) Im Übrigen gilt das Entgeltfortzahlungsgesetz.
(3) Bei der jeweils ersten Arbeitsunfähigkeit, die durch einen bei dem Ausbildenden erlittenen Arbeitsunfall oder durch eine bei dem Ausbildenden zugezogene Berufskrankheit verursacht ist, erhalten Auszubildende nach Ablauf des nach Absatz 1 maßgebenden Zeitraums bis zum Ende der 26. Woche seit dem Beginn der Arbeitsunfähigkeit einen Krankengeldzuschuss in Höhe des Unterschiedsbetrages zwischen dem Bruttokrankengeld und dem

sich nach Absatz 1 ergebenden Nettoausbildungsentgelt, wenn der zuständige Unfallversicherungsträger den Arbeitsunfall oder die Berufskrankheit anerkennt.

§ 12a Entgeltfortzahlung in anderen Fällen

(1) Auszubildenden ist das Ausbildungsentgelt (§ 8) für insgesamt fünf Ausbildungstage fortzuzahlen, um sich vor den in den Ausbildungsordnungen vorgeschriebenen Abschlussprüfungen ohne Bindung an die planmäßige Ausbildung auf die Prüfung vorbereiten zu können; bei der Sechstagewoche besteht dieser Anspruch für sechs Ausbildungstage.
(2) Der Freistellungsanspruch nach Absatz 1 verkürzt sich um die Zeit, für die Auszubildende zur Vorbereitung auf die Abschlussprüfung besonders zusammengefasst werden; es besteht jedoch mindestens ein Anspruch auf zwei Ausbildungstage.
(3) Im übrigen gelten die für die Beschäftigten des Ausbildenden maßgebenden Regelungen zur Arbeitsbefreiung entsprechend.

§ 13 Vermögenswirksame Leistungen

(1) [1]Nach Maßgabe des Vermögensbildungsgesetzes in seiner jeweiligen Fassung erhalten Auszubildende eine vermögenswirksame Leistung in Höhe von 13,29 Euro monatlich. [2]Der Anspruch auf vermögenswirksame Leistungen entsteht frühestens für den Kalendermonat, in dem den Ausbildenden die erforderlichen Angaben mitgeteilt werden, und für die beiden vorangegangenen Monate desselben Kalenderjahres.
(2) Die vermögenswirksamen Leistungen sind kein zusatzversorgungspflichtiges Entgelt.
(3) Der in Absatz 1 Satz 1 genannte Betrag gilt nicht für die Auszubildenden der Sparkassen.

§ 14 Jahressonderzahlung

[In den Besonderen Teilen geregelt]

§ 15 Zusätzliche Altersversorgung

Die Versicherung zum Zwecke einer zusätzlichen Altersversorgung wird durch besonderen Tarifvertrag geregelt.

§ 16 Beendigung des Ausbildungsverhältnisses

(1) [1]Das Ausbildungsverhältnis endet mit Ablauf der Ausbildungszeit; abweichende gesetzliche Regelungen bleiben unberührt. [2]Im Falle des Nichtbestehens der Abschlussprüfung verlängert sich das Ausbildungsverhältnis auf Verlangen der Auszubildenden bis zur nächstmöglichen Wiederholungsprüfung, höchstens um ein Jahr.
(2) Können Auszubildende ohne eigenes Verschulden die Abschlussprüfung erst nach beendeter Ausbildungszeit ablegen, gilt Absatz 1 Satz 2 entsprechend.
(3) Beabsichtigt der Ausbildende bzw. im Bereich des Bundes die ausbildende Dienststelle/der ausbildende Betrieb keine Übernahme in ein befristetes oder unbefristetes Arbeitsverhältnis, hat sie/er dies den Auszubildenden drei Monate vor dem voraussichtlichen Ende der Ausbildungszeit schriftlich mitzuteilen.
(4) Nach der Probezeit (§ 3) kann das Ausbildungsverhältnis unbeschadet der gesetzlichen Kündigungsgründe nur gekündigt werden
a) aus einem sonstigen wichtigen Grund ohne Einhalten einer Kündigungsfrist,
b) von Auszubildenden mit einer Kündigungsfrist von vier Wochen.
(5) Werden Auszubildende im Anschluss an das Ausbildungsverhältnis beschäftigt, ohne dass hierüber ausdrücklich etwas vereinbart worden ist, so gilt ein Arbeitsverhältnis auf unbestimmte Zeit als begründet.

§ 16a Übernahme von Auszubildenden

(1) [1]Auszubildende, die ihre Ausbildung mindestens mit der Gesamtnote »Befriedigend« abgeschlossen haben, werden bei dienstlichem bzw. betrieblichem Bedarf im unmittelbaren Anschluss an das Ausbildungsverhältnis in ein unbefristetes Arbeitsverhältnis übernommen, sofern nicht im Einzelfall personenbedingte, verhaltensbedingte, betriebsbedingte oder gesetzliche Gründe entgegenstehen. [2]Für eine Übernahme beim Bund und anderen Arbeitgebern, in deren Aufgabenbereichen auch hoheitliche Tätigkeiten wahrgenommen werden, müssen sich die Auszubildenden durch ihr gesamtes Verhalten zur freiheitlich demokratischen Grundordnung im Sinne des Grundgesetzes bekennen.
(2) [1]Auszubildende, die ihre Ausbildung nicht mit mindestens der Gesamtnote »Befriedigend« abgeschlossen haben, werden nach erfolgreich bestandener Abschlussprüfung bei dienstlichem bzw. betrieblichem Bedarf im unmittelbaren Anschluss an das Ausbildungsverhältnis für die Dauer von zwölf Monaten in ein Arbeitsverhältnis übernommen, sofern nicht im Einzelfall personenbedingte, verhaltensbedingte, betriebsbedingte oder gesetzliche Gründe entgegenstehen; Absatz 1 Satz 2 gilt entsprechend. [2]Im Anschluss

daran werden diese Beschäftigten bei entsprechender Bewährung in ein unbefristetes Arbeitsverhältnis übernommen.

(3) [1]Der dienstliche bzw. betriebliche Bedarf nach Absatz 1 Satz 1 oder Absatz 2 Satz 1 muss zum Zeitpunkt der Beendigung der Ausbildung vorliegen und setzt zudem eine freie und besetzbare Stelle bzw. einen freien und zu besetzenden Arbeitsplatz bei der Ausbildungsdienststelle bzw. dem Ausbildungsbetrieb voraus, die/der eine ausbildungsadäquate Beschäftigung auf Dauer ermöglicht. [2]Bei einer Auswahlentscheidung sind die Ergebnisse der Abschlussprüfung und die persönliche Eignung zu berücksichtigen. [3]Bestehende Mitbestimmungsrechte bleiben unberührt.

Protokollerklärung zu § 16a:
Besteht kein dienstlicher bzw. betrieblicher Bedarf für eine unbefristete Beschäftigung, ist eine befristete Beschäftigung außerhalb von § 16a möglich.

§ 17 Abschlussprämie

(1) [1]Bei Beendigung des Ausbildungsverhältnisses aufgrund erfolgreich abgeschlossener Abschlussprüfung bzw. staatlicher Prüfung erhalten Auszubildende eine Abschlussprämie als Einmalzahlung in Höhe von 400 Euro. [2]Die Abschlussprämie ist kein zusatzversorgungspflichtiges Entgelt. [3]Sie ist nach Bestehen der Abschlussprüfung bzw. der staatlichen Prüfung fällig.

(2) [1]Absatz 1 gilt nicht für Auszubildende, die ihre Ausbildung nach erfolgloser Prüfung aufgrund einer Wiederholungsprüfung abschließen. [2]Im Einzelfall kann der Ausbildende von Satz 1 abweichen.

§ 18 Zeugnis

[In dem Besonderen Teil BBiG geregelt]

§ 19 Ausschlussfrist

Ansprüche aus dem Ausbildungsverhältnis verfallen, wenn sie nicht innerhalb einer Ausschlussfrist von sechs Monaten nach Fälligkeit von den Auszubildenden oder vom Ausbildenden schriftlich geltend gemacht werden.

§ 20 In-Kraft-Treten, Laufzeit

(1) Dieser Tarifvertrag tritt am 1. Oktober 2005 in Kraft.

(2) Dieser Tarifvertrag kann mit einer Frist von drei Monaten zum Ende eines Kalenderhalbjahres schriftlich gekündigt werden.

(3) Abweichend von Absatz 2 kann § 17 gesondert zum 31. Dezember eines jeden Jahres schriftlich gekündigt werden.

(4) [1]Dieser Tarifvertrag ersetzt für den Bereich des Bundes die in Anlage 2 aufgeführten Tarifverträge. [2]Die Ersetzung erfolgt mit Wirkung vom 1. Oktober 2005, soweit in Anlage 2 kein abweichender Termin bestimmt ist.
(5) Mit In-Kraft-Treten dieses Tarifvertrages finden im Bereich der Mitgliedverbände der VKA die in Anlage 3 aufgeführten Tarifverträge auf die in § 1 Abs. 1 genannten Personen keine Anwendung mehr.
(6) § 16a tritt mit Ablauf des 31. März 2027 außer Kraft.

§ 20a In-Kraft-Treten, Laufzeit des Besonderen Teils

[In den Besonderen Teilen geregelt]

Tarifvertrag für Auszubildende des öffentlichen Dienstes (TVAöD) – Besonderer Teil BBiG –

vom 13. September 2005 in der Fassung des Änderungstarifvertrages Nr. 14 vom 6. April 2025

§ 1a Geltungsbereich des Besonderen Teils

(1) [1]Dieser Tarifvertrag gilt nur für die in § 1 Abs. 1 des Tarifvertrages für Auszubildende des öffentlichen Dienstes (TVAöD) – Allgemeiner Teil unter Buchst. a, d und e aufgeführten Auszubildenden. [2]Er bildet im Zusammenhang mit dem Allgemeinen Teil des TVAöD den Tarifvertrag für die Auszubildenden des öffentlichen Dienstes nach BBiG (TVAöD – BBiG).
(2) Soweit in den nachfolgenden Bestimmungen auf die §§ 12 und 16 verwiesen wird, handelt es sich um die Regelungen des TVAöD – Allgemeiner Teil.

§ 3 Probezeit

(1) Die Probezeit beträgt drei Monate.
(2) Während der Probezeit kann das Ausbildungsverhältnis von beiden Seiten jederzeit ohne Einhalten einer Kündigungsfrist gekündigt werden.

§ 7 Wöchentliche und tägliche Ausbildungszeit

(1) [1]Die regelmäßige durchschnittliche wöchentliche Ausbildungszeit und die tägliche Ausbildungszeit der Auszubildenden, die nicht unter das Jugendarbeitsschutzgesetz fallen, richten sich nach den für die Beschäftigten des Ausbildenden maßgebenden Vorschriften über die Arbeitszeit. [2]Für Auszubildende der Mitglieder des Kommunalen Arbeitgeberverbandes Baden-Württemberg im Geltungsbereich des BT-K ist eine abschließende Regelung vereinbart.*
(2) Wird das Führen von Berichtsheften (Ausbildungsnachweisen) verlangt, ist den Auszubildenden dazu Gelegenheit während der Ausbildungszeit zu geben.
(3) An Tagen, an denen Auszubildende an einem theoretischen betrieblichen Unterricht von mindestens 270 tatsächlichen Unterrichtsminuten

* Die Arbeitszeit beträgt 38,5 Stunden, s. § 44 Abs. 1 BT-K.

teilnehmen, dürfen sie nicht zur praktischen Ausbildung herangezogen werden.

(4) [1]Unterrichtszeiten einschließlich der Pausen gelten als Ausbildungszeit. [2]Dies gilt auch für die notwendige Wegezeit zwischen Unterrichtsort und Ausbildungsstätte, sofern die Ausbildung nach dem Unterricht fortgesetzt wird.

(5) Auszubildende dürfen an Sonn- und Wochenfeiertagen und in der Nacht zur Ausbildung nur herangezogen werden, wenn dies nach dem Ausbildungszweck erforderlich ist.

(6) [1]Auszubildende dürfen nicht über die nach Absatz 1 geregelte Ausbildungszeit hinaus zu Mehrarbeit herangezogen und nicht mit Akkordarbeit beschäftigt werden. [2]§§ 21, 23 JArbSchG und § 17 Abs. 7 BBiG bleiben unberührt.

§ 8 Ausbildungsentgelt

(1) Das monatliche Ausbildungsentgelt beträgt:

	bis 31. März 2025	ab 1. April 2025	ab 1. Mai 2026
im ersten Ausbildungsjahr	1218,26 Euro	1293,26 Euro	1368,26 Euro
im zweiten Ausbildungsjahr	1268,20 Euro	1343,20 Euro	1418,20 Euro
im dritten Ausbildungsjahr	1314,02 Euro	1389,02 Euro	1464,02 Euro
im vierten Ausbildungsjahr	1377,59 Euro	1452,59 Euro	1527,59 Euro.

(2) Das Ausbildungsentgelt ist zu demselben Zeitpunkt fällig wie das den Beschäftigten des Ausbildenden gezahlte Entgelt.

(3) Im Geltungsbereich des TVöD – Besonderer Teil Sparkassen wird eine von Absatz 1 abweichende Regelung getroffen.

(4) Ist wegen des Besuchs einer weiterführenden oder einer berufsbildenden Schule oder wegen einer Berufsausbildung in einer sonstigen Einrichtung die Ausbildungszeit verkürzt, gilt für die Höhe des Ausbildungsentgelts der Zeitraum, um den die Ausbildungszeit verkürzt wird, als abgeleistete Ausbildungszeit.

(5) Wird die Ausbildungszeit

a) gemäß § 16 Abs. 1 Satz 2 verlängert oder

b) auf Antrag der Auszubildenden nach § 8 Abs. 2 BBiG von der zuständigen Stelle oder nach § 27c Abs. 2 der Handwerksordnung von der Handwerkskammer verlängert, wenn die Verlängerung erforderlich ist, um das Ausbildungsziel zu erreichen,

wird während des Zeitraums der Verlängerung das Ausbildungsentgelt des letzten regelmäßigen Ausbildungsabschnitts gezahlt.

(6) In den Fällen des § 16 Abs. 2 erhalten Auszubildende bis zur Ablegung der Abschlussprüfung das Ausbildungsentgelt des letzten regelmäßigen Ausbildungsabschnitts, bei Bestehen der Prüfung darüber hinaus rückwirkend von dem Zeitpunkt an, an dem das Ausbildungsverhältnis geendet hat, den Unterschiedsbetrag zwischen dem ihnen gezahlten Ausbildungsentgelt und dem für das vierte Ausbildungsjahr maßgebenden Ausbildungsentgelt.

§ 8b Sonstige Entgeltregelungen

(1a) Auszubildenden im Bereich des Bundes können bei Vorliegen der geforderten Voraussetzungen 50 v. H. der Zulagen gewährt werden, die für Beschäftigte im Sinne des § 38 Abs. 5 Satz 1 TVöD gemäß § 19 Abs. 5 TVöD in Verbindung mit § 33 Abs. 1 Buchst. c und Abs. 6 BAT/BAT-O jeweils vereinbart sind.
(1b) Auszubildenden, die in einem Ausbildungsverhältnis zu einem Ausbildenden stehen, der Mitglied eines Mitgliedverbandes der VKA ist, können bei Vorliegen der geforderten Voraussetzungen 50 v. H. der Zulagen gewährt werden, die für Beschäftigte im Sinne des § 38 Abs. 5 Satz 1 TVöD gemäß § 23 Abs. 1 Satz 1 dritter bzw. vierter Spiegelstrich TVÜ-VKA in Verbindung mit § 33 Abs. 1 Buchst. c und Abs. 6 BAT/BAT-O jeweils vereinbart sind.
(2a) Auszubildenden im Bereich des Bundes, die im Rahmen ihrer Ausbildung in erheblichem Umfang mit Arbeiten beschäftigt sind, für die Beschäftigten im Sinne des § 38 Abs. 5 Satz 2 TVöD nach Maßgabe des § 19 Abs. 5 TVöD Erschwerniszuschläge zustehen, kann im zweiten bis vierten Ausbildungsjahr ein monatlicher Pauschalzuschlag in Höhe von 10 Euro gezahlt werden.
(2b) Auszubildenden, die in einem Ausbildungsverhältnis zu einem Ausbildenden stehen, der Mitglied eines Mitgliedverbandes der VKA ist, und die im Rahmen ihrer Ausbildung in erheblichem Umfang mit Arbeiten beschäftigt werden, für die Beschäftigten im Sinne des § 38 Abs. 5 Satz 2 TVöD nach Maßgabe des § 23 Abs. 1 Satz 1 erster bzw. zweiter Spiegelstrich TVÜ-VKA Erschwerniszuschläge zustehen, kann im zweiten bis vierten Ausbildungsjahr ein monatlicher Pauschalzuschlag in Höhe von 10 Euro gezahlt werden.

Niederschriftserklärung zu § 8b:
[1]§ 8b Abs. 1a und 1b gelten für Auszubildende, die in Berufen ausgebildet werden, die vor dem 1. Januar 2005 der Rentenversicherung der Angestellten unterlegen hätten. [2]§ 8b Abs. 2a und 2b gelten für Auszubildende, die in Berufen ausgebildet werden, die vor dem 1. Januar 2005 der Rentenversicherung der Arbeiter unterlegen hätten.

§ 9 Urlaub

(1) Auszubildende erhalten Erholungsurlaub unter Fortzahlung ihres Ausbildungsentgelts (§ 8) in entsprechender Anwendung der für die Beschäftigten des Ausbildenden geltenden Regelungen mit der Maßgabe, dass der Urlaubsanspruch bei Verteilung der wöchentlichen Ausbildungszeit auf fünf Tage in der Kalenderwoche in jedem Kalenderjahr *30 Ausbildungstage** beträgt.
(2) Auszubildende in Betrieben oder Betriebsteilen, auf deren Arbeitnehmer der TV-V oder ein TV-N Anwendung findet, erhalten abweichend von Absatz 1 Erholungsurlaub in entsprechender Anwendung der für die Arbeitnehmer des Ausbildenden geltenden Regelungen.
(3) Der Erholungsurlaub ist nach Möglichkeit zusammenhängend während der unterrichtsfreien Zeit zu erteilen und in Anspruch zu nehmen.

§ 10 (Bund) Ausbildungsmaßnahmen außerhalb der Ausbildungsstätte

(1) Bei Dienstreisen und Reisen zur Ablegung der in den Ausbildungsordnungen vorgeschriebenen Prüfungen erhalten Auszubildende eine Entschädigung in entsprechender Anwendung der für die Beschäftigten des Ausbildenden geltenden Reisekostenbestimmungen in der jeweiligen Fassung.
(2) [1]Bei Reisen zur Teilnahme an überbetrieblichen Ausbildungsmaßnahmen im Sinne des § 5 Abs. 2 Satz 1 Nr. 6 BBiG außerhalb der politischen Gemeindegrenze der Ausbildungsstätte werden die entstandenen notwendigen Fahrtkosten bis zur Höhe der Kosten der Fahrkarte der jeweils niedrigsten Klasse des billigsten regelmäßig verkehrenden Beförderungsmittels (im Bahnverkehr ohne Zuschläge) erstattet; Möglichkeiten zur Erlangung von Fahrpreisermäßigungen (z. B. Schülerfahrkarten, Monatsfahrkarten, BahnCard) sind auszunutzen. [2]Beträgt die Entfernung zwischen den Ausbildungsstätten hierbei mehr als 100 km, werden im Bahnverkehr Zuschläge bzw. besondere Fahrpreise (z. B. für ICE) erstattet. [3]Die nachgewiesenen notwendigen Kosten einer Unterkunft am auswärtigen Ort werden, soweit nicht eine unentgeltliche Unterkunft zur Verfügung steht, erstattet. [4]Zu den Auslagen des bei notwendiger auswärtiger Unterbringung entstehenden Verpflegungsmehraufwands wird für volle Kalendertage der Anwesenheit am auswärtigen Ausbildungsort ein Verpflegungszuschuss gewährt, dessen Höhe sich in entsprechender Anwendung der für die Beschäftigten des Ausbildenden geltenden Reisekostenbestimmungen in der jeweiligen Fassung bemisst. [5]Bei unentgeltlicher Verpflegung wird der Verpflegungszuschuss

* Zum 1. Januar 2027 wird die Angabe »30 Ausbildungstage« durch die Angabe »31 Ausbildungstage« ersetzt.

entsprechend einbehalten. [6]Bei einer über ein Wochenende oder einen Feiertag hinaus andauernden Ausbildungsmaßnahme werden die dadurch entstandenen Mehrkosten für Unterkunft und Verpflegungsmehraufwand nach Maßgabe der Sätze 3 bis 5 erstattet.
(3) [1]Für den Besuch einer auswärtigen Berufsschule werden die notwendigen Fahrtkosten nach Maßgabe von Absatz 2 Satz 1 erstattet, soweit sie monatlich 6 v. H. des Ausbildungsentgelts für das erste Ausbildungsjahr übersteigen. [2]Satz 1 gilt nicht, soweit die Fahrtkosten nach landesrechtlichen Vorschriften von einer Körperschaft des öffentlichen Rechts getragen werden. [3]Die notwendigen Auslagen für Unterkunft und Verpflegungsmehraufwand werden bei Besuch der regulären auswärtigen Berufsschule im Blockunterricht entsprechend Absatz 2 Sätze 3 bis 6 erstattet. [4]Leistungen Dritter sind anzurechnen.
(4) Bei Abordnungen und Zuweisungen werden die Kosten nach Maßgabe des Absatzes 2 erstattet.

§ 10 (VKA) Ausbildungsmaßnahmen außerhalb der Ausbildungsstätte

(1) Bei Dienstreisen und Reisen zur Ablegung der in den Ausbildungsordnungen vorgeschriebenen Prüfungen erhalten Auszubildende eine Entschädigung in entsprechender Anwendung der für die Beschäftigten des Ausbildenden geltenden Reisekostenbestimmungen in der jeweiligen Fassung.
(2) [1]Bei Reisen zur Teilnahme an überbetrieblichen Ausbildungsmaßnahmen im Sinne des § 5 Abs. 2 Satz 1 Nr. 6 BBiG außerhalb der politischen Gemeindegrenze der Ausbildungsstätte werden die entstandenen notwendigen Fahrtkosten bis zur Höhe der Kosten der Fahrkarte der jeweils niedrigsten Klasse des billigsten regelmäßig verkehrenden Beförderungsmittels (im Bahnverkehr ohne Zuschläge) erstattet; Möglichkeiten zur Erlangung von Fahrpreisermäßigungen (z. B. Schülerfahrkarten, Monatsfahrkarten, BahnCard) sind auszunutzen. [2]Beträgt die Entfernung zwischen den Ausbildungsstätten hierbei mehr als 100 km, werden im Bahnverkehr Zuschläge bzw. besondere Fahrpreise (z. B. für ICE) erstattet. [3]Die nachgewiesenen notwendigen Kosten einer Unterkunft am auswärtigen Ort werden, soweit nicht eine unentgeltliche Unterkunft zur Verfügung steht, erstattet. [4]Zu den Auslagen des bei notwendiger auswärtiger Unterbringung entstehenden Verpflegungsmehraufwands am auswärtigen Ausbildungsort wird Auszubildenden für volle Kalendertage der Anwesenheit sowie für den An- und Abreisetag ein Verpflegungszuschuss gewährt, dessen Höhe sich in entsprechender Anwendung der für die Beschäftigten des Ausbildenden geltenden Reisekostenbestimmungen in der jeweiligen Fassung bemisst. [5]Bei un-

entgeltlicher Verpflegung wird der Verpflegungszuschuss entsprechend einbehalten. [6]Bei einer über ein Wochenende oder einen Feiertag hinaus andauernden Ausbildungsmaßnahme werden die dadurch entstandenen Mehrkosten für Unterkunft und Verpflegungsmehraufwand nach Maßgabe der Sätze 3 bis 5 erstattet.

(3) [1]Für den Besuch einer auswärtigen Berufsschule werden die notwendigen Fahrtkosten nach Maßgabe von Absatz 2 Satz 1 erstattet, soweit sie monatlich 6 v.H. des Ausbildungsentgelts für das erste Ausbildungsjahr übersteigen. [2]Satz 1 gilt nicht, soweit die Fahrtkosten nach landesrechtlichen Vorschriften von einer Körperschaft des öffentlichen Rechts getragen werden. [3]Die notwendigen Auslagen für die Unterkunft werden beim Besuch der regulären auswärtigen Berufsschule im Blockunterricht entsprechend Absatz 2 Satz 3 erstattet. [4]Für die notwendigen Auslagen beim Verpflegungsmehraufwand wird bei Besuch der regulären auswärtigen Berufsschule im Blockunterricht für volle Kalendertage der Anwesenheit am auswärtigen Ausbildungsort ein Verpflegungszuschuss in Höhe der nach der Sozialversicherungsentgeltverordnung maßgebenden Sachbezugswerte für Frühstück, Mittagessen und Abendessen gewährt. [5]Bei unentgeltlicher Verpflegung wird der jeweilige Sachbezugswert einbehalten. [6]Soweit eine Maßnahme nach Satz 1 über ein Wochenende oder einen Feiertag hinaus andauert, gelten die Sätze 3 bis 5 entsprechend. [7]Leistungen Dritter sind anzurechnen.

(4) Bei Abordnungen und Zuweisungen werden die Kosten nach Maßgabe des Absatzes 2 erstattet.

§ 10a Familienheimfahrten

[1]Für Familienheimfahrten vom jeweiligen Ort der Ausbildungsstätte oder vom Ort der auswärtigen Berufsschule, deren Besuch vom Ausbildenden veranlasst wurde, zum Wohnort der Eltern, der Erziehungsberechtigten oder der Ehegattin/des Ehegatten oder der Lebenspartnerin/des Lebenspartners werden den Auszubildenden monatlich einmal die im Bundesgebiet entstandenen notwendigen Fahrtkosten bis zur Höhe der Kosten der Fahrkarte der jeweils niedrigsten Klasse des billigsten regelmäßig verkehrenden Beförderungsmittels (im Bahnverkehr ohne Zuschläge) erstattet; Möglichkeiten zur Erlangung von Fahrpreisermäßigungen (z.B. Schülerfahrkarten, Monatsfahrkarten, BahnCard) sind auszunutzen. [2]Beträgt die Entfernung mehr als 300km, können im Bahnverkehr Zuschläge bzw. besondere Fahrpreise (z.B. für ICE) erstattet werden. [3]Die Sätze 1 und 2 gelten nicht, wenn aufgrund geringer Entfernung eine tägliche Rückkehr möglich und zumutbar ist oder der Aufenthalt am jeweiligen Ort der Ausbildungsstätte oder der auswärtigen Berufsschule weniger als vier Wochen beträgt.

Niederschriftserklärung zu § 10a:
Die Fahrtkosten für Familienheimfahrten umfassen die Kosten für die Hin- und Rückfahrt.

§ 11 Schutzkleidung, Ausbildungsmittel, Lernmittelzuschuss

(1) Soweit das Tragen von Schutzkleidung gesetzlich vorgeschrieben oder angeordnet ist, wird sie unentgeltlich zur Verfügung gestellt und bleibt Eigentum des Ausbildenden.
(2) Der Ausbildende hat den Auszubildenden kostenlos die Ausbildungsmittel zur Verfügung zu stellen, die zur Berufsausbildung und zum Ablegen von Zwischen- und Abschlussprüfungen erforderlich sind.
(3) [1]In jedem Ausbildungsjahr erhalten die Auszubildenden einen Lernmittelzuschuss in Höhe von 50,00 Euro brutto. [2]Absatz 2 bleibt unberührt. [3]Der Lernmittelzuschuss ist möglichst mit dem Ausbildungsentgelt des ersten Monats des jeweiligen Ausbildungsjahres zu zahlen, er ist spätestens im Zahlungsmonat September des betreffenden Ausbildungsjahres fällig.

§ 14 Jahressonderzahlung

(1) [1]Auszubildende, die am 1. Dezember in einem Ausbildungsverhältnis stehen, haben Anspruch auf eine Jahressonderzahlung. [2]Die Jahressonderzahlung beträgt 90 v. H. des den Auszubildenden für November zustehenden Ausbildungsentgelts (§ 8).
(2) [1]Der Anspruch ermäßigt sich um ein Zwölftel für jeden Kalendermonat, in dem Auszubildende keinen Anspruch auf Ausbildungsentgelt (§ 8), Fortzahlung des Entgelts während des Erholungsurlaubs (§ 9) oder im Krankheitsfall (§ 12) haben. [2]Die Verminderung unterbleibt für Kalendermonate, für die Auszubildende wegen Beschäftigungsverboten nach dem Mutterschutzgesetz kein Ausbildungsentgelt erhalten haben. [3]Die Verminderung unterbleibt ferner für Kalendermonate der Inanspruchnahme der Elternzeit nach dem Bundeselterngeld- und Elternzeitgesetz bis zum Ende des Kalenderjahres, in dem das Kind geboren ist, wenn am Tag vor Antritt der Elternzeit Entgeltanspruch bestanden hat.

Niederschriftserklärung zu § 14 Abs. 2 Satz 1:
Dem Entgeltanspruch steht der Anspruch auf Zuschuss zum Mutterschaftsgeld gleich.

(3) [1]Die Jahressonderzahlung wird mit dem für November zustehenden Ausbildungsentgelt ausgezahlt. [2]Ein Teilbetrag der Jahressonderzahlung kann zu einem früheren Zeitpunkt ausgezahlt werden.

(4) Auszubildende, die im unmittelbaren Anschluss an die Ausbildung von ihrem Ausbildenden in ein Arbeitsverhältnis übernommen werden und am 1. Dezember noch in diesem Arbeitsverhältnis stehen, erhalten zusammen mit der anteiligen Jahressonderzahlung aus dem Arbeitsverhältnis eine anteilige Jahressonderzahlung aus dem Ausbildungsverhältnis.

§ 16a *(aufgehoben)*

§ 18 Zeugnis

[1]Der Ausbildende hat den Auszubildenden bei Beendigung des Berufsausbildungsverhältnisses ein Zeugnis auszustellen. [2]Das Zeugnis muss Angaben über Art, Dauer und Ziel der Berufsausbildung sowie über die erworbenen Fertigkeiten und Kenntnisse der Auszubildenden enthalten. [3]Auf deren Verlangen sind auch Angaben über Führung, Leistung und besondere fachliche Fähigkeiten aufzunehmen.

§ 20a In-Kraft-Treten, Laufzeit des Besonderen Teils

(1) Dieser Tarifvertrag tritt am 1. Oktober 2005 in Kraft.
(2) Er kann mit einer Frist von drei Monaten zum Ende eines Kalenderhalbjahres schriftlich gekündigt werden.
(3) Abweichend von Absatz 2 kann
a) § 8 Abs. 1 mit einer Frist von einem Monat zum Schluss eines Kalendermonats, frühestens jedoch zum 31. März 2027,
b) § 14 zum 31. Dezember eines jeden Jahres
gesondert schriftlich gekündigt werden.*

---

* Ab 1. Januar 2027 lautet § 20a Abs. 3:
»(3) Abweichend von Absatz 2 können schriftlich gekündigt werden
a) § 8 Abs. 1 mit einer Frist von einem Monat zum Schluss eines Kalendermonats, frühestens jedoch zum 31. März 2027;
b) § 14 zum 31. Dezember eines jeden Jahres;
c) § 9 Abs. 1 mit einer Frist von drei Monaten zum Schluss eines Kalenderjahres;
d) im Falle der Kündigung gemäß § 39 Abs. 4 Buchst. j des Tarifvertrages für den öffentlichen Dienst (TVöD) § 9 Abs. 1 mit einer Frist von drei Monaten zum Schluss des maßgeblichen Kalenderjahres.

Protokollerklärung zu Buchstabe d:
Im Falle der Kündigung gemäß Buchstabe d gilt ab deren Wirksamwerden § 9 Abs. 1 in folgender Fassung: »Auszubildende erhalten Erholungsurlaub unter Fortzahlung ihres Ausbildungsentgelts (§ 8) in entsprechender Anwendung der für die Beschäftigten des Ausbildenden geltenden Regelungen mit der Maßgabe, dass der Urlaubsanspruch bei Verteilung der wöchentlichen Ausbildungszeit auf fünf Tage in der Kalenderwoche in jedem Kalenderjahr 30 Ausbildungstage beträgt.«

Tarifvertrag für Auszubildende des öffentlichen Dienstes (TVAöD) – Besonderer Teil Pflege –

vom 13. September 2005 in der Fassung des Änderungstarifvertrages Nr. 18 vom 6. April 2025

§ 1a Geltungsbereich des Besonderen Teils

(1) [1]Dieser Tarifvertrag gilt nur für die in § 1 Abs. 1 des Tarifvertrages für Auszubildende des öffentlichen Dienstes (TVAöD) – Allgemeiner Teil unter Buchst. b und c aufgeführten Auszubildenden. [2]Er bildet im Zusammenhang mit dem Allgemeinen Teil des TVAöD den Tarifvertrag für die Auszubildenden des öffentlichen Dienstes in Pflegeberufen (TVAöD – Pflege).
(2) Soweit in den nachfolgenden Bestimmungen auf die §§ 1, 8a und 12 verwiesen wird, handelt es sich um die Regelungen des TVAöD – Allgemeiner Teil –.

§ 3 Probezeit

(1) Die Probezeit beträgt sechs Monate.
(2) Während der Probezeit kann das Ausbildungsverhältnis von beiden Seiten jederzeit ohne Einhalten einer Kündigungsfrist gekündigt werden.

§ 7 Wöchentliche und tägliche Ausbildungszeit

(1) [1]Die regelmäßige durchschnittliche wöchentliche Ausbildungszeit und die tägliche Ausbildungszeit der Auszubildenden, die nicht unter das Jugendarbeitsschutzgesetz fallen, richten sich nach den für die Beschäftigten des Ausbildenden maßgebenden Vorschriften über die Arbeitszeit. [2]Für Auszubildende der Mitglieder des Kommunalen Arbeitgeberverbandes Baden-Württemberg im Geltungsbereich des BT-K ist eine abweichende Regelung vereinbart.*
(2) Auszubildende dürfen im Rahmen des Ausbildungszwecks auch an Sonntagen und Wochenfeiertagen und in der Nacht ausgebildet werden.
(3) Eine über die durchschnittliche regelmäßige wöchentliche Ausbildungszeit hinausgehende Beschäftigung ist nur ausnahmsweise zulässig.

---

* Die Arbeitszeit beträgt 38,5 Stunden, s. § 44 Abs. 1 BT-K.

§ 8 Ausbildungsentgelt

(1) Das monatliche Ausbildungsentgelt beträgt für Auszubildende nach § 1 Abs. 1 Buchst. b

	bis 31. März 2025	ab 1. April 2025	ab 1. Mai 2026
im ersten Ausbildungsjahr	1340,69 Euro	1415,69 Euro	1490,69 Euro
im zweiten Ausbildungsjahr	1402,07 Euro	1477,07 Euro	1552,07 Euro
im dritten Ausbildungsjahr	1503,38 Euro	1578,38 Euro	1653,38 Euro.

(2) Das monatliche Ausbildungsentgelt beträgt für Auszubildende nach § 1 Abs. 1 Buchst. c

	bis 31. März 2025	ab 1. April 2025	ab 1. Mai 2026
im ersten Ausbildungsjahr	1215,24 Euro	1290,24 Euro	1365,24 Euro
im zweiten Ausbildungsjahr	1275,30 Euro	1350,30 Euro	1425,30 Euro
im dritten Ausbildungsjahr	1372,03 Euro	1447,03 Euro	1522,03 Euro.

(3) Das Ausbildungsentgelt ist zu demselben Zeitpunkt fällig wie das den Beschäftigten des Ausbildenden gezahlte Entgelt.
(4) Ist wegen des Besuchs einer weiterführenden oder einer berufsbildenden Schule oder wegen einer Berufsausbildung in einer sonstigen Einrichtung die Ausbildungszeit verkürzt, gilt für die Höhe des Ausbildungsentgelts der Zeitraum, um den die Ausbildungszeit verkürzt wird, als abgeleistete Ausbildungszeit.

§ 8b Sonstige Entgeltregelungen

(1) § 8a findet mit der Maßgabe Anwendung, dass der Zeitzuschlag für Nachtarbeit mindestens 1,28 Euro pro Stunde beträgt. [2]Auszubildende erhalten unter denselben Voraussetzungen wie die beim Ausbildenden Beschäftigten im Sinne des § 38 Abs. 5 Satz 1 TVöD 75 v. H. der Zulagenbeträge gemäß § 8 Abs. 5 und 6 TVöD.
(2) [1]Soweit Beschäftigten des Bundes gemäß den Protokollerklärungen Nr. 1 bis 3 des Teils IV Abschnitt 25 Unterabschnitt 25.1 der Anlage 1 zum TV EntgO Bund oder gemäß § 19 Abs. 5 Satz 2 TVöD in Verbindung mit § 33 Abs. 1 Buchst. c und Abs. 6 BAT/BAT-O eine Zulage zusteht, erhalten Auszubildende des Bundes unter denselben Voraussetzungen 50 v. H. des entsprechenden Zulagenbetrages. [2]Soweit Beschäftigten im Sinne von § 38

Abs. 5 Satz 1 TVöD im Bereich der VKA gemäß der Protokollerklärung Nr. 1 zu Teil B Abschnitt XI Ziffer 1 der Anlage 1 – Entgeltordnung (VKA) zum TVöD oder gemäß § 19 Abs. 5 Satz 2 TVöD bzw. § 23 Abs. 1 TVÜ-VKA in Verbindung mit § 33 Abs. 1 Buchst. c und Abs. 6 BAT/BAT-O eine Zulage zusteht, erhalten Auszubildende im Bereich der VKA unter denselben Voraussetzungen 50 v. H. des entsprechenden Zulagenbetrages.

Protokollerklärung zu Absatz 2 Satz 2:
Für den Anspruch der Auszubildenden auf eine Zulage nach Satz 2 ist es unbeachtlich, wenn den Beschäftigten des Ausbildenden aufgrund der Protokollerklärung Nr. 5 des Teil B Abschnitt XI Ziffer 1 (Beschäftigte in der Pflege) der Anlage 1 zum TVöD – Entgeltordnung (VKA), der Protokollerklärung zu § 29a Abs. 4 TVÜ-VKA oder § 29d Abs. 2 TVÜ-VKA keine Zulage oder eine Zulage in verminderter Höhe zusteht.

(3) [1]Falls im Bereich der Mitgliedverbände der VKA im Rahmen des Ausbildungsvertrages eine Vereinbarung über die Gewährung einer Personalunterkunft getroffen wird, ist dies in einer gesondert kündbaren Nebenabrede (§ 2 Abs. 2 festzulegen). [2]Der Wert der Personalunterkunft wird im Bereich der Mitgliedverbände der VKA im Tarifgebiet West nach dem Tarifvertrag über die Bewertung der Personalunterkünfte für Angestellte vom 16. März 1974 in der jeweils geltenden Fassung auf das Ausbildungsentgelt mit der Maßgabe angerechnet, dass der nach § 3 Abs. 1 Unterabs. 1 des genannten Tarifvertrages maßgebende Quadratmetersatz um 15 v. H. zu kürzen ist.

§ 9 Urlaub

(1) [1]Auszubildende erhalten Erholungsurlaub unter Fortzahlung ihres Ausbildungsentgelts (§ 8) in entsprechender Anwendung der für die Beschäftigten des Ausbildenden geltenden Regelungen mit der Maßgabe, dass der Urlaubsanspruch bei Verteilung der wöchentlichen Ausbildungszeit auf fünf Tage in der Kalenderwoche in jedem Kalenderjahr *30 Ausbildungstage** beträgt. [2]Im zweiten und dritten Ausbildungsjahr erhalten Auszubildende im Schichtdienst pauschal jeweils einen Tag Zusatzurlaub.
(2) Der Erholungsurlaub ist nach Möglichkeit zusammenhängend während der unterrichtsfreien Zeit zu erteilen und in Anspruch zu nehmen.

* Zum 1. Januar 2027 wird die Angabe »30 Ausbildungstage« durch die Angabe »31 Ausbildungstage« ersetzt.

§ 10 (Bund) Ausbildungsmaßnahmen außerhalb der Ausbildungsstätte

(1) Bei Dienstreisen erhalten die Auszubildenden eine Entschädigung in entsprechender Anwendung der für die Beschäftigten des Ausbildenden geltenden Reisekostenbestimmungen in der jeweiligen Fassung.

(2) [1]Bei Reisen zur vorübergehenden Ausbildung an einer anderen Einrichtung außerhalb der politischen Gemeindegrenze der Ausbildungsstätte sowie zur Teilnahme an Vorträgen, an Arbeitsgemeinschaften oder an Übungen werden die entstandenen notwendigen Fahrtkosten bis zur Höhe der Kosten für die Fahrkarte der jeweils niedrigsten Klasse des billigsten regelmäßig verkehrenden Beförderungsmittels (im Bahnverkehr ohne Zuschläge) erstattet; Möglichkeiten zur Erlangung von Fahrpreisermäßigungen (z. B. Schülerfahrkarten, Monatsfahrkarten, BahnCard) sind auszunutzen. [2]Die nachgewiesenen notwendigen Kosten einer Unterkunft am auswärtigen Ort werden, soweit nicht eine unentgeltliche Unterkunft zur Verfügung steht, erstattet. [3]Zu den Auslagen des bei notwendiger auswärtiger Unterbringung entstehenden Verpflegungsmehraufwandes wird für volle Kalendertage der Anwesenheit am auswärtigen Ausbildungsort ein Verpflegungszuschuss gewährt, dessen Höhe sich in entsprechender Anwendung der für die Beschäftigten des Ausbildenden geltenden Reisekostenbestimmungen in der jeweiligen Fassung bemisst. [4]Bei unentgeltlicher Verpflegung wird der Verpflegungszuschuss entsprechend einbehalten. [5]Bei einer über ein Wochenende oder einen Feiertag hinaus andauernden Ausbildungsmaßnahme werden die dadurch entstandenen Mehrkosten für Unterkunft und Verpflegungsmehraufwand nach Maßgabe der Sätze 2 bis 4 erstattet. [6]Leistungen Dritter sind anzurechnen.

Protokollerklärung zu Absatz 2:
Absatz 2 gilt auch für den Besuch einer auswärtigen beruflichen Schule.

§ 10 (VKA) Ausbildungsmaßnahmen außerhalb der Ausbildungsstätte

(1) Bei Dienstreisen erhalten die Auszubildenden eine Entschädigung in entsprechender Anwendung der für die Beschäftigten des Ausbildenden geltenden Reisekostenbestimmungen in der jeweiligen Fassung.

(2) [1]Bei Reisen zur vorübergehenden Ausbildung an einer anderen Einrichtung außerhalb der politischen Gemeindegrenze der Ausbildungsstätte sowie zur Teilnahme an Vorträgen, an Arbeitsgemeinschaften oder an Übungen werden die entstandenen notwendigen Fahrtkosten bis zur Höhe der Kosten für die Fahrkarte der jeweils niedrigsten Klasse des bil-

ligsten regelmäßig verkehrenden Beförderungsmittels (im Bahnverkehr ohne Zuschläge) erstattet; Möglichkeiten zur Erlangung von Fahrpreisermäßigungen (z. B. Schülerfahrkarten, Monatsfahrkarten, BahnCard) sind auszunutzen. [2]Bei Reisen zur vorübergehenden Ausbildung an einer anderen Einrichtung außerhalb der politischen Gemeindegrenzen der Ausbildungsstätte nach Satz 1 wird bei notwendiger Unterbringung am auswärtigen Ausbildungsort für volle Kalendertage der Anwesenheit sowie für den An- und Abreisetag ein Verpflegungszuschuss gewährt, dessen Höhe sich in entsprechender Anwendung der für die Beschäftigten des Ausbildenden geltenden Reisekostenbestimmungen in der jeweiligen Fassung bemisst. [3]Bei unentgeltlicher Verpflegung wird der Verpflegungszuschuss entsprechend einbehalten. [4]Bei einer über ein Wochenende oder einen Feiertag hinaus andauernden Ausbildungsmaßnahme wird der Verpflegungsmehraufwand nach Maßgabe der Sätze 2 und 3 erstattet.

Protokollerklärung zu Absatz 2:
Die Sätze 2 bis 4 gelten nicht für den Besuch einer auswärtigen beruflichen Schule.

§ 10a Familienheimfahrten

[1]Für Familienheimfahrten vom jeweiligen Ort der Ausbildungsstätte zum Wohnort der Eltern, der Erziehungsberechtigten oder der Ehegattin/des Ehegatten oder der Lebenspartnerin/des Lebenspartners werden den Auszubildenden monatlich einmal die im Bundesgebiet entstandenen notwendigen Fahrtkosten bis zur Höhe der Kosten der Fahrkarte der jeweils niedrigsten Klasse des billigsten regelmäßig verkehrenden Beförderungsmittels (im Bahnverkehr ohne Zuschläge) erstattet; Möglichkeiten zur Erlangung von Fahrpreisermäßigungen (z. B. Schülerfahrkarten, Monatsfahrkarten, BahnCard) sind auszunutzen. [2]Beträgt die Entfernung mehr als 300 km, können im Bahnverkehr Zuschläge bzw. besondere Fahrpreise (z. B. für ICE) erstattet werden. [3]Die Sätze 1 und 2 gelten nicht, wenn aufgrund geringer Entfernung eine tägliche Rückkehr möglich und zumutbar ist oder der Aufenthalt am jeweiligen Ort der Ausbildungsstätte weniger als vier Wochen beträgt.

Niederschriftserklärung zu § 10a:
Die Fahrtkosten für Familienheimfahrten umfassen die Kosten für die Hin- und Rückfahrt.

§ 11 Schutzkleidung, Ausbildungsmittel

(1) Für die Gewährung von Schutzkleidung gelten die für die in dem Beruf beim Ausbildenden tätigen Beschäftigten jeweils maßgebenden Bestimmungen, in dem die Auszubildenden ausgebildet werden.
(2) Der Ausbildende hat den Auszubildenden kostenlos die Ausbildungsmittel zur Verfügung zu stellen, die zur Ausbildung und zum Ablegen der staatlichen Prüfung erforderlich sind.

§ 14 Jahressonderzahlung

(1) [1]Auszubildende, die am 1. Dezember in einem Ausbildungsverhältnis stehen, haben Anspruch auf eine Jahressonderzahlung. [2]Im Bereich des Bundes beträgt diese 90 v. H. des den Auszubildenden in den Kalendermonaten August, September und Oktober durchschnittlich gezahlten Entgelts (Ausbildungsentgelt, in Monatsbeträgen gezahlte Zulagen und unständige Entgeltbestandteile gemäß § 8a und § 8b, soweit diese nicht gemäß § 20 (Bund) Abs. 3 Satz 1 TVöD von der Bemessung ausgenommen sind). [3]Im Bereich der VKA beträgt diese 90 v. H. des den Auszubildenden in den Kalendermonaten August, September und Oktober durchschnittlich gezahlten Entgelts (Ausbildungsentgelt, in Monatsbeträgen gezahlte Zulagen und unständige Entgeltbestandteile gemäß § 8a und § 8b, soweit diese nicht gemäß § 20 (VKA) Abs. 2 Satz 1 TVöD von der Bemessung ausgenommen sind). [4]Bei Auszubildenden, der Ausbildungsverhältnis nach dem 31. Oktober begonnen hat, tritt an die Stelle des Bemessungszeitraums nach Satz 2 bzw. Satz 3 der erste volle Kalendermonat.
(2) [1]Der Anspruch ermäßigt sich um ein Zwölftel für jeden Kalendermonat, in dem Auszubildende keinen Anspruch auf Ausbildungsentgelt (§ 8), Fortzahlung des Entgelts während des Erholungsurlaubs (§ 9) oder im Krankheitsfall (§ 12) haben. [2]Die Verminderung unterbleibt für Kalendermonate, für die Auszubildende wegen Beschäftigungsverboten nach dem Mutterschutzgesetz kein Ausbildungsentgelt erhalten haben. [3]Die Verminderung unterbleibt ferner für Kalendermonate der Inanspruchnahme der Elternzeit nach dem Bundeselterngeld- und Elternzeitgesetz bis zum Ende des Kalenderjahres, in dem das Kind geboren ist, wenn am Tag vor Antritt der Elternzeit Entgeltanspruch bestanden hat.

Niederschriftserklärung zu § 14 Abs. 2 Satz 1:
Dem Entgeltanspruch steht der Anspruch auf Zuschuss zum Mutterschaftsgeld gleich.

(3) [1]Die Jahressonderzahlung wird mit dem für November zustehenden Ausbildungsentgelt ausgezahlt. [2]Ein Teilbetrag der Jahressonderzahlung kann zu einem früheren Zeitpunkt ausgezahlt werden.

(4) Auszubildende, die im unmittelbaren Anschluss an die Ausbildung von ihrem Ausbildenden in ein Arbeitsverhältnis übernommen werden und am 1. Dezember noch in diesem Arbeitsverhältnis stehen, erhalten zusammen mit der anteiligen Jahressonderzahlung aus dem Arbeitsverhältnis eine anteilige Jahressonderzahlung aus dem Ausbildungsverhältnis.

§ 16a *(aufgehoben)*

§ 20a In-Kraft-Treten, Laufzeit des Besonderen Teils

(1) Dieser Tarifvertrag tritt am 1. Oktober 2005 in Kraft.

(2) Er kann mit einer Frist von drei Monaten zum Ende eines Kalenderhalbjahres schriftlich gekündigt werden.

(3) Abweichend von Absatz 2 kann

a) § 8 Abs. 1 und Abs. 2 mit einer Frist von einem Monat zum Schluss eines Kalendermonats, frühestens jedoch zum 31. März 2027;

b) § 14 zum 31. Dezember eines jeden Jahres;

gesondert schriftlich gekündigt werden.*

---

* Ab 1. Januar 2027 lautet § 20a Abs. 3:

»(3) Abweichend von Absatz 2 können schriftlich gekündigt werden

a) § 8 Abs. 1 und Abs. 2 mit einer Frist von einem Monat zum Schluss eines Kalendermonats, frühestens jedoch zum 31. März 2027,

b) § 14 zum 31. Dezember eines jeden Jahres;

c) § 9 Abs. 1 Satz 1 mit einer Frist von drei Monaten zum Schluss eines Kalenderjahres;

d) im Falle der Kündigung gemäß § 39 Abs. 4 Buchst. j des Tarifvertrages für den öffentlichen Dienst (TVöD) § 9 Abs. 1 Satz 1 mit einer Frist von drei Monaten zum Schluss des maßgeblichen Kalenderjahres.

Protokollerklärung zu Buchstabe d:

Im Falle der Kündigung gemäß Buchstabe d gilt ab deren Wirksamwerden § 9 Abs. 1 Satz 1 in folgender Fassung: »Auszubildende erhalten Erholungsurlaub unter Fortzahlung ihres Ausbildungsentgelts (§ 8) in entsprechender Anwendung der für die Beschäftigten des Ausbildenden geltenden Regelungen mit der Maßgabe, dass der Urlaubsanspruch bei Verteilung der wöchentlichen Ausbildungszeit auf fünf Tage in der Kalenderwoche in jedem Kalenderjahr 30 Ausbildungstage beträgt.«

Anlage 2 (zu § 20 Abs. 4 – Bund)

1. Manteltarifvertrag für Auszubildende vom 6. Dezember 1974,
2. Manteltarifvertrag für Auszubildende (Mantel-TV Azubi-O) vom 5. März 1991,
3. Ausbildungsvergütungstarifvertrag Nr. 22 für Auszubildende vom 31. Januar 2003,
4. Ausbildungsvergütungstarifvertrag Nr. 7 für Auszubildende (Ost) vom 31. Januar 2003,
5. Tarifvertrag über vermögenswirksame Leistungen an Auszubildende vom 17. Dezember 1970,
6. Tarifvertrag über vermögenswirksame Leistungen an Auszubildende (TV VL Azubi-O) vom 8. Mai 1991,
7. Tarifvertrag über ein Urlaubsgeld für Auszubildende (Bund) vom 16. März 1977, mit Wirkung ab 1. Januar 2006,
8. Tarifvertrag über ein Urlaubsgeld für Auszubildende (TV Urlaubsgeld Azubi-O) vom 5. März 1991, mit Wirkung ab 1. Januar 2006,
9. Tarifvertrag über eine Zuwendung für Auszubildende (Bund) vom 12. Oktober 1973, mit Wirkung ab 1. Januar 2006,
10. Tarifvertrag über eine Zuwendung für Auszubildende (TV Zuwendung Azubi-O) vom 5. März 1991, mit Wirkung ab 1. Januar 2006,
11. Tarifvertrag zur Regelung der Rechtsverhältnisse der Schülerinnen/Schüler, die nach Maßgabe des Krankenpflegegesetzes oder des Hebammengesetzes ausgebildet werden, vom 28. Februar 1986,
12. Tarifvertrag zur Regelung der Rechtsverhältnisse der Schülerinnen/Schüler, die nach Maßgabe des Krankenpflegegesetzes oder des Hebammengesetzes ausgebildet werden (Mantel-TV Schü-O), vom 5. März 1991,
13. Ausbildungsvergütungstarifvertrag Nr. 12 für Schülerinnen/Schüler, die nach Maßgabe des Krankenpflegegesetzes oder des Hebammengesetzes ausgebildet werden, vom 31. Januar 2003,
14. Ausbildungsvergütungstarifvertrag Nr. 7 für Schülerinnen/Schüler, die nach Maßgabe des Krankenpflegegesetzes oder des Hebammengesetzes ausgebildet werden (Ost), vom 31. Januar 2003,
15. Tarifvertrag über ein Urlaubsgeld für Schülerinnen/Schüler, die nach Maßgabe des Krankenpflegegesetzes in der Krankenpflege oder in der Kinderkrankenpflege oder nach Maßgabe des Hebammengesetzes ausgebildet werden, vom 21. April 1986, mit Wirkung ab 1. Januar 2006,
16. Tarifvertrag über ein Urlaubsgeld für Schülerinnen/Schüler, die nach Maßgabe des Krankenpflegegesetzes in der Krankenpflege oder in der Kinderkrankenpflege oder nach Maßgabe des Hebammengesetzes

ausgebildet werden (TV Urlaubsgeld Schü-O), vom 5. März 1991, mit Wirkung ab 1. Januar 2006,

17. Tarifvertrag über eine Zuwendung für Schülerinnen/Schüler, die nach Maßgabe des Krankenpflegegesetzes oder des Hebammengesetzes ausgebildet werden, vom 21. April 1986, mit Wirkung ab 1. Januar 2006,
18. Tarifvertrag über eine Zuwendung für Schülerinnen/Schüler, die nach Maßgabe des Krankenpflegegesetzes oder des Hebammengesetzes ausgebildet werden (TV Zuwendung Schü-O), vom 5. März 1991, mit Wirkung ab 1. Januar 2006.

Anlage 3 (zu § 20 Abs. 5 – VKA)

1. Manteltarifvertrag für Auszubildende vom 6. Dezember 1974,
2. Manteltarifvertrag für Auszubildende (Mantel-TV Azubi-O) vom 5. März 1991,
3. Manteltarifvertrag für Auszubildende (Mantel-TV Azubi-Ostdeutsche Sparkassen) vom 16. Mai 1991,
4. Ausbildungsvergütungstarifvertrag Nr. 22 für Auszubildende vom 31. Januar 2003, Ausbildungsvergütungstarifvertrag Nr. 7 für Auszubildende (Ost) vom 31. Januar 2003,
5. Ausbildungsvergütungstarifvertrag Nr. 7 für Auszubildende der ostdeutschen Sparkassen vom 31. Januar 2003,
6. Tarifvertrag über vermögenswirksame Leistungen an Auszubildende vom 17. Dezember 1970,
7. Tarifvertrag über vermögenswirksame Leistungen an Auszubildende (TV VL Azubi-O) vom 8. Mai 1991,
8. Tarifvertrag über ein Urlaubsgeld für Auszubildende vom 16. März 1977,
9. Tarifvertrag über ein Urlaubsgeld für Auszubildende (TV Urlaubsgeld Azubi-O) vom 5. März 1991,
10. Tarifvertrag über ein Urlaubsgeld für Auszubildende (TV Urlaubsgeld Azubi-Ostdeutsche Sparkassen) vom 25. Oktober 1990,
11. Tarifvertrag zur Regelung der Rechtsverhältnisse der Schülerinnen/Schüler, die nach Maßgabe des Krankenpflegegesetzes oder des Hebammengesetzes ausgebildet werden, vom 28. Februar 1986,
12. Tarifvertrag zur Regelung der Rechtsverhältnisse der Schülerinnen/Schüler, die nach Maßgabe des Krankenpflegegesetzes oder des Hebammengesetzes ausgebildet werden (Mantel-TV Schü-O), vom 5. März 1991,
13. Ausbildungsvergütungstarifvertrag Nr. 12 für Schülerinnen/Schüler, die nach Maßgabe des Krankenpflegegesetzes oder des Hebammengesetzes ausgebildet werden, vom 31. Januar 2003,

14. Ausbildungsvergütungstarifvertrag Nr. 7 für Schülerinnen/Schüler, die nach Maßgabe des Krankenpflegegesetzes oder des Hebammengesetzes ausgebildet werden (Ost), vom 31. Januar 2003,
15. Tarifvertrag über ein Urlaubsgeld für Schülerinnen/Schüler, die nach Maßgabe des Krankenpflegegesetzes in der Krankenpflege oder in der Kinderkrankenpflege oder nach Maßgabe des Hebammengesetzes ausgebildet werden, vom 21. April 1986,
16. Tarifvertrag über ein Urlaubsgeld für Schülerinnen/Schüler, die nach Maßgabe des Krankenpflegegesetzes in der Krankenpflege oder in der Kinderkrankenpflege oder nach Maßgabe des Hebammengesetzes ausgebildet werden (TV Urlaubsgeld Schü-O), vom 5. März 1991.

G. Tarifvertrag für Studierende in ausbildungsintegrierten dualen Studiengängen im öffentlichen Dienst (TVSöD)

vom 29. Januar 2020 in der Fassung des Änderungstarifvertrages Nr. 4 vom 6. April 2025

§ 1 Geltungsbereich, Begriffsbestimmungen

(1) [1]Dieser Tarifvertrag gilt für Personen, die mit Verwaltungen und Betrieben einen Vertrag für die Teilnahme an einem ausbildungsintegrierten dualen Studiengang schließen. [2]Die Personen werden nachfolgend Studierende genannt. [3]Voraussetzung dafür, dass dieser Tarifvertrag auf Studierende Anwendung findet, ist auch, dass die Studierenden in einem Beruf ausgebildet werden, der

a) für Studierende im Bereich des Bundes von
   - § 1 Abs. 1 Buchst. a),
   - § 1 Abs. 1 Buchst. b) oder
   - § 1 Abs. 1 Buchst. c)

   und
b) für Studierende, die in einem Ausbildungsverhältnis zu einem Ausbildenden stehen, der Mitglied eines Mitgliedverbands der VKA ist, von
   - § 1 Abs. 1 Buchst. a),
   - § 1 Abs. 1 Buchst. b),
   - § 1 Abs. 1 Buchst. c),
   - § 1 Abs. 1 Buchst. d) oder
   - § 1 Abs. 1 Buchst. e)

   des Tarifvertrages für Auszubildende des öffentlichen Dienstes – Allgemeiner Teil (TVAöD – Allgemeiner Teil –) erfasst wird.

(2) [1]Ausbildender ist, wer andere Personen zur Ausbildung einstellen darf. [2]Die Ausbildereigenschaft bestimmt sich nach dem Aufbau der Verwaltung.

(3) [1]Das ausbildungsintegrierte duale Studium verbindet auf der Grundlage eines schriftlichen Ausbildungs- und Studienvertrags eine betriebliche Ausbildung, die von Absatz 1 Satz 3 Buchst. a) oder b) erfasst wird, mit einem Studium, das in einem vom Ausbildenden vorgegebenen Studiengang an einer Hochschule absolviert wird. [2]Das ausbildungsintegrierte duale Studium gliedert sich in einen Ausbildungsteil und einen Studienteil, die beide jeweils dem Erreichen der entsprechenden Abschlussqualifikation dienen.

[3]Dabei beinhaltet der Studienteil des ausbildungsintegrierten dualen Studiums fachtheoretische Studienabschnitte an der Hochschule (Lehrveranstaltungen) und berufspraktische Studienabschnitte beim Ausbildenden oder einem von dem Ausbildenden zu bestimmenden Dritten.

§ 2 Ausbildungs- und Studienvertrag, Nebenabreden

(1) [1]Vor Beginn des Ausbildungs- und Studienverhältnisses ist ein schriftlicher Ausbildungs- und Studienvertrag zu schließen, der neben der Bezeichnung des beabsichtigten Studienabschlusses (Studienteil) und des integrierten Ausbildungsberufes (Ausbildungsteil) mindestens folgende Angaben enthält:

a) die maßgebliche Studien- und Prüfungsordnung in der jeweils geltenden Fassung, die kooperierende Hochschule, den Aufbau und die sachliche Gliederung des ausbildungsintegrierten dualen Studiums, die maßgebliche Ausbildungs- und Prüfungsordnung in der jeweils geltenden Fassung sowie Art, sachliche und zeitliche Gliederung des Ausbildungsteils,
b) Beginn, Dauer und Verteilung des Studienteils einschließlich berufspraktischer Studienabschnitte (Studienplan) und Festlegung der diesbezüglichen Teilnahmepflicht sowie Beginn, Dauer und Verteilung des Ausbildungsteils (Ausbildungsplan),
c) Dauer der regelmäßigen täglichen oder wöchentlichen Ausbildungs- und Studienzeit,
d) Dauer der Probezeit,
e) Zahlung und Höhe des Studienentgelts sowie Studiengebühren,
f) Dauer und Inanspruchnahme des Urlaubs,
g) Voraussetzungen, unter denen das Vertragsverhältnis gekündigt werden kann,
h) Bindungs- und Rückzahlungsbedingungen,
i) die Geltung dieses Tarifvertrages sowie einen in allgemeiner Form gehaltenen Hinweis auf die Betriebs- und Dienstvereinbarungen, die auf das Ausbildungs- und Studienverhältnis anzuwenden sind,
j) die Form des Ausbildungsnachweises nach dem Berufsbildungsgesetz (BBiG) für Studierende mit einem Ausbildungsteil nach § 1 Abs. 1 Buchst. a) TVAöD – Allgemeiner Teil –.

[2]Bei Studierenden mit einem Ausbildungsteil nach § 1 Abs. 1 Buchst. b) TVAöD – Allgemeiner Teil – mit einer integrierten Ausbildung nach dem Pflegeberufegesetz (PflBG) muss der Ausbildungs- und Studienvertrag darüber hinaus folgende Angaben enthalten:

a) den gewählten Vertiefungseinsatz einschließlich einer Ausrichtung nach § 7 Abs. 4 Satz 2 PflBG,

b) Verpflichtung der Studierenden zum Besuch der Ausbildungsveranstaltungen der Pflegeschule,
c) Umfang etwaiger Sachbezüge nach § 19 Abs. 2 PflBG,
d) Hinweis auf die Rechte als Arbeitnehmerin/Arbeitnehmer im Sinne von § 5 Betriebsverfassungsgesetz oder des für den Ausbilder jeweils geltenden Landespersonalvertretungsgesetzes.

(2) [1]Nebenabreden sind nur wirksam, wenn sie schriftlich vereinbart werden. [2]Sie können gesondert gekündigt werden, soweit dies einzelvertraglich vereinbart ist.

(3) [1]Falls im Bereich der Mitgliedverbände der VKA im Rahmen des Ausbildungs- und Studienvertrages eine Vereinbarung über die Gewährung einer Personalunterkunft getroffen wird, ist dies in einer gesondert kündbaren Nebenabrede festzulegen. [2]Der Wert der Personalunterkunft wird im Bereich der Mitgliedverbände der VKA im Tarifgebiet West nach dem Tarifvertrag über die Bewertung der Personalunterkünfte für Angestellte vom 16. März 1974 in der jeweils geltenden Fassung auf das Studienentgelt mit der Maßgabe angerechnet, dass der nach § 3 Abs. 1 Unterabs. 1 des genannten Tarifvertrages maßgebende Quadratmetersatz um 15 v. H. zu kürzen ist.

§ 3 Probezeit, Kündigung

(1) Die Probezeit beträgt
a) drei Monate für Studierende mit einem Ausbildungsteil nach § 1 Abs. 1 Buchst. a), d) oder e) TVAöD – Allgemeiner Teil – und
b) sechs Monate für Studierende mit einem Ausbildungsteil nach § 1 Abs. 1 Buchst. b) oder c) TVAöD – Allgemeiner Teil

(2) Während der Probezeit kann das Vertragsverhältnis von beiden Seiten jederzeit ohne Einhalten einer Kündigungsfrist gekündigt werden.

(3) Nach der Probezeit kann das Vertragsverhältnis unbeschadet der gesetzlichen Kündigungsgründe nur gekündigt werden
a) aus einem sonstigen wichtigen Grund ohne Einhalten einer Kündigungsfrist,
b) von den Studierenden mit einer Kündigungsfrist von vier Wochen.

§ 4 Ärztliche Untersuchungen

(1) [1]Studierende haben auf Verlangen des Ausbildenden vor ihrer Einstellung ihre gesundheitliche Eignung durch das Zeugnis einer Betriebsärztin/eines Betriebsarztes, einer Personalärztin/eines Personalarztes oder einer Amtsärztin/eines Amtsarztes nachzuweisen, soweit sich die Betriebsparteien nicht auf eine andere Ärztin/einen anderen Arzt geeinigt haben. [2]Für Studierende, die unter das Jugendarbeitsschutzgesetz (JArbSchG) fallen, ist ergänzend § 32 Abs. 1 JArbSchG zu beachten.

(2) [1]Der Ausbildende ist bei begründeter Veranlassung berechtigt, Studierende zu verpflichten, durch ärztliche Bescheinigung nachzuweisen, dass sie in der Lage sind, die nach dem Ausbildungs- und Studienvertrag übernommenen Verpflichtungen zu erfüllen. [2]Bei der beauftragten Ärztin/dem beauftragten Arzt kann es sich um eine Betriebsärztin/einen Betriebsarzt, eine Personalärztin/einen Personalarzt oder eine Amtsärztin/einen Amtsarzt handeln, soweit sich die Betriebsparteien nicht auf eine andere Ärztin/einen anderen Arzt geeinigt haben. [3]Die Kosten dieser Untersuchung trägt der Ausbildende.
(3) Studierende, die besonderen Ansteckungsgefahren ausgesetzt, mit gesundheitsgefährdenden Tätigkeiten beschäftigt oder mit der Zubereitung von Speisen beauftragt sind, sind in regelmäßigen Zeitabständen oder auf ihren Antrag bei Beendigung des Ausbildungs- und Studienverhältnisses ärztlich zu untersuchen.

§ 5 Schweigepflicht, Nebentätigkeiten, Schadenshaftung

(1) Studierende haben in demselben Umfang Verschwiegenheit zu wahren wie die Beschäftigten des Ausbildenden.
(2) [1]Nebentätigkeiten gegen Entgelt haben Studierende ihrem Ausbildenden rechtzeitig vorher schriftlich anzuzeigen. [2]Der Ausbildende kann die Nebentätigkeit untersagen oder mit Auflagen versehen, wenn diese geeignet ist, die nach dem Ausbildungs- und Studienvertrag übernommenen Verpflichtungen der Studierenden oder berechtigte Interessen des Ausbildenden zu beeinträchtigen.
(3) Für die Schadenshaftung der Studierenden finden die für die Beschäftigten des Ausbildenden geltenden tariflichen Bestimmungen entsprechende Anwendung.

§ 6 Nachweispflichten, Akteneinsichtsrecht

(1) [1]Die Leistungsnachweise aus dem Studienteil des ausbildungsintegrierten dualen Studiums sind Bestandteil der Personalakte der Studierenden. [2]Hierzu haben die Studierenden die von den Hochschulen auszustellenden Leistungsübersichten nach den jeweiligen Studien- und Prüfungsordnungen sowie eine Abschrift des Abschlusszeugnisses unverzüglich nach Aushändigung dem Ausbildenden vorzulegen.
(2) [1]Die Studierenden haben ein Recht auf Einsicht in ihre vollständigen Personalakten. [2]Sie können das Recht auf Einsicht durch einen hierzu schriftlich Bevollmächtigten ausüben lassen. [3]Sie können Auszüge oder Kopien aus ihren Personalakten erhalten.
(3) Beurteilungen sind Studierenden unverzüglich bekannt zu geben. [2]Die Bekanntgabe ist aktenkundig zu machen.

§ 7 Wöchentliche und tägliche Ausbildungs- und Studienzeit

(1) [1]Die regelmäßige durchschnittliche wöchentliche Ausbildungs- und Studienzeit und tägliche Ausbildungs- und Studienzeit der Studierenden richten sich während der fachtheoretischen Abschnitte nach der jeweiligen Ausbildungs-, Studien- und Prüfungsordnung. [2]Die regelmäßige durchschnittliche wöchentliche Ausbildungs- und Studienzeit der Studierenden, die nicht unter das Jugendarbeitsschutzgesetz fallen, richtet sich während der berufspraktischen Abschnitte beim Ausbildenden nach den für die Beschäftigten des Ausbildenden maßgebenden Vorschriften über die Arbeitszeit. [3]Die Sätze 1 und 2 gelten auch bei der Durchführung von berufspraktischen Abschnitten einschließlich der praktischen Ausbildung des Ausbildungsteils bei einem Dritten. [4]In dem Ausbildungs- und Studienvertrag nach § 2 werden die berufspraktischen Abschnitte verbindlich in einem Ausbildungs- und Studienplan vereinbart.

(2) Wird das Führen von Berichtsheften (Ausbildungsnachweisen) verlangt, ist den Studierenden dazu während der Ausbildungs- und Studienzeit Gelegenheit zu geben.

(3) [1]An Tagen, an denen Studierende fachtheoretische Studienabschnitte an der Hochschule absolvieren, gilt die tägliche Ausbildungs- und Studienzeit als erfüllt. [2]Im Übrigen gelten für Studierende, die eine Ausbildung nach § 1 Abs. 1 Buchst. a), d) oder e) TVAöD – Allgemeiner Teil – absolvieren, Unterrichtszeiten einschließlich der Pausen als Ausbildungs- und Studienzeit. [3]Dies gilt auch für die notwendige Wegezeit zwischen Unterrichtsort und Ausbildungsstätte, sofern die praktische Ausbildung oder berufspraktische Studienabschnitte nach dem Unterricht fortgesetzt werden.

(4) Im Übrigen gilt für Studierende mit einem Ausbildungsteil nach § 1 Abs. 1 Buchst. a), d) oder e) TVAöD – Allgemeiner Teil –, dass sie an Tagen, an denen sie im Rahmen ihres Ausbildungsteils an einem theoretisch betrieblichen Unterricht von mindestens 270 tatsächlichen Unterrichtsminuten teilnehmen, nicht zur praktischen Ausbildung herangezogen werden dürfen.

(5) Studierende dürfen im Rahmen des Ausbildungs- und Studienzwecks auch an Sonntagen und Wochenfeiertagen und in der Nacht ausgebildet werden.

(6) [1]Eine Beschäftigung, die über die nach Absatz 1 geregelte Ausbildungs- und Studienzeit hinausgeht, ist nur ausnahmsweise zulässig. [2]§§ 21, 23 JArbSchG, § 17 Abs. 7 BBiG und § 19 Abs. 3 PflBG bleiben unberührt.

§ 8 Studienentgelt und Studiengebühren

(1) [1]Studierende erhalten bis zum Ablauf des Kalendermonats, in dem die Abschlussprüfung des Ausbildungsteils erfolgreich abgelegt wird, ein Studienentgelt, das sich aus einem monatlichen Entgelt und einer monatlichen Zulage zusammensetzt.
[2]Das monatliche Entgelt beträgt

a) für Studierende nach § 1 Abs. 1 Buchst. a), d) oder e) TVAöD – Allgemeiner Teil –

	bis 31. März 2025	**ab 1. April 2025**	**ab 1. Mai 2026**
im ersten Ausbildungsjahr	1218,26 Euro	1293,26 Euro	1368,26 Euro
im zweiten Ausbildungsjahr	1268,20 Euro	1343,20 Euro	1418,20 Euro
im dritten Ausbildungsjahr	1314,02 Euro	1389,02 Euro	1464,02 Euro
im vierten Ausbildungsjahr	1377,59 Euro	1452,59 Euro	1527,59 Euro

b) für Studierende nach § 1 Abs. 1 Buchst. b TVAöD – Allgemeiner Teil –

	bis 31. März 2025	**ab 1. April 2025**	**ab 1. Mai 2026**
im ersten Ausbildungsjahr	1340,69 Euro	1415,69 Euro	1490,69 Euro
im zweiten Ausbildungsjahr	1402,07 Euro	1477,07 Euro	1552,07 Euro
im dritten Ausbildungsjahr	1503,38 Euro	1578,38 Euro	1653,38 Euro

c) für Studierende nach § 1 Abs. 1 Buchst. c) TVAöD – Allgemeiner Teil –

	bis 31. März 2025	**ab 1. April 2025**	**ab 1. Mai 2026**
im ersten Ausbildungsjahr	1215,24 Euro	1290,24 Euro	1365,24 Euro
im zweiten Ausbildungsjahr	1275,30 Euro	1350,30 Euro	1425,30 Euro
im dritten Ausbildungsjahr	1372,03 Euro	1447,03 Euro	1522,03 Euro.

[3]Die monatliche Zulage beträgt 150 Euro. [4]Die Zulage erfolgt als monatliche Pauschale und damit unabhängig von der zeitlichen Verteilung der Ausbildungs- und Studienteile.

(2) [1]Nach dem Ablauf des Kalendermonats, in dem die Abschlussprüfung des Ausbildungsteils erfolgreich abgelegt wurde, erhalten die Studierenden anstelle des Studienentgelts nach Absatz 1 bis zur Beendigung des ausbil-

dungsintegrierten dualen Studiums ein monatliches Studienentgelt. [2]Das monatliche Studienentgelt nach Satz 1 beträgt

- bei einem ausbildungsintegrierten dualen Studiengang mit einem Ausbildungsteil nach § 1 Abs. 1 Buchst. a), d) oder e) TVAöD – Allgemeiner Teil –

bis 31. März 2025	**ab 1. April 2025**	**ab 1. Mai 2026**
1475,00 Euro	1550,00 Euro	1625,00 Euro

- bei einem ausbildungsintegrierten dualen Studiengang mit einem Ausbildungsteil nach § 1 Abs. 1 Buchst. b) TVAöD – Allgemeiner Teil –

bis 31. März 2025	**ab 1. April 2025**	**ab 1. Mai 2026**
1665,00 Euro	1740,00 Euro	1815,00 Euro

- und bei einem ausbildungsintegrierten dualen Studiengang mit einem Ausbildungsteil nach § 1 Abs. 1 Buchst. c) TVAöD – Allgemeiner Teil –

bis 31. März 2025	**ab 1. April 2025**	**ab 1. Mai 2026**
1535,00 Euro	1610,00 Euro	1685,00 Euro.

(3) Das Studienentgelt ist zu demselben Zeitpunkt fällig wie das den Beschäftigten des Ausbildenden gezahlte Entgelt.

(4) Der Ausbildende übernimmt die notwendigen Studiengebühren.

(5) Ist wegen des Besuchs einer weiterführenden oder einer berufsbildenden Schule oder wegen einer Berufsausbildung in einer sonstigen Einrichtung die Ausbildungszeit des Ausbildungsteils verkürzt, gilt für die Höhe des Studienentgelts nach Absatz 1 der Zeitraum, um den die Ausbildungszeit des Ausbildungsteils verkürzt wird, als abgeleistete Ausbildungszeit.

(6) Wird bei einem ausbildungsintegrierten dualen Studiengang mit einem Ausbildungsteil nach Maßgabe des § 1 Abs. 1 Buchst. a), d) oder e) TVAöD – Allgemeiner Teil – die Ausbildungszeit des Ausbildungsteils

a) im Falle des Nichtbestehens der Abschlussprüfung auf Verlangen der Studierenden bis zur nächstmöglichen Wiederholungsprüfung, höchstens um ein Jahr, verlängert oder

b) auf Antrag der Studierenden nach § 8 Abs. 2 BBiG von der zuständigen Stelle oder nach § 27c Abs. 2 der Handwerksordnung (HwO) von der Handwerkskammer verlängert,

wird während des Zeitraums der Verlängerung das Studienentgelt nach Absatz 1 Satz 1 in Verbindung mit Satz 2 Buchst. a des letzten regelmäßigen Ausbildungsabschnitts des Ausbildungsteils gezahlt.
(7) [1]Können Studierende bei einem ausbildungsintegrierten dualen Studiengang mit einem Ausbildungsteil nach § 1 Abs. 1 Buchst. a), d) oder e) TVAöD – Allgemeiner Teil – ohne eigenes Verschulden die Abschlussprüfung des Ausbildungsteils erst nach beendeter Ausbildungszeit ablegen, erhalten die Studierenden bis zur Ablegung der Abschlussprüfung des Ausbildungsteils ein Studienentgelt nach Absatz 1 Satz 1 in Verbindung mit Satz 2 Buchst. a) für den letzten regelmäßigen Ausbildungsabschnitt. [2]Im Falle des Bestehens der Prüfung erhalten die Studierenden darüber hinaus rückwirkend von dem Zeitpunkt an, an dem der Ausbildungsteil geendet hat, den Unterschiedsbetrag zwischen dem ihnen gezahlten Studienentgelt nach Satz 1 und dem für das vierte Ausbildungsjahr maßgebenden Studienentgelt nach Absatz 1 Satz 1 in Verbindung mit Satz 2 Buchst. a).

§ 8a Unständige Entgeltbestandteile

(1) [1]Für Studierende, deren berufspraktische Abschnitte einschließlich der praktischen Ausbildung des Ausbildungsteils an Samstagen, Sonntagen, Feiertagen und Vorfesttagen stattfinden, gelten die für die Beschäftigten des Ausbildenden geltenden Regelungen sinngemäß. [2]Dies gilt auch für den Bereitschaftsdienst und die Rufbereitschaft, für die Überstunden und für die Zeitzuschläge.
(2) [1]Für Studierende mit einem Ausbildungsteil nach § 1 Abs. 1 Buchst. b) oder c) TVAöD – Allgemeiner Teil – beträgt der Zeitzuschlag für Nachtarbeit mindestens 1,28 Euro pro Stunde. [2]Studierende mit einem Ausbildungsteil nach § 1 Abs. 1 Buchst. b) oder c) TVAöD – Allgemeiner Teil – erhalten unter denselben Voraussetzungen wie die beim Ausbildenden Beschäftigten im Sinne des § 38 Abs. 5 Satz 1 Tarifvertrag für den öffentlichen Dienst (TVöD) 75 v. H. der Zulagenbeträge gemäß § 8 Abs. 5 und 6 TVöD.

§ 8b Sonstige Entgeltregelungen

(1) Studierenden im Bereich des Bundes mit einem Ausbildungsteil nach § 1 Abs. 1 Buchst. a) TVAöD – Allgemeiner Teil – können bei Vorliegen der geforderten Voraussetzungen 50 v. H. der Zulagen gewährt werden, die für Beschäftigte im Sinne des § 38 Abs. 5 Satz 1 TVöD gemäß § 19 Abs. 5 TVöD in Verbindung mit § 33 Abs. 1 Buchst. c) und Abs. 6 BAT/BAT-O jeweils vereinbart sind.
(2) Studierenden mit einem Ausbildungsteil nach § 1 Abs. 1 Buchst. a), d) oder e) TVAöD – Allgemeiner Teil –, die in einem Ausbildungsverhältnis zu einem Ausbildenden stehen, der Mitglied eines Mitgliedverbandes der

VKA ist, können bei Vorliegen der geforderten Voraussetzungen 50 v. H. der Zulagen gewährt werden, die für Beschäftigte im Sinne des § 38 Abs. 5 Satz 1 TVöD gemäß § 23 Abs. 1 Satz 1 dritter bzw. vierter Spiegelstrich TVÜ-VKA in Verbindung mit § 33 Abs. 1 Buchst. c) und Abs. 6 BAT/BAT-O jeweils vereinbart sind.

(3) Studierenden im Bereich des Bundes mit einem Ausbildungsteil nach § 1 Abs. 1 Buchst. a) TVAöD – Allgemeiner Teil –, die in erheblichem Umfang mit Arbeiten beschäftigt werden, für die Beschäftigten im Sinne des § 38 Abs. 5 Satz 2 TVöD nach Maßgabe des § 19 Abs. 5 TVöD Erschwerniszuschläge zustehen, kann im zweiten bis vierten Ausbildungsjahr ein monatlicher Pauschalzuschlag in Höhe von 10 Euro gezahlt werden.

(4) Studierenden mit einem Ausbildungsteil nach § 1 Abs. 1 Buchst. a), d) oder e) TVAöD – Allgemeiner Teil –, die in einem Ausbildungsverhältnis zu einem Ausbildenden stehen, der Mitglied eines Mitgliedverbandes der VKA ist, und in erheblichem Umfang mit Arbeiten beschäftigt werden, für die Beschäftigten im Sinne des § 38 Abs. 5 Satz 2 TVöD nach Maßgabe des § 23 Abs. 1 Satz 1 erster bzw. zweiter Spiegelstrich TVÜ-VKA Erschwerniszuschläge zustehen, kann im zweiten bis vierten Ausbildungsjahr ein monatlicher Pauschalzuschlag in Höhe von 10 Euro gezahlt werden.

(5) Soweit Beschäftigten des Bundes gemäß den Protokollerklärungen Nr. 1 bis 3 des Teils IV Abschnitt 25 Unterabschnitt 25.1 der Anlage 1 zum TV EntgO Bund oder gemäß § 19 Abs. 5 Satz 2 TVöD in Verbindung mit § 33 Abs. 1 Buchst. c) und Abs. 6 BAT/BAT-O eine Zulage zusteht, erhalten Studierende im Bereich des Bundes mit einem Ausbildungsteil nach § 1 Abs. 1 Buchst. b) oder c) TVAöD – Allgemeiner Teil – unter denselben Voraussetzungen 50 v. H. des entsprechenden Zulagenbetrages.

(6) Soweit Beschäftigten im Sinne von § 38 Abs. 5 Satz 1 TVöD im Bereich der VKA gemäß der Protokollerklärung Nr. 1 zu Teil B Abschnitt XI Ziffer 1 der Anlage 1 – Entgeltordnung (VKA) zum TVöD oder gemäß § 19 Abs. 5 Satz 2 TVöD bzw. § 23 Abs. 1 TVÜ-VKA in Verbindung mit § 33 Abs. 1 Buchst. c) und Abs. 6 BAT/BAT-O eine Zulage zusteht, erhalten Studierende mit einem Ausbildungsteil nach § 1 Abs. 1 Buchst. b) oder c) TVAöD – Allgemeiner Teil – im Bereich der VKA unter denselben Voraussetzungen 50 v. H. des entsprechenden Zulagenbetrages.

Protokollerklärung zu Absatz 6:

Für den Anspruch der Studierenden auf eine Zulage nach Absatz 6 ist es unbeachtlich, wenn den Beschäftigten des Ausbildenden aufgrund der Protokollerklärung Nr. 5 des Teil B Abschnitt XI Ziffer 1 (Beschäftigte in der Pflege) der Anlage 1 zum TVöD – Entgeltordnung (VKA), der Protokollerklärung zu § 29a Abs. 4 TVÜ-VKA oder § 29d Abs. 2 TVÜ-VKA keine Zulage oder eine Zulage in verminderter Höhe zusteht.

§ 9 Urlaub

(1) Studierende erhalten Erholungsurlaub unter Fortzahlung ihres Studienentgelts in entsprechender Anwendung der für die Beschäftigten des Ausbildenden geltenden Regelungen mit der Maßgabe, dass der Urlaubsanspruch bei Verteilung der wöchentlichen Ausbildungszeit auf fünf Tage in der Kalenderwoche in jedem Kalenderjahr *30 Ausbildungstage** beträgt.
(2) Der Erholungsurlaub ist in der vorlesungs- und unterrichtsfreien Zeit in Anspruch zu nehmen.
(3) Studierende mit einem Ausbildungsteil nach § 1 Abs. 1 Buchst. b) oder c) TVAöD – Allgemeiner Teil –, die im Ausbildungsteil im Schichtdienst eingesetzt werden, erhalten im zweiten und dritten Jahr des Ausbildungsteils entsprechend § 9 Abs. 1 Satz 2 TVAöD – Besonderer Teil Pflege – jeweils einen Tag Zusatzurlaub. [2]Absatz 2 gilt entsprechend.

§ 10 (Bund) Ausbildungs- und Studienmaßnahmen außerhalb der Ausbildungsstätte

(1) [1]Bei Dienstreisen, die im Rahmen des Ausbildungsteils oder der berufspraktischen Studienabschnitte erfolgen, erhalten die Studierenden eine Entschädigung in analoger Anwendung der Reisekostenbestimmungen, die für die Beschäftigten des Ausbildenden jeweils gelten. [2]Gleiches gilt bei Reisen zur Ablegung der in den Ausbildungsordnungen bzw. in den Studien- und Prüfungsordnungen vorgeschriebenen Prüfungen für Studierende mit einem Ausbildungsteil nach § 1 Abs. 1 Buchst. a), d) oder e) TVAöD – Allgemeiner Teil –.
(2) [1]Bei Reisen von Studierenden mit einem Ausbildungsteil nach § 1 Abs. 1 Buchst. a), d) oder e) TVAöD – Allgemeiner Teil – zur Teilnahme an überbetrieblichen Ausbildungsmaßnahmen im Sinne des § 5 Abs. 2 Satz 1 Nr. 6 BBiG außerhalb der politischen Gemeindegrenze der Ausbildungsstätte, werden die entstandenen notwendigen Fahrtkosten bis zur Höhe der Kosten der Fahrkarte der jeweils niedrigsten Klasse des billigsten regelmäßig verkehrenden Beförderungsmittels (im Bahnverkehr ohne Zuschläge) erstattet; Möglichkeiten zur Erlangung von Fahrpreisermäßigungen (z. B. Schülerfahrkarten, Monatsfahrkarten, BahnCard, Semesterticket) sind auszunutzen. [2]Beträgt die Entfernung zwischen den Ausbildungsstätten hierbei mehr als 100 km, werden im Bahnverkehr Zuschläge beziehungsweise besondere Fahrpreise (z. B. für ICE) erstattet. [3]Die nachgewiesenen notwendigen Kosten einer Unterkunft am auswärtigen Ort werden, soweit nicht eine unentgeltliche Unterkunft zur Verfügung steht, erstattet. [4]Zu den

* Zum 1. Januar 2027 wird die Angabe »30 Ausbildungstage« durch die Angabe »31 Ausbildungstage« ersetzt.

Auslagen des bei notwendiger auswärtiger Unterbringung entstehenden Verpflegungsmehraufwands wird für volle Kalendertage der Anwesenheit am auswärtigen Ausbildungsort ein Verpflegungszuschuss gewährt, dessen Höhe sich in analoger Anwendung der für die Beschäftigten des Ausbildenden geltenden Reisekostenbestimmungen in der jeweiligen Fassung bemisst. [5]Bei unentgeltlicher Verpflegung wird der Verpflegungszuschuss entsprechend einbehalten. [6]Bei einer über ein Wochenende oder einen Feiertag hinaus andauernden Ausbildungsmaßnahme werden die dadurch entstandenen Mehrkosten für Unterkunft und Verpflegungsmehraufwand nach Maßgabe der Sätze 3 bis 5 erstattet. [7]Die Sätze 1 bis 6 gelten auch für Reisen im Rahmen der fachtheoretischen Studienabschnitte, die Bestandteil von Studien- und Prüfungsordnungen sind, wenn die Hochschule außerhalb der politischen Gemeindegrenze der Ausbildungsstätte liegt.

(3) [1]Bei Reisen von Studierenden mit einem Ausbildungsteil nach § 1 Abs. 1 Buchst. b) oder c) TVAöD – Allgemeiner Teil – zur vorübergehenden Ausbildung an einer anderen Einrichtung außerhalb der politischen Gemeindegrenze der Ausbildungsstätte sowie zur Teilnahme an Vorträgen, an Arbeitsgemeinschaften oder an Übungen werden die entstandenen notwendigen Fahrtkosten bis zur Höhe der Kosten für die Fahrkarte der jeweils niedrigsten Klasse des billigsten regelmäßig verkehrenden Beförderungsmittels (im Bahnverkehr ohne Zuschläge) erstattet; Möglichkeiten zur Erlangung von Fahrpreisermäßigungen (z. B. Schülerfahrkarten, Monatsfahrkarten, BahnCard, Semesterticket) sind auszunutzen. [2]Die nachgewiesenen notwendigen Kosten einer Unterkunft am auswärtigen Ort werden, soweit nicht eine unentgeltliche Unterkunft zur Verfügung steht, erstattet. [3]Zu den Auslagen des bei notwendiger auswärtiger Unterbringung entstehenden Verpflegungsmehraufwandes wird für volle Kalendertage der Anwesenheit am auswärtigen Ausbildungsort ein Verpflegungszuschuss gewährt, dessen Höhe sich in entsprechender Anwendung der für die Beschäftigten des Ausbildenden geltenden Reisekostenbestimmungen in der jeweiligen Fassung bemisst. [4]Bei unentgeltlicher Verpflegung wird der Verpflegungszuschuss entsprechend einbehalten. [5]Bei einer über ein Wochenende oder einen Feiertag hinaus andauernden Ausbildungsmaßnahme werden die dadurch entstandenen Mehrkosten für Unterkunft und Verpflegungsmehraufwand nach Maßgabe der Sätze 2 bis 4 erstattet. [6]Leistungen Dritter sind anzurechnen.

Protokollerklärung zu Absatz 3:
Absatz 3 gilt auch für den Besuch einer auswärtigen beruflichen Schule sowie für Reisen im Rahmen der fachtheoretischen Studienabschnitte, die Bestandteil von Studien- und Prüfungsordnungen sind, wenn die Hochschule außerhalb der politischen Gemeindegrenze der Ausbildungsstätte liegt.

(4) [1]Bei Reisen von Studierenden mit einem Ausbildungsteil nach § 1 Abs. 1 Buchst. a), d) oder e) TVAöD – Allgemeiner Teil –, die im Rahmen des Ausbildungsteils für den Besuch einer auswärtigen Berufsschule erfolgen, werden die notwendigen Fahrtkosten erstattet, soweit sie monatlich 6 v. H. des Studienentgelts nach § 8 Abs. 1 für das erste Studienjahr übersteigen. [2]Satz 1 gilt nicht, soweit die Fahrtkosten nach landesrechtlichen Vorschriften von einer Körperschaft des öffentlichen Rechts getragen werden. [3]Die notwendigen Auslagen für Unterkunft und Verpflegungsmehraufwand werden bei Besuch der regulären auswärtigen Berufsschule im Blockunterricht entsprechend Absatz 2 Sätze 3 bis 6 erstattet. [4]Leistungen Dritter sind anzurechnen.

(5) Bei Abordnungen und Zuweisungen von Studierenden mit einem Ausbildungsteil nach § 1 Abs. 1 Buchst. a), d) oder e) TVAöD – Allgemeiner Teil –, die im Rahmen des Ausbildungsteils erfolgen, werden die Kosten nach Maßgabe des Absatzes 2 erstattet.

§ 10 (VKA) Ausbildungs- und Studienmaßnahmen außerhalb der Ausbildungsstätte

(1) [1]Bei Dienstreisen, die im Rahmen des Ausbildungsteils oder der berufspraktischen Studienabschnitte erfolgen, erhalten die Studierenden eine Entschädigung in analoger Anwendung der Reisekostenbestimmungen, die für die Beschäftigten des Ausbildenden jeweils gelten. [2]Gleiches gilt bei Reisen zur Ablegung der in den Ausbildungsordnungen bzw. in den Studien- und Prüfungsordnungen vorgeschriebenen Prüfungen für Studierende mit einem Ausbildungsteil nach § 1 Abs. 1 Buchst. a), d) oder e) TVAöD – Allgemeiner Teil –.

(2) [1]Bei Reisen von Studierenden mit einem Ausbildungsteil nach § 1 Abs. 1 Buchst. a), d) oder e) TVAöD – Allgemeiner Teil – zur Teilnahme an überbetrieblichen Ausbildungsmaßnahmen im Sinne des § 5 Abs. 2 Satz 1 Nr. 6 BBiG außerhalb der politischen Gemeindegrenze der Ausbildungsstätte, werden die entstandenen notwendigen Fahrtkosten bis zur Höhe der Kosten der Fahrkarte der jeweils niedrigsten Klasse des billigsten regelmäßig verkehrenden Beförderungsmittels (im Bahnverkehr ohne Zuschläge) erstattet; Möglichkeiten zur Erlangung von Fahrpreisermäßigungen (z. B. Schülerfahrkarten, Monatsfahrkarten, BahnCard, Semesterticket) sind auszunutzen. [2]Beträgt die Entfernung zwischen den Ausbildungsstätten hierbei mehr als 100 km, werden im Bahnverkehr Zuschläge beziehungsweise besondere Fahrpreise (z. B. für ICE) erstattet. [3]Die nachgewiesenen notwendigen Kosten einer Unterkunft am auswärtigen Ort werden, soweit nicht eine unentgeltliche Unterkunft zur Verfügung steht, erstattet. [4]Zu den Auslagen des bei notwendiger auswärtiger Unterbringung entstehenden Verpflegungsmehraufwands am

auswärtigen Ausbildungsort wird Studierenden für volle Kalendertage der Anwesenheit sowie für den An- und Abreisetag ein Verpflegungszuschuss gewährt, dessen Höhe sich in analoger Anwendung der für die Beschäftigten des Ausbildenden geltenden Reisekostenbestimmungen in der jeweiligen Fassung bemisst. [5]Bei unentgeltlicher Verpflegung wird der jeweilige Verpflegungszuschuss einbehalten. [6]Bei einer über ein Wochenende oder einen Feiertag hinaus andauernden Ausbildungsmaßnahme werden die dadurch entstandenen Mehrkosten für Unterkunft und Verpflegungsmehraufwand nach Maßgabe der Sätze 3 bis 5 erstattet. [7]Die Sätze 1 bis 3 gelten auch für Reisen im Rahmen der fachtheoretischen Studienabschnitte, die Bestandteil von Studien- und Prüfungsordnungen sind, wenn die Hochschule außerhalb der politischen Gemeindegrenze der Ausbildungsstätte liegt. [8]Für die notwendigen Auslagen beim Verpflegungsmehraufwand wird bei Reisen nach Satz 7 für volle Kalendertage der Anwesenheit am auswärtigen Ausbildungsort ein Verpflegungszuschuss in Höhe der nach der Sozialversicherungsentgeltverordnung maßgebenden Sachbezugswerte für Frühstück, Mittagessen und Abendessen gewährt. [9]Bei unentgeltlicher Verpflegung wird der jeweilige Sachbezugswert einbehalten. [10]Soweit eine Reise nach Satz 7 über ein Wochenende oder einen Feiertag hinaus andauert, gelten die Sätze 1 bis 3, 8 und 9 entsprechend.

(3) [1]Bei Reisen von Studierenden mit einem Ausbildungsteil nach § 1 Abs. 1 Buchst. b) oder c) TVAöD – Allgemeiner Teil – zur vorübergehenden Ausbildung an einer anderen Einrichtung außerhalb der politischen Gemeindegrenze der Ausbildungsstätte sowie zur Teilnahme an Vorträgen, an Arbeitsgemeinschaften oder an Übungen werden die entstandenen notwendigen Fahrtkosten bis zur Höhe der Kosten für die Fahrkarte der jeweils niedrigsten Klasse des billigsten regelmäßig verkehrenden Beförderungsmittels (im Bahnverkehr ohne Zuschläge) erstattet; Möglichkeiten zur Erlangung von Fahrpreisermäßigungen (z.B. Schülerfahrkarten, Monatsfahrkarten, BahnCard, Semesterticket) sind auszunutzen. [2]Bei Reisen zur vorübergehenden Ausbildung an einer anderen Einrichtung außerhalb der politischen Gemeindegrenzen der Ausbildungsstätte nach Satz 1 wird bei notwendiger Unterbringung am auswärtigen Ausbildungsort für volle Kalendertage der Anwesenheit sowie für den An- und Abreisetag ein Verpflegungszuschuss gewährt, dessen Höhe sich in analoger Anwendung der für die Beschäftigten des Ausbildenden geltenden Reisekostenbestimmungen in der jeweiligen Fassung bemisst. [3]Bei unentgeltlicher Verpflegung wird der Verpflegungszuschuss entsprechend einbehalten. [4]Bei einer über ein Wochenende oder einen Feiertag hinaus andauernden Ausbildungsmaßnahme werden die durch den Verpflegungsmehraufwand entstandenen Mehrkosten nach Maßgabe der Sätze 2 und 3 erstattet.

Protokollerklärung zu Absatz 3:
Die Sätze 2 bis 4 gelten nicht für den Besuch einer auswärtigen beruflichen Schule sowie für Reisen im Rahmen der fachtheoretischen Studienabschnitte, die Bestandteil von Studien- und Prüfungsordnungen sind, wenn die Hochschule außerhalb der politischen Gemeindegrenze der Ausbildungsstätte liegt.

(4) [1]Bei Reisen von Studierenden mit einem Ausbildungsteil nach § 1 Abs. 1 Buchst. a), d) oder e) TVAöD – Allgemeiner Teil –, die im Rahmen des Ausbildungsteils für den Besuch einer auswärtigen Berufsschule erfolgen, werden die notwendigen Fahrtkosten erstattet, soweit sie monatlich 6 v. H. des Studienentgelts nach § 8 Abs. 1 für das erste Studienjahr übersteigen. [2]Satz 1 gilt nicht, soweit die Fahrtkosten nach landesrechtlichen Vorschriften von einer Körperschaft des öffentlichen Rechts getragen werden. [3]Die notwendigen Auslagen für die Unterkunft und Verpflegung werden bei Besuch der regulären auswärtigen Berufsschule im Blockunterricht entsprechend Absatz 2 Sätze 3, 8 und 9 erstattet. [4]Soweit eine Reise nach Satz 3 über ein Wochenende oder einen Feiertag hinaus andauert, gilt Absatz 2 Sätze 3, 8 und 9 entsprechend. [5]Leistungen Dritter sind anzurechnen.

(5) Bei Abordnungen und Zuweisungen von Studierenden mit einem Ausbildungsteil nach § 1 Abs. 1 Buchst. a), d) oder e) TVAöD – Allgemeiner Teil –, die im Rahmen des Ausbildungsteils erfolgen, werden die Kosten nach Maßgabe des Absatzes 2 erstattet.

§ 10a Familienheimfahrten

[1]Für Familienheimfahrten vom jeweiligen Ort der Ausbildungsstätte oder vom Ort der auswärtigen Berufsschule/Hochschule, deren Besuch vom Ausbildenden veranlasst wurde, zum Wohnort der Eltern, der Erziehungsberechtigten oder der Ehegattin/des Ehegatten oder der Lebenspartnerin/des Lebenspartners werden den Studierenden monatlich einmal die im Bundesgebiet entstandenen notwendigen Fahrtkosten bis zur Höhe der Kosten der Fahrkarte der jeweils niedrigsten Klasse des billigsten regelmäßig verkehrenden Beförderungsmittels (im Bahnverkehr ohne Zuschläge) erstattet; Möglichkeiten zur Erlangung von Fahrpreisermäßigungen (z. B. Schülerfahrkarten, Monatsfahrkarten, Semesterticket, BahnCard) sind auszunutzen. [2]Beträgt die Entfernung mehr als 300 km, können im Bahnverkehr Zuschläge bzw. besondere Fahrpreise (z. B. für ICE) erstattet werden. [3]Die Sätze 1 und 2 gelten nicht, wenn aufgrund geringer Entfernung eine tägliche Rückkehr möglich und zumutbar ist oder der Aufenthalt am jeweiligen Ort der Ausbildungsstätte oder der auswärtigen Berufsschule/Hochschule weniger als vier Wochen beträgt.

§ 11 Schutzkleidung, Ausbildungsmittel, Lernmittelzuschuss

(1) [1]Studierende erhalten Schutzkleidung nach den Bestimmungen, die für die entsprechenden Beschäftigten des Ausbildenden maßgebend sind. [2]Diese wird unentgeltlich zur Verfügung gestellt, soweit das Tragen von Schutzkleidung gesetzlich vorgeschrieben oderangeordnet ist. [3]Die Schutzkleidung bleibt Eigentum des Ausbildenden.
(2) Der Ausbildende hat den Studierenden im Rahmen des Ausbildungsteils kostenlos die Ausbildungsmittel zur Verfügung zu stellen, die zur Berufsausbildung und zum Ablegen von Zwischen- und Abschlussprüfungen bzw. der staatlichen Prüfung erforderlich sind.
(3) Studierende mit einem Ausbildungsteil nach § 1 Abs. 1 Buchst. a), d) oder e) TVAöD – Allgemeiner Teil – erhalten bis zum Abschluss des Ausbildungsteils einmal jährlich einen Lernmittelzuschuss in Höhe von 50 Euro brutto. [2]Absatz 2 bleibt unberührt. [3]Der Lernmittelzuschuss ist möglichst mit dem Ausbildungsentgelt des ersten Monats des jeweiligen Ausbildungsjahres zu zahlen, er ist spätestens im Zahlungsmonat September des betreffenden Ausbildungsjahres fällig.

§ 12 Entgelt im Krankheitsfall

(1) Werden Studierende durch Arbeitsunfähigkeit infolge Krankheit ohne ihr Verschulden verhindert, ihre Verpflichtungen aus dem Ausbildungs- und Studienvertrag zu erfüllen, erhalten sie für die Zeit der Arbeitsunfähigkeit für die Dauer von bis zu sechs Wochen sowie nach Maßgabe der gesetzlichen Bestimmungen bei Wiederholungserkrankungen das Studienentgelt (§ 8) in entsprechender Anwendung der für die Beschäftigten des Ausbildenden geltenden Regelungen fortgezahlt.
(2) Im Übrigen gilt das Entgeltfortzahlungsgesetz.
(3) Bei der jeweils ersten Arbeitsunfähigkeit, die durch einen bei dem Ausbildenden erlittenen Arbeitsunfall oder durch eine bei dem Ausbildenden zugezogene Berufskrankheit verursacht ist, erhalten Studierende nach Ablauf des nach Absatz 1 maßgebenden Zeitraums bis zum Ende der 26. Woche seit dem Beginn der Arbeitsunfähigkeit einen Krankengeldzuschuss in Höhe des Unterschiedsbetrages zwischen dem Bruttokrankengeld und dem sich nach Absatz 1 ergebenden Nettostudienentgelt, wenn der zuständige Unfallversicherungsträger den Arbeitsunfall oder die Berufskrankheit anerkennt.

§ 12a Entgeltfortzahlung in sonstigen Fällen

(1) Studierenden ist das Studienentgelt nach § 8 Abs. 1 für insgesamt fünf Tage fortzuzahlen, um sich vor den in den Ausbildungsordnungen für den

Ausbildungsteil vorgeschriebenen Abschlussprüfungen ohne Bindung an die planmäßige Ausbildung auf die Prüfung vorbereiten zu können; bei der Sechstagewoche besteht dieser Anspruch für sechs Tage.
(2) Der Freistellungsanspruch nach Absatz 1 verkürzt sich um die Zeit, für die Studierende zur Vorbereitung auf die Abschlussprüfung besonders zusammengefasst werden; es besteht jedoch mindestens ein Anspruch auf zwei Ausbildungstage.
(3) Im Übrigen gelten die für die Beschäftigten des Ausbildenden maßgebenden Regelungen zur Arbeitsbefreiung entsprechend.

§ 13 Vermögenswirksame Leistungen

(1) [1]Nach Maßgabe des Vermögensbildungsgesetzes in seiner jeweiligen Fassung erhalten Studierende eine vermögenswirksame Leistung in Höhe von 13,29 Euro monatlich. [2]Der Anspruch auf vermögenswirksame Leistungen entsteht frühestens für den Kalendermonat, in welchem dem Ausbildenden die erforderlichen Angaben mitgeteilt werden, und für die beiden vorangegangenen Monate desselben Kalenderjahres.
(2) Die vermögenswirksamen Leistungen sind kein zusatzversorgungspflichtiges Entgelt.

§ 14 Jahressonderzahlung

(1) [1]Studierende, die am 1. Dezember in einem Ausbildungs- und Studienverhältnis stehen, haben Anspruch auf eine Jahressonderzahlung. [2]Die Jahressonderzahlung beträgt 90 v. H. des den Studierenden für November zustehenden Studienentgelts (§ 8 Abs. 1 und 2).
(2) [1]Der Anspruch ermäßigt sich um ein Zwölftel für jeden Kalendermonat, in dem Studierende keinen Anspruch auf Studienentgelt (§ 8), Fortzahlung des Entgelts während des Erholungsurlaubs (§ 9) oder im Krankheitsfall (§ 12) haben. [2]Die Verminderung unterbleibt für Kalendermonate, für die Studierende wegen Beschäftigungsverboten nach dem Mutterschutzgesetz kein Studienentgelt erhalten haben. [3]Die Verminderung unterbleibt ferner für Kalendermonate der Inanspruchnahme der Elternzeit nach dem Bundeselterngeld- und Elternzeitgesetz bis zum Ende des Kalenderjahres, in dem das Kind geboren ist, wenn am Tag vor Antritt der Elternzeit Entgeltanspruch bestanden hat.
(3) [1]Die Jahressonderzahlung wird mit dem für November zustehenden Studienentgelt ausgezahlt. [2]Ein Teilbetrag der Jahressonderzahlung kann zu einem früheren Zeitpunkt ausgezahlt werden.
(4) Studierende, die im unmittelbaren Anschluss an den ausbildungsintegrierten dualen Studiengang von ihrem Ausbildenden in ein Beschäftigungsverhältnis übernommen werden und Anspruch auf eine Jahres-

sonderzahlung nach §§ 20, 21 TVöD haben, erhalten einmalig zusammen mit der anteiligen Jahressonderzahlung aus dem Beschäftigungsverhältnis die anteilige Jahressonderzahlung aus dem Ausbildungs- und Studienverhältnis.

§ 15 Zusätzliche Altersversorgung

[1]Die Studierenden haben Anspruch auf eine zusätzliche Alters- und Hinterbliebenenversorgung unter Eigenbeteiligung. Einzelheiten bestimmen die Tarifverträge über die betriebliche Altersversorgung der Beschäftigten des öffentlichen Dienstes (Tarifvertrag Altersversorgung – ATV- und der Tarifvertrag Altersversorgung – ATV-K) in den jeweils geltenden Fassungen.

§ 16 Beendigung, Verkürzung und Verlängerung des Vertragsverhältnisses

(1) Das Ausbildungs- und Studienverhältnis endet mit dem Ablauf der im Ausbildungs- und Studienvertrag vereinbarten Vertragslaufzeit.
(2) Das Ausbildungs- und Studienverhältnis endet zudem:
a) bei wirksamer Kündigung (§ 3 Absätze 2 und 3) oder
b) bei Exmatrikulation durch die Hochschule nach der jeweiligen Studien- und Prüfungsordnung oder
c) bei endgültigem Nichtbestehen einer notwendigen Ausbildungsprüfung des Ausbildungsteils; dies gilt nicht, wenn sich im Falle des Nichtbestehens der Abschlussprüfung der Ausbildungsteil auf Verlangen der Studierenden bis zur nächstmöglichen Wiederholungsprüfung, höchstens um ein Jahr, verlängert oder die Abschlussprüfung ohne eigenes Verschulden erst nach beendeter Ausbildungszeit des Ausbildungsteils abgelegt wird.

(3) [1]Eine Verkürzung des Studienteils (Regelstudienzeit) kann in Abstimmung mit dem Ausbildenden beantragt werden, sofern eine Verkürzung nach der Studien- und Prüfungsordnung für den ausbildungsintegrierten dualen Studiengang zulässig ist und die Vereinbarkeit mit dem gleichzeitig zu absolvierenden Ausbildungsteil gewährleistet ist. [2]Der Ausbildungs- und Studienvertrag ist entsprechend anzupassen.
(4) Beabsichtigt der Ausbildende bzw. im Bereich des Bundes die ausbildende Dienststelle/der ausbildende Betrieb keine Übernahme in ein Arbeitsverhältnis, hat sie/er dies der Studierenden/dem Studierenden drei Monate vor dem voraussichtlichen Ende des Vertragsverhältnisses schriftlich mitzuteilen.

(5) Werden Studierende im Anschluss an das Ausbildungs- und Studienverhältnis beschäftigt, ohne dass hierüber ausdrücklich etwas vereinbart worden ist, so gilt ein Arbeitsverhältnis auf unbestimmte Zeit als begründet.

§ 16a Übernahme von Studierenden

(1) [1]Studierende, die den Ausbildungs- und den Studienteil jeweils mindestens mit der Gesamtnote »Befriedigend« abgeschlossen haben, werden bei dienstlichem bzw. betrieblichem Bedarf im unmittelbaren Anschluss an das Ausbildungs- und Studienverhältnis in ein unbefristetes Arbeitsverhältnis übernommen, sofern nicht im Einzelfall personenbedingte, verhaltensbedingte, betriebsbedingte oder gesetzliche Gründe entgegenstehen. [2]Für eine Übernahme beim Bund und anderen Arbeitgebern, in deren Aufgabenbereichen auch hoheitliche Tätigkeiten wahrgenommen werden, müssen sich die Studierenden durch ihr gesamtes Verhalten zur freiheitlich demokratischen Grundordnung im Sinne des Grundgesetzes bekennen.
(2) [1]Der dienstliche bzw. betriebliche Bedarf nach Absatz 1 Satz 1 muss zum Zeitpunkt der Beendigung des Ausbildungs- und Studienverhältnisses vorliegen und setzt zudem eine freie und besetzbare Stelle bzw. einen freien und zu besetzenden Arbeitsplatz bei der Ausbildungsdienststelle bzw. dem Ausbildungsbetrieb voraus, die/der eine abschlussadäquate Beschäftigung auf Dauer ermöglicht. [2]Bei einer Auswahlentscheidung sind die jeweiligen Abschlussergebnisse und die persönliche Eignung zu berücksichtigen. [3]Bestehende Mitbestimmungsrechte bleiben unberührt.

Protokollerklärung zu § 16a:
Besteht kein dienstlicher bzw. betrieblicher Bedarf für eine unbefristete Beschäftigung, ist eine befristete Beschäftigung außerhalb von § 16a möglich.

§ 17 Abschlussprämie

(1) [1]Bei Beendigung des Ausbildungsteils aufgrund erfolgreich abgeschlossener Abschlussprüfung bzw. staatlicher Prüfung erhalten Studierende eine Abschlussprämie als Einmalzahlung in Höhe von 400 Euro. [2]Die Abschlussprämie ist kein zusatzversorgungspflichtiges Entgelt. [3]Sie ist nach Bestehen der Abschlussprüfung bzw. der staatlichen Prüfung fällig.
(2) [1]Absatz 1 gilt nicht für Studierende, die den Ausbildungsteil des ausbildungsintegrierten dualen Studiums nach erfolgloser Prüfung aufgrund einer Wiederholungsprüfung abschließen. [2]Im Einzelfall kann der Ausbildende von Satz 1 abweichen.

§ 18 Rückzahlungsgrundsätze

(1) Werden die Studierenden oder die ehemals Studierenden beim Ausbildenden nach Beendigung ihres ausbildungsintegrierten dualen Studiums in ein Beschäftigungsverhältnis entsprechend ihrer erworbenen Abschlussqualifikation übernommen, sind sie verpflichtet, dort für die Dauer von fünf Jahren beruflich tätig zu sein.

(2) Der vom Ausbildenden bis zur Beendigung oder zum Abbruch des ausbildungsintegrierten dualen Studiums gezahlte Gesamtbetrag, bestehend aus der monatlichen Zulage nach § 8 Abs. 1 Satz 1 in Verbindung mit Satz 3, dem Studienentgelt nach § 8 Abs. 2 und den Studiengebühren (§ 8 Abs. 4), ist von den Studierenden oder den ehemals Studierenden zurückzuerstatten:

a) bei endgültigem Nichtbestehen einer notwendigen Ausbildungs- oder Studienprüfung, wenn die Erfolglosigkeit in den Verantwortungsbereich der Studierenden fällt, weil sie es schuldhaft unterlassen haben, den erfolgreichen Abschluss des ausbildungsintegrierten dualen Studiums im Rahmen des ihnen Möglichen zielstrebig zu verfolgen,

b) bei Beendigung des ausbildungsintegrierten dualen Studiums durch Kündigung vom Ausbildenden aus einem von den Studierenden zu vertretenden Grund oder durch eine Eigenkündigung der Studierenden nach Ende der Probezeit, die nicht durch einen wichtigen Grund gemäß § 626 BGB gerechtfertigt ist,

c) bei Ablehnung des Angebots, beim Ausbildenden im Anschluss an das erfolgreich bestandene ausbildungsintegrierte duale Studium entsprechend der erworbenen Abschlussqualifikation ein Beschäftigungsverhältnis zu begründen,

d) soweit das Beschäftigungsverhältnis, das beim Ausbildenden im Anschluss an das erfolgreich bestandene ausbildungsintegrierte duale Studium entsprechend der erworbenen Abschlussqualifikation begründet wurde, aus einem von den ehemals Studierenden zu vertretenden Grund innerhalb der ersten fünf Jahre seines Bestehens endet.

(3) Sofern berufspraktische Studienabschnitte beim Ausbildenden absolviert wurden, verringert sich der Rückzahlungsbetrag auf 75 v.H. des Gesamtbetrages nach Absatz 2.

(4) Der zurückzuerstattende Gesamtbetrag nach Absatz 2 bzw. 3 wird für jeden vollen Monat, in dem nach Beendigung des ausbildungsintegrierten dualen Studiums ein Beschäftigungsverhältnis bestand, um 1/60 vermindert.

(5) [1]Die Rückzahlungspflicht in den Fällen des Absatzes 2 Buchstabe a) oder b) entfällt, wenn die Studierenden nach endgültigem Nichtbestehen der notwendigen Studienprüfung oder nach Kündigung infolge des Abbruchs des Studiums in ein Beschäftigungsverhältnis entsprechend der im Ausbildungsverhältnis erworbenen Qualifikation übernommen werden

und dieses für die nach Satz 3 festgelegte Bindungsdauer fortbesteht. [2]Die Rückzahlungspflicht entfällt nicht, wenn das Beschäftigungsverhältnis innerhalb der Bindungsdauer gemäß Satz 3 aus einem vom Beschäftigten zu vertretenden Grund endet. [3]Abweichend zu Absatz 1 bemisst sich die Bindungsdauer nach der Dauer des Ausbildungs- und Studienverhältnisses, wobei jeder volle Monat des Ausbildungs- und Studienverhältnisses einem Monat Bindungsdauer entspricht. [4]Zur Berechnung der Rückzahlungspflicht gilt Absatz 3; Absatz 4 ist sinngemäß anzuwenden.

(6) Auf die Rückzahlungspflicht kann ganz oder teilweise verzichtet werden, soweit sie für die Studierenden oder die ehemals Studierenden eine besondere Härte bedeuten würde.

§ 19 Zeugnis

[1]Der Ausbildende hat den Studierenden bei Beendigung des Ausbildungsteils nach § 1 Abs. 1 Buchst. a), d) oder e) TVAöD – Allgemeiner Teil – ein Zeugnis gemäß § 16 BBiG auszustellen. [2]Das Zeugnis muss Angaben über Art, Dauer und Ziel der Ausbildung sowie über die erworbenen Fertigkeiten und Kenntnisse der Studierenden enthalten. [3]Auf deren Verlangen sind auch Angaben über Führung, Leistung und besondere fachliche Fähigkeiten aufzunehmen.

§ 20 Ausschlussfrist

Ansprüche aus dem Ausbildungs- und Studienvertrag verfallen, wenn sie nicht innerhalb einer Ausschlussfrist von sechs Monaten nach Fälligkeit von den Studierenden oder vom Ausbildenden schriftlich geltend gemacht werden.

§ 21 Inkrafttreten und Laufzeit

(1) Dieser Tarifvertrag tritt mit Wirkung vom 1. August 2020 in Kraft.

(2) Dieser Tarifvertrag kann mit einer Frist von drei Monaten zum Ende eines Kalenderhalbjahres schriftlich gekündigt werden, frühestens jedoch zum 31. Dezember 2020.

(3) Abweichend von Absatz 2 können ferner

a) § 8 Abs. 1 Satz 2 und Abs. 2 mit einer Frist von einem Monat zum Ende eines Kalendermonats, frühestens jedoch zum 31. März 2027; eine Kündigung nach Absatz 2 erfasst nicht den § 8 Absatz 1 Satz 2 und Absatz 2.

b) § 14 zum 31. Dezember eines jeden Jahres gesondert schriftlich gekündigt werden.*

(4) § 16a tritt mit Ablauf des 31. März 2027 außer Kraft.

---

* Ab 1. Januar 2027 lautet § 21a Abs. 3:

»(3) Abweichend von Absatz 2 können schriftlich gekündigt werden

a) § 8 Abs. 1 Satz 2 und Abs. 2 mit einer Frist von einem Monat zum Ende eines Kalendermonats, frühestens jedoch zum 31. März 2027; eine Kündigung nach Absatz 2 erfasst nicht den § 8 Abs. 1 Satz 2 und Abs. 2;

b) § 14 zum 31. Dezember eines jeden Jahres;

c) § 9 Abs. 1 mit einer Frist von drei Monaten zum Schluss eines Kalenderjahres;

d) im Falle der Kündigung gemäß § 39 Abs. 4 Buchst. j des Tarifvertrages für den öffentlichen Dienst (TVöD) § 9 Abs. 1 mit einer Frist von drei Monaten zum Schluss des maßgeblichen Kalenderjahres.

Protokollerklärung zu Buchstabe d:

Im Falle der Kündigung gemäß Buchstabe d gilt ab deren Wirksamwerden § 9 Abs. 1 in folgender Fassung: »Studierende erhalten Erholungsurlaub unter Fortzahlung ihres Studienentgelts in entsprechender Anwendung der für die Beschäftigten des Ausbildenden geltenden Regelungen mit der Maßgabe, dass der Urlaubsanspruch bei Verteilung der wöchentlichen Ausbildungszeit auf fünf Tage in der Kalenderwoche in jedem Kalenderjahr 30 Ausbildungstage beträgt.«

H. Tarifvertrag für Studierende in einem dualen Hebammenstudium im öffentlichen Dienst (TVHöD)

vom 11. Januar 2022 in der Fassung des Änderungstarifvertrages Nr. 3 vom 6. April 2025

§ 1 Geltungsbereich

[1]Dieser Tarifvertrag gilt für Personen, die auf der Grundlage des Gesetzes über das Studium und den Beruf von Hebammen (Hebammengesetz – HebG) vom 22. November 2019 mit Krankenhäusern (§ 2 Abs. 4) einen Studienvertrag (§ 3) zur akademischen Hebammenausbildung für die Teilnahme an einem dualen Hebammenstudium schließen. [2]Bei dem Krankenhaus muss es sich um ein Krankenhaus handeln, das Mitglied eines Mitgliedverbandes der VKA ist und an den Tarifvertrag des öffentlichen Dienstes für den Bereich der kommunalen Krankenhäuser gebunden ist.

§ 2 Begriffsbestimmungen

(1) Die Personen, die ein duales Hebammenstudium (§ 1 Satz 1) absolvieren, werden nachfolgend als Studierende bezeichnet

(2) Das duale Hebammenstudium verbindet auf der Grundlage eines schriftlichen Studienvertrages (§ 3) einen hochschulischen Studienteil, der sowohl praktische als auch theoretische Lehrveranstaltungen umfasst, mit einem berufspraktischen Studienteil bei einem Krankenhaus als verantwortlicher Praxiseinrichtung.

(3) [1]Der berufspraktische Studienteil umfasst Praxiseinsätze in einem Krankenhaus (§ 13 Abs. 1 Satz 1 Nr. 1 HebG) und bei freiberuflichen Hebammen oder in ambulanten hebammengeleiteten Einrichtungen (§ 13 Abs. 1 Satz 1 Nr. 2 HebG). [2]Praxiseinsätze bei freiberuflichen Hebammen und in ambulanten hebammengeleiteten Einrichtungen können auch in weiteren zur berufspraktischen Ausbildung von Hebammen geeigneten Einrichtungen (§ 13 Abs. 1 Satz 2 HebG) stattfinden. [3]Umfang und Inhalt der Praxiseinsätze ergeben sich aus der Studien- und Prüfungsverordnung für Hebammen (HebStPrV).

(4) [1]Verantwortlich für die Durchführung des berufspraktischen Studienteils gegenüber den Studierenden einschließlich deren Organisation und Koordination bei mehreren an der berufspraktischen Ausbildung beteiligten Einrichtungen und Hebammen kann nur ein Krankenhaus sein, das Heb-

ammenstudierende berufspraktisch ausbildet und gemäß § 108 SGB V zur Versorgung zugelassen ist (§ 15 HebG). [2]Dieses Krankenhaus, das mit der/dem Studierenden den Studienvertrag (§ 3) abschließt, wird nachfolgend als verantwortliche Praxiseinrichtung bezeichnet.
(5) Das Studienentgelt und die sonstigen in diesem Tarifvertrag geregelten Entgeltbestandteile ergeben die Vergütung im Sinne des Hebammengesetzes.

§ 3 Studienvertrag, Nebenabreden

(1) Vor Beginn des dualen Hebammenstudiums ist ein schriftlicher Studienvertrag zwischen der/dem Studierenden und der verantwortlichen Praxiseinrichtung abzuschließen, der die Bezeichnung »duales Hebammenstudium« und mindestens folgende Angaben enthält:

a) den Beginn des Studiums,
b) den Praxisplan, der den Aufbau und die zeitliche und sachliche Gliederung der Praxiseinsätze enthält, auf dessen Grundlage der berufspraktische Teil des Studiums durchgeführt wird und der von der verantwortlichen Praxiseinrichtung für die/den Studierenden zu erstellen ist,
c) die Verpflichtung der/des Studierenden, an den anwesenheitspflichtigen hochschulischen Lehrveranstaltungen teilzunehmen,
d) die Dauer der regelmäßigen täglichen oder wöchentlichen berufspraktischen Ausbildungszeit,
e) die Zahlungsmodalitäten und die Höhe des Studienentgelts sowie, soweit sie von der verantwortlichen Praxiseinrichtung getragen werden, die Studiengebühren sowie den Umfang etwaiger Sachbezüge nach § 34 Abs. 2 HebG,
f) die dem Studium zugrundeliegende Studien- und Prüfungsverordnung, § 71 HebG in der jeweils geltenden Fassung sowie den Kooperationsvertrag mit der Hochschule,
g) die Dauer der Probezeit,
h) die Dauer und Inanspruchnahme des Urlaubs,
i) die Voraussetzungen, unter denen das Vertragsverhältnis gekündigt werden kann,
j) Bindungs- und Rückzahlungsbedingungen,
k) den Zeitpunkt, zu dem das Vertragsverhältnis endet,
l) den Hinweis auf die Möglichkeit der Vertragsverlängerung nach § 37 Abs. 2 HebG,
m) die Geltung dieses Tarifvertrages sowie einen in allgemeiner Form gehaltener Hinweis auf die dem Vertrag zugrundeliegenden tariflichen Bestimmungen, Betriebsvereinbarungen oder Dienstvereinbarungen, die auf das Studienverhältnis Anwendung finden,

n) ein in allgemeiner Form gehaltener Hinweis auf die Rechte als Arbeitnehmerin/Arbeitnehmer nach § 5 Betriebsverfassungsgesetz oder nach § 4 Bundespersonalvertretungsgesetz.

(2) Der Studienvertrag ist erst dann wirksam, wenn die/der Studierende der verantwortlichen Praxiseinrichtung eine Studienplatzzusage der Hochschule, mit der die verantwortliche Praxiseinrichtung eine Kooperationsvereinbarung abgeschlossen hat, in Textform vorlegt.

(3) [1]Nebenabreden sind nur wirksam, wenn sie schriftlich vereinbart werden. [2]Sie können gesondert gekündigt werden, soweit dies einzelvertraglich vereinbart ist.

(4) [1]Falls im Rahmen des Studienvertrages eine Vereinbarung über die Gewährung einer Personalunterkunft getroffen wird, ist dies in einer gesondert kündbaren Nebenabrede festzulegen. [2]Der Wert der Personalunterkunft wird im Tarifgebiet West nach dem Tarifvertrag über die Bewertung der Personalunterkünfte für Angestellte vom 16. März 1974 in der jeweils geltenden Fassung auf das Studienentgelt mit der Maßgabe angerechnet, dass der nach § 3 Abs. 1 Unterabs. 1 des genannten Tarifvertrages maßgebende Quadratmetersatz um 15 v. H. zu kürzen ist.

§ 4 Probezeit, Kündigung

(1) Die Probezeit beträgt sechs Monate.

(2) Während der Probezeit kann das Vertragsverhältnis von beiden Seiten jederzeit ohne Einhalten einer Kündigungsfrist gekündigt werden.

(3) Nach der Probezeit kann das Vertragsverhältnis unbeschadet der gesetzlichen Kündigungsgründe nur gekündigt werden

a) aus einem sonstigen wichtigen Grund ohne Einhalten einer Kündigungsfrist,
b) von den Studierenden mit einer Kündigungsfrist von vier Wochen zum Monatsende.

§ 5 Ärztliche Untersuchungen

(1) [1]Studierende haben auf Verlangen der verantwortlichen Praxiseinrichtung vor ihrer Einstellung ihre gesundheitliche Eignung durch das Zeugnis einer Betriebsärztin/eines Betriebsarztes, einer Personalärztin/eines Personalarztes oder einer Amtsärztin/eines Amtsarztes nachzuweisen, soweit sich die Betriebsparteien nicht auf eine andere Ärztin/einen anderen Arzt geeinigt haben. [2]Für Studierende, die unter das Jugendarbeitsschutzgesetz (JArbSchG) fallen, ist ergänzend § 32 Abs. 1 JArbSchG zu beachten.

(2) [1]Die verantwortliche Praxiseinrichtung ist bei begründeter Veranlassung berechtigt, Studierende zu verpflichten, durch ärztliche Bescheinigung nachzuweisen, dass sie in der Lage sind, die nach dem Studienvertrag übernom-

menen Verpflichtungen zu erfüllen. [2]Bei der von der verantwortlichen Praxiseinrichtung beauftragten Ärztin/dem beauftragten Arzt kann es sich um eine Betriebsärztin/einen Betriebsarzt, eine Personalärztin/einen Personalarzt oder eine Amtsärztin/einen Amtsarzt handeln, soweit sich die Betriebsparteien nicht auf eine andere Ärztin/einen anderen Arzt geeinigt haben. [3]Die Kosten dieser Untersuchung trägt die verantwortliche Praxiseinrichtung.
(3) Studierende, die besonderen Ansteckungsgefahren ausgesetzt oder mit gesundheitsgefährdenden Tätigkeiten beschäftigt sind, sind in regelmäßigen Zeitabständen zur ärztlichen Untersuchung verpflichtet.

§ 6 Schweigepflicht, Nebentätigkeiten, Schadenshaftung

(1) Studierende haben in demselben Umfang Verschwiegenheit zu wahren wie die Beschäftigten der verantwortlichen Praxiseinrichtung oder die Beschäftigten der weiteren Einrichtungen, bei denen Praxiseinsätze geleistet werden (§ 2 Abs. 3), und über Betriebsgeheimnisse Stillschweigen zu wahren.
(2) [1]Nebentätigkeiten gegen Entgelt haben Studierende ihrer verantwortlichen Praxiseinrichtung rechtzeitig vorher schriftlich anzuzeigen. [2]Die verantwortliche Praxiseinrichtung kann die Nebentätigkeit untersagen oder mit Auflagen versehen, wenn diese geeignet ist, die nach dem Studienvertrag übernommenen Verpflichtungen der Studierenden oder berechtigte Interessen der verantwortlichen Praxiseinrichtung zu beeinträchtigen.
(3) Für die Schadenshaftung der Studierenden finden die für die Beschäftigten der verantwortlichen Praxiseinrichtung geltenden tariflichen Bestimmungen entsprechende Anwendung.

§ 7 Nachweispflichten, Akteneinsichtsrecht

(1) [1]Die Leistungsnachweise des dualen Hebammenstudiums sind Bestandteil der Personalakte der Studierenden. [2]Hierzu haben die Studierenden die von den Hochschulen auszustellenden Leistungsübersichten nach den jeweiligen Studien- und Prüfungsordnungen sowie eine Abschrift des Abschlusszeugnisses unverzüglich nach Aushändigung der verantwortlichen Praxiseinrichtung vorzulegen.
(2) [1]Die Studierenden haben ein Recht auf Einsicht in ihre vollständigen Personalakten. [2]Sie können das Recht auf Einsicht durch einen hierzu schriftlich Bevollmächtigten ausüben lassen. [3]Sie können Auszüge oder Kopien aus ihren Personalakten erhalten.
(3) Beurteilungen sind Studierenden unverzüglich bekannt zu geben. [2]Die Bekanntgabe ist aktenkundig zu machen.

§ 8 Wöchentliche und tägliche Studienzeit

(1) Die regelmäßige durchschnittliche wöchentliche Studienzeit und die tägliche Studienzeit der Studierenden während des hochschulischen Studienteils richten sich nach dem Studienplan sowie der jeweiligen Studien- und Prüfungsordnung.
(2) [1]Die vereinbarte regelmäßige tägliche oder wöchentliche Studienzeit (berufspraktische Ausbildungszeit im Sinne des Hebammengesetzes) der Studierenden, die nicht unter das JArbSchG fallen, während des berufspraktischen Studienteils bei der verantwortlichen Praxiseinrichtung richtet sich nach den für die Beschäftigten der verantwortlichen Praxiseinrichtung maßgebenden Vorschriften über die Arbeitszeit. [2]Gleiches gilt bei der Durchführung des berufspraktischen Studienteils bei einer anderen Einrichtung. [3]In dem Studienvertrag nach § 3 werden die berufspraktischen Studienteile (berufspraktische Ausbildungszeit im Sinne des Hebammengesetzes) verbindlich in einem Praxisplan vereinbart.
(3) An Tagen, an denen Studierende hochschulische Lehrveranstaltungen an der Hochschule absolvieren, gilt die berufspraktische Studienzeit (berufspraktische Ausbildungszeit im Sinne des Hebammengesetzes) als erfüllt.
(4) Studierende dürfen im Rahmen und zu Zwecken des dualen Hebammenstudiums während der berufspraktischen Studienteile auch an Sonntagen und Wochenfeiertagen und in der Nacht ausgebildet werden, sofern die hochschulrechtlichen Bestimmungen dies nicht ausschließen.
(5) [1]Eine Beschäftigung, die über die nach Absatz 2 geregelte Ausbildungszeit hinausgeht, ist nur ausnahmsweise zulässig. [2]§§ 21, 23 JArbSchG bleiben unberührt.

§ 9 Studienentgelt, Studiengebühren

(1) Die Studierenden erhalten für die Dauer des Studienvertragsverhältnisses ein monatliches Studienentgelt in Höhe von

bis zum 31. März 2025	ab 1. April 2025	ab dem 1. Mai 2026
1665,00 Euro	1740,00 Euro	1815,00 Euro.

(2) Das Studienentgelt ist steuer-, sozialversicherungs- und zusatzversorgungspflichtiges Entgelt und wird bei seiner Berechnung und Auszahlung sowie der Bemessung anderer Entgeltleistungen wie Ausbildungsentgelt behandelt.
(3) Das Studienentgelt ist zu demselben Zeitpunkt fällig wie das den Beschäftigten der verantwortlichen Praxiseinrichtung gezahlte Entgelt.
(4) Die verantwortliche Praxiseinrichtung und die Studierenden können die Übernahme der Studiengebühren vereinbaren.

§ 10 Unständige Entgeltbestandteile

(1) [1]Für Studierende, deren berufspraktische Studienabschnitte an Samstagen, Sonntagen, Feiertagen und Vorfesttagen stattfinden, gelten die für die Beschäftigten der verantwortlichen Praxiseinrichtung geltenden Regelungen sinngemäß. [2]Dies gilt auch für den Bereitschaftsdienst und die Rufbereitschaft, für die Überstunden und für die Zeitzuschläge.
(2) [1]Der Zeitzuschlag für Nachtarbeit beträgt mindestens 1,28 Euro pro Stunde. [2]Die Studierenden erhalten unter denselben Voraussetzungen wie die bei der verantwortlichen Praxiseinrichtung Beschäftigten im Sinne des § 38 Abs. 5 Satz 1 Tarifvertrag für den öffentlichen Dienst (TVöD) 75 v. H. der Zulagenbeträge gemäß § 8 Abs. 5 und 6 TVöD.

§ 11 Sonstige Entgeltregelungen

Soweit Beschäftigten einer verantwortlichen Praxiseinrichtung im Sinne von § 38 Abs. 5 Satz 1 TVöD gemäß der Protokollerklärung Nr. 1 zu Teil B Abschnitt XI Ziffer 1 der Anlage 1 – Entgeltordnung (VKA) zum TVöD oder gemäß § 19 Abs. 5 Satz 2 TVöD bzw. § 23 Abs. 1 TVÜ-VKA in Verbindung mit § 33 Abs. 1 Buchst. c) und Abs. 6 BAT/BAT-O eine Zulage zusteht, erhalten Studierende unter denselben Voraussetzungen 50 v. H. des entsprechenden Zulagenbetrages.

Protokollerklärung:
Für den Anspruch der Studierenden auf eine Zulage ist es unbeachtlich, wenn den Beschäftigten der verantwortlichen Praxiseinrichtung aufgrund der Protokollerklärung Nr. 5 des Teil B Abschnitt XI Ziffer 1 (Beschäftigte in der Pflege) der Anlage 1 zum TVöD – Entgeltordnung (VKA), der Protokollerklärung zu § 29a Abs. 4 TVÜ-VKA oder § 29d Abs. 2 TVÜ-VKA keine Zulage oder eine Zulage in verminderter Höhe zusteht.

§ 12 Urlaub

(1) Studierende erhalten Erholungsurlaub unter Fortzahlung ihres Studienentgelts in entsprechender Anwendung der für die Beschäftigten der verantwortlichen Praxiseinrichtung geltenden Regelungen mit der Maßgabe, dass der Urlaubsanspruch bei Verteilung der wöchentlichen Ausbildungszeit auf fünf Tage in der Kalenderwoche in jedem Kalenderjahr *30 Ausbildungstage** beträgt.
(2) Der Erholungsurlaub ist in der vorlesungs- und unterrichtsfreien Zeit in Anspruch zu nehmen.

---

* Zum 1. Januar 2027 wird die Angabe »30 Ausbildungstage« durch die Angabe »31 Ausbildungstage« ersetzt.

(3) [1]Studierende, die im Schichtdienst eingesetzt werden, erhalten ab dem zweiten Jahr des Studiums jeweils einen Tag Zusatzurlaub. [2]Absatz 2 gilt entsprechend.

§ 13 Studienmaßnahmen außerhalb der verantwortlichen Praxiseinrichtung

(1) Bei Dienstreisen, die im Rahmen des berufspraktischen Studienteils erfolgen, erhalten die Studierenden eine Entschädigung in analoger Anwendung der Reisekostenbestimmungen, die für die Beschäftigten der verantwortlichen Praxiseinrichtung jeweils gelten.
(2) [1]Bei Reisen von Studierenden zur vorübergehenden Ausbildung an einer anderen Einrichtung außerhalb der politischen Gemeindegrenze der verantwortlichen Praxiseinrichtung sowie zur Teilnahme an Vorträgen, an Arbeitsgemeinschaften oder an Übungen werden die entstandenen notwendigen Fahrtkosten bis zur Höhe der Kosten für die Fahrkarte der jeweils niedrigsten Klasse des billigsten regelmäßig verkehrenden Beförderungsmittels (im Bahnverkehr ohne Zuschläge) erstattet; Möglichkeiten zur Erlangung von Fahrpreisermäßigungen (z. B. Monatsfahrkarten, BahnCard, Semesterticket) sind auszunutzen. [2]Bei Reisen zur vorübergehenden Ausbildung an einer anderen Einrichtung außerhalb der politischen Gemeindegrenzen der verantwortlichen Praxiseinrichtung nach Satz 1 wird bei notwendiger Unterbringung am auswärtigen Ausbildungsort für volle Kalendertage der Anwesenheit sowie für den An- und Abreisetag ein Verpflegungszuschuss gewährt, dessen Höhe sich in analoger Anwendung der für die Beschäftigten des Ausbildenden geltenden Reisekostenbestimmungen in der jeweiligen Fassung bemisst. [3]Bei unentgeltlicher Verpflegung wird der jeweilige Verpflegungszuschuss entsprechend einbehalten. [4]Bei einer über ein Wochenende oder einen Feiertag hinaus andauernden Ausbildungsmaßnahme werden die dadurch entstandenen Mehrkosten für den Verpflegungsmehraufwand nach Maßgabe der Sätze 2 und 3 erstattet.

Protokollerklärung zu Absatz 2 Sätze 2 bis 4:
Die Sätze 2 bis 4 gelten nicht für Reisen im Rahmen des hochschulischen Studienteils, die Bestandteil von Studien- und Prüfungsordnungen sind, wenn die Hochschule außerhalb der politischen Gemeindegrenze der verantwortlichen Praxiseinrichtung liegt.

§ 14 Familienheimfahrten

(1) [1]Für Familienheimfahrten vom von der verantwortlichen Praxiseinrichtung veranlassten Einsatzort oder vom Ort der auswärtigen Hochschule, zum Wohnort der Eltern, der Erziehungsberechtigten oder der Ehegattin/

des Ehegatten oder der Lebenspartnerin/des Lebenspartners werden den Studierenden monatlich einmal die im Bundesgebiet entstandenen notwendigen Fahrtkosten bis zur Höhe der Kosten der Fahrkarte der jeweils niedrigsten Klasse des billigsten regelmäßig verkehrenden Beförderungsmittels (im Bahnverkehr ohne Zuschläge) erstattet; Möglichkeiten zur Erlangung von Fahrpreisermäßigungen (z. B. Monatsfahrkarten, Semesterticket, BahnCard) sind auszunutzen. [2]Zuschläge im Bahnverkehr bzw. besondere Fahrpreise (z. B. für ICE) können erstattet werden, wenn die Entfernung mehr als 300km beträgt. [3]Die Sätze 1 und 2 gelten nicht, wenn aufgrund geringer Entfernung eine tägliche Rückkehr möglich und zumutbar ist oder der Aufenthalt am jeweiligen Ort der Ausbildungsstätte oder der auswärtigen Hochschule weniger als vier Wochen beträgt.

(2) Soweit in der verantwortlichen Praxiseinrichtung günstigere Regelungen zur pauschalen Abgeltung etwaig entstehender Kosten für Familienheimfahrten gemäß Absatz 1 bestehen, gehen diese vor und schließen eine Erstattung nach Absatz 1 aus.

§ 15 Schutzkleidung, Arbeitsmittel

(1) [1]Studierende erhalten Schutzkleidung nach den Bestimmungen, die für die entsprechenden Beschäftigten der verantwortlichen Praxiseinrichtung maßgebend sind. [2]Diese wird unentgeltlich zur Verfügung gestellt, soweit das Tragen von Schutzkleidung gesetzlich vorgeschrieben oder angeordnet ist. [3]Die Schutzkleidung bleibt Eigentum der verantwortlichen Praxiseinrichtung.

(2) Die verantwortliche Praxiseinrichtung hat den Studierenden unentgeltlich Fachbücher, Instrumente und Apparate zur Verfügung zu stellen, die für die Absolvierung des berufspraktischen Teils des Studiums und für das Ablegen der staatlichen Prüfung erforderlich sind.

§ 16 Entgelt im Krankheitsfall

(1) Werden Studierende durch Arbeitsunfähigkeit infolge Krankheit ohne ihr Verschulden verhindert, ihre Verpflichtungen aus dem Studienvertrag zu erfüllen, erhalten sie für die Zeit der Arbeitsunfähigkeit für die Dauer von bis zu sechs Wochen sowie nach Maßgabe der gesetzlichen Bestimmungen bei Wiederholungserkrankungen das Studienentgelt (§ 9) in entsprechender Anwendung der für die Beschäftigten der verantwortlichen Praxiseinrichtung geltenden Regelungen fortgezahlt.

(2) Im Übrigen gilt das Entgeltfortzahlungsgesetz.

(3) Bei der jeweils ersten Arbeitsunfähigkeit, die durch einen bei der verantwortlichen Praxiseinrichtung oder einer Praxiseinrichtung, in der Praxiseinsätze stattfinden (§ 2 Abs. 3), erlittenen Arbeitsunfall oder durch eine bei den zuvor genannten Praxiseinrichtungen zugezogene Berufskrankheit ver-

ursacht ist, erhalten Studierende nach Ablauf des nach Absatz 1 maßgebenden Zeitraums bis zum Ende der 26. Woche seit dem Beginn der Arbeitsunfähigkeit einen Krankengeldzuschuss in Höhe des Unterschiedsbetrages zwischen dem Bruttokrankengeld und dem sich nach Absatz 1 ergebenden Nettostudienentgelt, wenn der zuständige Unfallversicherungsträger den Arbeitsunfall oder die Berufskrankheit anerkennt.

§ 17 Entgeltfortzahlung in sonstigen Fällen

Die für die Beschäftigten der verantwortlichen Praxiseinrichtung maßgebenden Regelungen zur Arbeitsbefreiung gelten entsprechend.

§ 18 Vermögenswirksame Leistungen

(1) [1]Nach Maßgabe des Vermögensbildungsgesetzes in seiner jeweiligen Fassung erhalten Studierende eine vermögenswirksame Leistung in Höhe von 13,29 Euro monatlich. [2]Der Anspruch auf vermögenswirksame Leistungen entsteht frühestens für den Kalendermonat, in welchem der verantwortlichen Praxiseinrichtung die erforderlichen Angaben mitgeteilt werden, und für die beiden vorangegangenen Monate desselben Kalenderjahres.
(2) Die vermögenswirksamen Leistungen sind kein zusatzversorgungspflichtiges Entgelt.

§ 19 Jahressonderzahlung

(1) Studierende, die am 1. Dezember in einem Studienverhältnis stehen, haben Anspruch auf eine Jahressonderzahlung von 90 v. H. des den Studierenden für November zustehenden Studienentgelts (§ 9).
(2) [1]Der Anspruch ermäßigt sich um ein Zwölftel für jeden Kalendermonat, in dem Studierende keinen Anspruch auf Studienentgelt (§ 9), Fortzahlung des Entgelts während des Erholungsurlaubs (§ 12) oder im Krankheitsfall (§ 16) haben. [2]Die Verminderung unterbleibt für Kalendermonate, für die Studierende wegen Beschäftigungsverboten nach dem Mutterschutzgesetz kein Studienentgelt erhalten haben. [3]Die Verminderung unterbleibt ferner für Kalendermonate der Inanspruchnahme der Elternzeit nach dem Bundeselterngeld- und Elternzeitgesetz bis zum Ende des Kalenderjahres, in dem das Kind geboren ist, wenn am Tag vor Antritt der Elternzeit Entgeltanspruch bestanden hat.
(3) [1]Die Jahressonderzahlung wird mit dem für November zustehenden Studienentgelt ausgezahlt. [2]Ein Teilbetrag der Jahressonderzahlung kann zu einem früheren Zeitpunkt ausgezahlt werden.
(4) Studierende, die im unmittelbaren Anschluss an das duale Hebammenstudium von der verantwortlichen Praxiseinrichtung in ein Beschäftigungs-

verhältnis übernommen werden und Anspruch auf eine Jahressonderzahlung nach §§ 20, 21 TVöD haben, erhalten einmalig zusammen mit der anteiligen Jahressonderzahlung aus dem Beschäftigungsverhältnis die anteilige Jahressonderzahlung aus dem Studienverhältnis.

§ 20 Zusätzliche Altersversorgung

[1]Die Studierenden haben Anspruch auf eine zusätzliche Alters- und Hinterbliebenen-versorgung unter Eigenbeteiligung. [2]Einzelheiten bestimmen die Tarifverträge über die betriebliche Altersversorgung der Beschäftigten des öffentlichen Dienstes (Tarifvertrag Altersversorgung – ATV – und der Altersvorsorge-TV-Kommunal – ATV-K) in den jeweils geltenden Fassungen.

§ 21 Beendigung und Verlängerung des dualen Hebammenstudiums

(1) [1]Das Vertragsverhältnis endet mit Ablauf des letzten im akkreditierten Konzept des Studiengangs festgelegten Semesters. [2]Der Zeitpunkt der Beendigung ist unabhängig vom Zeitpunkt der staatlichen Prüfung.

(2) Das Vertragsverhältnis endet zudem:

a) bei wirksamer Kündigung,

b) bei Exmatrikulation durch die Hochschule nach der jeweiligen Studien- und Prüfungsordnung.

(3) Besteht die/der Studierende die staatliche Prüfung nicht oder kann die staatliche Prüfung ohne eigenes Verschulden nicht vor Ablauf des letzten Studiensemesters abgelegt werden, so verlängert sich das Vertragsverhältnis auf schriftlichen Antrag gegenüber der verantwortlichen Praxiseinrichtung bis zur nächstmöglichen Wiederholungsprüfung, höchstens jedoch um ein Jahr.

§ 21a Übernahme von Studierenden

(1) [1]Studierende, die ihr Studium mindestens mit der Gesamtnote »Befriedigend« abgeschlossen haben, werden bei dienstlichem bzw. betrieblichem Bedarf im unmittelbaren Anschluss an das Studium in ein unbefristetes Arbeitsverhältnis übernommen, sofern nicht im Einzelfall personenbedingte, verhaltensbedingte, betriebsbedingte oder gesetzliche Gründe entgegenstehen. [2]Für eine Übernahme bei Arbeitgebern, in deren Aufgabenbereichen auch hoheitliche Tätigkeiten wahrgenommen werden, müssen sich die Studierenden durch ihr gesamtes Verhalten zur freiheitlich demokratischen Grundordnung im Sinne des Grundgesetzes bekennen.

(2) [1]Der dienstliche bzw. betriebliche Bedarf nach Absatz 1 Satz 1 muss zum Zeitpunkt der Beendigung des Studiums vorliegen und setzt zudem eine freie und besetzbare Stelle bzw. einen freien und zu besetzenden Arbeitsplatz bei der verantwortlichen Praxiseinrichtung voraus, die/der eine dem Studium

adäquate Beschäftigung auf Dauer ermöglicht. [2]Bei einer Auswahlentscheidung sind die jeweiligen Abschlussergebnisse und die persönliche Eignung zu berücksichtigen. [3]Bestehende Mitbestimmungsrechte bleiben unberührt.

Protokollerklärung zu § 21a:
Besteht kein dienstlicher bzw. betrieblicher Bedarf für eine unbefristete Beschäftigung, ist eine befristete Beschäftigung außerhalb von § 21a möglich.

§ 22 Rückzahlungsgrundsätze

(1) Werden die Studierenden von der verantwortlichen Praxiseinrichtung nach Beendigung ihres dualen Hebammenstudiums in ein Beschäftigungsverhältnis entsprechend ihrer erworbenen Abschlussqualifikation übernommen, sind die ehemals Studierenden, sofern ihre Studiengebühren aufgrund einer Vereinbarung gemäß § 9 Abs. 4 von der verantwortlichen Praxiseinrichtung übernommen wurden, verpflichtet, dort für die Dauer von zwölf Monaten beruflich tätig zu sein.

(2) Die von der verantwortlichen Praxiseinrichtung bis zur Beendigung oder Abbruch des Studiums aufgrund einer Vereinbarung gemäß § 9 Abs. 4 übernommenen Studiengebühren sind von den Studierenden oder den ehemals Studierenden zurückzuerstatten:

a) bei endgültigem Nichtbestehen einer notwendigen Studienprüfung, wenn die Erfolglosigkeit in den Verantwortungsbereich der Studierenden fällt, weil sie es schuldhaft unterlassen haben, den erfolgreichen Abschluss des Studiums im Rahmen des ihnen Möglichen zielstrebig zu verfolgen,
b) bei Beendigung des Vertragsverhältnisses durch Kündigung durch die verantwortliche Praxiseinrichtung aus einem von den Studierenden zu vertretenden Grund oder durch eine Eigenkündigung der Studierenden nach der Probezeit, die nicht durch einen wichtigen Grund gem. § 626 BGB gerechtfertigt ist,
c) bei Ablehnung des Angebots, bei der verantwortlichen Praxiseinrichtung im Anschluss an das erfolgreich bestandene duale Hebammenstudium entsprechend der erworbenen Abschlussqualifikation ein Beschäftigungsverhältnis zu begründen,
d) soweit das Beschäftigungsverhältnis, das bei der verantwortlichen Praxiseinrichtung im Anschluss an das erfolgreich bestandene duale Hebammenstudium entsprechend der erworbenen Abschlussqualifikation begründet wurde, aus einem von den ehemals Studierenden zu vertretenden Grund innerhalb der ersten zwölf Monate seines Bestehens endet.

(3) Sofern berufspraktische Studienabschnitte bei der verantwortlichen Praxiseinrichtung absolviert wurden, verringert sich der Rückzahlungsbetrag auf 75 v. H. des Gesamtbetrages nach Absatz 2.

(4) Der zurückzuerstattende Gesamtbetrag nach Absatz 3 wird für jeden vollen Monat, in dem nach Beendigung des dualen Hebammenstudiums ein Beschäftigungsverhältnis nach Absatz 1 bestand, um 1/12 vermindert.
(5) Von den Regelungen der Absätze 1 bis 4 kann einzelvertraglich ganz oder teilweise abgesehen werden.

§ 23 Ausschlussfrist

Ansprüche aus dem Studienvertrag verfallen, wenn sie nicht innerhalb einer Ausschlussfrist von sechs Monaten nach Fälligkeit von den Studierenden oder von der verantwortlichen Praxiseinrichtung in Textform geltend gemacht werden.

§ 24 Inkrafttreten und Laufzeit

(1) Dieser Tarifvertrag tritt mit Wirkung vom 1. Januar 2022 in Kraft.
(2) Dieser Tarifvertrag kann mit einer Frist von drei Monaten zum Ende eines Kalenderhalbjahres schriftlich gekündigt werden, frühestens jedoch zum 31. Dezember 2023.
(3) Abweichend von Absatz 2 können ferner
a) § 9 Abs. 1 mit einer Frist von einem Monat zum Ende eines Kalendermonats, frühestens jedoch zum 31. März 2027; eine Kündigung nach Absatz 2 erfasst nicht den § 9 Abs. 1,
b) § 19 zum 31. Dezember eines jeden Jahres

gesondert schriftlich gekündigt werden.*
(4) § 21a tritt mit Ablauf des 31. März 2027 außer Kraft.

---

* Ab 1. Januar 2027 lautet § 24 Abs. 3:
»(3) Abweichend von Absatz 2 können schriftlich gekündigt werden
a) § 9 Abs. 1 mit einer Frist von einem Monat zum Ende eines Kalendermonats, frühestens jedoch zum 31. März 2027; eine Kündigung nach Absatz 2 erfasst nicht den § 9 Abs. 1,
b) § 19 zum 31. Dezember eines jeden Jahres,
c) § 12 Abs. 1 mit einer Frist von drei Monaten zum Schluss eines Kalenderjahres,
d) im Falle der Kündigung gemäß § 39 Abs. 4 Buchst. j des Tarifvertrages für den öffentlichen Dienst (TVöD) § 12 Abs. 1 mit einer Frist von drei Monaten zum Schluss des maßgeblichen Kalenderjahres.

Protokollerklärung zu Buchstabe d:
Im Falle der Kündigung gemäß Buchstabe d gilt ab deren Wirksamwerden § 12 Abs. 1 in folgender Fassung: »Studierende erhalten Erholungsurlaub unter Fortzahlung ihres Studienentgelts in entsprechender Anwendung der für die Beschäftigten der verantwortlichen Praxiseinrichtung geltenden Regelungen mit der Maßgabe, dass der Urlaubsanspruch bei Verteilung der wöchentlichen Ausbildungszeit auf fünf Tage in der Kalenderwoche in jedem Kalenderjahr 30 Ausbildungstage beträgt.«

I. Tarifvertrag für Praktikantinnen/ Praktikanten des öffentlichen Dienstes (TVPöD)

vom 27. Oktober 2009 in der Fassung des Änderungstarifvertrages Nr. 11 vom 6. April 2025

§ 1 Geltungsbereich

(1) Dieser Tarifvertrag gilt für Praktikantinnen/Praktikanten für den Beruf

a) der Sozialarbeiterin/des Sozialarbeiters, der Sozialpädagogin/des Sozialpädagogen und der Heilpädagogin/des Heilpädagogen während der praktischen Tätigkeit, die nach Abschluss des Fachhochschulstudiums der staatlichen Anerkennung als Sozialarbeiter/in, Sozialpädagogin/ Sozialpädagoge oder Heilpädagogin/Heilpädagoge vorauszugehen hat,

b) der pharmazeutisch-technischen Assistentin/des pharmazeutisch-technischen Assistenten während der praktischen Tätigkeit nach § 6 des Gesetzes über den Beruf des pharmazeutisch-technischen Assistenten in der Neufassung vom 23. September 1997 (BGBl. I S. 2349),

c) der Erzieherin/des Erziehers und der Kinderpflegerin/des Kinderpflegers während der praktischen Tätigkeit, die nach den geltenden Ausbildungsordnungen der staatlichen Anerkennung als Erzieherin/ Erzieher oder Kinderpflegerin/Kinderpfleger vorauszugehen hat,

d) der Masseurin und medizinischen Bademeisterin/des Masseurs und medizinischen Bademeisters während der praktischen Tätigkeit nach § 7 des Gesetzes über die Berufe in der Physiotherapie (Masseur- und Physiotherapiegesetz) vom 26. Mai 1994 (BGBl. I S. 1084),

e) der Rettungsassistentin/des Rettungsassistenten während der praktischen Tätigkeit nach § 7 des Gesetzes über den Beruf der Rettungsassistentin und des Rettungsassistenten (Rettungsassistentengesetz) vom 10. Juli 1989 (BGBl. I S. 1384),

die in einem Praktikantenverhältnis zu einem Arbeitgeber stehen, dessen Beschäftigte unter den Geltungsbereich des TVöD fallen.

(2) Dieser Tarifvertrag gilt nicht für Praktikantinnen/Praktikanten, deren praktische Tätigkeit in die schulische Ausbildung oder die Hochschulausbildung integriert ist.

§ 2 Praktikantenvertrag, Nebenabreden

(1) Vor Beginn des Praktikantenverhältnisses ist ein schriftlicher Praktikantenvertrag zu schließen.
(2) [1]Nebenabreden sind nur wirksam, wenn sie schriftlich vereinbart werden. [2]Sie können gesondert gekündigt werden, soweit dies einzelvertraglich vereinbart ist.

§ 3 Probezeit

(1) Die Probezeit beträgt drei Monate.
(2) Während der Probezeit kann das Praktikantenverhältnis von beiden Seiten jederzeit ohne Einhalten einer Kündigungsfrist gekündigt werden.

§ 4 Ärztliche Untersuchungen

(1) [1]Der Arbeitgeber ist bei begründeter Veranlassung berechtigt, Praktikantinnen/Praktikanten zu verpflichten, durch ärztliche Bescheinigung nachzuweisen, dass sie in der Lage sind, die nach § 1 Abs. 1 erforderliche praktische Tätigkeit auszuüben. [2]Bei der beauftragten Ärztin/dem beauftragten Arzt kann es sich um eine Betriebsärztin/einen Betriebsarzt, eine Personalärztin/einen Personalarzt oder eine Amtsärztin/einen Amtsarzt handeln, soweit sich die Betriebsparteien nicht auf eine andere Ärztin/einen anderen Arzt geeinigt haben. [3]Die Kosten dieser Untersuchung trägt der Arbeitgeber.
(2) Praktikantinnen/Praktikanten, die besonderen Ansteckungsgefahren ausgesetzt, mit gesundheitsgefährdenden Tätigkeiten beschäftigt oder mit der Zubereitung von Speisen beauftragt sind, sind auf ihren Antrag bei Beendigung des Praktikantenverhältnisses ärztlich zu untersuchen.

§ 5 Schweigepflicht, Nebentätigkeiten, Haftung, Schutzkleidung

(1) Praktikantinnen/Praktikanten haben in demselben Umfang Verschwiegenheit zu wahren wie die Beschäftigten des Arbeitgebers.
(2) [1]Nebentätigkeiten gegen Entgelt haben Praktikantinnen/Praktikanten ihrem Arbeitgeber rechtzeitig vorher schriftlich anzuzeigen. [2]Der Arbeitgeber kann die Nebentätigkeit untersagen oder mit Auflagen versehen, wenn diese geeignet ist, die nach § 1 Abs. 1 erforderliche praktische Tätigkeit der Praktikantinnen/Praktikanten oder berechtigte Interessen des Arbeitgebers zu beeinträchtigen.
(3) Für die Schadenshaftung der Praktikantinnen/Praktikanten finden die für die Beschäftigten des Arbeitgebers geltenden Bestimmungen des TVöD entsprechende Anwendung.

(4) Soweit das Tragen von Schutzkleidung gesetzlich vorgeschrieben oder angeordnet ist, wird sie unentgeltlich zur Verfügung gestellt und bleibt Eigentum des Arbeitgebers.

§ 6 Personalakten

[1]Die Praktikantinnen/Praktikanten haben ein Recht auf Einsicht in ihre vollständigen Personalakten. [2]Sie können das Recht auf Einsicht durch eine/n hierzu schriftlich Bevollmächtigte/n ausüben lassen. [3]Sie können Auszüge oder Kopien aus ihren Personalakten erhalten.

§ 7 Wöchentliche und tägliche Arbeitszeit

Die durchschnittliche regelmäßige wöchentliche Arbeitszeit und die tägliche Arbeitszeit der Praktikantinnen/Praktikanten richten sich nach den Bestimmungen, die für die Arbeitszeit der bei dem Arbeitgeber in dem künftigen Beruf der Praktikantinnen/Praktikanten Beschäftigten gelten; § 44 Abs. 1 Satz 3 BT-K bleibt unberührt.

§ 8 Entgelt

(1) Das monatliche Entgelt beträgt für Praktikantinnen/Praktikanten für den Beruf
der Sozialarbeiterin/des Sozialarbeiters, der Sozialpädagogin/des Sozialpädagogen, der Heilpädagogin/des Heilpädagogen

bis 31. März 2025	ab 1. April 2025	ab 1. Mai 2026
2026,21 Euro	2101,21 Euro	2176,21 Euro

der pharmazeutisch-technischen Assistentin/des pharmazeutisch-technischen Assistenten, der Erzieherin/des Erziehers

bis 31. März 2025	ab 1. April 2025	ab 1. Mai 2026
1802,02 Euro	1877,02 Euro	1952,02 Euro

der Kinderpflegerin/des Kinderpflegers, der Masseurin und medizinischen Bademeisterin/des Masseurs und medizinischen Bademeisters

bis 31. März 2025	ab 1. April 2025	ab 1. Mai 2026
1745,36 Euro	1820,36 Euro	1895,36 Euro.

(2) Das Entgelt nach Absatz 1 ist zu demselben Zeitpunkt fällig wie das den Beschäftigten des Arbeitgebers gezahlte Entgelt.

§ 9 Sonstige Entgeltregelungen

(1) [1]Für die praktische Tätigkeit an Samstagen, Sonntagen, Feiertagen und Vorfesttagen, für den Bereitschaftsdienst und die Rufbereitschaft, für die Überstunden und für die Zeitzuschläge gelten die für die Beschäftigten des Arbeitgebers geltenden Regelungen sinngemäß. [2]Der Zeitzuschlag für Nachtarbeit beträgt mindestens 1,28 Euro pro Stunde.
(2) Soweit Beschäftigten im Sinne von § 38 Abs. 5 Satz 1 TVöD gemäß § 19 Abs. 5 Satz 2 TVöD bzw. § 23 Abs. 1 TVÜ-VKA in Verbindung mit § 33 Abs. 1 Buchst. c und Abs. 6 BAT/BAT-O eine Zulage zusteht, erhalten Praktikantinnen und Praktikanten unter denselben Voraussetzungen die entsprechende Zulage in voller Höhe.
(3) Soweit Beschäftigten, die im Heimerziehungsdienst tätig sind, eine Zulage nach Teil B Abschnitt XXIV der Anlage 1 – Entgeltordnung (VKA) zum TVöD zusteht, erhalten Praktikantinnen und Praktikanten unter denselben Voraussetzungen die entsprechende Zulage in voller Höhe.
(4) Soweit Beschäftigten gemäß § 8 Abs. 5 bzw. 6 TVöD eine Wechselschicht- bzw. Schichtzulage zusteht, erhalten Praktikantinnen und Praktikanten unter denselben Voraussetzungen 75 v. H. des entsprechenden Zulagenbetrags.
(5) [1]Falls im Bereich der Mitgliedverbände der VKA im Rahmen des Praktikantenvertrages eine Vereinbarung über die Gewährung einer Personalunterkunft getroffen wird, ist dies in einer gesondert kündbaren Nebenabrede (§ 2 Abs. 2) festzulegen. [2]Der Wert der Personalunterkunft wird im Bereich der Mitgliedverbände der VKA im Tarifgebiet West nach dem Tarifvertrag über die Bewertung der Personalunterkünfte für Angestellte vom 16. März 1974 in der jeweils geltenden Fassung für das Entgelt (§ 8) mit der Maßgabe angerechnet, dass der nach § 3 Abs. 1 Unterabs. 1 des genannten Tarifvertrages maßgebende Quadratmetersatz um 15 v. H. zu kürzen ist.

§ 10 Urlaub

Praktikantinnen/Praktikanten erhalten Erholungsurlaub unter Fortzahlung ihres Entgelts (§ 8 Abs. 1) in entsprechender Anwendung der für die Beschäftigten des Arbeitgebers geltenden Regelungen mit der Maßgabe, dass der Urlaubsanspruch bei Verteilung der wöchentlichen Arbeitszeit auf fünf Tage in der Kalenderwoche in jedem Kalenderjahr *30 Arbeitstage** beträgt.

---

* Zum 1. Januar 2027 wird die Angabe »30 Arbeitstage« durch die Angabe »31 Arbeitstage« ersetzt.

§ 11 Entgelt im Krankheitsfall

(1) Werden Praktikantinnen/Praktikanten durch Arbeitsunfähigkeit infolge Krankheit ohne ihr Verschulden verhindert, die nach § 1 Abs. 1 erforderliche praktische Tätigkeit auszuüben, erhalten sie für die Zeit der Arbeitsunfähigkeit für die Dauer von bis zu sechs Wochen sowie nach Maßgabe der gesetzlichen Bestimmungen bei Wiederholungserkrankungen das Entgelt (§ 8 Abs. 1) in entsprechender Anwendung der für die Beschäftigten des Arbeitgebers geltenden Regelungen fortgezahlt.
(2) Im Übrigen gilt das Entgeltfortzahlungsgesetz.
(3) Bei der jeweils ersten Arbeitsunfähigkeit, die durch einen bei dem Arbeitgeber erlittenen Arbeitsunfall oder durch eine bei dem Arbeitgeber zugezogene Berufskrankheit verursacht ist, erhält die Praktikantin/der Praktikant nach Ablauf des nach Absatz 1 maßgebenden Zeitraums bis zum Ende der 26. Woche seit dem Beginn der Arbeitsunfähigkeit einen Krankengeldzuschuss in Höhe des Unterschiedsbetrages zwischen dem Bruttokrankengeld und dem sich nach Absatz 1 ergebenden Nettoentgelt, wenn der zuständige Unfallversicherungsträger den Arbeitsunfall oder die Berufskrankheit anerkennt.

§ 12 Entgeltfortzahlung in anderen Fällen

Praktikantinnen/Praktikanten haben Anspruch auf Arbeitsbefreiung unter Fortzahlung ihres Entgelts (§ 8 Abs. 1) unter denselben Voraussetzungen wie die Beschäftigten des Arbeitgebers.

§ 13 Vermögenswirksame Leistungen

[1]Nach Maßgabe des Vermögensbildungsgesetzes in seiner jeweiligen Fassung erhalten Praktikantinnen/Praktikanten eine vermögenswirksame Leistung in Höhe von 13,29 Euro monatlich. [2]Der Anspruch auf vermögenswirksame Leistungen entsteht frühestens für den Kalendermonat, in dem dem Arbeitgeber die erforderlichen Angaben mitgeteilt werden, und für die beiden vorangegangenen Monate desselben Kalenderjahres.

§ 14 Jahressonderzahlung

(1) [1]Praktikantinnen/Praktikanten, die am 1. Dezember in einem Praktikantenverhältnis stehen, haben Anspruch auf eine Jahressonderzahlung. [2]Die Jahressonderzahlung beträgt 82,14 v. H. des den Praktikantinnen und Praktikanten für November zustehenden Entgelts (§ 8 Abs. 1).
(2) [1]Der Anspruch ermäßigt sich um ein Zwölftel für jeden Kalendermonat, in dem Praktikantinnen/Praktikanten keinen Anspruch auf Entgelt

(§ 8 Abs. 1), Fortzahlung des Entgelts während des Erholungsurlaubs (§ 10) oder im Krankheitsfall (§ 11) haben. [2]Die Verminderung unterbleibt für Kalendermonate, für die Praktikantinnen wegen Beschäftigungsverboten nach dem Mutterschutzgesetz kein Entgelt erhalten haben, sowie für Kalendermonate der Inanspruchnahme der Elternzeit nach dem Bundeselterngeld- und Elternzeitgesetz (BEEG) bis zum Ende des Kalenderjahres, in dem das Kind geboren ist, wenn am Tag vor Antritt der Elternzeit Entgeltanspruch bestanden hat.

(3) Die Jahressonderzahlung wird mit dem für November zustehenden Entgelt ausgezahlt.

(4) [1]Praktikantinnen/Praktikanten, die im unmittelbaren Anschluss an das Praktikantenverhältnis von ihrem Arbeitgeber in ein Arbeitsverhältnis übernommen werden und am 1. Dezember noch in diesem Arbeitsverhältnis stehen, erhalten zusammen mit der anteiligen Jahressonderzahlung aus dem Arbeitsverhältnis eine anteilige Jahressonderzahlung aus dem Praktikantenverhältnis. [2]Erfolgt die Übernahme im Laufe eines Kalendermonats, wird für diesen Monat nur die anteilige Jahressonderzahlung aus dem Arbeitsverhältnis gezahlt.

§ 15 Beendigung des Praktikantenverhältnisses

(1) Das Praktikantenverhältnis endet mit dem im Praktikantenvertrag vereinbarten Zeitpunkt, ohne dass es einer Kündigung bedarf.

(2) Nach der Probezeit (§ 3) kann das Praktikantenverhältnis unbeschadet der gesetzlichen Kündigungsgründe nur gekündigt werden

a) aus einem sonstigen Grund ohne Einhalten einer Kündigungsfrist,
b) von der Praktikantin/dem Praktikanten mit einer Kündigungsfrist von vier Wochen.

§ 16 Zeugnis

[1]Der Arbeitgeber hat den Praktikantinnen/Praktikanten bei Beendigung des Praktikantenverhältnisses ein Zeugnis auszustellen. [2]Das Zeugnis muss Angaben über Art, Dauer und Ziel des Praktikums sowie über die erworbenen Fertigkeiten und Kenntnisse enthalten. [3]Auf Verlangen der Praktikantinnen/Praktikanten sind auch Angaben über Führung, Leistung und besondere fachliche Fähigkeiten aufzunehmen.

§ 17 Ausschlussfrist

Ansprüche aus dem Praktikantenverhältnis verfallen, wenn sie nicht innerhalb einer Ausschlussfrist von sechs Monaten nach Fälligkeit von der

Praktikantin/dem Praktikanten oder vom Arbeitgeber schriftlich geltend gemacht werden.

§ 18 Inkrafttreten, Laufzeit

(1) Dieser Tarifvertrag tritt am 1. Dezember 2009 in Kraft.

(2) Dieser Tarifvertrag kann mit einer Frist von drei Monaten zum Ende eines Kalenderhalbjahres schriftlich gekündigt werden.

(3) Abweichend von Absatz 2 können

a) § 8 Abs. 1 mit einer Frist von einem Monat zum Schluss eines Kalendermonats, frühestens jedoch zum 31. März 2027,

b) § 14 zum 31. Dezember eines jeden Jahres,

schriftlich gekündigt werden.*

(4) [1]Dieser Tarifvertrag ersetzt für den Bereich des Bundes mit Wirkung vom 1. Dezember 2009 die in der Anlage aufgeführten Tarifverträge. [2]Im Bereich der Mitgliedverbände der VKA finden die in der Anlage aufgeführten Tarifverträge mit dem Inkrafttreten dieses Tarifvertrages auf die in § 1 Abs. 1 genannten Personen keine Anwendung mehr.

Anlage (zu § 18 Abs. 4)

1. Tarifvertrag über die vorläufige Weitergeltung der Regelungen für die Praktikantinnen/Praktikanten vom 13. September 2005 in der Fassung des Änderungstarifvertrages Nr. 1 vom 31. März 2008.
2. Tarifvertrag über die Regelung der Arbeitsbedingungen der Praktikantinnen/Praktikanten (TV Prakt) vom 22. März 1991.

---

* Ab 1. Januar 2027 lautet § 18 Abs. 3:

»(3) Abweichend von Absatz 2 können schriftlich gekündigt werden

a) § 8 Abs. 1 mit einer Frist von einem Monat zum Schluss eines Kalendermonats, frühestens jedoch zum 31. März 2027;

b) § 19 zum 31. Dezember eines jeden Jahres;

c) 10 mit einer Frist von drei Monaten zum Schluss eines Kalenderjahres;

d) im Falle der Kündigung gemäß § 39 Abs. 4 Buchst. j des Tarifvertrages für den öffentlichen Dienst (TVöD) § 10 mit einer Frist von drei Monaten zum Schluss des maßgeblichen Kalenderjahres.

Protokollerklärung zu Buchstabe d:

Im Falle der Kündigung gemäß Buchstabe d gilt ab deren Wirksamwerden § 10 in folgender Fassung: »Praktikantinnen/Praktikanten erhalten Erholungsurlaub unter Fortzahlung ihres Entgelts (§ 8 Abs. 1) in entsprechender Anwendung der für die Beschäftigten des Arbeitgebers geltenden Regelungen mit der Maßgabe, dass der Urlaubsanspruch bei Verteilung der wöchentlichen Arbeitszeit auf fünf Tage in der Kalenderwoche in jedem Kalenderjahr 30 Arbeitstage beträgt.«

3. Tarifvertrag über die Regelung der Arbeitsbedingungen der Praktikantinnen/Praktikanten (TV Prakt-O) vom 5. März 1991.
4. Tarifvertrag über eine Zuwendung für Praktikantinnen (Praktikanten) vom 12. Oktober 1973.
5. Tarifvertrag über eine Zuwendung für Praktikantinnen/Praktikanten (TV Zuwendung Prakt-O) vom 5. März 1991.
6. Tarifvertrag über vermögenswirksame Leistungen an Auszubildende vom 17. Dezember 1970.
7. Tarifvertrag über vermögenswirksame Leistungen an Auszubildende (TV VL Azubi-O) vom 8. Mai 1991.

J. Tarifvertrag über das Leistungsentgelt für die Beschäftigten des Bundes (LeistungsTV-Bund)

vom 25. August 2006

Präambel

[1]Das Leistungsentgelt soll dazu beitragen, die Effizienz der öffentlichen Verwaltung zu stärken und die öffentlichen Dienstleistungen zu verbessern. [2]Zugleich sollen Motivation, Eigenverantwortung und Führungskompetenz gestärkt werden. [3]Bei Anwendung und Ausfüllung dieses Tarifvertrages sind die Diskriminierungsfreiheit und Transparenz der Bewertungs- und Feststellungsregelungen sicherzustellen. [4]Bei der Gestaltung der Leistungsanforderungen und -bewertungen ist dem Grundsatz der Vereinbarkeit von Familie und Beruf Rechnung zu tragen und das Leitprinzip der Gleichstellung von Frauen und Männern (Gender-Mainstreaming) zu verwirklichen.

I. Abschnitt: Allgemeine Vorschriften

§ 1 Geltungsbereich

Dieser Tarifvertrag gilt für alle Beschäftigten des Bundes, die unter den Geltungsbereich des Tarifvertrages für den öffentlichen Dienst (TVöD) fallen.

§ 2 Regelungsstruktur

[1]Dieser Tarifvertrag regelt den Rahmen und legt wesentliche Details für die Gewährung des Leistungsentgelts nach § 18 TVöD fest. [2]Die weitere Ausgestaltung erfolgt durch einvernehmliche Dienstvereinbarung oder durch einvernehmliche Betriebsvereinbarung.

II. Abschnitt: Leistungsfeststellung

§ 3 Instrumente der Leistungsfeststellung

(1) [1]Die Feststellung von Leistungen erfolgt anhand von Zielvereinbarungen (§ 4) oder systematischen Leistungsbewertungen (§ 5). [2]Beide Instrumente können auch miteinander verbunden werden (§ 6). [3]Für die Leistungsfeststellung kann sowohl an die individuelle Leistung als auch an die Leistung einer Gruppe von Beschäftigten (Teamleistung) angeknüpft werden.
(2) [1]Für die Leistungsfeststellung dürfen nur Ziele oder Kriterien herangezogen werden, die auf die auszuübende Tätigkeit der/des Beschäftigten bezogen sind, von der/dem Beschäftigten beeinflusst und in der regelmäßigen Arbeitszeit erreicht werden können. [2]Voraussetzung der Leistungsfeststellung sind Transparenz und Nachvollziehbarkeit der auf die Tätigkeit bezogenen Leistungskriterien.
(3) [1]Die Leistungsfeststellung erfolgt jährlich. [2]Durch kürzere oder längere Laufzeiten von Zielvereinbarungen dürfen Beschäftigte oder Beschäftigtengruppen nicht von dem Leistungsentgelt ausgenommen werden; § 11 bleibt unberührt. [3]Beginn und Ende des maßgeblichen Leistungs- und Feststellungszeitraums werden in der Dienstvereinbarung geregelt.
(4) [1]Die Leistungsfeststellung erfolgt durch die jeweilige Führungskraft. [2]Der Arbeitgeber bestimmt zu Beginn des Leistungszeitraums die jeweils zuständige Führungsebene.

Protokollerklärung zu § 3:
[1]Bei schwerbehinderten Menschen ist eine durch die Schwerbehinderung bedingte Minderung der Arbeitsleistung angemessen zu berücksichtigen. [2]Die Protokollerklärung Nr. 2 zu § 18 TVöD bleibt unberührt.

§ 4 Zielvereinbarung

(1) [1]Eine Zielvereinbarung ist eine schriftlich niedergelegte, freiwillige und verbindliche Abrede zwischen der Führungskraft und einzelnen Beschäftigten oder Beschäftigtengruppen für einen festgelegten Zeitraum über objektivierbare Leistungsziele und die Bedingungen ihrer Erfüllung. [2]Die Leistungsziele sind eindeutig, konkret und präzise zu bestimmen. [3]Das gilt auch für den Zeitraum bzw. den Zeitpunkt der Zielerreichung. [4]Die Leistungsziele müssen realistisch, messbar und nachvollziehbar sein.
(2) [1]In der Zielvereinbarung sind ein oder mehrere Leistungsziele und die Bedingungen ihrer Erfüllung zu vereinbaren. [2]Für die Zielvereinbarung können bis zu 5 Ziele festgelegt werden; sie können unterschiedlich gewich-

tet werden. [3]Für jedes Ziel sind bis zu 5 Zielerreichungsgrade festzulegen. [4]Näheres regelt die Dienstvereinbarung.
(3) [1]Erklärt die/der Beschäftigte oder eine Beschäftigtengruppe bzw. die jeweilige Führungskraft ihren Wunsch nach Abschluss einer Zielvereinbarung, ist ein Gespräch zu führen, um die Möglichkeit des Abschlusses einer Zielvereinbarung zu prüfen; ein Anspruch auf Abschluss einer Zielvereinbarung besteht nicht. [2]Kommt eine Zielvereinbarung mit einzelnen Beschäftigten oder Beschäftigtengruppen nicht zu Stande, erfolgt eine Leistungsfeststellung jeder/jedes dieser Beschäftigten auf Grundlage einer systematischen Leistungsbewertung.
(4) [1]Eine Zielvereinbarung mit einer Beschäftigtengruppe erfolgt in Form einer Abrede zwischen der jeweiligen Führungskraft und jeder/jedem Beschäftigten der Gruppe. [2]Eine Zielvereinbarung für die Gruppe kommt zustande, wenn sich alle Beschäftigten der Gruppe und die jeweilige Führungskraft für den Abschluss der Gruppenzielvereinbarung entscheiden.
(5) [1]Während der Laufzeit von Zielvereinbarungen sollen Gespräche zum Zwischenstand der Zielerreichung zwischen der jeweiligen Führungskraft und der/dem Beschäftigten geführt werden. [2]Bei relevanten Änderungen, die die Zielerreichung gefährden, sind die Gespräche zeitnah zu führen. [3]Ist ein Zielerreichungsgrad zu erwarten, der ein Leistungsentgelt ausschließt, ist ein Gespräch mit der/dem Beschäftigten zu führen, um gemeinsam Wege zur Zielerreichung zu erörtern. [4]Die Initiative für ein Gespräch kann von der/dem Beschäftigten oder der jeweiligen Führungskraft ausgehen.

Protokollerklärung zu Absatz 5 Satz 2:
[1]Eine relevante Änderung ist zum Beispiel ein Arbeitsplatzwechsel. [2]Ein Tätigkeitswechsel, die Reduzierung oder der Wegfall personeller oder materieller Ressourcen können relevante Änderungen sein.

(6) Die Leistungsfeststellung erfolgt nach § 3 Abs. 4 durch den Vergleich der vereinbarten Ziele mit dem Grad der Zielerreichung (Soll-Ist Vergleich).

§ 5 Systematische Leistungsbewertung

(1) Systematische Leistungsbewertung ist die auf einem festgelegten System beruhende Feststellung der erbrachten Leistung nach möglichst messbaren oder anderweitig objektivierbaren Kriterien.
(2) [1]Für die Bewertung ist ein System mit bis zu fünf Bewertungsstufen zu bilden. [2]Die Bewertungsstufen können textlich oder auf andere Weise bezeichnet werden. [3]Die Bewertung erfolgt nach Leistungskriterien, die durch Dienstvereinbarung festgelegt werden. [4]Die Leistungskriterien sind aus den Merkmalen Adressatenorientierung, Arbeitsqualität (einschließlich z. B. Arbeitsweise und Prioritätensetzung), Arbeitsquantität, Führungsverhal-

ten, Wirtschaftlichkeit und Zusammenarbeit in ausfüllenden Dienstvereinbarungen zu konkretisieren. [5]Dabei müssen nicht alle Merkmale abgebildet werden; die Merkmale und Kriterien können unterschiedlich gewichtet und nach Arbeitsbereichen differenziert werden.
(3) [1]Grundlage einer Leistungsbewertung ist eine Aufgabenbenennung des zurückliegenden Bewertungszeitraums von bis zu 5 Aufgaben, die im Wesentlichen den Arbeitsplatz tragen. [2]Beim Bewertungsgespräch der systematischen Leistungsbewertung sollen die voraussichtlichen Schwerpunkte des künftigen Bewertungszeitraums erörtert werden. [3]Sie ersetzen nicht die für die systematische Leistungsbewertung relevanten Aufgabenbenennungen aus Satz 1. [4]Ist aufgrund der Leistungen der/des Beschäftigten absehbar, dass die Bewertung so ausfallen wird, dass ein Leistungsentgelt nicht zustehen wird, ist mit der/dem Beschäftigten ein Gespräch zu führen, um gemeinsam Wege zur Leistungssteigerung (z. B. Qualifizierungsbedarf, regelmäßige Gespräche als Zwischenschritte zur jährlichen Leistungsbewertung, Veränderungen der Arbeitsabläufe) zur erörtern.

Protokollerklärung zu § 5:
[1]Die systematische Leistungsbewertung entspricht nicht der Regelbeurteilung. [2]Quoten dürfen nicht vereinbart werden.

§ 6 Verbindung der Instrumente

[1]Werden systematische Leistungsbewertung und Zielvereinbarung verbunden (§ 3 Abs. 1 Satz 2), erfolgt die Feststellung der Leistung anhand beider Instrumente (Gesamtleistungsfeststellung). [2]Der Anteil der Zielvereinbarung an der Gesamtleistungsfeststellung wird in der Zielvereinbarung vereinbart. [3]Entsprechendes gilt bei der Verbindung einer Zielvereinbarung, die auf die individuelle Leistung der/des Beschäftigten bezogen ist, mit einer Zielvereinbarung, die auf die Leistungen einer Beschäftigtengruppe bezogen sind.

§ 7 Verhältnis der Instrumente

(1) Der mögliche Höchstauszahlungsbetrag ist unabhängig von der Wahl der Instrumente der Leistungsfeststellung gleich.
(2) [1]Für die Stufen der Leistungsbewertung bzw. die Zielerreichungsgrade sind Punktwerte festzulegen; die Differenz der Punktwerte darf von Stufe zu Stufe nicht höher sein als die Differenz zwischen den ersten beiden Stufen. [2]Näheres regelt die Dienstvereinbarung.
(3) [1]In einem System mit ungerader Stufenanzahl entspricht die volle Erfüllung (»Erfüllt die Anforderungen in vollem Umfang«) des jeweiligen Leistungsmerkmals oder -kriteriums der systematischen Leistungsbewertung

der mittleren Stufe (Normalleistung); es sind gleich viele Stufen unterhalb und oberhalb der Normalleistung zu bilden. [2]Die volle Zielerreichung (100 v. H.) bei der Zielvereinbarung entspricht wertmäßig der mittleren Stufe der systematischen Leistungsbewertung, es sei denn, in der Dienstvereinbarung wird eine andere Zuordnung festgelegt.
(4) [1]In einem System mit gerader Stufenanzahl sind Stufen ober- und unterhalb der Normalleistung zu bilden. [2]Die Normalleistung und die volle Zielerreichung (100 v. H.) entsprechen wertmäßig der gleichen Stufe, es sei denn, in der Dienstvereinbarung wird eine andere Zuordnung festgelegt.

III. Abschnitt: Leistungsentgelt

§ 8 Formen und Auszahlung des Leistungsentgelts

(1) [1]Das Leistungsentgelt wird als Leistungsprämie oder Leistungszulage ausgezahlt. [2]Die Leistungsprämie ist eine einmalige Zahlung. [3]Die Leistungszulage ist eine zeitlich befristete, widerrufliche, in der Regel monatlich wiederkehrende Zahlung.

Niederschriftserklärung zu § 8 Abs. 1 Satz 1:
[1]Die Tarifvertragsparteien sind sich einig, dass das Leistungsentgelt bis auf weiteres als Leistungsprämie ausgezahlt wird. [2]Vor der Einführung einer Leistungszulage werden die Tarifvertragsparteien ergänzende Regelungen zur Auszahlung vereinbaren.

(2) Die Auszahlung des Leistungsentgelts soll spätestens im vierten Monat nach Abschluss der Leistungsfeststellung in der Verwaltung bzw. in dem Verwaltungsteil im Sinne des § 9 Abs. 1 zu dem in § 24 Abs. 1 Satz 2 TVöD bestimmten Zahltag erfolgen.

Niederschriftserklärung zu § 8 Abs. 2:
[1]Die Tarifvertragsparteien sind sich einig, dass Beschwerden (§ 13 Abs. 1) und das Fehlen einzelner Leistungsfeststellungen (z. B. auf Grund von Krankheit) dem Auszahlungsverfahren für die übrigen Beschäftigten nicht entgegen stehen. [2]Bei Beschwerden wird das auf den unstreitigen Teil der Leistungsfeststellung entfallende Leistungsentgelt ausgezahlt.

§ 9 Aufteilung des Entgeltvolumens nach § 18 TVöD

(1) [1]Grundsätzlich steht das Volumen des Leistungsentgelts den Beschäftigten jeder Verwaltung, für die im jeweiligen Einzelplan des Haushalts ein Kapitel ausgebracht ist, zur Verfügung. [2]Das Volumen entspricht dem Ent-

geltvolumen der ständigen Monatsentgelte des Vorjahres der Beschäftigten, das sich bei Anwendung des in § 18 Abs. 2 Satz 1 TVöD bestimmten Vomhundertsatzes ergibt. 3Weitere Aufteilungen auf Teile der Verwaltung nach Satz 1 innerhalb der Kapitel (Verwaltungsteile, z. B. auf Behörden oder Dienststellen) erfolgen unter Beteiligung der zuständigen Personalvertretungen nach Maßgabe des Bundespersonalvertretungsgesetzes.

Protokollerklärung zu Absatz 1:
Nr. 1: Soweit kapitelübergreifend Planstellen und Stellen zur Verstärkung herangezogen werden, können durch Dienstvereinbarung die zur Verfügung stehenden Volumina der betroffenen Verwaltungen festgelegt werden; Pauschalierungen (z. B. nach Anzahl der Beschäftigten zu einem bestimmten Stichtag) sind dabei zulässig.
Nr. 2: Absatz 1 gilt entsprechend für Beschäftigte sonstiger Einrichtungen, bei denen das Tarifrecht des Bundes zur Anwendung kommt.
Nr. 3: Durch Dienstvereinbarung kann bestimmt werden, dass – zur vereinfachten Erfassung und Berechnung – die weitere Aufteilung in pauschalierter Form (z. B. nach Anzahl der Beschäftigten zu einem bestimmten Stichtag) erfolgt.

(2) 1Für die Ermittlung der ständigen Monatsentgelte des Vorjahres (§ 18 Abs. 2 Satz 1 TVöD) wird jeweils der Zeitraum vom 1. Januar bis zum 31. Dezember zu Grunde gelegt. 2Das Gesamtvolumen nach Absatz 1 Satz 1 ist jeweils bis zum 30. April eines jeden Jahres zu ermitteln.
(3) 1Wird das Gesamtvolumen der Verwaltung bzw. des Verwaltungsteils nicht ausgeschöpft, so erhöht sich das betreffende Volumen im Folgejahr um die verbleibenden Restanteile. 2Überschreitungen eines Volumens werden im Folgejahr auf das betreffende Volumen angerechnet.
(4) 1Der zuständigen Personalvertretung ist das ermittelte Gesamtvolumen nach Absatz 1 (SOLL) sowie das ausgezahlte Volumen (IST) mitzuteilen. 2Über- oder Unterschreitungen sind auszuweisen und darzulegen.

§ 10 Berechnung des Leistungsentgelts

(1) 1Die Höhe des individuellen Leistungsentgeltes der/des Beschäftigten ergibt sich aus dem durch Dienstvereinbarung festzulegenden Schlüssel, der das Ergebnis der individuellen Leistungsfeststellung der/des Beschäftigten mit der Höhe des jeweils zur Verfügung stehenden Gesamtvolumens nach Absatz 2 verknüpft. 2Durch Dienstvereinbarung kann eine Obergrenze für das individuelle Leistungsentgelt festgelegt werden.
(2) 1Das Gesamtvolumen für eine Verwaltung bzw. einen Verwaltungsteil ist grundsätzlich nach Entgeltgruppen getrennt aufzuteilen. 2Durch Dienstvereinbarung kann auf eine Trennung nach Entgeltgruppen verzichtet und/oder eine Zusammenfassung von Entgeltgruppen vorgenommen werden; in dieser kann auch eine Aufteilung nach organisatorischen Gesichtspunkten erfolgen.

Protokollerklärung zu Absatz 2
Nr. 1: Wird das Gesamtvolumen nach Entgeltgruppen aufgeteilt, ist bei der Bildung der Teilvolumina unter Berücksichtigung der Protokollerklärung Nr. 4 zu gewährleisten, dass das betreffende Volumen in den einzelnen Entgeltgruppen verbleibt.
Nr. 2: Wird das Gesamtvolumen nach Gruppen von Entgeltgruppen aufgeteilt, ist bei der Bildung der Teilvolumina unter Berücksichtigung der Protokollerklärung Nr. 4 zu gewährleisten, dass das betreffende Volumen in den einzelnen Gruppen von Entgeltgruppen verbleibt.
Nr. 3: [1]Wird das Gesamtvolumen nach organisatorischen Gesichtpunkten aufgeteilt, ist bei der Bildung der Teilvolumina unter Berücksichtigung der Protokollerklärung Nr. 4 zu gewährleisten, dass das betreffende Volumen in den einzelnen organisatorischen Bereichen verbleibt. [2]Bei einer Aufteilung nach organisatorischen Gesichtspunkten ist innerhalb des jeweiligen Teilvolumens eine Differenzierung zwischen den Entgeltgruppen im Sinne von Nr. 1 im Rahmen des Schlüssels sicherzustellen.
Nr. 4: Pauschalierungen und Rundungen sind zulässig (z. B. nach Anzahl der Beschäftigten zu einem bestimmten Stichtag).

Niederschriftserklärung zu Abschnitt III:
Die Tarifvertragsparteien sind sich einig, spätestens im Jahr 2008 die praktische Umsetzung der Bestimmung und Aufteilung des Entgeltvolumens zu prüfen und etwaige notwendige Anpassungen für die Folgezeit im Tarifvertrag vorzunehmen.

IV. Abschnitt: Gemeinsame Vorschriften

§ 11 Unterjährige Veränderungen, besondere Situationen

(1) Eine Leistungsfeststellung findet nicht statt, wenn die/der Beschäftigte während des Leistungszeitraums weniger als 2 Kalendermonate tätig war.
(2) [1]Beschäftigte, für die gemäß Absatz 1 keine Leistungsfeststellung erfolgt, erhalten kein Leistungsentgelt. [2]Bestand nicht während des gesamten Leistungszeitraums ein Entgeltanspruch, wird das Leistungsentgelt der/des Beschäftigten für jeden Kalendermonat, in dem kein Entgeltanspruch bestand, um ein Zwölftel gekürzt.

Protokollerklärung zu Absatz 1 und 2:
Verstirbt die/der Beschäftigte vor einer Leistungsfeststellung erhöht sich die Zahlung nach § 23 Abs. 3 TVöD um ein pauschales Leistungsentgelt in Höhe des in § 18 Abs. 2 Satz 1 TVöD bestimmten Vomhundertsatzes des jeweiligen Jahrestabellenentgelts.

Niederschriftserklärung zu § 11 Abs. 2 Satz 2:
Die Tarifvertragsparteien sind sich einig, dass ein Entgeltanspruch auch bei Entgeltfortzahlung im Krankheitsfall nach § 22 TVöD besteht.

(3) Ein Leistungsentgelt wird nicht gezahlt, wenn das Arbeitsverhältnis aus einem Grund, den die/der Beschäftigte durch eigenes Verschulden verursacht hat, beendet wurde.

(4) [1]Im Fall eines Arbeitsplatzwechsels oder eines Wechsels der Führungskraft erhält die/der Beschäftigte grundsätzlich ein Zwischenergebnis zur Feststellung der bisherigen Leistungen. [2]Durch Dienstvereinbarung kann bestimmt werden, dass anstelle eines Zwischenergebnisses eine gemeinschaftliche Leistungsfeststellung der früheren und der aktuellen Führungskraft der/des Beschäftigten erfolgt. [3]Näheres regelt die Dienstvereinbarung.

Protokollerklärung zu Absatz 4:
Stichtag für die Zuordnung zu einer Entgeltgruppe bei der Berechnung der Höhe des Leistungsentgelts ist der letzte Tag des Leistungszeitraums.

Niederschriftserklärung zu § 11 Abs. 4:
Die Tarifvertragsparteien sind sich einig, dass ein Arbeitsplatzwechsel auch bei einem Wechsel der/des Beschäftigten zu einer anderen Behörde oder Dienststelle gegeben ist.

(5) [1]Beschäftigte, die nach Bundesgleichstellungsgesetz, Bundespersonalvertretungsgesetz oder Sozialgesetzbuch Neuntes Buch von der Erbringung ihrer Arbeitsleistung zu 75 v. H. und mehr ihrer individuellen durchschnittlichen Arbeitszeit freigestellt worden sind, erhalten ohne Leistungsfeststellung ein Leistungsentgelt in Höhe des Durchschnittsbetrages der Beschäftigten ihrer jeweiligen Entgeltgruppe. [3]Für Beschäftigte, die nach Satz 1 zu 50 v. H. und weniger freigestellt sind, erfolgt eine Leistungsfeststellung auf Grundlage der erbrachten Arbeitsleistungen in den nicht freigestellten Zeiten. [3]Für die Berechnung des Leistungsentgelts ist dieses Ergebnis auf den freigestellten Anteil der Arbeitsleistung zu übertragen. [3]Beschäftigte, die nach Satz 1 zu weniger als 75 v. H. und mehr als 50 v. H. freigestellt sind, können zwischen der Regelung nach Satz 1 und Satz 2 wählen; das Wahlrecht muss zu Beginn des Leistungszeitraums, bei einer entsprechenden Freistellung während des Leistungszeitraums am ersten Tag dieser Freistellung ausgeübt werden.

Protokollerklärung zu Absatz 5:
Bei der Leistungsfeststellung von teilweise freigestellten Beschäftigten ist sicherzustellen, dass diese wegen ihrer Tätigkeit weder benachteiligt noch begünstigt werden.

Niederschriftserklärung zu § 11 Abs. 5 Satz 2:
Die Tarifvertragsparteien werden den TV ATZ entsprechend anpassen.

(6) [1]Bei Teilzeitbeschäftigten beziehen sich die Leistungsanforderungen auf die individuell vereinbarte durchschnittliche Arbeitszeit. [2]Für die Höhe des Leistungsentgelts findet § 24 Abs. 2 TVöD Anwendung; Stichtag für den maßgeblichen Arbeitszeitumfang ist der letzte Tag des Leistungszeitraums. [3]Bei Beschäftigten, die in Altersteilzeit im Blockmodell beschäftigt sind, bemisst sich das Leistungsentgelt nach der Arbeitszeit, die während der jeweiligen Phase der Altersteilzeit geschuldet wird.

Protokollerklärung zu Absatz 6 Satz 2:
Leistungsentgelt wird neben den Aufstockungsleistungen nach § 5 TV ATZ gezahlt und bleibt bei der Berechnung von Aufstockungsleistungen nach § 5 TV ATZ unberücksichtigt.

§ 12 Dokumentation

(1) Das Ergebnis der individuellen Leistungsfeststellung wird in schriftlicher Form zur Personalakte genommen; eine Kopie ist der/dem Beschäftigten auszuhändigen.
(2) [1]Die Ergebnisse der Leistungsfeststellung und des Leistungsentgelts sind innerhalb jeder Verwaltung im Sinne von § 9 Abs. 1 Satz 1 statistisch zu erfassen und bekannt zu machen. [2]Im Fall einer Aufteilung nach § 9 Abs. 1 Satz 3 erfolgt die Erfassung und Bekanntmachung nach Satz 1 in dem jeweiligen Verwaltungsteil. [3]Näheres regelt die Dienstvereinbarung.

§ 13 Konfliktlösung

(1) Jede/jeder Beschäftigte kann das Ergebnis seiner Leistungsfeststellung gegenüber der zuständigen Personalstelle unter Beifügung einer schriftlichen Begründung innerhalb von drei Wochen nach Eröffnung des Ergebnisses der Leistungsfeststellung beanstanden (Beschwerde).
(2) [1]Wird der Beschwerde nicht abgeholfen, wird sie der paritätischen Kommission (§ 14) zur Beratung zugeleitet. [2]Die Beratung bezieht sich auf die Einhaltung der durch diesen Tarifvertrag und die jeweils maßgeblichen ihn ausfüllenden Dienstvereinbarungen vorgegebenen Verfahren und auf die Einhaltung der sachlichen Grenzen einer Bewertung; die Mitwirkung erfasst nicht die Leistungsbewertung oder die Entscheidung über die Vergabe von Leistungsentgelten im Einzelfall. [3]Der Arbeitgeber entscheidet auf Vorschlag der Kommission, ob und in welchem Umfang der Beschwerde im Einzelfall abgeholfen wird. [4]Folgt der Arbeitgeber dem Vorschlag nicht, hat er seine Gründe darzulegen.

Protokollerklärung zu Absatz 2 Satz 2:
Die Einhaltung der sachlichen Grenzen einer Bewertung umfasst eine Kontrolle hinsichtlich eines Bewertungsausfalls, eines Bewertungsfehlgebrauchs, einer

Überschreitung des Bewertungsrahmens und das Zugrundelegen unrichtiger Tatsachen.

Niederschriftserklärung zu § 13 Abs. 2 Satz 4:
Die Gründe werden der/dem Beschäftigten und der Paritätischen Kommission mitgeteilt.

(3) [1]Durch Dienstvereinbarung kann vorgesehen werden, dass nach einer Beschwerde gemäß Absatz 1 zunächst ein gestuftes Verfahren unter Einbeziehung von z. B. der nächst höheren Führungskraft und/oder einem Mitglied der Personalvertretung einsetzt. [2]Erledigt sich die Beschwerde dadurch nicht, steht das Verfahren gemäß Absatz 2 offen.

§ 14 Paritätische Kommission

(1) [1]Die Anzahl der Mitglieder der Paritätische Kommission ist durch Dienstvereinbarung festzulegen; jeweils die Hälfte der Mitglieder wird vom Arbeitgeber und von der Personalvertretung in der Regel aus dessen Mitte benannt; jedes Mitglied der Paritätischen Kommission muss der Verwaltung bzw. dem Verwaltungsteil, bei der/dem die Paritätische Kommission gebildet wird, angehören. [2]Die Gleichstellungsbeauftragte und die Vertrauensperson schwerbehinderter Menschen können auf ihren Wunsch an den Beratungen der Kommission teilnehmen; sie haben kein Stimmrecht. [3]Beteiligte i. S. d. § 13 Abs. 1 sind in eigenen Angelegenheiten von der Mitwirkung in der paritätischen Kommission ausgeschlossen. [4]Ein Mitglied der Paritätischen Kommission kann von der Partei, welche es benannt hat, jederzeit durch Benennung einer anderen Person nach Satz 1 ersetzt werden. [5]Eine Paritätische Kommission ist für jede Verwaltung im Sinne des § 9 Abs. 1 Satz 1 zu bilden. [6]Durch Dienstvereinbarung kann vorgesehen werden, dass im Fall einer Aufteilung nach § 9 Abs. 1 Satz 3 die Paritätische Kommission in dem jeweiligen Verwaltungsteil gebildet wird.
(2) [1]Unabhängig von der Beteiligung nach § 13 wirkt die Paritätische Kommission bei der ständigen Kontrolle des durch Dienstvereinbarung ausgestalteten Systems der Leistungsfeststellung und -bezahlung mit. [2]Sie kann Empfehlungen zur Weiterentwicklung und zu Korrekturen des Systems bzw. von Systembestandteilen geben.
(3) Die Rechte der Personalvertretungen, der Gleichstellungsbeauftragten und der Vertrauenspersonen schwerbehinderter Menschen bleiben unberührt.

§ 15 Dienstvereinbarungen zur Ausgestaltung dieses Tarifvertrages

[1]Das in den Dienststellen anzuwendende System der Leistungsfeststellung und der Gewährung eines Leistungsentgelts wird im Rahmen dieses Tarifvertrages durch Dienstvereinbarungen nach § 2 Satz 2 festgelegt. [2]In diesen Dienstvereinbarungen sollen insbesondere

- der Beginn und das Ende des maßgeblichen Leistungs- und Feststellungszeitraums (§ 3 Abs. 3 Satz 3),
- die Ausgestaltung von und mögliche konkrete Anforderungen an Zielvereinbarungen (§ 4 Abs. 2),
- das Bewertungssystem der systematischen Leistungsbewertung einschließlich der Gewichtung der Kriterien (§ 5 Abs. 2),
- die Punktwerte der Stufen der Leistungsbewertung bzw. der Zielerreichungsgrade (§ 7 Abs. 2),
- die Anzahl der Stufen der systematischen Leistungsbewertung, die Anzahl der Zielerreichungsgrade und die Festlegung, welcher Stufe der systematischen Leistungsbewertung die volle Zielerreichung zugeordnet wird (§ 7 Abs. 3 und 4),
- das Berechnungsverfahren für das jeweilige Leistungsentgelt einschließlich einer etwaigen Obergrenze für das individuelle Leistungsentgelt (§ 10 Abs. 1),
- eine gegebenenfalls von der Aufteilung nach Entgeltgruppen abweichende Aufteilung des Leistungsentgeltvolumens (§ 10 Abs. 2),
- die Leistungsfeststellung im Fall eines Arbeitsplatzwechsels oder eines Wechsels der Führungskraft (§ 11 Abs. 4)
- die statistische Erfassung der Ergebnisse von Leistungsfeststellung und Leistungsentgelt (§ 12 Abs. 2),
- ein etwaiges gestuftes Verfahren vor Eröffnung der Beschwerde zur Paritätischen Kommission (§ 13 Abs. 3),
- die Anzahl der Mitglieder der Paritätischen Kommission (§ 14 Abs. 1)
- gegebenenfalls die Bildung einer Paritätischen Kommission in dem jeweiligen Verwaltungsteil (§ 14 Abs. 1 Satz 6)

geregelt werden.

V. Abschnitt: Schlussvorschriften

§ 16 Einführungs- und Übergangsregelungen

(1) [1]Im Jahr 2007 erhalten alle Beschäftigten mit dem Tabellenentgelt des Monats Juli 2007 ein Leistungsentgelt in Höhe von 6 v. H. des ihnen für den Monat März 2007 jeweils gezahlten Tabellenentgelts. [2]Soweit Beschäftigte

im März 2007 kein Tabellenentgelt beziehen, wird auf das zuletzt bezogene Tabellenentgelt abgestellt, es sei denn für die Beschäftigte/den Beschäftigten hätte nach § 11 keine Leistungsfeststellung stattgefunden. [3]Das danach verbleibende Entgeltvolumen für das Jahr 2007 erhöht das Gesamtvolumen der Verwaltung nach § 9 Abs. 1 Satz 1 für das Jahr 2008. [4]Der erste Leistungszeitraum beginnt am 1. Juli 2007 und dauert mindestens sechs, höchstens neun Monate. [5]Der daran anschließende Leistungszeitraum kann abweichend von § 3 Abs. 3 Satz 1 um bis zu drei Monate verlängert werden.

Niederschriftserklärung zu § 16 Abs. 1:
[1]Im Bewusstsein um ihre Verantwortung für den Einführungsprozess haben sich die Tarifvertragsparteien entschlossen, den ersten Leistungszeitraum am 1. Juli 2007 beginnen zu lassen und das Leistungsentgelt für die erste Jahreshälfte 2007 anteilig pauschal auszukehren. [2]Sie haben sich dabei von folgenden Maßgaben leiten lassen:
Nr. 1: [1]Die Tarifvertragsparteien haben sich seit In-Kraft-Treten des TVöD intensiv mit der Konzeption und Ausgestaltung eines Systems der Leistungsbezahlung auseinandergesetzt. [2]Im Wissen, dass die Beschäftigten die wichtigste Ressource des öffentlichen Dienstes sind, haben sie sich bei den Verhandlungen von dem Ziel leiten lassen, im Interesse der erfolgreichen Einführung des Leistungsentgelts der Qualität den Vorrang vor der Schnelligkeit der Einführung zu geben.
Nr. 2: [1]Die Tarifvertragsparteien sehen die Verantwortung für die erfolgreiche Umsetzung dieses Tarifvertrages auch bei den Parteien der noch abzuschließenden Dienstvereinbarungen. [2]Auch in Anbetracht der mit der EU-Ratspräsidentschaft der Bundesrepublik Deutschland im ersten Halbjahr 2007 verbundenen Mehrbelastung geben sie den Beteiligten mit den Bestimmungen des Absatzes 1 zusätzliche Zeit, um die erfolgreiche Einführung des Leistungsentgelts vorzubereiten.
Nr. 3: Mit Blick auf das Bestreben der Bundesregierung, auch für die Beamtinnen und Beamten des Bundes ein System einer leistungsorientierten Bezahlung einzuführen, wollen die Tarifvertragsparteien mit den Bestimmungen zum ersten Leistungszeitraum die Möglichkeit eröffnen, sowohl für Tarifbeschäftigte als auch für Beamtinnen und Beamte zum gleichen Zeitpunkt ein leistungsorientiertes Bezahlungssystem einzuführen.

(2) [1]Kommt bis zum 30. Juni 2007 keine Dienstvereinbarung nach § 15 zustande, erhalten die Beschäftigten mit dem Tabellenentgelt des Monats April 2008 6 v.H. des für den Monat Dezember 2007 jeweils zustehenden Tabellenentgelts. [2]Das Leistungsentgelt erhöht sich im Folgejahr um den verbleibenden Betrag des Gesamtvolumens der Verwaltung bzw. des Verwaltungsteils. [3]Solange auch in den Folgejahren keine Dienstvereinbarung zustande kommt, gelten Satz 1 und 2 entsprechend.

Protokollerklärung zu Absatz 1 und 2:
Dem Tabellenentgelt stehen Entgelt aus einer individuellen Zwischenstufe oder individuellen Endstufe gleich.

Niederschriftserklärung zu § 16:
Die Tarifvertragsparteien werden die Umsetzung dieses Tarifvertrages im Jahr 2009 analysieren und gegebenenfalls notwendige Folgerungen ziehen.

§ 17 Begriffsbestimmungen

(1) In Betrieben, in denen dieser Tarifvertrag zur Anwendung kommt, erfolgt die Ausgestaltung dieses Tarifvertrages durch Betriebsvereinbarung; an die Stelle der Begriffe »Dienstvereinbarung« und »Personalvertretung« treten in diesem Fall die Begriffe »Betriebsvereinbarung« und »Betriebsrat«.
(2) Leistungszeitraum ist der Zeitraum, welcher für die Feststellung der Leistungen der Beschäftigten berücksichtigt wird.
(3) Feststellungszeitraum ist der Zeitraum, in welchem die Leistungen der Beschäftigten festgestellt werden.
(4) Wird in diesem Tarifvertrag auf Regelungen des TVöD Bezug genommen, sind die für den Bund geltenden Vorschriften gemeint.

§ 18 In-Kraft-Treten

(1) Dieser Tarifvertrag tritt am 1. Januar 2007 in Kraft.
(2) Dieser Tarifvertrag kann von jeder Tarifvertragspartei mit einer Frist von drei Monaten zum Schluss eines Kalenderhalbjahres schriftlich gekündigt werden, frühestens jedoch zum 31. Dezember 2009.

K. Tarifvertrag für die Kraftfahrer und Kraftfahrerinnen des Bundes (KraftfahrerTV Bund)

vom 13. September 2005 in der Fassung des Änderungstarifvertrages Nr. 9 vom 6. April 2025

§ 1 Geltungsbereich

Dieser Tarifvertrag gilt für die unter den TVöD fallenden als Kraftfahrer/Kraftfahrerin von Personen- und Lastkraftwagen sowie von Omnibussen beschäftigten Arbeitnehmer des Bundes mit Ausnahme

1. der Kraftfahrer/Kraftfahrerinnen, die zu Auslandsdienststellen entsandt sind (§ 45 TVöD BT-V[Bund]),
2. der Kraftfahrer/Kraftfahrerinnen, die nicht oder nur gelegentlich über die regelmäßige Arbeitszeit (§ 6 Abs. 1 TVöD) hinaus beschäftigt werden.

Protokollerklärung:
[1]Ein Kraftfahrer/Eine Kraftfahrerin ist dann nicht nur gelegentlich über die regelmäßige Arbeitszeit hinaus beschäftigt, wenn er/sie im vorangegangenen Kalenderhalbjahr in einem Kalendermonat mindestens 15 Überstunden geleistet hat. [2]Er/Sie bleibt in der Pauschalgruppe, wenn er/sie im Durchschnitt des laufenden Kalenderhalbjahres die für die jeweilige Pauschalgruppe mindestens erforderliche monatliche Arbeitszeit erfüllt. [3]Ist der Kraftfahrer/die Kraftfahrerin im vorangegangenen Kalenderhalbjahr infolge Erkrankung oder Unfalls mindestens drei Monate arbeitsunfähig gewesen, sind auch die Überstunden zu berücksichtigen, die er/sie ohne Arbeitsunfähigkeit geleistet hätte.

§ 2 Arbeitszeit, höchstzulässige Arbeitszeit

(1) [1]Die Arbeitszeit umfasst reinen Dienst am Steuer, Vor- und Abschlussarbeiten, Wartezeiten, Wagenpflege, Wartungsarbeiten und sonstige Arbeit. [2]Die höchstzulässige Arbeitszeit richtet sich grundsätzlich nach den Vorschriften des Arbeitszeitgesetzes (ArbZG).

(2) [1]Wenn der Kraftfahrer/die Kraftfahrerin schriftlich einwilligt und geeignete Maßnahmen zur Gewährleistung des Gesundheitsschutzes getroffen sind, wie insbesondere das Recht des Kraftfahrers/der Kraftfahrerin zu einer jährlichen, für den Beschäftigten kostenfreien arbeitsmedizinischen Untersuchung bei einem vom Arbeitgeber bestimmten Arzt (unbeschadet der Pflichten aus anderen Rechtsvorschriften) und/oder die Gewährung eines Freizeitausgleichs möglichst durch ganze Tage oder durch zusammenhän-

gende arbeitsfreie Tage zur Regenerationsförderung, kann die höchstzulässige Arbeitszeit im Hinblick auf die in ihr enthaltenen Wartezeiten auf bis zu 15 Stunden täglich ohne Ausgleich verlängert werden (§ 7 Abs. 2a ArbZG); sie darf 268 Stunden im Kalendermonat ohne Ausgleich nicht übersteigen. [2]Gemäß § 7 Abs. 1 Nr. 3 in Verbindung mit Absatz 2a ArbZG wird zugleich die Ruhezeit auf bis zu neun Stunden verkürzt, wenn die ordnungsgemäße Durchführung des betreffenden Fahrdienstes dies erfordert. [3]Die Kürzung der Ruhezeit ist grundsätzlich bis zum Ende der folgenden Woche auszugleichen.

(3) [1]Muss die höchstzulässige monatliche Arbeitszeit nach Absatz 2 Satz 1 aus zwingenden dienstlichen oder betrieblichen Gründen ausnahmsweise überschritten werden, so sind die über 268 Stunden hinausgehenden Stunden im Laufe des kommenden oder des darauf folgenden Monats durch Erteilung entsprechender Freizeit auszugleichen, ferner ist der Zeitzuschlag für Überstunden nach § 8 Abs. 1 Buchst. a) TVöD zu zahlen. [2]Die Zahlung einer geldlichen Entschädigung anstelle der Erteilung entsprechender Freizeit ist aus Gründen des Gesundheitsschutzes (Absatz 2 Satz 1) unzulässig.

(4) Bei der Prüfung, ob die höchstzulässige monatliche Arbeitszeit nach Absatz 2 Satz 1 erreicht ist, sind Ausfallzeiten sowie Zeiten eines Freizeitausgleichs nach § 3 Abs. 3 einzurechnen; für einen Ausfalltag sind höchstens zehn Stunden anzusetzen.

(5) Die Vorschriften über die höchstzulässige Arbeitszeit und über die Folgen ihrer Überschreitung nach Absatz 2 gelten nicht für Zeiten der Teilnahme an Manövern und Übungen (Anhang zu § 46 zum TVöD BT-V [Bund]).

Protokollerklärung:
[1]Die regelmäßige Arbeitszeit des Fahrers/der Fahrerin nach § 6 Abs. 1 TVöD bleibt unberührt. [2]Soweit die höchstzulässige Arbeitszeit nach Absatz 2 Satz 1 zweiter Halbsatz nicht überschritten wird, ist § 6 Abs. 2 TVöD mit der Maßgabe anwendbar, dass bei der Berechnung auf das jeweilige Kalenderhalbjahr abzustellen ist.

§ 3 Monatsarbeitszeit

(1) Die in einem Kalendermonat im Rahmen von § 2 geleistete Arbeitszeit ist die Monatsarbeitszeit.

(2) [1]Für die Ermittlung der Monatsarbeitszeit gilt als tägliche Arbeitszeit die Zeit vom Arbeitsbeginn bis zur Beendigung der Arbeit, gekürzt um die dienstplanmäßigen Pausen. [2]Bei ununterbrochener dienstlicher Abwesenheit des Fahrers/der Fahrerin von der Dienststelle zwischen 12 und 14 Uhr oder bei einer Dienstreise zwischen sechs und zwölf Stunden findet keine Kürzung statt, bei einer eintägigen Dienstreise über zwölf Stunden wird einheitlich eine Kürzung von 30 Minuten vorgenommen.

(3) Im Falle einer/eines
- Beurlaubung (§§ 26, 27 TVöD),
- Arbeitsunfähigkeit infolge Erkrankung oder Unfalls,
- Freistellung von der Arbeit unter Entgeltfortzahlung (§ 29 TVöD),
- Qualifizierung in überwiegend dienstlichem oder betrieblichen Interesse unter Zahlung des Entgelts,
- Freizeitausgleichs nach § 2 Abs. 3 Satz 1,
- ganz oder teilweisen Ausfalls wegen der Tätigkeit als Mitglied einer Personalvertretung/eines Betriebsrates,
- ganz oder teilweisen Ausfalls infolge eines Wochenfeiertages,

sind für jeden Arbeitstag folgende Stunden pauschal anzusetzen:

a) bei ständiger Verteilung der regelmäßigen wöchentlichen Arbeitszeit auf fünf Werktage oder wechselnd auf fünf Werktage in je drei Wochen je Kalendermonat und im Übrigen auf sechs Werktage für:

Fahrer/Fahrerinnen der Pauschalgruppen I	8,65 Stunden,
Fahrer/Fahrerinnen der Pauschalgruppen II	9,65 Stunden,
Fahrer/Fahrerinnen der Pauschalgruppen III	10,65 Stunden,
Fahrer/Fahrerinnen der Pauschalgruppen IV	11,65 Stunden,
Chefkraftfahrer/Chefkraftfahrerinnen	11,65 Stunden,

b) bei ständiger Verteilung der regelmäßigen wöchentlichen Arbeitszeit auf sechs Werktage oder ständig wechselnd auf sechs bzw. fünf Werktage für:

Fahrer/Fahrerinnen der Pauschalgruppen I	7,65 Stunden,
Fahrer/Fahrerinnen der Pauschalgruppen II	8,65 Stunden,
Fahrer/Fahrerinnen der Pauschalgruppen III	9,65 Stunden,
Fahrer/Fahrerinnen der Pauschalgruppen IV	10,65 Stunden,
Chefkraftfahrer/Chefkraftfahrerinnen	10,65 Stunden.

(4) [1]Jeder Tag einer mehrtägigen Dienstreise oder einer Teilnahme an Manövern und Übungen (Anhang zu § 46 zum TVöD BT-V [Bund]) ist mit zwölf Stunden anzusetzen. [2]Für die Berechnung der Zeitzuschläge nach § 4 Abs. 4 ist bei mehrtägigen Dienstreisen wie folgt zu verfahren:
[3]Beginnt die mehrtägige Dienstreise nach 12.00 Uhr, ist für diesen Tag die Zeit von 12.00 bis 24.00 Uhr, endet die mehrtägige Dienstreise vor 12.00 Uhr, ist für diesen Tag die Zeit von 0.00 bis 12.00 Uhr, für alle übrigen Tage die Zeit von 8.00 bis 20.00 Uhr anzusetzen.

(5) Bei Arbeitsbefreiung (§ 29 TVöD) oder Beurlaubung (§ 28 TVöD) ohne Entgeltfortzahlung werden die Stunden angesetzt, die der Fahrer/die Fahrerin ohne diese Ausfallgründe innerhalb der regelmäßigen Arbeitszeit (§ 6 Abs. 1 TVöD) geleistet hätte.

Protokollerklärung zu den Absätzen 3 und 4:

1. Zur Tätigkeit als Mitglied einer Personalvertretung/eines Betriebsrates gemäß Absatz 3 gehören auch mehrtägige Reisen gemäß § 44 Abs. 1 Satz 2 Bundes-

personalvertretungsgesetz/§ 40 Abs. 1 Betriebsverfassungsgesetz, die zur Erfüllung der Personalrats-/Betriebsratsaufgaben notwendig sind.

2. Eine mehrtägige Dienstreise gemäß Absatz 4 liegt vor, wenn sie nach Ablauf des Kalendertages endet, an dem sie begonnen hat. Der Pauschalansatz von zwölf Stunden gilt auch für den Kalendertag, an dem eine mehrtägige Dienstreise beginnt oder endet und an dem weitere Arbeit geleistet wird bzw. eine weitere Dienstreise geendet hat oder beginnt.

§ 4 Pauschalentgelt

(1) Für die Kraftfahrer/Kraftfahrerinnen wird ein Pauschalentgelt festgesetzt, mit dem das Tabellenentgelt (§ 15 Abs. 1 TVöD) sowie das Entgelt für Überstunden und Zeitzuschläge für Überstunden (§ 8 Abs. 1 Satz 1 Buchst. a] TVöD) abgegolten sind.

(2) [1]Die Höhe des Pauschalentgelts bemisst sich nach der durchschnittlichen Monatsarbeitszeit (§ 3) im vorangegangenen Kalenderhalbjahr in der jeweiligen Pauschalgruppe (§ 5) der Entgeltgruppe. [2]Bei Fahrern/Fahrerinnen, die zu einer anderen Dienststelle versetzt werden, richtet sich die Höhe des Pauschalentgelts bis zum Schluss des laufenden Kalenderhalbjahres nach der Monatsarbeitszeit (§ 3) im jeweiligen Kalendermonat bei der neuen Dienststelle.

(3) Die Beträge des Pauschalentgelts ergeben sich aus Anlage 1 zu diesem Tarifvertrag.

(4) Neben dem Pauschalentgelt werden für die Inanspruchnahme an Sonntagen, gesetzlichen Wochenfeiertagen, Vorfesttagen, in der Nacht und an Samstagen Zeitzuschläge nach Maßgabe des § 8 Abs. 1 TVöD gezahlt.

(5) [1]Die Pauschalentgelte werden um denselben Vomhundertsatz verändert, um den sich die Tabellenentgelte bei einer allgemeinen Entgelterhöhung verändern. [2]Die Tarifvertragsparteien werden diese Anpassung zum Zeitpunkt des Wirksamwerdens einer allgemeinen Entgelterhöhung ohne Kündigung vereinbaren.

Niederschriftserklärung zu § 4:
Die Tarifvertragsparteien erklären, dass die Festlegung der Beträge für die Pauschalgruppe der Entgeltgruppe 4 auf der Grundlage der Zuordnung der Fahrer mit Tätigkeiten der derzeitigen Lohngruppe 4 mit Aufstieg nach Lohngruppe 4a und die der Beträge der Pauschalgruppe der Entgeltgruppe 5 auf der Grundlage der Zuordnung der Fahrer mit Tätigkeiten der derzeitigen Lohngruppe 5 mit Aufstieg nach Lohngruppe 5a erfolgt ist (Geschäftsgrundlage).

§ 5 Pauschalgruppen

(1) Entsprechend ihrer Monatsarbeitszeit (§ 3) sind die Kraftfahrer/Kraftfahrerinnen folgenden Pauschalgruppen zugeordnet:

- Pauschalgruppe I
  bei einer Monatsarbeitszeit ab 185 bis 196 Stunden,
- Pauschalgruppe II
  bei einer Monatsarbeitszeit über 196 bis 221 Stunden,
- Pauschalgruppe III
  bei einer Monatsarbeitszeit über 221 bis 244 Stunden,
- Pauschalgruppe IV
  bei einer Monatsarbeitszeit über 244 bis 268 Stunden,
- Chefkraftfahrer/Chefkraftfahrerinnen
  bei einer Monatsarbeitszeit bis 288 Stunden.

(2) Chefkraftfahrer/Chefkraftfahrerin ist ausschließlich der/die persönliche Kraftfahrer/Kraftfahrerin:

a) des Bundespräsidenten/der Bundespräsidentin,
b) des Präsidenten/der Präsidentin des Bundestages und seiner/ihrer Stellvertreter,
c) des Präsidenten/der Präsidentin des Bundesrates,
d) des Bundeskanzlers/der Bundeskanzlerin,
e) der Bundesminister/der Bundesministerinnen,
f) der Staatssekretäre/der Staatssekretärinnen,
g) der Präsidenten/der Präsidentinnen beim Bundesverfassungsgericht,
h) der Präsidenten/der Präsidentinnen der obersten Gerichtshöfe des Bundes,
i) des Präsidenten/der Präsidentin des Bundesrechnungshofes,
k) des/der Wehrbeauftragten des Bundestages,
l) des Generalinspekteurs/der Generalinspekteurin der Bundeswehr.

(3) [1]Die höchstzulässige Arbeitszeit der Chefkraftfahrer/Chefkraftfahrerinnen soll 288 Stunden im Monat nicht überschreiten. [2]§ 2 Abs. 2 und 3 gilt entsprechend. [3]§ 2 Abs. 4 gilt mit der Maßgabe, dass die Stundensätze der Pauschalgruppe IV zugrunde zu legen sind. [4]Das Pauschalentgelt der Chefkraftfahrer/Chefkraftfahrerinnen wird nur für die Zeit der tatsächlichen Dienstleistung als Chefkraftfahrer/Chefkraftfahrerin gewährt.

(4) [1]Für den Fahrer/die Fahrerin, der einen Chefkraftfahrer/eine Chefkraftfahrerin für mindestens einen vollen Arbeitstag vertritt, erhöht sich sein/ihr Pauschalentgelt für die Dauer der Vertretung um den Unterschiedsbetrag zwischen dem Pauschalentgelt, das er/sie als Fahrer/Fahrerin der Pauschalgruppe IV, und dem Pauschalentgelt, das er/sie als Chefkraftfahrer/Chefkraftfahrerin erhalten würde. [2]§ 6 gilt entsprechend. [3]Bei Vertretung für die Zeit eines vollen Kalendermonats gilt Absatz 3 Sätze 1 und 2 entsprechend. [4]Bei Vertretung für einzelne Arbeitstage erhöht sich die höchstzulässige Arbeitszeit des Kalendermonats (§ 2 Abs. 2) für jeden Arbeitstag um eine Stunde, höchstens jedoch auf 288 Stunden im Kalendermonat; § 2 Abs. 2 und 3 gilt entsprechend.

§ 6 Anteiliges Pauschalentgelt

Endet das Arbeitsverhältnis im Laufe eines Kalendermonats oder steht das Pauschalentgelt aus einem sonstigen Grunde nicht für den ganzen Kalendermonat zu, wird nur der Teil des Pauschalentgelts gezahlt, der auf den Anspruchszeitraum entfällt.

Protokollerklärung:
Ein sonstiger Grund im Sinne dieser Vorschrift ist auch die Teilnahme an Manövern und Übungen (Anhang zu § 46 zum TVöD BT-V [Bund]).

§ 7 Sicherung des Pauschalentgelts

(1) Kraftfahrer/Kraftfahrerinnen mit mindestens fünfjähriger ununterbrochener Beschäftigung nach diesem Tarifvertrag und/oder dem Tarifvertrag für die Kraftfahrer des Bundes vom 5. April 1965 und/oder dem Tarifvertrag für die Kraftfahrer des Bundes im Geltungsbereich des MTArb-O vom 8. Mai 1991, die infolge eines Unfalles, welcher nach In-Kraft-Treten dieses Tarifvertrages in Ausübung oder infolge der Arbeit ohne Vorsatz oder grobe Fahrlässigkeit erlitten wurde, nicht mehr als Kraftfahrer/Kraftfahrerinnen weiterbeschäftigt werden, erhalten eine persönliche Zulage.

(2) [1]Die Zulage wird in Höhe der Differenz zwischen dem Pauschalentgelt aus der nächst niedrigeren Pauschalgruppe als der, der der Kraftfahrer/die Kraftfahrerin zuletzt in der bisherigen Tätigkeit angehört hat, und dem durchschnittlichen Tabellenentgelt der ersten drei vollen Kalendermonate in der neuen Tätigkeit einschließlich bezahlte Überstunden gewährt, sofern dieses geringer ist. [2]Gehörte der Kraftfahrer/die Kraftfahrerin in den letzten zwei Jahren in der bisherigen Tätigkeit mehr als ein halbes Jahr einer niedrigeren Pauschalgruppe an, tritt an die Stelle der nächst niedrigeren die unmittelbar unter der nächst niedrigeren liegende Pauschalgruppe.

(3) [1]Die Zulage vermindert sich nach Ablauf von jeweils einem Jahr um ein Drittel der ursprünglichen Höhe. [2]War der Kraftfahrer/die Kraftfahrerin mehr als zehn Jahre ununterbrochen als Kraftfahrer/Kraftfahrerin im Sinne dieses Tarifvertrages und/oder des Tarifvertrages für die Kraftfahrer des Bundes vom 5. April 1965 und/oder des Tarifvertrages für die Kraftfahrer des Bundes im Geltungsbereich des MTArb-O vom 8. Mai 1991 beschäftigt, vermindert sich die Zulage um 15 v.H. [3]War er/sie mehr als 20 Jahre ununterbrochen als Kraftfahrer/Kraftfahrerin im Sinne dieses Tarifvertrages, des Tarifvertrages für die Kraftfahrer des Bundes vom 5. April 1965 oder des Tarifvertrages für die Kraftfahrer des Bundes im Geltungsbereich des MTArb-O vom 8. Mai 1991 beschäftigt, wird ein Restbetrag von 30 v.H. des Ausgangsbetrages der Zulage nicht abgebaut. [4]Steht zu einem späteren Zeit-

punkt erneut ein Pauschalentgelt nach diesem Tarifvertrag zu, werden die Mehrbeträge auf die Zulage angerechnet.

(4) Die Absätze 1 bis 3 gelten entsprechend

a) für Fahrer/Fahrerinnen nach zehnjähriger ununterbrochener Beschäftigung als Fahrer/Fahrerin bei demselben Arbeitgeber, davon die letzten fünf Jahre als Fahrer/Fahrerin im Sinne dieses Tarifvertrages und/oder des Tarifvertrages für die Kraftfahrer des Bundes vom 5. April 1965 und/oder des Tarifvertrages für die Kraftfahrer des Bundes im Geltungsbereich des MTArb-O vom 8. Mai 1991 wenn die Leistungsminderung durch eine Gesundheitsschädigung hervorgerufen wurde, die durch fortwirkende schädliche Einflüsse der Arbeit eingetreten ist,

b) für mindestens 55 Jahre alte Fahrer/Fahrerinnen nach fünfzehnjähriger ununterbrochener Beschäftigung als Fahrer/Fahrerin bei demselben Arbeitgeber, davon die letzten fünf Jahre als Fahrer/Fahrerin im Sinne dieses Tarifvertrages und/oder des Tarifvertrages für die Kraftfahrer des Bundes vom 5. April 1965 und/oder des Tarifvertrages für die Kraftfahrer des Bundes im Geltungsbereich des MTArb-O vom 8. Mai 1991, wenn die Leistungsminderung der Abnahme der körperlichen Kräfte und Fähigkeiten infolge langjähriger Arbeit verursacht wurde,

c) für Fahrer/Fahrerinnen nach fünfundzwanzigjähriger ununterbrochener Beschäftigung als Fahrer/Fahrerin bei demselben Arbeitgeber, davon die letzten fünf Jahre als Fahrer/Fahrerin im Sinne dieses Tarifvertrages und/oder des Tarifvertrages für die Kraftfahrer des Bundes vom 5. April 1965 und/oder des Tarifvertrages für die Kraftfahrer des Bundes im Geltungsbereich des MTArb-O vom 8. Mai 1991, wenn die Leistungsminderung durch Abnahme der körperlichen Kräfte und Fähigkeiten infolge langjähriger Arbeit verursacht wurde.

§ 8 Übergangsvorschrift für am 30. September 2005/1. Oktober 2005 vorhandene Kraftfahrer/Kraftfahrerinnen

(1) Für die am 30. September 2005 vorhandenen Kraftfahrer/Kraftfahrerinnen, deren Arbeitsverhältnisse zum Bund über den 30. September 2005 hinaus fortbestehen und die am 1. Oktober 2005 unter den Geltungsbereich des TVöD fallen, gelten die nachfolgenden besonderen Regelungen.

(2) [1]Ein Kraftfahrer/Eine Kraftfahrerin ist dann nicht nur – im Sinne des § 1 – gelegentlich über die regelmäßige Arbeitszeit hinaus beschäftigt, wenn er/sie im vorangegangenen Kalenderhalbjahr in mehr als sechs Wochen Überstunden geleistet hat. [2]Ist der Kraftfahrer/die Kraftfahrerin im vorangegangenen Kalenderhalbjahr infolge Erkrankung oder Unfalls mindestens drei Monate arbeitsunfähig gewesen, sind auch die Überstunden zu berücksichtigen, die er/sie ohne Arbeitsunfähigkeit geleistet hätte.

(3) Die Beträge des Pauschalentgelts ergeben sich aus Anlage 3 zu diesem Tarifvertrag.
(4) Abweichend von § 5 Abs. 1 beläuft sich die Monatsarbeitszeit (§ 3) bei Pauschalgruppe I ab 170 bis 196 Stunden.
(5) Für die seit dem 31. Januar 1977 von dem Tarifvertrag für die Kraftfahrer des Bundes vom 5. April 1965 erfassten Fahrer/Fahrerinnen gilt als Besitzstand die Regelung in Anlage A.

Protokollerklärung zu § 8 Abs. 1 bis 4:
Vorhandene Kraftfahrer/Kraftfahrerinnen im Sinne dieser Vorschrift sind alle über den 30. September 2005 hinaus beim Bund beschäftigten Fahrer/Fahrerinnen, unabhängig davon, ob sie in den Geltungsbereich des Tarifvertrages für die Kraftfahrer des Bundes vom 5. April 1965 oder des Tarifvertrages für die Kraftfahrer des Bundes im Geltungsbereich des MTArb-O vom 8. Mai 1991 gefallen sind.

§ 9 Überleitungs- und Besitzstandsregelung

(1) [1]Die Überleitung der Kraftfahrer/Kraftfahrerinnen, die unter den Geltungsbereich des Tarifvertrages zur Überleitung der Beschäftigten des Bundes in den TVöD und zur Regelung des Übergangsrechts (TVÜ-Bund) fallen, am 1. Oktober 2005 bestimmt sich nach dem vorgenannten Tarifvertrag. [2]Die dem Pauschallohn zu Grunde liegende Lohngruppe bildet die Grundlage für die Zuordnung nach den §§ 4ff. TVÜ.
(2) In die Pauschalentgelttabelle (§ 8 Abs. 3) werden sie am 1. Oktober 2005 auf der Grundlage der am 30. September 2005 zustehenden Lohngruppe und der erreichten Jahre in den Lohnstufen der jeweiligen Anlage 3 zum Tarifvertrag für die Kraftfahrer des Bundes vom 5. April 1965 bzw. zum Tarifvertrag für die Kraftfahrer des Bundes im Geltungsbereich des MTArb-O vom 8. Mai 1991 übergeleitet.

§ 10 In-Kraft-Treten

(1) Dieser Tarifvertrag tritt am 1. Oktober 2005 in Kraft und ersetzt den Tarifvertrag für die Kraftfahrer des Bundes vom 5. April 1965 und den Tarifvertrag für die Kraftfahrer des Bundes im Geltungsbereich des MTArb-O vom 8. Mai 1991.
(2) Dieser Tarifvertrag kann mit einer Frist von drei Monaten zum Schluss eines Kalendervierteljahres schriftlich gekündigt werden.

Anlage A

(1) [1]Die am 31. Januar 1977 von § 8 des Tarifvertrages vom 5. April 1965 erfassten Fahrer/Fahrerinnen erhalten mit Wirkung vom 1. Februar 1977 für die Dauer ihres bestehenden Arbeitsverhältnisses, solange sie ununterbrochen unter die Tarifverträge vom 5. April 1965 und 24. August 2005 fallen, eine monatlich zu berechnende nicht zusatzversorgungspflichtige Besitzstandszulage nach folgenden Maßgaben:
[2]Ist die monatliche Summe der Zeitzuschläge nach § 4 Abs. 4 niedriger als bei einem Fahrer/einer Fahrerin der Entgeltgruppe 4

in Pauschalgruppe I der Betrag in Höhe von	38,35 €,
in Pauschalgruppe II der Betrag in Höhe von	63,91 €,
in den Pauschalgruppen III und IV der Betrag in Höhe von	76,69 €,

bei einem Fahrer/einer Fahrerin der Entgeltgruppe 5

in Pauschalgruppe I der Betrag in Höhe von	40,90 €,
in Pauschalgruppe II der Betrag in Höhe von	66,47 €,
in den Pauschalgruppen III und IV der Betrag in Höhe von	79,25 €,

bei einem Chefkraftfahrer/einer Chefkraftfahrerin

der Betrag in Höhe von	97,15 €,

wird als Besitzstandszulage der jeweilige Unterschiedsbetrag gezahlt.
[3]Für die Berechnung des Unterschiedsbetrages sind gegenüberzustellen der Betrag der Pauschalgruppe, in der sich der Fahrer/die Fahrerin in dem betreffenden Monat befindet, und die Summe der Zeitzuschläge nach § 4 Abs. 4, die sich nach § 8 Abs. 1 TVöD für diesen Monat ergibt.

(2) Auf die für die Berechnung der Besitzstandszulage nach Absatz 1 maßgebenden festen Beträge ist § 6 entsprechend anzuwenden.

(3) Die Besitzstandszulage nach Absatz 1 ist bei der Fortzahlung des Entgelts nach § 26 Abs. 1 Satz 1 TVöD zu berücksichtigen.

(4) Die Besitzstandszulage nach Absatz 1 ist in die Berechnung der persönlichen Zulage nach § 7 einzubeziehen. Der entsprechende Teilbetrag der persönlichen Zulage ist kein zusatzversorgungspflichtiges Entgelt.

Anlage 1
Pauschalentgelt für ab dem 1. Oktober 2005 neu eingestellte Kraftfahrer/Kraftfahrerinnen

gültig vom 1. April 2025 bis 30. April 2026
(monatlich in Euro)

Pauschalgruppe I	**Stufen**	**E 4**	**E 5**
Monatliche Arbeitszeit ab 185 bis 196 Stunden	1. bis 10. Jahr	3532,11	3660,80
	11. bis 15. Jahr	3749,47	3895,94
	ab 16. Jahr	3844,39	3996,13
Pauschalgruppe II	**Stufen**	**E 4**	**E 5**
Monatliche Arbeitszeit über 196 bis 221 Stunden	1. bis 10. Jahr	3834,07	3966,65
	11. bis 15. Jahr	4068,26	4227,75
	ab 16. Jahr	4164,00	4332,34
Pauschalgruppe III	**Stufen**	**E 4**	**E 5**
Monatliche Arbeitszeit über 221 bis 244 Stunden	1. bis 10. Jahr	4172,85	4324,63
	11. bis 15. Jahr	4433,85	4616,91
	ab 16. Jahr	4533,88	4720,00
Pauschalgruppe IV	**Stufen**	**E 4**	**E 5**
Monatliche Arbeitszeit über 244 bis 268 Stunden	1. bis 10. Jahr	4647,70	4816,90
	11. bis 15. Jahr	4923,06	5126,09
	ab 16. Jahr	5023,03	5230,71
Chefkraftfahrer	**Stufen**	**E 4**	**E 5**
Monatliche Arbeitszeit bis 288 Stunden	1. bis 10. Jahr	5247,61	5463,02
	11. bis 15. Jahr	5550,68	5781,42
	ab 16. Jahr	5650,69	5886,04

Anlage 1
Pauschalentgelt für ab dem 1. Oktober 2005 neu eingestellte Kraftfahrer/Kraftfahrerinnen

gültig ab 1. Mai 2026
(monatlich in Euro)

Pauschalgruppe I	**Stufen**	**E 4**	**E 5**
Monatliche Arbeitszeit ab 185 bis 196 Stunden	1. bis 10. Jahr	3631,01	3763,30
	11. bis 15. Jahr	3854,46	4005,03
	ab 16. Jahr	3952,03	4108,02
Pauschalgruppe II	**Stufen**	**E 4**	**E 5**
Monatliche Arbeitszeit über 196 bis 221 Stunden	1. bis 10. Jahr	3941,42	4077,72
	11. bis 15. Jahr	4182,17	4346,13
	ab 16. Jahr	4280,59	4453,65
Pauschalgruppe III	**Stufen**	**E 4**	**E 5**
Monatliche Arbeitszeit über 221 bis 244 Stunden	1. bis 10. Jahr	4289,69	4445,72
	11. bis 15. Jahr	4558,00	4746,18
	ab 16. Jahr	4660,83	4852,16
Pauschalgruppe IV	**Stufen**	**E 4**	**E 5**
Monatliche Arbeitszeit über 244 bis 268 Stunden	1. bis 10. Jahr	4777,84	4951,77
	11. bis 15. Jahr	5060,91	5269,62
	ab 16. Jahr	5163,67	5377,17
Chefkraftfahrer	**Stufen**	**E 4**	**E 5**
Monatliche Arbeitszeit bis 288 Stunden	1. bis 10. Jahr	5394,54	5615,98
	11. bis 15. Jahr	5706,10	5943,30
	ab 16. Jahr	5808,91	6050,85

Anlage 3
Pauschalentgelt für am 1. Oktober 2005 vorhandene Kraftfahrer/Kraftfahrerinnen*

gültig vom 1. April 2025 bis 30. April 2026
(monatlich in Euro)

Pauschalgruppe I	**Stufen**	**E 4**	**E 5**
Monatliche Arbeitszeit ab 170 bis 196 Stunden	1. bis 4. Jahr	3597,90	3733,71
	5. bis 8. Jahr	3659,39	3798,74
	9. bis 12. Jahr	3749,47	3895,94
	ab 13. Jahr	3844,39	3996,13
Pauschalgruppe II	**Stufen**	**E 4**	**E 5**
Monatliche Arbeitszeit über 196 bis 221 Stunden	1. bis 4. Jahr	3912,16	4065,32
	5. bis 8. Jahr	3975,48	4131,58
	9. bis 12. Jahr	4068,26	4227,75
	ab 13. Jahr	4164,00	4332,34
Pauschalgruppe III	**Stufen**	**E 4**	**E 5**
Monatliche Arbeitszeit über 221 bis 244 Stunden	1. bis 4. Jahr	4270,80	4446,17
	5. bis 8. Jahr	4336,95	4515,41
	9. bis 12. Jahr	4433,85	4616,91
	ab 13. Jahr	4533,88	4720,00
Pauschalgruppe IV	**Stufen**	**E 4**	**E 5**
Monatliche Arbeitszeit über 244 bis 268 Stunden	1. bis 4. Jahr	4759,97	4955,34
	5. bis 8. Jahr	4826,13	5024,59
	9. bis 12. Jahr	4923,06	5126,09
	ab 13. Jahr	5023,03	5230,71
Chefkraftfahrer	**Stufen**	**E 4**	**E 5**
Monatliche Arbeitszeit bis 288 Stunden	1. bis 4. Jahr	5387,62	5610,68
	5. bis 8. Jahr	5453,79	5679,90
	9. bis 12. Jahr	5550,68	5781,42
	ab 13. Jahr	5650,69	5886,04

* Für die am 30. September 2005 vorhandenen Kraftfahrer/Kraftfahrerinnen, deren Arbeitsverhältnis zum Bund über den 30. September 2005 hinaus fortbesteht und die am 1. Oktober 2005 unter den Geltungsbereich des TVöD fallen.

Anlage 3
Pauschalentgelt für am 1. Oktober 2005 vorhandene Kraftfahrer/Kraftfahrerinnen*

gültig ab 1. Mai 2026
(in Euro)

Pauschalgruppe I	**Stufen**	**E 4**	**E 5**
Monatliche Arbeitszeit ab 170 bis 196 Stunden	1. bis 4. Jahr	3698,64	3838,25
	5. bis 8. Jahr	3761,85	3905,10
	9. bis 12. Jahr	3854,46	4005,03
	ab 13. Jahr	3952,03	4108,02
Pauschalgruppe II	**Stufen**	**E 4**	**E 5**
Monatliche Arbeitszeit über 196 bis 221 Stunden	1. bis 4. Jahr	4021,70	4179,15
	5. bis 8. Jahr	4086,79	4247,26
	9. bis 12. Jahr	4182,17	4346,13
	ab 13. Jahr	4280,59	4453,65
Pauschalgruppe III	**Stufen**	**E 4**	**E 5**
Monatliche Arbeitszeit über 221 bis 244 Stunden	1. bis 4. Jahr	4390,38	4570,66
	5. bis 8. Jahr	4458,38	4641,84
	9. bis 12. Jahr	4558,00	4746,18
	ab 13. Jahr	4660,83	4852,16
Pauschalgruppe IV	**Stufen**	**E 4**	**E 5**
Monatliche Arbeitszeit über 244 bis 268 Stunden	1. bis 4. Jahr	4893,25	5094,09
	5. bis 8. Jahr	4961,26	5165,28
	9. bis 12. Jahr	5060,91	5269,62
	ab 13. Jahr	5163,67	5377,17
Chefkraftfahrer	**Stufen**	**E 4**	**E 5**
Monatliche Arbeitszeit bis 288 Stunden	1. bis 4. Jahr	5538,47	5767,78
	5. bis 8. Jahr	5606,50	5838,94
	9. bis 12. Jahr	5706,10	5943,30
	ab 13. Jahr	5808,91	6050,85

* Für die am 30. September 2005 vorhandenen Kraftfahrer/Kraftfahrerinnen, deren Arbeitsverhältnis zum Bund über den 30. September 2005 hinaus fortbesteht und die am 1. Oktober 2005 unter den Geltungsbereich des TVöD fallen.

L. Tarifvertrag zu flexiblen Arbeitszeitregelungen für ältere Beschäftigte – TV FlexAZ – Gemeinden

vom 27. Februar 2010 in der Fassung des Änderungstarifvertrages Nr. 9 vom 6. April 2025

I. Geltungsbereich

§ 1 Geltungsbereich

[1]Dieser Tarifvertrag gilt für Beschäftigte, die unter den Geltungsbereich des Tarifvertrages für den öffentlichen Dienst (TVöD) oder des Tarifvertrages Versorgungsbetriebe (TV-V) fallen. [2]Er gilt unter Berücksichtigung gegebenenfalls abweichender Regelungen in einzelnen TV-N in Nahverkehrsunternehmen.

II. Altersteilzeit (ATZ)

§ 2 Inanspruchnahme von Altersteilzeit

Auf der Grundlage des Altersteilzeitgesetzes (AltTZG) vom 23. Juli 1996 in der jeweils geltenden Fassung ist die Änderung des Arbeitsverhältnisses in ein Altersteilzeitarbeitsverhältnis

a) in Restrukturierungs- und Stellenabbaubereichen (§ 3) und
b) im Übrigen im Rahmen einer Quote (§ 4)

möglich.

§ 3 Altersteilzeit in Restrukturierungs- und Stellenabbaubetrieben

[1]Altersteilzeit im Sinne des Altersteilzeitgesetzes kann, ohne dass darauf ein Rechtsanspruch besteht, in Restrukturierungs- und Stellenabbaubereichen bei dienstlichem oder betrieblichem Bedarf vereinbart werden, wenn die persönlichen Voraussetzungen nach § 5 vorliegen. [2]Die Festlegung der in Satz 1 genannten Bereiche und die Entscheidung, ob, in welchem Umfang und für welchen Personenkreis dort Altersteilzeit zugelassen wird, erfolgt durch den Arbeitgeber.

§ 4 Altersteilzeit im Übrigen

(1) Den Beschäftigten wird im Rahmen der Quote nach Absatz 2 die Möglichkeit eröffnet, Altersteilzeit im Sinne des Altersteilzeitgesetzes in Anspruch zu nehmen, wenn die persönlichen Voraussetzungen nach § 5 vorliegen.

(2) [1]Der Anspruch auf Vereinbarung einer Altersteilzeitarbeitsverhältnisses nach Absatz 1 ist ausgeschlossen, wenn und solange 2,5 v. H. der Beschäftigten (§ 1) der Verwaltung/des Betriebes von einer Altersteilzeitregelung im Sinne des Altersteilzeitgesetzes Gebrauch machen. [2]Maßgeblich für die Berechnung der Quote ist die Anzahl der Beschäftigten zum Stichtag 31. Mai des Vorjahres.

Protokollerklärungen zu § 4 Absatz 2:

1. Betriebe im Sinne dieser Vorschrift sind auch rechtlich unselbständige Regie- und Eigenbetriebe.
2. [1]In die Quote werden alle zum jeweiligen Stichtag bestehenden Altersteilzeitarbeitsverhältnisse einschließlich solcher nach § 3 dieses Tarifvertrages einbezogen. [2]Die so errechnete Quote gilt für das gesamte Kalenderjahr; unterjährige Veränderungen bleiben unberücksichtigt. [3]Die Quote wird jährlich überprüft.

Niederschriftserklärung:

Die Tarifvertragsparteien sind sich darüber einig, dass in Verwaltungen/Betrieben mit weniger als 40 Beschäftigten kein Anspruch auf Vereinbarung eines Altersteilzeitarbeitsverhältnisses besteht.

(3) Der Arbeitgeber kann ausnahmsweise die Vereinbarung eines Altersteilzeitarbeitsverhältnisses ablehnen, wenn dienstliche oder betriebliche Gründe entgegenstehen.

§ 5 Persönliche Voraussetzungen für Altersteilzeit

(1) Altersteilzeit nach diesem Tarifvertrag setzt voraus, dass die Beschäftigten

a) das 60. Lebensjahr vollendet haben und

b) innerhalb der letzten fünf Jahre vor Beginn der Altersteilzeitarbeit mindestens 1080 Kalendertage in einer versicherungspflichtigen Beschäftigung nach dem Dritten Buch Sozialgesetzbuch gestanden haben.

(2) Das Altersteilzeitarbeitsverhältnis muss sich zumindest bis zu dem Zeitpunkt erstrecken, ab dem eine Rente wegen Alters beansprucht werden kann.

(3) [1]Die Vereinbarung von Altersteilzeit ist spätestens drei Monate vor dem geplanten Beginn des Altersteilzeitarbeitsverhältnisses schriftlich zu beantragen. [2]Der Antrag kann frühestens ein Jahr vor Erfüllung der Voraus-

setzungen nach Absatz 1 gestellt werden. [3]Von den Fristen nach Satz 1 oder 2 kann einvernehmlich abgewichen werden.

§ 6 Vereinbarung eines Altersteilzeitarbeitsverhältnisses

(1) Das Altersteilzeitarbeitsverhältnis muss ein versicherungspflichtiges Beschäftigungsverhältnis im Sinne des Dritten Buches Sozialgesetzbuch sein und darf die Dauer von fünf Jahren nicht überschreiten.
(2) [1]Die durchschnittliche wöchentliche Arbeitszeit während des Altersteilzeitarbeitsverhältnisses beträgt die Hälfte der bisherigen wöchentlichen Arbeitszeit. [2]Für die Berechnung der bisherigen wöchentlichen Arbeitszeit gilt § 6 Abs. 2 AltTZG; dabei bleiben Arbeitszeiten außer Betracht, die die tarifliche regelmäßige wöchentliche Arbeitszeit überschritten haben.
(3) [1]Die während der Dauer des Altersteilzeitarbeitsverhältnisses zu leistende Arbeit kann so verteilt werden, dass sie
a) durchgehend erbracht wird (Teilzeitmodell) oder
b) in der ersten Hälfte des Altersteilzeitarbeitsverhältnisses geleistet und die Beschäftigten anschließend von der Arbeit unter Fortzahlung der Leistungen nach Maßgabe des § 7 freigestellt werden (Blockmodell).

[2]Die Beschäftigten können vom Arbeitgeber verlangen, dass ihr Wunsch nach einer bestimmten Verteilung der Arbeitszeit mit dem Ziel einer einvernehmlichen Regelung erörtert wird.

§ 7 Entgelt und Aufstockungsleistungen

(1) [1]Beschäftigte erhalten während der Gesamtdauer des Altersteilzeitarbeitsverhältnisses im Teilzeitmodell (§ 6 Abs. 3 Satz 1 Buchst. a) das Tabellenentgelt und alle sonstigen Entgeltbestandteile in Höhe der sich für entsprechende Teilzeitbeschäftigte nach § 24 Abs. 2 TVöD bzw. § 7 Abs. 3 TV-V ergebenden Beträge. [2]Maßgebend ist die durchschnittliche wöchentliche Arbeitszeit nach § 6 Abs. 2.
(2) Beschäftigte erhalten während der Arbeitsphase des Altersteilzeitarbeitsverhältnisses im Blockmodell (§ 6 Abs. 3 Satz 1 Buchst. b) das Tabellenentgelt und alle sonstigen Entgeltbestandteile in Höhe der Hälfte des Entgelts, das sie jeweils erhalten würden, wenn sie mit der bisherigen wöchentlichen Arbeitszeit (§ 6 Abs. 2 Satz 2) weitergearbeitet hätten; die andere Hälfte des Entgelts fließt in das Wertguthaben (§ 7b SGB IV) und wird in der Freistellungsphase ratierlich ausgezahlt. [2]Das Wertguthaben erhöht sich bei allgemeinen Tariferhöhungen in der von den Tarifvertragsparteien jeweils festzulegenden Höhe.

Protokollerklärung zu § 7 Absatz 2 Satz 2:
Das Wertguthaben erhöht sich am 1. April 2025 um 3,11 Prozent und am 1. Mai 2026 um weitere 2,8 Prozent.

(3) [1]Das den Beschäftigten nach Absatz 1 oder 2 zustehende Entgelt wird nach Maßgabe der Sätze 2 und 3 um 20 v. H. aufgestockt. [2]Bemessungsgrundlage für die Aufstockung ist das Regelarbeitsentgelt für die Teilzeitarbeit (§ 6 Abs. 1 AltTZG). [3]Steuerfreie Entgeltbestandteile und Entgelte, die einmalig (z. B. Jahressonderzahlung) oder die nicht für die vereinbarte Arbeitszeit (z. B. Überstunden- oder Mehrarbeitsentgelt) gezahlt werden, sowie Sachbezüge, die während der Gesamtdauer des Altersteilzeitarbeitsverhältnisses unvermindert zustehen, gehören nicht zum Regelarbeitsentgelt und bleiben bei der Aufstockung unberücksichtigt. [4]Sätze 1 bis 3 gelten für das bei Altersteilzeit im Blockmodell in der Freistellungsphase auszukehrende Wertguthaben entsprechend.
(4) [1]Neben den vom Arbeitgeber zu tragenden Sozialversicherungsbeiträgen für das nach Absatz 1 oder 2 zustehende Entgelt entrichtet der Arbeitgeber zusätzliche Beiträge zur gesetzlichen Rentenversicherung (Rentenaufstockung) nach § 3 Abs. 1 Nr. 1 Buchst. b i. V. m. § 6 Abs. 1 AltTZG. [2]Für von der Versicherungspflicht befreite Beschäftigte im Sinne von § 4 Abs. 2 AltTZG gilt Satz 1 entsprechend.
(5) [1]In Fällen krankheitsbedingter Arbeitsunfähigkeit besteht ein Anspruch auf Leistungen nach Absätzen 1 bis 4 längstens für die Dauer der Entgeltfortzahlung nach § 22 Abs. 1 Satz 1 TVöD bzw. § 13 Abs. 1 Satz 1 TV-V. [2]Für die Zeit der Zahlung des Krankengeldzuschusses (§ 22 Abs. 2 bis 4 TVöD bzw. § 13 Abs. 1 Satz 2 und Abs. 2 bis 4 TV-V), längstens bis zum Ende der 26. Krankheitswoche, wird der Aufstockungsbetrag gemäß Absatz 3 in Höhe des kalendertäglichen Durchschnitts des in den letzten drei abgerechneten Kalendermonaten maßgebenden Aufstockungsbetrages gezahlt.

Niederschriftserklärung:
Die Tarifvertragsparteien wirken darauf hin, den ATV/ATV-K dahingehend anzupassen, dass als zusatzversorgungspflichtiges Entgelt im Sinne des § 15 Abs. 2 ATV/ATV-K das 1,6fache des Entgelts nach § 7 Abs. 1 und 2 gilt.

§ 8 Verteilung des Urlaubs im Blockmodell

[1]Für Beschäftigte, die Altersteilzeit im Blockmodell (§ 6 Abs. 3 Satz 1 Buchst. b) leisten, besteht kein Urlaubsanspruch für die Zeit der Freistellung von der Arbeit. [2]Im Kalenderjahr des Übergangs von der Beschäftigung zur Freistellung haben die Beschäftigten für jeden vollen Beschäftigungsmonat Anspruch auf ein Zwölftel des Jahresurlaubs.

§ 9 Nebentätigkeit

(1) [1]Beschäftigte dürfen während des Altersteilzeitarbeitsverhältnisses keine Beschäftigungen oder selbständigen Tätigkeiten ausüben, die die Geringfügigkeitsgrenze des § 8 SGB IV überschreiten, es sei denn, diese Beschäftigungen oder selbständigen Tätigkeiten sind bereits innerhalb der letzten fünf Jahre vor Beginn des Altersteilzeitarbeitsverhältnisses ständig ausgeübt worden. [2]Bestehende tarifliche Regelungen über Nebentätigkeiten bleiben unberührt.
(2) [1]Der Anspruch auf die Aufstockungsleistungen ruht während der Zeit, in der Beschäftigte eine unzulässige Beschäftigung oder selbstständige Tätigkeit im Sinne des Absatzes 1 ausüben oder über die Altersteilzeitarbeit hinaus Mehrarbeit oder Überstunden leisten, die den Umfang der Geringfügigkeitsgrenze des § 8 des Vierten Buches Sozialgesetzbuch übersteigen. [2]Hat der Anspruch auf die Aufstockungsleistungen mindestens 150 Tage geruht, erlischt er; mehrere Ruhenszeiträume werden zusammengerechnet.

§ 10 Verlängerung der Arbeitsphase im Blockmodell bei Krankheit

Ist die/der Beschäftigte bei Altersteilzeitarbeit im Blockmodell während der Arbeitsphase über den Zeitraum der Entgeltfortzahlung (§ 22 Abs. 1 Satz 1 TVöD; § 13 Abs. 1 Satz 1 TV-V) hinaus arbeitsunfähig erkrankt, verlängert sich die Arbeitsphase um die Hälfte des den Entgeltfortzahlungszeitraum übersteigenden Zeitraums der Arbeitsunfähigkeit; in dem gleichen Umfang verkürzt sich die Freistellungsphase.

§ 11 Ende des Arbeitsverhältnisses

(1) Das Arbeitsverhältnis endet zu dem in der Altersteilzeitvereinbarung festgelegten Zeitpunkt.
(2) Das Arbeitsverhältnis endet unbeschadet der sonstigen tariflichen Beendigungstatbestände

a) mit Ablauf des Kalendermonats vor dem Kalendermonat, von dem an die/der Beschäftigte eine abschlagsfreie Rente wegen Alters beanspruchen kann oder
b) mit Beginn des Kalendermonats für den die/der Beschäftigte eine Rente wegen Alters tatsächlich bezieht.

(3) [1]Endet bei einer/einem Beschäftigten, die/der im Rahmen der Altersteilzeit nach dem Blockmodell beschäftigt wird, das Arbeitsverhältnis vorzeitig, hat sie/er Anspruch auf eine etwaige Differenz zwischen den erhaltenen Entgelten und dem Entgelt für den Zeitraum ihrer/seiner tatsächlichen Beschäftigung, die sie/er ohne Eintritt in die Altersteilzeit erzielt hätte, vermindert

um die vom Arbeitgeber gezahlten Aufstockungsleistungen. [2]Bei Tod der/des Beschäftigten steht dieser Anspruch den Erben zu.

§ 12 Dienst-/Betriebsvereinbarungen

[1]In einer einvernehmlichen Dienstvereinbarung bzw. in einer freiwilligen Betriebsvereinbarung können von den §§ 2 bis 11 abweichende Regelungen vereinbart werden. [2]Abweichende Regelungen sind nur zulässig, soweit die gesetzlichen Mindestvoraussetzungen für Altersteilzeit nach dem AltTZG nicht unterschritten werden.

Protokollerklärung:
Eine einvernehmliche Dienstvereinbarung liegt nur ohne Entscheidung der Einigungsstelle vor.

III. Flexible Altersarbeitszeit (FALTER)

§ 13 Flexible Altersarbeitszeit

[1]Älteren Beschäftigten wird in einem Modell der flexiblen Altersarbeitszeit (FALTER) ein gleitender Übergang in den Ruhestand bei gleichzeitig längerer Teilhabe am Berufsleben ermöglicht. [2]Das Modell sieht vor, dass die Beschäftigten über einen Zeitraum von vier Jahren ihre Arbeitszeit auf die Hälfte der bisherigen Arbeitszeit reduzieren und gleichzeitig eine Teilrente in Höhe von höchstens 50 v. H. der jeweiligen Altersrente beziehen. [3]Die reduzierte Arbeitsphase beginnt zwei Jahre vor Erreichen des Kalendermonats, für den/die Beschäftigte eine abschlagsfreie Altersrente in Anspruch nehmen kann und geht zwei Jahre über diese Altersgrenze hinaus. [4]Die Beschäftigten erhalten nach Erreichen der Altersgrenze für eine abschlagsfreie Altersrente einen Anschlussarbeitsvertrag für zwei Jahre unter der Bedingung, dass das Arbeitsverhältnis bei Inanspruchnahme einer mehr als hälftigen Teilrente oder Vollrente endet. [5]Die übrigen tariflichen Beendigungstatbestände bleiben unberührt. [6]Auf die Vereinbarung von flexibler Altersarbeitszeit besteht kein Rechtsanspruch.

IV. Übergangs- und Schlussvorschriften

§ 14 Übergangsvorschriften

Auf Altersteilzeitarbeitsverhältnisse, die vor dem 1. Januar 2010 begonnen haben, findet dieser Tarifvertrag keine Anwendung.

§ 15 Inkrafttreten, Geltungsdauer

(1) [1]Dieser Tarifvertrag tritt mit Wirkung vom 1. Januar 2010 in Kraft. [2]Bei Inkrafttreten bereits bestehende Dienst- und Betriebsvereinbarungen bleiben unberührt.

(2) Dieser Tarifvertrag gilt für Beschäftigte, die bis zum 31. Dezember 2022 die jeweiligen tariflichen Voraussetzungen erfüllen und deren Altersteilzeitarbeitsverhältnis oder deren flexible Arbeitszeit vor dem 1. Januar 2023 begonnen hat.

M. Tarifvertrag zur Regelung flexibler Arbeitszeiten für ältere Beschäftigte [Bund]

vom 27. Februar 2010 in der Fassung des Änderungstarifvertrages Nr. 3 vom 25. Oktober 2020

Abschnitt I
Geltungsbereich

§ 1 Geltungsbereich

Dieser Tarifvertrag gilt für Beschäftigte, die unter den Geltungsbereich des Tarifvertrages für den öffentlichen Dienst (TVöD) fallen.

Protokollerklärung zu § 1:
[1]Dieser Tarifvertrag gilt für Beschäftigte, die bis zum 31. Dezember 2022 die jeweiligen tariflichen Voraussetzungen erfüllen und deren Arbeitsverhältnis nach den Abschnitten II oder III vor dem 1. Januar 2023 begonnen hat. [2]Auf Altersteilzeitarbeitsverhältnisse, die vor dem 1. Januar 2010 begonnen haben, findet dieser Tarifvertrag keine Anwendung.

Abschnitt II
Regelungen zur Altersteilzeit

§ 2 Möglichkeiten der Altersteilzeit

Auf der Grundlage des Altersteilzeitgesetzes (AltTZG) vom 23. Juli 1996 in der jeweils geltenden Fassung ist die Änderung des Arbeitsverhältnisses in ein Altersteilzeitarbeitsverhältnis in Restrukturierungs- und Stellenabbaubereichen (§ 3) und im Übrigen im Rahmen einer Quote (§ 4) möglich.

§ 3 Altersteilzeit in Restrukturierungs- und Stellenabbaubetrieben

(1) Altersteilzeit im Sinne des Altersteilzeitgesetzes kann, ohne dass darauf ein Rechtsanspruch besteht, in Restrukturierungs- und Stellenabbaubereichen bei dienstlichem oder betrieblichem Bedarf vereinbart werden, wenn die persönlichen Voraussetzungen nach § 5 vorliegen.

(2) Die Festlegung der in Absatz 1 genannten Bereiche und die Entscheidung, ob, in welchem Umfang und für welchen Personenkreis dort Altersteilzeit zugelassen wird, erfolgt durch den Arbeitgeber.

Niederschriftserklärung zu § 3 Abs. 2:
[1]Der Bund erklärt: Die Festlegung der Restrukturierungs- und Stellenabbaubereiche erfolgt durch die jeweils zuständige oberste Bundesbehörde im Einvernehmen mit dem Bundesministerium der Finanzen, das seinerseits zuvor den Haushaltsausschuss (Rechnungsprüfungsausschuss) des Deutschen Bundestages um dessen Einvernehmen ersucht. [2]Das Bundesministerium des Innern kann, im Einvernehmen mit dem Bundesministerium der Finanzen, das seinerseits zuvor den Haushaltsausschuss (Rechnungsprüfungsausschuss) des Deutschen Bundestages um dessen Einvernehmen ersucht hat, die obersten Bundesbehörden ermächtigen, in ihrem Geschäftsbereich eigenständig weitere Bereiche als Stellenabbaubereiche festzulegen, soweit dort haushaltsgesetzliche Stelleneinsparungen zu erbringen sind.

§ 4 Altersteilzeit im Übrigen

(1) Beschäftigte haben im Rahmen der Quote nach Absatz 2 Anspruch auf Vereinbarung eines Altersteilzeitarbeitsverhältnisses im Sinne des Altersteilzeitgesetzes, wenn die persönlichen Voraussetzungen nach § 5 vorliegen.
(2) [1]Der Anspruch auf Vereinbarung einer Altersteilzeitarbeitsverhältnisses nach Absatz 1 ist ausgeschlossen, wenn und solange 2,5 v. H. der Beschäftigten des Arbeitgebers im Sinne des § 1 von einer Altersteilzeitregelung im Sinne des Altersteilzeitgesetzes Gebrauch machen. [2]Maßgeblich für die Berechnung der Quote ist die Anzahl der Beschäftigten sowie die Anzahl der Altersteilzeitarbeitsverhältnisse jeweils zum Stichtag 30. Juni des Vorjahres; sofern der Arbeitgeber zur Meldung an das Statistische Bundesamt verpflichtet ist, gilt die dort gemeldete Zahl.
(3) Der Arbeitgeber kann ausnahmsweise die Vereinbarung eines Altersteilzeitarbeitsverhältnisses ablehnen, wenn dienstliche oder betriebliche Gründe entgegenstehen.

Protokollerklärungen zu § 4:
1. Die Quote von 2,5 v. H. wird jeweils für die obersten Bundesbehörden (einschließlich ihrer nachgeordneten Bereiche) berechnet, wobei jeweils eine weitere Aufteilung auf Teile der Verwaltung innerhalb ihres Geschäftsbereichs (Verwaltungsteile, z. B. auf Behörden oder Dienststellen) möglich ist.
2. [1]In die Quote werden alle zum jeweiligen Stichtag bestehenden Altersteilzeitarbeitsverhältnisse einschließlich solcher nach § 3 dieses Tarifvertrages einbezogen. [2]Die so errechnete Quote gilt für das gesamte Kalenderjahr; unterjährige Veränderungen bleiben unberücksichtigt. [3]Die Quote wird jährlich überprüft.

§ 5 Persönliche Voraussetzungen der Altersteilzeit

(1) Altersteilzeit nach diesem Tarifvertrag setzt voraus, dass die Beschäftigten
a) das 60. Lebensjahr vollendet haben und
b) innerhalb der letzten fünf Jahre vor Beginn der Altersteilzeitarbeit mindestens 1080 Kalendertage in einer versicherungspflichtigen Beschäftigung nach dem Dritten Buch Sozialgesetzbuch gestanden haben.

(2) Das Altersteilzeitarbeitsverhältnis muss sich zumindest auf die Zeit erstrecken, bis eine Rente wegen Alters beansprucht werden kann.

(3) [1]Die Beschäftigten haben die Vereinbarung von Altersteilzeit mit einer Frist von drei Monaten vor dem geplanten Beginn des Altersteilzeitarbeitsverhältnisses schriftlich zu beantragen; von dem Fristerfordernis kann einvernehmlich abgewichen werden. [2]Der Antrag kann wirksam frühestens ein Jahr vor Erfüllung der Voraussetzungen nach Absatz 1 gestellt werden.

§ 6 Vereinbarung eines Altersteilzeitarbeitsverhältnisses

(1) Das Altersteilzeitarbeitsverhältnis muss ein versicherungspflichtiges Beschäftigungsverhältnis im Sinne des Dritten Buches Sozialgesetzbuch sein, darf die Dauer von fünf Jahren nicht überschreiten und muss vor dem 1. Januar 2023 beginnen.

(2) [1]Die durchschnittliche wöchentliche Arbeitszeit während des Altersteilzeitarbeitsverhältnisses beträgt die Hälfte der bisherigen wöchentlichen Arbeitszeit. [2]Für die Berechnung der bisherigen wöchentlichen Arbeitszeit gilt § 6 Abs. 2 AltTZG. [3]Dabei bleiben Arbeitszeiten außer Betracht, die die tarifliche regelmäßige wöchentliche Arbeitszeit überschritten haben.

Protokollerklärung zu Absatz 2:
Für die unter den KraftfahrerTV Bund fallenden Beschäftigten gilt für die Anwendung dieses Tarifvertrages die den Pauschalgruppen zugrunde liegende Arbeitszeit als regelmäßige Arbeitszeit.

(3) Die während der Dauer des Altersteilzeitarbeitsverhältnisses zu leistende Arbeit kann so verteilt werden, dass sie
a) in der ersten Hälfte des Altersteilzeitarbeitsverhältnisses geleistet und die Beschäftigten anschließend von der Arbeit unter Fortzahlung der Leistungen nach Maßgabe des § 7 freigestellt werden (Blockmodell) oder
b) durchgehend erbracht wird (Teilzeitmodell).

Protokollerklärung zu Absatz 3:
Für die unter den KraftfahrerTV Bund fallenden Beschäftigten ist Altersteilzeit nur im Blockmodell möglich.

(4) Die Beschäftigten können vom Arbeitgeber verlangen, dass ihr Wunsch nach einer bestimmten Verteilung der Arbeitszeit mit dem Ziel einer einvernehmlichen Regelung erörtert wird.

§ 7 Leistungen des Arbeitgebers

(1) [1]Beschäftigte erhalten während der Gesamtdauer des Altersteilzeitarbeitsverhältnisses das Tabellenentgelt und alle sonstigen Entgeltbestandteile in Höhe der sich für entsprechende Teilzeitbeschäftigte nach § 24 Abs. 2 TVöD ergebenden Beträge mit der Maßgabe, dass die nicht in Monatsbeträgen festgelegten Entgeltbestandteile (§ 21 Satz 2 TVöD) entsprechend dem Umfang der tatsächlich geleisteten Tätigkeit berücksichtigt werden. [2]Maßgebend ist die nach § 6 Abs. 2 vereinbarte durchschnittliche wöchentliche Arbeitszeit.
(2) [1]Die den Beschäftigten nach Absatz 1 zustehenden Entgelte zuzüglich des darauf entfallenden sozialversicherungspflichtigen Teils der vom Arbeitgeber zu tragenden Umlage zur Zusatzversorgungseinrichtung (Regelarbeitsentgelt) werden um 20 v. H. aufgestockt. [2]Steuerfreie Entgeltbestandteile und Entgelte, die einmalig (z. B. Jahressonderzahlung nach § 20 (Bund) TVöD) oder die nicht für die vereinbarte Arbeitszeit (z. B. Überstunden- oder Mehrarbeitsentgelt) gezahlt werden, gehören nicht zum Regelarbeitsentgelt und bleiben bei der Aufstockung unberücksichtigt. [3]Entgeltbestandteile, die für den Zeitraum der vereinbarten Altersteilzeit nicht vermindert worden sind, bleiben bei der Aufstockung außer Betracht.

Protokollerklärung zu Absatz 2:
Bei Beschäftigten, die unter den KraftfahrerTV Bund fallen, ist beim Regelarbeitsentgelt in der Freistellungsphase das Entgelt aus der Pauschalgruppe anzusetzen, die mindestens während der Hälfte der Dauer der Arbeitsphase maßgebend war.

(3) [1]Neben den vom Arbeitgeber zu tragenden Sozialversicherungsbeiträgen für die nach Absatz 1 zustehenden Entgelte entrichtet der Arbeitgeber für die Beschäftigten zusätzliche Beiträge zur gesetzlichen Rentenversicherung in Höhe des Beitrags, der auf 80 v. H. des Regelarbeitsentgelts für die Altersteilzeit, begrenzt auf den Unterschiedsbetrag zwischen 90 v. H. der monatlichen Beitragsbemessungsgrenze und dem Regelarbeitsentgelt, entfällt, höchstens bis zur Beitragsbemessungsgrenze (§ 3 Abs. 1 Nr. 1b i. V. m. § 6 Abs. 1 AltTZG). [2]Für von der Versicherungspflicht befreite Beschäftigte im Sinne von § 4 Abs. 2 AltTZG gilt Satz 1 entsprechend.
(4) [1]In Fällen krankheitsbedingter Arbeitsunfähigkeit besteht ein Anspruch auf Leistungen nach Absatz 2 längstens in den Grenzen des § 22 TVöD. [2]Die Leistungen nach Absatz 3 werden längstens für die Dauer nach § 22 Abs. 1 TVöD gezahlt.

Protokollerklärung zu Absatz 4:
Der Aufstockungsbetrag nach Absatz 2 wird für die Zeit der Zahlung des Krankengeldzuschusses (§ 22 Abs. 2 bis 4 TVöD), längstens bis zum Ende der 26. Krankheitswoche, in Höhe des kalendertäglichen Durchschnitts des in den letzten drei abgerechneten Kalendermonaten maßgebenden Aufstockungsbetrages gezahlt; Einmalzahlungen bleiben unberücksichtigt.

(5) [1]Sind Beschäftigte bei Altersteilzeit im Blockmodell während der Arbeitsphase über den Zeitraum der Entgeltfortzahlung hinaus arbeitsunfähig erkrankt, verlängert sich die Arbeitsphase um die Hälfte des den Entgeltfortzahlungszeitraum übersteigenden Zeitraums der Arbeitsunfähigkeit. [2]Die Dauer der Freistellungsphase verkürzt sich entsprechend.

Niederschriftserklärung zu § 7:
Die Tarifvertragsparteien wirken darauf hin, den ATV dahingehend anzupassen, dass als zusatzversorgungspflichtiges Entgelt im Sinne des § 15 Abs. 2 ATV das 1,6fache des Entgelts nach § 7 Abs. 1 gilt.

§ 8 Ende des Altersteilzeitarbeitsverhältnisses

(1) Das Altersteilzeitarbeitsverhältnis endet zu dem in der Altersteilzeitvereinbarung festgelegten Zeitpunkt.
(2) Das Altersteilzeitarbeitsverhältnis endet unbeschadet der sonstigen tariflichen Beendigungstatbestände
a) mit Ablauf des Kalendermonats vor dem Monat, von dem an die oder der Beschäftigte eine abschlagsfreie Rente wegen Alters beanspruchen kann, oder
b) mit Beginn des Kalendermonats, für den die oder der Beschäftigte eine Rente wegen Alters tatsächlich bezieht.
(3) [1]Endet das Altersteilzeitarbeitsverhältnis bei Vereinbarung eines Blockmodells vorzeitig, so erhalten Beschäftigte die etwaige Differenz zwischen dem nach § 7 Abs. 1 gezahltem tariflichen Entgelt einschließlich der Aufstockungsleistung nach § 7 Abs. 2 und dem Entgelt für den Zeitraum ihrer tatsächlichen Beschäftigung, das sie ohne Eintritt in die Altersteilzeit erzielt hätten. [2]Bei Tod steht der Anspruch den Erben zu.

§ 9 Nebentätigkeiten

(1) [1]Beschäftigte dürfen während des Altersteilzeitarbeitsverhältnisses keine Beschäftigungen oder selbständigen Tätigkeiten ausüben, die die Geringfügigkeitsgrenze des § 8 des Vierten Buches Sozialgesetzbuch überschreiten, es sei denn, diese Beschäftigungen oder selbständigen Tätigkeiten sind bereits innerhalb der letzten 5 Jahre vor Beginn des Altersteilzeitarbeitsver-

hältnisses ständig ausgeübt worden. [2]Bestehende tarifliche Regelungen über Nebentätigkeiten bleiben unberührt.

(2) [1]Der Anspruch auf die Aufstockungsleistungen ruht während der Zeit, in der Beschäftigte eine unzulässige Beschäftigung oder selbständige Tätigkeit im Sinne des Absatzes 1 ausüben oder über die Altersteilzeitarbeit hinaus Mehrarbeit oder Überstunden leisten, die den Umfang der Geringfügigkeitsgrenze des § 8 des Vierten Buches Sozialgesetzbuch übersteigen. [2]Hat der Anspruch auf die Aufstockungsleistungen mindestens 150 Tage geruht, erlischt er; mehrere Ruhenszeiträume werden zusammengerechnet.

§ 10 Urlaub

[1]Für Beschäftigte, die Altersteilzeit im Blockmodell leisten, besteht kein Urlaubsanspruch für die Zeit der Freistellung von der Arbeit. [2]Im Kalenderjahr des Übergangs von der Beschäftigung zur Freistellung haben die Beschäftigten für jeden vollen Beschäftigungsmonat Anspruch auf ein Zwölftel ihres Jahresurlaubs.

Abschnitt III
Regelungen zum flexiblen Übergang in den Ruhestand (FALTER)

§ 11 Begriffsbestimmung

[1]FALTER ist ein Arbeitszeitmodell, das einen gleitenden Übergang in den Ruhestand bei gleichzeitig längerer Teilhabe am Berufsleben ermöglichen soll. Es verbindet eine Teilzeitbeschäftigung (§ 11 TVöD) mit dem gleichzeitigen Bezug einer Teilrente. [2]FALTER beginnt vor Erreichen des maßgebenden Alters für eine abschlagsfreie Altersrente und wird für die gleiche Dauer über diesen Zeitpunkt hinaus fortgesetzt.

§ 12 Voraussetzungen für die Inanspruchnahme des FALTER-Arbeitszeitmodells

(1) Beschäftigte und Arbeitgeber können bei dienstlichem oder betrieblichem Bedarf und ohne dass ein Rechtsanspruch besteht, einen flexiblen Übergang in den Ruhestand bei gleichzeitig längerer Lebensarbeitszeit vereinbaren.

(2) [1]Das Arbeitszeitmodell beginnt frühestens zwei Jahre vor Erreichen des Kalendermonats, für den die Beschäftigten eine abschlagsfreie Rente wegen Alters in Anspruch nehmen können, und endet spätestens zwei Jahre nach

Erreichen dieser Altersgrenze. [2]Die Zeiträume vor und nach Erreichen dieser Altersgrenze müssen von gleicher Dauer sein.
(3) [1]Der Beginn des Arbeitszeitmodells setzt den Beginn einer hälftigen Teilrente voraus. [2]§ 5 Abs. 3 gilt entsprechend.

§ 13 Vereinbarung des FALTER-Arbeitszeitmodells

(1) [1]Die Arbeit nach dem Arbeitszeitmodell darf die Dauer von vier Jahren nicht überschreiten und muss vor dem 1. Januar 2023 beginnen. [2]In den Fällen der Vereinbarung des Arbeitszeitmodells wird der Beendigungszeitpunkt nach § 33 Abs. 1 Buchst. a TVöD um bis zu zwei Jahre hinausgeschoben.
(2) Die Vereinbarung des Arbeitszeitmodells erfordert Regelungen über eine reduzierte Arbeitszeit nach Absatz 3 sowie über den Beendigungszeitpunkt nach Absatz 1 Satz 2.
(3) [1]Die durchschnittliche wöchentliche Arbeitszeit während der Dauer des Arbeitszeitmodells beträgt die Hälfte der regelmäßigen wöchentlichen Arbeitszeit nach § 6 Abs. 1 TVöD. [2]Eine geringere Arbeitszeit kann vereinbart werden.
(4) Die zu leistende Arbeit ist gleichmäßig über die Gesamtdauer des Arbeitszeitmodells zu verteilen.

§ 14 Ende des Arbeitsverhältnisses

(1) Abweichend von § 33 Abs. 1 Buchst. a TVöD endet das Arbeitsverhältnis, ohne dass es einer Kündigung bedarf, zu dem nach § 13 Abs. 2 vertraglich festgelegten Zeitpunkt.
(2) Unabhängig davon endet das Arbeitsverhältnis, ohne dass es einer Kündigung bedarf, bei Inanspruchnahme einer mehr als hälftigen Teilrente oder einer Vollrente.
(3) [1]Die durchschnittliche wöchentliche Arbeitszeit während der Dauer des Arbeitszeitmodells beträgt die Hälfte der regelmäßigen wöchentlichen Arbeitszeit nach § 6 Abs. 1 TVöD. [2]Eine geringere Arbeitszeit kann vereinbart werden.

Abschnitt IV
Sonstige Regelungen

§ 15 Mitteilungspflichten

Beschäftigte haben während der Dauer des gesamten Altersteilzeitarbeitsverhältnisses oder FALTER-Arbeitszeitmodells dem Arbeitgeber solche Umstände unverzüglich mitzuteilen, die für die Leistungen nach § 7 Abs. 2 bis 4 oder für den Bestand des Arbeitszeitmodells nach § 14 Abs. 2 erheblich sind.

§ 16 Qualifizierungen

Der Arbeitgeber bietet bei Bedarf Maßnahmen zur Qualifizierung im Sinne von § 5 TVöD an, die die Beschäftigten befähigen, auch über die Regelaltersgrenze hinaus arbeiten zu können.

§ 17 Inkrafttreten

Dieser Tarifvertrag tritt mit Wirkung vom 1. Januar 2010 in Kraft.

N. Tarifvertrag zur Entgeltumwandlung zum Zwecke des Leasings von Fahrrädern im kommunalen öffentlichen Dienst (TV-Fahrradleasing)

vom 25. Oktober 2020

§ 1 Geltungsbereich

(1) Dieser Tarifvertrag gilt für Beschäftigte, die in einem ungekündigten Arbeitsverhältnis zu einem Arbeitgeber stehen, der Mitglied eines Mitgliedverbandes der Vereinigung der kommunalen Arbeitgeberverbände (VKA) ist, und unter den Geltungsbereich des Tarifvertrages für den öffentlichen Dienst (TVöD) oder des Tarifvertrages Versorgungsbetriebe (TV-V) fallen.
(2) Dieser Tarifvertrag gilt nicht für

- Auszubildende, Schülerinnen und Schüler, Dual Studierende sowie Praktikantinnen und Praktikanten,
- Geringfügig Beschäftigte,
- Beschäftigte in der Freistellungsphase des Altersteilzeitblockmodells.

§ 2 Grundsätze der Entgeltumwandlung zum Zwecke des Fahrradleasings

(1) [1]Beschäftigte und Arbeitgeber können einzelvertraglich vereinbaren, künftige monatliche Entgeltbestandteile der Beschäftigten zum Zwecke des Leasings von Fahrrädern gemäß § 63a Straßenverkehrs-Zulassungs-Ordnung sowie leasingfähigen Zubehörs umzuwandeln. [2]Bietet der Arbeitgeber die Möglichkeit zum Abschluss einer Vereinbarung gemäß Satz 1 an, so hat er dieses Angebot zur Entgeltumwandlung allen Beschäftigten zu unterbreiten, die unter den Geltungsbereich dieses Tarifvertrags fallen. [3]Werden Entgeltansprüche der/des Beschäftigten auf Basis einer Vereinbarung gemäß Satz 1 umgewandelt, müssen für die Dauer des Leasingvertrages des Arbeitgebers Entgeltbestandteile in Höhe der jeweiligen Leasingrate verwendet werden.
(2) [1]Für die Zeit der Entgeltumwandlung gemäß Absatz 1 überlässt der Arbeitgeber als Leasingnehmer der/dem Beschäftigten das Fahrrad zur dienstlichen und privaten Nutzung. [2]Aus der Überlassungsvereinbarung müssen sich die Regelungen zum Überlassungsgegenstand und dessen Nutzung, sowie die Rechte und Pflichten der/des Beschäftigten ergeben.

§ 3 Nutzungsdauer

Die Beschäftigten sind an die Vereinbarungen gemäß § 2 mindestens für die Laufzeit des Leasingvertrages, längstens jedoch für die Dauer von 36 Monaten (Überlassungszeitraum) gebunden, sofern kein wichtiger Grund für die vorzeitige Kündigung besteht.

§ 4 Ausgestaltung

(1) Zusammen mit dem Fahrrad können etwaige Zusatzleistungen (z. B. Versicherungen) des Leasinggebers und fest mit dem Fahrrad verbundenes Zubehör geleast und überlassen werden.
(2) [1]Aus dem Angebot des Leasinggebers kann die/der Beschäftigte ein Fahrrad auswählen, das einschließlich des leasingfähigen Zubehörs den Wert in Höhe von 7000,00 Euro nicht überschreitet. [2]Maßgeblich für den Preis des Fahrrads ist die unverbindliche Preisempfehlung des Herstellers, Importeurs oder Großhändlers einschließlich der Umsatzsteuer.
(3) [1]Die Umwandlungsraten umfassen die Raten für die Leistungen nach Absatz 1. [2]Die Entgeltumwandlung beginnt mit der Entgeltzahlung im Monat der Übernahme und endet mit dem Ablauf des auf den letzten Monat der vereinbarten Laufzeit folgenden Monats.
(4) Jeder/Jedem Beschäftigten kann jeweils nur ein Fahrrad überlassen werden.
(5) Die gesetzlichen Mitbestimmungs- und Beteiligungsrechte der Betriebs- oder Personalräte bleiben unberührt.

§ 5 Inkrafttreten

[1]Dieser Tarifvertrag tritt am 1. März 2021 in Kraft. [2]Er kann mit einer Frist von drei Monaten zum Ende eines Kalenderjahres, frühestens zum 31. Dezember 2022, schriftlich gekündigt werden.

Niederschriftserklärung:
Die Tarifvertragsparteien verpflichten sich, bis zum 31. Oktober 2022 die praktische Umsetzung dieses Tarifvertrages zu bewerten und ggf. Gespräche zur Neubewertung der Regelungen zu führen.

O. Manteltarifvertrag für die Bodenabfertigungsdienste an deutschen Verkehrsflughäfen (MTV BVD)

vom 15. Februar 2024 in der Fassung des Änderungstarifvertrages Nr. 1 vom 25. April 2025

§ 1 Geltungsbereich

(1) Dieser Tarifvertrag gilt räumlich für das Gebiet der Bundesrepublik Deutschland.

(2) [1]Er gilt fachlich für Betriebe und selbständige Betriebsabteilungen, welche überwiegend einen oder mehrere der folgenden unter die Anlage 1 zur Bodenabfertigungsdienst-Verordnung (BADV) fallenden Bodenabfertigungsdienste an einem Flugplatz ausüben, der im Jahr 2019 mindestens 2 Millionen Fluggäste oder 50 000 t Fracht zu verzeichnen hatte oder eine dieser Grenzen ab dem Jahr 2023 erreicht.

[2]Für Betriebe und selbständige Betriebsabteilungen an Flugplätzen, welche die Fluggastgrenzen bzw. die Frachtgrenzen im Jahr 2019 noch nicht erreicht hatten, jedoch während der Laufzeit dieses Tarifvertrages eine der Grenzen erreichen, tritt die Geltung dieses Tarifvertrages 6 Monate nach Veröffentlichung der Verkehrszahlen durch das Bundesministerium für Digitales und Verkehr bzw. durch andere allgemein anerkannte Institutionen, insbesondere durch den Flughafenverband ADV, ein.

[3]Von einer überwiegenden Erbringung von Bodenabfertigungsdiensten ist auszugehen, sofern die Mehrheit der in dem Betrieb oder der selbständigen Betriebsabteilung Beschäftigten direkt oder indirekt zu Zwecken der Erbringung von Bodenabfertigungsdiensten eingesetzt wird. [4]Bei der Ermittlung der Mehrheit sind Teilzeitbeschäftigte entsprechend ihrem Beschäftigungsgrad zu berücksichtigen. [5]Werden einzelne Beschäftigte direkt oder indirekt sowohl für Bodenabfertigungsdienste als auch zu anderen Zwecken eingesetzt, ist maßgeblich, ob die Arbeitszeit der Beschäftigten überwiegend zur Erbringung von Bodenverkehrsdienstleistungen aufgewandt wird. [6]In Zweifelsfällen ist von einem überwiegenden Einsatz für Bodenverkehrsdienste auszugehen, wenn mehr als die Hälfte des in dem Betrieb oder der selbständigen Betriebsabteilung erwirtschafteten Umsatzes für Bodenverkehrsdienste erzielt wird.

[7]Als selbständige Betriebsabteilung gilt auch eine Gesamtheit von Arbeitnehmern eines sonst nicht vom Geltungsbereich erfassten Betriebes oder einer Betriebsabteilung, die ganz oder teilweise gegebenenfalls auch außer-

halb ihrer stationären Betriebsstätte überwiegend Bodenabfertigungsdienste an einem Flughafen erbringt.

[8]Betriebe und selbständige Betriebsabteilungen von Fluggesellschaften und mit diesen verbundenen Unternehmen i. S. d. § 15 AktG, die Bodenabfertigungsdienste erbringen (nachfolgend: »Selbstabfertiger«), sind vom fachlichen Geltungsbereich ausgenommen, sofern dort überwiegend für die jeweilige Fluggesellschaft oder i. S. d. § 15 AktG verbundene Fluggesellschaften Bodenabfertigungsdienste erbracht werden (sog. Selbstabfertigung) und sofern der Selbstabfertiger an einen anderen Tarifvertrag gebunden ist.

(3) [1]Der Tarifvertrag gilt persönlich

a) für alle Beschäftigten, die Abfertigungstätigkeiten nach § 1 Absatz 4 dieses Tarifvertrages ausüben und in Unternehmen beschäftigt sind, welche als Dienstleister im Sinne des § 2 Nr. 5 BADV tätig sind.
b) für Beschäftigte, die im Rahmen von Konzernüberlassungen zwischen von Absatz 2 umfassten Unternehmen überlassen werden.
c) für Beschäftigte, die im Rahmen einer Personalgestellung dauerhaft Abfertigungstätigkeiten im Sinne des § 1 Abs. 4 MTV für BVD-Tochtergesellschaften von mehrheitlich in öffentlicher Hand befindlichen Flughafenbetreibern erbringen.
d) für Beschäftigte, welche mit anderen als Abfertigungstätigkeiten nach § 1 Abs. 4 dieses Tarifvertrages betraut und die in Unternehmen oder einem Betrieb oder einer Betriebsabteilung beschäftigt sind, welche überwiegend oder ausschließlich Bodenabfertigungsdienstleistungen erbringen.
e) für die Auszubildenden aller Betriebe und Betriebsteile, welche unter Regelungen dieses Tarifvertrags fallen. Auszubildende im Sinne dieses Tarifvertrags sind Personen, die in einem anerkannten Ausbildungsberuf nach dem Berufsbildungsgesetz ausgebildet werden.

[2]Der Tarifvertrag findet keine Anwendung auf Beschäftigte, die nach § 5 Abs. 2 oder 3 BetrVG nicht als Arbeitnehmer* im Sinne des BetrVG gelten.

(4) Unter diesen Tarifvertrag fallen folgende in der Anlage 1 zur Bodenabfertigungsdienstverordnung (BADV) aufgeführten Bodenabfertigungsdienste

(a) Die administrative Abfertigung am Boden:
- die Vertretung bei und die Verbindung zu den örtlichen Behörden und sonstigen Stellen, die im Auftrag des Nutzers getätigten Auslagen und die Bereitstellung von Räumlichkeiten für seine Vertreter,
- die Kontrolle der Verladung, der Nachrichten und der Telekommunikation,

* Personenbezeichnungen sind geschlechtsneutral zu verstehen.

- die Behandlung, Lagerung, Abfertigung und Verwaltung der Ladungen,
- alle sonstigen Überwachungsdienste vor, während und nach dem Flug sowie alle sonstigen vom Nutzer geforderten administrativen Dienste.

(b) Die Fluggastabfertigung:
- die gesamte Fluggastbetreuung beim Abflug, bei der Ankunft, während des Transits oder bei Anschlussflügen,
- insbesondere die Kontrolle der Flugscheine und der Reiseunterlagen
- sowie die Registrierung des Gepäcks und dessen Beförderung bis zu den Sortieranlagen.

(c) Die Gepäckabfertigung:
- Behandlung des Gepäcks im Sortierraum, die Sortierung des Gepäcks, seine Vorbereitung für den Abflug,
- das Be- und Entladen der Fahrzeuge und Anlagen, mit denen das Gepäck zwischen Flugzeug und Sortierraum befördert wird,
- sowie die Gepäckbeförderung zwischen Sortierraum und Ausgaberaum.

(d) In der Fracht- und Postabfertigung:
- für den Transport von Fracht und Post zwischen dem Flugzeug und einem Gebäude oder Lagerplatz auf dem Flughafengelände bei der Ankunft, beim Abflug oder im Transit.

(e) Die Vorfelddienste:
- das Lotsen des Flugzeuges bei der Ankunft und beim Abflug, sofern diese Dienste nicht vom Flugverkehrskontrolldienst oder einer Zentralen Vorfeldkontrolle erbracht werden,
- die Unterstützung beim Parken des Flugzeugs und die Bereitstellung der entsprechenden Mittel,
- die Kommunikation zwischen dem Flugzeug und dem Dienstleister, der die vorfeldseitigen Dienste erbringt,
- das Be- und Entladen des Flugzeugs einschließlich der Bereitstellung und den Einsatz der erforderlichen Mittel sowie die Beförderung der Besatzung und der Fluggäste zwischen Flugzeug und Abfertigungsgebäude sowie die Beförderung des Gepäcks zwischen Flugzeug und Abfertigungsgebäude,
- die Unterstützung beim Anlassen der Triebwerke und die Bereitstellung der entsprechenden Mittel,
- das Bewegen des Flugzeuges beim Abflug und bei der Ankunft, die Bereitstellung und den Einsatz der erforderlichen Mittel.

(f) Der Flugzeugservice:
- der Toiletten- und Wasserservice,
- die Kühlung und Beheizung der Kabine, die Beseitigung von Schnee und Eis vom Flugzeug, das Enteisen des Flugzeugs,

- die Ausstattung der Kabine mit Bordausrüstung und deren Lagerung.

(g) Die Flugbetriebs- und Besatzungsdienste:
- die Vorbereitung des Fluges am Abflugplatz oder anderenorts,
- die Hilfe während des Fluges, unter anderem bei einer während des Fluges gegebenenfalls erforderlichen Änderung des Flugablaufs,
- die Dienste nach dem Flug,
- allgemeine Hilfsdienste für die Besatzung.

(h) Die Transportdienste am Boden:
- die Organisation und Abwicklung der Beförderung von Fluggästen, Besatzung, Gepäck, Fracht und Post zwischen verschiedenen Abfertigungsgebäuden eines Flugplatzes, nicht jedoch Beförderungen zwischen dem Flugzeug und einem anderen Ort auf dem Gelände des gleichen Flugplatzes,
- alle speziellen, vom Nutzer verlangten Beförderungsdienste.

§ 2 Arbeitsvertrag, Nebenabreden, Probezeit, Ausbildungsvertrag

(1) [1]Bei der Einstellung ist ein schriftlicher Arbeitsvertrag abzuschließen, in dem die Art und der Ort der Tätigkeit, die Entgeltgruppe und Stufe sowie eventuelle besondere Vereinbarungen enthalten sind. [2]Den Beschäftigten ist eine Ausfertigung auszuhändigen.

(2) Nebenabreden bedürfen der Schriftform.

(3) Die ersten sechs Monate des Arbeitsverhältnisses gelten als Probezeit.

(4) Bei befristeten Arbeitsverhältnissen ist die Probezeit abhängig von der Befristungsdauer:

bis zwei Monate Befristungsdauer	eine Woche
bis vier Monate Befristungsdauer	zwei Wochen
bis sechs Monate Befristungsdauer	drei Wochen
bis zwölf Monate Befristungsdauer	ein Monat
bis 24 Monate Befristungsdauer	zwei Monate
darüber hinaus	vier Monate.

(5) [1]Bei krankheitsbedingter Arbeitsunfähigkeit während der Probezeit für einen Zeitraum von insgesamt mindestens einem Monat kann die Probezeit um die Zeit der Arbeitsunfähigkeit verlängert werden. [2]Mehrere Arbeitsunfähigkeitszeiten sind zusammenzurechnen. Die Entscheidung obliegt dem Arbeitgeber und ist den Beschäftigten schriftlich mitzuteilen.

(6) [1]Auf die Probezeit werden die Zeiten eines oder mehrerer vorangegangener befristeter Arbeitsverhältnisse aus den letzten 12 Monaten zum selben Arbeitgeber angerechnet. [2]Entsprechendes gilt für die Zeiten vorangegangener Tätigkeit als Leiharbeitnehmer bei dem Arbeitgeber. [3]Bei der Übernahme von Auszubildenden im Anschluss an das Ausbildungsverhältnis im ausgebildeten Beruf entfällt die Probezeit. [4]Bei einer Übernahme in

einer anderen Tätigkeit kann die Probezeit verkürzt oder auf sie verzichtet werden.

(7) [1]Vor Beginn der Ausbildung ist ein Ausbildungsvertrag abzuschließen. [2]In diesem ist auf die gesetzlichen Pflichten der Vertragspartner zu verweisen. [3]Die Probezeit für Auszubildende beträgt drei Monate. [4]Den Auszubildenden ist eine Ausfertigung des Ausbildungsvertrags auszuhändigen; ebenfalls ist dieser Tarifvertrag in der gültigen Fassung zur Verfügung zu stellen.

§ 3 Allgemeine Arbeitsbedingungen, Nebentätigkeiten

(1) [1]Die Beschäftigten haben die ihnen übertragenen Aufgaben gewissenhaft und ordnungsgemäß auszuführen. [2]Sie sind verpflichtet, im Rahmen der Gesetze und des Arbeitsvertrages den Anordnungen des Arbeitgebers nachzukommen.

(2) [1]Die Beschäftigten haben ein Recht auf Einsicht in ihre vollständigen Personalakten. [2]Sie können das Recht auf Einsicht auch durch eine hierzu schriftlich bevollmächtigte Person ausüben lassen. [3]Sie können Auszüge oder Kopien aus ihren Personalakten erhalten.

(3) [1]Die Beschäftigten müssen über Beschwerden und Behauptungen tatsächlicher Art, die für sie ungünstig sind oder nachteilig werden können, vor Aufnahme in die Personalakte gehört werden. [2]Ihre Äußerung ist zu der Personalakte zu nehmen.

(4) Die Schadenshaftung der Beschäftigten ist bei dienstlich oder betrieblich veranlassten Tätigkeiten auf Vorsatz und grobe Fahrlässigkeit beschränkt.

(5) Die Beschäftigten haben über Angelegenheiten, deren Geheimhaltung durch gesetzliche Vorschriften vorgesehen oder vom Arbeitgeber angeordnet ist, Verschwiegenheit zu wahren; dies gilt auch für einen angemessenen Zeitraum über die Beendigung des Arbeitsverhältnisses hinaus.

(6) [1]Die Beschäftigten dürfen von Dritten Belohnungen, Geschenke, Provisionen oder sonstige Vergünstigungen von nicht nur geringem Wert in Bezug auf ihre Tätigkeit nicht annehmen. [2]Ausnahmen sind nur mit Zustimmung des Arbeitgebers möglich. [3]Werden den Beschäftigten derartige Vergünstigungen angeboten, haben sie dies dem Arbeitgeber unverzüglich mitzuteilen.

(7) [1]Nebentätigkeiten gegen Entgelt haben die Beschäftigten ihrem Arbeitgeber rechtzeitig vorher schriftlich anzuzeigen. [2]Der Arbeitgeber kann die Nebentätigkeit untersagen oder mit Auflagen versehen, wenn die Nebentätigkeit geeignet ist, die Erfüllung der arbeitsvertraglichen Pflichten der Beschäftigten oder berechtigte Interessen des Arbeitgebers zu beeinträchtigen.

(8) [1]Die Regelungen dieses Tarifvertrages gelten auch für Auszubildende. [2]Sofern durch besondere Arbeitszeiten oder durch die Ausbildung gesonderte Bedingungen entstehen, ist jeweils eine den Regelungen des Tarifvertrages sinngemäß am nächsten kommende Lösung zu finden.
[3]Für Reisen zur Teilnahme an Ausbildungsmaßnahmen, die nicht am ständigen Ausbildungsort stattfinden, werden die notwendigen entstandenen Fahrtkosten in Höhe eines Flugtickets Economy oder einer Bahnfahrkarte zweiter Klasse übernommen oder ein Zuschuss zu den entstehenden Kfz-Kosten in Höhe der steuerlichen Erstattungsbeträge gemäß Einkommensteuergesetz bezogen auf die kürzeste Straßenentfernung hin und zurück für die Anreise und für die Abreise vom Ort der Ausbildung gewährt. [4]Die nachgewiesenen notwendigen Kosten für eine Unterkunft am auswärtigen Ort einer Ausbildungsmaßnahme werden, sofern nicht eine unentgeltliche Unterkunft vom Arbeitgeber zur Verfügung steht, erstattet. [5]Für einen eventuell entstehenden Mehraufwand für Verpflegungskosten ist ein Ausgleich in Höhe der steuerlichen Erstattungsbeträge gemäß Einkommensteuergesetz durch den Arbeitgeber zu gewähren. [6]Für Erstattungsmaßnahmen nach dieser Regelung ist ein entsprechender Antrag vorab an den Arbeitgeber zu stellen.

§ 4 Befristete Arbeitsverträge

[1]Die Tarifvertragsparteien haben das gemeinsame Ziel, die branchenspezifische Qualifikation der Beschäftigten zu entwickeln und dauerhaft zu sichern. [2]Dazu ist es erforderlich, dass grundsätzlich unbefristete Beschäftigungsverhältnisse geschaffen werden.
[3]Befristete Beschäftigung zur Verminderung von Belastungsspitzen durch saisonale Flugpläne etc. können, sofern nicht anders möglich, durch Saisonkräfte im Rahmen der betrieblichen Erfordernisse, gesetzlichen Regelungen und den Bedingungen dieses Tarifvertrags abgedeckt werden; als Saisonkräfte werden Arbeitsverhältnisse von bis zu 8 Monaten Dauer gesehen, die zur Abdeckung des Winterdienstes oder der Abdeckung von Arbeitsspitzen im Sommer eingesetzt werden.
[4]Beschäftigte mit einem befristeten Arbeitsvertrag sind bei der Besetzung von Dauerarbeitsplätzen bevorzugt zu berücksichtigen, wenn die sachlichen und persönlichen Voraussetzungen erfüllt sind.

§ 5 Dienst- und Arbeitsschutzkleidung

[1]Dienst- und Arbeitsschutzkleidung ist vom Arbeitgeber den Beschäftigten in ausreichender Anzahl neuwertig und in individuell passender Größe zur Verfügung zu stellen, sofern einheitliche Dienst- oder Arbeitsschutzkleidung vorgeschrieben wird. [2]»Neuwertig« ist eine Bezeichnung für Ware, die zwar

nicht neu ist, deren Zustand aber »wie neu« ist. [3]Es handelt sich um Ware aus Vorbesitz, die allerdings gut gepflegt wurde und bei der man keinen oder nur sehr geringfügige Unterschiede zum tatsächlich neuen Produkt bemerkt.
[4]Jede Art von Unterwäsche, Socken, T-Shirts, Oberhemden, Blusen und Schuhen ist neu bzw. in ungetragenem Zustand auszugeben.
[5]Der Arbeitgeber trägt die Kosten der bedarfsgerechten Reinigung und Instandhaltung der zur Verfügung gestellten Dienst- und Arbeitsschutzkleidung. [6]Ausgenommen hiervon sind der Dienstkleidung zuzuordnende Wäschestücke, die nach Pflegeanleitung im Rahmen der haushaltsüblichen Wäsche zuhause zu waschen sind.
[7]Beschäftigte können die Dienstkleidung auch für den Weg zur Arbeit und nach Hause tragen.

§ 6 Regelmäßige Arbeitszeit

(1) Die regelmäßige Arbeitszeit beträgt ausschließlich der Pausen durchschnittlich 37,5 Stunden wöchentlich.
(2) [1]Die regelmäßige wöchentliche Arbeitszeit soll im Rahmen der Dienstplanung im Durchschnitt eines Zeitraums von 12 Monaten erreicht werden. [2]Sofern durch die Betriebsparteien kein anderer Termin vereinbart wird, gilt als Stichtag für die Feststellung der Erreichung der regelmäßigen wöchentlichen Arbeitszeit der 31. März.
(3) Die Zeit des An- und Ablegens der vorgeschriebenen Arbeitsschutz- oder besonders auffälligen Dienstkleidung sowie die Wegezeit vom Ort der Arbeitszeiterfassung zum Umkleideraum und zur Arbeitsstelle und zurück gilt als vergütungspflichtige Arbeitszeit.
(4) [1]Als Ausgleich für die höhere Arbeitsbelastung im Falle einer deutlichen Überschreitung der tariflichen durchschnittlichen wöchentlichen Arbeitszeit von 37,5 Stunden bzw. der vereinbarten wöchentlichen Arbeitszeit in einer Dienstplanplanperiode wird ein Dienstplanstrukturausgleich gezahlt. [2]Der Dienstplanstrukturausgleich steht zu, wenn in der jeweiligen Dienstplanperiode, im jeweiligen Kalendermonat mehr als 180 Stunden je Monat (Schwellenwert) Arbeitszeit geplant werden; wenn die Dienstplanperiode kürzer als ein Monat ist, liegt dieser Schwellenwert bei durchschnittlich 41 Stunden je Woche. [3]Für Teilzeitbeschäftigte gelten die Schwellenwerte anteilig. [4]Bei Überschreitung des Schwellenwertes wird für die über den Schwellenwert hinausgehenden Stunden ein Zuschlag von 25 Prozent gezahlt. [5]Der Zuschlag wird in dem auf die Entstehung des Anspruchs folgenden Kalendermonat fällig. [6]Auf Beschäftigte, die Arbeit auf Abruf im Sinne des Teilzeit- und Befristungsgesetzes vereinbart haben, finden die Vorschriften dieses Absatzes keine Anwendung.

Protokollerklärung zu Absatz 4 Satz 3:
Die Schwellenwerte für Teilzeitbeschäftigte berechnen sich nach der Formel 41 Stunden x vereinbarte wöchentliche Arbeitszeit: 37,5 bzw. 180 Stunden x vereinbarte wöchentliche Arbeitszeit: 37,5; das Ergebnis ist kaufmännisch auf eine Stelle nach dem Komma zu runden.

(5) Alle Beschäftigten haben ab einer täglichen Arbeitszeit von sechs Stunden Anspruch auf eine unbezahlte Pause von 30 Minuten, ab einer täglichen Arbeitszeit von neun Stunden von 45 Minuten.
(6) Bei außergewöhnlichen und nicht vorhersehbaren Ereignissen (z. B. Unwetter, Systemausfall) kann auf der Grundlage einer Betriebsvereinbarung im Rahmen des § 7 Abs. 1 und 2 und des § 12 ArbZG von den Vorschriften des Arbeitszeitgesetzes abgewichen werden.
(7) [1]Die oben genannten Arbeitszeiten gelten sinngemäß auch unter Beachtung der speziellen Regelungen beim Besuch von Berufsschulen oder Internaten auch für Auszubildende. [2]Für Auszubildende unter 18 Jahren ist das Jugendarbeitsschutzgesetz zu berücksichtigen, danach dürfen Jugendliche nicht mehr als 8 Stunden täglich und nicht mehr als 40 Stunden wöchentlich beschäftigt werden. [3]Wenn an einzelnen Werktagen die Arbeitszeit auf weniger als 8 Stunden verkürzt ist, können Jugendliche an den übrigen Werktagen derselben Woche achteinhalb Stunden beschäftigt werden, sofern die 40 Stunden in der Woche nicht überschritten werden.

§ 7 Grundsätze der Arbeitszeitgestaltung

(1) Die Erbringung von Bodenverkehrsdienstleistungen erfordert je nach Flugplan auch Sonntags-, Feiertags-, Nacht- und Schichtarbeit. Aus den Schwankungen des Verkehrsaufkommens folgt, dass die Anzahl der Arbeitstage pro Woche sowie die Schichtanfangszeiten und die Schichtlängen ggfs. unterschiedlich festgelegt werden.
(2) Die Beschäftigten sind im Rahmen begründeter betrieblicher Notwendigkeiten zur Leistung von Sonntags-, Feiertags-, Nacht- und Schichtarbeit sowie in den Bereichen der IT, der Technik und des Winterdienstes einschließlich Flugzeugenteisung zu Rufbereitschaft verpflichtet.
(3) Bei Dienstreisen gelten die Zeit der Tätigkeit am auswärtigen Arbeitsort und die erforderlichen Reisezeiten als vergütungspflichtige Arbeitszeit.
(4) [1]Bei der Dienstplangestaltung sollen für alle Beschäftigten mindestens 17 arbeitsfreie Sonntage jährlich eingeplant werden.
[2]Für je fünf Arbeitstage ist dienstplanmäßig mindestens ein arbeitsfreier Tag vorzusehen. [3]Als arbeitsfreier Tag gilt in der Regel eine arbeitsfreie Zeit von 34 Stunden. [4]Werden zwei zusammenhängende arbeitsfreie Tage gewährt, gilt in der Regel eine arbeitsfreie Zeit von 58 Stunden, die in Ausnahmefällen auf 54 Stunden verringert werden kann, als zwei arbeitsfreie Tage. [5]Für

weitere arbeitsfreie Tage erhöhen sich die Zeiten um jeweils 24 Stunden für einen Tag.

(5) [1]Bei einem durch den Abruf aus der Rufbereitschaft geleisteten Dienst kann sich der Beginn der folgenden Dienstschicht aufgrund gesetzlicher oder tariflicher Vorschriften verschieben (z. B. Einhaltung gesetzlicher Ruhezeiten nach § 5 ArbZG). [2]In solcher Situation sind die Infolge gesetzlicher Ruhezeit ausgefallene Stunden dennoch als Arbeitszeit zu bewerten. [3]Von der Möglichkeit nach § 7 Abs. 1 Nr. 3 ArbZG kann Gebrauch gemacht werden.

§ 8 Qualifizierung

(1) Die Tarifvertragsparteien stimmen darin überein, dass die Entwicklung der Bodenverkehrsdienste in den letzten Jahren deutlich gemacht hat, dass es im Interesse der Beschäftigten und der Unternehmen ist, ein hohes Qualifikationsniveau in den Bodenverkehrsdiensten vorzuhalten, das mindestens den Anforderungen der BADV entspricht.

(2) [1]Die Erbringer von Bodenabfertigungsleistungen haben sicherzustellen, dass eine für die Ausübung ihrer Tätigkeit ausreichende Beherrschung der deutschen Sprache bei den betreffenden Beschäftigten gegeben ist (Anlage 3 zu § 8 BADV Kapitel 2 Absch. B, Abs. 3).

[2]Zusätzlich sollen Beschäftigte die Möglichkeit zur Verbesserung ihrer tätigkeitsbezogenen deutschen Sprachkenntnisse erhalten und der Arbeitgeber soll dies in ausreichendem Umfang durch Freistellung von der Arbeit für entsprechende Kurse unterstützen.

(3) Neben dieser Sprachqualifikation gelten als zu unterstützende Qualifizierungsmaßnahmen:

a) die Teilnahme an Maßnahmen zur Fortentwicklung der fachlichen, technischen und physischen Kompetenzen zur Erledigung der übertragenen Tätigkeiten (Erhaltungsqualifizierung)
b) der Erwerb zusätzlicher Qualifikationen für die zeitgemäße Erledigung der übertragenen Tätigkeiten (Fort- und Weiterbildung)
c) die Qualifizierung zur Arbeitsplatzsicherung, falls nötig (Qualifizierung für eine andere Tätigkeit; Umschulung) und
d) die Einarbeitung bei oder nach längerer Abwesenheit (Wiedereinstiegsqualifizierung)

(4) Die Teilnahme an einer Qualifizierungsmaßnahme wird dokumentiert und den Beschäftigten schriftlich bestätigt, entsprechende Unterlagen werden ebenfalls in der Personalakte hinterlegt.

(5) [1]Die Beschäftigten haben auf eigenen Wunsch jährlich einen Anspruch auf ein regelmäßiges Gespräch mit der jeweiligen Führungskraft, in dem festgestellt wird, ob und welcher Qualifikationsbedarf besteht. [2]Wenn vom

Arbeitgeber oder seinem Vertreter ein entsprechendes Gespräch gewünscht wird, findet es ebenfalls statt.

(6) [1]Die Kosten der Qualifizierungsmaßnahmen gemäß der Abs. 1 bis 3 – einschließlich der Reisekosten – werden, soweit sie nicht von Dritten übernommen werden, vom Arbeitgeber getragen. [2]Die Zeiten dieser Qualifizierungsmaßnahmen gemäß der Abs. 1 bis 3 gelten als Arbeitszeit. [3]Sofern gesetzliche Förderungsmöglichkeiten für Qualifizierungsmaßnahmen bestehen, können diese genutzt werden.

(7) [1]Bei Qualifikationsmaßnahmen, die auch privaten Bildungszielen zugutekommen (z. B. Führerschein, Fremdsprachen, EDV-/IT-Qualifikation), kann ein Eigenbetrag geregelt werden, der den Grundsätzen einer fairen Kostenteilung unter Berücksichtigung des betrieblichen und individuellen Nutzens entspricht. [2]Der Eigenbetrag der Beschäftigten kann in Geld und/oder Zeit erfolgen.

§ 9 Berechnung und Auszahlung des Entgelts

(1) [1]Beschäftigte haben für die geleistete Arbeit Anspruch auf Entgelt. [2]Das Entgelt besteht aus den folgenden Bestandteilen:

- Tabellenentgelt nach §§ 4 und 5 Entgelttarifvertrag,
- Zulagen nach § 7 Entgelttarifvertrag,
- Besitzstandszulagen nach §§ 4 und 5 Überleitungstarifvertrag,
- Zuschläge nach § 15 und
- Jahressonderzahlung nach § 14.

(2) [1]Die Zahlung des Tabellenentgelts erfolgt grundsätzlich unabhängig von dem tatsächlichen Umfang der im konkreten Monat zu leistenden Arbeitsstunden als verstetigtes Monatstabellenentgelt. [2]Dieses ergibt sich aus der Multiplikation des jeweiligen Stundenentgelts mit der jeweils individuell geltenden regelmäßigen wöchentlichen Arbeitszeit und dem Faktor 4,348.

(3) Das verstetigte Tabellenentgelt wird grundsätzlich für den kompletten Monat gezahlt; wenn der Entgeltanspruch nicht für den ganzen Monat besteht, ist das monatliche Tabellenentgelt entsprechend zu kürzen.

(4) [1]Das verstetigte Tabellenentgelt und die ständigen Zulagen werden monatlich zum Monatsende gezahlt. [2]Zeitzuschläge werden bis zum Ende des Folgemonats der Entstehung gezahlt.

(5) Die Zahlung erfolgt auf ein von den Beschäftigten anzugebendes Konto innerhalb eines Mitgliedsstaates der EU.

(6) [1]Die Beschäftigten erhalten monatliche Nachweise der geleisteten Arbeitsstunden und eine monatliche Entgeltabrechnung. [2]Beschäftigten muss ermöglicht werden, im Betrieb Zugang zu den Zeitnachweisen und Entgeltabrechnung zu erhalten. [3]Beides kann auf elektronische Weise oder in Papierform erfolgen.

§ 10 Vergütung im Fall von Arbeitsunfähigkeit, Urlaub und Freistellung

(1) [1]Als Vergütung während Zeiten des Urlaubs, der Entgeltfortzahlung bei Arbeitsunfähigkeit und bezahlter Freistellung von der Arbeitsleistung wird neben den monatlich gleichbleibenden Entgeltbestandteilen der Durchschnitt der Zuschläge gemäß § 15 der letzten vollen 12 Kalendermonaten gezahlt.
[2]Bei Änderungen der individuellen Arbeitszeit werden die nach der Arbeitszeitänderung liegenden vollen Kalendermonate als Berechnungszeitraum zugrunde gelegt. [3]Liegt zwischen der Begründung des Arbeitsverhältnisses oder der Änderung der individuellen Arbeitszeit und dem maßgeblichen Ereignis für die Entgeltfortzahlung kein voller Kalendermonat, ist der Durchschnitt anhand der konkreten individuellen Daten zu ermitteln.
[4]Hat während des Zeitraumes von 12 Monaten eine Tariferhöhung stattgefunden, so ist der Durchschnitt so zu berechnen, als sei die Tariferhöhung bereits zum Beginn des Zeitraums von 12 Monaten eingetreten.
(2) [1]Hat ein Dritter die Arbeitsunfähigkeit durch eine zum Schadensersatz verpflichtende Handlung herbeigeführt, geht der Anspruch der Beschäftigten auf Schadensersatz wegen des Verdienstausfalls insoweit auf den Arbeitgeber über, als dieser den Beschäftigten Entgeltfortzahlung oder sonstige Bezüge gewährt und vom Arbeitgeber zu tragende Beiträge zur Sozialversicherung sowie Beiträge zur betrieblichen Altersversorgung abgeführt hat.
[2]Die Beschäftigten sind verpflichtet, die zur Geltendmachung des Schadensersatzanspruchs erforderlichen Angaben unverzüglich zu machen und sich in angemessener Weise an der Aufklärung des Sachverhalts zu beteiligen.

§ 11 Krankengeldzuschuss

(1) [1]Werden Beschäftigte arbeitsunfähig, ohne dass sie ein vorsätzliches oder grob fahrlässiges Verschulden trifft, erhalten sie nach dem Zeitraum der Entgeltfortzahlung (§ 10) für die Zeit, für die ihnen Krankengeld oder entsprechende gesetzliche Leistungen gezahlt werden, einen Krankengeldzuschuss in Höhe des Unterschiedsbetrags zwischen den tatsächlichen Barleistungen des Sozialleistungsträgers und dem Nettoentgelt. [2]Nettoentgelt ist das um die gesetzlichen Abzüge verminderte Entgelt im Sinne des § 10; bei freiwillig in der gesetzlichen Krankenversicherung versicherten Beschäftigten ist dabei deren Gesamtkranken- und Pflegeversicherungsbeitrag abzüglich Arbeitgeberzuschuss zu berücksichtigen. [3]Für Beschäftigte, die nicht der Versicherungspflicht in der gesetzlichen Krankenversicherung unterliegen und bei einem privaten Krankenversicherungsunternehmen versichert sind, ist bei der Berechnung des Krankengeldzuschusses der Krankengeldhöchst-

satz, der ihnen bei Pflichtversicherung in der gesetzlichen Krankenversicherung zustünde, zugrunde zu legen. [4]Bei Teilzeitbeschäftigten ist das nach Satz 3 bestimmte fiktive Krankengeld zeitanteilig umzurechnen.
(2) Der Krankengeldzuschuss wird bis zum Ende der 26. Woche seit dem Beginn der Arbeitsunfähigkeit infolge derselben Krankheit gezahlt.
(3) Krankengeldzuschuss wird nicht über das Ende des Arbeitsverhältnisses gezahlt.

§ 12 Sterbegeld

(1) [1]Beim Tod von Beschäftigten, deren Arbeitsverhältnis nicht geruht und mindestens 6 Monate bestanden hat, wird überlebenden Ehepartnern oder Lebenspartnern im Sinne des Lebenspartnerschaftsgesetzes oder den Kindern ein Sterbegeld gewährt. [2]Als Sterbegeld wird für die restlichen Tage des Sterbemonats und – in einer Summe – für drei weitere Monate das laufende Entgelt der Verstorbenen gezahlt. [3]Die Zahlung des Sterbegeldes an einen der Berechtigten bringt den Anspruch der Übrigen gegenüber dem Arbeitgeber zum Erlöschen; die Zahlung auf das Gehaltskonto hat befreiende Wirkung.
(2) Im Fall eins tödlichen Arbeitsunfalles besteht der Anspruch unabhängig von der Dauer des Arbeitsverhältnisses.

§ 13 Jubiläumsgeld

Die Beschäftigten erhalten ein Jubiläumsgeld bei Vollendung einer Beschäftigungszeit (§ 27 Abs. 5)
von 10 Jahren in Höhe von 500 Euro,
von 25 Jahren in Höhe von 1000 Euro und
von 40 Jahren in Höhe von 2000 Euro.

§ 14 Jahressonderzahlung

(1) Beschäftigte, die am 1. November im Arbeitsverhältnis stehen, haben Anspruch auf eine Jahressonderzahlung.
(2) [1]Die Jahressonderzahlung beträgt bei Vollzeitarbeit 800 Euro. [2]In den Fällen, in denen im Kalenderjahr der Geburt des Kindes eine elterngeldunschädliche Teilzeitbeschäftigung ausgeübt wird, bemisst sich die Jahressonderzahlung nach dem Beschäftigungsumfang am Tag vor dem Beginn der Elternzeit.
[3]Die Jahressonderzahlung für Auszubildende beträgt 600 Euro.
(3) [1]Der Anspruch nach Absatz 1 und 2 vermindert sich um ein Zwölftel für jeden Kalendermonat, in dem die/der Beschäftigte keinen Anspruch auf

Entgelt oder Fortzahlung des Entgelts nach § 10 hat. [2]Die Verminderung unterbleibt für Kalendermonate,

1. für die/der Beschäftigte kein Entgelt erhalten hat wegen
   a) Ableistung eines Bundesfreiwilligendienstes oder ausländischer Wehrpflicht,
   b) Beschäftigungsverboten nach § 3 Abs. 1 und 2 MuSchG,
   c) Inanspruchnahme der Elternzeit nach dem Bundeselterngeld- und Elternzeitgesetz bis zum Ende des Kalenderjahres, in dem das Kind geboren ist, wenn am Tag vor Antritt der Elternzeit Entgeltanspruch bestanden hat;
2. in denen der/dem Beschäftigten Krankengeldzuschuss gezahlt wurde oder nur wegen der Höhe des zustehenden Krankengelds ein Krankengeldzuschuss nicht gezahlt worden ist.

(4) [1]Die Jahressonderzahlung wird mit dem Entgelt für November ausgezahlt. [2]Ein Teilbetrag der Jahressonderzahlung kann im Einvernehmen mit dem Anspruchsberechtigten zu einem früheren Zeitpunkt ausgezahlt werden.
[3]Die Beschäftigten erhalten die Jahressonderzahlung auch dann, wenn das Arbeitsverhältnis wegen Rentenbezugs vor dem 1. November endet. [4]In diesem Falle treten an die Stelle des Bemessungszeitraums gemäß Absatz 3 die letzten Kalendermonate vor Beendigung des Arbeitsverhältnisses.

§ 15 Feiertags-, Sonntags-, Nachtarbeit, Überstunden sowie Rufbereitschaft

(1) [1]Die Beschäftigten erhalten neben dem Entgelt für die tatsächliche Arbeitsleistung Zeitzuschläge. [2]Für Überstunden (§ 27 Abs. 1), Feiertagsarbeit, Sonntagsarbeit und für Nachtarbeit (§ 27 Abs. 2) werden finanzielle Zuschläge je geleisteter Arbeitsstunde gewährt.
[3]Der Zuschlag auf das jeweilige Stundenentgelt beträgt

a) für Überstundenarbeit 25 %,
b) für Nachtarbeit in der Zeitspanne zwischen 21 Uhr und 6 Uhr 25 %; wenn die Arbeit vor 00:00 Uhr aufgenommen wurde beträgt der Nachtzuschlag abweichend davon in der Zeitspanne von 00:00 Uhr bis 04:00 Uhr 40 %,
c) für Sonntagsarbeit 50 %,
d) für Feiertagsarbeit 100 %,
e) für Arbeit am 24. Dezember ab 14:00 Uhr 100 %,
f) für Arbeit am 31. Dezember ab 14:00 Uhr 100 %,

des auf eine Stunde entfallenden Anteils des Tabellenentgelts der jeweiligen Entgeltgruppe und individuellen Stufe.
[4]Beim Zusammentreffen von Zeitzuschlägen nach Satz 2 Buchstaben c bis f wird nur der jeweils höhere Zeitzuschlag gezahlt.

(2) [1]Für die Dauer der Rufbereitschaft wird eine Pauschale in Höhe von pro Stunde 15 % des individuellen Stundenentgeltes gemäß Entgelttarifvertrag gewährt. [2]Näheres wird in einer Betriebsvereinbarung oder einer betrieblichen Regelung geregelt.
[3]Die nach Abruf aus der Rufbereitschaft geleistete Arbeit an der Arbeitsstelle wird als Arbeitszeit vergütet; für diese Zeiten entfällt die Rufbereitschaftspauschale.
(3) [1]Die vorstehenden Regelungen gelten für Auszubildende entsprechend, dabei ist Berechnungsbasis zur Ermittlung der jeweiligen Zuschlagshöhe für Auszubildende bis zum 31. März 2025 ein Betrag von 10 Euro je Stunde, ab dem 1. April 2025 von 10,46 Euro je Stunde und ab dem 1. Mai 2026 von 10,92 Euro je Stunde. [2]Ab April 2027 sind die Stundenbeträge entsprechend der Entgeltsteigerungen in diesem Tarifgebiet zu erhöhen.

§ 16 Erholungsurlaub

(1) [1]Die Beschäftigten haben in jedem Kalenderjahr Anspruch auf Erholungsurlaub unter Fortzahlung des Entgelts (§ 10). [2]Bei Verteilung der wöchentlichen Arbeitszeit auf fünf Tage in der Kalenderwoche beträgt der Urlaubsanspruch in jedem Kalenderjahr bei einer Beschäftigungszeit (§ 27 Abs. 5) von

bis zu fünf Jahren	28 Arbeitstage, ab dem Kalenderjahr 2027 29 Arbeitstage
mehr als fünf Jahren	29 Arbeitstage, ab dem Kalenderjahr 2027 30 Arbeitstage und
mehr als zehn Jahren	30 Arbeitstage, ab dem Kalenderjahr 2027 31 Arbeitstage.

[3]Maßgeblich ist die Beschäftigungszeit, die im Urlaubsjahr vollendet wird. [4]Bei einer anderen Verteilung der wöchentlichen Arbeitszeit als auf fünf Tage in der Woche erhöht oder vermindert sich der Urlaubsanspruch entsprechend. [5]Verbleibt bei der Berechnung des Urlaubs ein Bruchteil, der mindestens einen halben Urlaubstag ergibt, wird er auf einen vollen Urlaubstag aufgerundet; Bruchteile von weniger als einem halben Urlaubstag bleiben unberücksichtigt. [6]Der Erholungsurlaub muss im laufenden Kalenderjahr gewährt und (ggf. auch in Teilen) genommen werden.

Protokollerklärung zu Absatz 1 Satz 6:
Der Urlaub soll grundsätzlich zusammenhängend gewährt werden; dabei muss ein Urlaubsteil mindestens zwölf Werktage umfassen (§ 7 Abs. 2 BUrlG).

(2) Im Übrigen gilt das Bundesurlaubsgesetz mit folgenden Maßgaben:
a) Im Falle der Übertragung muss der Erholungsurlaub in den ersten drei Monaten des folgenden Kalenderjahres angetreten werden. Kann

der Erholungsurlaub wegen Arbeitsunfähigkeit oder aus betrieblichen Gründen nicht bis zum 31. März angetreten werden, ist er bis zum 31. Mai anzutreten.

b) Beginnt oder endet das Arbeitsverhältnis im Laufe eines Jahres, erhält die/der Beschäftigte als Erholungsurlaub für jeden vollen Kalendermonat des Arbeitsverhältnisses ein Zwölftel des Urlaubsanspruchs nach Absatz 1; § 5 Bundesurlaubsgesetz bleibt unberührt.

c) Ruht das Arbeitsverhältnis, so vermindert sich die Dauer des Erholungsurlaubs einschließlich eines etwaigen Zusatzurlaubs für jeden vollen Kalendermonat um ein Zwölftel.

§ 17 Zusatzurlaub für Schichtarbeit und Wochenfeiertagsausgleich

(1) [1]Beschäftigte, die ganzjährig zur Schichtarbeit eingeteilt sind, erhalten drei Tage Zusatzurlaub. [2]Sind Beschäftigte für kürzere Zeiträume zur Schichtarbeit eingeteilt, erhalten sie für je vier zusammenhängende Kalendermonate mit mindestens zwei Kalendermonaten Schichtarbeit jeweils einen Arbeitstag Zusatzurlaub.
[3]Für den durch die Gewährung von Zusatzurlaub entstehende Gesamt-Urlaubsanspruch gelten § 16 Absatz 1 Sätze 4 bis 6 entsprechend.
(2) Als Ausgleich für gesetzliche Wochenfeiertage, an denen kein dienstplanmäßiger Einsatz erfolgt, erhalten Beschäftigte im Schichtdienst im Rahmen der Dienstplanung pauschal drei freie Tage im Jahr, die jeweils mit einem Fünftel der durchschnittlichen, bei Teilzeitbeschäftigung der vereinbarten, regelmäßigen wöchentlichen Arbeitszeit bewertet werden.

§ 18 Arbeitsbefreiung

(1) Als Fälle nach § 616 BGB, in denen Beschäftigte unter Fortzahlung des Entgelts nach § 10 im nachstehend genannten Ausmaß von der Arbeit freigestellt werden, gelten nur die folgenden Anlässe:

a)	Standesamtliche Eheschließung	ein Arbeitstag,
b)	Niederkunft der Ehefrau/der Lebenspartnerin im Sinne des Lebenspartnerschaftsgesetzes	zwei Arbeitstage,
c)	Tod der Ehepartner, der Lebenspartner im Sinne des Lebenspartnerschaftsgesetzes, eines Kindes oder Elternteils; in diesen Fällen haben die Beschäftigten zusätzlich Anspruch auf unbezahlten Sonderurlaub von bis zu einer Woche	zwei Arbeitstage,
d)	10-, 25- und 40-jähriges Dienstjubiläum	ein Arbeitstag,

e)	Schwere Erkrankung	
	i. einer/eines Angehörigen, der im selben Haushalt lebt oder soweit es sich um ein Elternteil, ein Kind oder ein Geschwisterteil handelt,	ein Arbeitstag im Kalenderjahr,
	ii. eines Kindes, das das 12. Lebensjahr noch nicht vollendet hat, wenn im laufenden Kalenderjahr kein Anspruch nach § 45 SGB V besteht oder bestanden hat	bis zu vier Arbeitstage im Kalenderjahr,
	iii. einer Betreuungsperson, wenn Beschäftigte deshalb die Betreuung ihres Kindes, das das 8. Lebensjahr noch nicht vollendet hat oder wegen körperlicher, geistiger oder seelischer Behinderung dauernd pflegebedürftig ist, übernehmen müssen	bis zu vier Arbeitstage im Kalenderjahr,
f)	Ärztliche Behandlung von Beschäftigten, wenn diese während der Arbeitszeit erfolgen muss	erforderliche nachgewiesene Abwesenheitszeit einschließlich erforderlicher Wegezeit.

(2) [1]Eine Freistellung nach Satz 1 Buchstabe e erfolgt nur, soweit eine andere Person zur Pflege oder Betreuung nicht sofort zur Verfügung steht und die Ärztin/der Arzt in den Fällen der Doppelbuchstaben i und ii die Notwendigkeit der Anwesenheit der/des Beschäftigten zur vorläufigen Pflege bescheinigt. [2]Die Freistellung nach Satz 1 Buchstabe e darf insgesamt fünf Arbeitstage im Kalenderjahr nicht überschreiten. [3]Zusätzlich zu den Anlässen nach Satz 1 ist den Beschäftigten bei Ablegung von beruflichen Prüfungen im Geltungsbereich dieses Tarifvertrages im erforderlichen Umfang unter Fortzahlung des Entgelts nach § 10 Arbeitsbefreiung zu erteilen.

(3) Der Arbeitgeber kann in sonstigen dringenden Fällen Arbeitsbefreiung unter Fortzahlung des Entgelts nach § 10 bis zu drei Arbeitstagen gewähren.

(4) In begründeten Fällen kann bei Verzicht auf das Entgelt kurzfristige Arbeitsbefreiung gewährt werden, wenn die betrieblichen Verhältnisse es gestatten.

(5) Zur Teilnahme an Tarifverhandlungen zu den Tarifverträgen des Branchentarifvertrags sowie an vorbereitenden Sitzungen der Tarif- oder Verhandlungskommission soll auf Anfordern der vertragsschließenden Gewerkschaft Arbeitsbefreiung unter Fortzahlung des Entgelts nach § 10 erteilt werden, sofern nicht dringende betriebliche Interessen entgegenstehen.

(6) [1]Zur Teilnahme an Tagungen soll den gewählten Mitgliedern der ver.di-Bezirksvorstände, der ver.di-Landesbezirksvorstände, der Vorstände der ver.di-Bereiche und der ver.di-Fachgruppen auf Bezirks-, Landesbezirks- und Bundesebene sowie des ver.di-Gewerkschaftsrates und der ver.di-Revisionskommission auf Bundesebene und den gewählten Vertrauensleuten auf Anfordern der Gewerkschaft Arbeitsbefreiung unter Fortzahlung des Entgelts nach § 10 bis zu acht Werktagen im Jahr erteilt werden, sofern nicht dringende betriebliche Interessen entgegenstehen. [2]Sofern Mitglieder dieser Gremien auf mehreren Ebenen tätig sind, soll es eine der Funktion angemessene Freistellung über acht Werktage im Jahr hinaus bis zu zwölf Werktagen im Jahr möglich sein.

(7) Zusätzlich zu den Absätzen 5 und 6 kann für Vertrauensleute der vertragsschließenden Gewerkschaft in einem Betrieb Freistellung im Umfang eines kalenderjährlichen Stundenkontingents in Höhe von 20 Stunden für jeweils 50 Beschäftigte für gewerkschaftliche Tätigkeiten (außerhalb Aktivitäten im Zusammenhang mit Wahlwerbung für Betriebsrats- und/oder Aufsichtsratswahlen) gewährt werden (Anzahl Beschäftigte / 50 * 20), sofern nicht dringende betriebliche Interessen entgegenstehen.

(8) Zur Teilnahme an Sitzungen von Prüfungs- und von Berufsbildungsausschüssen nach dem Berufsbildungsgesetz sowie für eine Tätigkeit in Organen von Sozialversicherungsträgern kann den Mitgliedern Arbeitsbefreiung unter Fortzahlung des Entgelts nach § 10 gewährt werden, sofern nicht dringende betriebliche Interessen entgegenstehen.

§ 19 Rentenalter, Anspruch der Beschäftigten auf gesetzliche Vollrente

(1) Das Arbeitsverhältnis endet, ohne dass es einer Kündigung bedarf, mit Ablauf des Monats, in dem der Beschäftigte das für die Inanspruchnahme der (ungekürzten) Regelaltersrente jeweils geltende Lebensalter erreicht hat.

(2) [1]Wird durch den Bescheid eines Rentenversicherungsträgers festgestellt, dass der Beschäftigte voll erwerbsgemindert ist, so endet das Arbeitsverhältnis mit Ablauf des Tages, der dem Tag des Rentenbeginns vorausgeht, frühestens jedoch zwei Wochen nach Zugang der schriftlichen Mitteilung des Arbeitgebers über den Zeitpunkt des Eintritts der auflösenden Bedingung (analog § 15 Abs. 2 TzBfG). [2]Über diesen Zeitpunkt hinaus gezahlte Bezüge sind zurückzuzahlen, soweit sie nicht auf Arbeitsleistung beruhen. [3]Der Beschäftigte hat den Arbeitgeber von der Zustellung des Rentenbescheides unverzüglich zu unterrichten.

(3) [1]Das Arbeitsverhältnis endet nicht, wenn nach dem Bescheid des Rentenversicherungsträgers eine befristete Rente wegen voller Erwerbsminderung gewährt wird. [2]In diesem Falle ruht das Arbeitsverhältnis mit

allen Rechten und Pflichten von dem Tage an, der auf den nach Satz 1 maßgebenden Zeitpunkt folgt, bis zum Ablauf des Tages, bis zu dem die befristete Rente bewilligt ist, längstens jedoch bis zum Ablauf des Tages, an dem das Arbeitsverhältnis endet.

§ 20 Kündigung

(1) Die Parteien können das Arbeitsverhältnis jederzeit durch ordentliche Kündigung beenden.

(2) [1]Bis zum Ende des sechsten Monats seit Beginn des Arbeitsverhältnisses beträgt die Kündigungsfrist zwei Wochen. [2]Im Übrigen beträgt die Kündigungsfrist bei einer Beschäftigungszeit (§ 27 Abs. 5) von

- mindestens sechs Monaten — vier Wochen
- mindestens zwei Jahren — einen Monat zum Monatsende
- mindestens fünf Jahren — zwei Monate zum Monatsende
- mindestens acht Jahren — drei Monate zum Monatsende
- mindestens zehn Jahren — vier Monate zum Monatsende
- mindestens zwölf Jahren — fünf Monate zum Monatsende
- mindestens fünfzehn Jahren — sechs Monate zum Monatsende
- mindestens zwanzig Jahren — sieben Monate zum Monatsende

(3) Für die außerordentliche Kündigung gelten die gesetzlichen Vorschriften.

(4) Der Arbeitgeber ist berechtigt, den Beschäftigten nach einer Kündigung unter Fortzahlung der Vergütung und unter Anrechnung des Erholungsurlaubes sowie etwaiger Zeitguthaben von der Arbeitspflicht freizustellen.

(5) Jede Kündigung bedarf zu ihrer Wirksamkeit der Schriftform.

§ 21 Zeugnis

(1) [1]Bei Beendigung des Arbeitsverhältnisses haben die Beschäftigten Anspruch auf ein schriftliches, qualifiziertes Zeugnis über Art und Dauer ihrer Tätigkeit, das sich auch auf Führung und Leistung erstrecken muss (Endzeugnis). [2]Auf Verlangen der/des Beschäftigten ist der Grund für die Beendigung des Arbeitsverhältnisses im Zeugnis aufzunehmen.

(2) Die Beschäftigten können auch während des Arbeitsverhältnisses ein Zeugnis verlangen (Zwischenzeugnis).

(3) Bei bevorstehender Beendigung des Arbeitsverhältnisses können die Beschäftigten ein Zeugnis über Art und Dauer ihrer Tätigkeit verlangen (vorläufiges Zeugnis).

(4) Die Zeugnisse gemäß den Absätzen 1 bis 3 sind unverzüglich auszustellen.

§ 22 Betriebliche Altersversorgung

(1) [1]Gemeinsames Ziel der Tarifvertragsparteien ist es, für alle vom Geltungsbereich erfassten Beschäftigten eine betriebliche Altersversorgung einzurichten. [2]Dabei ist dem Umstand Rechnung zu tragen, dass in vielen vom Geltungsbereich erfassten Unternehmen tarifliche Regelungen zur Altersvorsorge der Beschäftigten bestehen. [3]Für die davon betroffenen Beschäftigten sind Besitzstandsregelungen erforderlich.

(2) [1]Die Beschäftigten haben Anspruch auf eine betriebliche Altersversorgung. [2]Hierzu leistet der Arbeitgeber für alle Beschäftigten Beiträge.

(3) [1]Deshalb verpflichten sich die Tarifvertragsparteien, einen Tarifvertrag über die Bedingungen einer betrieblichen Altersversorgung für die vom Geltungsbereich des Branchentarifvertrags erfassten Beschäftigten zu vereinbaren (TV bAV) und die Allgemeinverbindlichkeit anzustreben. [2]Dieser soll spätestens zum 1. Oktober 2024 in Kraft treten.

[3]Sollte sich unter Berücksichtigung von formalen Rahmenbedingungen die Einführung der betrieblichen Altersversorgung nach dem Sozialpartnermodell verzögern, wird spätestens sechs Monate nach Unterzeichnung der Branchentarifverträge eine Kompensation zugunsten der Beschäftigten in der Größenordnung nach Absatz 4 eingeführt. [4]Diese Kompensation wird sechs Monate nach Inkrafttreten der Branchentarifverträge bis zur tatsächlichen Einführung der betrieblichen Altersversorgung gewährt.

(4) [1]Für alle Beschäftigten, die nicht unter ein anderes Modell (Absätze 5–7) der tariflichen Altersvorsorge fallen, wird ein Sozialpartnermodell (Beitragszusage) nach § 1 Absatz 2 Nr. 2a BetrAVG mit folgenden Eckpunkten vereinbart:

a) 2,8 v. H. Grundbeitrag aus dem monatlich gezahlten Tabellenentgelt
b) 4 v. H. Sicherungsbeitrag aus dem Grundbeitrag und einer etwaigen arbeitnehmerfinanzierten Entgeltumwandlung
c) 3 v. H. Kostenbeitrag aus dem Grundbeitrag und einer etwaigen arbeitnehmerfinanzierten Entgeltumwandlung.

[2]Eine arbeitnehmerfinanzierte Entgeltumwandlung soll möglich sein.

(5) Für Flughafenbetreiber und deren BVD-Tochtergesellschaften ist es auf Wunsch des jeweiligen Unternehmens zulässig, anstelle des Sozialpartnermodells eine Versorgung über eine Zusatzversorgungseinrichtung des öffentlichen Dienstes im Abrechnungsverband III (freiwillige Versicherung) mit einem Gesamtbeitrag in Höhe von 3 v. H. des monatlichen Tabellenentgelts vorzusehen.

(6) Für Flughafenbetreiber und deren BVD-Tochtergesellschaften ist es auf Wunsch des jeweiligen Unternehmens ebenfalls zulässig, anstelle des Sozialpartnermodells eine Versorgung über eine Zusatzversorgungseinrichtung des öffentlichen Dienstes im umlagefinanzierten Abrechnungsverband I (Pflichtversicherung) vorzusehen.

(7) [1]Für Unternehmen, bei denen bereits vor Inkrafttreten dieses Tarifvertrags eine (von den Absätzen 5 und 6 abweichende) arbeitgeberfinanzierte Altersversorgung besteht, wird für überzuleitende Bestandsbeschäftigte eine Fortführung derartiger Regelungen bzw. deren Anhebung auf denselben Finanzierungsrahmen wie unter Absatz 4 vereinbart. [2]Betroffene Beschäftigte können bei Einführung der Altersversorgung nach Absatz 4 auf eigenen Wunsch mit Wirkung für die Zukunft eine Altersversorgung nach Absatz 4 unter gleichzeitiger Schließung (Ruhendstellung) der bisherigen Altersversorgung erhalten.

§ 23 Entgeltumwandlung

(1) [1]Beschäftigte können Teile ihres Bruttoentgelts zum Zwecke der betrieblichen Altersversorgung umwandeln und in den jeweils vom Arbeitgeber gewählten Durchführungsweg einzahlen.
[2]Zusätzlich gewährt der Arbeitgeber bei einer arbeitnehmerfinanzierten Entgeltumwandlung gem. § 1a Abs. 1a BetrAVG aufgrund etwaiger Ersparnisse von Arbeitgeberbeiträgen zur Sozialversicherung einen Zuschuss in Höhe von 15 v. H. des monatlichen Umwandlungsbetrages, soweit dieser 4 v. H. der monatlichen Beitragsbemessungsgrenze der gesetzlichen Rentenversicherung nicht übersteigt. [3]Dieser Zuschuss wird monatlich auf den Vertrag zur Entgeltumwandlung geleistet; ein etwaiger Zuschuss gem. § 23 Abs. 2 BetrAVG ist hiermit abgegolten.
[4]Eine Entgeltumwandlung ist der Höhe nach maximal in Höhe von 4 % der Beitragsbemessungsgrenze begrenzt.
(2) [1]Bestehende über Entgeltumwandlung arbeitnehmerfinanzierte Altersversorgungsmodelle werden ebenfalls fortgeführt. [2]Die Beschäftigten können, falls rechtlich möglich, bestehende Anwartschaften aus ihrer bisherigen betrieblichen Altersversorgung auf den neuen Durchführungsweg übertragen lassen.

§ 24 Leiharbeitnehmer Verbot des Streikbrecher-Einsatzes

[1]Leiharbeitnehmer der vertragsschließenden Unternehmen dürfen nicht eingesetzt werden, wenn der jeweilige Betrieb unmittelbar von einem Arbeitskampf betroffen ist. [2]Satz 1 gilt nicht, wenn im Betrieb sichergestellt ist, dass die Leiharbeitnehmer keine Tätigkeiten übernehmen, die bisher von Beschäftigten erledigt wurden, die

1. sich im Arbeitskampf befinden oder
2. ihrerseits Tätigkeiten von Beschäftigten, die sich im Arbeitskampf befinden, übernommen haben.

[3]Im Falle eines Arbeitskampfes sind die Beschäftigten auf ihr Recht, die Arbeitsleistung zu verweigern, hinzuweisen. [4]Versetzungen zwischen verschiedenen Standorten zum Einsatz als Streikbrecher sind nicht zulässig.

§ 25 Auftrags- oder Lizenzwechsel

(1) [1]Im Falle eines Lizenzwechsels sind die Betriebsräte der beteiligten Unternehmen über die durch den Lizenzwechsel von Kündigung bedrohten Beschäftigtengruppen zu unterrichten. [2]Dabei ist je Beschäftigtengruppe die Anzahl gegliedert nach Vollzeit und Teilzeitbeschäftigten anzugeben.
(2) [1]Sollte der Lizenzwechsel keinen Betriebsübergang im Sinne des § 613a BGB auslösen, wird der neue Lizenzinhaber die Anzahl der zu besetzenden Vollzeit- und Teilzeitstellen nach Tätigkeitsprofilen im Betrieb des bisherigen Lizenzinhabers ausschreiben. [2]Im Rahmen des Verfahrens der Besetzung der auszuschreibenden Vollzeit- und Teilzeit-Stellen sind Bewerber des bisherigen Lizenzinhabers bei gleicher Eignung, Leistung und Befähigung gegenüber anderen, externen Bewerbungen vorrangig zu berücksichtigen.
(3) [1]Bei der Übernahme von Beschäftigten wird der neue Lizenzinhaber die Betriebszugehörigkeit und bei gleicher Funktion die erreichte Entgeltstufe beim bisherigen Lizenzinhaber anerkennen. [2]Die sechsmonatige Wartezeit nach § 1 Abs. 1 KSchG entfällt.
(4) Die Absätze 1 bis 3 gelten entsprechend bei einem Auftragswechsel, der zur Anzeigepflicht gemäß § 17 KSchG führen würde, wobei die Anerkennung der Betriebszugehörigkeit bei einer zukünftig möglichen, notwendigen Sozialauswahl ausschließlich auf die Betriebszugehörigkeit im aufnehmenden Unternehmen beschränkt wird.

§ 26 Ausschlussfrist

[1]Ansprüche aus dem Arbeitsverhältnis verfallen, wenn sie nicht innerhalb einer Ausschlussfrist von sechs Monaten nach Fälligkeit von der/dem Beschäftigten oder vom Arbeitgeber in Textform geltend gemacht werden. [2]Für denselben Sachverhalt reicht die einmalige Geltendmachung des Anspruchs auch für später fällige Leistungen aus.
[3]Absatz 1 gilt nicht für Ansprüche aus einem Sozialplan sowie für Ansprüche, die durch Gesetz einer Ausschlussfrist entzogen sind.

§ 27 Begriffsbestimmungen

(1) [1]Überstunden sind die auf Anordnung des Arbeitgebers geleisteten Arbeitsstunden, die über die für den Tag dienstplanmäßig festgelegte Arbeitszeit hinausgehen. [2]Überstunden sind grundsätzlich zu vermeiden.
(2) Nachtarbeit ist die in der Zeit zwischen 21 und 6 Uhr geleistete Arbeit.

(3) Schichtarbeit ist die Arbeit nach einem Schichtplan, der für die Beschäftigte/den Beschäftigten einen regelmäßigen Wechsel des Beginns der täglichen Arbeitszeit um mindestens zwei Stunden in Zeitabschnitten von längstens einem Monat und Arbeitsleistung innerhalb einer Zeitspanne von mindestens 13 Stunden vorsieht.

(3a) [1]Wechselschichtarbeit ist die Arbeit nach einem Schichtplan, der einen regelmäßigen Wechsel der täglichen Arbeitszeit in Wechselschichten vorsieht, bei denen Beschäftigte durchschnittlich längstens nach Ablauf eines Monats erneut zur Nachtschicht herangezogen werden. [2]Wechselschichten sind wechselnde Arbeitsschichten, in denen ununterbrochen bei Tag und Nacht, werktags, sonntags und feiertags gearbeitet wird. [3]Nachtschichten sind Arbeitsschichten, die mindestens zwei Stunden Nachtarbeit umfassen.

(4) [1]Rufbereitschaft leisten Beschäftigte, die sich auf Anordnung des Arbeitgebers außerhalb der regelmäßigen Arbeitszeit an einer dem Arbeitgeber anzuzeigenden Stelle aufhalten, um auf Abruf die Arbeit aufzunehmen. [2]Rufbereitschaft wird nicht dadurch ausgeschlossen, dass Beschäftigte vom Arbeitgeber mit einem Mobiltelefon oder einem vergleichbaren technischen Hilfsmittel ausgestattet sind.

(5) [1]Beschäftigungszeit ist die bei demselben Arbeitgeber im Arbeitsverhältnis zurückgelegte Zeit, auch wenn sie unterbrochen ist. [2]Wechseln Beschäftigte zwischen Arbeitgebern, die vom Geltungsbereich dieses Tarifvertrages erfasst werden, werden die Zeiten in einer von diesem Tarifvertrag erfassten Tätigkeit bei dem anderen Arbeitgeber als Beschäftigungszeit anerkannt. [3]Dabei wird jede Leiharbeitnehmerbeschäftigungszeit (konkret geleistete Arbeitstage) in einer Tätigkeit im Rahmen von Bodenverkehrsdienstleistungen in einem unter den Geltungsbereich fallenden Betriebes eingerechnet.

(6) [1]Der Begriff »Sollen« schreibt ein Tun oder Unterlassen für den Regelfall, aber nicht zwingend vor, räumt dabei aber nur ein begrenztes Ermessen ein. [2]Der Begriff »sollen« beschreibt also, dass es sich in der Regel um eine verbindliche und durchsetzbare Verpflichtung handelt, von der nur bei Vorliegen besonderer Gründe abgewichen werden darf.

(7) Verstetigtes Entgelt bezeichnet die wiederkehrenden in Monatsbeträgen festgelegten Entgeltbestandteile.

§ 28 Inkrafttreten und Vertragsdauer

(1) Dieser Tarifvertrag tritt am 1. August 2024 in Kraft.

(2) Dieser Tarifvertrag kann von jeder Tarifvertragspartei mit einer Frist von drei Monaten zum Schluss eines Kalendervierteljahres, frühestens jedoch zum 31. Juli 2028, schriftlich gekündigt werden.

P. Entgelttarifvertrag für die Bodenabfertigungsdienste an deutschen Verkehrsflughäfen (ETV BVD)

vom 15. Februar 2024 in der Fassung des Änderungstarifvertrages Nr. 1 vom 25. April 2025

§ 1 Geltungsbereich

Es gelten die Regelungen zum Geltungsbereich des Manteltarifvertrages für Bodenverkehrsdienstleistungen (MTV) an Flughäfen in Deutschland in der jeweils gültigen Fassung.

§ 2 Entgelt

[1]Die Beschäftigten haben Anspruch auf ein monatliches Entgelt gemäß § 9 Abs. 1 MTV. [2]Das Entgelt eines Vollzeitbeschäftigten ergibt sich aus seiner Tätigkeit, den Tätigkeitsmerkmalen in Anlage 1 und den Entgelttabellen in § 5. [3]Soweit mit einem Beschäftigten im Arbeitsvertrag eine geringere wöchentliche Arbeitszeit als die tarifvertragliche Wochenarbeitszeit vereinbart wird, reduziert sich das Entgelt entsprechend.

§ 3 Grundsätze der Eingruppierung

(1) [1]Der Beschäftigte ist in die Entgeltgruppe eingruppiert, deren Tätigkeitsmerkmale (Anlage 1) seiner überwiegend auszuübenden Tätigkeit entsprechen. [2]Maßgeblich ist die im Arbeitsvertrag festgehaltene bzw. eine andere dauerhaft übertragene Tätigkeit.
(2) [1]Verrichten Beschäftigte arbeitsvertraglich wechselnde Tätigkeiten (z. B. saisonal bedingt), so ist Grundlage für die Eingruppierung die niedrigste Eingruppierung. [2]Für die Zeiträume der Ausübung einer höherwertigen Tätigkeit erhalten die Beschäftigten eine Zulage in Höhe der Differenz zwischen den Entgeltgruppen (§ 6).
(3) [1]Für die Eingruppierung dient der Beispielkatalog aus Anlage 2 als Grundlage. Diese Beispiele sind grundsätzlich verbindlich, wenn sie mit den Tätigkeitsmerkmalen übereinstimmen. [2]Sie sind nicht abschließend.
(4) [1]Werden die von dem Beschäftigten überwiegend verrichteten Tätigkeiten nicht von einem Beispiel in den Tätigkeitskatalogen erfasst, so ist auf die allgemeinen Merkmale der Entgeltgruppe zurückzugreifen. [2]Dies ist insbesondere der Fall, wenn das Richtbeispiel mehreren Entgeltgruppen zu-

geordnet ist oder wenn es selbst unbestimmte Rechtsbegriffe enthält. [3]Auch durch technische Veränderungen oder den Einsatz anderer technischer Hilfsmittel sind unter Umständen die Tätigkeitsbeispiele nicht mehr allumfassend wirksam, können jedoch durch die Annäherung an die Tätigkeitsmerkmale eingruppiert werden.
(5) Für nicht operative hochqualifizierte Tätigkeiten und Spezialisten*-Funktionen, deren Anforderungen über die allgemeinen Tätigkeitsmerkmale deutlich hinausgehen, können auf betrieblicher Ebene weitergehende, speziellere übertarifliche Entgeltregelungen vereinbart werden.

§ 4 Entgeltstufen

(1) [1]Die Entgeltgruppen 1 bis 10 umfassen Stufen. [2]Die Entgeltgruppe 1 umfasst 2 Stufen, die Entgeltgruppen 2 und 3 jeweils 3 Stufen und die Entgeltgruppen 4 bis 10 jeweils 4 Stufen.
(2) Die Stufenlaufzeit beträgt in der Stufe 1 ein Jahr, in der Stufe 2 zwei Jahre sowie in der Stufe 3 drei Jahre.
(3) Bei der Einstellung werden die Beschäftigten grundsätzlich der Stufe 1 zugeordnet, sofern keine einschlägige Berufserfahrung vorliegt.
(4) Mit der erfolgten Eingruppierung in eine Stufe beginnt die Stufenlaufzeit gemäß Absatz 2.
(5) [1]Ist die Stufenlaufzeit erfüllt, rücken die Beschäftigten automatisch ab dem auf die Erfüllung der Stufenlaufzeit folgenden Kalendermonat in die nächste Stufe auf. [2]Die Beschäftigten erreichen die jeweils nächste Stufe nach einer ununterbrochenen Tätigkeit innerhalb derselben Entgeltgruppe bei demselben Arbeitgeber (sog. Stufenlaufzeit).
(6) [1]Verfügen Beschäftigte über eine einschlägige Erfahrung, erfolgt die Stufenzuordnung unter Anrechnung der Zeiten der einschlägigen Erfahrung. [2]Als einschlägige Erfahrung werden Tätigkeitszeiten innerhalb derselben oder einer höheren Entgeltgruppe im jeweils einschlägigen Bereich beim selben Arbeitgeber oder bei einem anderen diesem Tarifvertrag unterliegenden Arbeitgeber anerkannt. [3]Die einschlägige und die für eine Funktion dienliche Erfahrung (ggf. auch aus anderen Bereichen) werden gemeinsam betrachtet. [4]Der Nachweis der einschlägigen Erfahrung obliegt dem Mitarbeiter. [5]Dies gilt bereits bei der erstmaligen Anwendung dieses Tarifvertrags.
(7) [1]Bei Höhergruppierungen bis einschließlich Entgeltgruppe 6 erfolgt die Stufenzuordnung dergestalt, dass der Erhöhungsbetrag je Stunde mindestens 0,50 Euro beträgt; ist dies nicht der Fall, ist die nächsthöhere Stufe zuzuweisen, bei der dieser Erhöhungsbetrag erreicht wird. [2]Bei Höhergruppierungen ab Entgeltgruppe 7 erfolgt die Zuweisung um eine Stufe niedriger als in der vorherigen Entgeltgruppe.

* Personenbezeichnungen sind geschlechtsneutral zu verstehen.

(8) [1]Bei einer Herabgruppierung beim gleichen Arbeitgeber erfolgt die Eingruppierung in die Stufe der neuen Entgeltgruppe, die der bisherigen Stufe entspricht. [2]Die Stufenlaufzeit gemäß Abs. 2 wird im Falle einer Herabgruppierung nicht unterbrochen.
[3]Sollte das Erfordernis einer Herabgruppierung auf einem Arbeitsunfall oder ärztlich nachgewiesenem Tätigkeitsverbot beruhen, sollen die Betriebsparteien Regelungen treffen, wie die Folgen einer Herabgruppierung abgemildert werden (z. B. durch gestaffelte Besitzstandsregelungen, individuelle Qualifizierungsangebote).

§ 5 Entgelttabellen

(1) [1]Die Beschäftigten erhalten das folgende Tabellenentgelt:
a) Verbindliche Brutto-Stundenentgelte in Euro

Gültig vom 1. April 2025 bis 30. April 2026				
Entgelt-gruppe	Stufe 1	Stufe 2	Stufe 3	Stufe 4
	1 Jahr	2 Jahre	3 Jahre	
1	17,68	18,39		
2	18,18	18,70	19,31	
3	18,90	19,42	19,93	
4	19,52	19,98	20,55	21,20
5	20,76	21,37	21,94	22,64
6	22,67	23,22	23,76	24,26
7	23,59	24,05	24,62	25,19
8	25,34	25,93	26,52	27,13
9	27,39	28,02	28,64	29,27
10	29,41	30,07	30,72	31,37

Gültig ab 1. Mai 2026				
Entgelt-gruppe	Stufe 1	Stufe 2	Stufe 3	Stufe 4
	1 Jahr	2 Jahre	3 Jahre	
1	18,40	19,13		
2	18,91	19,45	20,08	
3	19,65	20,19	20,71	

Gültig ab 1. Mai 2026				
Entgelt-gruppe	**Stufe 1**	**Stufe 2**	**Stufe 3**	**Stufe 4**
	1 Jahr	**2 Jahre**	**3 Jahre**	
4	20,29	20,76	21,35	22,02
5	21,57	22,19	22,78	23,50
6	23,53	24,09	24,65	25,16
7	24,47	24,94	25,53	26,12
8	26,27	26,87	27,49	28,11
9	28,38	29,02	29,67	30,31
10	30,45	31,13	31,81	32,47

b) Verstetigte Brutto-Monatsentgelte in Euro (informatorisch zur Erläuterung) auf Basis einer Wochenarbeitszeit von 37,5 Stunden

Gültig vom 1. April 2025 bis 30. April 2026				
Entgelt-gruppe	**Stufe 1**	**Stufe 2**	**Stufe 3**	**Stufe 4**
	1 Jahr	**2 Jahre**	**3 Jahre**	
1	2883,48	2999,25		
2	2965,01	3049,79	3149,25	
3	3082,40	3167,19	3250,34	
4	3183,49	3258,50	3351,43	3457,42
5	3385,67	3258,50	3578,07	3692,21
6	3697,10	3785,40	3874,41	3955,02
7	3845,87	3921,44	4013,81	4107,85
8	4131,36	4227,09	4324,50	4423,58
9	4465,57	4568,01	4670,45	4772,90
10	4794,73	4902,21	5009,69	5115,50

Gültig ab 1. Mai 2026				
Entgelt-gruppe	Stufe 1	Stufe 2	Stufe 3	Stufe 4
	1 Jahr	2 Jahre	3 Jahre	
1	3020,20	3119,21		
2	3084,01	3171,16	3273,41	
3	3204,69	3291,85	3377,33	
4	3308,61	3385,72	3481,25	3590,21
5	3516,45	3618,70	3714,24	3831,57
6	3836,60	3927,37	4018,87	4101,74
7	3989,53	4067,22	4162,18	4258,85
8	4283,02	4381,43	4481,57	4583,42
9	4626,59	4731,89	4837,20	4942,52
10	4964,96	5075,45	5185,94	5294,71

[2]Die verstetigten Monatsentgelte ergeben sich aus der Multplikation der jeweiligen Stundenentgelte mit dem Faktor (37,5*4,348=163,05). [3]Die Monatsentgelte werden kaufmännisch gerundet.

(2) Die Auszubildenden erhalten das folgende monatliche Tabellenentgelt (in Euro):

Ausbildungsjahr	vom 1. April 2025 bis 30. April 2026	ab 1. Mai 2026
1	1225,00	1300,00
2	1325,00	1400,00
3	1425,00	1500,00
4	1475,00	1550,00

§ 6 Vorübergehender Tätigkeitswechsel

(1) Bei einer vorübergehenden Übernahme einer Tätigkeit einer höheren Entgeltgruppe erhält der Beschäftigte ab dem 1. Arbeitstag pro Arbeitstag eine Zulage nach Abs. 2.

(2) Die Zulage beträgt pro zu vergütendem Arbeitstag nach Abs. 1 die anteilige Differenz zwischen dem Entgelt der Entgeltgruppe des Beschäftigten und dem Entgelt, das diesem bei einer dauerhaften Übernahme der höherwertigen Tätigkeit zustehen würde.

(3) [1]Bei einer vorübergehenden Zuweisung einer Tätigkeit einer niedrigeren Entgeltgruppe durch den Arbeitgeber verbleibt es bei der bisherigen Eingruppierung. [2]Dies gilt nicht, wenn dem Beschäftigten deshalb die geringer bewertete Tätigkeit zugewiesen wird, weil dieser für einen Zeitraum von mehr als drei Monaten aus personenbedingten Gründen die regelmäßig auszuübende Tätigkeit nicht mehr ausüben kann oder darf.
(4) [1]Beschäftigte, die aus betriebsbedingten Gründen in eine niedrigere Entgeltgruppe umgruppiert werden, behalten den Anspruch auf das bisherige Entgelt. [2]Die Differenz zwischen dem bisherigen Entgelt und dem Entgelt der niedrigeren Entgeltgruppe wird als monatliche Besitzstandszulage gezahlt. [3]Tariferhöhungen werden in voller Höhe auf diese Besitzstandzulage angerechnet.

§ 7 Zulagen

(1) [1]Für die nachstehenden Tätigkeiten wird neben dem Tabellenentgelt eine monatliche Zulage (brutto) gezahlt. [2]Diese beträgt für:

a) Lademeister-Agent (EG 6 und EG 7)

bis 31. März 2025:	100,00 Euro
vom 1. April 2025 bis 30. April 2026:	103,11 Euro
ab 1. Mai 2026	106,00 Euro

b) Bedienung von Fäkalien-Fahrzeugen

bis 31. März 2025:	100,00 Euro
vom 1. April 2025 bis 30. April 2026:	103,11 Euro
ab 1. Mai 2026	106,00 Euro

[3]Sollte es wegen betrieblicher Besonderheiten erforderlich sein, weitere Zulagen zu vereinbaren, können die Betriebsparteien hierzu eine entsprechende Betriebsvereinbarung abschließen.
(2) [1]Beschäftigte erhalten für Schichtarbeit nach § 27 Absatz 3 MTV BVD ab dem 1. Juli 2025 eine zeitratierliche monatliche Zulage von 60 Euro (brutto). [2]Beschäftigte erhalten für Wechselschichtarbeit nach § 27 Absatz 3a MTV BVD ab dem 1. Juli 2025 eine zeitratierliche monatliche Zulage von 95 Euro (brutto).
(3) Die Zulagen nach Absatz 1 Satz 2 und nach Absatz 2 erhöhen sich bei allgemeinen Tariferhöhungen nach dem 31. März 2027 in der von den Tarifvertragsparteien jeweils festzulegenden Höhe.

§ 8 Anbindung der Entgeltentwicklung der Beschäftigten an die Entgeltentwicklung des TVöD VKA

(1) [1]Nach jedem Tarifabschluss im TVöD sind neue Entgelttabellen für die Bodenverkehrsdienste mit gleicher Laufzeit wie im TVöD zu vereinbaren. [2]Die Parteien sind sich darüber einig, dass sich die in diesem Tarifvertrag

vereinbarten Entgelte zu denselben Zeitpunkten und im selben Umfang erhöhen, wie sich die Tabellenentgelte bei allgemeinen Entgeltanpassungen im jeweiligen aktuellen Tarifvertrag des öffentlichen Dienstes (TVöD) zwischen ver.di und der VKA erhöhen. [3]Dabei sind die dort erzielten Ergebnisse wertgleich auf die Branchentarifverträge zu übertragen.

(2) [1]Bei der wertgleichen Übertragung ist auf vergleichbare Tätigkeiten abzustellen. [2]Neben der prozentualen Tarifsteigerung sind auch vereinbarte Sockel-, Fest- oder Mindestbeträge sowie Einmalzahlungen in die Berechnung der wertgleichen Übertragung einzubeziehen.

(3) Wenn Entgelterhöhungen im TVöD nach Absätzen 1 und 2 ggf. im Zusammenhang mit manteltarifvertraglichen Änderungen oder Änderungen anderer Tarifverträge im Geltungsbereich des TVöD geschehen, verpflichten sich die Parteien dieses Tarifvertrages zu einer zeit- und materiell wirkungsgleichen Übertragung in diesen Tarifvertrag; auch eine Übertragung manteltarifvertraglicher Änderungen aus dem Geltungsbereich des TVöD in den MTV BVD ist möglich.

(4) Die Übertragung gemäß Absatz 3 wird erstmals auf die Tariferhöhung ab 1. Januar 2025 angewandt.

(5) [1]Eine Einigung über eine wertgleiche Übertragung des Tarifergebnisses soll innerhalb von sieben Arbeitstagen ab Datum des Einigungspapiers TVöD erfolgen; diese Einigung steht bis zur endgültigen Annahme des Verhandlungsergebnisses im TVöD unter Vorbehalt. [2]Kommt eine Einigung über die wertgleiche Übertragung nicht zustande, wird unverzüglich innerhalb von einer Woche ein Schlichtungsverfahren eingeleitet, welches innerhalb von sieben Arbeitstagen abzuschließen ist. [3]Auch das Ergebnis des Schlichtungsverfahrens steht bis zur endgültigen Annahme des Verhandlungsergebnisses im TVöD unter Vorbehalt.

[4]Bei Nutzung von Erklärungsfristen oder anderer Verfahrensschritte in den Tarifverhandlungen zum öffentlichen Dienst werden in der Schlichtungsvereinbarung zur Übertragung der Tarifergebnisse in diesen Tarifvertrag andere Fristen vereinbart, wenn in den Tarifverhandlungen des öffentlichen Dienstes das Einigungsverfahren dazu andauert.

[5]Eine entsprechende Schlichtungsvereinbarung wird vor Inkrafttreten dieses Tarifvertrags abgeschlossen.

(6) [1]Die Entgelttabellen nach § 5 enden zu dem Zeitpunkt, zu dem die Entgelttabellen TVöD wirksam gekündigt werden. [2]Eine Kündigung der Entgelttabellen des TVöD-VKA beendet mit Wirksamwerden der Kündigung auch die Friedenspflicht für den Branchentarifvertrag, ohne dass es einer gesonderten Kündigung der Entgelttabellen gemäß § 5 bedarf. [3]Ab einer Tarifeinigung im TVöD lebt die Friedenspflicht – zumindest bis Ablauf der Schlichtungsfrist gemäß Absatz 5 – wieder auf. [4]Davon kann im Einvernehmen abgewichen werden.

§ 9 Inkrafttreten und Vertragsdauer

(1) Dieser Tarifvertrag tritt am 1. August 2024 in Kraft.
(2) Der Tarifvertrag kann mit einer Kündigungsfrist von drei Monaten gekündigt werden, erstmals zum 31. März 2027.

Anlage 1 – Tätigkeitsmerkmale und Begriffserläuterungen

Entgeltgruppe 1

Einfache Tätigkeiten ohne flughafenbezogene Vorkenntnisse.

Entgeltgruppe 2

Tätigkeiten, zu deren Ausführung in der Regel eine Unterweisung von bis zu vier Wochen erforderlich ist.

Entgeltgruppe 3

Tätigkeiten, für deren Ausführung tätigkeitsbezogene qualifizierende Vorkenntnisse oder eine Anlernzeit erforderlich sind, welche über die Unterweisung der EG 2 hinausgehen und weitere Kenntnisse erfordern.

Entgeltgruppe 4

Tätigkeiten, für deren Ausführung zusätzliche Kenntnisse vorhanden sein müssen, die über die EG 3 hinausgehen. Diese werden durch entsprechende Qualifikationen und Weiterbildungen oder durch damit vergleichbare Berufserfahrung erworben.

Entgeltgruppe 5

Tätigkeiten, die sich aus den Anforderungen der EG 4 dadurch herausheben, dass weitere fachspezifische Kenntnisse und Fähigkeiten vorhanden sein müssen, welche durch Qualifikationen oder Weiterbildungen oder eine abgeschlossene mindestens dreijährige Berufsausbildung oder eine entsprechende Berufserfahrung erworben wurden.

Entgeltgruppe 6

Tätigkeiten der EG 5, zu deren Ausführung zusätzlich die fachliche Anleitung sowie das fachliche Weisungsrecht gegenüber Beschäftigten gehören oder eine herausgehobene Qualifikation oder einen umfassenden Einsatz im Arbeitsbereich ermöglichen.

Entgeltgruppe 7

Tätigkeiten, die sich aus der EG 6 dadurch herausheben, dass sie
umfassende betriebliche Kenntnisse erfordern
oder
ein funktionsübergreifendes fachliches Weisungsrecht beinhalten
oder
besondere Verantwortung für Personal oder Sachwerte beinhalten
oder
im Wesentlichen in der Steuerungs- und Aufsichtsfunktion mit Gestaltungsspielräumen bestehen.

Entgeltgruppe 8

Tätigkeiten, die durch zusätzliche besondere Fachkenntnisse gekennzeichnet sind, die zur Erfüllung komplexer Aufgabenstellungen befähigen oder zu deren Wahrnehmung die Ausübung disziplinarischer Befugnisse gehört.

Entgeltgruppe 9

a) Tätigkeiten mit weitreichender fachlicher und disziplinarischer Führungsverantwortung
oder
b) Tätigkeiten, zu deren Ausübung eine langjährige Berufserfahrung plus Weiterbildung erforderlich ist
oder
c) Tätigkeiten mit besonderen fachlichen Anforderungen und einem hohen Maß an Verantwortung

Entgeltgruppe 10

Tätigkeiten, die sich durch hohe fachliche Anforderungen und ein besonders hohes Maß an Verantwortung aus den Anforderungen der EG 9 wesentlich herausheben.

Begriffserläuterungen

Unterweisung

Unterweisung ist das methodische »Vertrautmachen« mit den zur Durchführung der Tätigkeiten erforderlichen Kenntnissen, Handgriffen, Fertigkeiten, Erfahrungen und Besonderheiten, um den Beschäftigten in die Lage zu versetzen, die Arbeit durch Übung ausführen zu können.

Fachspezifisches Anlernen

Ein fachspezifisches Anlernen ist das systematische Vermitteln von Kenntnissen und Fähigkeiten. Im Gegensatz zur Berufsausbildung beschränkt sich das Anlernen auf bestimmte Ausbildungsziele.

Fachspezifische Weiterbildung/Qualifikation

Fachspezifische Weiterbildung/Qualifikation sind zusätzliche Fachausbildungen, die der Vertiefung und Erweiterung der Kenntnisse und Fertigkeiten für die übertragene Tätigkeit dienen. Sie gehen über die Maßnahmen zum Erhalten und Anpassen der Kenntnisse und Fertigkeiten an die technische Entwicklung im Rahmen der übertragenen Tätigkeit hinaus. Eine Weiterbildung/Qualifikation für die anforderungsabhängige Eingruppierung kann u. a. mit einem Zertifikat abgeschlossen werden.

Berufserfahrung

Die Berufserfahrung ist die Zeit, die beim Ausführen einer Tätigkeit im Betrieb gewonnen wird und die zu einer höheren Beherrschung der Tätigkeit führt.
Unter mehrjähriger Berufserfahrung ist eine erforderliche Berufserfahrung von mindestens 3 Jahren zu verstehen, unter langjähriger Berufserfahrung eine erforderliche Berufserfahrung von mindestens 5 Jahren. Entscheidend ist jedoch nicht die Dauer der beruflichen Tätigkeit im Allgemeinen, sondern die für die jeweilige Tätigkeit erforderliche Berufserfahrung.

Fachliches Anleiten

Das fachliche Anleiten begrenzt sich auf die fachliche Unterstützung beim Anlernen bestimmter Tätigkeiten, z. B. durch Hinweisen, Anleiten, Zeigen und Erklären.

Fachliches Weisungsrecht

Das fachliche Weisungsrecht umfasst die Arbeitsvorgabe (wer, was, wann, wie, wo) sowie deren Kontrolle und Korrektur.

Disziplinarische Befugnisse

Die disziplinarischen Befugnisse umfassen das Einleiten, Umsetzen und Verfolgen von Personalmaßnahmen.

Führungsverantwortung

Führungsverantwortung umfasst die Entwicklung und Vorgabe von Zielen, die Personalentwicklung und ggf. die Verantwortung für die hiermit zusammenhängenden Kosten für umfangreiche Fachgebiete.

Anlage 2 – Beispielkataloge

Beispielkatalog Vorfeld und Transport

Tätigkeitsmerkmal	EG	Vorfeld und Transport
Einfache Tätigkeiten ohne flughafenbezogene Vorkenntnisse	1	**1. Materialausgabe** **2. Müllsortierung** **3. Kofferwagenservice**
Tätigkeiten, zu deren Ausführung in der Regel eine Unterweisung von bis zu vier Wochen erforderlich ist.	2	**1. Lader I Flugzeugabfertigung** **2. Lader I Gepäcksortierung** **3. Lader Sperrgepäckausgabe** **4. Lader Nachtluftpost** **5. Fahrer Gepäckzustellung** (außerhalb Vorfeld für Lost and Found)
Tätigkeiten, für deren Ausführung tätigkeitsbezogene qualifizierende Vorkenntnisse oder eine Anlernzeit erforderlich sind, welche über die Unterweisung der EG 2 hinausgeht und weitere Kenntnisse erfordern.	3	**1. Lader II Flugzeugabfertigung** mit lizenzierter Anwendung (Vorfeld-Führerschein) mindestens eines PKWs/Kleintransporters/eines Zugfahrzeugs, inkl. gezogener Einheit **2. Lader II Gepäckabfertigung** mit Führerschein und regelmäßigen Fahrtätigkeiten im Sicherheitsbereich sowie BRS, sofern vorhanden **3. Vorfeldfahrer für** - VIP-Transporte (»Chauffeur«) oder – Fahrzeuge bis zu 9 Personen (inkl. Fahrer) – Lastkraftwagen bis 3,5t oder – Dokumente
Tätigkeiten, für deren Ausführung zusätzliche Kenntnisse vorhanden sein müssen, die über die EG 3 hinausgehen. Diese werden durch entsprechende Qualifikationen und Weiterbildungen oder durch damit vergleichbare Berufserfahrung erworben.	4	**1. Lader III Flugzeugabfertigung** **mit** a) lizensierter Anwendung (Vorfeld-Führerschein) mindestens eines PKWs/Kleintransporters/eines Zugfahrzeugs, inkl. gezogener Einheit **und** b) Berechtigung zur Bedienung von mindestens 2 der folgenden Abfertigungsgerätegruppen: – Treppen

Tätigkeitsmerkmal	EG	Vorfeld und Transport
		– Hubwagen inkl. Hubtransporter – 7,5T Hubwagen – Umsetzer – Förderbänder **oder** c) Spezialisierte Anwendung einzelner Abfertigungsgeräte Ver- und Entsorgungsservice, Fluggastbrückenfahrer **2. Lader III Gepäckabfertigung** mit Sonderqualifikationen (u. a. Outboundsteuerung, Sperrgepäcksteuerung, Feinsteuerung in der Transferzentrale) **3. Vorfeldfahrer für** Bus mit mehr als 9 Personen nur auf dem Vorfeld **oder** LKW mit mehr als 3,5t **oder** Push Back **4. Fahrer für PRM-Hubwagen** **5. Gepäckhallenaufsicht** (Inbound, Koordinierung Gepäck) **6. Flugzeugenteiser** (Sprüher oder Fahrer im Einmannbetrieb) **7. Mitarbeiter mit multifunktionalem Einsatz in der Flugzeugabfertigung Executive Business Aviation (EBA)** **8. Technischer Betreuer** ohne handwerklich/technische Berufsausbildung (technische Betreuung der Gepäckförderanlage)
Tätigkeiten, die sich aus den Anforderungen der EG 4 dadurch herausheben, dass weitere fachspezifische Kenntnisse und Fähigkeiten vorhanden sein müssen, welche durch Qualifikationen oder Weiterbildungen oder eine abgeschlossene mindestens dreijährige Berufsausbildung oder eine entsprechende Berufserfahrung erworben wurden.	5	**1. Lader IV Flugzeugabfertigung** **mit** a) lizenzierter Anwendung (Vorfeld-Führerschein) mindestens eines PKWs/Kleintransporters/eines Zugfahrzeugs, inkl. gezogener Einheit **und** b) Berechtigung zur Bedienung von mindestens 4 der folgenden im Ladeservice eingesetzten Abfertigungsgerätegruppen: – Treppen – Umsetzer – Hubwagen und Hubtransporter – 7,5t Hubwagen – Maindecker – Förderbänder

Tätigkeitsmerkmal	EG	Vorfeld und Transport
		2. Vorfeldfahrer II (Berechtigung zur Bedienung von mindestens 2 Geräten) – Bus mit mehr als 9 Personen nur auf dem Vorfeld – Enteisung – Schleppen – Pushback **3. Busfahrer mit Führerschein der Klassen D/D1/DE/D1E und Personenbeförderungsschein** **4. Qualifizierter Flugzeugabfertiger** (Qualifizierter Flugzeugabfertiger mit Prüfung, Geprüfte Fachkraft für Bodenverkehrsdienste im Luftverkehr, (auch ehemals IHK geprüfter Flugzeugabfertiger)
Tätigkeiten der EG 5, zu deren Ausführung zusätzlich die fachliche Anleitung plus das fachliche Weisungsrecht gegenüber Beschäftigten gehört oder eine herausgehobene Qualifikation oder einen umfassenden Einsatz im Arbeitsbereich ermöglichen.	6	**1. Lademeister** **2. Lademeister – Agent I im narrow body (auch AKK/QLP mit Zulage)** **3. Gepäckmeister**
Tätigkeiten, die sich aus der EG 6 dadurch herausheben, dass sie a) umfassende betriebliche Kenntnisse erfordern **oder** b) ein funktionsübergreifendes fachliches Weisungsrecht beinhalten **oder** c) besondere Verantwortung für Personal oder Sachwerte beinhalten **oder** d) im Wesentlichen in der Steuerungs- und Aufsichtsfunktion mit Gestaltungsspielräumen bestehen.	7	**1. Lademeister – Agent II (AKI Qualifikation bzw. im wide body** **2. Supervisor Rampe**

Tätigkeitsmerkmal	EG	Vorfeld und Transport
Tätigkeiten, die durch zusätzliche besondere Fachkenntnisse gekennzeichnet sind, die zur Erfüllung komplexer Aufgabenstellungen befähigen oder zu deren Wahrnehmung die Ausübung disziplinarischer Befugnisse gehört.	8	**1. Duty Officer** **2. Schichtleiter/in inkl. bisherige Supervisor als Schichtleiter/in** **3. Einsatzleiter/in** **4. Gruppenleiter/in** **5. Koordinator Disponenten**
Tätigkeiten mit a) weitreichender fachlicher und disziplinarischer Führungsverantwortung **oder** b) Tätigkeiten, zu deren Ausübung eine langjährige Berufserfahrung plus Weiterbildung erforderlich ist **oder** c) Tätigkeiten mit besonderen fachlichen Anforderungen und einem hohen Maß an Verantwortung		**1. Duty Manager** Koordinatoren von Teilbetriebe/Coordinator Service units
Tätigkeiten, die sich durch besondere hohe fachliche Anforderungen und ein besonders hohes Maß an Verantwortung aus den Anforderungen der EG 9 wesentlich herausheben.	10	**1. Gesamtbetriebsleitung Ramp** **2. Groundhandling Control Officer** (Koordination in einer Schicht von mehreren Gewerken/Prozessen, über mehrere Bereiche mit unterschiedlichen Funktionen, Control-Center)

Beispielkatalog Passage

Tätigkeitsmerkmal	EG	Vorfeld und Transport
Einfache Tätigkeiten ohne flughafenbezogene Vorkenntnisse	1	**1. Schlangensteuerung/Queueing**
Tätigkeiten, zu deren Ausführung in der Regel eine Unterweisung von bis zu vier Wochen erforderlich ist.	2	**1. Check In-/Gate Agent I** mit Kenntnis von einem DCS-System, inkl. unbaren Inkasso-Aufgaben (Übergepäck Zusatzdienstleistungen). **2. UM-Betreuung** **3. Lounge-Agent ohne DCS-Anwendung** **4. Service Agent (Lost and Found)** (Aufnahme von PIR'S, Information an den Kunden zum Sachstand des Verbleibs und der weiteren Bearbeitungsschritte)
Tätigkeiten, für deren Ausführung tätigkeitsbezogene qualifizierende Vorkenntnisse oder eine Anlernzeit erforderlich sind, welche über die Unterweisung der EG 2 hinausgeht und weitere Kenntnisse erfordern.	3	**1. Check In-/Gate Agent II** **mit** Kenntnis von mindestens zwei DCS-Systeme, inkl. Inkasso-Aufgaben (Übergepäck, Zusatzleistungen), **oder** Tätigkeiten der EG 2 mit der Abfertigung von Airline-Gruppen, sofern die jeweilige Airline-Gruppe auf einem gemeinsamen System abgefertigt wird. **2. Lost and Found Agent I** mit umfänglichen Kenntnissen von World Tracer inkl. Baggage Tracing und Baggage Rushing inklusive Kenntnis der entsprechenden Eingabeoberflächen **3. Ticketing-Agent I** mit Kenntnis von mindestens einem Reservierungssystem (z. B. Amadeus, SkySpeed oder vergleichbar), inkl. Inkasso-Aufgaben (Übergepäck, Zusatzleistungen, Tickets, Umbuchungen) **4. Mitarbeiterinnen und Mitarbeiter der EG 2** mit Kombifunktionen
Tätigkeiten, für deren Ausführung zusätzliche Kenntnisse vorhanden sein müssen, die über die EG 3 hinausgehen. Diese werden durch entsprechende Qualifikationen	4	**1. Check In-/Gate Agent III** **mit** Tätigkeiten mindestens der EG2 oder EG3 **mit** spezifischen Tätigkeiten der Vor- und Nachbereitung (z. B. Editing) und Koordinierung von bestimmten Flugereignissen.

Tätigkeitsmerkmal	EG	Vorfeld und Transport
und Weiterbildungen oder durch damit vergleichbare Berufserfahrung erworben.		Je nach Betriebsgröße und Organisation können alle spezifischen Tätigkeiten von diesem Beschäftigten durchgeführt werden. **2. Lost and Found Agent II** Tätigkeiten der EG 3 und zusätzlich vorbereitende, nachbereitende und über die Gepäckermittlung hinausgehende, Tätigkeiten, (zum Beispiel Erstellung von Statistiken, Rechercheaufgaben, administrative Tätigkeiten) oder Ansprechpartner für den Kunden, Drittunternehmen, Operations und Mitarbeiter **3. Ticketing–Agent II** mit Kenntnis und Anwendung von mindestens zwei Reservierungssystemen (z. B. Amadeus) und mit Inkasso-Aufgaben (Übergepäck, Zusatzleistungen), hierbei Kenntnis von mindestens drei Airline-Bezahlsystemen und Einsatz am Common Use Schalter **4. Mitarbeiterinnen und Mitarbeiter der EG 3** mit Kombifunktionen
Tätigkeiten, die sich aus den Anforderungen der EG 4 dadurch herausheben, dass weitere fachspezifische Kenntnisse und Fähigkeiten vorhanden sein müssen, welche durch Qualifikationen oder Weiterbildungen oder eine abgeschlossene mindestens dreijährige Berufsausbildung oder eine entsprechende Berufserfahrung erworben wurden.	5	**1. Passage Agent** mit abgeschlossener Ausbildung als a) Servicekaufleute im Luftverkehr b) Luftverkehrskaufleute c) Reiseverkehrskaufleute **2. Check-In / Gate Agent IV** **mit** Tätigkeiten EG 4 **und** Kenntnis von mindestens fünf DCS-Systemen **3. Ticketing-Agent III** mit abgeschlossener Ausbildung Servicekaufleute im Luftverkehr oder Reiseverkehrskaufleute oder entsprechender Eignungsprüfung IATA-Ticketing **4. Mitarbeiterinnen und Mitarbeiter der EG 4** mit Kombifunktionen

Tätigkeitsmerkmal	EG	Vorfeld und Transport
Tätigkeiten der EG 5, zu deren Ausführung zusätzlich die fachliche Anleitung plus das fachliche Weisungsrecht gegenüber Beschäftigten gehört oder eine heraus-gehobene Qualifikation oder einen umfassenden Einsatz im Arbeitsbereich ermöglichen.	6	**1. Teamleiter/Lead Agent** (verantwortlich für ein (wechselndes) Check-in Team **oder** die Koordination von bis zu zwei Airlines) **2. Backoffice-Agent** mit umfassenden Kenntnissen im Check-In zur Teamunterstützung sowie umfassenden Editing-/Controlaufgaben und Flugaufbau für die die gesamte Schicht und Folgeschichten
Tätigkeiten, die sich aus der EG 6 dadurch herausheben, dass sie a) umfassende betriebliche Kenntnisse erfordern **oder** b) ein funktionsübergreifendes fachliches Weisungs-recht beinhalten **oder** c) besondere Verantwortung für Personal oder Sachwerte beinhalten **oder** d) im Wesentlichen in der Steuerungs- und Aufsichtsfunktion mit Gestaltungsspiel-räumen bestehen.	7	**1. Supervisor Passage**
Tätigkeiten, die durch zusätzliche besondere Fachkenntnisse gekennzeichnet sind, die zur Erfüllung komplexer Aufgabenstellungen befähigen oder zu deren Wahrnehmung die Ausübung disziplinarischer Befugnisse gehört.	8	**1. Duty Officer** **2. Schichtleiter/in** inkl. bisherige Supervisor als Schichtleiter/in
Tätigkeiten mit a) weitreichender fachlicher und disziplinarischer Führungsverantwortung **oder** b) Tätigkeiten, zu deren Ausübung eine langjährige Berufserfahrung plus	9	**1. Duty Manager** **2. Operative Betriebsleitung**

Tätigkeitsmerkmal	EG	Vorfeld und Transport
Weiterbildung erforderlich ist **oder** c) Tätigkeiten mit besonderen fachlichen Anforderungen und einem hohen Maß an Verantwortung		
Tätigkeiten, die sich durch besondere hohe fachliche Anforderungen und ein besonders hohes Maß an Verantwortung aus den Anforderungen der EG 9 wesentlich herausheben.	10	**1. Abteilungsleitung Passage**

Ergänzungen zur Eingruppierung, für die EG 1 bis 10 gilt:

1. Wenn durch den Entfall von DCS-Systemen die Voraussetzungen für eine Entgeltgruppe nicht mehr erfüllt werden, haben betroffene Beschäftigte Anspruch auf eine Qualifizierung in einem weiteren System, sofern das Unternehmen andere Airlines mit anderen DCS Systemen als Kunden hat. Lehnt der Beschäftigte die Qualifizierung ab erfolgt eine tarifkonforme Eingruppierung nach Ablauf des 6. Monats. Gleiches gilt, wenn die Qualifizierung aus einem von dem/der Beschäftigten zu vertretenden Grund nicht mit Erfolg abgeschlossen wird.
   Für den Fall, dass ein Unternehmen Kunden verliert oder durch Wegfall aktueller Systemanwendungen weniger Systeme genutzt werden können, entfällt mangels einer Qualifizierungsmöglichkeit die Herabgruppierung. Wenn wieder der Bedarf für weitere DCS-Systeme entsteht, kommt erneut die Regelung zum Anspruch auf Qualifizierung mit den formulierten Folgewirkung zur Anwendung.
2. Als Supervisor gelten Beschäftigte, die als Aufsicht/Überwachende für Arbeitsprozesse (z. B. Flüge/Lost+Found/Ticketing) fachliche Weisungsberechtigungen haben, aber keine disziplinarische Funktion ausüben.

Beispielkatalog Operations

Tätigkeitsmerkmal	EG	Vorfeld und Transport
Einfache Tätigkeiten ohne flughafenbezogene Vorkenntnisse	1	
Tätigkeiten, zu deren Ausführung in der Regel eine Unterweisung von bis zu vier Wochen erforderlich ist.	2	**1. Dokumentenfahrer** mit Führerschein Klasse B und Vorfeldführerschein
Tätigkeiten, für deren Ausführung tätigkeitsbezogene qualifizierende Vorkenntnisse oder eine Anlernzeit erforderlich sind, welche über die Unterweisung der EG 2 hinausgeht und weitere Kenntnisse erfordern.	3	**2. Ramp Agent I** mit Führerschein Klasse B und Vorfeldführerschein **und** mit folgenden möglichen Tätigkeiten – Ergänzung/Korrektur von Loadsheets (LMC-Änderungen) – Walkout Assistance und Safety-Check Aufgaben: Koordinationstätigkeiten, Kommunikation mit Dienstleistern und Flugzeugbesatzung während der Abfertigung, Weitergabe und Entgegennahme relevanter fachlicher Informationen (z. B. Loading Instruction, Abstimmung) **3. OPS Innendienst** mit folgenden möglichen Tätigkeiten: Erstellen, Zusammenstellen, Versenden und Übergeben von Informationen, z. B. Sita-Messages wie MVT, UCM, Wetter, NOTAM's, Communications, Briefing Packages
Tätigkeiten, für deren Ausführung zusätzliche Kenntnisse vorhanden sein müssen, die über die EG 3 hinausgehen. Diese werden durch entsprechende Qualifikationen und Weiterbildungen oder durch damit vergleichbare Berufserfahrung erworben.	4	**1. Ramp-Agent II/Turn around Coordinator (TCO)** wie Ramp Agent I mit zusätzlich folgenden möglichen Tätigkeiten a) Vorbereiten und Korrektur/Ergänzung von Loadsheets b) Eingabe sofern technisch möglich oder Bereitstellung von Daten für Weight and Balance DCS System/e
Tätigkeiten, die sich aus den Anforderungen der EG 4 dadurch herausheben, dass weitere fachspezifische Kenntnisse und Fähigkeiten vorhanden	5	**1. Ramp Agent III/Weight and Balance Agent I** wie Ramp Agent II mit zusätzlich folgenden möglichen Tätigkeiten a) Kenntnis und Anwendung von Weight and Balance DCS System/en

Tätigkeitsmerkmal	EG	Vorfeld und Transport
sein müssen, welche durch Qualifikationen oder Weiterbildungen oder eine abgeschlossene mindestens dreijährige Berufsausbildung oder eine entsprechende Berufserfahrung erworben wurden.		b) Ladeplanung, Vorbereitung und Erstellung von Loadsheets c) Zuarbeit für Centralised Load Control (CLC), sofern vorhanden d) OPS-Innendienst **2. Service Kaufmann/-frau Luftverkehr**
Tätigkeiten der EG 5, zu deren Ausführung zusätzlich die fachliche Anleitung plus das fachliche Weisungsrecht gegenüber Beschäftigten gehört oder eine herausgehobene Qualifikation oder einen umfassenden Einsatz im Arbeitsbereich ermöglichen.	6	**1. Weight and Balance Agent II** wie Weight & Balance Agent I mit Durchführung komplexer Weight and Balance Abfertigungen (z. B. Frachter) **2. Flight OPS Agent** mit verantwortlicher Erstellung von Flugplänen, Routenkarten, und anderen weiterführenden/speziellen Crew Briefings
Tätigkeiten, die sich aus der EG 6 dadurch herausheben, dass sie a) umfassende betriebliche Kenntnisse erfordern **oder** b) ein funktionsübergreifendes fachliches Weisungsrecht beinhalten **oder** c) besondere Verantwortung für Personal oder Sachwerte beinhalten **oder** d) im Wesentlichen in der Steuerungs- und Aufsichtsfunktion mit Gestaltungsspielräumen bestehen.	7	**1. Supervisor OPS**
Tätigkeiten, die durch zusätzliche besondere Fachkenntnisse gekennzeichnet sind, die zur Erfüllung komplexer Aufgabenstellungen befähigen oder zu deren Wahrnehmung die Ausübung disziplinarischer Befugnisse gehört.	8	**1. Duty Officer** **2. Schichtleiter/in** **3. bisherige Supervisor als Schichtleiter/in**

Tätigkeitsmerkmal	EG	Vorfeld und Transport
Tätigkeiten mit a) weitreichender fachlicher und disziplinarischer Führungsverantwortung **oder** b) Tätigkeiten, zu deren Ausübung eine langjährige Berufserfahrung plus Weiterbildung erforderlich ist **oder** c) Tätigkeiten mit besonderen fachlichen Anforderungen und einem hohen Maß an Verantwortung	9	**1. Duty Manager** **2. Operative Betriebsleitung**
Tätigkeiten, die sich durch besondere hohe fachliche Anforderungen und ein besonders hohes Maß an Verantwortung aus den Anforderungen der EG 9 wesentlich herausheben	10	**1. Abteilungsleitung Operations**

Beispielkatalog Disposition und Training

Tätigkeitsmerkmal	EG	Vorfeld und Transport
Einfache Tätigkeiten ohne flughafenbezogene Vorkenntnisse	1	
Tätigkeiten, zu deren Ausführung in der Regel eine Unterweisung von bis zu vier Wochen erforderlich ist.	2	
Tätigkeiten, für deren Ausführung tätigkeitsbezogene qualifizierende Vorkenntnisse oder eine Anlernzeit erforderlich sind, welche über die Unterweisung der EG 2 hinausgeht und weitere Kenntnisse erfordern.	3	

Tätigkeitsmerkmal	EG	Vorfeld und Transport
Tätigkeiten, für deren Ausführung zusätzliche Kenntnisse vorhanden sein müssen, die über die EG 3 hinausgehen. Diese werden durch entsprechende Qualifikationen und Weiterbildungen oder durch damit vergleichbare Berufserfahrung erworben.	4	
Tätigkeiten, die sich aus den Anforderungen der EG 4 dadurch herausheben, dass weitere fachspezifische Kenntnisse und Fähigkeiten vorhanden sein müssen, welche durch Qualifikationen oder Weiterbildungen oder eine abgeschlossene mindestens dreijährige Berufsausbildung oder eine entsprechende Berufserfahrung erworben wurden.	5	
Tätigkeiten der EG 5, zu deren Ausführung zusätzlich die fachliche Anleitung plus das fachliche Weisungsrecht gegenüber Beschäftigten gehört oder eine herausgehobene Qualifikation oder einen umfassenden Einsatz im Arbeitsbereich ermöglichen.	6	**1. Gerätetrainer** **2. Disponent/in/Betriebssteuerung I:** Disposition von Abfertigungsprozessen, in denen eine Funktion disponiert wird
Tätigkeiten, die sich aus der EG 6 dadurch herausheben, dass sie a) umfassende betriebliche Kenntnisse erfordern **oder** b) ein funktionsübergreifendes fachliches Weisungsrecht beinhalten **oder**	7	**1. Verfahrenstrainer I mit Trainerqualifikation inkl. Class Room Training, z. B. DGR und Passage-/Operations-Training (Grundkurse und Zusatzkurse z. B. DCS, World Tracer)** **2. Operative Personalplanung (Dienstplanung, Urlaubsplanung, Schulungsplanung, Organisation Zusatzdienste)**

Tätigkeitsmerkmal	EG	Vorfeld und Transport
c) besondere Verantwortung für Personal oder Sachwerte beinhalten **oder** d) im Wesentlichen in der Steuerungs- und Aufsichtsfunktion mit Gestaltungsspielräumen bestehen.		**3. Disponent/in/ Betriebssteuerung II:** Disposition von Abfertigungsprozessen, in denen mehr als eine Funktion oder mehr als 50 Beschäftigte disponiert werde.
Tätigkeiten, die durch zusätzliche besondere Fachkenntnisse gekennzeichnet sind, die zur Erfüllung komplexer Aufgabenstellungen befähigen oder zu deren Wahrnehmung die Ausübung disziplinarischer Befugnisse gehört.	8	**1. Verfahrenstrainer II, z. B. mit AKK oder AKI oder mit Ausbildung von Trainern (Train the Trainer) und Entwicklung von Trainingskonzepten** **2. Ressourcenplaner**
Tätigkeiten mit a) weitreichender fachlicher und disziplinarischer Führungsverantwortung **oder** b) Tätigkeiten, zu deren Ausübung eine langjährige Berufserfahrung plus Weiterbildung erforderlich ist **oder** c) Tätigkeiten mit besonderen fachlichen Anforderungen und einem hohen Maß an Verantwortung	9	**1. Leiter/in Training**
Tätigkeiten, die sich durch besondere hohe fachliche Anforderungen und ein besonders hohes Maß an Verantwortung aus den Anforderungen der EG 9 wesentlich herausheben	10	

Beispielkatalog Technische Dienste

Tätigkeitsmerkmal	EG	Vorfeld und Transport
Einfache Tätigkeiten ohne flughafenbezogene Vorkenntnisse	1	**1. Fahrzeugpflege**
Tätigkeiten, zu deren Ausführung in der Regel eine Unterweisung von bis zu vier Wochen erforderlich ist.	2	**1. Material- und Werkzeugausgabe**
Tätigkeiten, für deren Ausführung tätigkeitsbezogene qualifizierende Vorkenntnisse oder eine Anlernzeit erforderlich sind, welche über die Unterweisung der EG 2 hinausgeht und weitere Kenntnisse erfordern.	3	**1. Hol- und Bringservice auf dem Vorfeld** **2. mit Vorfeldführerschein**
Tätigkeiten, für deren Ausführung zusätzliche Kenntnisse vorhanden sein müssen, die über die EG 3 hinausgehen. Diese werden durch entsprechende Qualifikationen und Weiterbildungen oder durch damit vergleichbare Berufserfahrung erworben.	4	**1. GSE-Wartung und -instandsetzung** ohne fachbezogene Berufsausbildung **2. Material-Disponentin**
Tätigkeiten, die sich aus den Anforderungen der EG 4 dadurch herausheben, dass weitere fachspezifische Kenntnisse und Fähigkeiten vorhanden sein müssen, welche durch Qualifikationen oder Weiterbildungen oder eine abgeschlossene mindestens dreijährige Berufsausbildung oder eine entsprechende Berufserfahrung erworben wurden.	5	**1. Fachkraft/ Fachhandwerker** mit abgeschlossener tätigkeitsbezogener Berufsausbildung, z. B. – Industriemechaniker/in – Mechatroniker/in – Elektroniker/in für Betriebstechnik – KFZ-Mechatroniker/in – Lagerist/in

Tätigkeitsmerkmal	EG	Vorfeld und Transport
Tätigkeiten der EG 5, zu deren Ausführung zusätzlich die fachliche Anleitung plus das fachliche Weisungsrecht gegenüber Beschäftigten gehört oder eine herausgehobene Qualifikation oder einen umfassenden Einsatz im Arbeitsbereich ermöglichen.	6	**1. Fachhandwerker/in der EG 5** mit zusätzlicher Qualifikation
Tätigkeiten, die sich aus der EG 6 dadurch herausheben, dass sie a) umfassende betriebliche Kenntnisse erfordern **oder** b) ein funktionsübergreifendes fachliches Weisungsrecht beinhalten **oder** c) besondere Verantwortung für Personal oder Sachwerte beinhalten **oder** d) im Wesentlichen in der Steuerungs- und Aufsichtsfunktion mit Gestaltungsspielräumen bestehen.	7	**1. Fachhandwerker/in der EG 6** mit herausgehobener Spezialqualifikation (z. B. herstellerspezifische zertifizierte Qualifikationen, Fachspezialist mit zertifizierter Zusatzqualifikation, Weiterbildung UVV, Qualifizierung zur Durchführung Sicherheitsprüfung) **2. Vorarbeiter**
Tätigkeiten, die durch zusätzliche besondere Fachkenntnisse gekennzeichnet sind, die zur Erfüllung komplexer Aufgabenstellungen befähigen oder zu deren Wahrnehmung die Ausübung disziplinarischer Befugnisse gehört.	8	**1. Meister ohne Werkstattleitung**
Tätigkeiten mit a) weitreichender fachlicher und disziplinarischer Führungsverantwortung **oder**	9	**1. Meister mit Werkstattleitung**

Tätigkeitsmerkmal	EG	Vorfeld und Transport
b) Tätigkeiten, zu deren Ausübung eine langjährige Berufserfahrung plus Weiterbildung erforderlich ist **oder** c) Tätigkeiten mit besonderen fachlichen Anforderungen und einem hohen Maß an Verantwortung		
Tätigkeiten, die sich durch besondere hohe fachliche Anforderungen und ein besonders hohes Maß an Verantwortung aus den Anforderungen der EG 9 wesentlich herausheben	10	**1. Abteilungsleitung Technische Dienste**

Beispielkatalog Administration

EG	Funktionen
1	
2	Büroboten
3	Empfang, Rezeption
4	1. Sachbearbeitung ohne Berufsausbildung 2. Sekretariat ohne Berufsausbildung
5	1. Sachbearbeitung mit einschlägiger Berufsausbildung 2. Sekretariat mit einschlägiger Berufsausbildung
6	Sachbearbeitung I Personalwesen Sachbearbeitung I Rechnungswesen
7	Sachbearbeitung II Personalwesen Sachbearbeitung II Rechnungswesen
8	Personalreferent/in mit IHK-Abschlussprüfung PFK
9	1. Referent/in mit abgeschlossenem fachbezogenem Master-Studium 2. Fachgebietsleitung im administrativen Bereich
10	Abteilungsleitung im administrativen Bereich

Q. Tarifvertrag über eine Sonderzahlung 2025 und 2026 für Beschäftigte der Bodenverkehrsdienste an deutschen Verkehrsflughäfen (TV Sonderzahlung 2025 und 2026 BVD)

vom 25. April 2025

§ 1 Geltungsbereich

Dieser Tarifvertrag gilt für Beschäftigte, die in einem Arbeitsverhältnis zu einem Arbeitgeber stehen, der Mitglied eines Mitgliedverbandes der Vereinigung der kommunalen Arbeitgeberverbände (VKA) oder Mitglied bei dem Arbeitgeberverband der Bodenabfertigungsdienstleister im Luftverkehr (ABL) ist, und die unter den Geltungsbereich des Manteltarifvertrages für die Bodenabfertigungsdienste an deutschen Verkehrsflughäfen (MTV BVD) fallen.

§ 2 Sonderzahlung

(1) Beschäftigte in Vollzeitbeschäftigung erhalten mit dem Entgelt für den Monat Juli 2025 eine Sonderzahlung in Höhe von 200 Euro brutto für das Kalenderjahr 2025, wenn ihr Arbeitsverhältnis am 1. Juli 2025 bestand und an mindestens einem Tag zwischen dem 1. Januar 2025 und dem 30. Juni 2025 Anspruch auf Entgelt bestand.

(2) Beschäftigte in Vollzeitbeschäftigung erhalten mit dem Entgelt für den Monat Juli 2026 eine Sonderzahlung in Höhe von 200 Euro für das Kalenderjahr 2026, wenn ihr Arbeitsverhältnis am 1. Januar 2026 und am 1. Juli 2026 bestand und an mindestens einem Tag zwischen dem 1. Januar 2026 und dem 30. Juni 2026 Anspruch auf Entgelt besteht.

(3) [1]Anspruch auf Entgelt im Sinne der Absätze 1 und 2 sind Anspruch gemäß § 9 MTV BVD, der Anspruch auf Vergütung im Fall von Arbeitsunfähigkeit, Urlaub und Freistellung nach § 10 MTV BVD, der Anspruch auf Krankengeldzuschuss (§ 11 MTV BVD) und Leistungen nach § 3 Abs. 1 und 2 MuSchG sowie §§ 18–20 MuSchG. [2]Die Zahlungen gemäß Absatz 1 und 2 sind bei der Bemessung sonstiger Leistungen nicht zu berücksichtigen.

(4) [1]Soweit Teilzeitbeschäftigte die Voraussetzungen des Absatzes 1 und/ oder des Absatzes 2 erfüllen, erhalten sie die Sonderzahlung in dem Umfang, der dem Anteil ihrer individuell vereinbarten durchschnittlichen Arbeitszeit

an der regelmäßigen Arbeitszeit vergleichbarer Vollzeitbeschäftigter entspricht. [2]Maßgeblich sind die jeweiligen Verhältnisse am 1. Juli 2025 (Absatz 1) bzw. 1. Juli 2026 (Absatz 2).

§ 3 Inkrafttreten

Dieser Tarifvertrag tritt am 1. Januar 2025 in Kraft.

R. Tarifvertrag über die zusätzliche Altersvorsorge der Beschäftigten des öffentlichen Dienstes – Altersvorsorge-TV-Kommunal (ATV-K)

vom 1. März 2002 in der Fassung des Änderungstarifvertrages Nr. 8 vom 10. November 2021

Präambel

[1]Die Tarifvertragsparteien haben sich – auch in Ausfüllung des Beschlusses des Bundesverfassungsgerichts vom 22. März 2000 (1 BvR 1136/96) – am 13. November 2001 auf eine grundlegende Reform der Zusatzversorgung des öffentlichen Dienstes geeinigt, um deren Zukunftsfähigkeit zu sichern; der Altersvorsorgeplan 2001 vom 13. November 2001 ist zugleich Geschäftsgrundlage dieses Tarifvertrages.
[2]Das bisherige Gesamtversorgungssystem wird mit Ablauf des 31. Dezember 2000 geschlossen und durch ein Punktemodell ersetzt, in dem entsprechend den nachfolgenden Regelungen diejenigen Leistungen zugesagt werden, die sich ergeben würden, wenn eine Gesamt-Beitragsleistung von vier v. H. des zusatzversorgungspflichtigen Entgelts vollständig in ein kapitalgedecktes System eingezahlt würde. [3]Das Jahr 2001 wird im Rahmen des Übergangsrechts berücksichtigt.
[4]Bei den Zusatzversorgungseinrichtungen kann als Leistung der betrieblichen Altersversorgung auch eine zusätzliche kapitalgedeckte Altersvorsorge durch eigene Beiträge unter Inanspruchnahme der steuerlichen Förderung durchgeführt werden.

Erster Teil
Punktemodell

Abschnitt I
Geltungsbereich

§ 1 Geltungsbereich

Dieser Tarifvertrag gilt für Arbeitnehmerinnen/Arbeitnehmer und Auszubildende (Beschäftigte), die unter den Geltungsbereich der in der Anlage 1 aufgeführten Tarifverträge des öffentlichen Dienstes fallen, soweit sie nicht bei den an der Versorgungsanstalt des Bundes und der Länder (VBL) beteiligten Mitgliedern der übrigen der Vereinigung der kommunalen Arbeitgeberverbände (VKA) angehörenden Arbeitgeberverbände beschäftigt sind.

Abschnitt II
Versicherung bei der Zusatzversorgungseinrichtung

§ 2 Pflichtversicherung

(1) [1]Die Beschäftigten sind vorbehaltlich der Absätze 2 und 3 zu versichern, wenn sie

a) das 17. Lebensjahr vollendet haben und
b) die Wartezeit (§ 6) erfüllen können.

[2]Die Wartezeit muss bis zum Ablauf des Monats, in dem die/der Beschäftigte das gesetzlich festgelegte Alter zum Erreichen einer abschlagsfreien Regelaltersrente vollendet, erfüllt werden können; frühere Versicherungszeiten, die auf die Wartezeit angerechnet werden, sind zu berücksichtigen.
[3]Die Pflicht zur Versicherung setzt mit dem Beginn des Beschäftigungsverhältnisses bei der öffentlichen Zusatzversorgungseinrichtung, bei der der Arbeitgeber Mitglied/Beteiligter ist, ein.
[4]Die Pflicht zur Versicherung endet mit der Beendigung des Beschäftigungsverhältnisses.

(2) [1]Beschäftigte mit einer wissenschaftlichen Tätigkeit an Hochschulen oder Forschungseinrichtungen, die für ein befristetes Arbeitsverhältnis eingestellt werden, in dem sie wegen der Dauer der Befristung die Wartezeit nach § 6 Abs. 1 nicht erfüllen können, und die bisher keine Pflichtversicherungszeiten in der Zusatzversorgung haben, sind auf ihren schriftlichen Antrag vom Arbeitgeber von der Pflicht zur Versicherung zu befreien. [2]Der Antrag ist innerhalb von zwei Monaten nach Beginn des Arbeitsverhältnisses

zu stellen. [3]Zugunsten der nach Satz 1 von der Pflichtversicherung befreiten Beschäftigten werden Versorgungsanwartschaften auf eine freiwillige Versicherung (entsprechend § 26 Abs. 3 Satz 1) mit Beiträgen in Höhe der auf den Arbeitgeber entfallenden Aufwendungen für die Pflichtversicherung, einschließlich eines eventuellen Arbeitnehmerbeitrags nach § 37a Abs. 2 höchstens jedoch mit vier v.H. des zusatzversorgungspflichtigen Entgelts begründet. [4]Wird das Arbeitsverhältnis im Sinne des Satzes 1 verlängert oder fortgesetzt, beginnt die Pflichtversicherung anstelle der freiwilligen Versicherung mit dem Ersten des Monats, in dem die Verlängerung oder Fortsetzung des Arbeitsverhältnisses über fünf Jahre hinaus vereinbart wurde. [5]Eine rückwirkende Pflichtversicherung von Beginn des Arbeitsverhältnisses an ist ausgeschlossen.

(3) Von der Pflicht zur Versicherung ausgenommen sind die von der Anlage 2 erfassten Beschäftigten.

(4) Der Anspruch der/des Beschäftigten nach § 1 Abs. 2 Nr. 4 2. HS in Verbindung mit § 1a Abs. 4 BetrAVG auf Fortführung der Versicherung mit eigenen Beiträgen in entgeltlosen Zeiten während eines bestehenden Beschäftigungsverhältnisses ist für die Pflichtversicherung ausgeschlossen.

§ 3 Beitragsfreie Versicherung

(1) Die Versicherung bleibt als beitragsfreie Versicherung bestehen, wenn das Beschäftigungsverhältnis endet.

(2) Die beitragsfreie Versicherung endet bei Eintritt des Versicherungsfalles, Überleitung der Versicherung auf eine andere Zusatzversorgungseinrichtung, Tod, Erlöschen der Anwartschaft oder bei Beginn einer erneuten Pflichtversicherung.

§ 4 Überleitung der Versicherung

[1]Die Beschäftigten, die bei einer anderen Zusatzversorgungseinrichtung versichert sind, von der die Versicherung übergeleitet wird, sind verpflichtet, die Überleitung der Versicherung auf die für ihren Arbeitgeber zuständige Zusatzversorgungseinrichtung zu beantragen, es sei denn, dass bei der anderen Zusatzversorgungseinrichtung Pflicht zur Versicherung besteht oder auch bei Überleitung der Versicherung keine Pflicht zur Versicherung bei der für ihren Arbeitgeber zuständigen Zusatzversorgungseinrichtung entstünde. [2]Das Gleiche gilt für die Beschäftigten, die gegen eine in Satz 1 genannte Zusatzversorgungseinrichtung Anspruch auf Rente haben, und zwar auch dann, wenn diese Zusatzversorgungseinrichtung die Rente weiter gewährt.

Abschnitt III
Betriebsrente

§ 5 Versicherungsfall und Rentenbeginn

[1]Der Versicherungsfall tritt am Ersten des Monats ein, von dem an der Anspruch auf gesetzliche Rente wegen Alters als Vollrente bzw. wegen teilweiser oder voller Erwerbsminderung besteht. [2]Der Anspruch ist durch Bescheid des Trägers der gesetzlichen Rentenversicherung nachzuweisen.
[3]Den in der gesetzlichen Rentenversicherung Pflichtversicherten, bei denen der Versicherungsfall nach Satz 1 eingetreten ist und die die Wartezeit nach § 6 erfüllt haben, wird auf ihren schriftlichen Antrag von der Zusatzversorgungseinrichtung eine Betriebsrente gezahlt. [4]Die Betriebsrente beginnt – vorbehaltlich des § 12 – mit dem Beginn der Rente aus der gesetzlichen Rentenversicherung.

§ 6 Wartezeit

(1) [1]Betriebsrenten werden erst nach Erfüllung der Wartezeit von 60 Kalendermonaten gewährt. [2]Dabei wird jeder Kalendermonat berücksichtigt, für den mindestens für einen Tag Aufwendungen für die Pflichtversicherung nach §§ 16, 18 erbracht wurden. [3]Bis zum 31. Dezember 2000 nach dem bisherigen Recht der Zusatzversorgung als Umlagemonate zu berücksichtigende Zeiten zählen für die Erfüllung der Wartezeit. [4]Für die Erfüllung der Wartezeit werden Versicherungsverhältnisse bei Zusatzversorgungseinrichtungen nach § 2 Abs. 1 zusammengerechnet.
(2) [1]Die Wartezeit gilt als erfüllt, wenn der Versicherungsfall durch einen Arbeitsunfall eingetreten ist, der im Zusammenhang mit dem die Pflicht zur Versicherung begründenden Arbeitsverhältnis steht oder wenn die/der Versicherte infolge eines solchen Arbeitsunfalls gestorben ist. [2]Ob ein Arbeitsunfall vorgelegen hat, ist durch Bescheid des Trägers der gesetzlichen Unfallversicherung nachzuweisen.
(3) In den Fällen des § 7 Abs. 5 des Gesetzes über die Rechtsverhältnisse der Mitglieder des Deutschen Bundestages und entsprechender gesetzlicher Vorschriften werden Zeiten einer nach dem Beginn der Pflichtversicherung liegenden Mitgliedschaft im Deutschen Bundestag, im Europäischen Parlament oder in dem Parlament eines Landes auf die Wartezeit angerechnet.

§ 7 Höhe der Betriebsrente

(1) Die monatliche Betriebsrente errechnet sich aus der Summe der bis zum Beginn der Betriebsrente (§ 5 Satz 4) erworbenen Versorgungspunkte (§ 8), multipliziert mit dem Messbetrag von vier Euro.
(2) Die Betriebsrente wegen teilweiser Erwerbsminderung beträgt die Hälfte der Betriebsrente, die sich nach Absatz 1 bei voller Erwerbsminderung ergeben würde.
(3) Die Betriebsrente mindert sich für jeden Monat, für den der Zugangsfaktor nach § 77 SGB VI herabgesetzt ist, um 0,3 v. H., höchstens jedoch um insgesamt 10,8 v. H.

§ 8 Versorgungspunkte

(1) [1]Versorgungspunkte ergeben sich
a) für das zusatzversorgungspflichtige Entgelt (§ 15),
b) für soziale Komponenten (§ 9) und
c) als Bonuspunkte (§ 19).
[2]Die Versorgungspunkte nach Satz 1 Buchst. a) und b) werden jeweils zum Ende des Kalenderjahres bzw. zum Zeitpunkt der Beendigung des Arbeitsverhältnisses festgestellt und dem Versorgungskonto gutgeschrieben; die Feststellung und Gutschrift der Bonuspunkte erfolgt zum Ende des folgenden Kalenderjahres. [3]Versorgungspunkte werden jeweils auf zwei Nachkommastellen unter gemeinüblicher Rundung berechnet.
(2) [1]Die Anzahl der Versorgungspunkte für ein Kalenderjahr nach Absatz 1 Satz 1 Buchst. a) ergibt sich aus dem Verhältnis eines Zwölftels des zusatzversorgungspflichtigen Jahresentgelts zum Referenzentgelt von 1000 Euro, multipliziert mit dem Altersfaktor (Absatz 3); dies entspricht einer Beitragsleistung von vier v. H. des zusatzversorgungspflichtigen Entgelts. [2]Bei einer vor dem 1. Januar 2003 vereinbarten Altersteilzeit auf der Grundlage des Altersteilzeitgesetzes werden die Versorgungspunkte nach Satz 1 mit dem 1,8-fachen berücksichtigt, soweit sie nicht auf Entgelten beruhen, die in voller Höhe zustehen.
(3) Der Altersfaktor beinhaltet eine jährliche Verzinsung von 3,25 v. H. während der Anwartschaftsphase und von 5,25 v. H. während des Rentenbezuges und richtet sich nach der folgenden Tabelle; dabei gilt als Alter die Differenz zwischen dem jeweiligen Kalenderjahr und dem Geburtsjahr:

Alter	Altersfaktor	Alter	Altersfaktor	Alter	Altersfaktor	Alter	Altersfaktor
17	3,1	29	2,1	41	1,5	53	1,0
18	3,0	30	2,0	42	1,4	54	1,0
19	2,9	31	2,0	43	1,4	55	1,0
20	2,8	32	1,9	44	1,3	56	1,0
21	2,7	33	1,9	45	1,3	57	0,9
22	2,6	34	1,8	46	1,3	58	0,9
23	2,5	35	1,7	47	1,2	59	0,9
24	2,4	36	1,7	48	1,2	60	0,9
25	2,4	37	1,6	49	1,2	61	0,9
26	2,3	38	1,6	50	1,1	62	0,8
27	2,2	39	1,6	51	1,1	63	0,8
28	2,2	40	1,5	52	1,1	64 und älter	0,8

Protokollerklärung zu Absatz 2 Satz 2:
Wird aufgrund einer Einzelregelung ein Beitrag an die gesetzliche Rentenversicherung gezahlt, der den Mindestbeitrag nach § 3 Abs. 1 Nr. 1 Buchst. b) des Altersteilzeitgesetzes übersteigt, ist das zusatzversorgungspflichtige Entgelt so zu erhöhen, dass sich nach Anwendung von Absatz 2 Satz 2 so viele Versorgungspunkte ergeben, wie dies dem über den gesetzlichen Mindestbeitrag erhöhten Beitrag zur gesetzlichen Rentenversicherung entspricht.

§ 9 Soziale Komponenten

(1) [1]Für jeden vollen Kalendermonat ohne Arbeitsentgelt, in dem das Arbeitsverhältnis wegen einer Elternzeit nach § 15 des Bundeserziehungsgeldgesetzes ruht, werden für jedes Kind, für das ein Anspruch auf Elternzeit besteht, die Versorgungspunkte berücksichtigt, die sich bei einem zusatzversorgungspflichtigen Entgelt von 500,– Euro in diesem Monat ergeben würden. [2]Es werden je Kind höchstens 36 Kalendermonate berücksichtigt. [3]Bestehen mehrere zusatzversorgungspflichtige Arbeitsverhältnisse im Sinne des Satzes 1, bestimmt die/der Pflichtversicherte, für welches Arbeitsverhältnis die Versorgungspunkte nach Satz 1 berücksichtigt werden.
[4]Für die Zeit, in der das Arbeitsverhältnis wegen der Schutzfristen nach § 3 Abs. 2 und § 6 Abs. 1 MuSchG ruht, werden die Versorgungspunkte berücksichtigt, die sich ergeben würden, wenn in dieser Zeit das fiktive Entgelt nach § 21 TVöD bzw. entsprechenden tarifvertraglichen Regelungen gezahlt

worden wäre. [5]Diese Zeiten werden als Umlage-/Beitragsmonate für die Erfüllung der Wartezeiten berücksichtigt.

(2) [1]Bei Eintritt des Versicherungsfalles wegen teilweiser oder voller Erwerbsminderung vor Vollendung des 60. Lebensjahres werden Pflichtversicherten für jeweils zwölf volle, bis zur Vollendung des 60. Lebensjahres fehlende Kalendermonate so viele Versorgungspunkte hinzugerechnet, wie dies dem Verhältnis von durchschnittlichem monatlichem zusatzversorgungspflichtigem Entgelt der letzten drei Kalenderjahre vor Eintritt des Versicherungsfalles zum Referenzentgelt entspricht; bei Berechnung des durchschnittlichen Entgelts werden Monate ohne zusatzversorgungspflichtiges Entgelt nicht berücksichtigt. [2]Ist in diesem Zeitraum kein zusatzversorgungspflichtiges Entgelt angefallen, ist für die Berechnung nach Satz 1 das Entgelt zugrunde zu legen, das sich als durchschnittliches monatliches zusatzversorgungspflichtiges Entgelt im Kalenderjahr vor dem Rentenbeginn ergeben hätte.

(3) [1]Bei Beschäftigten, die am 1. Januar 2002 bereits 20 Jahre pflichtversichert sind, werden für jedes volle Kalenderjahr der Pflichtversicherung bis zum 31. Dezember 2001 mindestens 1,84 Versorgungspunkte berücksichtigt. [2]Bei Beschäftigten, deren Gesamtbeschäftigungsquotient am 31. Dezember 2001 kleiner als 1,0 ist, gilt Satz 1 entsprechend mit der Maßgabe, dass der Faktor 1,84 mit dem am 31. Dezember 2001 maßgebenden Gesamtbeschäftigungsquotienten multipliziert wird.

§ 10 Betriebsrente für Hinterbliebene

(1) [1]Stirbt eine Versicherte/ein Versicherter, die/der die Wartezeit (§ 6) erfüllt hat, oder eine Betriebsrentenberechtigte/ein Betriebsrentenberechtigter, hat die hinterbliebene Ehegattin/der hinterbliebene Ehegatte Anspruch auf eine kleine oder große Betriebsrente für Witwen/Witwer, wenn und solange ein Anspruch auf Witwen-/Witwerrente aus der gesetzlichen Rentenversicherung besteht oder bestehen würde, sofern kein Rentensplitting unter Ehegatten durchgeführt worden wäre. [2]Art (kleine/große Betriebsrenten für Witwen/Witwer), Höhe (der nach Ablauf des Sterbevierteljahres maßgebende Rentenartfaktor nach § 67 Nrn. 5 und 6 und § 255 Abs. 1 SGB VI) und Dauer des Anspruchs richten sich – soweit keine abweichenden Regelungen getroffen sind – nach den entsprechenden Bestimmungen der gesetzlichen Rentenversicherung. [3]Bemessungsgrundlage der Betriebsrenten für Hinterbliebene ist jeweils die Betriebsrente, die die Verstorbene/der Verstorbene bezogen hat oder hätte beanspruchen können, wenn sie/er im Zeitpunkt ihres/seines Todes wegen voller Erwerbsminderung ausgeschieden wäre. [4]Die Kinder der/des Verstorbenen haben entsprechend den Sätzen 1 bis 3 Anspruch auf Betriebsrente für Voll- oder Halbwaisen. [5]Als Kinder im Sinne des Satzes 4 gelten nur die Kinder, die nach § 32 Abs. 3 und 4 Satz 1 Nr. 1 bis 3 EStG berücksichtigungsfähig sind.

[6]Der Anspruch ist durch Bescheid des Trägers der gesetzlichen Rentenversicherung nachzuweisen.

(2) Anspruch auf Betriebsrente für Witwen/Witwer besteht nicht, wenn die Ehe mit der/dem Verstorbenen weniger als zwölf Monate gedauert hat, es sei denn, dass nach den besonderen Umständen des Falles die Annahme nicht gerechtfertigt ist, dass es der alleinige oder überwiegende Zweck der Heirat war, der Witwe/dem Witwer eine Betriebsrente zu verschaffen.

(3) [1]Betriebsrenten für Witwen/Witwer und Waisen dürfen zusammen den Betrag der ihrer Berechnung zugrunde liegenden Betriebsrente nicht übersteigen. [2]Ergeben die Hinterbliebenenrenten in der Summe einen höheren Betrag, werden sie anteilig gekürzt. [3]Erlischt eine der anteilig gekürzten Hinterbliebenenrenten, erhöhen sich die verbleibenden Hinterbliebenenrenten vom Beginn des folgenden Monats entsprechend, jedoch höchstens bis zum vollen Betrag der Betriebsrente der/des Verstorbenen.

(4) Für einen Anspruch auf Betriebsrente für Witwen/Witwer gelten als Heirat auch die Begründung einer Lebenspartnerschaft, als Ehe auch eine Lebenspartnerschaft, als Witwe und Witwer auch ein/e überlebende/r Lebenspartner/in und als Ehegatte auch ein/e Lebenspartner/in jeweils im Sinne des Lebenspartnerschaftsgesetzes.

§ 11 Anpassung und Neuberechnung

(1) Die Betriebsrenten werden, beginnend ab dem Jahr 2002, zum 1. Juli eines jeden Jahres um 1,0 v. H. dynamisiert.

(2) [1]Die Betriebsrente ist neu zu berechnen, wenn bei einer/einem Betriebsrentenberechtigten ein neuer Versicherungsfall eintritt und seit der Festsetzung der Betriebsrente aufgrund des früheren Versicherungsfalles zusätzliche Versorgungspunkte zu berücksichtigen sind.

[2]Durch die Neuberechnung wird die bisherige Betriebsrente um den Betrag erhöht, der sich als Betriebsrente aufgrund der neu zu berücksichtigenden Versorgungspunkte ergibt; für diese zusätzlichen Versorgungspunkte wird der Abschlagsfaktor nach § 7 Abs. 3 gesondert festgestellt.

[3]Wird aus einer Betriebsrente wegen teilweiser Erwerbsminderung eine Betriebsrente wegen voller Erwerbsminderung oder wegen Alters, wird die bisher nach § 7 Abs. 2 zur Hälfte gezahlte Betriebsrente voll gezahlt. [4]Wird aus einer Betriebsrente wegen voller Erwerbsminderung eine Betriebsrente wegen teilweiser Erwerbsminderung, wird die bisher gezahlte Betriebsrente entsprechend § 7 Abs. 2 zur Hälfte gezahlt. [5]Die Sätze 1 und 2 sind entsprechend anzuwenden, wenn zusätzliche Versorgungspunkte zu berücksichtigen sind.

[6]Bei Neuberechnung der Betriebsrente sind Versorgungspunkte nach § 9 Abs. 2, die aufgrund des früheren Versicherungsfalls berücksichtigt wurden, nur noch insoweit anzurechnen, als sie die zusätzlichen Versorgungs-

punkte – ohne Bonuspunkte nach § 19 – aus einer Pflichtversicherung übersteigen oder soweit in dem nach § 9 Abs. 2 maßgebenden Zeitraum keine Pflichtversicherung mehr bestanden hat.
[7]Für Hinterbliebene gelten die Sätze 3 und 4 entsprechend.

§ 12 Nichtzahlung und Ruhen

(1) [1]Die Betriebsrente wird von dem Zeitpunkt an nicht gezahlt, von dem an die Rente wegen Alters aus der gesetzlichen Rentenversicherung nach § 100 Abs. 3 Satz 1 in Verbindung mit § 34 Abs. 2 SGB VI endet. [2]Die Betriebsrente ist auf Antrag vom Ersten des Monats an wieder zu zahlen, für den der/dem Rentenberechtigten die Rente wegen Alters aus der gesetzlichen Rentenversicherung wieder geleistet wird.
[3]Wird die Altersrente der gesetzlichen Rentenversicherung nach Eintritt des Versicherungsfalls (§ 5) als Teilrente gezahlt, wird die Betriebsrente nur in Höhe eines entsprechenden Anteils gezahlt.
(2) Ist der Versicherungsfall wegen voller oder teilweiser Erwerbsminderung eingetreten und wird die Rente aus der gesetzlichen Rentenversicherung wegen Hinzuverdienstes nicht oder nur zu einem Anteil gezahlt, wird auch die Betriebsrente nicht oder nur in Höhe eines entsprechenden Anteils gezahlt.
(3) Die Betriebsrente ruht, solange die Rente aus der gesetzlichen Rentenversicherung ganz oder teilweise versagt wird.
(4) Die Betriebsrente ruht ferner, solange die/der Berechtigte ihren/seinen Wohnsitz oder dauernden Aufenthalt außerhalb eines Mitgliedstaates der Europäischen Union hat und trotz Aufforderung der Zusatzversorgungseinrichtung keine Empfangsbevollmächtigte/keinen Empfangsbevollmächtigten im Inland bestellt.
(5) Die Betriebsrente ruht ferner in Höhe des Betrages des für die Zeit nach dem Beginn der Betriebsrente gezahlten Krankengeldes aus der gesetzlichen Krankenversicherung, soweit dieses nicht nach § 96a Abs. 3 SGB VI auf eine Rente wegen teilweiser Erwerbsminderung bzw. wegen Alters als Vollrente anzurechnen oder bei einer Rente wegen voller Erwerbsminderung dem Träger der Krankenversicherung zu erstatten ist.
(6) Für Hinterbliebene gelten die Vorschriften der gesetzlichen Rentenversicherung über das Zusammentreffen von Rente und Einkommen entsprechend mit folgenden Maßgaben:

a) Eventuelle Freibeträge sowie das Einkommen, das auf die Rente aus der gesetzlichen Rentenversicherung angerechnet wird, bleiben unberücksichtigt.
b) Der/Dem Hinterbliebenen werden mindestens 35 v. H. der ihr/ihm nach § 10 zustehenden Betriebsrente gezahlt.

§ 13 Erlöschen

(1) Der Anspruch auf Betriebsrente erlischt mit dem Ablauf des Monats,
a) in dem die/der Betriebsrentenberechtigte gestorben ist oder
b) für den Rente nach § 43 bzw. § 240 SGB VI letztmals gezahlt worden ist oder
c) der dem Monat vorangeht, von dessen Beginn an die Zusatzversorgungseinrichtung, zu der die Versicherung übergeleitet worden ist, zur Zahlung der Betriebsrente verpflichtet ist.

(2) [1]Der Anspruch auf Betriebsrente für Witwen/Witwer sowie Lebenspartner/Lebenspartnerinnen im Sinne des Lebenspartnerschaftsgesetzes erlischt im Übrigen mit dem Ablauf des Monats, in dem die Witwe/der Witwer oder der/die hinterbliebene eingetragene Lebenspartner/in geheiratet oder eine Lebenspartnerschaft begründet hat. [2]Für das Wiederaufleben der Betriebsrenten für Witwen/Witwer sowie Lebenspartner/Lebenspartnerinnen im Sinne des Lebenspartnerschaftsgesetzes gilt § 46 Abs. 3 SGB VI entsprechend.

Abschnitt IV
Beschäftigte, die in der gesetzlichen Rentenversicherung nicht versichert sind

§ 14 Sonderregelungen für Beschäftigte, die in der gesetzlichen Rentenversicherung nicht versichert sind

[1]Für Beschäftigte, die in der gesetzlichen Rentenversicherung nicht versichert sind, gelten die §§ 2 bis 13 entsprechend. [2]Soweit auf Regelungen des Rechts der gesetzlichen Rentenversicherung Bezug genommen wird, ist die jeweilige Regelung so entsprechend anzuwenden, wie dies bei unterstellter Versicherung in der gesetzlichen Rentenversicherung der Fall wäre. [3]Bei Anwendung des § 5 sind dabei anstelle der Versicherungszeiten in der gesetzlichen Rentenversicherung die Pflichtversicherungszeiten in der Zusatzversorgung zu berücksichtigen.

[4]Die teilweise oder volle Erwerbsminderung ist durch einen von der Zusatzversorgungseinrichtung zu bestimmenden Facharzt nachzuweisen. [5]Die Betriebsrente ruht, solange sich die Betriebsrentenberechtigten trotz Verlangens der Zusatzversorgungseinrichtung innerhalb einer von dieser zu setzenden Frist nicht fachärztlich untersuchen lassen oder das Ergebnis der Untersuchung der Zusatzversorgungseinrichtung nicht vorlegen. [6]Der Anspruch auf Betriebsrente erlischt mit Ablauf des Monats, der auf den Monat folgt, in dem der/dem Berechtigten die Entscheidung der Zusatzver-

sorgungseinrichtung über das Erlöschen des Anspruchs wegen Wegfalls der Erwerbsminderung zugegangen ist.

Abschnitt V
Finanzierung

§ 15 Finanzierungsgrundsätze und zusatzversorgungspflichtiges Entgelt

(1) [1]Die Finanzierung der Pflichtversicherung wird von den Zusatzversorgungseinrichtungen eigenständig geregelt. [2]Nach den Möglichkeiten der einzelnen Zusatzversorgungseinrichtungen kann die Umlagefinanzierung schrittweise durch eine kapitalgedeckte Finanzierung abgelöst werden (Kombinationsmodell).
(2) [1]Zusatzversorgungspflichtiges Entgelt ist, soweit sich aus Anlage 3 nichts anderes ergibt, der steuerpflichtige Arbeitslohn. [2]Wird Altersteilzeit nach dem 31. Dezember 2002 vereinbart, ist – unter Berücksichtigung des Satzes 1 – zusatzversorgungspflichtiges Entgelt während des Altersteilzeitarbeitsverhältnisses das 1,8-fache der zur Hälfte zustehenden Bezüge nach § 4 TV ATZ zuzüglich derjenigen Bezüge, die in voller Höhe zustehen.
(3) [1]Durch landesbezirklichen Tarifvertrag kann für Mitglieder/Beteiligte einer Zusatzversorgungseinrichtung, die sich in einer wirtschaftlichen Notlage befinden, für die Pflichtversicherung geregelt werden, dass für die Zusage von Leistungen für die Dauer von bis zu drei Jahren bis zu einer Mindesthöhe von zwei v. H. von der nach § 8 Abs. 2 zugesagten Leistung abgewichen werden kann. [2]Entsprechend der Verminderung der Leistungszusage für die bei dem Mitglied/Beteiligten beschäftigten Pflichtversicherten reduziert sich für die Mitglieder/Beteiligten insoweit die zu tragende Umlagebelastung bzw. der zu zahlende Beitrag an die Zusatzversorgungseinrichtung. [3]Die Feststellung der wirtschaftlichen Notlage wird durch eine paritätisch besetzte Kommission der betroffenen Tarifvertragsparteien getroffen. [4]Die Regelung kann durch landesbezirklichen Tarifvertrag über die in Satz 1 genannte Dauer verlängert werden.

Protokollerklärung zu Absatz 2 Satz 2:
Wird aufgrund einer Einzelregelung ein Beitrag an die gesetzliche Rentenversicherung gezahlt, der den Mindestbeitrag nach § 3 Abs. 1 Nr. 1 Buchst. b) des Altersteilzeitgesetzes übersteigt, ist das zusatzversorgungspflichtige Entgelt nach Absatz 2 Satz 2 entsprechend zu erhöhen.

§ 15a Zusätzlicher Arbeitnehmer- und Arbeitgeberbeitrag

(1) [1]Für Pflichtversicherte bei
a) der Zusatzversorgungskasse des Kommunalen Versorgungsverbandes Baden-Württemberg,
b) der Zusatzversorgungskasse beim Kommunalen Versorgungsverband Brandenburg,
c) der Kommunalen Zusatzversorgungskasse beim kommunalen Versorgungsverband Mecklenburg-Vorpommern,
d) der Zusatzversorgungskasse beim Kommunalen Versorgungsverband Sachsen-Anhalt,
e) der Zusatzversorgungskasse für die Gemeinden und Gemeindeverbände in Wiesbaden

wird ein zusätzlicher Arbeitnehmerbeitrag neben dem Umlage-Beitrag gemäß § 16 Abs. 1, dem Beitrag im Kapitaldeckungsverfahren gemäß § 18 Abs. 1 oder dem Arbeitnehmerbeitrag gemäß § 37a erhoben.
[2]Der zusätzliche Arbeitnehmerbeitrag beträgt
a) 0,20 v. H. des zusatzversorgungspflichtigen Entgelts ab 1. Juli 2016,
b) 0,30 v. H. des zusatzversorgungspflichtigen Entgelts ab 1. Juli 2017 und
c) 0,40 v. H. des zusatzversorgungspflichtigen Entgelts ab 1. Juli 2018.

[3]Die Arbeitgeber haben eine Leistung in gleicher Höhe zu erbringen. [4]Die Arbeitgeberleistung nach Satz 3 für den Zeitraum vom 1. Juli 2016 bis zum 30. Juni 2026 ist spätestens bis zum 30. Juni 2026 zu erbringen; sie kann in Teilen oder als Gesamtbetrag erbracht werden.
[5]Wird nach dem 1. Juli 2016 die Umlage/der Beitrag gesenkt, reduziert sich der Arbeitnehmerbeitrag um die Hälfte des Vomhundertsatzes, um den sich die Umlage/der Beitrag reduziert, höchstens in Höhe des zusätzlichen Arbeitnehmerbeitrags gemäß Satz 2.
[6]Einzelheiten regelt die Kassensatzung.
(2) Wird bei einer anderen öffentlichen Zusatzversorgungseinrichtung die Umlage oder der Beitrag im Kapitaldeckungsverfahren nach dem 29. Februar 2016 erhöht, gilt Absatz 1 mit folgenden Maßgaben entsprechend:
a) Die Staffelung des zusätzlichen Arbeitnehmerbeitrags nach Satz 2 beginnt mit dem Zeitpunkt der Erhöhung.
b) In Satz 4 verbleibt es bei dem Enddatum 30. Juni 2026.

Protokollerklärung zu Absatz 2:
Absatz 2 gilt auch für die Abrechnungsverbände II von in Absatz 1 genannten Zusatzversorgungskassen.

Protokollerklärung:
Über die Frage der Finanzierung der durch die neuen Startgutschriften entstehenden Mehrkosten werden die Tarifvertragsparteien entscheiden, wenn das derzeiti-

ge von den Arbeitgebern zu tragende Finanzierungsvolumen (Umlage-/Beitrags-/Sanierungsgeldsätze) nicht ausreichen sollte.

§ 16 Umlagen

(1) [1]Von der Zusatzversorgungseinrichtung festgesetzte monatliche Umlagen in Höhe eines bestimmten Vomhundertsatzes des zusatzversorgungspflichtigen Entgelts der Beschäftigten (Umlagesatz) führt der Arbeitgeber – ggf. einschließlich des von der/dem Beschäftigten zu tragenden Umlage-Beitrags – an die Zusatzversorgungseinrichtung ab. [2]Entsprechendes gilt für einen zusätzlichen Arbeitnehmer- und Arbeitgeberbeitrag nach § 15a. [3]Die Umlage-Beiträge und einen zusätzlichen Arbeitnehmerbeitrag der Beschäftigten behält der Arbeitgeber von deren Arbeitsentgelt ein. [4]Bei Pflichtversicherten bleiben die am 1. November 2001 geltenden Vomhundertsätze für die Erhebung der Umlage-Beiträge bei der jeweiligen Zusatzversorgungseinrichtung maßgebend, soweit sich aus § 37a nichts anderes ergibt. [5]§ 15a bleibt unberührt.
(2) Der Arbeitgeber hat die auf ihn entfallende Umlage bis zu einem Betrag von monatlich 89,48 Euro pauschal zu versteuern, solange die Pauschalversteuerung rechtlich möglich ist.
(3) [1]Die auf die Umlage entfallenden Pflichtversicherungszeiten und die daraus erworbenen Versorgungspunkte sind von der Zusatzversorgungseinrichtung auf einem personenbezogenen Versorgungskonto zu führen (Versorgungskonto I); umfasst sind auch Aufwendungen und Auszahlungen. [2]Das Weitere regelt die Satzung der Zusatzversorgungseinrichtung.

Protokollerklärung:
Für den Fall, dass die pauschal versteuerte Umlage über den am 1. Januar 2001 geltenden Umfang hinaus in der Sozialversicherung beitragspflichtig werden sollte, werden die Tarifvertragsparteien unverzüglich Verhandlungen aufnehmen mit dem Ziel, ein dem Zweck der Pauschalversteuerung entsprechendes Ergebnis zu erreichen.

§ 17 Sanierungsgelder

(1) [1]Zur Deckung des infolge der Schließung des Gesamtversorgungssystems und des Wechsels vom Gesamtversorgungssystem zum Punktemodell zusätzlichen Finanzbedarfs, der über die am 1. November 2001 jeweils geltende Umlage hinausgeht, erhebt die Zusatzversorgungseinrichtung vom Arbeitgeber Sanierungsgelder. [2]Diese Sanierungsgelder sind kein steuerpflichtiger Arbeitslohn.
(2) Sanierungsgelder kommen nicht in Betracht, wenn der am 1. November 2001 jeweils gültige Umlagesatz weniger als vier v. H. des zusatzversorgungspflichtigen Entgelts betragen hat.

§ 18 Beiträge im Kapitaldeckungsverfahren

(1) [1]Soweit die Zusatzversorgungseinrichtung für die Pflichtversicherung Beiträge im Kapitaldeckungsverfahren von höchstens vier v. H. des zusatzversorgungspflichtigen Entgelts erhebt, trägt diese der Arbeitgeber, soweit sich aus § 37a nichts anderes ergibt. [2]Der zusätzliche Arbeitnehmer- und Arbeitgeberbeitrag nach § 15a kann auch als Beitrag im Kapitaldeckungsverfahren erhoben werden.

(2) Die Beiträge im Sinne des Absatzes 1 einschließlich der darauf entfallenden Erträge sind von der Zusatzversorgungseinrichtung auf einem gesonderten personenbezogenen Versorgungskonto getrennt von den sonstigen Einnahmen zu führen (Versorgungskonto II).

(3) Die Einnahmen und Ausgaben einschließlich der Kapitalanlagen sind gesondert zu führen und zu verwalten.

§ 19 Bonuspunkte

(1) [1]Die Zusatzversorgungseinrichtung stellt jährlich bis zum Jahresende für das vorangegangene Geschäftsjahr fest, in welchem Umfang aus verbleibenden Überschüssen (Absatz 2) Bonuspunkte (§ 8 Abs. 1 Satz 1 Buchst. c]) vergeben werden können. [2]Bonuspunkte nach Satz 1 kommen in Betracht für die am Ende des laufenden Geschäftsjahres Pflichtversicherten sowie für die zum gleichen Zeitpunkt beitragsfrei Versicherten, die eine Wartezeit von 120 Umlage-/Beitragsmonaten erfüllt haben. [3]Über die Vergabe von Bonuspunkten entscheidet das zuständige Gremium der Zusatzversorgungseinrichtung auf Vorschlag des Verantwortlichen Aktuars der Zusatzversorgungseinrichtung. [4]Grundlage für die Feststellung und Entscheidung ist eine auf anerkannten versicherungsmathematischen Grundsätzen (Anlage 4) beruhende und durch den Verantwortlichen Aktuar erstellte fiktive versicherungstechnische Bilanz für die Verpflichtungen gegenüber den Pflichtversicherten und den beitragsfrei Versicherten mit erfüllter Wartezeit von 120 Umlage-/Beitragsmonaten. [5]Soweit eine Kapitaldeckung vorhanden ist, werden dabei die tatsächlich erzielten Kapitalerträge veranschlagt. [6]Soweit keine Kapitaldeckung vorhanden ist, wird die durchschnittliche laufende Verzinsung der zehn nach der Bilanzsumme größten Pensionskassen gemäß dem zum Zeitpunkt der Fertigstellung der Bilanz nach Satz 4 jeweils aktuellen Geschäftsbericht des Bundesaufsichtsamtes für das Versicherungswesen bzw. der Nachfolgebehörde zugrunde gelegt. [7]Beschäftigte, deren Arbeitsverhältnis in Folge von Witterungseinflüssen oder wegen anderer Naturereignisse nach besonderen tarifvertraglichen Vorschriften geendet hat und die bei Wiederaufnahme der Arbeit Anspruch auf Wiedereinstellung haben, sowie Saisonbeschäftigte, die bei Beginn der

nächsten Saison voraussichtlich wieder eingestellt werden, gelten als Pflichtversicherte im Sinne des Satzes 2.

(2) [1]Ergibt die fiktive versicherungstechnische Bilanz einen Überschuss, wird dieser Überschuss um den Aufwand für soziale Komponenten nach § 9 und um die Verwaltungskosten der Zusatzversorgungseinrichtung vermindert und nach Maßgabe des Absatzes 1 verwendet; soweit keine Kapitaldeckung vorhanden ist, werden für die fiktive Verzinsung nach Absatz 1 Satz 6 als Verwaltungskosten 2 v. H. dieser fiktiven Zinserträge berücksichtigt. [2]Ein zusätzlicher Arbeitnehmer- und Arbeitgeberbeitrag nach § 15a bleiben bei der fiktiven versicherungstechnischen Bilanz unberücksichtigt. [3]Ergibt die versicherungstechnische Bilanz eine Unterdeckung, wird diese vorgetragen. [4]Einzelheiten werden in den Ausführungsbestimmungen zur Satzung der Zusatzversorgungseinrichtung geregelt.

Abschnitt VI
Verfahren

§ 20 Pflichten der Versicherten und der Betriebsrentenberechtigten

(1) [1]Der Zusatzversorgungseinrichtung sind alle für die Prüfung des Anspruchs auf Betriebsrente notwendigen Angaben zu machen und die erforderlichen Nachweise beizubringen. [2]Die Zusatzversorgungseinrichtung fordert die für die Feststellung des Eintritts des Versicherungsfalls und die Berechnung der Betriebsrente erforderlichen Daten elektronisch durch gesicherte und verschlüsselte Datenübertragung von den Trägern der gesetzlichen Rentenversicherung an. [3]Dies gilt nach Rentenbeginn auch für die Prüfung des Anspruchs auf Betriebsrente dem Grunde und der Höhe nach. [4]Soweit eine elektronische Datenübertragung der erforderlichen Daten nicht möglich ist, besteht die Verpflichtung nach Satz 1 insoweit fort. [5]Die Zusatzversorgungseinrichtung informiert die Betriebsrentenberechtigten über die elektronische Datenübertragung. [6]Die Satzung der Zusatzversorgungseinrichtung regelt den Zeitpunkt, von dem an die Daten erstmals elektronisch bei den Trägern der gesetzlichen Rentenversicherung angefordert werden.

(2) Kommen Betriebsrentenberechtigte der Verpflichtung nach Absatz 1 nicht nach, kann die Betriebsrente zurückbehalten werden.

(3) Vereinbarungen mit Dritten über die Abtretung, Verpfändung oder Beleihung eines Anspruchs auf Betriebsrente sind vorbehaltlich zwingender gesetzlicher Vorschriften gegenüber dem Arbeitgeber und der Zusatzversorgungseinrichtung unwirksam.

(4) Ist der Versicherungsfall durch ein Verhalten Dritter verursacht worden, sind Schadensersatzansprüche, soweit rechtlich zulässig, bis zur Höhe des

Brutto-Betrages der Betriebsrente an die Zusatzversorgungseinrichtung abzutreten; soweit die Abtretung nicht erfolgt oder die zur Durchsetzung des Anspruchs erforderlichen Nachweise nicht vorgelegt werden, kann die Betriebsrente zurückbehalten werden.

(5) [1]Ohne Rechtsgrund gezahlte Betriebsrenten sind in Höhe ihrer Brutto-Beträge zurückzuzahlen. [2]Haben Versicherte oder Betriebsrentenberechtigte ihre Pflichten nach Absatz 1 verletzt, können sie sich nicht auf den Wegfall der Bereicherung berufen.

§ 21 Versicherungsnachweise

(1) [1]Pflichtversicherte erhalten jeweils nach Ablauf des Kalenderjahres bzw. bei Beendigung der Pflichtversicherung einen Nachweis über ihre bisher insgesamt erworbene Anwartschaft auf Betriebsrente wegen Alters nach § 7. [2]Dabei ist neben der Anwartschaft auch die Zahl der Versorgungspunkte und der Messbetrag anzugeben. [3]Im Falle der Kapitaldeckung sind zusätzlich die steuerrechtlich vorgeschriebenen Angaben zu beachten. [4]Der Nachweis ist mit einem Hinweis auf die Ausschlussfrist nach Absatz 2 zu versehen. [5]Wird der Nachweis im Zusammenhang mit der Beendigung der Pflichtversicherung erbracht, ist er um den Hinweis zu ergänzen, dass die aufgrund der Pflichtversicherung erworbene Anwartschaft bis zum erneuten Beginn der Pflichtversicherung bzw. bis zum Eintritt des Versicherungsfalles nicht dynamisiert wird, wenn die Wartezeit von 120 Umlage-/Beitragsmonaten nicht erfüllt ist. [6]Das Weitere regelt die Satzung der Zusatzversorgungseinrichtung.

(2) [1]Die Beschäftigten können nur innerhalb einer Ausschlussfrist von sechs Monaten nach Zugang des Nachweises nach Absatz 1 gegenüber ihrem Arbeitgeber schriftlich beanstanden, dass die vom Arbeitgeber zu entrichtenden Beiträge oder die zu meldenden Entgelte nicht oder nicht vollständig an die Zusatzversorgungseinrichtung abgeführt oder gemeldet wurden. [2]Beanstandungen in Bezug auf die ausgewiesenen Bonuspunkte sind innerhalb der Ausschlussfrist des Satzes 1 schriftlich unmittelbar gegenüber der Zusatzversorgungseinrichtung zu erheben.

§ 22 Zahlung und Abfindung

(1) [1]Die Betriebsrenten werden monatlich im Voraus auf ein Girokonto der Betriebsrentenberechtigten innerhalb eines Mitgliedstaates der Europäischen Union überwiesen. [2]Die Kosten der Überweisung auf ein Konto im Inland, mit Ausnahme der Kosten für die Gutschrift, trägt die Zusatzversorgungseinrichtung.

[3]Besteht der Betriebsrentenanspruch nicht für einen vollen Kalendermonat, wird der Teil gezahlt, der auf den Anspruchszeitraum entfällt.

(2) [1]Die Satzung der Zusatzversorgungseinrichtung kann vorsehen, dass Betriebsrenten, die einen Monatsbetrag von bis zu 30 Euro nicht überschreiten, abgefunden werden. [2]Darüber hinaus kann die Abfindung der Betriebsrente ermöglicht werden, wenn die Kosten der Übermittlung der Betriebsrenten unverhältnismäßig hoch sind.

§ 23 Ausschlussfristen

[1]Der Anspruch auf Betriebsrente für einen Zeitraum, der mehr als zwei Jahre vor dem Ersten des Monats liegt, in dem der Antrag bei der Zusatzversorgungseinrichtung eingegangen ist, kann nicht mehr geltend gemacht werden (Ausschlussfrist). [2]Dem Antrag steht eine Mitteilung der/des Berechtigten gleich, die zu einem höheren Anspruch führt. [3]Die Beanstandung, die mitgeteilte laufende monatliche Betriebsrente, eine Rentennachzahlung, eine Abfindung, eine Beitragserstattung oder eine Rückzahlung sei nicht oder nicht in der mitgeteilten Höhe ausgezahlt worden, ist nur schriftlich und innerhalb einer Ausschlussfrist von einem Jahr zulässig; die Frist beginnt bei laufenden Betriebsrenten mit dem Ersten des Monats, für den die Betriebsrente zu zahlen ist, im Übrigen mit dem Zugang der Mitteilung über die entsprechende Leistung.
[4]Auf die Ausschlussfrist ist in der Mitteilung über die Leistung hinzuweisen.

§ 24 Beitragserstattung

(1) [1]Die beitragsfrei Versicherten, die die Wartezeit (§ 6) nicht erfüllt haben, können bis zur Vollendung ihres 69. Lebensjahres die Erstattung der von ihnen getragenen Beiträge beantragen. [2]Der Antrag auf Beitragserstattung gilt für alle von den Versicherten selbst getragenen Beiträge und kann nicht widerrufen werden. [3]Rechte aus der Versicherung für Zeiten, für die Beiträge erstattet werden, erlöschen mit der Antragstellung. [4]Die Beiträge werden ohne Zinsen erstattet.
(2) [1]Sterben Versicherte nach Antragstellung, aber vor Beitragserstattung, gehen die Ansprüche auf die Hinterbliebenen über, die betriebsrentenberechtigt sind. [2]Mit der Zahlung an einen der Hinterbliebenen erlischt der Anspruch der übrigen Berechtigten gegen die Zusatzversorgungseinrichtung.
(3) Beiträge im Sinne dieser Vorschrift sind
a) die für die Zeit vor dem 1. Januar 1978 entrichteten Pflichtbeiträge einschließlich der Beschäftigtenanteile an den Erhöhungsbeträgen,
b) die für die Zeit nach dem 31. Dezember 1977 entrichteten Beschäftigtenanteile an den Erhöhungsbeträgen,

c) die für die Zeit nach dem 31. Dezember 1998 entrichteten Umlage-Beiträge der Beschäftigten.

Abschnitt VII
Zuschüsse des Arbeitgebers zu anderen Zukunftssicherungssystemen

§ 25 Zuschüsse des Arbeitgebers zu anderen Zukunftssicherungssystemen

(1) [1]Für Beschäftigte, die als Mitglieder einer berufsständischen Versicherung von der Versicherung in der gesetzlichen Rentenversicherung befreit sind, richtet sich die Beteiligung des Arbeitgebers am Beitrag zur berufsständischen Versorgungseinrichtung nach § 172 Abs. 2 SGB VI.
[2]Pflichtversicherte, die nach § 231 Abs. 1 oder § 231a SGB VI von der Versicherungspflicht in der gesetzlichen Rentenversicherung befreit und freiwillig in der gesetzlichen Rentenversicherung versichert sind oder die für sich und ihre Hinterbliebenen eine (befreiende) Lebensversicherung abgeschlossen haben oder die freiwillig im Versorgungswerk der Presse versichert sind, erhalten von ihrem Arbeitgeber auf schriftlichen Antrag für jeden Kalendermonat, für den ihnen Entgelt, Urlaubsentgelt oder Entgelt im Krankheitsfall zustehen, einen Zuschuss in Höhe der Hälfte des Betrages, der zu zahlen wäre, wenn sie in der gesetzlichen Rentenversicherung versichert wären, höchstens jedoch die Hälfte des Beitrages.
[3]Beschäftigte, die freiwilliges Mitglied des Versorgungswerkes der Presse sind und die antragsgemäß (Anlage 2 Satz 2) von der Pflicht zur Versicherung in einer Zusatzversorgungseinrichtung befreit wurden, erhalten auf ihren Antrag für die Zeit, für die ohne die Befreiung die Pflicht zur Versicherung bestünde und für die ihnen Entgelt, Urlaubsentgelt oder Entgelt im Krankheitsfall zustehen, einen zweckgebundenen Zuschuss zu ihren Beiträgen zur Versicherung im Versorgungswerk der Presse. [4]Der Zuschuss beträgt die Hälfte des Beitrages, höchstens jedoch vier v. H. des zusatzversorgungspflichtigen Entgelts.
[5]Die Zuschüsse nach den Sätzen 1 und 2 dürfen insgesamt den Betrag nicht übersteigen, den der Arbeitgeber zu zahlen hätte, wenn die Beschäftigten in der gesetzlichen Rentenversicherung pflichtversichert wären.
(2) Im Falle der freiwilligen Versicherung in der gesetzlichen Rentenversicherung behält der Arbeitgeber den von den Beschäftigten zu tragenden Teil des Beitrages von deren Bezügen ein und führt den Beitrag nach der Verordnung über die Zahlung von Beiträgen zur gesetzlichen Rentenversicherung ab.

(3) [1]Verfügen die Beschäftigten ohne vorherige Zustimmung des Arbeitgebers durch Abtretung und Verpfändung über ihre Lebensversicherung oder über die sich aus dem Zuschuss nach Absatz 1 Satz 3 ergebende Anwartschaft, wird der Zuschuss nach Absatz 1 Satz 2 bzw. Satz 3 nicht gewährt. [2]Der Zuschuss wird bis zu der in Absatz 1 bestimmten Höhe auch gewährt, wenn im Beitrag Mehrbeträge für Versicherungsleistungen bei Eintritt der vollen oder teilweisen Erwerbsminderung enthalten sind.

Zweiter Teil
Freiwillige Versicherung

§ 26 Freiwillige Versicherung

(1) [1]Den Pflichtversicherten wird die Möglichkeit eröffnet, durch Entrichtung eigener Beiträge unter Inanspruchnahme der steuerlichen Förderung bei der Zusatzversorgungseinrichtung nach deren Satzungsvorschriften eine zusätzliche kapitalgedeckte Altersvorsorge im Rahmen der betrieblichen Altersversorgung aufzubauen. [2]Nach Beendigung der Pflichtversicherung kann die freiwillige Versicherung – unabhängig davon, ob eine steuerliche Förderung möglich ist – längstens bis zum Eintritt des Versicherungsfalles (§ 5) fortgesetzt werden. [3]Die Fortsetzung ist innerhalb einer Ausschlussfrist von drei Monaten nach Beendigung der Pflichtversicherung zu beantragen.
(2) [1]Die eigenen Beiträge der Pflichtversicherten zur freiwilligen Versicherung werden entsprechend deren schriftlicher Ermächtigung vom Arbeitgeber aus dem Arbeitsentgelt an die Zusatzversorgungseinrichtung abgeführt. [2]Der Arbeitgeber schuldet auch in Anbetracht von Absatz 5 keine eigenen Beiträge.
(3) [1]Die freiwillige Versicherung kann in Anlehnung an das Punktemodell erfolgen. [2]Wahlweise kann sie auch durch fondsgebundene Rentenversicherung erfolgen, sofern die Zusatzversorgungseinrichtung Entsprechendes anbietet. [3]Unbeschadet etwaiger von der Zusatzversorgungseinrichtung übernommener Zinsgarantien haftet der Arbeitgeber nach § 1 Abs. 2 Nr. 2 BetrAVG nur für den Erhalt der eingezahlten Beiträge, soweit sie nicht rechnungsmäßig für einen biometrischen Risikoausgleich verbraucht wurden.
[4]Das Nähere regelt die Satzung der Zusatzversorgungseinrichtung.
(4) [1]Die Beschäftigten behalten ihre Anwartschaft, wenn ihr Arbeitsverhältnis vor Eintritt des Versicherungsfalles (§ 5) endet. [2]Eine Abfindung von Anwartschaften ist nur dann möglich, wenn der Beschäftigte die freiwillige Versicherung kündigt. [3]Im Rahmen dieser Abfindung erhält der Beschäftigte seine eingezahlten Beiträge abzüglich der durch die Satzung und die Allgemeinen Versicherungsbedingungen der freiwilligen Versicherung der Zusatzversorgungseinrichtung näher beschriebenen Abschläge zurück. [4]Die Beschäftigten können jedoch verlangen, dass der Barwert ihrer Anwartschaft auf eine andere Zusatzversorgungseinrichtung, auf die die bisherige Pflichtversicherung nach § 4 übergeleitet wird, oder auf ein Versorgungssystem einer überstaatlichen Einrichtung, mit der ein entsprechendes Abkommen besteht, zu übertragen ist, wenn die Versorgungszusage des neuen Arbeitgebers eine dem übertragenen Barwert wertmäßig entsprechende

Zusage auf lebenslange Altersvorsorge umfasst. [5]Besteht bei einem Arbeitgeberwechsel die Pflichtversicherung bei der Zusatzversorgungseinrichtung fort, kann verlangt werden, dass die Versorgungszusage des neuen Arbeitgebers eine dem Barwert der bisherigen Anwartschaften wertmäßig entsprechende Zusage auf lebenslange Altersvorsorge umfasst. [6]Das Verlangen ist nur innerhalb einer Ausschlussfrist von sechs Monaten nach Beendigung des Arbeitsverhältnisses möglich. [7]Mit der Versorgungszusage durch den neuen Arbeitgeber erlischt die Verpflichtung des früheren Arbeitgebers.

(5) Der Arbeitgeber kann zu einer freiwilligen Versicherung der Beschäftigten eigene Beiträge außerhalb einer Entgeltumwandlung leisten; Absätze 2 bis 4 gelten entsprechend.

§ 27 Verfahren

(1) Die Zusatzversorgungseinrichtung hat die Beiträge, die im Rahmen der freiwilligen Versicherung entrichtet werden, einschließlich der Erträge auf einem gesonderten personenbezogenen Versicherungskonto getrennt von den sonstigen Einnahmen zu führen; umfasst sind auch Aufwendungen und Auszahlungen.

(2) [1]Die freiwillige Versicherung wird in einem eigenen Abrechnungsverband geführt. [2]Die Einnahmen und Ausgaben einschließlich der Kapitalanlagen sind gesondert zu führen und zu verwalten.

(3) [1]Die freiwillig Versicherten erhalten jeweils nach Ablauf des Kalenderjahres sowie bei Beendigung der freiwilligen Versicherung einen Nachweis mit den steuerlich vorgeschriebenen Angaben bzw. soweit keine steuerliche Förderung möglich ist, über die Höhe der geleisteten Beiträge sowie über Art und Umfang der bisher erworbenen Anwartschaften. [2]Eine unterbliebene oder nicht vollständige Abführung der Beiträge an die Zusatzversorgungseinrichtung kann nur innerhalb einer Ausschlussfrist von sechs Monaten nach Zugang des Nachweises beanstandet werden. [3]Im Übrigen gelten die §§ 20, 21 und 22 Abs. 1 entsprechend.

Dritter Teil
Übergangs- und Schlussvorschriften

Abschnitt I
Übergangsregelungen zur Versicherungspflicht

§ 28 Höherversicherte

[1]Die Beschäftigten, deren zusätzliche Alters- und Hinterbliebenenversorgung im Wege der Höherversicherung bis 31. Dezember 1997 durchgeführt wurde, sind weiterhin nicht zu versichern. [2]Der Arbeitgeber zahlt einen Zuschuss zur Verwendung für eine zusätzliche Alters- und Hinterbliebenenversorgung von 66,47 Euro monatlich.

§ 29 Von der Pflichtversicherung Befreite

(1) Beschäftigte, die am 31. Dezember 1966 im Arbeitsverhältnis gestanden haben, nach der zwischen ihrem Arbeitgeber und der Zusatzversorgungseinrichtung bestehenden Mitgliedschafts-/Beteiligungsvereinbarung nicht zu versichern waren und die keinen Antrag auf Versicherung bei dem Arbeitgeber gestellt haben, bleiben weiterhin von der Pflicht zur Versicherung befreit.
(2) Beschäftigte, deren zusätzliche Alters- und Hinterbliebenenversorgung im Wege der Versicherung bei einem Lebensversicherungsunternehmen durchgeführt worden ist und die keinen Antrag auf Versicherung nach dem im § 39 Abs. 3 aufgeführten Tarifvertrag gestellt haben, sind – entsprechend den bis zum In-Kraft-Treten dieses Tarifvertrages geltenden Regelungen – weiterhin nicht bei der Zusatzversorgungseinrichtung zu versichern.

Abschnitt II
Übergangsregelungen für die Rentenberechtigten

§ 30 Am 31. Dezember 2001 Versorgungsrentenberechtigte

(1) Die Versorgungsrenten, die sich ohne Berücksichtigung von Nichtzahlungs- und Ruhensregelungen ergeben, und die Ausgleichsbeträge nach dem bis zum 31. Dezember 2000 geltenden Zusatzversorgungsrecht werden für die am 31. Dezember 2001 Versorgungsrentenberechtigten und versorgungsrentenberechtigten Hinterbliebenen zum 31. Dezember 2001 festgestellt.

(2) [1]Die nach Absatz 1 festgestellten Versorgungsrenten werden vorbehaltlich des Satzes 3 als Besitzstandsrenten weitergezahlt und entsprechend § 11 Abs. 1 dynamisiert. [2]Die abbaubaren Ausgleichsbeträge werden jeweils in Höhe des Dynamisierungsgewinns abgebaut; die nicht abbaubaren Ausgleichsbeträge werden nicht dynamisiert. [3]Die am Tag vor In-Kraft-Treten dieses Tarifvertrages geltenden Regelungen über die Nichtzahlung und das Ruhen sind entsprechend anzuwenden.

(3) Es gelten folgende Maßgaben:

a) [1]Neuberechnungen werden nur unter den Voraussetzungen des § 11 Abs. 2 durchgeführt; zusätzliche Versorgungspunkte nach Satz 2 sind dabei zu berücksichtigen. [2]Soweit noch Zeiten vor dem 1. Januar 2002 zu berücksichtigen sind, wird eine Startgutschrift entsprechend den §§ 32 bis 34 berechnet; übersteigt der hiernach festgestellte Betrag den Betrag, der sich als Versorgungsrente am 31. Dezember 2001 ergeben hat bzw. ohne Nichtzahlungs- und Ruhensregelungen ergeben hätte, wird die Differenz durch den Messbetrag geteilt und dem Versorgungskonto (§ 8 Abs. 1) als Startgutschrift gutgeschrieben.

b) § 10 Abs. 3 und die §§ 12 bis 14 sowie 20 bis 23 gelten entsprechend.

c) [1]Hat die Versorgungsrente vor dem 1. Januar 2002 geendet und besteht die Möglichkeit einer erneuten Rentengewährung, ist die Versorgungsrente, die sich unter Außerachtlassung von Nichtzahlungs- und Ruhensregelungen und ohne Berücksichtigung eines Ausgleichsbetrages (Absatz 1) am 31. Dezember 2001 ergeben hätte, durch den Messbetrag zu teilen und als Startgutschrift auf dem Versorgungskonto (§ 8 Abs. 1) gutzuschreiben; im Übrigen gelten in diesen Fällen die Vorschriften des Punktemodells. [2]Satz 1 gilt entsprechend, wenn der Versicherungsfall vor dem 1. Januar 2002 eingetreten ist, die Versorgungsrente jedoch erst nach dem 1. Januar 2002 beginnen würde.

(4) Stirbt eine unter Absatz 1 fallende Versorgungsrentenberechtigte/ein unter Absatz 1 fallender Versorgungsrentenberechtigter, gelten die Vorschriften des Punktemodells für Hinterbliebene entsprechend.

(5) Die Absätze 1 bis 4 gelten für Rentenberechtigte entsprechend, deren Rente aus der Zusatzversorgung am 1. Januar 2002 beginnt.

§ 31 Am 31. Dezember 2001 Versicherungsrentenberechtigte

(1) Für Versicherungsrentenberechtigte und versicherungsrentenberechtigte Hinterbliebene, deren Versicherungsrente spätestens am 31. Dezember 2001 begonnen hat, wird die am 31. Dezember 2001 maßgebende Versicherungsrente festgestellt.

(2) Die nach Absatz 1 festgestellten Versicherungsrenten werden als Besitzstandsrenten weitergezahlt und entsprechend § 11 Abs. 1 dynamisiert.

(3) § 30 Abs. 3 bis 5 gilt entsprechend.

(4) Die Absätze 1 bis 3 gelten für Leistungen nach der am Tag vor In-Kraft-Treten dieses Tarifvertrages geltenden Sonderregelung für Arbeitnehmer im Beitrittsgebiet (§ 66a VersTV-G) und für Betriebsrenten nach § 18 BetrAVG, die spätestens am 31. Dezember 2001 begonnen haben, entsprechend.

Abschnitt III Übergangsregelungen für Anwartschaften der Versicherten

§ 32 Grundsätze

(1) [1]Für die Versicherten werden die Anwartschaften (Startgutschriften) nach dem am 31. Dezember 2000 geltenden Recht der Zusatzversorgung entsprechend den §§ 33 und 34 ermittelt. [2]Die Anwartschaften nach Satz 1 werden ohne Berücksichtigung der Altersfaktoren in Versorgungspunkte umgerechnet, indem der Anwartschaftsbetrag durch den Messbetrag von vier Euro geteilt wird; sie werden dem Versorgungskonto (§ 8 Abs. 1) ebenfalls gutgeschrieben. [3]Eine Verzinsung findet vorbehaltlich des § 19 Abs. 1 nicht statt.
(2) [1]Das Jahr 2001 wird entsprechend dem Altersvorsorgeplan 2001 berücksichtigt; dies gilt auch für im Jahr 2001 eingetretene Rentenfälle. [2]Ist der Versicherungsfall der teilweisen oder vollen Erwerbsminderung im Jahr 2001 eingetreten, gilt Satz 1 mit der Maßgabe, dass die zusatzversorgungsrechtliche Umsetzung der Neuregelungen im gesetzlichen Erwerbsminderungsrecht aus dem 38. Änderungs-TV zum VersTV-G vom 31. Oktober 2001 zu berücksichtigen ist.
(3) Soweit in den §§ 33, 34 und 38 auf Vorschriften des bis zum 31. Dezember 2000 geltenden Zusatzversorgungsrechts verwiesen wird, erfolgt dies durch Benennung der bisherigen entsprechenden Vorschriften des VersTV-G.
(4) [1]Für die Berechnung der Anwartschaften sind, soweit jeweils erforderlich, die Rechengrößen (Entgelt, Gesamtbeschäftigungsquotient, Steuertabelle, Sozialversicherungsbeiträge, Familienstand u. a.) vom 31. Dezember 2001 maßgebend; soweit gesamtversorgungsfähiges Entgelt zu berücksichtigen ist, ergibt sich dieses aus den entsprechenden Kalenderjahren vor dem 1. Januar 2002; dabei bleibt die Dynamisierung zum 1. Januar 2002 unberücksichtigt. [2]Für die Rentenberechnung nach § 18 Abs. 2 BetrAVG ist das am 31. Dezember 2001 geltende Rentenrecht maßgebend (Anlage 4 Nr. 5 Satz 2).
(5) [1]Beanstandungen gegen die mitgeteilte Startgutschrift sind innerhalb einer Ausschlussfrist von sechs Monaten nach Zugang des Nachweises der Zusatzversorgungseinrichtung schriftlich unmittelbar gegenüber der Zu-

satzversorgungseinrichtung zu erheben. [2]Auf die Ausschlussfrist ist in dem Nachweis hinzuweisen.

(6) [1]Soweit die Summe aus der Startgutschrift ohne Berücksichtigung des § 33 Abs. 1 Satz 3, dem Zuschlag zur Startgutschrift nach § 33 Abs. 1a sowie dem Betrag, der nach § 33 Abs. 3a als zusätzliche Startgutschrift ermittelt wurde, die Höhe der Anwartschaft nach § 33 Abs. 1 erreicht oder übersteigt, verbleibt es bei der bereits mitgeteilten Startgutschrift. [2]Einer gesonderten Mitteilung durch die Zusatzversorgungseinrichtung bedarf es in diesen Fällen nicht, es sei denn es liegt eine Beanstandung nach Absatz 5 vor oder die Zusatzversorgungseinrichtung hat auf die Beanstandung der Startgutschriften verzichtet. [3]Die Zusatzversorgungskassen unterrichten die Versicherten über das Ergebnis der Neuberechnungen nach Maßgabe ihrer Satzungen.

§ 33 Höhe der Anwartschaften für am 31. Dezember 2001 schon und am 1. Januar 2002 noch Pflichtversicherte

(1) [1]Die Anwartschaften der am 31. Dezember 2001 schon und am 1. Januar 2002 noch Pflichtversicherten berechnen sich nach § 18 Abs. 2 BetrAVG, soweit sich aus Absatz 2 nichts anderes ergibt. [2]Satz 1 gilt entsprechend für Beschäftigte, die nach den am 31. Dezember 2000 geltenden Vorschriften der Zusatzversorgungseinrichtung als pflichtversichert gelten. [3]Bei Anwendung von Satz 1 ist an Stelle des Faktors von 2,25 v. H. nach § 18 Abs. 2 Nr. 1 Satz 1 BetrAVG der Faktor zu berücksichtigen, der sich ergibt, indem man 100 v. H. durch die Zeit in Jahren vom erstmaligen Beginn der Pflichtversicherung bis zum Ende des Monats, in dem das 65. Lebensjahr vollendet wird, teilt; der Faktor beträgt jedoch mindestens 2,25 v. H. und höchstens 2,5 v. H.

Protokollerklärung zu Absatz 1 Satz 3:

[1]Bei Anwendung von Absatz 1 Satz 3 werden Teilmonate ermittelt, indem die Pflichtversicherungszeit unabhängig von der tatsächlichen Anzahl der Tage des betreffenden Monats durch 30 dividiert wird. [2]Aus der Summe der (Teil-)Monate werden die Jahre der Pflichtversicherung berechnet. [3]Die sich nach Satz 1 und 2 ergebenden Werte werden jeweils auf zwei Nachkommastellen gemeinüblich gerundet. [4]Der sich durch die Division mit der Zeit in Jahren ergebende Faktor wird auf vier Nachkommastellen gemeinüblich gerundet.

(1a) [1]Bei Beschäftigten, deren Anwartschaft nach Absatz 1 (rentenferne Jahrgänge) berechnet wurde, wird auch ermittelt, welche Anwartschaft sich bei einer Berechnung nach § 18 Abs. 2 BetrAVG unter Berücksichtigung folgender Maßgaben ergeben würde:

1. [1]Anstelle des Vomhundertsatzes nach § 18 Abs. 2 Nr. 1 Satz 1 BetrAVG wird ein Unverfallbarkeitsfaktor entsprechend § 2 Abs. 1 Satz 1 BetrAVG errechnet. [2]Dieser wird ermittelt aus dem Verhältnis der Pflichtversiche-

rungszeit vom Beginn der Pflichtversicherung bis zum 31. Dezember 2001 zu der Zeit vom Beginn der Pflichtversicherung bis zum Ablauf des Monats, in dem das 65. Lebensjahr vollendet wird. [3]Der sich danach ergebende Vomhundertsatz wird auf zwei Stellen nach dem Komma gemeinüblich gerundet und um 7,5 Prozentpunkte vermindert.

2. [1]Ist der nach Nr. 1 Satz 3 ermittelte Vomhundertsatz höher als der bisherige Vomhundertsatz nach § 18 Abs. 2 Nr. 1 Satz 1 BetrAVG, wird für die Voll-Leistung nach § 18 Abs. 2 BetrAVG ein individueller Brutto- und Nettoversorgungssatz nach § 23 Abs. 2 und 2b VersTV-G ermittelt. [2]Als gesamtversorgungsfähige Zeit werden dabei berücksichtigt
   a) die bis zum 31. Dezember 2001 erreichten Pflichtversicherungsmonate zuzüglich der Monate vom 1. Januar 2002 bis zum Ablauf des Monats, in dem das 65. Lebensjahr vollendet wird, und
   b) die Monate ab Vollendung des 17. Lebensjahres bis zum 31. Dezember 2001 abzüglich der Pflichtversicherungsmonate bis zum 31. Dezember 2001 zur Hälfte.

   [3]Für Beschäftigte, die in einer Zusatzversorgungseinrichtung im Tarifgebiet Ost pflichtversichert waren und die nur Pflichtversicherungszeiten in der Zusatzversorgung nach dem 31. Dezember 1996 haben, gilt Satz 2 Buchst. b) mit der Maßgabe, dass für die Zeit vor dem 1. Januar 1997 höchstens 75 Monate zur Hälfte berücksichtigt werden.

   [4]Bei Anwendung des § 23 Abs. 2 Satz 5 VersTV-G gilt als Eintritt des Versicherungsfalls der Erste des Kalendermonats nach Vollendung des 65. Lebensjahres; als gesamtversorgungsfähige Zeit im Sinne des § 24 Abs. 1 VersTV-G sind die Zeiten nach Satz 2 Buchst. a) zu berücksichtigen.

[2]Ist die unter Berücksichtigung der Maßgaben nach den Nummern 1 und 2 berechnete Anwartschaft höher als die Anwartschaft nach Absatz 1, wird der Unterschiedsbetrag zwischen diesen beiden Anwartschaften ermittelt und als Zuschlag zur Anwartschaft nach Absatz 1 berücksichtigt. [3]Der Zuschlag vermindert sich um den Betrag, der bereits nach Absatz 3a als zusätzliche Startgutschrift ermittelt wurde.

Protokollerklärung zu Absatz 1a Satz 1 Nr. 2:
Der »bisherige Vomhundertsatz nach § 18 Abs. 2 Nr. 1 Satz 1 BetrAVG« wird für jedes Jahr der Pflichtversicherung mit dem Faktor 2,25 v.H. berechnet, Absatz 1 Satz 3 findet keine Anwendung.

(2) [1]Für Beschäftigte im Tarifgebiet West, die am 1. Januar 2002 das 55. Lebensjahr vollendet haben (rentennahe Jahrgänge), ist Ausgangswert für die bis zum 31. Dezember 2001 in der Zusatzversorgung (Gesamtversorgung) erworbene Anwartschaft die Versorgungsrente, die sich unter Beachtung der Maßgaben des § 32, insbesondere unter Berücksichtigung

der Mindestgesamtversorgung (§ 23 Abs. 4 VersTV-G) und des § 47 Abs. 4 Satz 2 VersTV-G, für die Berechtigte/den Berechtigten bei Eintritt des Versicherungsfalls am 31. Dezember 2001, frühestens jedoch zum Zeitpunkt der Vollendung des 63. Lebensjahres ergeben würde. [2]Von diesem Ausgangswert ist der Betrag abzuziehen, den die Versicherten aus dem Punktemodell bis zur Vollendung des 63. Lebensjahres vor Berücksichtigung des Abschlags noch erwerben könnten, wenn für sie zusatzversorgungspflichtige Entgelte in Höhe des gesamtversorgungsfähigen Entgelts gezahlt würden. [3]Sind am 31. Dezember 2001 die Voraussetzungen für die Berücksichtigung des § 65g Abs. 3 VersTV-G erfüllt, berechnet sich der Versorgungsvomhundertsatz nach dieser Vorschrift mit der Maßgabe, dass nach § 65g Abs. 3 Buchst. a) VersTV-G abzuziehende Monate die Monate sind, die zwischen dem 31. Dezember 1991 und dem Ersten des Monats liegen, der auf die Vollendung des 63. Lebensjahres folgt. [4]Die Sätze 1 bis 3 gelten für Beschäftigte, die am 31. Dezember 2001 das 52. Lebensjahr vollendet haben und eine Rente für schwerbehinderte Menschen beanspruchen könnten, wenn sie zu diesem Zeitpunkt bereits das 60. Lebensjahr vollendet hätten, entsprechend mit der Maßgabe, dass an die Stelle des 63. Lebensjahres das entsprechende, für sie individuell frühestmögliche Eintrittsalter in die abschlagsfreie Rente für schwerbehinderte Menschen maßgeblich ist. [5]Werden in den Fällen des Satzes 4 die Voraussetzungen für die Mindestgesamtversorgung zwischen dem Zeitpunkt der Hochrechnung nach Satz 4 und der Vollendung des 63. Lebensjahres erfüllt, erfolgt die Berechnung der Anwartschaft abweichend von Satz 4 bezogen auf den Zeitpunkt, zu dem die Voraussetzungen der Mindestgesamtversorgung erfüllt wären.

(3) Für Beschäftigte im Tarifgebiet West, die vor dem 14. November 2001 Altersteilzeit oder einen Vorruhestand vereinbart haben, gilt Absatz 2 mit folgenden Maßgaben:

a) An die Stelle des 63. Lebensjahres tritt das vereinbarte Ende des Altersteilzeitarbeitsverhältnisses bzw. in den Fällen des Vorruhestandes das Alter, zu dem nach der Vorruhestandsvereinbarung die Rente beginnen würde.

b) [1]Der anzurechnende Bezug nach Absatz 4 wird in den Fällen, in denen die Mindestgesamtversorgung nach dem bis zum 31. Dezember 2000 geltenden Zusatzversorgungsrecht maßgeblich gewesen wäre, um die Abschläge vermindert, die sich zu dem Zeitpunkt, auf den die Startgutschrift hochgerechnet wird, voraussichtlich ergeben werden; diese Abschläge sind der Zusatzversorgungseinrichtung vom Beschäftigten in geeigneter Weise nachzuweisen. [2]Die Startgutschrift ist in den Fällen des Satzes 1 um den Betrag der sich im Zeitpunkt der Hochrechnung nach Satz 1 voraussichtlich ergebenden Abschläge gemäß § 7 Abs. 3 zu erhöhen.

(3a) [1]Pflichtversicherte, bei denen der Versicherungsfall der vollen Erwerbsminderung vor dem 1. Januar 2007 eingetreten ist, deren Startgutschrift nach Absatz 1 berechnet wurde und die am 31. Dezember 2001

a) das 47. Lebensjahr vollendet sowie

b) mindestens 120 Umlagemonate zurückgelegt hatten,

erhalten in Abweichung von dem üblichen Verfahren eine zusätzliche Startgutschrift in Höhe des Betrages, um den die Startgutschrift nach Absatz 2 die Startgutschrift nach Absatz 1 übersteigt; bei Berechnung der Startgutschrift nach Absatz 2 sind die Maßgaben der Sätze 2 und 3 zu beachten. [2]Die Berechnung erfolgt bezogen auf die Vollendung des 63. Lebensjahres. [3]Als anzurechnender Bezug wird die tatsächliche, entsprechend Absatz 5 auf das vollendete 63. Lebensjahr hochgerechnete gesetzliche Rente zugrunde gelegt. [4]Die sich nach den Sätzen 1 bis 3 ergebende zusätzliche Startgutschrift gilt bei Anwendung des § 19 als soziale Komponente im Sinne des § 9.

(4) [1]Für die Berechnung der Startgutschrift nach Absatz 2 ist die Rentenauskunft des gesetzlichen Rentenversicherungsträgers zum Stichtag 31. Dezember 2001 nach Durchführung einer Kontenklärung maßgebend. [2]Die Pflichtversicherten haben, sofern sie nicht bereits über eine Rentenauskunft aus dem Jahr 2001 verfügen, bis zum 30. September 2002 eine Rentenauskunft zu beantragen und diese unverzüglich der zuständigen Zusatzversorgungseinrichtung zu übersenden. [3]Sofern die Rentenauskunft aus von den Pflichtversicherten zu vertretenden Gründen bis zum 31. Dezember 2003 nicht beigebracht wird, wird die Startgutschrift nach Absatz 1 berechnet. [4]Bei Vorliegen besonderer Gründe kann die Zusatzversorgungseinrichtung eine angemessene Fristverlängerung gewähren. [5]Soweit bis zum 31. Dezember 2002 bereits ein bestands- oder rechtskräftiger Rentenbescheid der gesetzlichen Rentenversicherung vorliegt, ist – abweichend von Satz 1 – dieser Grundlage für die Berechnung nach Absatz 2.

(5) [1]Für die Zeit bis zur Vollendung des 63. Lebensjahres werden Entgeltpunkte in Höhe des jährlichen Durchschnitts der in dem Zeitraum vom 1. Januar 1999 bis 31. Dezember 2001 tatsächlich aus Beitragszeiten erworbenen Entgeltpunkte in Ansatz gebracht. [2]Bei Pflichtversicherten, die nicht in der gesetzlichen Rentenversicherung versichert sind, wird der anzurechnende Bezug nach der bisher geltenden Regelung berücksichtigt; Zuschüsse werden in Höhe des jährlichen Durchschnitts der in der Zeit vom 1. Januar 1999 bis 31. Dezember 2001 tatsächlich gemeldeten Zuschüsse in Ansatz gebracht. [3]Ist in den Jahren 1999 bis 2001 kein zusatzversorgungspflichtiges Entgelt bezogen worden, ist gesamtversorgungsfähiges Entgelt das zusatzversorgungspflichtige Entgelt, das sich ergeben hätte, wenn für den gesamten Monat Dezember 2001 eine Beschäftigung vorgelegen hätte. [4]Sind in den Jahren 1999 bis 2001 keine Entgeltpunkte erworben worden, ist für die Ermittlung der Entgeltpunkte das rentenversicherungspflichtige Entgelt maßgebend, das im Monat Dezember 2001 bezogen worden wäre,

wenn während des gesamten Monats eine Beschäftigung vorgelegen hätte; für die Ermittlung der Zuschüsse gilt dies entsprechend.

(6) [1]Für die Berechnung der Startgutschrift nach Absatz 1 und 2 haben die Pflichtversicherten bis zum 31. Dezember 2002 ihrem Arbeitgeber den Familienstand am 31. Dezember 2001 (§ 23 Abs. 2c Satz 1 Buchst. a] und b] VersTV-G) mitzuteilen. [2]Der Arbeitgeber hat die Daten an die Zusatzversorgungseinrichtung zu melden.

(7) [1]Für die Dynamisierung der Anwartschaften gilt § 19. [2]Auf den Zuschlag zur Anwartschaft nach Absatz 1a werden für die Jahre 2001 bis 2010 keine Bonuspunkte (§ 19) gewährt. [3]Die Vergabe von Bonuspunkten für die Zeit bis zum 31. Dezember 2016 wird durch die Neuberechnung der Startgutschriften aufgrund der Änderungen durch § 1 des Änderungstarifvertrages Nr. 7 zum ATV-K vom 8. Juni 2017 nicht berührt.

Protokollerklärung zu den Absätzen 1 und 1a:
Zur Ermittlung der Anwartschaften nach den Absätzen 1 und 1a wird bei Berechnung der Voll-Leistung nach § 18 Abs. 2 Nr. 1 BetrAVG ausschließlich das so genannte Näherungsverfahren entsprechend § 18 Abs. 2 Nr. 1 Satz 2 Buchst. f) BetrAVG berücksichtigt.

§ 34 Höhe der Anwartschaften für am 1. Januar 2002 beitragsfrei Versicherte

(1) [1]Die Startgutschriften der am 1. Januar 2002 beitragsfrei Versicherten werden nach der am 31. Dezember 2001 geltenden Versicherungsrentenberechnung ermittelt. [2]Auf einen gesetzlichen Anspruch nach § 18 Abs. 2 BetrAVG sind § 33 Abs. 1 Satz 3 und Abs. 1a entsprechend anzuwenden. [3]Für die Dynamisierung der Anwartschaften gilt § 33 Abs. 7 entsprechend.

(2) [1]Für Beschäftigte, für die § 66a VersTV-G gilt, findet Absatz 1 mit der Maßgabe Anwendung, dass die Startgutschriften nur nach § 47 Abs. 4 VersTV-G berechnet werden und dass der Berechnung das Entgelt zugrunde zu legen ist, das bei Pflichtversicherung in den letzten fünf Jahren vor Beendigung des Arbeitsverhältnisses zusatzversorgungspflichtig gewesen wäre. [2]Für Beschäftigte nach Satz 1 gilt die Wartezeit als erfüllt.

(3) Für die freiwillig Weiterversicherten gilt Absatz 1 entsprechend.

Abschnitt IV
Schlussvorschriften

§ 35 Sterbegeld

[1]Sterbegeld wird bei Fortgeltung des bisherigen Rechts Anspruchsberechtigten unter Berücksichtigung des am 31. Dezember 2001 maßgebenden Gesamtbeschäftigungsquotienten in folgender Höhe gezahlt für Sterbefälle

im Jahr 2002	1535 Euro,
im Jahr 2003	1500 Euro,
im Jahr 2004	1200 Euro,
im Jahr 2005	900 Euro,
im Jahr 2006	600 Euro,
im Jahr 2007	300 Euro.

[2]Ab dem Jahr 2008 entfällt das Sterbegeld.

§ 36 Sonderregelungen für die Jahre 2001/2002

(1) Anstelle von § 2 Abs. 2 und des Satzes 1 der Anlage 2 finden bis zum 31. Dezember 2002 der § 4 Abs. 3 und § 5 Abs. 1 bis 3 VersTV-G weiterhin Anwendung.

(2) Soweit bis zum 31. Dezember 2002 zusatzversorgungspflichtiges Entgelt entsprechend § 7 VersTV-G gemeldet wurde, hat es dabei sein Bewenden.

(3) Soweit bis zum 31. Dezember 2002 Beiträge im Sinne des § 25 entsprechend den Vorschriften des VersTV-G gezahlt wurden, hat es dabei sein Bewenden.

§ 36a Übergangsregelungen

(1) Ist die/der Versicherte oder die/der Betriebsrentenberechtigte vor dem 1. Juli 2007 verstorben, findet § 10 Abs. 1 Satz 5 keine Anwendung; dies gilt nicht für Neuzusagen, die nach dem 31. Dezember 2006 erteilt wurden.

(2) [1]Für Mutterschutzzeiten nach § 3 Abs. 2 und § 6 Abs. 1 MuSchG, die in der Zeit vom 1. Januar 2002 bis zum 31. Dezember 2011 liegen, gilt § 9 Abs. 1 Satz 4 und 5 mit folgenden Maßgaben:

a) [1]Die Mutterschutzzeiten werden auf schriftlichen Antrag der Beschäftigten berücksichtigt. [2]Geeignete Nachweise zum Beginn und Ende der Mutterschutzfristen sind vorzulegen. [3]Der Antrag und die Nachweise sind bei der Zusatzversorgungseinrichtung einzureichen, bei der die Pflichtversicherung während der Mutterschutzzeit bestanden hat.

b) [1]Das für die Mutterschutzzeit anzusetzende Zusatzversorgungspflichtige Entgelt wird errechnet aus dem durchschnittlichen kalendertäglichen Zusatzversorgungspflichtigen Entgelt des Kalenderjahres, das dem Jahr vorangeht, in dem die Mutterschutzfrist begonnen hat. [2]Bei der Berechnung des durchschnittlichen Entgelts werden Kalendermonate ohne zusatzversorgungspflichtiges Entgelt nicht berücksichtigt. [3]Ist in diesem Zeitraum kein zusatzversorgungspflichtiges Entgelt angefallen, ist für die Berechnung das Entgelt zugrunde zu legen, das sich als durchschnittliches zusatzversorgungspflichtiges Entgelt im Kalenderjahr vor Beginn der Mutterschutzzeit ergeben hätte.

c) Das Zusatzversorgungspflichtige Entgelt nach Buchst, b vermindert sich um das Zusatzversorgungspflichtige Entgelt, das nach § 9 Abs. 1 in der Fassung des Änderungstarifvertrages Nr. 2 vom 12. März 2003 für Kalendermonate berücksichtigt worden ist, in denen das Arbeitsverhältnis ganz oder teilweise nach § 6 Abs. 1 MuSchG geruht hat.

[2]Für Mutterschutzzeiten vor dem 1. Januar 2002 gilt Satz 1 bei entsprechendem Antrag der Versicherten bzw. der Rentenberechtigten sinngemäß für die Berechnung ihrer Startgutschriften. [3]Am 31. Dezember 2001 Rentenberechtigte mit Mutterschutzzeiten vor dem 1. Januar 2002 erhalten auf Antrag einen Zuschlag zu ihrer Besitzstandsrente, der sich ergibt, wenn auf der Grundlage der Entgelte gemäß Satz 1 Buchst. b entsprechend § 8 Versorgungspunkte gutgeschrieben würden.

§ 37 Sonderregelung für lebensversicherte Beschäftigte eines Arbeitgebers, der erstmalig nach dem 31. Dezember 2000 einem Mitgliedsverband der VKA beitritt

[1]Beschäftigte, deren zusätzliche Altersvorsorge bei einem Lebensversicherungsunternehmen durchgeführt worden ist, sind auf ihren schriftlichen Antrag beim Vorliegen der sonstigen Voraussetzungen bei der Zusatzversorgungseinrichtung zu versichern. [2]Der Antrag kann nur bis zum Ablauf von sechs Monaten nach dem Beginn der Mitgliedschaft des Arbeitgebers bei einem Mitgliedsverband der Vereinigung der kommunalen Arbeitgeberverbände gestellt werden. [3]Beschäftigte, die den Antrag nach Satz 1 nicht stellen, haben die Lebensversicherung mindestens zu den bisherigen Bedingungen fortzuführen. [4]Der Arbeitgeber hat sich nach den am Tage vor dem Beitritt des Arbeitgebers zu einem Mitgliedsverband der Vereinigung der kommunalen Arbeitgeberverbände bestehenden Vereinbarungen an den Beiträgen zur Lebensversicherung zu beteiligen. [5]Daneben hat der Arbeitgeber für die Zeit, für die die Beschäftigten Arbeitsentgelt erhalten, einen zusätzlichen Beitragsanteil in Höhe von 1,5 v. H. des der Beitragsberechnung in der gesetzlichen Rentenversicherung zugrunde liegenden Arbeitsentgelts zu entrichten; dabei bleibt die Beitragsbemessungsgrenze unberücksichtigt. [6]Die Beitragsanteile des Arbeitgebers dürfen den insgesamt zu zahlenden Beitrag nicht übersteigen.

§ 37a Sonderregelungen für das Tarifgebiet Ost

(1) [1]Bei Pflichtversicherten beträgt der Arbeitnehmerbeitrag zur Pflichtversicherung 0,2 v. H. des zusatzversorgungspflichtigen Entgelts. [2]§ 15a bleibt unberührt.
(2) In den Fällen der freiwilligen Versicherung aufgrund von § 2 Abs. 2 wird ein entsprechender Arbeitnehmerbeitrag zur freiwilligen Versicherung erhoben; § 16 Abs. 1 Satz 3 gilt entsprechend.
(3) Der Zuschuss nach § 25 Abs. 1 Satz 4 wird für Beschäftigte im Tarifgebiet Ost um den Betrag gemindert, der sich ohne die Befreiung von der Pflichtversicherung als Arbeitnehmerbeitrag nach Absatz 1 ergeben würde.

Protokollerklärung zu den Absätzen 2 und 3:
In den Fällen der Absätze 2 und 3 wird als Arbeitnehmerbeitrag ein Beitrag von 2,0 v. H. des zusatz-versorgungspflichtigen Entgelts zugrunde gelegt.

§ 38 Sonderregelung zu § 26 Abs. 5

[1]Abweichend von § 26 Abs. 5 gilt für Beschäftigte, für die für Dezember 2001 schon und für Januar 2002 noch eine zusätzliche Umlage nach § 7 Abs. 4 VersTV-G gezahlt wurde, Folgendes: Soweit das monatliche Zusatzversorgungspflichtige Entgelt den Grenzbetrag nach Satz 3 übersteigt, ist in diesem Arbeitsverhältnis zusätzlich eine Umlage von neun v. H. des übersteigenden Betrages zu zahlen. [2]Die sich daraus ergebenden Versorgungspunkte sind zu verdreifachen. [3]Grenzbetrag ist das 1,133-fache des Betrages der Entgeltgruppe 15 Stufe 6 TVöD/VKA Tarifgebiet West bzw. Tarifgebiet Ost – jährlich einmal einschließlich der Jahressonderzahlung, wenn die/der Beschäftigte eine Zusatzversorgungspflichtige Jahressonderzahlung erhält.

§ 39 In-Kraft-Treten

(1) [1]Dieser Tarifvertrag tritt mit Wirkung vom 1. Januar 2001 in Kraft. [2]Abweichend von Satz 1 tritt § 2 Abs. 2 am 1. Januar 2003 mit der Maßgabe in Kraft, dass er nur für nach dem 31. Dezember 2002 begründete Arbeitsverhältnisse Anwendung findet.
(2) [1]Dieser Tarifvertrag kann jederzeit schriftlich gekündigt werden. [2]Unabhängig von Satz 1 kann § 11 Abs. 1 gesondert ohne Einhaltung einer Frist jederzeit schriftlich gekündigt werden. [3]Die Kündigung nach Satz 1 oder 2 kann jedoch frühestens zum 30. Juni 2026 erfolgen.
(3) Mit dem In-Kraft-Treten dieses Tarifvertrages tritt – unbeschadet des § 36 – der Tarifvertrag über die Versorgung der Arbeitnehmer kommunaler Verwaltungen und Betriebe (VersTV-G) vom 6. März 1967 außer Kraft.

(4) Soweit vorstehend keine Regelung getroffen ist, findet der als Anlage 5 beigefügte Altersvorsorgeplan 2001 vom 13. November 2001 mit seinen Anlagen Anwendung (mit Ausnahme des Ausschlusses der Entgeltumwandlung nach 1.3).

Anlage 1 – Geltungsbereich

[1]Tarifverträge im Sinne des § 1 sind der

a) Tarifvertrag für den öffentlichen Dienst (TVöD),
b) Tarifvertrag für die Auszubildenden des öffentlichen Dienstes (TVA-öD),
c) Tarifvertrag über die Regelung der Rechtsverhältnisse der nicht vollbeschäftigten amtlichen Tierärzte und Fleischkontrolleure in öffentlichen Schlachthöfen und in Einfuhruntersuchungsstellen (TV Ang iöS),
d) Tarifvertrag über die Regelung der Rechtsverhältnisse der nicht vollbeschäftigten amtlichen Tierärzte und Fleischkontrolleure in öffentlichen Schlachthöfen und in Einfuhruntersuchungsstellen (TV Ang-O iöS),
e) Tarifvertrag Versorgungsbetriebe (TV-V),
f) Spartentarifvertrag Nahverkehrsbetriebe eines Arbeitgeberverbandes, der der Vereinigung der kommunalen Arbeitgeberverbände angehört, soweit die Anwendung des öffentlichen Zusatzversorgungsrechts dort geregelt ist,
g) Tarifvertrag für die Arbeitnehmer/Innen der Wasserwirtschaft in Nordrhein-Westfalen (TV-WW/NW).

[2]Dieser Tarifvertrag gilt nicht für die Beschäftigten

a) der Mitglieder der Arbeitsrechtlichen Vereinigung Hamburg e. V.,
b) der Mitglieder des Kommunalen Arbeitgeberverbandes Saar e. V.,
c) der Mitglieder des kommunalen Arbeitgeberverbandes Bremen e. V., die unter den Geltungsbereich der Bremischen Ruhelohngesetzes vom 22. Dezember 1998 (BremGBl. S. 371) fallen.

Protokollerklärung zu Satz 1:
Soweit in Satz 1 der Anlage 1 in der Fassung des 3. Änderungstarifvertrags aufgeführte Tarifverträge noch nicht durch einen der in Satz 1 der Anlage 1 aufgeführten Tarifverträge abgelöst sind, verbleibt es bis zur Ablösung beim bisherigen Geltungsbereich.

Anlage 2 – Ausnahmen von der Versicherungspflicht

[1]Von der Pflicht zur Versicherung sind Beschäftigte ausgenommen, die

a) bis zum Beginn der Mitgliedschaft ihres Arbeitgebers bei einer Zusatzversorgungseinrichtung nach einem Tarifvertrag, einer Ruhelohnordnung oder einer entsprechenden Bestimmung für den Fall der Dienstunfähigkeit oder des Erreichens einer Altersgrenze eine Anwartschaft oder einen Anspruch auf eine vom Arbeitgeber zu gewährende lebenslängliche Versorgung und Hinterbliebenenversorgung auf der Grundlage des nach der Regelung ruhegeldfähigen Arbeitsentgelts und der Dauer der Dienstjahre, Betriebszugehörigkeit oder dgl. haben, oder

b) eine Anwartschaft oder einen Anspruch auf lebenslängliche Versorgung nach beamten- oder soldatenrechtlichen Vorschriften oder Grundsätzen oder entsprechenden kirchenrechtlichen Regelungen mindestens in Höhe der beamtenrechtlichen Mindestversorgungsbezüge haben und denen Hinterbliebenenversorgung gewährleistet ist, oder

c) für das von diesem Tarifvertrag erfasste Arbeitsverhältnis aufgrund gesetzlicher, tariflicher oder vertraglicher Vorschrift einer anderen Zusatzversorgungseinrichtung (Versorgungsanstalt der deutschen Bühnen, Versorgungsanstalt der deutschen Kulturorchester, Bahnversicherungsanstalt Abteilung B oder einer gleichartigen Versorgungseinrichtung) angehören müssen, oder

d) aufgrund Tarifvertrages, Arbeitsvertrages, der Satzung der Zusatzversorgungskasse oder der Satzung einer anderen Zusatzversorgungseinrichtung, von der Versicherungen übergeleitet werden, von der Pflicht zur Versicherung befreit worden sind, oder

e) bei der Versorgungsanstalt der deutschen Bühnen oder der Versorgungsanstalt der deutschen Kulturorchester freiwillig weiterversichert sind, und zwar auch dann, wenn diese freiwillige Weiterversicherung später als drei Monate nach Beginn des Arbeitsverhältnisses endet, oder

f) Rente wegen Alters nach §§ 35 bis 40 bzw. §§ 235 bis 238 SGB VI als Vollrente erhalten oder erhalten haben oder bei denen der Versicherungsfall der Betriebsrente wegen Alters (§ 5) bei einer Zusatzversorgungseinrichtung, von der Überleitungen (§ 4) erfolgen, eingetreten ist, oder

g) eine Übergangszahlung nach § 46 Nr. 4 TVöD BT-V (VKA) beziehungsweise eine Übergangsversorgung nach den tariflichen Vorgängerregelungen erhalten oder

h) mit Rücksicht auf ihre Zugehörigkeit zu einem ausländischen System der sozialen Sicherung nicht der Pflichtversicherung in der gesetzlichen Rentenversicherung unterliegen und sich dort auch nicht freiwillig versichert haben, oder

i) ihre Rentenanwartschaften aus der gesetzlichen Rentenversicherung oder einem sonstigen Alterssicherungssystem auf ein Versorgungssystem der europäischen Gemeinschaften oder ein Versorgungssystem einer europäischen Einrichtung (z. B. Europäisches Patentamt, Europäisches Hochschulinstitut, Eurocontrol) übertragen haben, oder

j) im Sinne des § 8 Abs. 1 Nr. 2 SGB IV geringfügig beschäftigt sind.

[2]Auf ihren beim Arbeitgeber schriftlich zu stellenden Antrag sind Beschäftigte, solange sie freiwilliges Mitglied des Versorgungswerks der Presse sind, nicht zu versichern; wird der Antrag spätestens zwölf Monate nach Beginn der Pflicht zur Versicherung gestellt, gilt die Pflichtversicherung als nicht entstanden.

Protokollerklärung zu Satz 1 Buchst. a):
Eine Anwartschaft im Sinne des Satzes 1 Buchst. a) besteht auch dann, wenn nach dem Tarifvertrag, der Ruhelohnordnung oder der entsprechenden Bestimmung ein Anspruch erst nach Ablauf einer Wartezeit entstehen kann und die Arbeitnehmer bei normalem Verlauf des Arbeitslebens die Wartezeit noch erfüllen können.

Anlage 3 – Ausnahmen vom und Sonderregelungen zum zusatzversorgungspflichtigen Entgelt

[1]Kein zusatzversorgungspflichtiges Entgelt sind

a) Bestandteile des Arbeitsentgelts, die auf einer Verweisung auf beamtenrechtliche Vorschriften beruhen, soweit die beamtenrechtlichen Bezüge nicht ruhegehaltfähig sind, sowie Bestandteile des Arbeitsentgelts, die durch Tarifvertrag auf Bundes-, Landes- oder landesbezirklicher Ebene ausdrücklich als nicht zusatzversorgungspflichtig bezeichnet sind sowie über- und außertarifliche Bestandteile des Arbeitsentgelts, soweit sie durch Betriebsvereinbarung, Dienstvereinbarung oder Arbeitsvertrag ausdrücklich als nicht zusatzversorgungspflichtig bezeichnet sind,

Protokollerklärung zu Buchstabe a):
Für am 30. Juni 2007 bestehende Vereinbarungen in Tarifverträgen, Betriebsvereinbarungen oder Arbeitsverträgen über die Ausnahme von Bestandteilen des Arbeitsentgelts aus der Zusatzversorgung gilt Anlage 3 Satz 1 Buchst. a) in der bis zum 1. Januar 2007 geltenden Fassung.

b) Aufwendungen des Arbeitgebers für eine Zukunftssicherung des Beschäftigten,

c) Krankengeldzuschüsse,

d) einmalige Zahlungen (z. B. Zuwendungen, Urlaubsabgeltungen), die aus Anlass der Beendigung, des Eintritts des Ruhens oder nach der Beendigung des Arbeitsverhältnisses gezahlt werden,

Protokollerklärung zu Buchstabe d):
Die Teilzuwendung, die dem Arbeitnehmer, der mit Billigung seines bisherigen Arbeitgebers zu einem anderen Arbeitgeber des öffentlichen Dienstes übertritt, der seine Arbeitnehmer bei derselben kommunalen Zusatzversorgungseinrichtung oder bei einer anderen Zusatzversorgungseinrichtung, zu der die Versicherungen übergeleitet werden, versichert, gezahlt wird, ist zusatzversorgungspflichtiges Entgelt.

e) einmalige Zahlungen (z. B. Zuwendungen) insoweit, als bei ihrer Berechnung Zeiten berücksichtigt sind, für die keine Umlagen/Beiträge für laufendes zusatzversorgungspflichtiges Entgelt zu entrichten sind,
f) vermögenswirksame Leistungen, Jubiläumsgelder,
g) Sachbezüge, die während eines Zeitraumes gewährt werden, für den kein laufendes zusatzversorgungspflichtiges Entgelt zusteht,
h) geldwerte Vorteile, die steuerlich als Arbeitslohn gelten,
i) geldliche Nebenleistungen wie Ersatz von Werbungskosten (z. B. Aufwendungen für Werkzeuge, Berufskleidung, Fortbildung) sowie Zuschüsse z. B. zu Fahr-, Heizungs-, Wohnungs-, Essens-, Kontoführungskosten,
k) Mietbeiträge an Beschäftigte mit Anspruch auf Trennungsgeld (Trennungsentschädigung),
l) Schulbeihilfen,
m) einmalige Zuwendungen anlässlich des Erwerbs eines Diploms einer Verwaltungs- oder Wirtschaftsakademie,
n) Prämien im Rahmen des behördlichen oder betrieblichen Vorschlagswesens,
o) Erfindervergütungen,
p) Kassenverlustentschädigungen (Mankogelder, Fehlgeldentschädigungen),
r) einmalige Unfallentschädigungen,
s) Aufwandsentschädigungen; reisekostenähnliche Entschädigungen; Entgelte aus Nebentätigkeiten; Tantiemen, Provisionen, Abschlussprämien und entsprechende Leistungen; einmalige und sonstige nicht laufend monatlich gezahlte über- oder außertarifliche Leistungen,
t) Zuschläge für Sonntags-, Feiertags- und Nachtarbeit.

[2]Kein zusatzversorgungspflichtiges Entgelt ist ferner der Teil des steuerpflichtigen Arbeitsentgelts, der nach Anwendung des Satzes 1 den 2,5-fachen Wert der monatlichen Beitragsbemessungsgrenze in der gesetzlichen Rentenversicherung (West bzw. Ost) übersteigt; wenn eine zusatzversorgungspflichtige

Jahressonderzahlung gezahlt wird, ist der vorgenannte Wert jährlich einmal im Monat der Zahlung der Jahressonderzahlung zu verdoppeln.
[3]Als zusatzversorgungspflichtiges Entgelt gilt für Kalendermonate, in denen Beschäftigte für mindestens einen Tag Anspruch auf Krankengeldzuschuss haben auch wenn dieser wegen der Höhe der Barleistungen des Sozialversicherungsträgers nicht gezahlt wird –, das fiktive Entgelt nach § 21 TVÖD bzw. entsprechenden tarifvertraglichen Regelungen, das für die Tage, für die tatsächlich Anspruch auf Entgelt, Entgeltfortzahlung oder Krankengeldzuschuss bestand, im Falle eines entsprechenden Entgeltfortzahlungsanspruchs gezahlt worden wäre. [4]In diesen Kalendermonaten geleistete einmalige Zahlungen sind neben dem fiktiven Entgelt nach § 21 TVöD bzw. entsprechenden tarifvertraglichen Regelungen nach Maßgabe der Sätze 1 und 2 zusatzversorgungspflichtiges Entgelt.
[5]Für Beschäftigte, die zur Übernahme von Aufgaben der Entwicklungshilfe im Sinne des § 1 Entwicklungshelfergesetz vom 18. Juni 1969 in der jeweils geltenden Fassung ohne Arbeitsentgelt beurlaubt sind, hat der Arbeitgeber für die Zeit der Beurlaubung Umlagen an die Zusatzversorgungseinrichtung abzuführen, wenn der Träger der Entwicklungshilfe die Umlagen erstattet. [6]Für die Bemessung der Umlagen gilt als zusatzversorgungspflichtiges Entgelt das Entgelt, von dem nach § 166 Abs. 1 Nr. 4 SGB VI die Beiträge für die gesetzliche Rentenversicherung zu berechnen sind.

Anlage 4 – Versicherungsmathematische Grundsätze für die Bewertung der Verpflichtungen im Rahmen der versicherungstechnischen Bilanz

1. Bewertungsgegenstand
Bewertet werden die Verpflichtungen nach dem Stande vom Bilanzstichtag (= Inventurstichtag). Bereits feststehende allgemeine Leistungsveränderungen, die erst nach dem Stichtag wirksam werden, bleiben unberücksichtigt.

2. Bewertungsmethode
Es wird der versicherungsmathematische Barwert der Verpflichtungen nach dem Grundsatz der Einzelbewertung ermittelt.

3. Rechnungsgrundlagen
Als biometrische Rechnungsgrundlagen dienen die Richttafeln 1998 von Klaus Heubeck. Als Altersgrenze ist die Vollendung des 65. Lebensjahres in Ansatz zu bringen.

Der Rechnungszins beträgt 3,25 % in der Zeit bis zum Eintritt eines Versorgungsfalles und 5,25 % nach Eintritt eines Versorgungsfalles.

4. Verwaltungskostenrückstellung
Eine Verwaltungskostenrückstellung wird nicht gebildet.

5. Sonstiges
Solange die den Besitzstand abbildenden Versorgungspunkte noch nicht ermittelt sind, werden die anzurechnenden Sozialversicherungsrenten nach dem steuerlichen Näherungsverfahren in Ansatz gebracht. Der in diesem Verfahren anzusetzende Korrekturfaktor wird einheitlich für alle Berechtigten auf 0,9086 festgesetzt, Entgelt und Beitragsbemessungsgrenze sind nach dem Stande vom 31. Dezember 2001 zu berücksichtigen.
Ein nach Feststellung der den Besitzstand abbildenden Versorgungspunkte ermittelter Unterschiedsbetrag gegenüber dem vorläufigen Bewertungsansatz bleibt bei der Ermittlung des Überschusses unberücksichtigt.

Anlage 5 – Altersvorsorgeplan 2001

Berlin, 13. November 2001
18.30 Uhr
Dieser Tarifvertrag gilt einheitlich für die Tarifgebiete Ost und West

1. Ablösung des Gesamtversorgungssystems

1.1 Das bisherige Gesamtversorgungssystem wird mit Ablauf des 31. Dezember 2000 geschlossen und durch das Punktemodell ersetzt. Zur juristischen Bewertung vgl. Anlage 1.

1.2 Auf ein Zurückfallen der Renten und Anwartschaften auf den Stand des Jahres 2000 wird verzichtet.

1.3 Durch den Systemwechsel erhalten die Arbeitnehmer die Möglichkeit, eine zusätzliche kapitalgedeckte Altersversorgung durch eigene Beiträge unter Inanspruchnahme der steuerlichen Förderung aufzubauen (Riester-Rente). Diese Möglichkeit soll auch bei den Zusatzversorgungskassen eröffnet werden.
Die Möglichkeit der Entgeltumwandlung besteht derzeit – einheitlich für alle Arbeitnehmer – nicht; die Tarifvertragsparteien geben sich eine Verhandlungszusage für eine tarifvertragliche Regelung zur Entgeltumwandlung.

1.4 Die Umlagefinanzierung wird auch nach Systemwechsel beibehalten. Sie kann schrittweise nach den Möglichkeiten der einzelnen Zusatzversorgungskassen durch Kapitaldeckung abgelöst werden (Kombinationsmodell).

2. Punktemodell

2.1 Die Leistungsbemessung erfolgt nach dem Punktemodell. Es werden diejenigen Leistungen zugesagt, die sich ergeben würden, wenn eine Gesamt-Beitragsleistung von 4 v. H. vollständig in ein kapitalgedecktes System eingezahlt würde.

2.2 Soweit eine Kapitaldeckung vorhanden ist, werden die tatsächlich erzielten Kapitalerträge veranschlagt.
Soweit keine Kapitaldeckung vorhanden ist, wird jährlich die laufende Verzinsung der zehn größten Pensionskassen gemäß jeweils aktuellem Geschäftsbericht des Bundesaufsichtsamtes für das Versicherungswesen (bzw. Nachfolgeeinrichtung) zugrunde gelegt.
Überschüsse werden wie bei einer Pensionskasse festgestellt. Von diesen Überschüssen werden nach Abzug der Verwaltungskosten (soweit fiktiv: 2 v. H.) vorrangig die sozialen Komponenten und dann Bonuspunkte finanziert.
Soziale Komponenten sind:

a) Zurechnungszeiten bei Erwerbsminderungs- und Hinterbliebenenrenten (vgl. Textziffer 2.5)
b) Kindererziehungszeiten
Berücksichtigung eines Beitrages von 20 Euro pro Monat pro Kind für die Dauer der gesetzlichen Erziehungszeit (ohne Beschäftigung).
c) Übergangsregelung für alle Versicherten mit einer Mindestpflichtversicherungszeit von 20 Jahren die monatlich weniger als 3600 DM brutto verdienen. Ihre erworbenen Anwartschaften werden festgestellt und ggf. auf mindestens 0,8 Versorgungspunkte für jedes volle Kalenderjahr der Pflichtversicherung angehoben (Einbeziehung des Beschäftigungsquotienten).

2.3 Die als Anlage beigefügte Tabelle kommt zur Anwendung. Diese Tabelle basiert auf folgenden Parametern:
Ein Zinssatz entsprechend § 2 der Deckungsrückstellungsverordnung von derzeit 3,25 v. H. vor Eintritt des Versorgungsfalls wird zugrunde gelegt. Nach Eintritt des Versorgungsfalls gilt ein Zinssatz von 5,25 v. H. Bei Änderungen des Verordnungs-Zinssatzes gilt dieser bis zum Wirksamwerden einer entsprechenden tarifvertraglichen Anpassung fort. Die versicherungsmathematischen Berechnungen basieren auf den Richttafeln 1998 von Klaus Heubeck.

2.4 Die Versicherungsfälle entsprechen denen in der gesetzlichen Rentenversicherung (Altersrenten, Erwerbsminderungsrenten, Hinterbliebenenrenten). Bei teilweiser Erwerbsminderung wird die Hälfte des Betrages gezahlt, der bei voller Erwerbsminderung zustünde. Abschläge werden für jeden Monat der vorzeitigen Inanspruchnahme der Rente (wie gesetzliche Rentenversicherung) in Höhe von 0,3 v. H. erhoben; höchstens jedoch insgesamt 10,8 v. H.

2.5 Bei Erwerbsminderungs- und Hinterbliebenenrenten vor Vollendung des 60. Lebensjahres werden Versorgungspunkte hinzugerechnet. Für ein Referenzentgelt wird für jedes Kalenderjahr vor Vollendung des 60. Lebensjahres je ein Versorgungspunkt hinzugerechnet.

2.6 Von den Verpflichtungen zur Beitragszahlung in der Textziffer 2.1 dieses Tarifvertrages kann bis zu einer Mindesthöhe von zwei v. H. für die Dauer von bis zu drei Jahren im Rahmen eines landesbezirklichen Tarifvertrages abgewichen werden, wenn sich der Betrieb in einer wirtschaftlichen Notlage befindet. Die Feststellung der wirtschaftlichen Notlage wird durch eine paritätisch besetzte Kommission der Tarifvertragsparteien getroffen.
Die Regelung kann verlängert werden.

2.7 Entgelte aus Altersteilzeit werden in Höhe des vereinbarten Entgelts mindestens jedoch mit 90 v. H. des vor Beginn der Altersteilzeit maßgebenden Wertes berücksichtigt (wie nach bisherigem Recht). Fälle des Vorruhestandes werden wie nach altem Recht behandelt.

3. Übergangsrecht

3.1 Die Höhe der laufenden Renten und der Ausgleichsbeträge wird zum 31. Dezember 2001 festgestellt.

3.2 Die laufenden Renten werden als Besitzstandsrenten weitergezahlt. Die abbaubaren Ausgleichsbeträge werden in Höhe des Dynamisierungsgewinns abgebaut.

3.3 Die Besitzstandsrenten und die Neurenten werden beginnend mit dem Jahr 2002 jeweils zum 1. Juli eines Jahres bis 2007 mit 1 v. H. jährlich dynamisiert.

3.4 Die Anwartschaften der am 31. Dezember 2001 schon und am 1. Januar 2002 noch pflichtversicherten Arbeitnehmer werden wie folgt berechnet:

3.4.1 Es gelten die Berechnungsvorgaben des § 18 Abs. 2 BetrAVG. Der danach festgestellte Betrag wird in Versorgungspunkte unter Berücksichtigung eines Zinssatzes von 3,25 umgerechnet und in das Punktemodell transferiert. Die transferierten Versorgungspunkte nehmen an der Dynamisierung nach Ziffer 2.2 teil.

3.4.2 Für Arbeitnehmer im Tarifgebiet West, die am 1. Januar 2002 das 55. Lebensjahr vollendet haben (rentennahe Jahrgänge), gilt folgende Besitzstandsregelung: Auf der Grundlage des am 31. Dezember 2000 geltenden Rechts der Zusatzversorgung ist Ausgangswert für die Bemessung des in das Punktemodell zu transferierenden Betrages die individuell bestimmte Versorgungsrente im Alter von 63 (bei Behinderten Alter entsprechend gesetzlicher Rentenversicherung) unter Berücksichtigung der Mindestgesamtversorgung und des § 44a VBL-Satzung bzw. entsprechende Versorgungsregelung; die gesetzliche Rente ist nach persönlichen Daten anzurechnen; von diesem nach den Bemessungsgrößen per 31. Dezember 2001 einmalig ermittelten Ausgangswert ist die aus dem Punktemodell noch zu erwerbende Betriebsrente abzuziehen; die Differenz ist die Besitzstandsrente; sie wird in Versorgungspunkte umgerechnet und in das Punktemodell transferiert.

3.4.3 Textziffer 3.4.2 gilt entsprechend für solche Arbeitnehmer, die im Jahre 2001 das 55. Lebensjahr vollendet und vor In-Kraft-Treten des Tarifvertrages Altersteilzeit bzw. Vorruhestand vereinbart haben.

3.5 Die im bisherigen Versorgungssystem erworbenen Anwartschaften von Arbeitnehmern, die am 1. Januar 2002 nicht mehr pflichtversichert sind und die eine unverfallbare Anwartschaft haben, werden entsprechend der bisherigen Versicherungsrentenberechnung festgestellt, transferiert und nicht dynamisiert.

4. Finanzierung

4.1 Jede Kasse regelt ihre Finanzierung selbst.

Zusätzlicher Finanzbedarf über die tatsächliche Umlage des Jahres 2001 hinaus (Stichtag 1. November 2001) – mindestens jedoch ab Umlagesatz von 4 v. H. – wird durch steuerfreie, pauschale Sanierungsgelder gedeckt.

Im Tarifgebiet West verbleibt es bei den von den Arbeitnehmern bei Zusatzversorgungskassen geleisteten Beiträgen.

4.2 Für die VBL-West gilt:

Ab 2002 betragen die Belastungen der Arbeitgeber 8,45 v. H. Dies teilt sich auf in eine steuerpflichtige, mit 180 DM/Monat pauschal versteuerte Umlage von 6,45 v. H. und steuerfreie pauschale Sanierungsgelder von 2,0 v. H., die zur Deckung eines Fehlbetrages im Zeitpunkt der Schließung dienen sollen.

Ab 2002 beträgt der aus versteuertem Einkommen zu entrichtende Umlagebeitrag der Arbeitnehmer 1,41 v. H.

4.3 Die Verteilung der Sanierungsgelder auf Arbeitgeberseite bestimmt sich nach dem Verhältnis der Entgeltsumme aller Pflichtversicherten zuzüglich der neunfachen Rentensumme aller Renten zu den entsprechenden Werten, die einem Arbeitgeberverband bzw. bei Verbandsfreien, dem einzelnen Arbeitgeber zuzurechnen sind; ist ein verbandsfreier Arbeitgeber einer Gebietskörperschaft mittelbar oder haushaltsmäßig im Wesentlichen zuzuordnen, wird dieser bei der Gebietskörperschaft einbezogen.

Arbeitgebern, die seit dem 1. November 2001 durch Ausgliederung entstanden sind, sind zur Feststellung der Verteilung der Sanierungszuschüsse Renten in dem Verhältnis zuzurechnen, das dem Verhältnis der Zahl der Pflichtversicherten des Ausgegliederten zu der Zahl der Pflichtversicherten des Ausgliedernden zum 1. November 2001 entspricht.

4.4 Bei abnehmendem Finanzierungsbedarf für die laufenden Ausgaben werden die übersteigenden Einnahmen – getrennt und individualisierbar – zum Aufbau einer Kapitaldeckung eingesetzt.

5. Die Tarifvertragsparteien gehen davon aus, dass mit diesem Tarifvertrag das Abwandern von Betrieben oder Betriebsteilen aus den Zusatzversorgungseinrichtungen des öffentlichen Dienstes verhindert wird.

Während der Laufzeit des Tarifvertrages überprüfen die Tarifvertragsparteien, ob es zu signifikanten Abwanderungen aus einzelnen Zusatzversorgungseinrichtungen gekommen ist. Sie beauftragen einen Gutachter, die Gründe für eventuelle Abwanderungen darzustellen. Dies gilt auch für den Tarifvertrag über sozialverträgliche Begleitmaßnahmen im Zusammenhang mit der Umgestaltung der Bundeswehr.

6. Laufzeit des Tarifvertrages bis zum 31. Dezember 2007.

Anlage 1 – zum Altersvorsorgeplan 2001 Juristische Zulässigkeit des rückwirkenden Systemwechsels zum 31. Dezember 2000

(Arbeitskreis 2)

Die Tarifvertragsparteien gehen davon aus, dass der rückwirkende Wechsel vom Gesamtversorgungssystem in ein Punktemodell zum 1. Januar 2001 verfassungsrechtlich zulässig ist. Dies gilt auch für den Transfer der am 31. Dezember 2000 bestehenden Anwartschaften.

Für das Jahr 2001 ist aus verwaltungstechnischen Gründen eine Einführungsphase für das neue System vorgesehen, in der sich Anwartschaften technisch weiterhin nach den Berechnungsmethoden des alten Systems fortentwickeln. Diese für die Betroffenen günstige Übergangsregelung liegt in der Normsetzungsbefugnis der Tarifvertragsparteien.

Seit dem Ergebnis der Tarifrunde 2000 konnte niemand auf den Fortbestand des bisherigen Versorgungssystems vertrauen und deshalb davon ausgehen, dass dieses unverändert bestehen bleiben würde.
Sollte ein Bundesgericht abschließend feststellen, dass Arbeitnehmern oder Versorgungsempfängern mit Vordienstzeiten (Beschäftigungen außerhalb des öffentlichen Dienstes) im neuen System im Hinblick auf den Beschluss des Bundesverfassungsgerichts vom 22. März 2000 (1 BvR 1136/96) höhere als die überführten Ansprüche zustehen, werden den Berechtigten diese Ansprüche auch dann rückwirkend erfüllt, wenn sie sie nicht vor der neuen Entscheidung geltend gemacht haben.

Anlage 2 – zum Altersvorsorgeplan 2001
Rentenformel im Punktemodell

ohne Zwischenschaltung eines Regelbeitrages und bei Überschussanteilen in Form von beitragslosen Versorgungspunkten
Die Rentenhöhe ist abhängig von der gesamten Erwerbsbiografie im öffentlichen Dienst. In jedem Beschäftigungsjahr t werden Versorgungspunkte VP_t erworben. Die Höhe der Versorgungspunkte ergibt sich aus der Formel:
$VP_t = E_t / RE \times Tab_x$

Ggf. wird VP_t aus Überschüssen erhöht.
Darin bedeuten

VP_t	Versorgungspunkt für das Jahr t
E_t	Entgelt des Versicherten im Jahr t
RE	Referenzentgelt
Tab_x	Tabellenwert für das Alter x des Versicherten im Jahr t

Im Versorgungsfall ergibt sich die Rente nach der Formel
Rente = [Summe aller VP_t] x Messbetrag

Der Messbetrag beträgt 0,4 % des Referenzentgeltes.

x	Tab_x	x	Tab_x	x	Tab_x	x	Tab_x
17	3,1	29	2,1	41	1,5	53	1,0
18	3,0	30	2,0	42	1,4	54	1,0
19	2,9	31	2,0	43	1,4	55	1,0
20	2,8	32	1,9	44	1,3	56	1,0
21	2,7	33	1,9	45	1,3	57	0,9
22	2,6	34	1,8	46	1,3	58	0,9
23	2,5	35	1,7	47	1,2	59	0,9
24	2,4	36	1,7	48	1,2	60	0,9
25	2,4	37	1,6	49	1,2	61	0,9
26	2,3	38	1,6	50	1,1	62	0,8
27	2,2	39	1,6	51	1,1	63	0,8
28	2,2	40	1,5	52	1,1	64 u. älter	0,8